徽州民间私约研究及徽州民间习惯调查

徽州民间私约研究及徽州民间习惯调查

上册

徽州民间私约研究

田涛 著

法律出版社

作者简介

田　涛　中国著名法律文献学家、拍卖法专家、法史学家，为上海政法学院特聘教授，清华大学法学院、北京大学法学院、中国人民大学法学院、武汉大学等院校兼职教授，主讲法律文献学及拍卖法学。曾多次出访日本、美国、法国等国家著名高等学府。主要著作有：《第二法门》、《被冷落的真实》、《我说 · 我想 · 我自由》、《接触与碰撞 —— 16世纪以来西方人眼中的中国法律》、《千年契约》、《田涛说古籍》、《法律文化三人谈》、《流动的土地》等；主编及整理文献有：《田藏契约文书粹编》、《黄岩诉讼档案及黄岩调查报告》、《中华传世法典》、《清朝条约全集》、《中国珍稀法律典籍集成》、《中国珍稀法律典籍集成续编》、《官箴书集成》、《清末北京城市管理法规》、《明清公牍秘本五种》、《日本国大木干一所藏中国法学古籍书目》、《法兰西学院汉学研究所藏汉籍善本书目提要》等二十余部；拍卖著作有：《拍卖法案例指南》、《拍卖法案例指南续编》、《拍卖法案例指南三编》、《拍卖法实务》等；并撰写有各类研究论文百余篇。

目　录

前　言

一

对中国传统契约的研究，大约只有百余年的历史，随着海洋贸易的发展，西方人对中国的历史和文化开始进行较为广泛的观察和认知，最初是从语言学和历史学等角度对中国的传统契约开始，并逐渐向法律方面扩展。英国人威妥玛编辑的《文件自迩集》(Wen - Chien Tzu - Erh Chi)中除了收集了清代乾隆至道光时期的各种公文、诉状、信函、差票之外，也收集了当时的部分民间契约，并且相应作出了中英文对照。〔1〕 此后英国探险家斯坦因和法国汉学家伯希和在我国敦煌等地发现了大量的文献，其中包括部分唐、宋和西夏时期的传统契约。〔2〕 20 世纪 20 年代以后，中外学者陆

---

〔1〕 威妥玛(Wade,Thomas Friancis 1818 ~1895)剑桥大学首任汉学教授，1841 年来到中国曾参加《南京条约》修订，曾任上海海关总税务司，1879 年至 1882 年先后担任英国驻华全权公使。1876 年参与《烟台条约》。威妥玛于 1883 年起不再担任英国驻华公使，返回英国定居。威妥玛在出任驻华使节期间，还注意搜集中国的各种档案文献，并将这些文件汇集成《文件自迩集》，于 1867 年在伦敦出版了(Wen -chien tzu -erh chi:a series of papers selected as specimens of documentary Chinese,London,1876)。威妥玛所发明的为汉语文字的注音，在当时被称为“威氏音标”，这种注音方法曾经有过很大影响，并且使用了很久，直到更为先进和统一的“国际音标”被普遍使用以后，威氏音标才逐渐停止使用，但当时根据威氏音标翻译过来的一些地名和固定词语，至今仍然得以流传。威妥玛收集的契约包括转寄收单、票号收单、借票(借据)、汇兑单、包工字据、卖房契、卖人契、卖地契等。

〔2〕 斯坦因(Marc Aurel Stein 1862 ~1943)原籍匈牙利。早年在维也纳、莱比锡等大学学习，后游学牛津大学和伦敦大学。1887 年至英属印度，任拉合尔东方学院校长、加尔各答大学校长等职。在英国和印度政府的支持下，先后进行三次中亚探险。伯希和(Paul Pelliot,1878 ~1945)，世界著名的法国汉学家，曾在法国法兰西学院汉学中心学习汉语。1908 年斯坦因和伯希和在敦煌发现的大量文献被掠至英法两国，斯坦因所持部分现藏于英国大不列颠博物馆；伯希和所持部分现藏于法国国家图书馆。

续开始对敦煌文献进行研究，并逐渐形成了“敦煌学”。刘复[1]先生旅法时曾在巴黎国立图书馆过录一批敦煌写本，其中就有十余件契约文书，编入一九二五年出版的《敦煌掇琐》。30年代日本学者玉井是博撰《中国西陲出土之契》在刘复先生之后，又新增了少量保存在伦敦和巴黎两地所藏唐代契约的录文。此时对敦煌契约的分类研究已经基本形成，当时的学者将敦煌契约文书分作买卖、雇用、租佃、分书、放书（休书）、遗书（遗嘱）六个部分。

清末民初由于法律变革和立法的需要，曾经组织人员对各地民商事习惯进行了专门的调查，调查过程中发现并且搜集了一些民事契约，这是国人较早的对契约进行的法学意义上的调查和整理，是我国近现代民事契约研究的先河。[2] 此外，晏阳初先生[3]在20世纪20年代末30年代初期组织的中国新农村运动中，曾经对华北定县进行了田野调查，并由李景汉先生完成了《定县社会概况调查》一书，书中收录了民国初年华北地区传统民间契约成立的社会背景和多种文本，成为这一时期利用人类学和社会学对传统契约研究的最高成就。[4]

日本学者对传统民事契约的研究最初取材于敦煌学的发现，第二次世界大战之后，日本学者逐渐开始利用在中国其他地方获得的史料，其中仁井田陞对唐宋时期传统契约的研究，集中体现在他的作品《唐宋法律文书研究》一书中。仁井田陞的研究除了注意到契约文献本身的价值之外，结合了其他的历史学和法学领域的研究方法，这种将传统契约上升为法律文

---

〔1〕 刘复（1891～1934）原名寿彭，字半农，号曲庵，笔名寒星，江苏省江阴县人，著名学者，文学家。1920年赴英国伦敦大学学习，次年入法国巴黎大学学习语音学。1925年获得法国国家文学博士学位，并成为巴黎语言学会会员。

〔2〕 关于清末民初时期民商事习惯调查，近年来有学者进行专门的研究，参见眭鸿明著：《清末民初民商事习惯调查之研究》，法律出版社2005年版。该书较为系统地研究了清末民初民商事习惯调查的起因、过程范围及历史意义。

〔3〕 晏阳初（1890～1990）中国平民教育家和乡村建设家。1913年就读于香港圣保罗书院（香港大学前身），后转美耶鲁大学，1918年毕业，获政治经济学学士学位。1919年入普林斯顿大学研究院，获历史学硕士学位。1923年以后曾担任中华平民教育促进会总会总干事。1926年开始在河北定县（今定州市）开始乡村平民教育实验并进行社会调查。1940年创办中国乡村建设育才院（后名乡村建设学院）任院长。1950年离台湾赴美国。一生主张在农村实现政治、教育、经济、自卫、卫生和礼俗“六大整体建设”，从而达到强国救国的目的。著有《平民教育的真义》、《农村运动的使命》等。

〔4〕 该书1933年由中华平民教育促进会出版，1986年由中国人民大学出版社重印。

书的观点，是日本学者的重要贡献之一。[1]

我国学者许国霖在所辑《敦煌石室写经题记与敦煌杂录》里公布了北京图书馆藏卷中当时已知的契约资料。最初的研究侧重于历史学和经济学领域，我国历史学界和经济学界从20世纪50年代开始，注意收集了大量的徽州和山西等地的民间契约，直至最近二十年才开始陆续整理和发表。傅衣凌[2]在30年代末期于战乱之时偶然间在福建发现部分明清时期的民事契约，对此傅先生从经济史学的角度进行了专题研究，在学术界产生了极大的影响。傅先生的弟子杨国桢教授[3]《明清土地契约文书研究》一书中较为系统地按照地域划分的形式，对安徽、山东、江苏、福建、广东、广西和台湾等地的契约进行了比较分析，其中心部分虽然仍然以土地制度和农业经济为主，但杨国桢先生所使用的类型比较的方法，可以同样为法学研究领域所使用，因此《明清土地契约文书研究》一书在法学界也引起了很大反响。周绍泉[4]先生专门对徽州地方契约进行了研究，主要内容仍以土地买卖类契约为主。中国社会科学院历史研究所影印出版了徽州地区自唐宋至明清时期的契约文献，包括《鱼鳞册》、《契约底簿》在内，甚至还

---

〔1〕 仁井田陞（1904～1966），日本著名中国法专家。1928年毕业于东京帝国大学法律学科，进入东方文化学院，从事中国古代法制史研究。1942年任东京帝国大学教授，从事唐宋法律文献研究。1943～1945年多次赴中国考察华北地区、北京等地。1952年写成《中国的农村家族》。1954～1958年任东京大学东洋文化研究所所长。1959年参加《敦煌、吐鲁番社会经济资料》的编纂。1959～1964年主编《中国法制史》。著有《唐宋法律文书的研究》、《中国法制史》、《中国的法与社会及历史》等。

〔2〕 傅衣凌（1911～1988），中国历史学家、明清经济史学家。原名家麟，笔名休休生。福建福州人。著有《福建佃农经济史丛考》（1944年）、《明清时代商人及商业资本》（1956年）、《明代江南市民经济初探》（1957年）、《明清农村社会经济》（1961年）、《明清社会经济史论文集》（1982年）、《明清福建社会与乡村经济》（与杨国桢共同主编，1987年）、《中国通史参考资料》第7册（主编，1988年）。遗著尚有《明清社会经济变迁论》、《明清封建土地所有制论纲》、《傅衣凌治史50年文编》等。傅衣凌先生从20世纪30年代末开始研究传统契约，被认为是经济史学界研究传统土地买卖类契约的开拓者。

〔3〕 杨国桢，1940年出生，福建龙岩人。1961年毕业于厦门大学历史系，1985年晋升教授，1986年经国务院学位委员会审批为全国第三批博士生导师，1987～2006年任厦门大学历史研究所所长。著有《明清中国沿海社会与海外移民》，高等教育出版社1997年版；《明清时代福建的土堡（合著）》，台北国学文献馆1993年版；《明清土地契约文书研究》，人民出版社1988年版。

〔4〕 周绍泉（1940～2002），辽宁沈阳人，中国社会科学院研究员，历史学家。1964年7月毕业于辽宁大学历史系，1973年7月于中国科学院历史所研究生肄业。中国明史学会理事，著有：《窦山公家议校注》（合编）、《徽州千年契约文书》（合编），发表论文《试论明代徽州土地买卖的发展趋势》、《明代徽州祁门善和程氏仁山门族产研究》、《明清徽州亩产量蠡测》、《明清徽州契约与合同异同探究》等。

包括一些民事调解文书等，编辑体例十分庞大，但综合性研究仍然较为欠缺。[1] 近年来，在安徽大学刘伯山教授的主持下，出版了《徽州文书》三辑，影印安徽大学徽学研究中心“伯山书屋”和黄山市祁门县博物馆所藏徽州文书上万份。这些文书都是20世纪90年代以后新发现的。《徽州文书》是我们进行中国传统社会多维实态研究的第一手的珍贵资料，在历史学、社会学、文化学、文献学等领域都有着重要的研究价值。[2]

此外，清朝后期上海、天津等地的地方政府签发给外国人租地经商和居住的地契，因由地方行政长官——道台签发，故称“道契”。中英文对照的“道契”详细标明该地块原中国业主姓名，地块的地理方位，承租该地块的外国人名或企业与机构名、租金等，一般还详细记录了每一地块承租权转移的经过及性质。上海“道契”签发的历史涵盖晚清道光至宣统以及北洋政府、国民政府等各时期，历时近百年。《上海道契》计三十卷，收入了1847年至1911年间上海签发的万余件特殊的土地契证“道契”及其一系列附件，其中出现的人物达五六千人，来自欧美亚洲的二十多个国家，涉及豪商巨贾与普通侨民，涉及的著名企业有汇丰银行、旗昌洋行、英商上海自来水公司等。[3] 《上海道契》为这一时期国际关系史、法律史、经济史、文化史、社会史及契约文化等众多领域的研究提供大量实例与个案。[4]

近年来天津、上海、北京等地陆续整理了一些地方性的契约资料，例如刘海岩先生主编的《清代以来天津土地契证档案选编》[5] 和宋美云主编的《天津商民房地契约与调判案例选编（1686～1949）》[6]。田涛等完成的《田藏契约文书粹编》[7] 于2001年由中华书局出版，全书共三卷，收集明、清、中华民国直至“文化大革命”时期的契约近千件，不但时间较长，且包

---

〔1〕《徽州千年契约文书》由中国社会科学院历史研究所收藏整理，花山文艺出版社1993年版。该书主要采用影印的形式，按历史年代编排，始自唐、宋，历经元、明、清三朝，横跨千年。编排和分类受到限制，但仍为当代徽州契约之集大成者。

〔2〕参见刘伯山主编：《徽州文书》（第一辑），广西师范大学出版社2005年版；《徽州文书》（第二辑），广西师范大学出版社2006年版；《徽州文书》（第三辑），广西师范大学出版社2009年版。

〔3〕蔡育天主编：《上海道契》，上海古籍出版社2005年版。

〔4〕学者目前对道契的集中研究，参见夏扬：《上海道契：法制变迁的另一种表现》，北京大学出版社2007年版。

〔5〕刘海岩主编：《清代以来天津土地契证档案选编》，天津古籍出版社2006年版。

〔6〕宋美云主编：《天津商民房地契约与调判案例选编（1686～1949）》，天津古籍出版社2006年版。

〔7〕田涛、[美]宋格文、郑秦主编：《田藏契约文书粹编》，中华书局2001年版。

括的地域范围也较广。特别是这部作品除了从法学意义上对传统契约进行了分类之外，还就契约的外在形式对传统契约进行了定名。

首先，作者讨论了关于学术界对传统契约中所谓“红契”与“白契”的一般称谓，对以前学术界对于“红契是纳税后盖有官印的契约”、“白契是民间私定，未经纳税，或者逃避税收的契约”的说法存有疑问。指出明、清以来的大量“红契”，其建立契约的理由主要用于土地、房屋等不动产的交易，而且这种交易往往与该财产所有权的转移紧密相关。双方当事人建立契约以后，再到官府去投税并进行盖章验讫，作为官方而言，显然属于重要的征税途径。但研究结果发现这一时期土地交易税率并不大，一般在百分之三上下，而且大多数情况下是由买方承担。如果说是有意规避税费，那么作为出售一方并没有这种必要。作为买受方，在支付了买受不动产的价款之后，相应需支付的税费同样并不高，考虑到维护其所购买的财产权利，有意地去逃避税费，不但不能保证其交易行为的可靠，甚至还会因此使所获得的财产权利受到损害。另外，土地房产等不动产交易，往往需要办理过户手续，如果不取得官方对契约的认定，将可能会对所有权或者处分权的确认产生不利。因此，作者认为“红契”的意义除纳税与官方管理外，更多地表现出当时建立契约的规范化与格式化，包括建立“红契”的当事人，看重的是对于财产所有权的官方认证及其权利保障。

其次，《田藏契约》对明清以来的“红契”进行了文本形式上的分类定名，分别对这一时期的红契定名，共分为三种类型：

第一类是先订立民间的草契，然后附贴经县一级颁发的“官契”，一共二联，定名为“连二契”；

第二类是在民间草契、县级颁发“官契”之后，再粘贴上一份由省级即布政使司颁发的“契尾”，一共三联，定名为“连三契”；

第三类是在“连三契”的基础上，加贴中华民国政府的“验契”，即表示民国政府对清代老契的追认。一共四联，定名为 “连四契”。

作者指出“上述定名是否正确，尚需专家学者研究论证。但作为对于‘红契’形制上的分类，在目前没有标准定名的情况下，聊胜于无。”[1] 近年

〔1〕 田涛:《田藏契约文书粹编》“前言”。该文被收入田涛《第二法门》一书中，法律出版社2004年版。

来已经有学者在对传统契约的研究中使用了这种定名。

对于白契的研究则指出，“白契”更多地用于无须官方钤印管理的土地房宅交易以外的更为广泛的民事行为中。例如在家族内部的财产分割、非土地房产交易、借贷、典当、合伙、合股、雇用以及婚姻、继承等诸多方面。认为广泛存在的民事活动，是“白契”实际存在并被大量使用的前提，通过对不同历史时期的“白契”的研究，可以发现其中的具有规范化的规律。

此后田涛等又在对浙江黄岩地区的田野调查工作中，陆续发现和收集了一些保存在当地村民家中的“白契”，在研究中根据这些“白契”的性质，将其称作“民间私契”[1]。直接采自民间的契约具有准确的产地属性，因此研究的价值更为重要。对少数民族地区民间契约的收集和整理，主要见于陈金全，杜万华主编的《贵州文斗寨苗族契约法律文书汇编——姜元泽家藏契约文书》，[2]该书以当地居民姜元泽私家所藏的“白契”即民间私约为主。这部作品系统的将贵州苗族地区民间契约进行了收集和整理，具有很高的学术价值。此外，贯穿贵州黔东南苗族侗族自治州多个市县的清水江流域尤其是下游地区，在清代至民国时期经历了以杉木种植采运为主要内容的历史过程，并随之保留下了浩繁的山林土地契约文书及其他民间文献，这些历史文献统称为清水江文书。据初步统计，在贵州清水江流域的少数民族聚居区，大约有 30 万件各种文书收藏于民间。中山大学张应强教授与当地的文史工作者合作，开展大规模且有深度的地方文献和民间文书的收集和研究。《清水江文书》就是这一学术努力的成果之一。这些文书以清代以来的山林契约为主，也有族谱、诉讼词稿、山场清册、账簿、官府文告、书信、宗教科仪书、唱本、誊抄碑文等，对研究少数民族地区的社会发展具有重要的史料价值。[3]

田涛等在对贵州铜仁地区苗族村寨调查时，也发现了一些保存在当地居民家中的各类契约，印证了陈金全、杜万华先生的研究。铜仁地区的苗

[1] 田涛、许传玺、王宏治主编：《黄岩诉讼档案及调查报告——传统与现实之间/寻法下乡》，法律出版社 2004 年版。同样的研究还可参见田涛：《被冷落的真实——新山村调查手记》，法律出版社 2005 年版。

[2] 陈金全、杜万华主编：《贵州文斗寨苗族契约法律文书汇编——姜元泽家藏契约文书》，人民出版社 2008 年版。

[3] 参见张应强、王宗勋主编：《清水江文书》，第一辑（全 13 册），广西师范大学出版社 2007 年版；《清水江文书》第二辑（全 10 册），广西师范大学出版社 2009 年版。

族契约包括少量清代"红契"和不同时期的民间私约,被收集在《流动的土地:贵州铜仁地区土地流转调查》一书中。[1] 近年来法学界利用民间契约进行的研究工作陆续展开,其中包括利用民间契约对明清时代女性地位与权利的研究,以及民国时期契约制度的研究等。注重契约的收集和整理,不但极大地丰富了法学研究的领域,并且进一步拓展了对于传统民事法律研究的深度。[2]

二

徽州,是传统的地域性称谓,位于新安江上游,古称新安,自秦朝置郡县以来,已有2200余年的历史,宋徽宗宣和三年(公元1121年),改歙州为徽州,历元、明、清三代,统"一府六县"(徽州府:歙县、休宁、婺源、祁门、黟县、绩溪)行政版属相对稳定。徽州是徽商的发祥地,明清时期徽商称雄中国商界300多年,有"无徽不成镇"、"徽商遍天下"之说。1987年11月,国务院批准改徽州地区为黄山市。

徽州文化是一个极具地方特色的区域文化,几乎包容了中国封建社会后期民间经济、社会、生活的全部内容,近年来对徽州文化的研究,逐渐深入,被学术界称作"徽学",被认为是与"敦煌学"和"藏学"并称的中国三大地方显学之一。因此对徽州地区进行民商事习惯调查,成为我们"寻法下乡"工作中的重要一环。

在对徽州进行田野调查之前,我们先对徽州地区民间保存档案资料进行了长达十余年的采集工作,并且取得了非常丰富的成果。

我们首先到的是歙县和屯溪,在那里果然发现不少民间田宅买卖的材料,后来这个范围扩大到安徽的休宁、黟县、祁门、绩溪,及至旧属徽州今归

---

〔1〕 胡戎恩、田涛主编:《流动的土地:贵州铜仁地区土地流转调查》,北京大学出版社2010年版。书中收集苗王城村村民吴长苟家中收藏的契约共计18件,起自道光十二年(1832)《张心贤兄弟卖田红契》,至1985年《吴长苟家分关书》止。

〔2〕 阿风:《明清时代妇女的地位与权利——以明清契约文书、诉讼档案为中心》,社会科学文献出版社2009年版。李倩:《民国时期契约制度研究》,北京大学出版社2005年版。

江西的婺源县等地。令人难以置信的是，在徽州宁静的新安江两岸，至今仍然保留了大量的明、清时期的民居，与周围的大自然一起，浑然天成地构成了一幅令人沉醉的风景画。

我们大概前后去过徽州二十余次，几乎走遍了所有的县、乡，并且和当地的一些村民成了好朋友。那些徽派特有的精美绝伦的木雕、石雕、砖雕，时常令人驻足不前，而我们最为心驰神往的，还是那些保存于民间的古老的契约文书。当时中国农村的经济改革已经取得了初步的成效，农民的生活得到了很大的改善，这些竟然成为上天赐给我们的良机。我们发现农民生活改善以后，特别是当他们手中积攒了一些钱财之后，首先想到的便是下面的三件事：第一件事是盖房子，农民有了钱首先就想翻建房屋，拆掉已经住了几百年的旧房子，再按照当今流行的样式翻盖成新的房屋；第二件事就是结婚娶老婆，刚刚从“文化大革命”中走出来的男男女女，迸发出火一样的热情，记得20世纪80年代初期我们去乡下的时候，经常会遇到各种各样的婚礼宴席，这一现象显然和经济条件的改善紧密相关；第三件事便是生孩子，准确地说应该是“生儿子”，当时计划生育工作刚刚开展，主要的口号是宣传“只生一个好”和“两个更合适”，大致内容是禁止生育第三胎，似乎生两个还可以，那时绝对的“独生子女”政策尚未在农村普遍施行。随着农村基本建设的发展，在拆除旧房子的时候，有时可以发现被藏在其中的古代文献，有族谱、家谱、诉讼文书、鱼鳞地亩册，也有婚姻宗祧类的婚书、绍书，以及分家析产的阄书、分书，最多的还是买卖、典当、借贷契约文书。特别是在“大户”人家的老房子里，这种发现的机会最多。很显然，这些民间文献是被特意收藏起来的，因此有时藏在用砖头砌成的墙壁夹层中，有时被藏在屋顶上的角落里，大部分是被棕榈树的棕片包裹的，也有用旧布包裹的，发现的时候损毁非常严重，有的已经无法整理，有的需要投入很大精力加以修复后才能阅读，还有一些虽然被农民当作账簿专门收藏在箱柜之中，但历经百余年虫吃鼠咬，水渍烟熏，保存状况也不很好，因此对这些民间契约文书的修复工作，是我们面临的一大困难，并因此耗费了大量的时间和金钱。

我们从徽州得来的契约，上自明代初期开始，下至清代宣统朝，直至20世纪50年代，前后跨越四百余年，总量将近两万件。其中既有加盖了官方印鉴的“红契”，也有曾经被称作“白契”的民间私约。除少部分红契被选入

《田藏契约》中加以公布之外,绝大部分的民间私约一直没有得到系统的整理。直至2004年决定进行徽州调查之前,为了在田野调查中能够与当前仍然存在的民间习惯,特别是当代民间私约进行比较,需要对大量徽州地区民间私约进行分类整理,作为直接参照,因此才决定将历年采集的民间私约进行系统的分类和研究。由于已经取得《黄岩调查》的成功经验,并且在经济上也有了相应的收获,使这次大规模的整理徽州民间私约成为可能。

本次整理的徽州民间私约共计2692件,包括买卖契约1441件、抵押典当契约495件、借贷契约48件、租赁契约197件、合伙契约14件、析产契约59件、婚姻契约5件、继承契约7件、纠纷调解契约22件,以及难以分类的其他契约404件。

从乡土社会中直接采集标本,就如同婴儿从母亲的身上吸取的乳汁,这些乳汁源于生养我们的土地,并且是我们成长的力量。乡土社会为我们留下了丰富的历史资料,有的是铭刻在石碑上,有的被书写在契约文书上,有的被收集进宗族家谱中,对这些资料的发掘,是今天研究者的责任。而寻找和发现这些深藏在乡土社会中的宝贵资料的过程,充满着收获的喜悦,这种喜悦是在书斋里的研究者们永远无法体会的,而且这些喜悦还将成为研究的动力,使我们不断发现,不断收获,不断前行。直接取材于乡土社会的文献资料,以及因此开展的实证性的研究,不但丰富了我们的研究领域,而且对传统的"以论代史"和僵化的"诸法合体,民刑不分"之类的封闭式研究提出了挑战。乡土社会中的资料及其研究的结果,与西方学者对中国社会的研究,以及他们所归纳出来的理论显然有着明显的区别,尤其是中国乡土社会中随时展示出不同的个性,更不能支持西方学者所谓的"普世性理论"。保存在乡土社会中的大量实物资料,无论是马克斯·韦伯[1]还是哈耶克[2]们从来没有见识过,这些令他们无法想像的客观存在,

---

〔1〕 马克斯·韦伯(Max Weber 1864~1920),德国著名社会学家,政治经济学家和思想家,公认的社会学三大"奠基人"之一。主要著作有《新教伦理与资本主义精神》(于晓、陈维纲译,生活·读书·新知三联书店1987年版),《中国的宗教:儒教与道教》(王容芬译,生活·读书·新知商务印书馆2003年版),《经济与社会》(阎克文译,上海人民出版社2010年版)等。

〔2〕 哈耶克(Hayek Friedrich August 1899~1992),奥地利裔英国经济学家,新自由主义的代表人物,1974年获诺贝尔经济学奖。其自由主义思想在西方国家学术界有重要影响,著有《自由秩序原理》(邓正来译,生活·读书·新知三联书店1997年版),《通向奴役的道路》(王明毅译,中国社会科学出版社1997年版),《法律、立法与自由》(邓正来、张守东、李静冰译,中国大百科全书出版社2000年版)等。

同样对西方学者的研究，提出了全新意义上的挑战。

三

在我写作本书的时候，从来不曾安静过的中国大学校园里，又再次掀起了新的波澜。有关当局正在用行政权力，布置生存在大学里的教授们，进行从一级到十级的评定，最高的是一级，最低的是十级，其标准甚为严肃。又因此事涉及教授们的柴米油盐，一时之间我的教授朋友们便纷纷翻成“乌眼鸡”模样。或曰：“他为什么定成二级，我是他的老师，他怎么能超过我”；或曰：“把我定成三级，耻辱！我是专门引进的人才，早知如此，当初又何苦北上！”或曰：“以后这些事让二级的去干吧，我级别低，难以胜任”，又或曰：“反正老子是八级，从此可以诸事不干，养尊处优去也。”我不知道未来的历史会不会将这次大学评定的故事，记录在案，因此我把这些写进本书的前言，大概也是立此存照的意思。有人说我是体制外的人，于是我自然没有体制内的人上面那些快乐和烦恼，反而我便有了更多的时间去和我的朋友们，在青山绿水之间去寻寻觅觅，寻找着古人为我而特意保存下来的珍贵的契约文书，沿着山间的峡谷，涉过清清的溪流，翻过重重的高山，走出一条新的道路。

我怀着感激之情，感谢清华大学法学院对我的厚爱与宽容，他们为我提供了一间设在四层半的楼房中单独的办公室，八年以来我除了讲授法律文献学之外，得以在这个房间中完成了一系列的作品。本书出版的时候我已经悄悄地离开了清华大学，正如八年前我轻轻地来。在清华大学的日子，在李树勤先生、王保树先生、王晨光先生、王振民先生以及于丽英女士的帮助下，留下了令我终身难忘的纪念。我同样感谢上海大学和上海政法学院刘江江、金国华、闫立、倪正茂诸先生的关怀和帮助，感谢法律出版社，感谢至今仍然生活在徽州的朋友们，正是他们在那黛瓦白墙和山间小路上，伴着我度过一个又一个的充满愉快的每一天。感谢所有关心和信任我的朋友们，正是他们通过各种方法支持和鼓励我前进，本书是对所有的这些朋友们的真诚回报。

曾经和我一起前往徽州地区收集民间契约资料的,有参加收集整理者包括南京的王庭江、张宇澄、林海金先生,上海的华山先生和沈宏女士、唐红林、王旭先生,安徽的胡家勤、吴敏先生,天津的柏桦、刘志松先生。参加修复和整理分类工作的则有北京的唐益年、卢伟、王宏治、李建渝、邓建鹏、胡敏先生,郝维华女士、蔡玫女士、牛涛女士以及武汉的春杨女士等同仁。我的妻子李祝环女士曾多次陪同我前往徽州,没有她的支持和帮助,如此大规模地收集和整理民间私约,是不可能进行的。我的很多学生都参加了这项工作,并且借此也丰富了他们的知识。因此,本书实际上是由众多人士参加,集体劳动的成果。

我还要特别感谢美国学者曾小平教授(Professor Madeleine Zelin)、欧中坦教授(Professor Jonathan Ocko),他们不但直接参与了契约的研究工作,同时在经济上也给了重要的支持。

我的朋友李竞先生、李建渝先生、高洁女士在经济上给了我们重要的支持,正是他们这种无私的援手,才使这次徽州民间私约的研究工作得以成功。

绪　言

一

20 世纪 80 年代中期，我们正在进行对中国传统民间契约的研究，最初的发现以陕西、山西、河南、河北、山东等地区为主，即沿黄河中下游流域，在那里收集到明、清两代及中华民国时期的各类传统民事契约数千件。这些曾经被当作“变天账”的材料，当时并没有引起很大的注意，而且价钱非常的便宜。在初步研究中，我有机会看到中国社会科学院和北京大学等科研教学机构收藏的徽州契约，这如同打开了一个阿里巴巴式宝藏的大门，让我对研究中国传统契约建立了新的信心，并常常轻声地呼唤“芝麻开门”，盼望着能够亲自得到那些源于绿水青山的珍贵资料。不久我又听到北京中国书店的几位老前辈说起过，50 年代初期，他们曾在皖南地区发现并且收购了不少明、清时期的契约资料，这一信息令人大喜过望，于是决定亲自动身去寻找。首先是安徽歙县和屯溪，果然发现了不少民间田宅买卖的材料，后来这个范围扩大到休宁、黟县、祁门、绩溪诸县，及至旧属徽州今归江西的婺源县。我看到在徽州宁静的新安江两岸，至今仍然保留了大量的明、清时期的古代民居，在起伏的山峦之间，一片片飘散着稻麦香气的大小畈坡，散落其间那种用粉墙黛瓦祥和地构造出来的徽派建筑，与周围的大自然浑然一体，构成了一幅幅令人沉醉的风景画。令人难以置信的是，在这片古老的徽州土地上，竟然保存着为数众多的各种民间契约和家族牒谱以及民事诉讼等档案资料，或许是我不断地呼唤“芝麻开门”，真诚的呼声感动了上苍，为我打开了宝藏的大门，或者是我对契约研究的坚持与追求，感动了那里的山山水水，即所谓“精诚所至，金石为开”。

徽州地区有一个古老的传统，明清以来当地便有许多叫作“惜字会”的民间组织，或者早在明清时期，徽州已经以善于经商著称，世称“徽商”。据说徽州商人沿长江、新安江顺流而下，至江苏、浙江一带，似乎凡有商贾处，必有徽州人，乃至商界流传“无徽不成商”的俗语。这一现象和今天浙江温州人大量外出经商，有些相似之处。试想大量的徽商外出经营，势必会有很多与民商事行为有关的账簿和票据携带回乡，暂时交给家人收执，以备将来查用，于是当地便流行“敬惜字纸”的习惯。据说“敬惜字纸”最初源于儒家的传统，尊重孔孟的礼教被扩大到尊重天下读书人的身上，甚至进一步扩大到对写有文字的书籍纸张，以为那些书籍纸张中当有儒家经典在其中，理应倍加尊重。后来这个“敬惜字纸”的传统又与宗教结合在一起，特别是明清之际，释家、道家、儒家三教归一，在民间世俗化的思想中，带有文字的纸张被神化，因此不得随意损毁，以防止受到因果报应而带来“天谴”。我们就曾经收集一件名为《曾文正公惜字歌》的标本，原件为纸本，雕版红黑套色印刷，刊刻精美。曾文正公是曾国藩的谥号，其卒于同治十一年（1872），因此这件《惜字歌》的印制年代大约在同治末年至光绪初，即19世纪末期。下图是《曾文正公惜字歌》的全文：

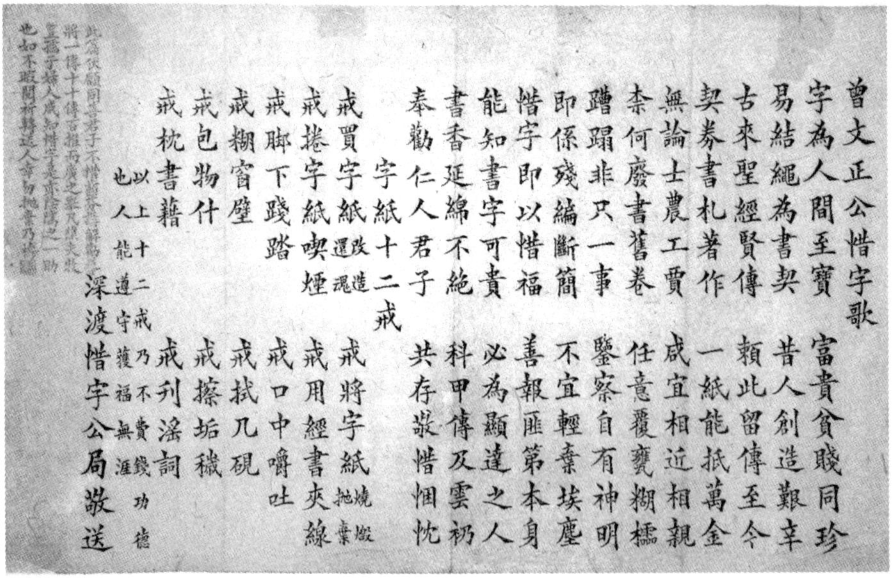
曾文正公惜字歌
字為人間至寶
易結繩為書契
古來聖經賢傳
契券書札著作
無論士農工賈
柰何廢書舊卷
躪躍非只一事
即係殘編斷簡
惜字即以惜福
能知書字可貴
書香延綿不絶
奉勸仁人君子
富貴貧賤同珍
昔人創造艱辛
賴此留傳至今
一紙能抵萬金
咸宜相近相親
任意覆甕糊糯
鑒察自有神明
不宜輕棄埃塵
善報匪第本身
必為顯達之人
科甲傳及雲礽
共存敬惜悃忱
字紙十二戒
戒買字紙還魂造
戒捲字紙喫煙
戒脚下踐踏
戒糊窗壁
戒包物什
戒枕書籍
戒將字紙燒燬拋棄
戒用經書夾線
戒口中嚼吐
戒拭几硯
戒擦垢穢
戒刊淫詞
以上十二戒乃不費錢功德
也人能遵守獲福無涯
深渡惜字公局敬送

字为人间至宝　富贵贫贱同珍
易结绳为书契　昔人创造艰辛
古来圣经贤传　赖此留传至今
契券书札著作　一纸能抵万金
无论士农工贾　咸宜相近相亲
奈何废书旧卷　任意覆甕糊檑
糟蹋非只一事　鉴察自有神明
即系残编断简　不宜轻弃埃尘
惜字即以惜福　善报匪第本身
能知书字可贵　必为显达之人
书香延绵不绝　科甲传及云礽
奉劝仁人君子　共存敬惜悃忱。

除《惜字歌》之外,这件标本还附刊了《字纸十二戒》:

字纸十二戒

戒买字纸改造还魂　戒将字纸烧毁抛弃
戒卷字纸吃烟　戒用经书夹线
戒脚下践踏　戒口中嚼吐
戒糊窗壁　戒拭几砚
戒包物什　戒擦垢秽
戒枕书籍　戒刊淫词
以上十二戒乃不费钱功德也
人能遵守获福无涯
深渡惜字公局敬送

此篇伏愿同善君子不惜齿芬讲解劝导,将一传十,十传百,百推而广之。举凡樵夫牧竖孺子妇人咸知,惜字是亦阴阳之一助也,如不暇阅,祈转送人,幸勿抛弃。乃祷。

深渡是歙县一个古渡口的地名,曾经是新安江上的一个重要渡口,即今之歙县深渡镇。据清末《歙县志》称,深渡乃一渡口,并非通衢要地,约略数百人口而已,如此一个小镇上设有"惜字公局",并不惜纸墨,雕版印制

“惜字歌”，使之广为流传，可见至清末时，民间“敬惜字纸”的影响仍然很大。《惜字歌》的主张很有代表性，歌词每句六言，合辙押韵，朗朗上口，便于记忆，如“古来圣经贤传，赖此留传至今，契券书札著作，一纸能抵万金”，一目了然地表达了敬惜字纸的本意。

民间惜字会或者惜字局的作用非常明显，在调查中发现徽州地区居民普遍有保存书籍账簿的良好习惯，而且保管得力，因此使很多民间文献得以留传至今。除了徽州之外，在我国北方，沿黄河流域自西向东，经陕西、山西、河南、河北直至山东，围绕着黄河中下游地区形成一条经济文化带。在这个独特的文化区域中，以山西为中心，形成了“晋商文化”为代表的华北陆缘经济文化区，在山西地区发现普遍存在民间惜字会组织。沿长江流域，自四川、湖北、安徽、浙江、江苏形成了以“徽商文化”为代表的江南陆缘经济文化区，在徽州地区也普遍存在民间惜字会组织。这并非一种偶然的巧合，民间有组织的将“圣经贤传、契券书札”一起保存下来，是传统儒家文化和商业经济互相联系的必然结果。正是因此我们才有可能在这两个经济文化带的中心部分，发现有很多的古代建筑得以保存，同时还可以发现大量的民间传统档案文献。令人称奇的是无论“徽商”聚居的皖南地区，还是“晋商”聚居的晋中地区，都经历过一次又一次的“革命洗礼”，在不止一次的“土地革命”中，这些土地房产买卖的契约，曾经被视作“变天账”，应当伴随“地主阶级”的命运，一起烟消云散。然而却仍然有大量的民间材料通过各种形式得以保存下来。如果仅靠“惜字会”的力量，似乎并不能完全做到这一点，这其中应当还有一种内在的非常深远的力量，一种源于这个民族深厚古老的传统力量，使自己的文化虽然历经破坏而依旧绵延不止。一个人把自己存在的环境看成得以生活的必须，于是他将努力维系这个存在，这就是生存。一个家族把以血亲为纽带的联系，看作是共同生存的必须，并因此努力维护着宗族的存在，这就是家庭。一个又一个的家庭互相的联系起来，把这种相互之间的联系看成他们赖以互相存在的必须，这就是社会。无论是个人、家庭、社会都将他们赖以生存的生产和生活资料看作其存在的前提，没有了这些便无法存在。无论是何种外力，都无法使他们放弃自己的信念，并且在顽强地保存着这一信念的同时，也保存和承传了属于他们的文化。

据报道，徽州地区流传至今的民间契约可能多达几十万件，但对这些契约进行综合性的研究工作却一直并不充分,近来除了"徽学"以地方性文化为宗旨所进行的研究以外,历史学界也进行了徽州文书的搜集和整理,并且取得了很高的学术成果。徽学是近年来兴起的一个学术领域,其特征是以地方性综合文化为中心,包括徽州的经济、历史、建筑、艺术等各方面,因此这一研究方法及其成果具有较为显著的地志学特色。历史学界则以断代史和经济史为研究方向,特别是经济史的研究取得的学术成果更加突出,以"徽商"为中心,对包括农村土地交易、茶盐贸易以及民间契约进行了较为广泛的研究,并且整理出版了《徽州千年契约文书》[1]等一系列具有较大影响的文献汇编。这是至今为止与徽州契约文书有关的最大型的一次整理工作,已经出版的资料中包括有徽州地区的历代契约、鱼鳞册、佥业册、户口清册、契税底簿等。该作品以影印形式出版,虽然保留了原件风貌,但利用并不十分方便,且编者偏重于经过官方见证的红契,而对民间私约则缺少必要的重视。此外,历史学界的学者也对徽州地区的经济史料进行过一些专门的考察研究,[2]但这些研究的侧重面仍然是以"徽商"的商业活动为中心,其中涉及的土地房产,也仅仅停留在对于契约不动产交易的价值分析研究,以及对这一地区农村土地分割和集中等占有形态作出的比较性研究。对于徽州的民间私约,尤其是民间私约中当事人的主体和私约中涉及的民事行为的研究,尚属空白。因此系统地对徽州民间私约进行专门的搜集整理和分析比较,并在分析比较的基础上进行法理学和法社会学的深入考察,显然具有很大的学术价值。但这一研究需要对传统的民间私约进行重新的认知,在以经济史为中心的资料整理过程中,往往不能将契约的完整原貌充分展现。整理者和研究者单纯看重契约文书中的经济史料价值,例如,在田土房宅等不动产交易中,可能对价格的比较分析有所侧重,而对这一不动产交易过程中当事人的权利义务关系,以及由于这一权利义务关系所导致的反映在契约中的法律现象,则普遍缺少重视。因此在一些以"徽学"或者经济史学界整理出版的徽州契约文书中,有时仅仅保留了契约的正文部分,而将当事人的签名画押,甚至中人见证等文字加以省略,不能完整地反映出徽州契约所具有的全面的文献价值,尤其是这些

〔1〕 中国社会科学院历史研究所收藏整理:《徽州千年契约文书》,花山文艺出版社(原书未标明出版年代,据该书前言推知约20世纪90年代)。

〔2〕 杨国桢:《明清土地契约文书研究》,人民出版社1988年版。

文书中所具有的法学价值。从法学意义上加以研究，契约中当事人的署名和签字画押，应当表明当事人的亲自认同，是民事契约成立的形式要件。中人见证第三人参与，则表明中国传统契约中所具有的特殊的诚信关系。在中国封建社会以及封闭的农业经济的社会环境下，参与契约建立的各方当事人之间，无论其法律地位、社会地位、经济地位都不可能完全平等，但契约的建立却应当遵守民事主体之间契约的正义原则，以实现和保障契约建立时当事人的真实意思表达。因此在中国传统契约中，第三人成为一个支点，将原本并不平等的民事契约当事人，暂时的架构在一个局部的相对平等的法律环境之上，从而满足契约正义的原则。大量的第三人参与契约的建立，同样成为中国传统契约成立的要件，形成中国传统民间契约的一种习惯，并且体现出中国传统契约和西方古典契约的区别。

二

明清两代徽州民间总计建立了多少民间契约，今天已经无法考证，随着历史的变迁，灾害、战争、虫吃、鼠咬以及人类的直接破坏，相信当初建立的大量契约今天已经不复存在，能够流传至今的应当只是其中很少的一部分。由于收藏较为分散，研究和整理的标准也有很大区别，虽然有些机构陆续出版了一些徽州契约文书，但由于整理者的研究角度有所不同，因此已经出版的这类作品普遍带有学科局限。另外，传统的契约研究，普遍地将研究重心放在对于土地交易类契约上，尤其是对于经过官方认证的红契，最为关注。这种研究方法注意了土地的分散与集中过程中的流动现象，对于历史上徽州地区土地流转的原因及其影响作出了重要的研究。官方对于土地流转过程中的管理，如土地的清查和丈量以及登记制度，如明朝末年的和清朝初年的《鱼鳞册》，清朝“摊丁入亩”以后的《柳条册》，以及这之后的《归户清册》和“烟户门牌”等，均代表了明清两朝各级政府对于土地的管理和相应的税收制度。另外明清时期的红契已经成为一种制度现象，要求买卖土地时必须使用“官颁契纸”，并且将土地买卖契约首先交由州县地方政府钤印盖章，乾隆以后还要求加贴官方颁发的契尾，并经由省级布政使司再次钤印盖章，以保证土地买卖行为的合法化。民间在土地买卖契约中，一般遵守这种制度和规定，在土地买卖契约建立后，报经州县和省布政使司两级核准盖章，并交纳税款，经过官方许可和验证过的契约，被称作“官契”。由于这种契约盖有省县两级政府的大红官印，习惯上被称作“红契”。“红契”主要用于土地、房屋等不动产的交易，而且这种交易往往与该财产所有权的转移紧密相关。对土地、房屋交易收取契税，是历代地方政府的一种重要税源。没有经过县级以上政府登记，不盖有政府机构的印章，仅在民间约定范围内产生效力的契约，被称作“私契”，或者“白契”。

从 20 世纪 80 年代后期至 90 年代中期，长达十几年的时间中，我们先后从徽州地区共计采集各类契约标本约两万件，其中少部分曾经发表于《田藏契约文书粹编》中，并且于 2000 年由中华书局出版。当时有已故的郑秦教授和著名的美国学者宋格文教授一同主编，这次大约收集了各种徽州契约近五百件，其中最为主要的是“洪氏编年契约”，以及明清两代的红契。当时我们在徽州调查中获得的白契，尚没有进行全面的整理，因此对于白契的认识当时尚不充分。2002 年开始我们再去徽州进行调查和采集工作，此时已经将工作重点放在对于白契的研究上了，这一时期在徽州朋友的帮助下，采集了休宁、黟县和今属江西婺源的大量民间白契。2004 年和 2005 年我们又组织了两次专门的徽州调查，由我和中国政法大学王宏治教授、南开大学柏华教授负责，共分为三个小组，前后历时两年，分别对整个旧属徽州地区的各县进行了专门调查，调查的重点为徽州民间私约和徽州民间习惯两个方面，在这次调查中我们又分别采集了一批民间契约文书。

我们对徽州契约搜集整理中发现除了红契和土地证照证书以外，普遍存在的民间私约，无论从形式到内容更具有直接的法学研究价值。在民间私约中，可以包括买卖、抵押、借贷、租赁、合伙、分家析产、婚姻家庭、宗祧继承、纠纷调解、财产交换、劳务承包以及其他的大量民事行为。民间私约的称谓也非常复杂，经过对两千多件明清以及民国时期民间私约的整理，归纳出徽州民间私约的主要名称，包括以下百余种。如：买卖契约的名称有卖契、山凭、退业契、交业契、清据、交业据、杜断卖契、加价契、卖大小买契、过割契、便卖契、绝卖契等；抵押典当契约的名称有典契、转典屋契、抵契、当契、抵押契、转当园契、当大小买园契、转当大小买契、典约、抵押借字、典押契、出典屋契、顶契、断骨契、找贴契等；借贷契约的名称有借据、借票、借字、借抵字约、清算契、收领契等；租赁契约的名称有佃约、退小买园契、租批、承字、租约、承种约；合伙契约的名称有合文约、合墨、公会合同、摽分山业合同、合同文约、合伙生理约、合伙文约、会券、合同、储蓄公会章程、议据、议单；析产契约的名称有分单、扒单、阄书、分书、合同、合同议约、分家书等；婚姻契约的名称有许婚书、出继证书、礼单、出卖发妻字、自由改嫁书、招婚文据、入赘书等；继承契约的名称有批字、义继文书、兴膳茔永远标祀合同、养节膳田契、遗嘱、出绍书；纠纷调解契约的名称有清单、批字、收贴粮字、劝议合墨、合墨、遵劝和睦字、议据、布告等；其他契约的名称有合同、合同文约、推单、承看守抽分合同、换约、严禁约、收据、合同起局经收税粮早完免累并清理户册文约、免费立章以保祖产以正族规合同字、分山开葬合同、关书、债务调查证明书、劳资解雇书、对换字等。

如此之多的名称之间，经比较在徽州地区均被普遍采用，不带有特殊的地域色彩，在整个徽州地区互相混用的现象更为常见。此外通过分类比较，还发现无论是明代，还是清代乃至于民国期间，上述契约的名称一直在延续使用，而没有随着历史和时间的变化而发生明显的改变。有些民事行为还普遍采用“合同文约”的形式，总之以徽州地区为地域环境，包括明清以降直至近现代，徽州民间私约的名称并无显著区别。

三

在已经出版过的徽州地区契约文书中，除了未能完整的将这些资料的全部文本进行如实表达以外，大部分材料缺少县以下的发现地，从而使这些契约文书因为失去了发生地，而失去了很多价值和意义，也无法对该契约的发生地和当代民事契约的发展关系进行明确比较。我们在调查和采集中已经注意到了这一点，因此在契约整理时，对于契约原发生地进行了必要的重视，本书中所分析和比较的契约，均有县级以下的契约原生地，在调查报告中甚至注明了这些契约产生的乡镇或者村庄，因此使这些契约具有更为微观的研究价值。

本次整理的徽州民间私约中,我们对这些民间私约进行了系统的分类,为了研究方便,重新进行了定名,在定名时首先注明该契约发生的年代,并以契约中原有的朝代庙号纪年为主,并在其后用括弧内(公元纪年)加以表示。其后以当事人的名称和原契约中的契约行为作为定名的主要根据,一般不按照现代民法中的民事行为加以概括,以尽量保存原有契约的面貌。如:

成化五年(1468)王道晟等三人立卖山契(黟县)

西里都瑞云寺砧基王道晟同弟道德、云岫,今有山一号座落本都,土名塘坞,西边直进□坞心上降。今无钱了纳钱粮,自情愿将前山并在老粧木直尽行立契出卖与大惟都王名下为业。面议时价银二两整,前去足讫,其山听自宗可拨斫栽坌无词。今恐无凭,立契为照者

成化五年十月十六日　立契人　王道晟(押)

道德(押)

云岫(押)

中见人　程富清(押)

(老契王朴收贮　抄白付陈福收照)

(半书　　商□□为照)

原契约无名称,标题为本次研究时所加,其余则均按原契约的文字内容进行抄录。

在文字整理过程中,契约的文本修复由第一历史档案馆唐益年先生等协助完成,拍照和抄录工作由田涛、王宏治、李建渝、李祝环、郝维华、王旭、邓建鹏、春杨、王宵兰、高鑫、高菲、候春杰、陈怡星、陈洒洒等同仁共同完成。在整理时对契约加以了重新定名,定名时尽可能保存原有契约的原始名称,仅根据标本的采集记录进行了编号,增加了纪年和当事人的名称,并且在契约的后面表明了采集地点。在整理时对契约的原文全文照录,个别文字不清的以"□"的形式标注,契约原件原为繁体字,为了研究者的方便,一律改为简体字,遇有俗体字的文字,直接径改为标准化的通行字。原件中明显的错别字,加以改正,改正时保留原错别字,并在改正后的字外面加括号以作表示。契约中有盖章时,标明加盖印章并注明印章文字,契约中当事人的画押,包括十字画押、变体花押等,一律采用在括弧内标注

“（押）”的方法加以显示，契约中有指纹或者掌纹的，标明指纹、掌纹。契约中有骑缝文字的，以“（半书）”的形式加以说明。契约中的附加文字，无论附加文字的加入时间，一律在契约正文后加以抄录。契约中加贴有其他附件的，以“加贴”的方式加以说明，并在加贴的后面，附录加贴附件上的文字内容。

如另外一件采集于祁门县的标本：

嘉庆九年（1804）曹大□断骨出卖山坦契（祁门）

自情愿立断骨出卖山并坦契人曹大□，原承祖遗有山一号并坦四块，坐落土名柿树木，计税三厘八毫一，四至悉照鳞册为凭，不必开述。今因母病急用，自情愿央中将坦四块并近邻山场及杂木荼丛一并尽行断骨出卖与德宣兄名下为业。三面凭中议定，时值价银　两　钱正。其银当日是身亲手收讫，所是税粮听至本家新生户内割纳，查收无阻。随契过税，不必另立推单。其山坦自今卖后，悉听买人栽种取用管业无阻。未卖之先，与本家内外人等并无重张交易，如有不明等情，是身自理，不干买人之事。其米租与别号相连，不便缴付要证将出无辞。今欲有凭，自愿立此断骨出卖山并坦契为照。

嘉庆九年七月　　日情愿立断骨出卖山并坦契人　　曹大□（押）

见伯父　　兆椿（押）

兆枝　　（押）

见叔　　兆炎（押）

依书见叔祖信扳　　（押）

原件无名称，现标题为本次研究时所加，其余均照原契约的文字内容照录。

在整理过程中，我们发现上述两件买卖契约在年代上分属明、清两朝，相距 336 年，当事人和标的物以及交易的对价有所不同，但契约的形式基本相同。经过比较研究，明、清两朝直至民国时期，甚至当代，徽州地区买卖类契约的基本格式为：

买卖契约名称→卖方当事人→出卖理由→标的物介绍→中人参与→买受人→交易对价→瑕疵声明→权利担保→立契为凭→签字画押。

买卖契约的名称较为复杂，但最常用的是“断卖”、“断骨卖”、“便卖”、“绝卖”等。卖方当事人均为实名表达，如果当事人为女性，需要将子女或者其他人共同署名，才能成为在买卖契约中合法的当事人。出卖理由的表达方式很多，通常为母病、父病、无钱纳粮、家贫无力、无钱用度、今因正用等，以表示买卖行为的正当性。这一现象和国家成文法的限制性规定有着历史渊源关系。据《唐律疏议·户婚》载：“诸卖口分田者，一亩笞十，二十亩加一等，罪止杖一百；地还本主，财没不追。即应合卖者，不用此律。”对即应合卖者，《唐律疏议》解释为“即应合卖者，谓永业田家贫卖供葬，及口分田卖充宅及碾硙、邸店之类，狭乡乐迁就宽者，准令并许卖之。其赐田欲卖者，亦不在禁限。其五品以上若勋官，永业地亦并听卖。故云‘不用此律’。”明、清时期国家法律虽递有变化，但民间交易习惯已经形成。清代中期以后，土地田房买卖中理由表达开始陆续松动，直至民国后期，才在近现代法律的影响下发生彻底的改变。在以农业经济为主的社会条件下，把人和土地紧密的结合在一起，成为一种特定的生产模式，国家从这种生产模式中取得税收和劳役。如果人离开了土地，就成了流民，反之，土地离开了人的耕作就成了荒地。正是因此，在以农业经济为主的传统社会中，防止人和土地的分离，成为一种必要的政治和法律措施，于是土地田房类的买卖交易，必然受到相应的限制，也因此在民间契约中得以反映和表现。

土地田房类买卖契约中标的物的介绍大体上可以分为两种，首先土地买卖时需要标明四至，或者在鱼鳞册、柳条册、地亩册等登记管理上的土地标识，如某字某某号田一宗，实际土地面积。《鱼鳞册》是明朝末期开始推行的一种土地清丈登记，由于在这种土地册簿中将税户名下的宗土地按照地形地貌分别绘图表示，在册簿中形成一个个类似鱼鳞状的图形，故被称作“鱼鳞册”。清初推行“摊丁入亩”以后，赋税形式将人丁和土地联系在一起，土地面积和形态不再绘入册簿，宗地描述改成一种分划竖形条格的形式，其形状如同一片片树上的柳叶，故被称作“柳条册”。在历史上这两种形式交替使用时，也被称作“鱼柳册”。清朝中期以后，土地交易过户完成之后，将宗土地载入该户的“归户清册”，每年进行核查登记[1]。

---

〔1〕“归户清册”的样本详见田涛、郑秦、[美]宋格文主编：《田藏契约文书粹编》（第一册），中华书局2001年版，第132页，编号271。

房屋类买卖中需要对出卖的房屋位置、房屋间数进行说明，有时会细化到“门窗户壁一应俱全”。中人的参与成为买卖契约的要件之一，中人的称谓常见的有“中人”、“见人”、“中见人”、“凭中人”、“君间”、“中证”等，虽然在表达上有所不同，但在契约建立时成为中介和见证一方的作用基本相似。在买卖契约文本中，通常被写作“凭中”、“三面言定”、“挽中”等，以表示中人在契约建立时作为第三人参与。同时还在契约的签认证部分，要求中人进行签字画押，以表示中人参与及亲自认同的程序。

买受人在买卖契约中经常被淡化，部分契约中以实名出现，少数仅说明买受人的姓氏，并不要求买受人在契约上进行签字画押，但契约建立后，标的物和契约同时转入买受人手中，买受人持有买卖契约，在于表示其财产来源的合法性。交易对价在不同的历史时期有很大区别，并且有货币支付或者实物支付两种形态，在平常年分以货币支付为主，在灾害年分还可以见到用粮食作为支付的方法。

中国传统民间私约中，在买卖契约中普遍存在瑕疵声明和瑕疵担保，“此前并无重复交易”、“此系两愿，无威逼等情”、“如有内外亲等异言，有身承当，不干受业人之事”、“所有花果树大小拾四株将来年分之内，若有虫蚀枯萎折断，各安天命，不得藉此生端。”、“树木花草、一应在内”、“围墙井窖并无短少”。上述瑕疵声明中包括了标的物中显性瑕疵和权利瑕疵两种，前者如“树木花草、一应在内”、“围墙井窖、并无短少”、“虫蚀枯萎折断，各安天命”等，这些瑕疵声明出现在买卖私约中显然起到明示告知的作用，并且在可能出现的纠纷中成为抗辩理由；权利瑕疵的声明，几乎在所有的买卖契私约中均可见到，通常写作：“此前并无重复交易”、“此系两愿”、“（标的物）不是寒盗而来”、“如有内外亲等异言，概由卖主支当，不涉买主之事”等。这种权利瑕疵的声明，意在排除买受人在买受后可能出现的纠纷，声明不存在权利障碍，并明确表示当遇有标的物财产权利发生纠纷时，预先申明卖方的担保责任。从现代民商法中与买卖行为相关的制度中，也可以找到类似的瑕疵声明和瑕疵担保。但在传统民间私约中，已经能够将这一与标的物瑕疵和权利瑕疵的声明与担保表达的较为完整，值得法学界和历史学界给予充分的重视。并且从中发现无论是东方还是西方，在各自不同领域中，各自独立发展的法律体系中，存在具有普遍同一性的价值规律。

在买卖私约中最后一部分是结束语和时间标识、当事人签字画押。结束语一般写作“恐口无凭,立契为据”、“立此卖契存照”等,表示契约的建立,同时带有传统的信证色彩。立契时间标识,明、清两代一般使用当时皇帝的庙号纪年,如“天顺”、“万历”、“康熙”、“乾隆”等;民国以后采用民国纪年,新中国成立后,一律使用公元纪年。当事人认同是买卖契约的最后部分,一般由卖方首先签字认同,并且采用本人亲自画押的方法,画押可分为文字花押和十字花押两种,民国以后,十字花押继续使用,并且开始出现钤印私章和摁指纹;新中国成立后,花押的形式逐渐消失,普遍流行印章和指纹两种。除卖方签字画押以外,其他中人、见证人、代书人以及参与契约建立的第三方,均需要在契约上签字认同。除买卖私约以外,其他的私约中也需要通过签字画押以表示当事人的认同,但以乡规民约形式出现的民间私约,不再需要第三人的参与,同时只需要立约人的签字画押。

少数买卖私约在契约成立后出现后期找贴现象,这些找贴的情况,在契约中以“加批”、“再批”、“又批”等形式出现,这一现象与民间流行的土地田宅买卖中的“找贴”习惯有关。类似找贴的现象在我国南方地区较为常见,我们在浙江黄岩调查中发现,找贴的现象在当代农村建立买卖类契约时,仍然时有使用。[1]

经过整理发现在徽州地区的民间私约中,除买卖类私约以外,抵押典当类的民间私约占第二位,说明在当地的民事行为,以买卖和抵押典当类最为频繁。这一现象在以后的徽州民商事习惯调查当中,被进一步得到证实。

徽州民间抵押典当类契约,均为民间私约,在抵押典当行为中,包括土地房产在内的标的物所有权并不发生转移,只是将标的物作为抵押物进行担保,并且在抵押结束后可以将标的物赎回,如果到期不能赎回,则通过建

〔1〕 详见田涛:《被冷落的真实——新山村调查手记》,法律出版社2005年版,第174页。另参见《民事习惯调查报告录》,前南京国民政府司法行政部(编),胡旭晟、夏新华、李交发(点校),中国政法大学出版社1997年版,该书第二编第十一章中载有:“查现行律载,卖产立有绝卖文契,并未注有找贴字样者,不准贴赎。如契未载绝卖字样,或注定年限回赎者,并听回赎。若卖主无力回赎,许凭中公估找贴一次,另立绝卖契纸,是法律上卖主找贴之权,实以契上未载绝卖字样,或注明回赎年限者为限。且找贴以后,尚须另立绝契,则绝契之外本无另立找契之明文,乃该习惯竟以同时分立正、找两契与一契绝卖,为分别绝卖、活卖之惟一标准,已与现行律律意不合,且使名虽写立绝契,实为活契之契纸。”

立买卖契约的形式，将标的物进行交割，因此在一部分民间私约中，抵押典当私约可以看作是买卖契约的准备过程。

徽州民间抵押典当类私约的称谓主要有典契、转典屋契、抵契、当契、抵押契、转当园契、当大小买园契、转当大小买契、典约、抵押借字、典押契、出典屋契等，其中主要可以分为"典契"和"当契"两种，其中以典契为主要形式。

如：

康熙三十九年（1700）王尔锡出典房屋契（歙县）

立典契人王尔锡，今将原羔字号土名程横干于上厝屋一所，出典与方名下安厝二棺。凭中三面议定，得典价九五色银二十两整，其银当即收足，其厝随交管业。言定以十年为则，银不起利，其厝并地不起租，期满将原典价听凭赎回，二各不致推诿执阻无异。恐后无凭，立此典契存照。

康熙三十九年十月　　日立典契人　　王尔锡（押）

君间　　方楚芳（押）

方志善（押）

潘若文（押）

方淑予（押）

王乾若（押）

奉书男　　鸣銮（押）

此业转典雄村曹宅，得受典价十四两，四十九年转典。

上述典契是清朝比较典型的标本，出典人王尔锡，受典人为方姓，标的物为临时安放棺材的厝屋一所，典价白银二十两整，典期十年，期满按原典价不计利息回赎。从中可以看出带有明确的抵押担保色彩。明、清两代国家成文法对民间以土地田宅为标的的典期均有比较具体的规定，《大明律·户律·田宅》将田宅的买卖和抵押作为一条"典买田宅"，规定："凡典买田宅，不税契者，笞五十。仍追田宅价钱一半入官。不过割者，一亩至五亩，笞四十，每五亩加一等，罪止杖一百。其田入官。若将已典卖与人田宅，朦胧重复典卖者，以所得价钱计赃，准窃盗论，免刺，追价还主。田宅从原典卖主为业。若重复典买之人，及牙保知情者，与犯人同罪。追价入官。不知者，不坐。其所典田宅、园林、碾磨等物，年限已满，业主备价取赎，若典主托故不肯放赎者,笞四十,限外递年所得花利追征给主,依价取赎。其年限虽满,业主无力取赎者,不拘此律。”明朝将土地田宅的买卖和出典同样要求立契纳税,所谓“税契”,就是经过官方登记纳税形成的红契,不建立税契者被处以刑罚。对“所典田宅、园林、碾磨等物,年限已满”允许回赎,“典主托故不肯放赎”也将处以刑罚。但法律没有规定具体的回赎年限,而依从于当事人的约定。[1]

《大清律例·户律·田宅》中“典卖田宅”一条,则全文照搬了《大明律》的规定,没有作出任何修改。但在清朝不断增加的条例中对典契分别给予了具体的期限,如二十年至三十年不等,至乾隆朝则规定典期过三十年者,不得回赎。

由于历代官方对出典与买卖的管理存在相似之处,并要求无论典卖,都要纳税立契,但民间在实际契约建立时,除必须经过官方登记过户等需要时,大部分典契均为民间的私约形式。“当”是民间对质押行为的一种俗称,属于民事活动中的担保行为。明清两代国家制定法中没有关于担保的具体的规定,因此主要受民间习惯的制约。徽州地区长期存在典、当混淆的现象,同时在整理中还发现大量存在的典当类契约,均未经报官登记纳税,形成典当契约一种独特的民间私约形式。

除典契外,徽州民间还经常使用“当契”,如:

嘉庆二十三年(1818)叶鸿开叶有祥土地典当契(祁门)

立当契叶鸿开,为因正用,凭中亲叔彩成,今将祖遗土名洪林塘内外大小买田两坵,出当与亲叔有祥名下为业。计六十串钱五十两正,三面言定,听凭早晚取赎,不得阻挡。其钱当即收足,其田随即管业,此係两愿,各无异言,恐口无凭,立此当契存照。

嘉庆二十三年三月　日　　立当契　　叶鸿开(押)

中见　　叶彩成(押)

代书　　叶文瓈(押)

道光二年十一月收过钱二十五千文

[1] 明朝《问刑条例》等条例中对土地典期虽然也作了一些规定,但仍然不够明确,如《问刑条例·典卖田宅条例》规定:“告争家财田产,但系五年之上,并虽未及五年,验有亲族写立分书已定,出卖文约是实者,断令照旧管业,不许重分再赎。告词立案不行。”这一规定表明对于土地田宅典卖诉讼时效的具体规定,不是出典期限的具体规定。

除收该找钱十千文

上述当契也是徽州地区比较典型的标本，出当人为叶鸿开，受当人为叶有祥，抵押物为田两坵，当价六十串钱五十两整，当期早晚回赎，利息未作约定。通过上述两件契约的比较，可以看出，同属于一种民间担保行为，但典契通常注明典期，以备回赎，当契有时不注明当期，或者以“听凭早晚回赎”，以表示期限模糊，可能是一种契约建立时的特别约定，其目的在于典契被回赎的可能性较大，而当契在经过追找价款后，最终成为买卖行为。但在买卖契约建立之前，当契同样可以回赎，因此可以从中发现在徽州典当契约存在互相混用现象，只是为将来可能出现的买卖行为提供准备，才导致典契和当契之间的细微差别。

在已经整理的徽州契约中，除买卖和典当类契约占绝大多数以外，民间经济行为中的借贷契约、租赁契约、合伙契约、析产契约等，同属民间私约中的重要组成部分。这些契约均为私约形式，基本上不经过官方的登记管理，也不需要交纳税款，仅仅在当事人之间建立即可。这一现象表明，民间私约的存在与民间的当事人自治有着重要的关系，同时由于在自然经济环境下，借贷和租赁行为是经常发生的，特别是土地耕作权的租赁、山林开发权的租赁以及其他一些租赁行为，是农村自然经济具有普遍意义和非常典型的民事行为。这一民事行为通常发生在村落和家族之间，当事人之间处在同一熟人社会的地域环境中，租赁标的物处在一种用益物权状态，标的物所有权不发生转移，因此这种契约的权利义务以及风险可以在民间私约中得到充分满足。这些民间自由状态下的经济行为，需要以乡村社会中普遍存在的诚信体制加以维护，以便在契约出现风险时，通过民间自治能力提供救济。因此这类契约在建立时往往需要大量的见证人，其中见证人的身份地位和在当地环境下的资信能力成为一种重要的保证。

徽州民间存在一种被称作“会券”的民间私约，属于民间自助性的经济行为，并带有分期付款和分段计息的特色，先用钱者在后期将分期支付本金和利息，后用钱者则享受利息，因此这种摇会的形式既有民间互助的色彩，也充分带有民间借贷和高利率的明显特征。民间摇会的形式在全国各地均可发现，但徽州地区保留的会券较多，这一现象一直到 20 世纪 50 年代初期，农村信用社的建立才逐渐消失，近年来民间自发的借贷形式有所抬头，利率普遍高于国家规定的利率，但由于当事人对此持秘而不宣的态度，有关这一方面的新产生的民间私约，尚未发现。

此外徽州民间私约中还包括婚姻、继承等民事行为，以及纠纷调解等内容，这些民事行为不发生直接的财产权属变更，根据明清法律的规定，也不属于官方直接管理的范畴，因此更为直接的受到民间习惯的约束和调整，通过这类民间私约的研究，对我们了解传统社会中的民事法律关系有着更为直观的作用。除此之外还有一些民间私约无法归到上述民事行为中，且内容也较为杂乱，有的是村民之间或者宗族之间，有的甚至是乡村保甲之间共同订立的具有村规民约或者其他“公约”性质的合同，这类合同所调整的主体范围，较之一般民间私约为广，因此显得更有重要的研究价值。在其他类契约中包括一些规约性质的私约，以清代徽州婺源县汪添等共立公会合同为例，乡规民约有时以共立合同的形式出现，如康熙五十九年(1720)汪添等九甲公会合同中，参与共同制定规约的共有地方保甲中的八甲，共同“立议亟公会合同，一甲汪添、二甲汪德泽、三甲汪魁、四甲谢添、五甲汪祓政、六甲汪楼、七甲汪加、九甲汪元、十甲汪德徵共九排等”。大家约定“备后现役张本惟在同会之人一乃心齐乃力，矢公矢慎，以襄乃事，更垂戒厥。后须念门户之艰难，体创业之苦心，世守勿替。毋贻鲜终之讥，则为更累亟公悠久无疆之胜会矣。今欲有凭，立此合同一样九张，各执永远存照”。在同姓宗族中，有时也以共同订立合同的形式作为一种民约，要求参与制定的人共同遵守。在徽州婺源采集到的《雍正七年(1729)汪宗良汪宗远等分山合同》，参与约定的共有汪姓宗良公房和宗远公房支下子孙多人。家法族规的形式，除刊刻石碑晓谕周知以外，更多的是以契约的形式出现。乡规民约制定的一方成为约定者，参与约定的各方均在这种乡规民约的文本上签字画押，表示亲自认同，并且同时也作为权利义务的当事人。

民间契约文本名称虽然大多数采用“合同”的形式，但与我们今天民商事活动中的“合同”仍然存在很大区别，经过我们对大量合同文本的比较研究发现，虽然古今合同的形式有别，但有一点是相通的，那就是立合同的当事人之间都尊重双方的合意，合同的制定是双方意思自治的结果，并明确规定有违反约定应受的惩罚，虽然轻重不等，但不可否认这从本质上体现了诚信的契约精神。清朝的乡规民约中保留了传统儒家思想中的说教色彩，有一些乡规民约以教化的形式出现，但绝大多数的乡规民约是以“契约”的形式出现，这种乡规民约保留了封建社会国家成文法和地方法规的大量文本特征，即以条目的形式出现，如上文所说的“一”、“一议”，表示一个相对独立的内容，这种形式和清朝的国家成文法中“一条”、“一款”的表达方式相互一致。这种条目编排的形式不但有利于当时的立法者和参与约定者掌握，在执行中也更加明确和具体。

我们从采集的标本中选择出二千余件进行分类研究，经过统计的方法，比较出徽州地区民间私约发生的概率，以便从中寻找出其中的规律。另外又对一百二十八件民间私约进行了逐一的分析研究，这种类似解剖麻雀的方法，可以得出非常具体的并且具有个性化的结论，借此判断徽州地区民间私约的内在特征，以及根据这些特征所归纳出的具有普遍价值的结论。使用的全部材料均是我们亲自采集的标本，这些标本带有发生地的重要信息，对这些新的材料，使用新的方法进行的研究，显然可以得出新的结论，从而突破以往的理论先行和所谓“契约法”的概念性局限。传统社会中是否具有今天意义上的“契约法”，是一个颇为引人关注的话题，传统民事契约必然受到其发生的时代和地域性的约束，并且必然受到源于国家成文法和宗族制度以及乡土习惯的互相制约，这些制约没有超越国家制度和社会习惯的范畴，但尚不能就此证明已经出现了具有典型意义上的“契约法”。

近年来对于中国古代民法制度的研究正在深入发展，其中民事契约的研究也在不断深入，这些研究对已经趋于固化的传统的研究方法提出了挑战，同时也进一步开拓了中国法学研究领域。对民事契约的研究特别是对民间私约的研究，使我们看到传统社会中的人对于自身权利尤其是财产权利的重视，使我们看到传统社会中人与人之间的信用关系及其局限，同时还使我们进一步了解到传统社会中的诸多现象，并不能从简单的阶级斗争理论中找到令人信服的科学的答案。当然对于传统契约特别是民间私约的研究，不能证明已经被普遍接受的所谓“古代法律和古代社会”所存在的“出刑入礼，刑礼兼得，诸法合体，民刑不分”，以及根据这一理论稍作演化而成的所谓“诸法合体，民刑有别”的结论。

一、徽州民间私约的源与流

（一）

继黄岩诉讼档案及调查之后，我们于 2005 年、2006 年组织对徽州民间私约和当地民商事习惯进行了专门调查。调查的目的主要是期望通过调查发现和搜集保存在徽州地区的民间私约，这种私约在形式上有时也被称作“民间白契”，所谓白契是针对“红契”而言的，这是一种传统的契约分类方法。红契指民间买卖建立的契约，经过官方认证或者纳税后，盖有官印的契约，由于契约上的官印使用红色的印泥，故因此得名——红契。白契原指民间私下订立的契约，其中除买卖契约外，还包括有婚姻、继承、合伙、结社、析产等其他各种民事行为，这类契约有的不需要官方认证，有的可能由于经济上的需要或者逃避税收等原因，回避了官方的认证，因此这类契约上没有加盖官方的红印章，因此在习惯上被称作——白契。关于红契与白契的区别，在以往的研究中，将红契简单认为是纳税后盖有官印的契约，或者将白契认为是民间私定，未经纳税，或者逃避税收的契约。这种分类是以纳税与否为界限的，其前提条件是因契约的成立，而存在的纳税义务。但事实上并不是所有的民间契约的成立，都必然存在纳税义务，有些民间财产或者财产权利的转让，以及借贷、继承婚姻等行为，不需要当事人就此承担纳税义务，所以这种按照纳税作为界限的分类方法，不能够作为传统民事契约的分类依据。

首先我们看到明、清以来的大量“红契”，其建立契约的目的主要用于土地、房屋等不动产的交易，这种交易与该财产所有权的转移紧密相关。双方建立契约以后，到官府去投税并进行盖章验讫，成为纳税义务的一方。就官方而言，是一种征税途径，通过对诸多红契的观察分析，可以发现这种税收的比率并不大，一般在百分之三上下，而且由买方承担主要部分，出售方仅承担次要部分，有时甚至出售方无须承担。如果说是有意规避税费，那么作为出售一方并没有这种必要。作为买受方，在支付了收买这些不动产的价款之后，相应需支付的税费并不高，就维护其所购买的财产权利而言，有意地去逃避税费，不但不能保证其交易行为的可靠，甚至会因他的非法行为使所收购财产的权利受到影响，加大交易风险。历史上对于土地房产等不动产交易，普遍实行登记制度，往往在交易之后还需要办理“推税”、“过户”手续，如果不取得官方对契约的认定，将会对以后一系列的相关活动带来不利。〔1〕

据历史记载，晋朝已经开始出现官方对民间交易契约加盖官印的管理方式，并因此产生了红契。红契的产生和纸的发明有着直接关系，不难设想在使用纸书写契约文书之前，无论是最早的甲骨文字，还是铸在青铜器上的文字，甚至秦汉时期的竹简木牍，虽然已经出现契约的早期形式甚至相应的管理制度，但不可能在这些介质上加盖官方的印章。纸的出现为契约的发展提供了重大的转变，从此才开始出现“红契”和“白契”的分野。

传世的唐朝法律《唐律疏议》卷二十八杂律《买奴婢牛马不立券》“诸买奴婢、牛马驼骡驴，已过价，不立市券，过三日笞三十；卖者，减一等。”对于交易中应当纳税而不纳税的比照盗贼处以刑罚，据《唐律疏议》卷十五《应输课税回避诈匿》“诸应输课税及入官之物，而回避诈匿不输，或巧伪湿恶者，计所阙，准盗论。主司知情，与同罪，不知情，减四等。”〔2〕

明朝对于民间典卖田宅税契的规定更加详明，如《大明律》卷第五户律《典卖田宅》：“凡典卖田宅不税契者，笞五十。仍追田宅价钱一半入官。不

---

〔1〕 这一观点最早出现在由田涛、郑秦、［美］宋格文主编的《田藏契约文书粹编》中，中华书局 2001 年版。详见田涛先生撰写的前言。

〔2〕 引文见（唐）长孙无忌：《唐律疏议》，法律出版社《中华传世法典》1999 年 9 月。《应输课税回避诈匿》法条下疏议曰“‘应疏课税’，谓租、调、地税之类，及应入官之物，而回避诈匿，假作逗留，遂致发阙及巧伪湿恶，欺妄官司，皆总计所阙入官物数，准盗科罪，依法陪填”。

过割者，一亩至五亩，笞四十，每五亩加一等，罪止杖一百。其田入官。”清朝《大清律例》除继续沿用上述规定外，还在条例中增加了八旗官兵买卖田宅人口，交由左右翼宗旗交兵部给予执照，导致出现汉人交易到地方官府办理契约交纳税费，旗人由左右翼宗旗盖印给发执照的方法，从而出现了在清朝红契中具有汉人官契和旗人长契两种特殊形式。[1]

另外，根据对宋元以来民间诉讼的研究，特别是对明清民事诉状的研究，可以发现在涉及民间土地房产等不动产交易时，红契可以作为直接证据，在司法实践中成为标的物来源的合法保障。

红契的证据效力显然高于民间白契，首先红契是经过官方认证的契约，虽然由于历史的原因，朝代有所更替，但为了保护红契的合法性和稳定性，后代朝廷对前代朝廷认证过的红契，予以承认和保护，并称之为“远年红契”。这一措施既保护了民间财产在变迁或者遗传过程中的安全，也增加了民间契约在成立时对于官府的信任。当引起诉讼的时候，契约可以作为财产来源的重要证据，但白契的证据效力明显降低，有时甚至得不到官府的认可，在土地房宅类的司法审理过程中，当必须使用白契作为证据时，仅作为“私证”，因此还需要其他的旁证加以辅助。如在很多案件中要求中人到场作证，四邻和乡村绅士或者保甲长到场作证。如果是红契，则可以作为直接的证据，这表明无论民间和官府看中的是经过官方认证后的公信力。

《大清律例》卷九《户律・田宅》所附乾隆三十三年（1768）新增条例中规定：“凡民人告争坟山，近年者以印契为凭。如系远年之业，须将山地字号、亩数及库贮鳞册并完粮印串，逐一丈勘查对。果相符合，即断令管业。若查勘不符，又无完粮印串。其所执远年旧契及碑谱等项，均不得执为凭据。即将滥控侵占之人，按例治罪。”

宋朝的文献中已经有了在民事诉讼审理中，查验契约作为审理证据的记载，据《名公书判清明集》一书中收入的《以累经结断明白六事诬罔脱判

[1] 关于旗人长契的定名，始见于田涛《田藏契约文书粹编》前言，这种契约仅在满族八旗中使用，标的物转让时将来源契约即所谓“上手老契”粘连在左侧，每典卖一次均要将上手契约依次粘连，如果该标的物多次转让，则一直加以粘连，并由左右翼宗旗加盖嵌缝印鉴，形成很长的一件完整契约，有的标的物自康熙至清末转手十余次，结果十几张契约粘连在一起，形成一件长达十几米的长契。

昏赖田业》一案中，有云：“在法：契照不明，经二十年，买、卖主亡殁者，官司不当受理。止据陈鈇系是继绝子承绍，契书不见一十四契，砧基簿亦收在长位。黄文炳身后，其孙黄清仲等，豪猾健讼，知其契照不存，又田坐落其门前，遂改砧基，作原典陈宅取赎。赵知县索契证对，而陈鈇无契赍书，又未讨得砧基簿出，不惟赵知县疑其果是典业，匿契不肯赎还，虽陈鈇之干亦不敢执为买产，故赵知县只凭黄清仲偏词，将钱二十八贯足寄库，给据令黄清仲为业。”〔1〕

现存明、清状纸中，在状纸的尾部均附有《状式条例》或称《状式》的附带条款，作为呈写状纸时必须遵守的规则。书写状式时如果违背了《状式条例》的规定，官方将不予受理，因此这种《状式条例》也可以作为明、清时期地方官府受理自诉案件的条件。《状式条例》的条款不同时期不同地域虽然互有区别，但其宗旨却是基本相似，并且可以从中明显地观察到具有的沿革特征。〔2〕

《状式条例》到了清朝，逐渐变得更加明细，如清朝《乾隆二十年徽州黟县汪淳告江六女土地纠纷一案诉状》的规则共有十二条，内容为：

状式条例

一、事在赦前及远年(以)[已]结之案翻告者不准。

一、怀挟私忿将不干己事摭拾捏控，及违禁纪纠众公呈者，除不准外，是拿治罪。

一、事非命盗，被告不得过三名，应审干证俱不得过二名。如故违，牵

---

〔1〕 中国社会科学院历史研究所宋辽金元史研究室(点校)：《名公书判清明集》，中华书局1987年版，第509页。

〔2〕 详见田涛：《第二法门》，法律出版社2004年版。关于宋朝的记载，见宋朝黄震《黄氏日抄》中收入《词诉约束》，其中“词诉条画”中专门收有受理状式的规定：“不经书铺不受；状无保识不受；状过二百字不受；一状诉两事不受；事不干己不受；告讦不受；经县未及月不受；年月姓名不的实不受；披纸枷布枷自毁咆哮，故为张皇不受；非单独无子孙孤孀，辄以妇女出名不受。”此时尚无关于田宅交易契税作为诉讼证据的规定。此外又据宋朝朱熹《朱文公文集》卷一百收有《约束榜》一文，内容与黄震《词诉约束》基本相似。二文均称为“约束”，且朱熹在《约束榜》中又云“如有似此违约束之人，定当重行断罪”。可见“约束”是一种强制性的规定。如果将宋朝的《词诉约束》与明、清时期的《状式条例》相互比较，可以明显地看到其中的渊源。目前已经发现的明朝诉讼状纸较少，不久前从安徽省南部即所谓徽州地区休宁县发现的《明隆庆五年休宁县诉状》和《明代万历×年休宁县诉状》均附有《状式条例》，其中《明隆庆六年叶贤诉状》为：一格写二字者，不准；有粘单者，不准；牵连远年无干事情者，不准；无重大事情而告妇女者，不准；事已问结而又告者，不准；被告干证人多者，不准；诬告越诉者，重责，隐下壮丁，故令老幼残疾妇女出名抱告者，不准；拦路喊告者，不准。有关《状式条例》的详细研究，参见邓建鹏：《清朝〈状式条例〉研究》，载《清史研究》2010年第3期。

出多人者，不准外，代书责革。

一、绅衿、妇女、老幼、废疾无抱告及虽有抱告，年未成丁者不准。

一、细事牵连妇女，及现有夫男，混将妇女装头刁告者不准。

一、告斗殴，不开明伤伏实据，报窃盗不开明年月失单者不准。

一、告犯奸，非奸所现获，及首赌非当场获有赌具者不准。

一、告婪赃，无过付见证及告婚姻无媒妁日期者，不准。

一、告田土债负，无地邻中保及不粘契券印串，无的实年月者，不准。

一、告状前期不准，后期复告，将前批填载词面，如抹煞情节，希图朦混者，查出定究代书。

一、不遵用正、副状式，无代书戳记及逾格双行密写，并式内应填字样不逐细填明者，不准。

一、无论告、诉、禀各词，概用此式，只于词面分别填明。如用白禀混投者不准。〔1〕

新发现的清末同治、光绪朝黄岩诉讼档案中的诉状上也有同样附有这种《状式条例》，并且多达二十余条，已显得较为繁琐。

清朝同光朝时期浙江黄岩民事诉讼状纸所附的《状式条例》：

赦前事诬告者，除不准外，即以其罪罪之。

一、将远年旧事及已经审结之案希图翻控者，不准。

一、凡有职及生监、妇女，年老、废疾或未成丁无抱者，不准。

一、控告人命，务须开明启衅情由、致死伤痕、时日、处所、的确见证，如虚，以诬告治罪。

一、户婚田土细事，干证不得过三名，违者不准。

一、告诈贼，不开明过付见证、贼数、月日者，不准。如虚，以诬告治罪。

一、告婚姻，无媒妁、聘书；田土无粮号、印串、契券；钱债无票约、中证者，不准。

一、呈词有来稿者，代书查问做状人姓名，务须注明确切姓名，如违究处。

一、告盗贼，不投明地保验明出入情形，不开明确贼者，不准。

---

〔1〕 本文引用的清朝徽州《乾隆二十年徽州黟县汪淳告江六女土地纠纷一案》诉状为田涛先生所藏。详见田涛：《黄岩诉讼档案及调查报告》“前言”，法律出版社2004年版。

一、告赌博，无窝伙姓名，又不现获赌具；奸情非奸所捉获指奸者，不准。

一、词讼如为婚姻，只应直写为婚姻事，倘如田土、钱债、店账，及命盗，为奸拐等事皆仿此，如敢不遵，仍前做造注语者，提代书重处。

一、非关命盗奸拐正犯，牵连妇女，不准。

一、告诉内以生监、妇女作证，并已经结案复行翻控者，不准。

一、假托控告书役为由，不用代书戳记者，不准。

一、不遵状式并双行叠写，无代书戳记，副状及呈首不填写新旧字样，并不另纸写粘历次批语者，不准。

一、现有夫男，教以妇女头混控者，不准。

一、凡人名有乡民无知，字涉违碍者，代书即更改缮递，如违重究。

一、呈词过三百字者，不准。

一、和息呈词非原、被在同劝之人亲书画押，两造当堂同具者，不准。

一、歇家住址及有功名者必须实填，如有捏写者，代书记责。

一、原、被人有某人即某人，名号互异者，代书务确查注明，不得任其参差不符，呈内如只有混名，无确切姓名者，定提代书究处。

一、呈内字画务须端楷，不许潦草，如蝇头细字，除不准外，定提代书重究。

一、旧案不注明经差姓名，定提代书责处。

一、词讼不依口真书，摭拾无关本案之事，胪列耸渎者，不准。

《状式条例》还可以从传世的古籍文献中找到，如清朝重要的幕学著作，黄六鸿的《居官福惠全书》一书中也收有此类规定。此外目前已知的诉讼档案如“台湾淡水新竹档案”、“四川巴县档案”、“河北宝坻档案”等所保存的状纸上，也可见到此类规定。近期零星发现的河北、山东、山西等地的散见诉讼状纸中绝大多数也附带此类规定。[1] 尽管《状式条例》中的内容繁简不一，但均可以见到涉及“户婚、田土”这一被称作民间“细故”的自诉案件中，告诉一方必须提交与案件相符的婚书、契据，特别是对于告田土债负，“无地邻中保及不粘契券印串，无的实年月者，不准。”所谓契券印串表

---

〔1〕 关于河北、山东、山西等地新发现的清朝诉讼状纸，为田涛先生在上述地区调查中新采集的标本，目前尚未整理。上述标本中除河北省一件正状无《状式条例》以外，其他均附有内容相似的《状式条例》。

示上述证据包括契约和粮号、串票等经过官方验证的有效证据。粮号是官方对土地丈量后纳入鱼鳞册或者柳条册的登记号码，这两种土地登记方式在明清时期长期沿用。“印串”即“完粮印串”的简称，也被称作“串票”，可分为年度粮串或称“长年粮串”和“上下忙粮串”两种，北方地区一年一熟，故规定每年交税粮一次，交纳税粮后按照地号给付的收据称为年度粮串，南方地区一年两熟，每年交纳税粮两次，上半年交纳称为上忙粮串，下半年交纳的称为下忙粮串。这些串票上均盖有县级官府的印章，表明当事人已经按规定履行了交纳税粮的义务，在引起纠纷时这些粮串可以成为有效的法定证据。〔1〕

在当时的司法实践中，经过官方印证的红契，完纳税粮的串票，官府对土地登记的图册，构成土地所有权主张一方的完整证据链，因此成为有效的法定证据，将直接影响案件的结果。如果不是官方印证的红契，或者缺少其他法定证据时，则主张的一方必须提供四邻或者乡间的保甲长，以及参与契约建立时的中人，从而组成完整的证据链。但是后者的证据效力显然不如红契和印串、地号图册，因此民间保存的档案材料中，除了红契以外，还可以见到大量的各种官方印串和鱼鳞册、柳条册。〔2〕

（二）

按照契约的形制进行分类，与红契相对应的称作“白契”，白契是没有经过官方认证的民间私定契约，因此白契的证据效力明显低于红契。在家庭婚姻类的民事自诉案件中，官方规定需要婚书和媒妁作为证据和证人证言。婚书是男女双方婚姻的契约形式，婚书包括“求婚书”、“许婚书”和“允婚书”以及“证婚书”、“婚礼单”等，这些婚书在不断地流传过程中已经逐渐形成了固定的格式，并且成为传统婚姻的形式要件之一。婚姻中可能包含有财产或者财产权利的转让，甚至在婚姻中本身即可能存在买卖的形

---

〔1〕 串票的形式和上下忙粮串的分类，详见田涛、［美］宋格文、郑秦主编：《田藏契约文书粹编》，中华书局 2001 年版。关于婚书、契据和粮串等在清代诉讼中的证据功能，相关研究参见邓建鹏：《清代健讼社会与民事证据规则》，载《中外法学》2006 年第 5 期。

〔2〕 关于中人在传统民事契约中的作用，详见李祝环：《中国传统民事契约中的中人现象》，载《法学研究》1997 年第 6 期。

式，但婚姻行为本身并不因此而需要向官方承担税赋义务，在传统的婚姻中不要求婚书经过官方见证，不需要官府在婚书上钤印盖章，故婚书仍属于“白契”的范围。由于白契的证据效力受到限制，需要和其他的证据或者证人证言形成互相支持的证据链，所以在婚姻家庭类的诉讼中，除了婚书之外还要求有“媒妁”提供证人证言。媒妁是传统婚姻的另一个成立要件，在中国传统社会中，“父母之命，媒妁之言”是成立合法婚姻所必须具备的，因此媒人所起的作用并不是简单的中介。[1] 即使男女双方早就认识，甚至萌生爱意，在缔结婚约时，仍然需要有媒人的存在，以表明婚姻的合法性。当因婚姻行为而导致出现纠纷或者引发诉讼时，媒人就会成为重要的证人，成为证明婚姻行为程序合法的主要见证人。

婚姻之外更为广泛的民事行为，同样需要建立契约，防止当事人违约，或者约定当事人承担违约责任，以保障该民事行为的合同效力。例如用于在家族内部的财产分割，动产交易，或者用于借贷、典当、合伙、合股、雇佣以及婚姻、继承等更多的民事领域。此外在传统民事活动中，有若干人将每人小股资金集中在一起，形成一笔较大的资金，然后再用摇骰或抽签的形式决定使用资金先后顺序，并且建立一种称为“摇会单”的合同形式，在“摇会单”里明确了参与集资各方当事人的权利义务关系。这是一种常见的民间集资形式，这种民事行为，不属于官方管理的范畴，不可能在“摇会单”上加盖官方的印钤，因此这类“摇会单”属于一种民间的私约。

事实上“白契”用于土地、房屋等不动产交易中，相对较少，即使是有少量发现，也往往在本宗族中或者标的物财产所有权不存在转移的情况下得以应用。同时在宗族内部，需要标的物财产权利发生转移的情况时，因不致产生所有权或者处分权的争议，也同样大量使用“白契”。甚至还有些“白契”可能是原来的草契，以及在过往交易中失效的“上手契”。因此简单地将“白契”称作规避税收管理似乎并不恰当，当然，不能排除也有专门利用“白契”的形式，以达到逃避官方税收及管理的目的，但在未来可能发生

---

〔1〕 关于传统社会的提法主要是区别古代社会和近、当代社会的界限而特别提出的，在婚姻行为中这种传统的媒妁形式，除了古代社会以外，在近、当代社会仍然在少数地区被加以继续沿用，当然在沿用的过程中形式上有所变化，但其基本内容并无显著区别。因此本书中还使用了传统契约这一提法，以表明这种契约的形式并非古代社会所特有，同时在当前社会中这种传统契约的部分形式仍然被加以采用。

纠纷或者诉讼的情况下,这类“白契”不能成为法定证据,其不动产交易也无法得到官方的保护,因此在正常情况下,民间不动产交易,仍然大量使用“红契”。同时我们还发现,所谓的“白契”更多的是一种“私约”,这种私约通常用于无须经过官方钤印管理,或者土地、房宅交易以外的更为广泛的民事行为中。如果不按照传统契约的形制进行分类,而根据订立契约时民事行为的属性加以分类,“白契”应当被称作“民间私约”。

私约的使用范围显然不仅仅是限于买卖行为,民间财产的分割,即今日所称之“析产”,也使用私契。“分书”又称“阄书”、“拈书”、“关书”、“分关书”等,是民间分家析产合同形式。因为在家庭内部财产分割时,不可能将土地房产及其他财产权利做到绝对均衡,因此有时需要通过“拈阄”的形式,将需要分割的财产写进一个个的纸阄中,由析产当事人逐次拈阄,在中人的监督下进行随机选择,实现随机公平。“分书”一词早在唐以前即被普遍采用,唐朝敦煌文献中就已经发现了析产分书契约和作为“书仪”样式使用的《分书样文》。所谓“样文”是提供给当事人建立正式的析产分书契约时,作为参考使用的一种样本,流传甚广。敦煌文献中发现的《分书样文》格式基本相同,均以弘扬传统家族兄弟之间讲求同居孝悌为宗旨,继而明确所分财产的内容,最后规定在分书建立之后,参与分家者必须接受分书中的约定,同时还声明“如立分书之后,再有喧悖,请科重罪名目入官,虚者伏法”。最后罗列参与分书建立的见证人和当事人。下面是敦煌文献中所见的《分书样文》:

《分书样文》

分　书

兄某告弟某甲□□□忠孝,千代同居。
今时浅狭,难立始终,□□[子]孙乖角。不守
父条,或有兄弟参商,不□大体,既欲分荆
截树,虽制颓波,驾领分原,任从来意。家
资产业,对面分张。地舍园林,人收半分。
分枝(支)各别,具执文凭,不许他年更相斗
讼。乡原体例,今亦同尘,反目憎嫌,仍须禁
制。骨肉情分,汝勿违之。兄友悌(弟)恭,尤须
转厚。今对六亲,商量底定,始立分书。

既无偏坡(陂),将为后验,人各一本,不许重
论。
某物　　某物　　某物　　某物　　某物
车　　牛　　羊　　駞　　马　　駞畜　　奴　　婢
庄园　　舍宅　　田地乡管渠道四至
右件家产,并以平量,更无偏黨丝发
差殊。如立分书之后,再有喧悖,请科重罪。
名目入官,虚者伏法。年月日
亲见
亲见
亲见
兄
(弟)
(姊)
妹[1]

从敦煌文献中所见《分书样文》可以看出至迟唐朝,这种分家析产时使用的分书已经基本上格式化,因此可以推断其已经经历过一个相对较长的发展时期。唐以后至宋元时期,这种《分书样文》格式被民间继续普遍采用,至明清时期没有明显变化。甚至我们在徽州搜集到的近现代分家时使用的分书,无论从形式到内容,基本上继续沿用从唐朝就已经被固定化的分书格式。

又据明朝出版的《尺牍双鱼》一书中所收录的《分关》样文,可以看到明朝的分书格式。

分　　关

立分关某某等,窃慕往哲遗风,且宜一旦分析,第人心不古,世事如棋。即欲勉强同居,尤恐反生嫌隙。是以兄弟和同商议,邀请尊长亲戚等,各将受分祖父,及自己续置基地、屋宇、田园、树木、财物、器用等项,品搭均分,诸神拈阄为定。诸凡开载明白,俱系至公无私,各宜安分照关管业。如有

---

〔1〕 参见沙知主编:《见敦煌契约文书辑校》,江苏古籍出版社 1998 年版,第 455 页,S4374,即[英]斯坦因　敦煌编号 4374 号。

争长兢短，执此赴官明究。今恐无凭，立关书一样几纸，永为子孙存照。[1]

在社会生活中民间实际建立的分书，除当事人和标的物的称谓有所变化外，其余基本上参照了上述“分书样文”的主要格式。如敦煌文献中发现的唐朝分家析产实际建立的“分书”，明显可以看到参照《分书样文》格式应用的实际结果：

《戊申年（828）善护遂恩兄弟分书》

戊申年四月六日，兄善护、弟遂恩□诸亲□别，

城外庄田及捨（舍）园林，城内捨（舍）宅家资什物

畜乘安（鞍）马等，两家停分，□无偏取。其铠

壹领，壹拾参增。兄弟义让，□上大郎，不入

分数。其两家和同，对亲诸（诸亲）立此文书。从今已后，

不许争论。如有先是非者，决丈（杖）五拾。如有故违，山河违（为）誓。

……

（以下为财产明细，略）

兄善护

弟遂恩

诸亲兄（见）程进进

兄（见）张贤贤

兄（见）索神神（藏文署名）[2]

除了唐朝留存的分书外，还可以看到元朝徽州地区民间分家析产时使用的《析户合同》，其格式和唐朝的分书仍然十分相似，表明自唐宋以来民

---

〔1〕 明朝的分书契约样式较为常见，其中较有代表性的见于题陈眉公精选《尺牍双鱼》卷十《分关》，约明末刻本。

〔2〕 S113320，B2685，即［英］斯坦因　编号 113320，［法］伯希和　编号 2685，参见沙知主编：《敦煌契约文书辑校》，江苏古籍出版社 1998 年版，第 341 页。此件另收入张传玺主编：《中国历代契约会编考释》，北京大学出版社 1995 年版。［田按］在本书引用时，重新做了断句标点。断句时又参见《敦煌宝藏》第 123 册，又［日］《敦煌吐鲁蕃社会经济资料・三・契约》B 图版。又按：戊申年为唐文宗大和二年（828）。

间分家析产的分书合同，已经逐渐形成了一种稳定的格式化内容。如：

《元泰定三年(1326)徽州谢智甫等析户合同文书》[1]

拾都谢章甫同谢智甫、谢和甫共承祖谢显叔户，总
计弓手金民税钱叁拾叁贯柒伯伍捌文陆分壹厘。今
将本户金税分立壹户，计税钱　　　　　。系
谢和甫
　智甫　承认，弓手民税分立壹户，投金税　　　　分，
金壹钱整，共计　　　　，系谢章甫
承认。今来商议得：金户支费已有定额，其弓手户支
费不定，情愿众出备中统钞壹拾伍定(锭)，贴承当弓手
户者。其钞将高田山岭下坞地内杉木发卖收用。卖出
余钞，两家均分。限定泰定肆年十二月以前变卖。如
过期不卖，请与金户者将见钞柒定(锭)半付还当
弓手户者。其式户税钱不以多寡税数为定。日下各
验处所亩步叩算，承认分解。候第式次过税，各
收入户供解。议定抽阄之后，两家并不许悔易。如有
先悔之人，罚中钞壹拾定(锭)，与不悔人用，仍依此文为准。
今恐无凭，立此析户合同文书为用者。
泰定叁年拾壹月式日　　谢章甫(押)结立
　　　　　　　　　　　谢智甫(押)
　　　　　　　　　　　谢和甫(押)
　　　　　　　　见议亲眷李镇甫(押)

分书作为一种民间的契约形式，在明清时期的实际使用中，格式并无显著变化。如明朝正德十五年休宁县郑笏兄弟分书。

---

〔1〕 原件藏安徽省博物馆，转引自张传玺主编：《中国历代契约会编考释》，北京大学出版社1995年版。其中"中钞"，据张传玺先生考证为"中统宝钞"的省称。[田按]泰定为元泰定皇帝孛儿只斤也孙铁木耳的庙号，泰定三年为公元1326年。

《明正德十五年(1520)休宁县郑笏兄弟分书》[1]

奇峰郑笏同弟郑珪、郑凤,今凭中将众三保土名西峰堂前上坦下截民田,并吴陂头坑东田一坵,除众共存二分外,其余田本位兄弟三人该得分籍田租以三分率,内将二分拨与凤股为业,内将一分拨与笏、珪二股名下为业。又将淡竹坞田下地俱拨与笏股名下为业。又将黑竹坞头地俱拨与珪股名下为业。又将前山弯荒地并上坦地与叔良址未分地,俱拨与凤股名下为业。又将六保土名胡大源田租内取三秤拨与笏、珪二股名下为业。自立文之后,各宜遵守,永远为业,不许悔异。如悔者,甘罚白银二十两入官公用,仍以此文为始。今恐无凭,立此合同永为照者。

正德十五年十二月二十二日立约人　　郑　笏　号　约

同弟　　郑　珪　郑　凤号

族叔　　郑良址　郑昂新(押)

从弟　　郑梅　　郑山

郑章　　郑瓘

〔1〕 原件藏北京图书馆《休宁历代契约抄簿》,转引自张传玺主编:《中国历代契约会编考释》,北京大学出版社1995年版,第1105页。原定名为《明正德十五年(1520)休宁县郑笏兄弟分产合同》,今改为“分书”,部分标点进行了相应调整。[田按]明朝分书传世较多,另参见田涛《田藏契约文书粹编》卷三《明天顺七年(一四六三)黄氏析产华字阄书(休宁,安徽)》,第86页;以及中国社会科学院历史研究所收藏整理:《徽州千年契约文书》,花山文艺出版社1991年版。

二、徽州民间私约分类和统计比较

除了分书以外，民间借贷、婚姻、财产交换、合伙、买卖、抵押、继承、盟会等几乎所有的民事活动，都通过建立私约的形式以实施民间的契约行为。从 20 世纪 80 年代中期至今，我们在徽州地区进行了十余次大规模的搜集调查，先后采集各类契约文书标本共计 2 万余件，并且从保存状态较好的契约标本中选择出 2696 件进行了分类整理，并以列表的形式进行简单的统计，以便能够直观地进行观察和分析。

（一）

徽州私约整理汇总表〔1〕

	第1包	第2包	第3包	第4包	第5包	第6包	第7包	第8包	第9包	第10包	第11包	第12包	第14包	第15包	第16包	第17包	第18包	合计
买卖契约	137	37	73	103	35	65	137	58	121	79	82	66	90	123	117	50	68	1441
抵押典当契约	57	5	7	16	19	29	36	15	35	62	39	21	16	28	83	6	21	495

〔1〕 本表中所收契约为自 1996 年至 2003 年止，由田涛等对徽州地区进行的初步调查时所采集的全部契约标本。参加搜集整理者包括田涛、王庭江（南京）、张宇澄（南京）、林海金（南京）、华山（上海）、李祝环（北京）、胡家勤（安徽）、吴敏（安徽）等，以及参加修复和整理分类工作的唐益年（北京）、卢伟（北京）、王宏治（北京）、郝维华（北京）等同仁。

续表

	第1包	第2包	第3包	第4包	第5包	第6包	第7包	第8包	第9包	第10包	第11包	第12包	第14包	第15包	第16包	第17包	第18包	合计
借贷契约	10	2			8	4	1		2	1	6	2			5	1	6	48
租赁契约	9	3	4	12	9	2	20	5	17	14	24	4	14	5	35	5	15	197
合伙契约	1					2	1		4	2	2					2		14
析产契约	7	3	1	7		4	7		8	4	2	1			2	5	8	59
婚姻契约	1								3	1								5
继承契约	1	1							3		1						1	7
纠纷调解契约	7				2	1			3	5		1		1		1	1	22
其他契约	20	4	7	30	27	5	20	12	46	40	12	13	23	18	53	29	45	404
合计	250	55	92	168	100	112	222	91	242	209	169	108	143	176	295	101	165	2692
备注						出拼1份寄养4份		其中一份残缺		两份无内容合同1	其中一份无内容			其中一份内容不明	含红契一份	其中两份残缺		

全部标本按照采集地点和时间进行分装，共计21包，其中第21包为在徽州屯溪采集的标本，该地点已经趋于城市化，部分契约脱离了原始发生地，同时为了保存一部分契约原貌作为标本，没有参加分类整理，另外第13包为土地权证，是20世纪50年代初期土地改革时颁发的休宁县一个自然村全部土地证的存根，不属于民间私约，也没有参加分类整理。另外第19、20包的数字由于整理者未能作出明细分类，不加采用。故上表为现已整理出的17包契约标本的统计数字，共计有总数为2692件契约。

为了尽可能提供给当代研究者直接利用，在统计时将上述2692件契约参照当前民法学中的分类方法进行了分类，分为：买卖契约、抵押典当契约、借贷契约、租赁契约、合伙契约、析产契约、婚姻契约、继承契约、纠纷调解契约和其他契约十个类别。其中：

1. 买卖契约：包括买卖山林、田地、房屋、宅基地、菜园、田皮并禾苗、田塘、茶棵等标的的行为，契约名称多样，有卖契、杜卖契、小卖契、大卖契、出卖断骨基地契、杜断卖契等。

2. 抵押典当契约：即抵押和质押等担保行为，典当是中国古代对质押担保的表述，指出典人将土地、房屋等财产典押给受典人，受典人支付典价后占有该财产取得财产收益,而出典人到期回赎的行为。该契约的标的主要有田皮、房屋、竹园等。抵押典当契约的名称主要有典契、当契、转当契等。

3. 借贷契约:指因当事人向出借人借用财物,并立借字据保证按时归还,形成债务的行为,借用物品不限于金钱,还有房屋,可以有偿,也可无偿。民间借贷类契约的形式多样,名称多为借字据、借条、收字据、借据等。

4. 租赁契约:指出租人将土地房屋等出租给承租人,承租人按时交付租金的行为。该契约的标的物主要是山地、房屋、水田等,名称有赁租约、赁约、租田约、召约、召租约、承佃契、租批、出租地契、转租契等。由于出租人把出租财产交给承租人使用后,大部分承租人按期支付了租金,因此当租赁关系终止时,这种租赁契约即丧失约束力,因此民间租赁契约发现的数字较少。

5. 合伙契约:指两个以上当事人共同作出一定行为,或者共同经理管理并参与分配利润的行为。如合伙买牛,合伙出租山林、合伙经营买卖、合伙修建水利工程等。名称多用合同、合伙、共约、合墨等。

6. 析产契约:指家庭成员之间分家析产的行为,被分析的财产主要为房屋、田地、山林以及其他生产生活资料,析产契约的名称繁多,有关书、分关契、分关合同、分家单、分书、扒据合同、阄书、出拼书等。

7. 婚姻契约:徽州地区发现的传统婚姻中的契约名称较多,包括求婚书、允婚书、许婚书、婚书、结婚喜簿、礼单、喜单、结婚证书、离婚书、卖妻书等。这类契约中包含了人身关系和财产关系的多重内容。

8. 继承契约:将家庭内部财产和对父母的赡养责任在后代之间分配的行为。主要是以遗嘱的形式分配财产,名称主要为遗嘱、遗单、遗书、授产字据等。继承是指在家庭中后代对于权利和义务的承受,这类契约名称包括继承字据、继承合同、继书、绍书、寄养、宗祧等。

9. 纠纷调解契约:经过民间调解,化解双方民事纠纷的行为。调解类契约的名称主要有墨据、合墨、息字、调解合同、劝息合同、调解书等。

10. 其他契约:不能归于上述契约种类的其他契约统归于此类,包括换地契、期票、房屋修缮清册、田产造册、师徒合同、从业合同等。

按照上述的分类,已经整理的私约共计为 2692 件,其中:

买卖契约 1441 件,占私约总数的 53.4%

抵押典当契约 495 件,占私约总数的 18.4%

借贷契约 48 件,占私约总数的 1.8%

租赁契约 197 件,占私约总数的 7.3%

合伙契约 14 件,占私约总数的 0.5%

析产契约 59 件,占私约总数的 2.2%

婚姻契约 5 件,占私约总数的 0.2%

继承契约 7 件,占私约总数的 0.3%

纠纷调解契约 22 件,占私约总数的 0.8%

其他契约 404 件,占私约总数的 15%

统计的结果表明在徽州民间私约中,买卖契约占绝对多数。另外抵押典当类契约稍次,约占 1/5。买卖类契约占绝大多数,一方面因买卖行为普遍存在,卖房置地是民间最常见的民事行为。同时买卖契约可能证明土地房产等标的物的来源,在上述标的物再次转移时,具有一定的证据效力,因此保存土地田房买卖类的契约,表现出民间对财产权利的注重。尽管明清两代徽州地区商业经济较为发达,形成历史上被称作"徽商"的独特现象,但民间经济的救济形式仍显得十分落后,当民间需要小额财产作为临时性救济时,通过抵押典当的形式进行自助救济成为一种重要方式。调查中发现几乎房屋、土地、禾苗、树木都可以作为抵押物或者质押物,典和当之间的界限往往并不十分明显,有时甚至互相混淆。传说中我国南方曾经出现过"典妻"的现象,即以人身权利作为抵押,[1]但调查中尚未采集到此类标本。典当类契约是我国民间私约中一种最常见的契约形式,但对此研究尚存在很大不足。

借贷类契约发现并不多,但并不能证明在实际民事行为中借贷类行为的真实发生比例,调查中发现,民间借贷在借贷行为正常结束后,原有的借据失去约束力,当债务人清偿债务时,债权人将借据交还给债务人,债务人可能将该借据销毁,或者声明该借据作废,因此民间借贷类的契约被保存

〔1〕 关于明清时期典妻现象的研究,可以参见[日]岸本美绪:《妻可卖否? ——明清时代的卖妻、典妻习俗》,李季桦译,载陈秋坤、洪丽元主编:《契约文书与社会生活(1600 ~1900)》,(台北)中央研究院台湾史研究所筹备处 2001 年版,第 225 ~264 页;[美]苏成捷:《清代县衙的卖妻案件审判》,林文凯译,载邱澎生等主编:《明清法律运作中的权力与文化》,(台北)联经出版公司 2009 年版,第 345 ~396 页。

下来的可能性较小。存于世的借贷类契约可能由于债务人未能及时清偿债务，或者其他偶然的原因被保存下来，因此借贷类契约的比例较少，并不能反映出在现实生活中借贷行为的真实情况。

租赁契约的数量较多，多为租种山林田地的契约，在调查中发现，由于民间土地田产等自由买卖，土地的存在相对集中于少数人手中，无地或少地的农民为了维持生计，大多采用向地多的人租种土地，并以支付地租方式进行耕作生产。承租人和出租人之间在土地出租过程中，需要以建立租赁契约的形式，书面确定双方的权利义务关系，当租赁行为结束后，还需要另外以书面形式解除双方的租赁关系。因此存在租佃契约和退租契约。徽州地区历史上存在一田二主的现象，其中土地所有权人称为地骨权或者田骨权，具有土地使用权的一方，具有耕作权和处分权，又称作田皮权或者田面权，在这种情况下，土地租赁权被分为租权和佃权两种，分别表明对物权的不同占有状态。这种一田二主的现象在我国广大地区特别是江南地区是一种普遍存在，因此在研究民间私约的时候有必要引起足够的重视。承租人无论是对田骨还是对田面的承租，均表现为用益物权，民间租赁契约的租期一般相对较长，以确保土地耕作的投入和产出的稳定性。同时为了对承租权的保护，特别是在租赁期间存在与出租人的租金结算等权利义务关系，当事人有必要对租赁契约加以保留，当租赁关系产生争议时，或者存在当事人违约的现象，租赁契约将成为十分重要的证据材料，因此民间普遍存在将租赁关系契约进行妥善的保存的习惯。

合伙契约主要是在生产活动和商业活动时建立的契约，生产活动中普遍存在合伙开荒、合伙养牛、合伙种植、合伙建设等，这类农业生产中的互助行为发生的概率较高。同时民间也存在商业性的合伙行为，徽州地区明清两代商业活动比较发达，无论是外出经商或在当地经商，资本的注入可能存在多种形式，其中包括多人集资，故此在资本注入时需要建立合伙契约。但无论如何徽州地区仍然是以自给自足的农业经济为主，商业经济仅是在全国范围内比较而言相对发达，因此合伙契约存世的数量相对较少。

徽州地区民间普遍存在乡土社会中的“公约”现象，即由一个宗族、一个村庄甚至几个村庄为组织，就某一具体行为订立带有会盟色彩的共同约定，如订立祠堂会约，约定宗族内管理祠堂和宗族共有土地以及相应的权利义务；由一个村庄不同种姓之间订立的“合同文约”，约定在村庄内需要共同遵守的公共秩序；由几个村庄或者不同宗族之间订立的“会单”、“合同”，约定对河流水利、森林保护等需要多方协力维护的公共事务，如“杀猪封山约”、“山林防火约定”等。这种共同约定虽然有多方参与，但仍然是通过订立契约的形式，对私权利的保护，因此这种所谓的“公约”，在事实上仍然属于民间私约的范畴。

析产契约主要指家庭内部或者经济组织内部财产的分配行为，在调查中我们发现多为分家析产，既包括家族内部若干支系之间的财产分配，也包括同一家庭内同胞兄弟之间的财产分配，虽有关书、分书、阄书等不同契约名称，但内容均包括财产的分配和父母赡养责任的分担，与继承契约不同，析产契约仅仅是对宗族财产或家庭财产的分配行为，即所谓分家析产。析产契约是享有继受财产权利和承担赡养义务的凭证，在财产转移时成为财产或者财产权利来源的合法保障。当出现财产纠纷或者因分担义务而引发的纠纷时，分书同样成为重要证据。因此人们对析产契约能够妥善保存，加之析产契约在建立时因参与析产的当事人较多，每一个参与析产人员都将持有一个内容相同的契约文本，副本较多，所以在搜集到的契约标本中，析产契约的发现相对较多。

婚姻行为是人类社会生活中最常见的民事行为之一，但古代的婚姻被赋予家族宗法的意义，更多地体现为一种封建伦常下的血亲关系。婚姻注重礼仪，注重程序，求婚书、允婚书、许婚书、婚书分别是婚姻缔结过程中不同阶段的产物。封建的礼仪形式附带有财产转移的手段，如男方的聘礼单、女方的陪嫁单，在礼仪的基础上对婚姻关系中财产的给付进行了详细的记录。同时乡土社会中的婚姻往往伴随婚礼筵席等聚众公示行为，参与婚礼的亲朋好友应当支付婚礼“随喜”，也就是俗称的“份子钱”，举办婚礼的家庭要将“随喜”建立“喜账”，以备在将来对应性的民事活动中给予等量回报，这一现象不仅仅是“礼”的象征，更多地表现出较为明显的民间互助色彩，并且成为一种乡土社会中的习惯。这种乡土社会成员中的礼仪和经济来往，成为一种维系彼此关系和聚合力的重要手段，在中国的民间社会中有着十分深刻的影响。婚姻类契约在乡土社会中并不少见，但这类契约具有较强的纪念意义，因此普通民众不愿意出示处于收藏状态下的这类契约，甚至在调查过程中出现只允许我们拍照记录，但不同意我们采集带走的现象。婚姻行为中入赘契约被称作“入赘书”、“婚书”、“婚书合同”等，乡土社会中由男方入赘女方的现象远比城市要高得多，造成这种原因和农业生产的性质有直接关系，农田的耕作和山林竹木砍伐，需要男性作为主要劳动力，而且在农村多子的现象普遍高于城市，加之徽州地区对入赘婚姻持普遍接受的态度，入赘也为当地民间习惯所保护。调查中发现在这一地区公开谈论入赘婚姻时，入赘男子并不隐讳自己的入赘身份。招夫养子也是中国农村社会中普遍存在的婚姻现象之一，在农业社会中男性非正常死亡率明显高于妇女，如果缺少兄弟的已婚男性出现意外死亡后，家中仅留下长辈和子女，致使这一家庭因丧失主要劳动力而陷入困难，使丧夫女需要通过招夫的方法，以解决家庭生产和生活的必须。在当代社会中经常出现女子丧夫后改嫁的现象，但在传统社会中留在夫家守寡的更为常见，徽州地区经常见到明清两代乃至民国时期建造的“贞节烈坊”，用以表彰那些牺牲于传统礼教下的不幸妇女。但是除了礼教之外，人们还必须面对的是生存需要，选择招赘男性进入家庭，承担赡养老人和抚养子女的义务，成为一种常见现象。但招夫养子不同于入赘婚姻，除了农业生产的需要以外，入赘男性还担负着“香火延续”的责任，因此在徽州地区入赘女方的外姓夫婿，需要进行“入祠”仪式，在入祠仪式上，入赘夫婿表示接受女方的种姓，并向女方的列祖列宗拜祭，取得了宗族的承认与接受，一般不再被看作为外姓人。入赘婚姻所生之子女，除取得女方姓氏外，入赘婚生子女称母亲的父母为“爷爷奶奶”，反将父亲的父母称作“外公外婆”。招夫养子的男性，虽然进入了女性的家庭，和原丧夫女子成为夫妻，但招夫养子的夫婿不具有在宗族中的种姓地位，其身份明显低于入赘夫婿，招夫养子后所生的下一代，仍被看作是原夫后代，招夫养子婚姻一般不愿意对外公开，进入家庭的招夫男子也对此持隐讳的态度，因此招夫养子的婚书很难发现。除正常的结婚与离婚行为之外，还可以发现休妻卖妻之类的特殊契约，这种婚姻契约证明在当时的婚姻关系中，妇女在人身地位和经济地位上的不平等。

继承契约与婚姻契约的情况相似，在收集的契约标本中为数很少。继承是指对被继承人的财产和权利以及义务的继受行为。被继承人通过建立遗嘱的形式将其自身财产和义务在继承人之中进行分配，与析产契约有相似之处。我们将继承契约列一个独立类别，是因为析产契约侧重于财产的分配，而继承契约不仅包括财产的继承，还包括宗祧继承，即身份和地位的继承。在宗法制度下，宗祧关系的建立需要服从种姓制度，因此要求被继承人须有一定血亲身份，即所谓同宗绍续，这是继承契约发生的基本前提。由于过继、收养等现象在社会生活中所占的比例较少，因此继承契约发现的数量很少。

调解是民间解决纠纷的一种常用的重要方式。民间历来崇尚“和为贵”的息讼观念，纠纷发生后，人们首先会选择通过自助方式解决问题，诉讼往往是当矛盾恶化到无法解决时不得已而为之的极端行为。传统社会的调解方式，一般为双方当事人自愿将问题交给第三人，由第三人权衡双方利弊，以和平解决纠纷。调解使纠纷在未上升为诉讼之前就得到了解决，节省了诉讼成本，也有利于减少讼累，同时调解出于双方自愿，调解的结果能够得到很好的施行，纠纷所造成的情感损失能够最大限度地得到修复。徽州地区发现的纠纷调解契约数量很少，但并不能反映民事活动中调解行为的真实比例。调解行为最终目的是使纠纷得以解决，结果往往是使纠纷平复，秩序平和。参与调解的主持者，即“说合人”应当是乡土社会中具有一定资质的人士，或者是宗族长辈，这些人在那个社会中，应当具有权威作用，并由此而产生相对的公信力。徽州地区乡土社会中的民事调解，与当代民事诉讼中的司法调解或者其他依靠公权力的调解有着显著区别，其调解的文书形式除了具有双方合意，即当事人亲自认同之外，还具备了其他传统契约中中人参与等形式，并且在民间也通常将这些调解文书直接称为“合同”，或者“合墨”，因此将这些调解文书，作为调解类契约看待，符合当时的社会形态。此外，传统民事调解中，除了礼的维护以外，必然伴有财产或者财产权利的给付行为，由一方给予另一方一定数量的经济补偿，即所谓“赔礼”。调解结束后，调解的结果需要当事人依靠诚信去实践和维持，“说合”的结果，在那个相对封闭的社会环境下，受到普遍的尊重，很少出现当事人反悔的现象。在调查中发现，徽州地区乡土社会的民间调解，以口头形式居多，其结果也往往是当众赔礼或者道歉，很少用文字固定下来。只有当纠纷较大，参与人士较多，宗族以外甚至是不同村落之间发生的纠纷，才采用书面形式，所以留存下来的调解类契约为数更少。

其他契约是从形式和内容上都不能归于上述几个类别的契约，民事活动的自由和多样性使民事活动产生的契约也丰富多样，用现代的词汇去定义过去的行为一定会存在偏差。如在徽州地区发现的提供劳务、拜师学徒、结拜金兰等，在归类上存在较多困难，因此将这类契约归入“其他契约”范畴，表明这种分类的不确定性。

（二）

通过对 2696 件徽州民间私契进行分类比较和分析以后，已经基本能够了解徽州地区明清以来传统社会中的民间私契构成的基本形态，但徽州地区仍然地域辽阔，尚需要对具体的乡村契约构成形态进行比较微观的分类比较和研究，并将这一研究的结果与上面已经进行过的分类进行比较，以得到更具有说服力的证明。因此在对徽州地区的 2696 件私约综合统计分类之后，我们还就其中第一包，即在徽州休宁县东临溪乡采集到的 250 件私约进行了分类整理，以便从更加基层的角度，对徽州地区明清以来民间私约的契约成分进行细微的观察。

徽州休宁东临溪乡民间私约统计表(共计 250 件)

契约类型	份数	编号	比例
1. 买卖契约	137 份	001 至 137	54.8%
2. 典当(抵押)契约	57 份	138 至 193,243	22.8%
3. 借贷契约	10 份	194 至 203	4%
4. 租赁契约	9 份	204 至 212	3.6%
5. 合伙契约	1 份	222	0.4%
6. 析产契约	7 份	213 至 219	2.8%
7. 婚姻契约	1 份	220	0.4%
8. 继承契约	1 份	221	0.4%
9. 纠纷调解契约	7 份	244 至 250	2.8%
10. 其他契约	20 份	223 至 242	8%

按照上述的分类，已经整理的私约共计为 250 件，其中：

买卖契约 137 件，占私约总数的 54.8%

抵押典当契约 57 件，占私约总数的 22.8%

借贷契约 10 件，占私约总数的 4%

租赁契约 9 件，占私约总数的 3.6%

合伙契约1件,占私约总数的0.4%

析产契约7件,占私约总数的2.8%

婚姻契约1件,占私约总数的0.4%

继承契约1件,占私约总数的0.4%

纠纷调解契约7件,占私约总数的2.8%

其他契约20件,占私约总数的8%

徽州地区民间私约构成比例
与休宁县东临溪乡民间私约构成比例对照表

契约类型	徽州私约中所占比例	徽州休宁县东临溪乡私约中所占比例
1. 买卖契约	53.4%	54.8%
2. 典当(抵押)契约	18.4%	22.8%
3. 借贷契约	1.8%	4%
4. 租赁契约	7.3%	3.6%
5. 合伙契约	0.5%	0.4%
6. 析产契约	2.2%	2.8%
7. 婚姻契约	0.2%	0.4%
8. 继承契约	0.3%	0.4%
9. 纠纷调解契约	0.8%	2.8%
10. 其他契约	15%	8%

我们将上述休宁县东临溪乡民间私约统计表与徽州私约整理汇总表通过比较发现,其中买卖契约在汇总表中比例为53.4%,在休宁县私约统计表中比例为54.8%,所占比例非常接近。抵押典当契约在汇总表中的比例为18.4%,在休宁县的私约统计表中比例为22.8%,比例有所增加。其余合伙契约在汇总表中比例为0.5%,在休宁县私约统计表中比例为0.4%;在休宁县的私约统计表中析产契约比例为2.8%,在汇总表中比例为2.2%;婚姻契约在休宁县私约统计表中比例为0.4%,在汇总表中的比例为0.2%;继承契约在休宁县私约统计表中比例为0.4%,在汇总表中比例为0.3%,非常接近。借贷契约在休宁县私约统计表中的比例为4%,与汇总表中的1.8%相比,比例稍有增加,租赁契约在休宁县私约统计表中的比例为3.6%,与汇总表中的7.3%相比,比例略有下降。其他纠纷调解、其他契约的比例关系较为接近。经过比较可以证明在徽州民间私约中普

遍存在以买卖关系为主,抵押典当契约占第二位,其他民事行为所占比例关系相对较少。无论是以一个乡为统计单位还是以徽州地区进行的综合统计,其民间私约的契约成分基本相同,说明上述比较和分析的结果具有较强的代表性。

三、徽州民间私约分类研究

虽然在调查搜集过程中，可能存在很大遗漏，我们也发现有些农民朋友并不愿意把他们家庭中收藏的契约提供给我们，因此不能排除在上述调查搜集中出现的随机性。徽州民间私约的搜集整理过程中，除了对徽州地区2692件民间私约进行系统分类研究，并与休宁县东临溪乡搜集到的250件民间私约进行了分类比较，通过分类比较，我们仍然可以从中发现带有规律性和普遍性的价值，并且能够证明徽州地区民间私约的构成成分。为了对徽州私约进行更加系统的研究，以便为学术界提供更加全面地观察了解徽州地区民间私约的相关资料，我们对分类后的十种不同的契约标本进一步进行了整理，共计从中选择了128件标本，全文进行了抄录，这种系统地将徽州私约进行的文献整理和研究的结果，在一定程度上更能够反映出徽州民间私约的细部特征。

经过整理129件徽州民间私约简目

1. 民间私约中的买卖契约（共26件）
2. 民间私约中的抵押典当契约（共14件）
3. 民间私约中的借贷契约（共8件）
4. 民间私约中的租赁契约（共10件）
5. 民间私约中的合伙契约（共20件）
6. 民间私约中的析产契约（共10件）
7. 民间私约中的婚姻契约（共9件）
8. 民间私约中的继承契约（共6件）
9. 民间私约中的纠纷调解契约（共10件）

10. 民间私约中的其他契约(共16件)

上述129件徽州民间私约在选择时注意到如下事项，首先必须有准确的契约发生地，以县为单位，其次需要有明确的当事人，并保存完整，除了对当事人的要求具有真实性之外，还要求契约中有明确的合意的意思表示。调查中发现徽州民间私约有大量遗存，由于历史的原因，绝大部分契约保存的情况并不完好，有些在历经磨难之后虽然得以保存，但部分契约被保存者挖去或者实施了裁剪，不能完整的再现契约的原貌。还有些契约具有明显的割裂和修补现象，有时由于中间人的原因，少量契约被一分为二甚至一分为三，以便从中获利，使这部分契约失去了参考价值。另外还有一些"白契"，从外表观察，带有粘贴的痕迹，可能原为红契中的组成部分，红契的形制分类，可以分为"连二契"、"连三契"等，连二契的形式为一件官契和一件草契，连三契的形式为一件官契、一件草契和一件"官颁契尾"〔1〕，有时草契会从红契中脱落下来，形成类似"白契"的一件单张契纸。除了需要满足上述条件之外，还必须要有准确的纪年，以验证该契约所产生的时间，这对于徽州民间私约的历史沿革有着重要的价值。这种比较严格的选择之后，还需要对契约进行修复整理，以使这些契约在外观上平整，以便进行进一步的抄录工作。〔2〕 标题中的纪年均使用原契约中的纪年，遇有庙号纪年时，以括弧的形式标明公元年份，如成化五年(1468)，以干支纪年的，直接使用干支纪年，并据契约中的其他表述，推算出干支纪年的公元年份，标注于括弧内，如丁亥年(1647)。凡使用中华民国纪年的，直接使用，并在其后将公元纪年标注在括弧内，如中华民国五年(1916)。标题中的当事人，首选在契约中第一个出现的人名，系多名当事人的，仅注明当事人人数。标

〔1〕 关于红契的形制分类，除了"连二契"、"连三契"之外尚有"连四契"以及"旗人长契"等，该定名最初见于田涛、[美]宋格文、郑秦主编:《田藏契约文书粹编》"前言"中的红契形制定名，中华书局2001年版，第3页。

〔2〕 本次整理时按分类方法进行了统一编号，同时保留了原调查采集时的流水号，以便利对于本书阅读的同时，尽可能保存调查采集时的原有记录。通过编号可以查找到原采集地，并与原调查日志的登记进行对照。如买卖类契约共计26件，按分类方法如其中第一件(1-1-020)《成化五年(1469)王道晟等三人立卖山契(黟县)》，括弧内第一个"1"表示买卖类；第二个"1"表示序号为第一件；"020"表示选自采集时为买卖类第20号标本。又如：(2-2-10-073)《康熙四十八年(1709)余大裕出顶小买田文约(婺源)》，括弧内的数字表示典当类序号第二件标本，选自第十包第73件。此外部分标本序号中保留了采集时的临时分类，如H表示徽州，Q表示清朝，M表示民国，L表示另存标本(另存标本保存在上海)等。部分标本无采集序号，整理时依据调查报告和调查日志进行核对，少数标本曾经被收入《田藏契约文书粹编》一书中。

题中的行为,从契约原件中摘取,保留原有契约的具体名称,如买山契、推单、收据等,以尽量保存契约的原始风貌。个别需要加以特别说明的,以按语的形式或者注释的形式加以说明。

(一)民间私约中的买卖契约(共26件)

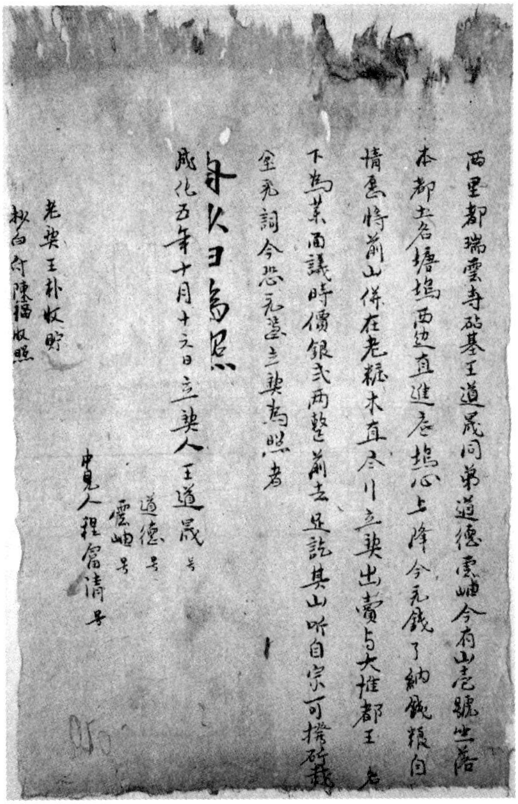

成化五年(1469)王道晟等三人立卖山契(黟县) | **1-1-020**

西里都瑞云寺砧基王道晟同弟道德、云岫,今有山一号座落本都,土名塘坞,西边直进□坞心上降。今无钱了纳钱粮,自情愿将前山并在老桩木直,尽行立契出卖与大惟都王名下为业。面议时价银二两整,前去足讫,其山听自宗可拨斫栽坌无词。今恐无凭,立契为照者。

成化五年十月十六日　立契人　王道晟(押)

道德(押)

云岫（押）

中见人　程富清（押）

老契王朴收贮　抄白付陈福收照

（半书　　合同□□为照）

(1-2-045)弘治十年(1497)汪思忠等卖山地及竹木契(祁门)*

二十二都汪思忠同侄文昌等，今有祖产□□，土名余领下山一号，亩步四至自有经理可照前山，价银五钱。又桑园坑山一崃，东至德祥买希贤山，西至李家坞口埋石，斜上抵降，南至降，北至坑前山，作价银三钱。又文昌兄弟侄竹林下田五□，作价银三钱。又思忠风桥坞并张坑领上股坌山，见（现）栽松杉木，前山作谷十秤。今来无钱支用，自情愿将前田山各号议价卖与本都王德祥名下为业，当收价银已讫。立契之后二家各不许悔。如悔者，其罚价钱一半与不悔人用，仍依此文为准。今恐无凭，立此文契为照。

弘治十年十一月二十八日立契人汪思忠（押）契

同卖人　思端（押）

文昌（押）

子昌（押）

成宗（押）

武昌（押）

显达（押）

依口代书侄　　　　汪积□（押）

加贴：余岭下山万历年间身祖手与汪姓兑过，又嘉庆年间复与汪姓清分兑约，清约为据

加贴：枫桥坞山上葬身等三垣公，祖冢谱书为据

加贴：张坑岭山现今管业，有老分价单为据

加贴：所争在此

（按：加贴四处，用黄色纸签，为清人所加。）

---

* (1-2-045)系作者所收集契约图片之编码，此处文字为原图片文字之誊抄，下文中相同情景不再一一作注。——编者注

(1-3-013)丁亥年(1647)王从睿出卖山苗松杉木并山骨契(黟县)

立卖契人王从睿,今因无钱用度,自情愿将浮粱山一号土名寒潭塘坞里,四至老契可查。今托中立契,将在山苗松杉木并山骨与陈共业身兄弟合得一半中,本位三股得一股,尽行出卖与吴 名下为业,当日三面议定,时价银四两整,在手足。其业并无互混不明,如有不明,尽是卖人承管,不干买主之事。自成之后,二各无悔,悔者罚银五两公用,仍依此准,今恐无凭,立此卖契存照。

丁亥年八月二十七日立契人　　　　王从睿(押)

中见人　　　　汪　和(押)

顺治十三年又五月十六查园,王九龄、□罗里、保仙三棍,将伪契二纸乍(诈)去银三两五钱,又盐三斤大称价钱五分,共银盐五钱整　春寿弟过付

上述三件为明朝和清初私约中土地买卖的契约,即俗称的“白契”。其中第三件纪年为“丁亥年”,今查丁亥年当为1647年,此时清军已入关,但江南尚有南明势力遗存,部分地方还可见到使用南明隆武、弘光纪年的现象,此时北方已经开始使用清顺治帝号。由于当时的江南政局尚不十分明朗,因此这件契约采用了干支纪年。这一时期徽州民间私约中土地买卖的现象十分活跃,其契约的表面形式与我国其他地区的土地买卖契约,并无明显差别。在《丁亥年王从睿出卖山苗松杉木并山骨契》中,注明“二各无悔,悔者罚银五两公用”,作为契约成立时的一种担保行为,对违约一方罚银五两“公用”,可能指向为交由包括中见人在内的成员共同使用。在唐朝以后的中国民间契约中,经常可以见到“先悔者罚银入官”的表述,过去有学者以为将违约者的罚银交给官方,但徽州私约中的“罚银公用”,比较具体和形象。因此传统契约中的“罚银入官”,事实上应当就是“罚银公用”,官和公是同义词,“官”在民间除了“官府”的意思以外,还应当具有“公共的”的意思表示。民间中所称“官道”,表示公用道路,通常在民间指相邻关系中的共用通道。而“官茅房”则意为“公共厕所”。在围棋中,还有“官子”一称,表示对弈双方均可以落子的共有位置。此件契约中另写有“顺治十三年又五月十六查园,王九龄、□罗里、保仙三棍,将伪契二纸乍(诈)去银三两五钱,又盐三斤大称价钱五分,共银盐五钱整　春寿弟过付”,表明在契约成立后,由于未经官府登记管理,即不是所谓“红契”,因此曾经为他

人敲诈。其中“又盐三斤大称价钱五分，共银盐五钱整”，可以从中推知明末清初之时，徽州地区仍然较为动荡，食盐可以作为白银的替代品，参与流通并充当交易中支付的对价。

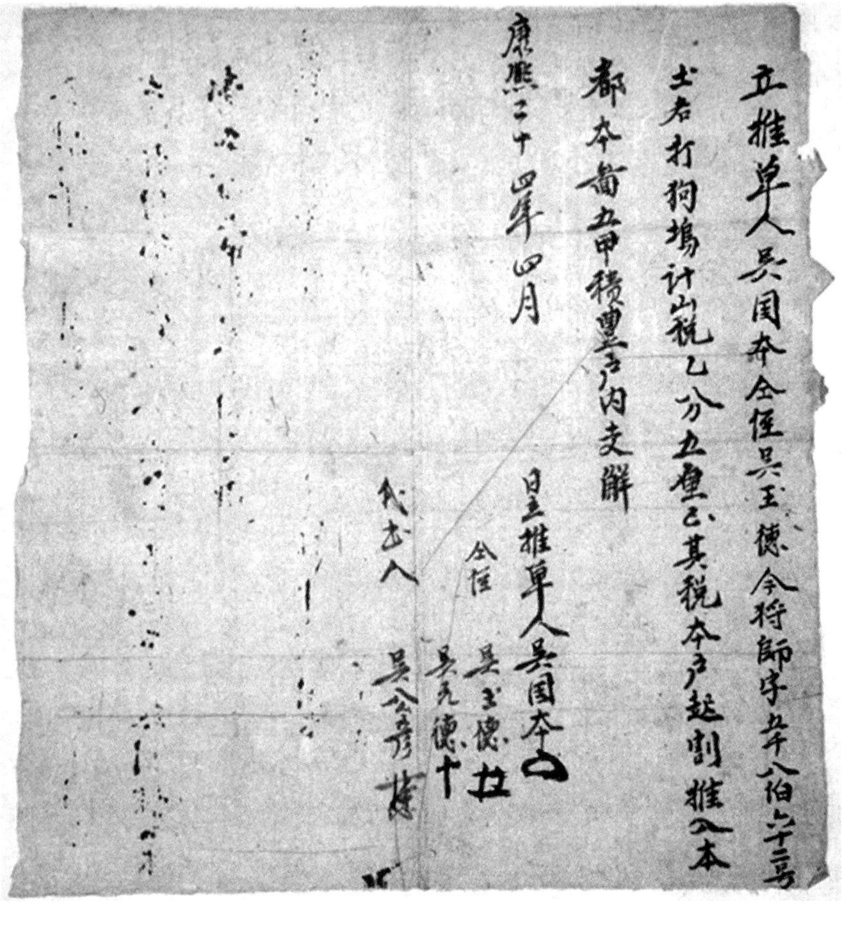

康熙二十四年（1685）吴国本吴玉德卖地推单（歙县）　　| 1-4-15-020

立推单人吴国本同侄吴玉德，今将师字五千八百六十二号，土名打狗坞，计山税一分五厘正，其税本户起割，推入本都本啚五甲积丰户内支解。

康熙二十四年四月　　　日立推单人吴国本（押）

同侄　吴玉德（押）

吴元德（押）

代书人吴公彦（押）

买卖双方契约建立后，随着标的物财产权利的转移，相应的纳税义务也要随之转移，推单即是这种义务转移的一种凭据，上件标本中标明“计山税一分五厘正，其税本户起割，推入本都本啚五甲积丰户内支解”，表明由买受人开始承担新的纳税义务。

(1 -5 -10 -007)咸丰九年(1859)陈开良胡光裕卖地推单(祁门)

立推单人陈开良，原卖土名田培门前塝下黄系坵，计租十七砠正，係经理咸字六十九号，计田税一钱零三厘二毫正，其税自六都四啚胡光裕户丁陈初名下，推入七都二啚汪詹添户丁铖名下。前去收割过户，输纳边粮无阻，再不到局面会。此照。

咸丰九年六月　日立推单人　陈开良(押)

凭中　胡日喜(押)

此件标本中特别注明“前去收割过户，输纳边粮无阻，再不到局面会。”表明买受方凭此契约办理收割过户，输纳边粮，并且双方约定不再前往局中面会，局指县府办理交纳税粮的征收局，这一约定直接声明了买受人在买受土地后具有的权利和义务，但同时双方又约定不再向官方交纳契税，即双方合意认同私契的效力。

(1 -6 -11 -011)乾隆四十二年(1777)吴禹盛为余姓代纳田税合同(休宁)

立合同人吴禹盛，今因余姓买过田一号，坐落土名棠梨充，计税一亩九分三厘正，因推收不便，自情愿记身户内代纳。三面言定，每年贴平等银三钱二分，不得欠少。倘有日后余姓新立户头之日，立写推单，听凭起割过户无阻。恐后无凭，立此合同存照。

乾隆四十二年三月　日立合同人吴禹盛(押)

见明　木天成(押)

清朝民间私约中土地房产买卖契约是私约中的主要部分，和历代传统契约形式基本相同，在买卖契约中，均由卖方建立契约，形成书面卖契形式。卖契由出让一方通过中人参与的形式完成，在正常情况下和标的物一起转移给买受人，买受人保存契约，并作为标的物合法来源的书面证据。这种卖契形式在中国存在并且发育了两千多年，直至清末才发生重大变化,并由卖契改变为买契。《乾隆四十二年(1777)吴禹盛为余姓代纳田税合同》中,直接表明双方建立的私约为“合同”,传统契约中,“合同”的意思表达较为复杂,使用的范围也比较广泛,虽然基本意义上均作为双方合意的表示,但在具体的民事行为中仍然表现出多样性。这份合同表示买受人余姓已经通过建立契约买受了立合同人吴盛禹的土地,但双方因为没有建立在政府登记和交纳税款的红契,因此“推收不便”,所以买受人不能在取得标的物后正常纳税,仍然由原来的出让人即吴禹盛“户内代纳”。买受人每年贴给原出让人代为交纳的税银三钱二分,直至“日后余姓新立户头之日,立写推单,听凭起割过户无阻”。起、割、过,分别表示买受人承担纳税义务的三个过程,即起科、交割、过户三个程序。根据清朝土地交易管理规定,买受人买受土地后应当进行税务登记,俗称“起科”,表示开始承担纳税义务;此后双方还应该到官府,州县一级的户房,办理交割手续,由原来的业主办理解除纳税义务并将纳税义务推付给新的业主,因此也被称作“推税”;上述登记和推税完成之后,新的业主开始办理本户纳税,并确定税额以及分别在《鱼鳞册》或者《柳条册》中建立新的税户户名,至此这一不动产的转让,才最终正式完成。

民间私约中土地买卖契约,由于没有办理过户登记,在纳税中存在障碍,因此这一类土地交易,往往需要对纳税的方法以合同的形式进行调整,作为土地买卖契约的一种从合同。这件契约中规定由原出让方代为纳税,而税款由受让方承担,直至将来登记过户。而在对“白契”研究过程中,曾经有学者认为“白契”的存在是由于逃税所致,这一说法值得推敲。民间私约是普遍存在的一种契约现象,这种现象可能与逃税或者避税有关,但将私约的出现归于由于逃税所致,是不能成立的。

(1－7－15－157)嘉庆三年(1798)叶西望出退小买熟地契(休宁)

立退业人叶西望,今因正用,自情愿将小买熟地一业,土名理查山并茶棵在内,凭中出退与堂侄连瑞名下为业。三面言定,得受时价足钱九千文正。其钱当即收足,其地随即铲草种豆,无得阻执。倘有内外人等异言,俱系承当,不干受人之事。恐口无凭,立此退业存照。

嘉庆三年二月　日立退业人　叶西望(押)

中见　叶景云(押)

代笔　叶御美(押)

在徽州地区的民间私约中，可以见到买卖契约中称作“大卖”、“小卖”、“活卖”、“绝卖”、“断骨卖”、“典卖”等不同称谓，在分类中我们发现除典卖带有比较明确的抵押特征以外，其他均属于不同的买卖行为，如“大卖”指房屋土地财产所有权的转移，“小卖”则表示对于房屋土地处分权的转让。明清时期我国江南一带土地所有权和耕作权存在分离现象，即所谓“一田二主”，分别表示土地的所有权或称作“地骨权”，和土地的耕作权，或称作“佃权”、“地皮权”。具有佃权和耕作权的一方，支付给具有土地所有权的一方地租，佃权长期稳定，形成一种特殊的权利现象，佃权人可以自行耕种也可以进行转佃。耕作权的长期稳定有利于土地种植和收益，江南地区人多地少，对土地需要进行深度开发，以形成“熟地”，同时一年两熟，一年三熟，跨年度种植和轮作现象，在客观上也不断促进土地的耕作权日趋稳定。从近代民法的角度分析，佃权表现为用益物权的形式，通过这种佃权可以取得财产收益，但同时仍然要承担向土地所有权一方支付地租。同时佃权可以转移，其转移的形式可以使用转让、抵押、租赁等形式。由于这种转让形式的复杂性和多样化，形成了明清时期民间私约中土地房产买卖契约的不同表达方式。《嘉庆三年(1798)叶西望出退小买熟地契》中，使用了“退业”这种契约名称，退业人叶西望转让的标的物，原系小买而来，表明退业人只有对土地的耕作权。明清私约中的买卖契约，适用于财产的买卖，也同样适用于财产权利的转让。

活卖和绝卖、断骨卖则分别表示买卖的不同形式，活卖带有抵押色彩，买卖关系并没有最终形成，双方确定一个时间限期，到期出让方可以赎回标的物，同时支付原有价款，在活卖期间，受让人取得标的物的处分权，可以通过处分，如耕作、收获、出租等不同形式作为类似利息形式的回报。活卖到最后如果无力赎回，还可以转变为绝卖，由于活卖的方式具有上述特点，有学者也将活卖归入一种典当或者借贷民事行为。[1]

(1－8－10－069)光绪七年(1881)胡殿臣卖田地契(歙县)

立杜断卖契人胡殿臣，今因正用，自情愿将承祖遗下阄分得土名八亩坵合业田一坵，身得正租五砠，并典首在内，系经理咸字四百七一号，计田税三分一厘，其田四至，上至重阳田，下至有松田，里至塝，外至成狼田为

〔1〕 李金铮:《民国乡村借贷关系研究》，人民出版社2003年版，第124～126页。

界。以上四至内照依鳞册现管现业，身家毫厘不存，凭中立契，尽行出卖与詹嘉吉兄名下为业。三面言定，时值契价曹(漕)平纹银拾两正，其银是身当日亲收足无欠，其田即交买人管业，听从唤佃收租无阻。其税自六都三啚胡泗通户丁魁名下推入七都二啚汪詹添户丁钊名下收割过户，输纳边粮。未卖之先并无重迭交易，如有来历不明及内外人声说等情，尽身支当，不涉买人之事。自成之后，两无悔异。今欲有凭，立此杜断卖契久远存据(押)

再批：上首老契因有别业毗连不便缴付，日后捡出不作行用。又照(押)

再批：契内土名八亩坵即横潭。又照

光绪七年十二月　　日立杜断卖契人　胡殿臣(押)

凭中依口代笔　服兄鼎臣(押)

(1-9-H-Q-135)宣统三年(1911)詹三发同胞弟媳顺峨出卖茶丛坦契(祁门)

立自情愿断骨绝出卖茶丛坦契字人詹三发同胞弟媳余氏顺峨，缘身承继产遗有茶丛坦壹号，坐落土名方家坞，计大小陆岭，东至柏子树为界，南至塝上为界，西至行路边为界，北至塝为界，以及花利树木桐子树，今因要洋正用，自愿同余氏托中将茶丛坦花利树木桐子树一概尽行断骨出卖与詹荣茂侄兄名下为业，三面凭中卖得时值价英洋　　元正。其洋比即是身同余氏亲手收领，其茶丛坦花利树木桐子树自今卖断骨之后，听凭买主随即执契管业，打桐子浇捍摘茶，无得异说。未卖之先与本家内外人等并无重张交易不明等情，如有是身同余氏自理，不干买主之事。其米租与别号相连，不便缴付要证将出无辞。恐口无凭，立此情愿绝卖断骨茶丛坦契字，永远存据。

宣统三年巧月吉日　立此断骨茶丛坦契字人　詹三发(押)

同胞弟媳　余氏顺峨(押)

侄　詹硌灶(押)

詹尧荣(押)

詹硌荣(押)

家长　詹长发(押)

詹张秀(押)

詹花九(押)

詹灶炎(押)

詹得升(押)

詹高升(押)

代书人 詹硌灶(押)

所是契价当日两相交讫

外加桐字一乛(押) 契尾 此批

(1-10-H-Q-035)嘉庆九年(1804)曹大□断骨出卖山坦契(祁门)

自情愿立断骨出卖山并坦契人曹大□,原承祖遗有山一号并坦四块,坐落土名柿树木,计税三厘八毫一,四至悉照鳞册为凭,不必开述。今因母病急用,自情愿央中将坦四块并近邻山场及杂木茶丛一并尽行断骨出卖与德宣兄名下为业。三面凭中议定,时值价银 两 钱正。其银当日是身亲手收讫,所是税粮听至本家新生户内割纳,查收无阻。随契过税,不必另立推单。其山坦自今卖后,悉听买人栽种取用管业无阻。未卖之先,与本家内外人等并无重张交易,如有不明等情,是身自理,不干买人之事。其米租与别号相连,不便缴付要证将出无辞。今欲有凭,自愿立此断骨出卖山并坦契为照。

嘉庆九年七月 日情愿立断骨出卖山并坦契人 曹大□(押)

见伯父 兆椿(押)

兆枝(押)

见叔 兆炎(押)

依书见叔祖信扳(押)

《嘉庆九年(1804)曹大□断骨出卖山坦契》是一件断骨绝卖契,标的物为土地所有权,来源是"原承祖遗",并有原始鱼鳞簿册登记标注,因此该宗土地的所有权明确,来源可靠,在交易中需要同时办理税粮义务转移至"本家新生户内割纳"。这件契约与当时报经官方正式建立的红契在形式上极为近似,但没有标明交易价格,却有当事人和见证人以及起草者的签押,表明这一契约在民间已经生效,或者留待去官方办理正式交割时,再行补充填写双方成交价格。

(1-11-06)嘉庆十六年(1811)金春生等收买山人孙加禄贴税单(婺源)

立收贴税单人金春生、金□生,今有卖过山等三号坐落土名大片,系量字一千又七十四、一千又七十五、一千又七十八，共山税四厘七毛五丝整。三面言定，今收到孙加禄名下，贴税银五钱正，其银每年生息，本家子孙永远代还，上官纳粮无辞。今恐无凭，立此贴税单永远存照。

嘉庆十六年十二月　　日立贴税单人　金春生（押）、金□生（押）

凭中人　朱省三（押）

这件契约的名称为“收贴税单”，应当属于山地买卖合同的一件从合同。出卖方金春生等将山地卖与孙加禄名下，买受人孙加禄除支付价款之外，还须另外支付“贴税银五钱正”，原标的物应交山税为“四厘七毫五丝”，现贴银为“五钱正”，于是双方言明用每年的利息“上官纳粮”，即向官府交纳税赋，且出卖人“本家子孙永远代还”，表明在买卖行为之后双方又附带有纳税权利义务关系的转移。并且可以推知，当时民间借贷利息应当大于百分之十。

（1－12－15－129）道光二年（1822）杨观六同弟黑铁出卖灶屋交业限票（黟县）

立交业限票人杨观六同弟黑铁，今将竞自二千零七十二号土名许家园五架灶屋一堂一应在内，尽行出卖与汪名下为业。凭中言定，交业得受屋价九五平元银五十两正。其银交业之日兑付，其业限定于道光三年六月交受人管业。各无异言，不得留难阻执。恐口无凭，立此交业限票为据。

道光二年十二月　日立交业人　杨观六（押）

同弟弟　杨黑铁（押）

中见人　汪灶法（押）

汪连德（押）

徐德进（押）

代书人　汪胜和（押）

本标本的名称为“交业限票”，这在传统的民间私约中比较少见，在契约中双方约定了交易的实现，属于一种预售合同。通常情况下，预售合同的当事人先给付价款，在规定的时限内再交付标的物，但在《杨观六同弟黑铁出卖灶屋交业限票》中，双方约定在交业时得受价银，而交业时间定于次年六月，为何提前半年作了这种约定，目前尚不清楚。

(1－13－10－185)道光二十一年(1841)汪社保立退小买园并园内花果树契(歙县)

立退小买园并院内花果树人汪社保,今因正用,自愿央中将父遗小买园一业,土名前头岭,三期交租,每期交时租四斗,凭中又将园内自种植花果树大小十四株一并出退与方 名下为业,三面议定,退价足大钱十六千文正。其钱当即收足,其园并园内果树即交管业耕种。言明退至八年为期,期满照依原价取赎。如期未满,不得取赎。所有花果树大小十四株将来年分之内,若有虫蚀枯萎折断,各安天命,不得藉此生端。此出自情愿,并无准折等情。倘后内外人等异言,与受业无干,皆系出退者承值。犹恐无凭,立此出退小买园并园内花果树批存照。

又批:原来退字一纸存归方姓,日后取赎一并缴回,又照。

再批:果树不得分棵移棵,又照。

道光二十一年十二月立退小买园并园内果树人　汪社保(押)

凭中　方龙妹(押)

方佩西(押)

方文亮(押)

方天文(押)

代书　方凤池(押)

立加退批汪社宝(保),缘道光廿一年十二月将前头岭之园并园内花红果树一并在内,已退价十六千文,现处急用无措,再再凭中将此园并花红树十四株一应在内,加钱三千五百文,其钱随即收足,其园并园内花红树十四株,现加之后,永无取赎,再无异言。恐口无凭,立此加退批永远存照。

道光廿四年十二月立加退批人　汪社宝(保)(押)

凭中　方观友(押)

代笔　方凤池(押)

契约在徽州多用于土地租赁权的转移,如果将土地租赁权直接用于买卖或者转让,习惯中称作"小卖",但仅将土地租赁权进行抵押或者交还给原出租方则被称为"退业契",或者"退契"。这件标本原于道光二十一年十二月约定退期为八年,如期未满不得取赎,但此后又在契约中加批有:"现处急用无措,再再凭中将此园并花红树十四株一应在内,加钱三千五百文,其钱随即收足，其园并园内花红树十四株，现加之后，永无取赎，再无异言。恐口无凭，立此加退批永远存照。”表明再加价三千五百文后，永无取赎，从退契最后转化为卖契。从中可以看出退契带有一定的抵押色彩，并且与买卖契约有明显区别。

（1－14－15－127）咸丰六年（1856）汪观永交业契（歙县）

立交业契人汪观永，今因正用，自愿托中将承祖分受合身已业竞字号内，土名许家园上造砖窖一只，一并尽行托中出卖与本家名下为业。三面言定，得受时值交业价钱十八千文正。其钱当即收足，其砖窖并地基一并凭中眼同交受人管业。四至税亩，正契载明，听凭取用无异。以前至今并无重复交易，此系自愿，亦无威逼准折等情。倘有内外人等异言，俱系出卖人承值，不涉受人之事。恐口无凭，立此交业契永远存照。

咸丰六年十月　　日立交业契人　汪观永（押）

亲侄　汪灶几（押）

亲房　汪品闪（押）

汪天贵（押）

汪政周（押）

中见　汪福喜（押）

汪裕恩（押）

汪连喜（押）

汪大春（押）

代笔　汪裕高（押）

（1－15－15－139）咸丰七年（1857）沙上佳同男沙承兴、沙承宝卖房交业契（祁门）

立交业契人沙上佳同男承兴、承宝，今因正用，自愿托中将祖遗受已业，竞字二千零七十三号，地税六厘二毫，土名许家园地基一业，上造三间楼屋里外进，中间披屋。上至椽桁瓦片，下至地□磉橐石脚，门窗户扇，西北边砖墙、木料、大门并出入道路等项，一应凭中指业交与汪名下为业。三面言定，得受交业价钱八十千文正。其钱当即收足，其屋随即凭中眼同指业，四至照依原形交受人管业，听凭居住拆造取用无异。亦不得在外生端，并无搬移坭锅拆锅等情，以前至今并无重复交易，此系自愿亦无威逼准折等情。倘有内外亲房人等异言，俱係交业人承值，不涉受业人之事。恐口无凭，立此交业契永远存照。

咸丰七年闰五月　日立交业契人　沙上佳（押）

同男　沙承兴（押）

沙承宝（押）

亲房　沙银祥（押）

中见　汪松富（押）

汪社玉（押）

汪厚如（押）

代笔　汪连进（押）

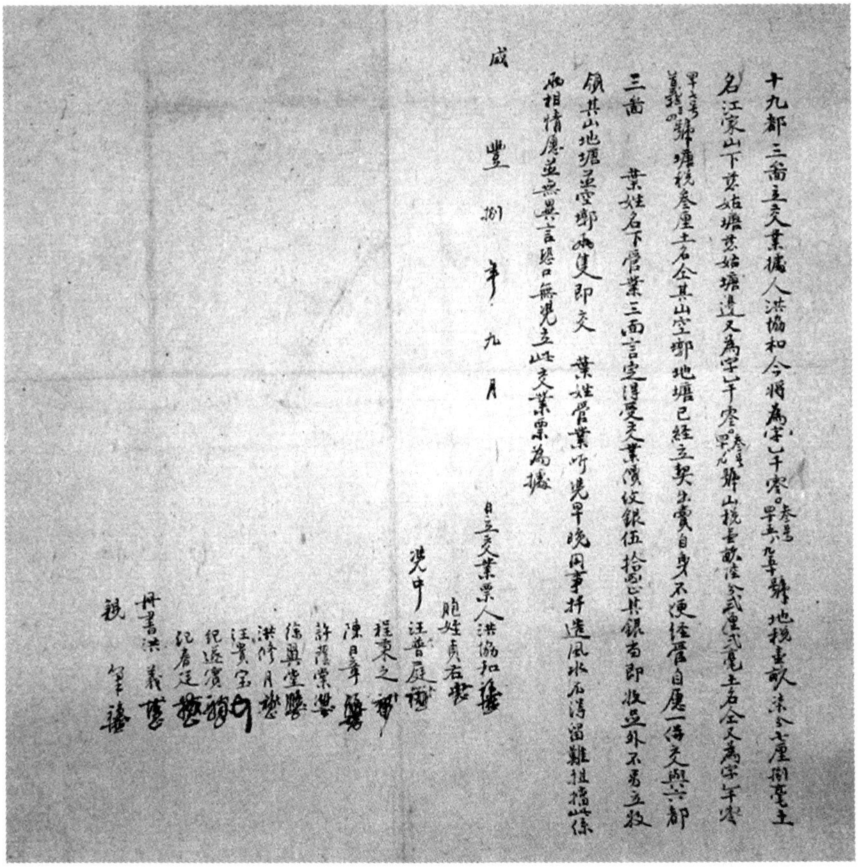

咸丰八年（1858）洪协和交业契（黟县）　| 1-16-004

十九都三啚立交业据人洪协和，今将为字一千零三号、四十五号、九十五号，地税一亩七分七厘八毫，土名江家山下慈姑塘边，又为字一千零三号、四十号、九号，山税一亩六分二厘二毫，土名同，又为字一千零四十七号、一百二十三号，塘税三厘，土名同，其山空墈地塘已经立契出卖，自身不便经管，自愿一并交与六都三畐叶姓名下管业。三面言定，得受交业价纹银五十两整，其银当即收足外，不另立收领。其山地塘并空墈两只即交叶姓管业，听凭早晚用事，扦造风水不得留难阻挡，此系两相情愿，并无异言，恐口无凭，立此交业票为据。

咸丰八年九月　　日　　　　立交业票人　洪协和（押）
胞侄贞右（押）
凭中　汪普庭（押）
程秉之（押）
陈日章（押）
许荫棠（押）
徐翼堂（押）
洪修月（押）
汪贵宝（押）
纪遂宝（押）
纪春廷（押）
丹书　洪义　（押）
亲笔　（押）

“交业契”或者“交业据”，作为买卖契约中的一种，只出现在民间私约买卖行为中，一般用于无需办理纳税过户手续的建筑物交易中，如上面三件交业契据中交易标的物分别为砖窖一只，房屋三间，地塘并空墈两只（用于下葬用的茔穴）。交业契由出让方书写，和标的物一起转移至买受人，并由买受人留存，作为标的物合法来源的权利保障。为了防止未来可能发生的争议，因此交业契建立时往往需要较多的人参与见证，以保证交业契的效力。如《咸丰六年（1856）汪观永交业契》，标的物仅为一只砖窖，但参与契约建立的除当事人之外，另有亲任、亲房、中见、代笔等共八人。这样多的第三人参与，使交业契的信用力得到很大提高。

十九都三畐立清据人洪协和，情因土名慈姑塘江家山下慈姑塘边风水

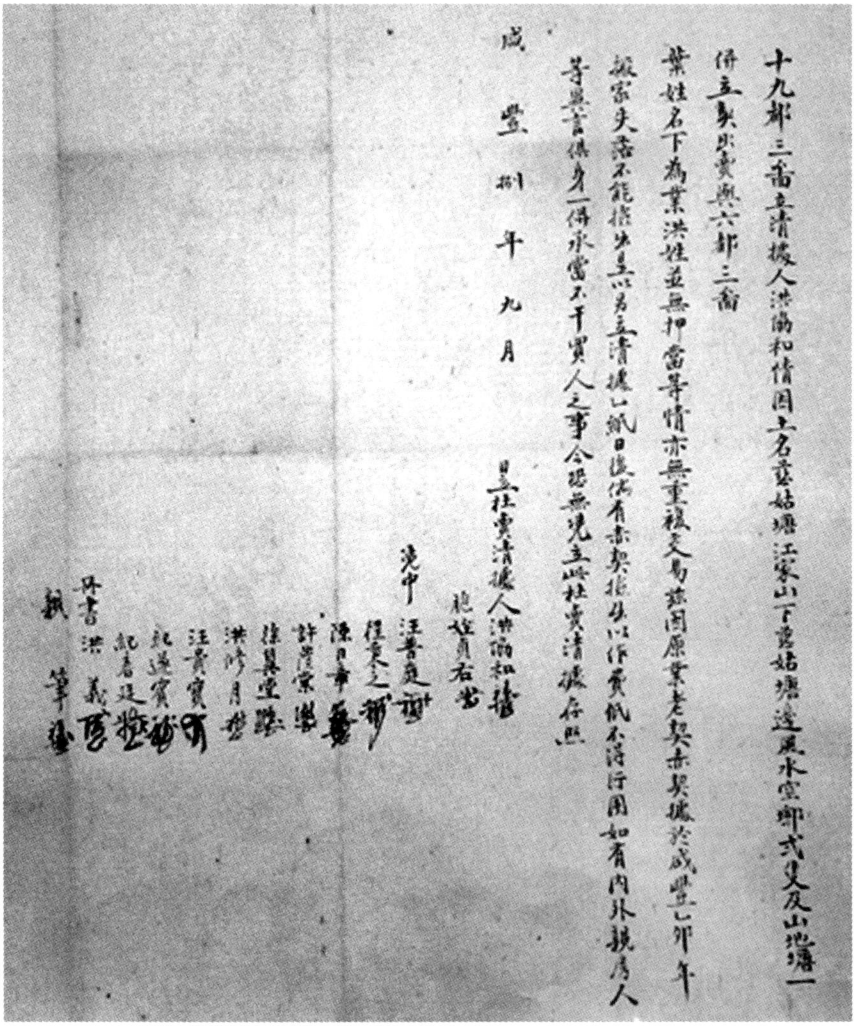

咸丰八年(1858)洪协和杜卖风水空塆并山地塘清据(黟县)　　| 1-17-003

空塆二支及山地塘,一并立契出卖与六都三啚叶姓名下为业。洪姓并无押当等情,亦无重复交易。兹因原业老契赤契据于咸丰乙卯年搬家失落不能捡出,是以另立清据一纸。日后倘有赤契捡出,以作费(废)纸,不得行用。如有内外亲房人等异言,俱身一并承当,不干买人之事。今恐无凭,立此杜卖清据为照。

咸丰八年九月　　日　　立杜卖清据人　洪协和(押)

胞侄贞右(押)

凭中　汪普庭(押)

程秉之(押)
陈日章(押)
许荫棠(押)
徐翼堂(押)
洪修月(押)
汪贵宝(押)
纪遂宝(押)
纪春廷(押)
丹书 洪义 (押)
亲笔 (押)

清据为买卖契约中的一种,当原买卖契约灭失或者暂时无法找到时,原买卖双方和第三人可以通过建立“清据”的方式作出补充性的契约文书,在清据建立之后,往往需要注明:“原据遗失,故建立清据一纸,日后原据捡出作为废纸”等文字,以表明清据取代原有契纸,原有契纸丧失约束力。

(1-18-15-128)民国六年(1917)汪胡氏同男汪清福便卖土窖基契(歙县)

立便卖契人汪胡氏同男汪清福,今因正用自愿托中将祖遗受己业,竞字号内土名中巷内土窖基一只,凭中立契出拼便卖与汪正明嫂名下为业。三面言定,得受时值便卖价银洋十一元正。其洋当即收足,其土窖基凭中指交受人管业,听凭取用。以前至今并无重复交易,此系两愿,亦无威逼准折等情。倘有内外亲房人等异言,俱系出卖人承值,不干受业人之事。恐口无凭,立此便卖契存照。

民国六年七月 日立便卖契人 汪胡氏(押)
同男 汪清福(押)
亲房 汪海福(押)
中见 汪智玉(押)
汪智生(押)
汪炳贵(押)
代笔 汪泽民(押)

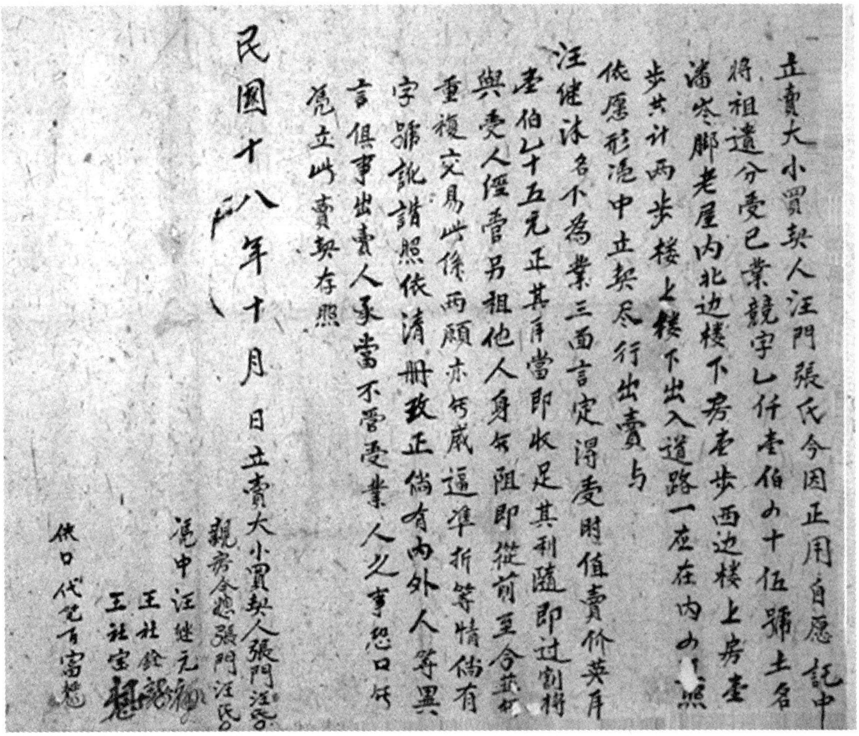

民国十八年(1929)汪门张氏出卖房屋契(歙县)　　| 1－19－015

立卖大小买契人汪门张氏，今因正用，自愿托中将祖遗分受已业兢字一千一百四十五号，土名潘岭脚老屋内北边楼下房一步，西边楼上房一步，共计两步，楼上楼下出入道路一应在内，四至照依愿（原）形，凭中立契尽行出卖与汪继沐名下为业。三面言定，得受时值卖价英洋一百一十五元整，其洋当即收足，其利随即过割，将与受人经管另租他人身无阻，即从前至今并无重复交易，此系两愿，亦无威逼准折等情，倘有字号讹错，照依清册改正，倘有内外人等异言，俱事出卖人承当，不管受业人之事。恐口无凭，立此卖契存照。

民国十八年十月　日立卖契大小买契人　张门汪氏[1]（押）

亲房同媳　张门汪氏（押）

凭中　汪继元（押）王社诠（押）王社宝（押）

依口代笔　百富（押）

---

〔1〕 原文如此，疑为“汪门张氏”之误。

明清时期的传统民事契约中,女性一般不能直接成为建立契约一方的当事人,在建立契约的时候,往往需要和该女性具有亲属关系的男性,甚至和该女性的儿子共同构成一方当事人。这一现象体现出在封建社会时期,女性的社会身份和民事权利受到限制。中华民国初期这一现象仍然较为严重,但自民国十六年(1927)以后,中华民国民事法律出现明显变化,女性的权利开始改观,女性直接参与社会生活和直接进行民事活动的能力逐渐加强。这件民国十八年汪张氏出卖房屋的契约中,有婆媳二人共同参与,巧的是两个女人都是汪门张氏,但没有出现其他男人共同参与,表明在徽州地区女性直接参与建立民间契约的权利已经出现了明显变化。

(1－20－H－M－015)民国十四年(1925)王嘉兆出卖祖遗坟地税议单(祁门)

立议单字人王嘉兆,今议定自愿将先祖遗下坟地余税五厘自愿割出三厘卖入陈桐华户,仍存二厘以保祖墓。当日三面议定,公估价洋十六元正。其地东至陈坟为界,西至本坟右臂石门口为界,南至田为界,北至田为界。今先议定界限在敢字五百零三号成契管业,地名合坑店前推收契税并事用均归王姓承认开销,于陈宅并无干,立契推收如式即行,价洋兑清,当收议定价洋二元正,两相议定,永无反悔。如有反悔,照议价倍罚无辞,立此议单存照。

民国十四年十二月　　日立议字人　王嘉兆(押)

凭中　姚咏声(押)

金顺新(押)

亲笔(押)

(1－21－15－134)咸丰二年(1852)黄观积顶头契(歙县)

立顶头人黄观积,今因正用,自情愿将土名里深湾业内,禁有柴薪松树,共计十三股,将身一股凭中立契出顶与堂弟德福名下为业。三面言定,得受时值顶价通足大钱五千三百文正。其钱当即收足,其柴薪松树随即管业,禁养收割柴薪。以前并无重复交易。此系两愿,并无威逼等情。倘有内外人等异言,俱系出顶人承值,不干受人之事。恐口无凭,立此顶契存照。

再批:交还山租净豆四升正,又照。

咸丰二年十二月　　日立顶头人　黄观积(押)

凭中　黄议福(押)

亲笔　　黄观积（押）

买卖契约中的名称还有“便卖契”、“大卖契”、“小卖契”、“议单”、“顶契”等，这类契约均表明不再通过官方建立红契，多用于民间小型固定资产的买卖，如上面三件标本，用于买卖的标的物分别为土窖基、房屋、坟地等。这类便卖契纸是民间买卖类契约中的主要形式，占民间买卖私约的绝大多数。

(1-22-H-M-018)民国四年(1915)朱斗辉、朱厚卿出拼柴薪契(婺源)

立出拼柴薪人朱斗辉、朱厚卿，今将土名井弯起直进到舍坞口为止，一路溪辇山上柴薪，其山坐落乌接坑坞内，立契出拼与程金发名下砍斫烧炭。当日得受拼价当十铜钞二百文正，其山当日三面议定，俀民国六年丁巳腊月砍清下山，山骨还山主长养，两无异说。恐口无凭，立此出拼山约存据。

民国四年乙卯四月　　日立出拼柴薪约人 朱斗辉（押）朱厚卿（押）

“出拼”作为一种私约，常用于对财产权利的转让，如这件契约中双方约定两年时间内，出资的一方取得一路溪辇山山林的开采权，并用于烧炭，两年后仍将“山骨”交还给原“出拼方”，从而结束双方约定的权利义务关系。民间私约中包含的范围非常广泛，类似这种短期财产权利转让的行为十分常见。

立加价字人胡江氏，今加到土名插笼口计田租八勺，係经理咸字号，立加契存照徐福周兄名下。三面言定，时值价英洋八元正，其洋当日收足无欠。未加价之先并无重叠交易，倘有来历不明，立加价契人一应承当，不涉受业人之事。恐口无凭，立此加契永远存照。

光绪二十年六月十一日　立加契胡江氏（押）

依口代书人　胡其昌（押）

(1-24-11-042)同治二年(1863)王五福出当并加卖断骨田租并佃契(休宁)

立出当田租契人王五福，今有承祖阄分遗下田租一号，坐落土名叶圩新丈，难字一千九百四十四号，计田税八分七厘五毛，计大租五秤正，计田一坵，今因正事急用，自愿央中将前项立契出当与□汝堂名下为业，当日三

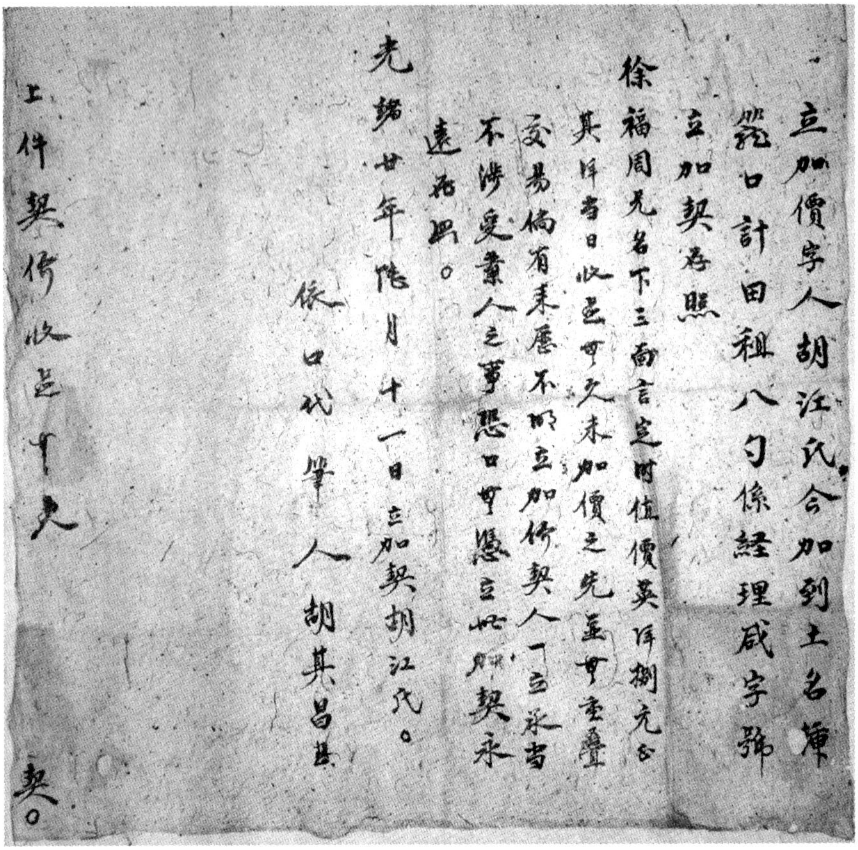
立加價字人胡江氏，今加到土名簞
叢口計田租八勺係經理咸字號
立加契存照
徐福周先名下三面言定時值價英洋捌元
其洋當日收足無欠，未加價之先並無重疊
交易，倘有來歷不明，立加價契人一並承當
不涉受業人之事。恐口無憑，立此加契永
遠存照。
光緒廿年陆月十一日立加契胡江氏。
依口代筆人胡其昌
上件契價收足無欠 契。

光绪二十年(1894)胡江氏立加价契(歙县)　| 1-23-10-070

面言定，时值当价光洋十二元正。其租田未当之先，并无重复交易，既当之后，悉听受人收租管业耕种，毋得拦阻。倘有内外人等一切不明等情，尽是出当人理值，不涉管业人之事。恐口无凭，立此出当租佃契存照。

其田其当半纪听从原价取赎，纪内自认中金无辞。(押)

其来脚契文税票共三纸，面批。

同治二年　十二月　　日立出当租佃契人　王五福(押)

凭中人　王遇春(押)

代笔人　王培祥(押)

立加卖断骨田租并佃一号，计田税八分七厘五毫，今因自情愿加卖断，时值得卖价洋六元正。其田租未卖之先，并无重复交易，今加卖之后，听从受人收租管业，毋得难阻。其税粮现在卅一都四啚九甲孙荣顺户起割，过入卅都三啚七甲吴长兴户，自行办纳，毋阻，立此加卖契存照，同日面批。(押)

光绪二十一年九月　日立加卖田契人　　余志高　亲笔(押)
契内当价银自身一并收足。(押)

加价契也被称作“找价契”,这类契约在长江中下游普遍存在,由于民间传统土地交易中存在回赎现象,即土地卖出以后,卖方可以用各种理由提出回赎。据《大清律例》载:“卖产立有绝卖文契,并未注有‘找贴’字样者,概不准贴找。如契未载‘绝卖’字样,或注定年限回赎者,并听回赎。若卖主无力回赎,许凭中公估,找贴一次,另立绝卖契纸。若买主不愿找贴,听其别卖归还原价。倘已经卖绝,契载确凿,复行告找、告赎,及执产动归原先尽亲邻之说,借端掯勒,希图短价者,俱照不应重律治罪。”[1]

清朝对于“找贴”和“加价”有明文规定,在民国初期的法律中也基本继续加以沿用。但民间“找贴”现象屡禁不绝。徽州地区也有在土地买卖后存在回赎和加价现象,当地俗称“加契”,即在“正契”后,另书写一“加契”。找契分为“一找”、“二找”等形式,分别表示在交易后进行的追找加价,买受方持有“正契”和“找契”,并支付了实价和找帖三次的找价,作为买受人已经彻底回绝了卖方对标的物回赎的可能。此外我国江苏等地也存在类似的现象,除称作“找契”外,有时还称作“加契”、“叹契”。[2]

标本(1-24-11-024)《同治二年(1863)王五福出当并加卖断骨田租并佃契(休宁)》原为一件当田契,属于民间私约中的抵押行为,后经过找贴加价,最后成为一件绝卖契约,这类从抵押行为经过招贴加价转变为买卖行为的契约,在徽州地区较为常见,民间习惯称作“先典后卖”,或者“先当后卖”。

---

〔1〕 详见《大清律例》卷九《户律·典卖田宅》附乾隆年条例,田涛、郑秦(点校),法律出版社1999年版,第199页。近代的找契仍然在浙江黄岩继续沿用,如买受人周岩根所持“找契”中给原出卖一方“找帖”成交价,本来可以一次即可完成,但仍然要写为“三找”,并分别逐一列出每一次“找帖”的价钱,显然只是为满足传统契约中建立“找契”程序和形式的需要。详见田涛:《被冷落的真实——新山村调查手记》,法律出版社2005年版,第175~176页。

〔2〕 《清代上海房地契》,上海市档案馆编,上海古籍出版社1999年版。此书中收有很多“正契”、“加契”,其中较为典型的有清咸丰九年(1859)十一月康文远卖地契中,于咸丰九年十一月立有卖契,同时立有加契。后又于同年十二月再立“绝契”,在立“绝契”的同时又立有“叹契”。成为“卖契”—“加契”—“绝契”—“叹契”四契相连的现象。正契中价银为10两,“加契”、“绝契”、“叹契”各为价银5两,四契累计为价银25两,因此可以认为后面的三种,实际与找契中的“三找”十分近似。详见该书第90页。

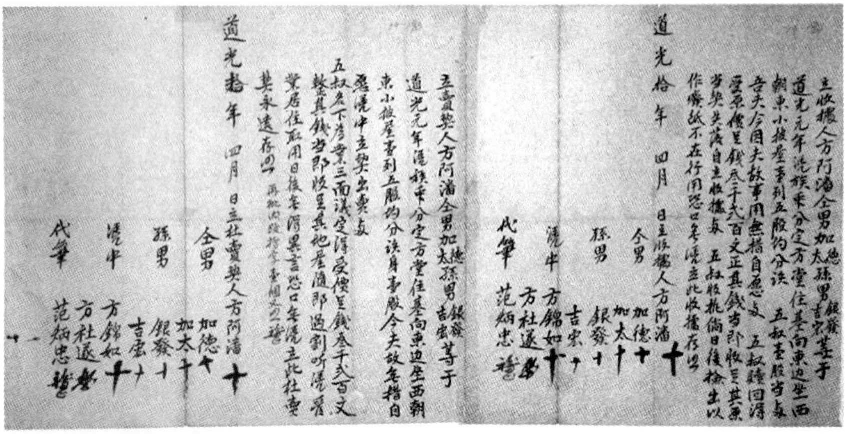

道光十年(1830)方阿潘同男加德、加太及孙男银发、吉宏等卖房屋股份契(歙县)　　| 1－25－10－183

立卖契人方阿潘同男加德、加太，孙男银发、吉宏等，于道光元年凭族众分定方堂住基向东边坐西朝东小披屋一列五股均分，该身一股。今夫故无措，自愿凭中立契出卖与五叔名下为业。三面议定，得受价足钱三千二百文整，当即收足，其地屋随即过割，听凭管业居住取用。日后无得异言，空口无凭，立此杜卖契永远存照。

再批：内改十字一个。又照。(押)

道光十年四月　　　　日立杜卖契人　方阿潘(押)

同男　　加德(押)

加太(押)

孙男　　银发(押)

吉宏(押)

凭中　　方锦如(押)

方社遂(押)

代笔　　方炳忠(押)

附：(1－26－10－184)道光十年(1830)方阿潘同男加德、加太及孙男银发、吉宏等卖房屋股份收据(歙县)[【按】(10－184)标本与前一件(10－183)具有关联性，是方阿潘卖房后的价金收据]

立收据人方阿潘同男加德、加太，孙男银发、吉宏等，于道光元年凭族众分定方堂住基向东边坐西朝东小披屋一列五股均分，该　五叔一股当与吾夫，今因夫故，事用无措，自愿与五叔赎回，得受原价足钱三千二百文正，其钱当即收足，其原当契失落，自立收据与五叔收执，倘日后捡出以作废纸，不在行用。恐口无凭，立辞收据存照。

道光十年四月　　　日立杜卖契人　方阿潘（押）

同男　加德（押）

加太（押）

孙男　银发（押）

吉宏（押）

凭中　方锦如（押）

方社遂（押）

代笔　方炳忠（押）

标本《方阿潘同男加德、加太及孙男银发、吉宏等卖房屋股份契》和《方阿潘同男加德、加太及孙男银发、吉宏等卖房屋股份收据》是两件相互关联的契约，前一件是一份卖契，后一件是卖方收到价金后的收据，这种卖契和收据同时发现的现象比较少见，更多的是在卖契的后面附加有特别说明，声明中明确表示钱已收清，不另立收票等文字。方阿潘应当为加德、加太的母亲，在民间私约中经常出现母亲同子、孙共同成为同一契约当事人的现象，表明女性不能直接成为建立契约一方的合法当事人，除特殊情况外，一般都要和家庭中的其他男性成员共同成为当事人。这一现象在其他省份的民间私约中也很常见，成为一种习惯。

（二）民间私约中的抵押典当契约（共14件）

传统社会中货币资金或其他代用品如粮食等在融通过程中，必然出现在一定时间内以质押或抵押形式导致发生的债权。徽州地区民间私约中可以见到为数众多的民间抵押典当契约，但经过分析后发现在实际应用时，这一地区典和当的区别并不显著，典和当均指向为抵押物，这和一般认为当的形式是通过质押形成的债权有所区别。而且虽然在私约中是以"当契"命名的，但无论是出当的一方还是受当的一方，绝大部分都是乡土社会中的熟人，并未发现以当铺经营形式受当的现象。这可能说明在农村当的形式和典的形式存在互相混淆的现象，而作为徽州地区乡土社会中民间融通形式下，典当契约主要用于不动产抵押时体现的债务。

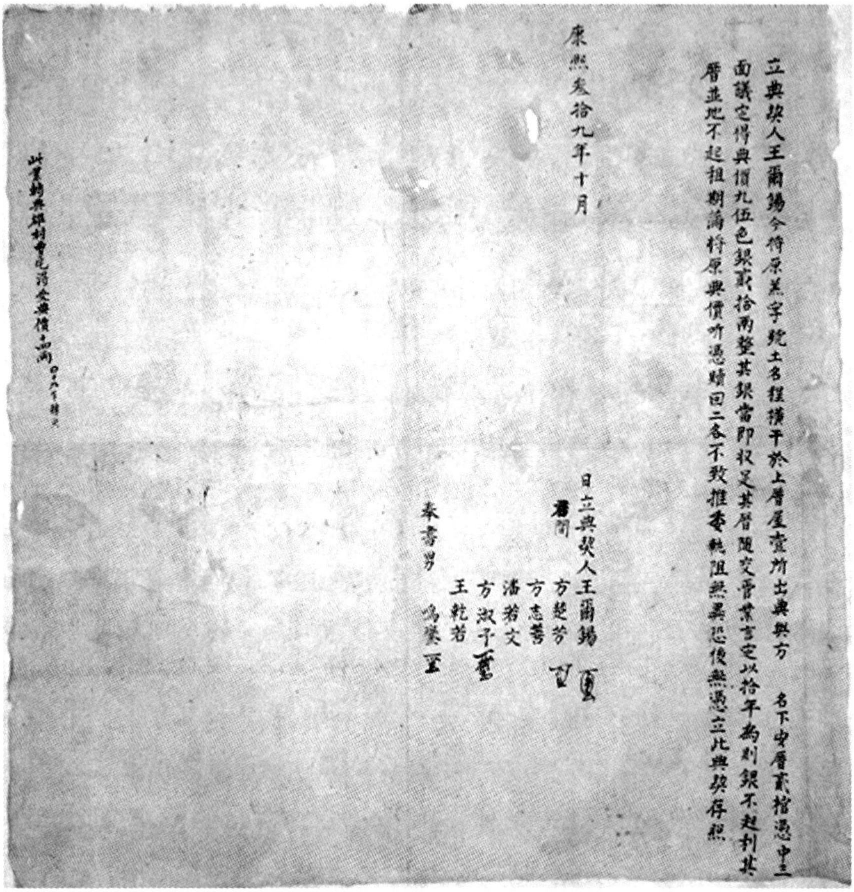

康熙三十九年（1700）王尔锡出典房屋契（歙县） | 2-1-10-014

立典契人王尔锡，今将原羔字号土名程横干于上厝屋一所，出典与方名下安厝二棺。凭中三面议定，得典价九五色银二十两整，其银当即收足，其厝随交管业。言定以十年为则，银不起利，其厝并地不起租，期满将原典价听凭赎回，二各不致推诿执阻无异。恐后无凭，立此典契存照。

康熙三十九年十月　　　　日立典契人　王尔锡（押）

居间　方楚芳（押）

方志善（押）

潘若文（押）

方淑予（押）

王乾若(押)

奉书男 鸣銮(押)

(加批)此业转典雄村曹宅,得受典价十四两,四十九年转典。

明清两代对于典期都有明确的规定,最长三十年,过期不得回赎。标本(2-1-10-014)原立典契人王尔锡,将自己准备存放棺木的厝屋出典给方姓人家,方姓人家在厝屋中寄放尸骨,典期十年。双方约定典价白银二十两,同时言明期满时原价回赎,白银不计算利息,厝屋不收取租金。这种形式等于出典人无息向受典人借取白银二十两,受典人不向出典人收取利息,但可以无偿使用厝屋十年。这种出典的形式是徽州地区最常见的一种形式,带有传统社会中的互助特征,虽然明清法律中明文规定典卖田宅均需立契纳税,但民间在实际以出典形式实现债权的时候,仅以建立民间私约的形式进行约定。这件典契中的中人,使用“居间”二字,表明在建立典契时,中人仅为一般居间中介,这与买卖契约中的中人表述有所不同。另外契约上还加批有“此业转典雄村曹宅,得受典价十四两,四十九年转典。”表明出典标的物已经按期回赎并再次出典给雄村曹姓,典价为十四两,双方应当另外重新建立典契,否则即成为民间私约中的“转典契”。雄村是徽州歙县的较大的自然村,今日已成为徽州文化中的一个具有代表性的古村落。

(2-2-10-073)康熙四十八年(1709)余大裕出顶小买田文约(婺源)

立顶约人余大裕,今因欠少使用无措,自情愿将何婆坪下出顶与本家族兄名下小买田一坵,得受顶价纹银五钱正。其银当即收足,其利议定谷租二十斛,出山之日,依时交还,不致短少,如有欠少,听凭耕种。恐口无凭,立此顶约存照。

康熙四十八年二月廿六日立顶约人 余大裕(押)

父 依口代书人 余传姜(押)

“出顶”仍然是一种抵押行为,表示不定期的抵押,抵押人余大裕将自己名下的小买田,也就是这块田地的耕作权,抵押给本家族兄,收取顶价白银五钱,抵押期间不确定,但双方约定抵押权人有权对顶价收取利息,计谷租二十斛，按清朝容积单位计算，约合一百斗，由于顶契中没有说到土地的面积，因此其利息率难以计算。双方另外约定“出山之日，依时交还”，依时是随时的意思，表明该顶契可以随时回赎。“顶”在汉语中有替换的意思，民间常用来表示收买、顶替等民事行为，徽州地区顶契较为常见，其内容基本以这件标本相似。

立转典屋契人程永彝，今将上年原典族侄二有店屋二间，土名皮匠店，今转典与方翁祠名下为业。三面议定，当得受典价九五色足九六平足允银三十八两整。其银当即收足，其屋随即交明管业，屋内门窗户扇一应俱全。言定日后无论年期，听凭程原价取赎，无得执阻，倘有本家人等异说，係程承值，不涉方事。恐口无凭，立此典契存照。

外收原当中资一两二钱，取赎之日认还。再批：（押）上添足门二字（押）

雍正十三年九月　　　日立典契人　程永彝（押）

中　程兴升（押）

执笔人　程立京（押）

转典契和典契的区别主要在于抵押权人可以将抵押物再行转典他人，从而重新建立一个新的典契。标本（2－3－10－015）就是一件典型的转典契，立契人程永彝原于上年，即雍正十二年时，从族侄中典有房屋两间，作为抵押权人程永彝又将抵押物转典给方翁祠名下，收取“典价九五色足九六平足允银三十八两整”，九五色足九六平足是当时流通白银的纯度成色，即含银量在百分之九十五以上，不低于百分之九十六的成色。同时双方约定无论年期，随时回赎，不得阻拦拒绝。值得注意的是，本件契约中明确注明，在典价以外收取“原当中资一两二钱”，也于取赎之日偿还，这里的中资应当是参加建立契约时中人收取的费用，但建立契约时没有当场收取，而是约定赎回抵押物时由取赎人偿还。典价白银三十八两，中资一两二钱，中资计算后可知中资费率约为百分之三。

徽州地区民间私约中的转典或者转当，抵押权人即“押主”是否可以直接转抵押，或是需要经过原业主的同意，调查中发现说法不一，甚至出现需要经过和无需经过两种答案，因此尚不能作出肯定的结论。根据保存在北京图书馆《安徽宪政调查局编呈民事习惯答案》中的记载：

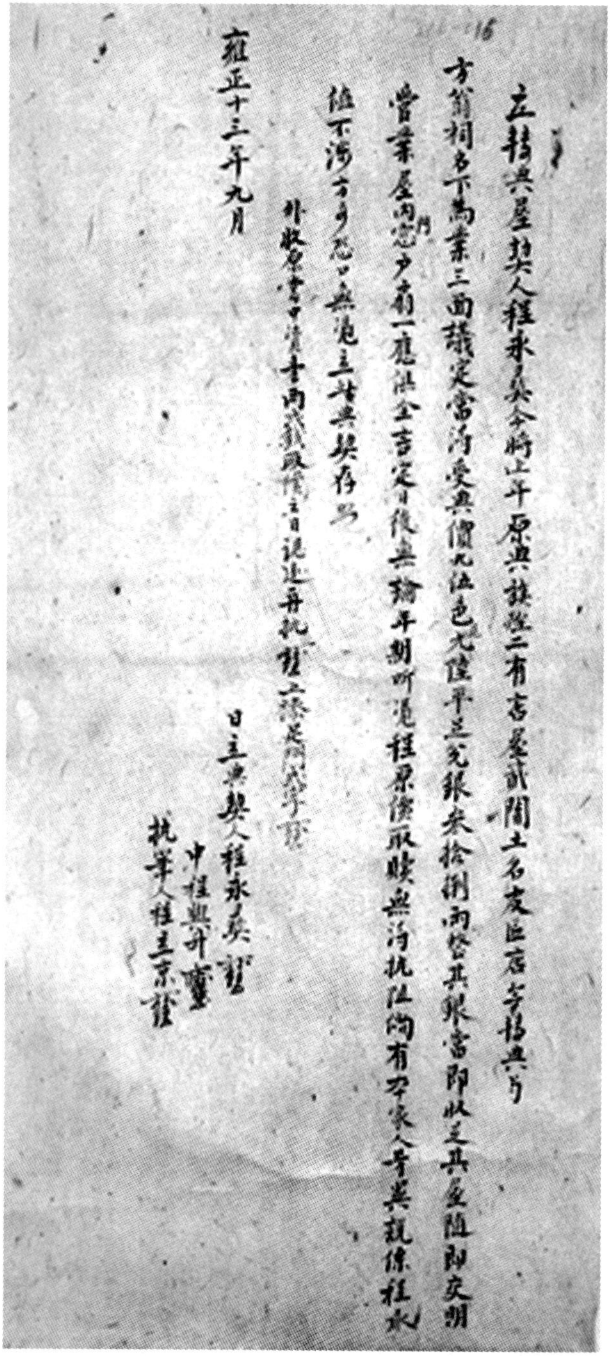

立轉典屋契人程永彝今將上年原典族叔二有吉屋貳間土名友正左首搭典與

方翁祠名下為業三面議定當得受典價九五色九陸平足兌銀柒拾捌兩整其銀當即收足其屋隨即交明

管業屋內窗門戶扇一應俱全言定日後無論年期聽憑程原價取贖無得執阻倘有本家人等異說係程永

值不涉方事恐口無憑立轉典契存照

外收原當日價十兩[illegible]取贖之日認退并執照二紙[illegible]

雍正十三年九月　日立轉典契人程永彝（押）

中程興升（押）

執筆人程立京（押）

雍正十三年（1735）程永彝立转典房屋契（歙县）　| 2－3－10－015

“押主得以抵押物转抵于他人否？如得转抵押于他人，则因转抵押之故而抵押物被毁损时，押主向于业主是否应负责任？

答

多数习惯

抵押物转抵于他人，有必经业主许可者，有不必经业主许可者，然其物若有毁损，原押主对于业主皆应负赔偿之责，而原押主对转押主亦有所偿之权。皖南北大都皆然。

少数习惯

（一）抵押物未满期限，不得转抵于人。如业主承诺抵时，其责由转押主负之。皖南如池州府之东流。

（二）物经转押，前后押主同负其责。皖南如太平府之当涂。

（三）转押物之毁损，应归后之押主负责。皖南如徽州府之休宁，宁国府之旌德、太平；皖北如颍州府之蒙城。”[1]报告中所称徽州府之休宁，即今日黄山市休宁县，正是我们在徽州调查和采集标本的主要地点之一，但限于材料和条件，尚不能比较该报告中所谓“多数习惯”和“少数习惯”之间的比例关系，从民国以后的转抵押契约分析，大部分都经过了原业主的同意，并且附有原抵押契。其他保留至今日的民事习惯，也已经难以分清“多数习惯”和“少数习惯”两种类型，或者随着历史的沿革二者之间的差距已经缩小，或者原报告在调查时即已存在模棱两可界限不清的现象。

立抵契人方永高，今将分受羔字十七号，土名塘坵田四分九厘九毫，又羔字八百九十一号，计地税一分六厘八毫四丝三忽，又羔字八百九十三号，计地一分二厘九毫六丝四忽，土名大圣山，以上三号凭中出当与支祠内为业。当受典价九五银六两正，其银当即收足，其田园自佃，每年交祠内白谷一石二斗。不致欠少，立此存照。当议言明加租谷六斗正（押）

内原契二纸

乾隆元年七月　　　日　立抵契　方永高（押）

中　许惟玉

方维周（押）

〔1〕《安徽宪政调查局编呈民事习惯答案》抄本，不著撰人名，原件藏北京图书馆。该书未见油印本，后经俞江先生抄录。本文使用时，转引自俞江《清末民事习惯调查说略》，详见俞江：《近代中国的法律与学术》，北京大学出版社 2008 年版，第 209 ~210 页。

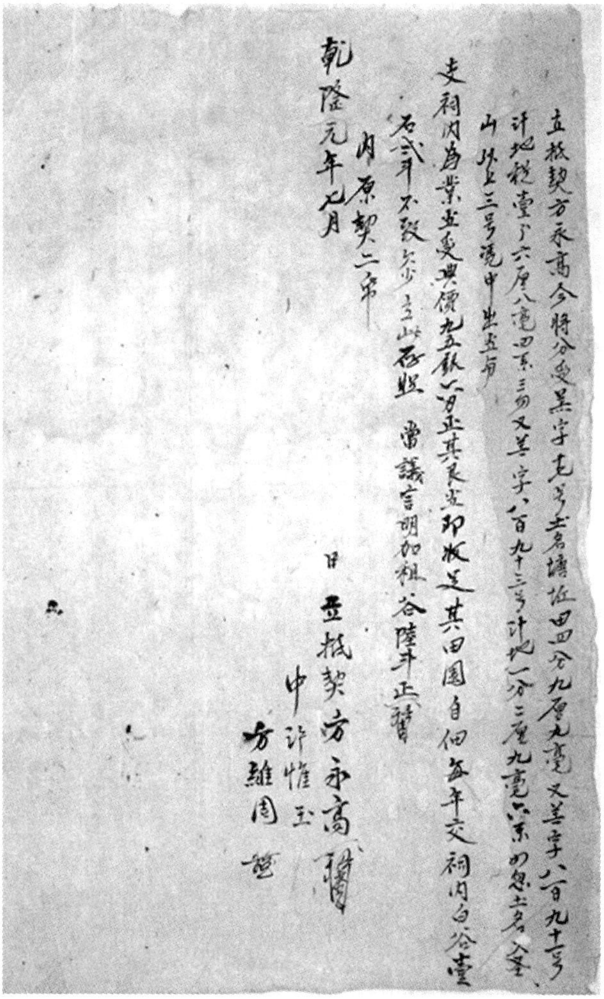

乾隆元年(1736)方永高抵契(歙县) | 2－4－10－017

标本(2－4－10－017)为一件“抵契”,其内容和形式与“典田契”、“当田契”没有明显区别,甚至双方约定的仍然为“典价九五银六两正”,在实际应用时,明清时期徽州地区民间对于“典”和“当”、“抵”经常存在混用的现象。如下一件标本(2－5－15－125)《嘉庆二十三年(1818)叶鸿开叶有祥土地典当契》中,甚至直接将典当二字连在一起使用,成为“典当”合一的契约形式。

(2－5－15－125)嘉庆二十三年(1818)叶鸿开土地典当契(祁门)

立当契叶鸿开,为因正用,凭中亲叔彩成,今将祖遗土名洪林塘内外大小买田两坵，出当与亲叔有祥名下为业。计六十串钱五十两正，三面言定，听凭早晚取赎，不得阻挡。其钱当即收足，其田随即管业，此係两愿，各无异言，恐口无凭，立此当契存照。

嘉庆二十三年三月　日　立当契　叶鸿开(押)
中见　叶彩成(押)
代书　叶文瓈(押)

道光二年十一月收过钱二十五千文
除收该找钱十千文

(2-6-11-164)道光十五年(1835)萧宇成抵押田地契(婺源)

立抵押契人萧宇成，今因欠少正用，自情愿将祖遗分受己业，当字六百二十号，计田税一亩二分，土名胡干，凭中立契出抵与耿名下为业。三面言定，得受抵本洋银二十员(元)，其洋当即收足，其租利每一周年硬交扇净乾白穀一担八斗，出山之日送至上门，不得欠少。如有欠少，听凭受抵人随即管业，係身耕种，召与他人，不得留难阻执。言定任凭早晚将原洋本照契取赎。此係两相情愿，并无威逼等情，倘有内外亲房人等异说，俱係出抵人承值，不涉受抵人之事，恐口无凭，立此抵押契存照。

再批：每员(元)洋价作大钱一千，共折大钱二十千文，还本之日照钱数归楚。又照(押)

又批：使用大钱五百文，还本之日两家对认此照(押)

道光十五年十二月　日立抵契人　萧宇成(押)
凭中　朱双应(押)
代笔　朱慎华(押)

加批：此业已赎回已作废纸

道光二十六年十月转当契一纸，原地凭中，钱不起利地不起租，交业经管，听凭早晚取赎照契，两无异言。

标本(2-6-11-164)原件定名即为“抵押田地契”，可见早在清道光年间，“抵押”这一词语已经在民间被加以使用。抵押契和典当契的内容和形式均基本相似，仅将原有的“出典”、“出当”等词语改为“出抵”。这件标本中加批了“此业已赎回已作废纸”，表明该抵押物已经赎回，抵押契也已作废。在徽州地区采集到的标本中，经常可以看到类似“作废”的批语，民间将已经作废了的契约文书，仍然加以保存，应当有着特殊的意义。

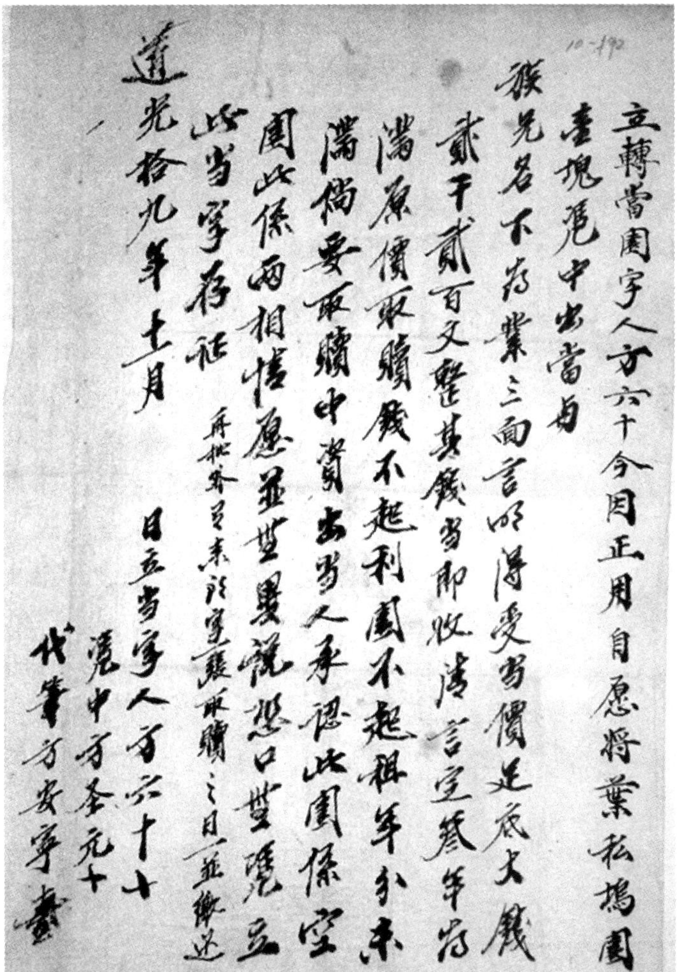

道光十九年(1839)方六十转当园契(歙县)　　| 2－7－10－192

立转当园字人方六十，今因正用，自愿将叶私坞园一块凭中出当与族兄名下为业。三面言明，得受当价足底大钱二千二百文整，其钱当即收清，言定三年期满原价取赎，钱不起利，园不起租。年分未满，倘要取赎，中资出当人承认。此园係空园。此係两相情愿并无异说，恐口无凭，立此当字存证。再批：外有来头字一张，取赎之日一并缴还。

道光十九年十一月　日立当字人　方六十(押)

凭中　方圣元(押)

代笔　方安宁(押)

(2-8-10-186)道光二十一年(1841)方六寿出当大小买园契(歙县)

立当大小买园契人方六寿，今因正用，无从措置，自愿托中，将承祖分受羔字号内，土名叶卿坞园一业，凭中出当与房太祖名下为业。三面议定，当价足大钱五千五百文正，其钱此即收足，其园连粟青苗，亦即交受业耕种。言明钱不起利，园不起租，当期十年为满，期满之日照依契内原价，六月依粟苗对期取赎，未满之前不得加价，七月亦不得取赎。此出两愿，并无重复交易威逼准折一概等情，倘若亲房内外人等异言，皆係出当之人承值，不涉受业人之事。恐后无凭，立此当大小买园契存据。

道光二十一年六月　日立当大小园契人　方六寿(押)

凭中人　方天发(押)

方六十(押)

方五发(押)

执笔　方文亮(押)

加批：道光廿二年九月　日缘因急用，须恳中将此园加钱四百文正，此乃情生格外，嗣后永不加退，恐无凭，据此为照。

立加退人　方六寿(押)

凭叔　方岩保(押)

代笔　方凤池(押)

立转当大小买人程正大，今因正用，自愿将当来小井田六分，今转当与方名下为业。得受当价足大钱十六千文正，其钱当即收足，其空田即过割耕种，言定八年为满，年满之日听凭原价取赎。此係两相情愿并无威逼等情，倘有内外人等异言，俱係转当人理及，不涉受业人之事。恐口无凭，立此转当契存照。

再批：原来当契一纸，取赎之日一并交还。又照

再批：不立年分，听平(凭)空田取赎。又照

咸丰六年二月　日　立转当大小买人　程正大(押)

凭中人　张星聚(押)

代笔人　方友三(押)

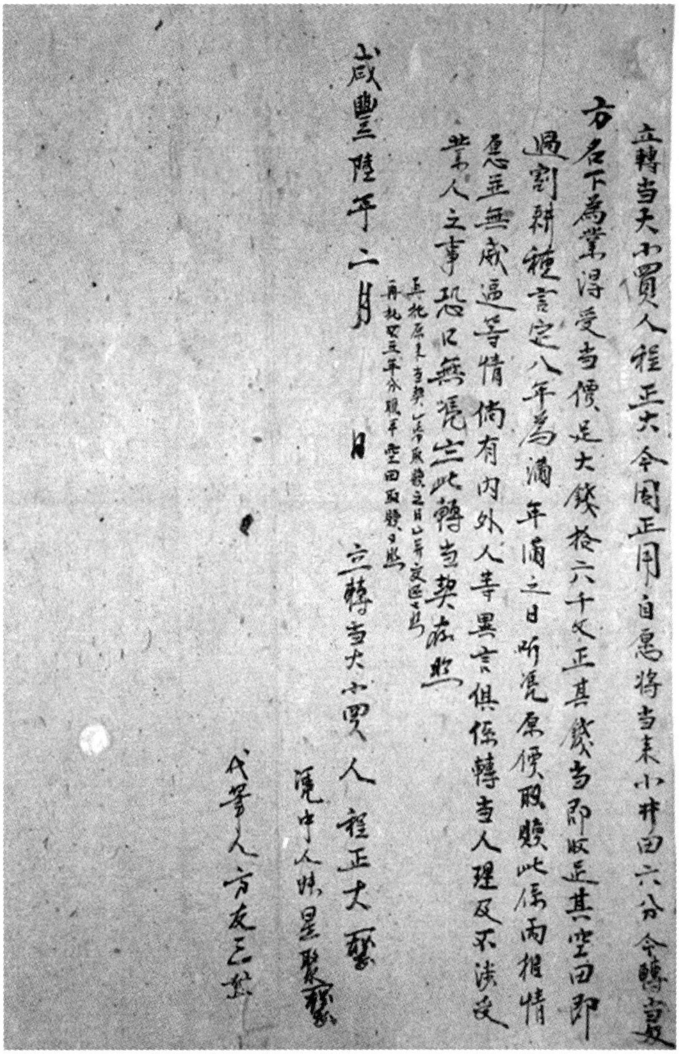

立轉當大小買人程正大，今因正用，自愿将当来小井田六分，今轉當與
方名下為業，得受当價足大錢拾六千文正，其錢当即收足，其空田即
過割耕種，言定八年為滿，年滿之日，听凭原價取贖。此係兩相情
愿，並無威逼等情，倘有內外人等異言，俱係轉当人理及，不涉受
業人之事。恐口無凭，立此轉当契存照。

其老原来当契一并付，取贖之日一并交还，又照。
再批：又五年分租，年空田取贖，又照。

咸豐陸年二月　日

立轉当大小買人　程正大（押）

凭中人　胡星聚（押）

代筆人　方友三（押）

咸丰六年(1856)程正大转当小买田业契(歙县)　| 2 –9 –10 –172

“转当契”和“转典契”在形式上并无明显区别,同样是抵押权人将抵押物再次抵押时订立的契约。标本(2 –9 –10 –172)《咸丰六年(1856)程正大转当小买田业契》是在歙县棠樾村程氏宗祠后人家中采集到的,棠樾村村头有很多明清两代建立的牌坊,当地人称作牌坊群,现在是徽州地区著名的参观景点。十几年前我们初到那里的时候,棠樾和那些牌坊还鲜为人知,村民淳朴笃实,现在则情景大变,不但进村要收费,参观牌坊也要收费,总之在经济改革的大潮中,棠樾村已经融进熙熙攘攘的世界中去了。转当契中已经言明抵押标的物的取得来源是“当来小井田六分，今转当与方名下为业”，这就是转当契和当契的明显不同。转当契中除了双方约定转当期为八年，同时还约定“其空田即过割耕种”，表明转当时田面中并无农作物，为空田。最后还在转当契中加了批语“原来当契一纸，取赎之日一并交还。又照。再批：不立年分，听平（凭）空田取赎。又照”说明原有当契继续保存，待转当契到期后一并交还给原抵押人。同时还约定取赎时虽然不立年份，但仍要“空田取赎”，即表明在取赎时田面中没有其他农作物。

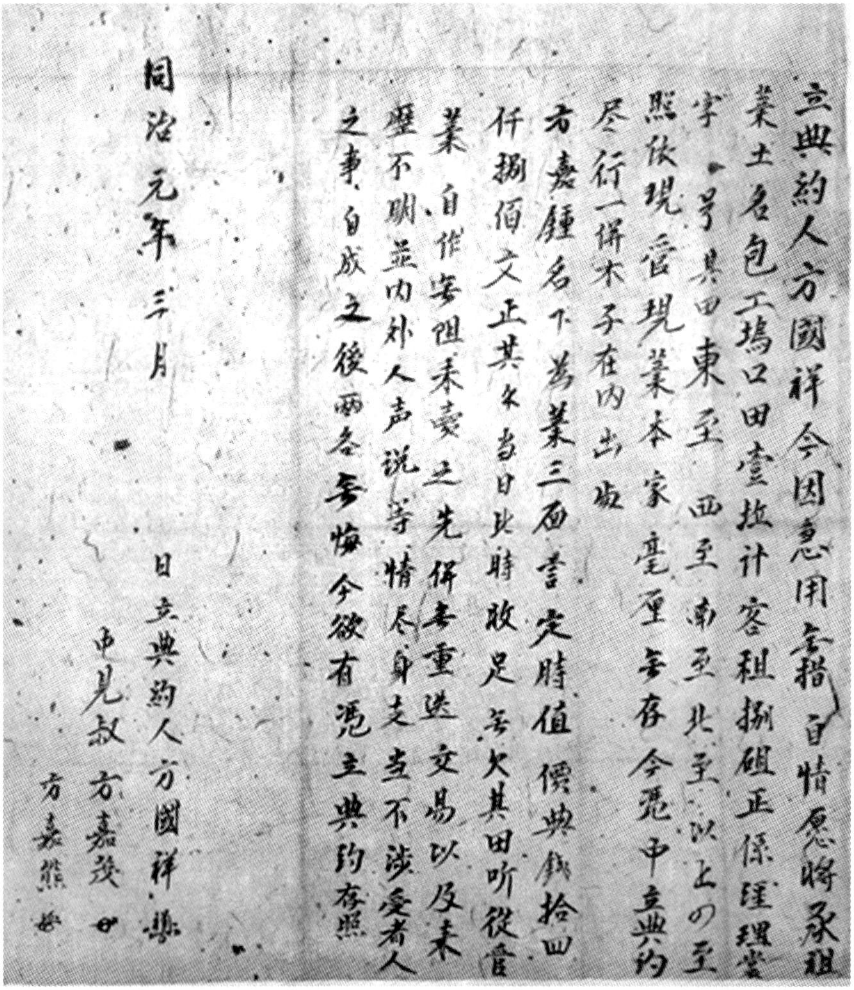
立典約人方國祥今因急用無措自情愿將承祖
業土名包工塢口田壹拔計客租捌硯正係經理嬰
字　号其田東至　西至　南至　北至　以上四至
照依現管現業本家毫厘無存今憑中立典約
盡行一併木子在內出典
方嘉鍾名下為業三面言定時值價典錢拾四
仟捌佰文正其錢當日收足無欠其田聽從管
業自作安佃未典之先併無重疊交易以及來
歷不明並內外人声说等情盡身支當不涉受者人
之事自成之後兩各無悔今欲有憑立典約存照
同治元年三月　日立典約人方國祥押
中見叔　方嘉茂押
方嘉熊押

同治元年（1862）方国祥出典田地契（歙县）　　| 2－10－H－Q－026

立典约人方国祥，今因急用无措，自情愿将承祖业土名包工坞口田一坵,计客租八砠正,係经理裳字　　号,其田东至　西至　南至　北至　以上四至照依现管现业,本家毫厘无存,今凭中立典约尽行一并木子在内出当与方嘉钟名下为业。三面言定,时值价典钱十四千八百文正,其钱当日此时收足无欠,其田听从管业自作无阻。未卖之先并无重叠交易,以及来历不明,并内外人声说等情,尽身支当,不涉受者人之事。自成之后,两各无悔,今欲有凭,立典约存照。

同治元年三月　　日立典约人方国祥(押)

中见叔　方嘉茂(押)

方嘉熊(押)

(2-11-15-126)同治十年(1871)汪佩芳出当自置熟地契约(休宁)

立当契人汪佩芳,今因正用,自愿托中将自置己业,竞字二千一百八十二号,山税二分三厘四毫五丝,土名麦坞大小买熟地一业,凭中立契出当与本家名下为业。三面言定,得受时值当价南源口米市足大钱三十八千八百八十文正,其钱当即收足,其地内风水外至沟,里至沟,四至照依原形,随即凭中交受人管业,听凭作种收租,倘日后推税订界无异。以前至今并无重复交易,此係两愿,亦无威逼准折等情。倘有亲房内外人等异言,俱係出当人承值,不涉受人之事。恐口无凭,立此当契存照。

再批:其熟地空地交受当人种荳,听凭早晚照依原价取赎,取赎之日空地交还,并原脚赤契一纸,退业一纸,取赎之日一并缴还。又照

同治十年十二月　　日立当契人　汪佩芳(押)

凭　中　　汪亮怀(押)

汪兆禄(押)

汪富宝(押)

亲笔(押)

光绪二十五年十月　再批:取回赤契、当契、退业契三纸,取价英洋四十二元正,以新契为凭,老契以作废纸。又照。

标本(2-11-15-126)《同治十年(1871)汪佩芳出当自置熟地契约》,原契约名为"当契",值得注意的是这件契约在立契后,加批了两段文字,其中第一段为"其熟地空地交受当人种荳,听凭早晚照依原价取赎,取

赎之日空地交还，并原脚赤契一纸，退业一纸，取赎之日一并缴还。又照”，表明抵押时为熟地空地，抵押结束后原价取赎，以空地形式交还。除了在契约正文中已经声明“以前至今并无重复交易，此係两愿，亦无威逼准折等情。倘有亲房内外人等异言，俱係出当人承值，不涉受人之事。”以表示该抵押物不存在任何形式下的权利瑕疵，并声明当抵押物受到与权利瑕疵相关的障碍时，一律由出当人承值，即由抵押人承担责任。同时再批中还言明原脚赤契一纸，退业一纸也交与抵押权人，作为抵押物合法来源的保障。原脚赤契是抵押人最初买进这块土地时经过官方认证的红契。由于该件当契中没有约定抵押时间，直至光绪二十五年（1899）才将抵押物赎回，前后历时 28 年。取回时在当契中再次加批“光绪二十五年十月　再批：取回赤契、当契、退业契三纸，取价英洋四十二元正，以新契为凭，老契以作废纸。又照。”表明除将原红契、当契、退业契取回外，另支付取价英洋四十二元正，由于原契已经在抵押权人处保存了二十八年，为了确保标的物的所有权和处分权均不受到瑕疵影响，最后还在契约中特别声明原老契作废。将红契和标的物一起转移至抵押权人名下的现象，类似后来的不动产抵押时的“背书制度”，即抵押人将抵押物的权证转移至抵押权人处，以防止抵押人抵押后出现先抵后卖的现象，以确保抵押权人的利益不受侵害。这一制度在中国有着非常深厚的传统，并且影响十分久远，直至今日仍然是乡土社会中一直沿用的习惯。

(2 -12 -15 -017)民国三十六年(1947)汪顺生土地抵押契(休宁)

立典押契人汪顺生，今因正用，自愿凭中将野鸡坞荳子地，计六升竞字第二千零七十一号，出典汪义达兄名下。计价租谷十担，三面言定，期限六年，期内不得取赎，期满取赎，过期不得取赎。出其自愿并无逼迫，恐口无凭，立此典契存照。

中华民国三十六年农历十一月十九日　立典押契人　汪顺生(押)

中人　汪增福(押)

中人　汪鹿荪(押)

又批：取赎时谷利每担五斗计算，此批。亲笔

(2 -13 -032)中华民国二十三年(1934)汪振业

(正文中出典人为汪富贵，原文如此)出典屋契(休宁)

立出典屋契人汪富贵，今将祖遗光字号坐落土名休西善福岭方塘上

里，坐西朝东汪贻顺堂居屋一所央中出典与婺藉　程兆基名下，当日三面议定，典得价洋三十元正。其洋是身收讫，其屋出典之后任择。南边楼下房间一广，南边楼上房间又一广，任宿管理。后堂厨房任泥锅灶一宗，前厅廊下任置谷仓一座，住屋前边晒场听便取用。居屋前后余地，任垦蔬圃，置厕堆薪。受典人眷属东屋居住，不得另索租金。楼上楼下，厨房庭宇，屋西水井等需同众取用。门户互相检点，务须清洁整齐。受典人离屋远去时，屋内物件身家代为照应，倘遇匪患遭损，言明身不负责。且为不测风云等情，双方无涉。自今典后，银不起利，屋不起租。议定二十二年为限，期满之后，原价取赎，未满之先，不得藉故赎回。恐口无凭，立此出典屋契一张为据。

民国二十三年夏历十一月　日立出典房屋契人　汪振业(盖章)

凭中人　汪信孚(盖章)

依口代书　汪鸿芳(押)

该件典契约定了典期为二十二年，典价是三十元正，标的物为汪氏所有的贻顺堂居屋的部分房间，由受典人进行选择，并约定对房屋的使用范围和公用原则。休宁西部山区善福岭与婺源交界，当地至今留有大量的徽派建筑，黛瓦白墙构成一种独特的风景，房屋大多为两层，中间有天井，二楼外窗很小，内窗向天井一侧敞开，作为采光之用。木结构的建筑中楼梯窄小，木柱下垫有石刻柱础，建筑构件中常饰有精美的木雕，石雕和砖雕，即所谓“徽州三雕”，所雕之内容，除山水风光外，花鸟鱼虫，神仙典故无不惟妙惟肖，美轮美奂。翻过休宁县善福岭，即到达今江西婺源的北部山区，明清两代这里是沟通赣皖的要道，是徽商向南经营的主要途径，故善福岭一带多有婺源人在此地租住。由于受典人并非当地人，因此双方还约定了当受典人外出时，由出典人负责管理房屋。值得注意的是，双方特别声明了如果房屋因匪患或者其他“不测风云”带来的毁损，双方均不承担任何责任。这一约定与现代民法中“不可抗力”制度的规定颇有相似之处，带有不担保声明的色彩。该典契立契的时间是中华民国二十三年，即公元 1934 年，双方约定的典期为二十二年，也就是公元 1956 年到期。而实际上在 1949 年新中国成立，随之而来的是一系列的土地改革等运动，因此我们也可以推定该契约并没有得到完全的实施。

抵押典当类契约在徽州契约中的数量仅次于买卖契约，较为复杂，主要有“典契”、“典当契”、“转典屋契”、“抵契”、“当契”、“抵押契”、“转当园契”、“当大小买园契”、“转当大小买契”、“典约”、“抵押借字”、“典押契”、“出典屋契”等，虽然其名称多样，但从契约的结构和形式分析，并无显著区别。其中顶契的名称也用于小型财产的买卖私约中。

徽州私约中抵押典当类契约比较分析表

年代	名称	抵押物	年限	特别约定
康熙三十九年	出典房屋契	房屋	10 年	康熙四十九年转典雄村曹宅
康熙四十八年	顶约	小买田	无	
雍正十三年	转典屋契	房屋	无论年限，听凭原价取赎	
乾隆元年	抵契	田地	无	其田自佃，每年交租
嘉庆二十三年	当契	大小买田	早晚听凭取赎	
道光十五年	抵押契	田地	言定任凭早晚将原洋本照契取赎	此田已回赎
道光十九年	转当园字	园	3 年	年分未满，倘要取赎，中资出当人承认
道光二十一年	当大小买园契	大小买园	10 年	六月依粟苗对期取赎，未满之前不得加价，七月亦不得取赎
咸丰六年	转当大小买契	小井田	8 年	不立年分，听平（凭）空田取赎
同治元年	典约	田地	无	
同治十年	当契	自置熟地	听凭早晚照依原价取赎	取赎之日空地交还

续表

年代	名称	抵押物	年限	特别约定
民国二十三年	出典屋契	房屋	22 年	期满之后,原价取赎,未满之先,不得藉故赎回
民国三十六年	典押契	荳子地	6 年	期内不得取赎,期满取赎,过期不得取赎

上述统计中虽然契约名称有所差异,但契约中所表示的基本内容并无明显区别,其中抵押物均为土地田宅类的固定资产,抵押时间由一年至二十二年,或者不计年限"听凭早晚取赎"。另外,绝大多数做了与取赎限制的特别规定。明清法律中对于典期加以限制,并对抵押人予以保护,一般允许期内取赎,但在实践中,抵押人和抵押权人建立典当类私约时,往往言明"期内不得取赎"、"未满之先,不得借故赎回"、"过期不得取赎"、"年分未满,倘要取赎,中资出当人承认",这种特别约定对回赎一方进行了限制,同时对抵押权人则给予了保护,显示出在民间契约中这类抵押行为的不平等现象。通过调查中发现民间私约和清朝法律制度保障之间存在很大差距,因此对于民间私约的系统研究更显得十分必要。这一差距体现了国家成文法和民间习惯的界限与区别,但并不因此证明官方的表达和民间的实践具有根本性的冲突,非本质性的差别的存在,反而可以证明官方的表达与民间的实践具有因内在关系而存在的同一原则。[1]

(2-14-11-039)光绪二十年(1894)王来富收领余秀中原价取回当租契(休宁)

立收领契价字据人祖功王来富,缘余秀中世叔先父将土名页圩租五秤当至身家,今情愿理让余秀中世叔原价取回,原业所是契价是身一并收领。此后毋得异说。恐口无凭,立此收字为据。(押)

光绪二十年九月　日立收字人祖功王来富(押)

依口代笔余志富(押)

〔1〕 关于官方的表达和民间的实践之间差距的研究,可参见黄宗智:《法典、习俗与司法实践:清代与民国的比较》,上海书店出版社 2007 年版。但徽州调查的结果并不能支持黄宗智先生所作出的有关结论。

抵押到期后，抵押人可以将抵押物回赎，并建立“收领契”，表示抵押行为结束。上面这件标本就是一件收领契，抵押人以原价取回了抵押物，结束双方抵押关系时，将此收领契约交给抵押权人，以作为收回抵押物的凭证。

（三）民间私约中的借贷契约（共8件）

借贷是一种历史悠久的社会经济现象，民间借贷中体现出的货币资金及其代用手段的融通，并通过这种融通产生债务的行为，则属于民法调整的范围。大量的研究证明，传统的借贷主要可分为亲情借贷和高利贷两种形式。在调查中发现和采集到的借贷契约数量并不多，这一现象在研究领域中已经被普遍加以重视，导致有学者作出“历史实际也说明，借债的农民在整个农民中只是少数”[1]的主张，另外早期的研究者根据调查所取得的经验，提出过另外的见解，如陈翰笙先生1936年在广东农村调查时曾经提到“由于调查负债情况有一些特殊困难，因此这种调查所得的结果往往低于实际的百分比。”[2]农村借贷问题是一个备受关注的重要课题，近百年以来有诸多学者通过形形色色的方式对此进行过专门的研究。费孝通先生在《江村经济》一书中提道：“在交换过程中，以货物、劳物或现金不能及时偿还时便发生了信贷。简单地说，信贷就是一方信赖另一方，经过延迟一段时间，最后偿还。在这一意义上讲，相互之间的义务，互相接待留宿，互赠礼物等非即刻交换的形式也是信贷的形式。”[3]当代学者同样关注这一命题。近人李金铮博士将民间借贷概括为“是一切生产生活领域不可或缺的重要组成部分。在此融通过程中，借贷是一种极为常见的经济行为。每当货币资金及其代用手段的所有者以还本或还本付息为条件，对需要而缺乏者进行融通时，贷方和借方之间的借贷行为和借贷关系就随之产生了。”[4]

---

〔1〕 方行：《清代前期农村高利贷资本问题》，载《经济研究》1984年第4期。

〔2〕 陈翰笙：《解放前的地主与农民——华南农村危机研究》，中国社会科学出版社1984年版，第94页。

〔3〕 费孝通：《江村经济——中国农民的生活》，江苏人民出版社1986年版，第186页。

〔4〕 李金铮：《民国乡村借贷关系研究——以长江中下游地区为中心》，人民出版社2003年版，绪论第3页。

徽州地区调查和采集到的借贷类契约较少，不能如实反映农村中真正的借贷关系及其发生比例，首先借贷契约具有较强的时效性，借贷期间结束后，借贷契约失去约束力。另外绝大部分债务可能已经偿还，借贷关系消失，借据可能随之被销毁。保存失效的借贷契约，可能诱发新的纠纷，除特殊需要，如债务人未能到期清偿债务，或者因其他重要的原因需要加以保存的之外，一般情况下当事人不会继续留存借贷类契约。当事人不愿意告知调查者有关借据契约的相关情况，不愿意提供借贷类契约。乡土社会中小额亲情借贷，大部分采用口头形式，并未形成书面的借贷契约，导致借贷类契约存在的概率大大降低。

民间借贷和租赁、抵押等行为界限可能发生交叉和混淆，为了研究的方便，我们在对徽州传统民间私约的分类上，将抵押典当和租赁以及民间集资中的摇会等因债权产生的民事契约行为，分别归类到抵押典当和租赁等不同类别中，使借贷类契约的研究相对单纯化。

亲情借贷也被称作友情借贷，是传统社会中亲戚、朋友、邻居等之间发生的借贷行为，由于彼此存在亲情或者友情，债权人往往不收取债务人的利息或收取较少的利息，因此这种借贷关系更多地体现出互助行为的特色。高利贷是一种收取高额利息为手段的借贷方式，债权人通过向债务人收取高额利息以实现盈利目的，因此这种借贷关系属于单纯的经济行为，债权人甚至可以通过包括附带抵押或者其他方式确保债权人的利益。明清乃至近、当代的成文法，不提倡高利贷，甚至打击高利贷，但在社会实践中高利贷现象屡禁不止，直至现在高利贷现象并未彻底消失。徽州地区的民间私约中，典型高利贷性质的借贷契约发现较少，可能因为这一地区交通不甚发达，社会生活相对闭塞，形成了典型意义上的“熟人社会”，导致亲情借贷相对较为常见。

(3－1－11－167)道光十九年(1839)项灶福向萧观田借据(婺源)

立借据人项灶福，今借到萧观田兄名下足大钱二千文正，其钱当即收足，其利每一长年硬交黄豆二斗，出山之日送至上门，不得短少。议定将自己名下地房一部抵押，如租欠少，听凭受业，毋得阻执，恐口无凭，立此借据存照。

道光十九年十月　立当契人　项灶福(押)

中见代笔　许作孚(押)

《道光十九年(1839)项灶福向萧观田借据》是带有抵押物的借贷契约，但与其他抵押典当契约有区别的是，契约的直接定名为“借据”，并借到大钱二千文，与一般典当类契约中注明典期、当期，“得典价若干”、“当价若干”明显不同。另外，抵押典当契约中的抵押物已经转移至债权人名下，由债权人耕种使用，甚至双方各不计算利息，到期后由出典人或者出当人赎回，受典人则在典期内通过对标的物的使用和耕作，实现用益物权。但借据中虽然有“议定将自己名下地房一部抵押”，但标的物仍然存在于债务人手中，只是当债务人违约不能按期清偿债务时，标的物才可能发生转移。借据中双方约定了债务人“每一长年硬交黄豆二斗”，长年是徽州地区的地方语言，表示为一日历年，即俗话说的十二个月为一年。当地一年两熟，每一熟则称为一小年。另按《说文解字》中对“年”的解释，原意指成熟的庄稼，压弯了禾苗，故年字原有收获的意思。硬交则是一定或者必须要交的意思表示，双方还在借据中约定了以房产作为抵押担保，当债务人不能履约时，作为抵押担保的不动产，将直接由债权人“听凭受业，毋得阻执”显然这份借据更多的保护了债权人的利益。借据中债务人称呼债权人为“萧观田兄”，显然属于熟人之间的互相借贷，另通过调查了解到，当地正常年份粮价不高，即按清朝中后期的经济情况推算，借款二千文，每年支付利息黄豆二斗，显然不能被称作高利贷。

(3-2-11-156)道光二十九年(1849)萧以正立借票契(婺源)

立借票萧以正，为因昔年所借之项，今于道光二十九年二月，凭中面结该足钱一百念七千六百文正。三面言定，嗣后每年支取，准于道光三十四年三月一并归清缴票，不得短欠。恐口无凭，立此借票为证。

收讫

道光二十九年二月　日　立借票人　萧以正(押)

此票过期未清照数起息

中　朱士槐(押)

代笔　许炳南(押)

除了“借据”外，借贷契约还被称作“借票”，萧以正因昔年所借之项，即往年旧债，至道光二十九年与债权人经中人结算共本息短欠十二万七千六百文(127600)，这在当时是一笔较大的数字，由于双方仅约定“准于道光三十四年三月一并归清缴票”，因此无法计算本金及利息率。但借票中有“归清缴票”四字，且未能说明明确的债权人，可以判断这件借票应不属于亲情或者友情的互助性借贷。

(3-3-11-159)咸丰元年(1851)朱显庆向萧汪氏借字契(婺源)

立借字人朱显庆，托中借到萧汪氏名下通足净大钱三千文正，其钱当即收足，其豆利三面言定，每年硬交黄豆二斗七升，出新之日交送上门，不得欠少。恐口无凭，立此借字照。

咸丰元年三月　日立借字人朱显庆(押)

中见　张荣福(押)

孙五宝(押)

代笔　朱慎华(押)

除了“借据”、“借票”外，借贷类契约还使用“借字”，朱显庆向萧汪氏借大钱三千文，年支付利息“黄豆二斗七升”，同样属于熟人之间的借贷行为。据此件及前面的《道光十九年(1839)项灶福向萧观田借据》计算的结果，可推算当时按黄豆计算利息，每钱一千文，利息率为黄豆九升至一斗，均不能属于高利率。

立借抵字约人余志高同男松满，今因正事，自愿将祖遗下三间楼屋一所，坐落土名罗木村，係难字四千二百七十四号，计地税一分四厘七毫二系二忽四微正，今出抵与吴名下，当日借到英洋四十元正。言定每月二分生息，准期年内十二月本利一并归还，决不拖欠。恐口无凭，立此借抵字据存照。

当日交付来脚老契三张，赤契一张，税票一张，佥票一张，地图一张，共计七张，还洋之日缴回，同日面批。

光绪二十八年九月　日立借抵字人余志高(押)

同男　松满(押)

(加批)民国元年十二月凭中言定，商情作英洋四十二元，当缴洋十元，仍洋三十二元准于来年八九月内缴清，将契缴回。如过期不归，听从管业。

代批人　戴功德(押)

《光绪二十八年(1902)余志高同男松满立借抵字约》中，债务人余志高

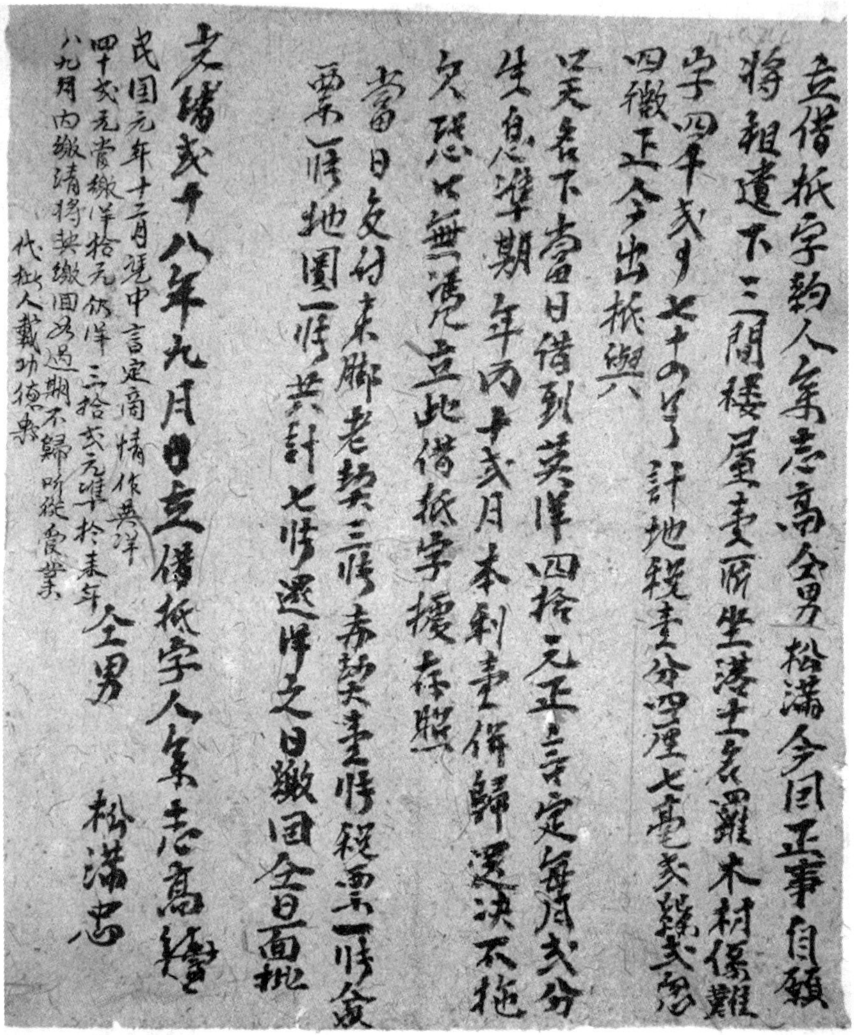

立借抵字约人余志高仝男松满今因正事自願
將祖遺下三間樓屋壹所坐落土名羅木村係難
字四千弍百七十四号計地稅壹分四厘七毫弍絲弍忽
四徵正今出抵與
以上名下當日借到英洋四拾元正三面言定每月弍分
生息準期年內十弍月本利壹併歸還决不拖
欠恐口無憑立此借抵字據存照
當日交付來腳老契三張赤契壹張稅票壹張金
票一張地圖一張共計七張還洋之日繳回仝日面批
光緒弍十八年九月日立借抵字人余志高
仝男　松满
民國元年十二月憑中言定高情作英洋
四十弍元當繳洋拾元欠洋三拾弍元準於來年
八九月內繳清將契繳回如過期不歸聽從管業
代批人戴功德

光绪二十八年(1902)余志高同男松满立借抵字约(休宁)　| 3-4-11-074

同男松满借到英洋四十元，约定利息为每月二分。同时将三间楼房作为抵押担保。但与抵押类合同不同的是，在这份借据中，债务人只是将“来脚老契三张，赤契一张，税票一张，佥票一张，地图一张，共计七张”交付给债权人，债权人并没有直接得到楼房的用益物权，但抵押担保后债务人楼屋的所有权和处分权受到限制。因此这件契约仍然属于借贷类契约，并且双方约定当债务清偿后，用于抵押担保的全部契约证照，于“还洋之日”缴回。虽然没有约定如果不能交还时对抵押担保物的处置方法，但从后面的民国元年十二月加批文字中可以知道，在原契中约定的时间内债务人历时十年仍然未能清偿债务，乃至于民国元年（1912），本息已经翻了数倍。为此双方作了补充约定，以民国初年流通的大洋十元，折算英洋四十二元，交给债务人，其余本息尚欠洋三十二元，留待第二年八九月缴清。如果到期仍不能缴清，则抵押担保物转移至债权人手中“听从管业”。月息二分利，或者其中当有部分归还，几至利滚利十年后本息增至英洋七十四元，应当属于典型的高利贷范畴。

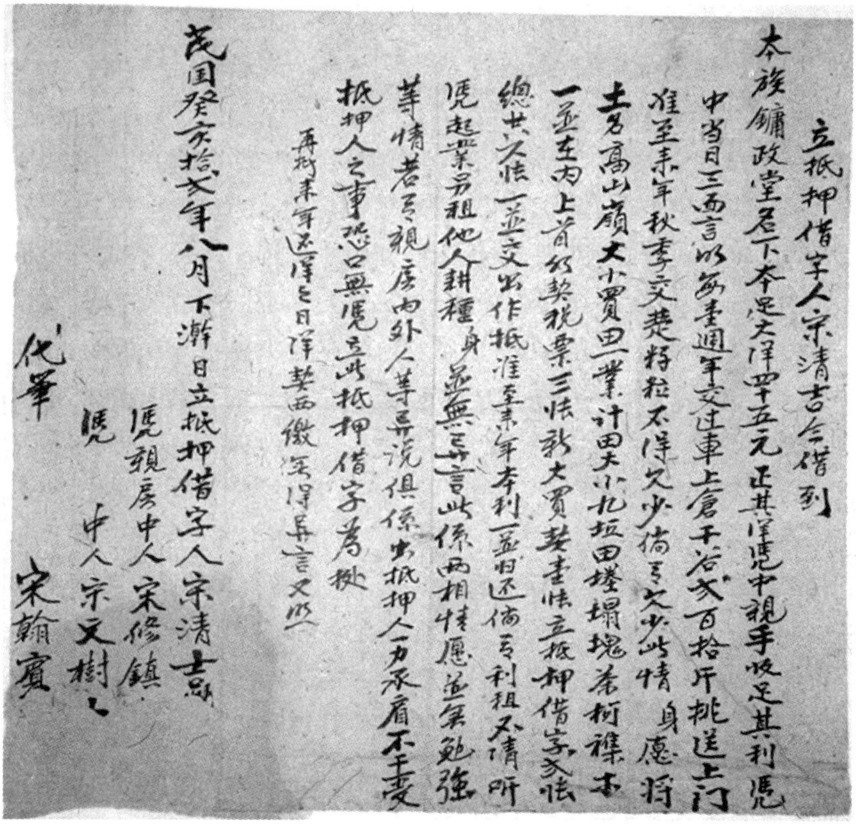

民国癸亥十二年（1923）宋清吉与镛政堂抵押借字契（休宁）　｜3－5－15－023

立抵押借字人宋清吉，今借到本族镛政堂名下本足大洋四十五元正，其洋凭中亲手收足，其利凭中当日三面言明，每一周年交过车上仓干谷二百十斤，挑送上门，准至来年秋季交楚，籽粒不得欠少，倘有欠少等情，身愿将土名高山岭大小买田一业，计田大小九坵，田塝、塌块、茶柯、杂木一并在内，上首红契税票三张，新大买契一张，立抵押借字二张，总共六张，一并交出作抵。准至来年本利一并归还，倘有利租不清，听凭起业，另租他人耕种，身并无异言。此系两相情愿、并无勉强等情，若有亲房内外人等异说，俱係出抵押人一力承肩，不干受抵押人之事。恐口无凭，立此抵押借字为据。

再批：来年还洋之日，洋契两缴，无得异言。又照

民国癸亥十二年八月下瀚日立抵押借字人　宋清吉（押）

凭亲房中人　宋修镇（押）

凭　　中人　宋文树（押）

代笔　　　　宋瀚宾（押）

《民国癸亥十二年（1923）宋清吉与镛政堂抵押借字契》中，债务人宋清吉向本族镛政堂名下借到大洋四十五元。约定利息为每年交“过车上仓干谷二百十斤”，并且要挑送上门，也允许到第二年的秋季送交，但不允许欠少。“过车上仓干谷”是经过谷车风选后的纯净稻谷，这说明在当时支付的利息既可以是钱款，也可以是粮食谷物。每年上交稻谷二百十斤，且无法重复计算，避免了利滚利。虽然条件苛刻，但因借款数额较大，虽然是向本族内亲族人员借贷，仍然需要建立抵押借字，并有同姓房亲和中人参与见证，以体现契约的完整效力。此外，双方还约定了将“土名高山岭大小买田一业，计田大小九坵，田塝、塌块、茶柯、杂木一并在内”作为抵押，如果不能按时按量缴纳，这些抵押物就为债权人所有。但在抵押期间仅将契约和有关证照交付给债权人，房地产实物仍然留在债务人手中。

(3-6-11-116)民国十年(1921)叶谭叙向弟叶积叙叶加叙借字契(祁门)

立借字人叶谭叙今借到叶积叙、叶加叙弟名下英洋四元正。其洋是身亲手收足，三面言定，其洋准在来年秋收归还，不得短少。恐口无凭，立此借字为据。

民国十年腊月　日立借字人　叶谭叙（押）

凭中人　黄连鹤（押）

余贤臣（押）

代笔人　叶炎坤（押）

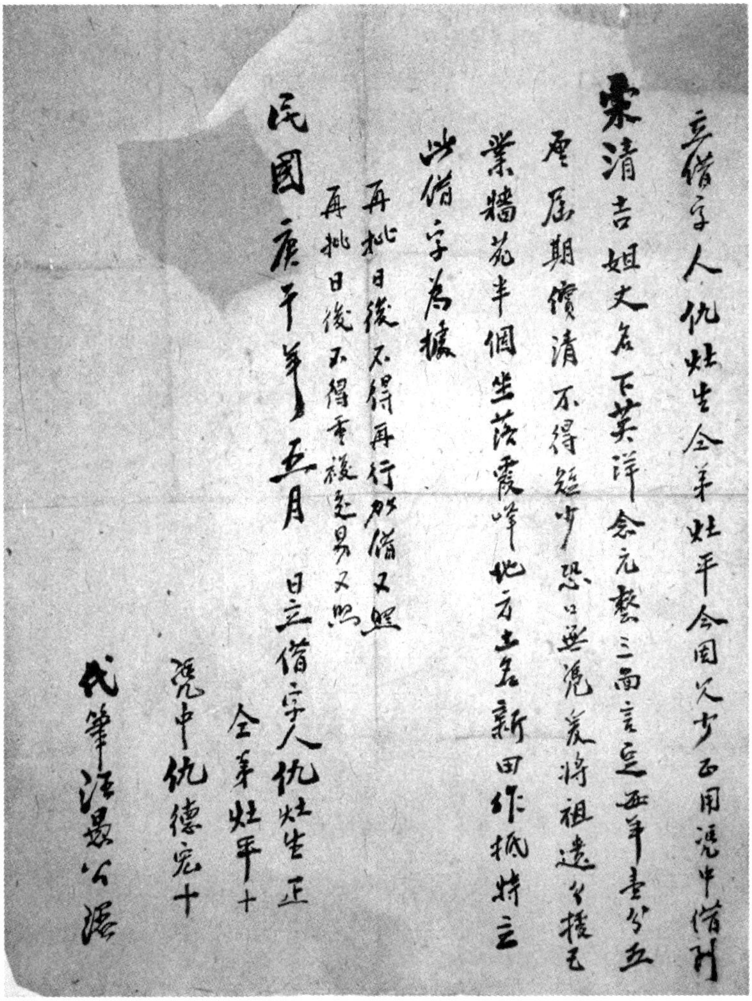

民国庚午年(1930)仇灶生土地抵押借字契(祁门)　| 3-7-15-044

立借字人仇灶生同弟灶平,今因欠少正用,凭中借到宋清吉姐丈名下英洋念元整。三面言定,每年一分五厘,届期价清,不得短少。恐口无凭,爰将祖遗公授己业墙苑半个,坐落霞峰地方土名新田作抵,特立此借字为据。

再批日后不得再行加借又照

再批日后不得重复交易又照

民国庚午年五月　日立借字人　仇灶生(押)

同弟　灶平(押)

凭中　仇德宏(押)
代笔　汪愚公(押)

上述两件借贷契约,《民国十年(1921)叶谭叙向弟叶积叙叶加叙借字契》《民国庚午年(1930)仇灶生土地抵押借字契》,明显带有亲情借贷的属性。其中叶谭叙向叶积叙、叶加叙兄弟借款英洋四元,双方仅约定第二年秋季归还,没有约定任何利息,是一份无息借款契约。另一件为仇灶生、仇灶平向其姐夫借款英洋二十元,没有约定最终归还日期,只约定年息一分五厘,虽然也有将墙苑土地作抵押,但年息一分五厘较前面的月息二分相差甚远,由此可见亲情借贷和高利率借贷有着显著区别。

徽州民间私约中借贷类契约比较表

年代	名称	借贷金额	利息	年限	特别约定
道光十九年	借据	足大钱二千文正	其利每一长年硬交黄豆二斗	无	议定将自己名下地房一部抵押,如租欠少,听凭受业
道光二十九年	借票	足钱一百念七千六百文正		5 年	此票过期未清照数起息
咸丰元年	借字	通足净大钱三千文正	每年硬交黄豆二斗七升		
光绪二十八年	借抵字约	英洋四十元整	每月二分生息	准期年内十二月本利一并归还	将祖遗三间楼屋出抵
民国十年	借字	英洋四元		其洋准在来年秋收归还	
民国庚午年	借字	英洋二十元	每年一分五厘		将祖遗公授己业墙苑半个,坐落霞峰地方土名新田作抵
民国十二年	抵押借字	大洋四十五元	每一周年交过车上仓干谷二百十斤	准至来年本利一并归还	

徽州民间私约中借贷契约带有较强的互助色彩,其名称大多称作"借据"、"借票"、"借字"、"借抵字约",主要内容为借贷合同,并以支付利息为

特征。借贷契约的利息形式可分为货币利息和实物利息两种,如在实物利息中又包括黄豆、稻谷等,这与徽州地区的农业经济有着直接关系。民间借贷还可分为有抵押和无抵押两种形式,在关系较为亲近的宗族中一般无抵押,抵押物则主要为土地房产。借贷或者其他银钱往来结束后双方还可以建立“清算字据”,表明双方借贷合同终结。

(3 -8 -11 -048)道光二十三年(1843)汪新之立完清账目清算字据(休宁)

立清算字据汪新之,今与央中与余心湖兄名下以前同事往来银钱账目,三面言明,完清了结,自后倘有字据以作费(废)纸,永无异说。恐口无凭,立字存据。

道光二十三年　四月　日　立清算字人　汪新之(押)

凭中　徐玉峰(押)

(四)民间私约中的租赁契约(共10件)

租赁是指出租人将财物交给承租人使用,承租人交付一定的租金并取得用益物权的民事行为。出租物的所有权或者处分权仍然为出租人所有,在租赁期间内,承租人对所租赁物只有使用权。在我国农村,租赁土地并在土地上耕作和交纳地租的农民,被称作“佃人”或者“佃农”。“佃”一词来源很久,根据清人段玉裁对《说文解字》的注说,“佃”最初的原意是“田”字和“文”字的组合,因与田地租赁关系产生的契约,被称作“佃契”、“租约”、“佃约”、“租帖”等多种名称。内容一般包括:田地面积及坐落地点,租佃期限,地租种类、数额及交租期限,中人责任等项。

中国农业社会中的土地租赁有着两千多年的历史,传统农业社会中,人对土地的占有关系不可能完全均衡,一部分人拥有很多土地,一部分人只有很少的土地,甚至没有土地,因此,必然发生租赁现象,即没地或少地的人向拥有大量土地的地主租种田地。佃农向田主租赁土地并耕种,所得收益除了向出租人即田主缴纳双方在租赁契约中约定的地租外,其余归承租人自己所有。田主出租的仅仅是土地的耕种权,土地所有权仍然为田主所有,因此在传统社会中地权被划分成两种形态,土地所有权称作“地骨权”、“田权”,这种地权在转让时被称作“大买”、“大卖”,耕作权称为“佃权”、“地皮权”、“田皮权”、“佃皮权”等，耕作权如果发生转让，则被称作“小买”、“小卖”。

徽州地区主要以种植水稻、小麦、红薯和茶叶为主，调查中发现，明清至民国时期土地租赁现象十分常见，但采集到的土地租赁契约并不多。造成这一现象的原因很多，其中可能与该地区历史上曾经发生过多次“土地革命”，受20世纪“打土豪分田地”的影响较重，加之“土地改革”和“文化大革命”等历史事件，租赁契约被作为“变天账”看待，大量被焚毁，使这类契约的流传和保存遇到困难。目前能够见到的租赁契约，只是得以保存下来的很小一部分，因此更显得难得和珍贵。

立佃约人孙承章，今有承父阄分田皮一号，坐落土名大塘坞口，计大租三砠，今因急务，自愿凭中将前项佃皮出与房侄名下耕作为业。三面言定，时值佃价九五色银三两五钱整。其银约当日互相交明，未佃之先并无重复交易，家外人等无得生情异说。今恐口无凭，立此佃约存照。

乾隆十七年正月　日立佃约人孙承章（押）

中见　孙继贤（押）

《乾隆十七年（1752）孙承章田皮佃约》是由出佃人建立的佃约，承租人是他的房侄，佃约和借贷契约最主要的区别之一，即是佃约大部分是由出佃一方建立的，保存在承租人手中，作为承租人合法使用的证据。借贷类契约则主要为债务人建立借据，保存在债权人手中，作为债务关系的主要证据。契约中标明了出佃的土地是由出佃人孙承章之父在分家析产中阄分而来的“田皮一号”，说明田皮是可以作为析产标的物，同时也可以通过遗产继承的方式流传给下一代。清朝规定标的物的面积等情况以向官方交纳的税粮作为计算依据，计量单位为大租若干秤，有时也被书写为大租若干砠，大租表示向官方交纳的税粮。这块地的田皮权，需要向官方交纳稻谷大租三秤。佃约中没有写明出佃的约定时间，只有出典人和承租人以及中见人三面言定的佃价三两五钱，根据对这一地区调查的结果，这一佃价是指每自然年份，即每长年白银三两五钱，按清朝中期地租计算，属于比较正常的范围。

（4-2-11-009）乾隆四十七年（1782）吴夏福田皮佃约（歙县）

立佃约人吴夏福，今因急用，自情愿央中将父分下田皮一号，坐落土名

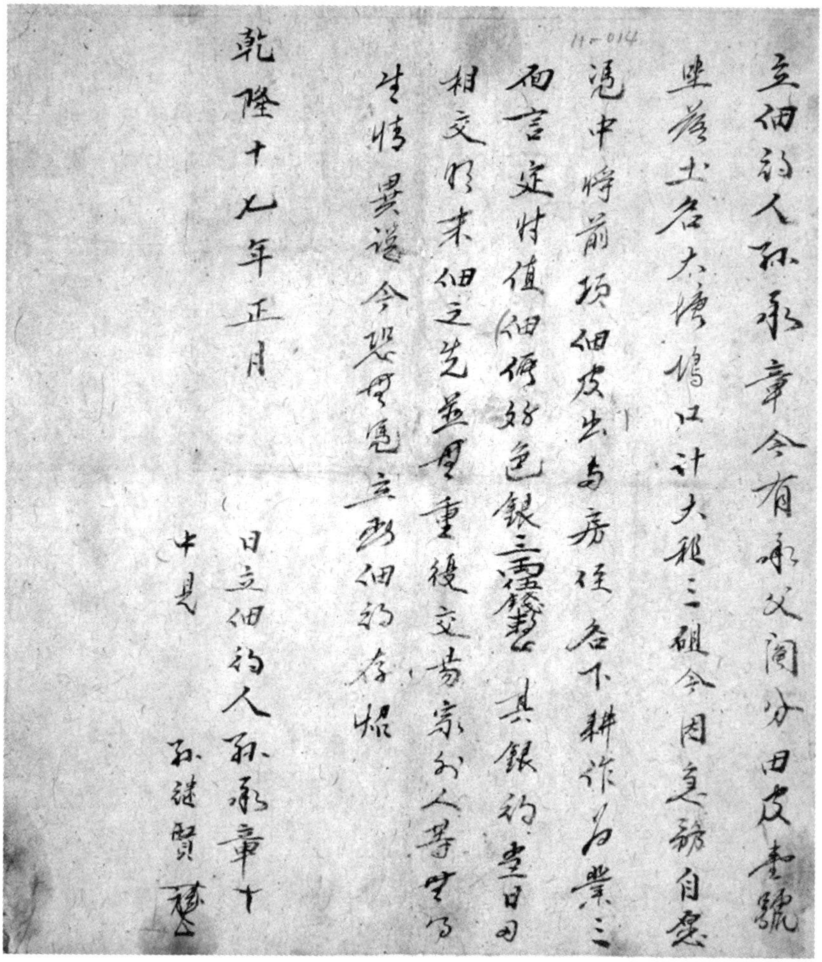
11-014
立佃约人孙承章今有承父阄分田皮壹號
坐落土名太塘坞口计大租三砠今因急[illegible]自愿
凭中将前项佃皮出与房侄名下耕作為業三
面言定时值佃價好色银三两整其银約是日兩
相交明未佃之先並無重複交易家外人等生[illegible]
生情異說今恐無憑立此佃約存照
乾隆十七年正月　日立佃约人孙承章十
中見　孙继賢

乾隆十七年(1752)孙承章田皮佃约(婺源)　| 4-1-11-014

塘梨克,计田四坵,计大租十秤,其田出佃到余名下为业。三面言定,时值价银九两五钱整,其田未佃之先并无重复交易,既佃之后听从受业人耕种管业。倘有价外人等生情异说,尽是出佃人理值。今恐无凭,立此佃约存照。

乾隆四十七年十一月　日立　　　　佃约人　吴夏福(押)

见中　孙永光(押)

戴天成(押)

《乾隆四十七年(1782)吴夏福田皮佃约》与前件《孙承章田皮佃约》的

形式和内容基本相似，只是佃田的面积有所变化，前者地租为大租三秤，这一件为大租十秤，交纳大租增加了3倍以上，主要表明土地面积扩大了3倍左右。前者每年向出佃人交纳的佃价为三两五钱，后者则向出佃人交纳佃价九两五钱，通过对这两件佃约的比较，可以看到当时佃价的基本情况，大约每大租一秤，佃价约为白银一两。

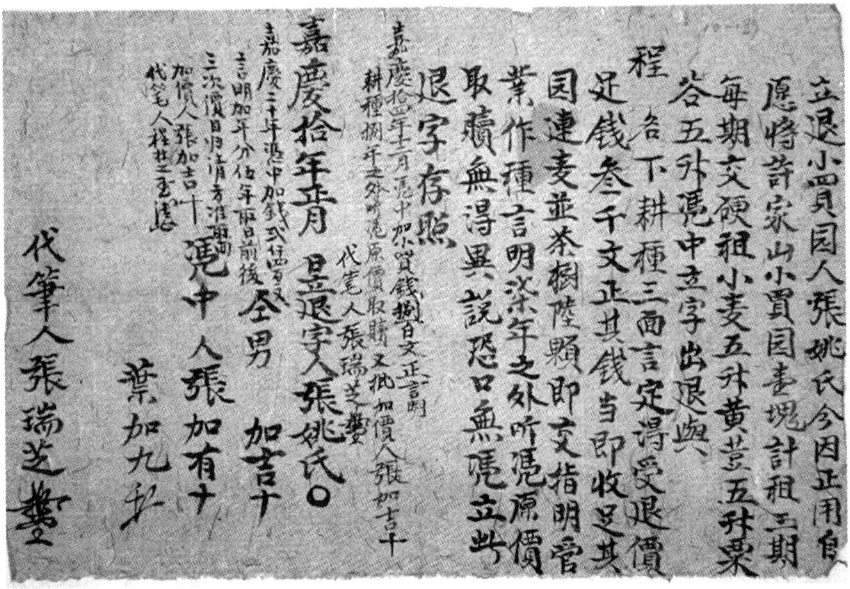

嘉庆十年（1805）张姚氏退小买园契（休宁）　| 4－3－10－189

立退小买园人张姚氏，今因正用，自愿将许家山小买园一块，计租三期，每期交硬租小麦五升、黄豆五升、粟谷五升，凭中立字出退与程　名下耕种。三面言定，得受退价足钱三千文整，其钱当即收足，其园连麦并茶树六棵，即交指明管业作种，言明七年之外听凭原价取赎，无得异说。恐口无凭，立此退字存照。

嘉庆十年正月　日立退字人　张姚氏（押）

同男　加吉（押）

凭中人　张加有（押）

叶加九（押）

代笔人　张瑞芝（押）

加批：嘉庆十四年十二月凭中加小买钱八百文正，言明耕种八年之外，听凭原价取赎。又批。　加价人　张加吉（押）

代笔人 张瑞芝(押)

加批:嘉庆二十年凭中加钱二千四百文,言明加年分五年取日,前后三次价目归清,方准取回。

加价人 张加吉(押)

代笔人 程楚玉(押)

《嘉庆十年(1805)张姚氏退小买园契》为张姚氏建立的退田契,实际上是一种耕种权的转让形式,契约名称与佃约明显不同,但仍然带有明显的有偿使用特征,因此将退约或者退契归入租赁契约中进行研究,同时这种分类方法有利于直接进行比较分析。张姚氏为女性,封建社会女性一般没有名字,在室女用父姓,有时有乳名。出嫁女用夫姓,在夫姓后接用原父姓,张姚氏为姚氏女嫁入张门以后的姓名。因此这份契约需要张姚氏之子和她一起建立,据契约中当事人签名知其子名为张加吉。退约中标的物为小买田园,即从他人手中买得的地皮权,计地租三期,分别为小麦五升,黄豆五升,粟谷五升。张姚氏等将这块田地的耕作权转让给程姓耕作,收取退价三千文正,双方约定七年期满原价赎回。退约的建立时间为嘉庆十年正月,地上尚有冬小麦等农作物,因此张姚氏是在急用的情况下建立的这一退约。此后于四年后,嘉庆十四年十二月将退约改为小卖,并加钱八百文,并增加退期八年。可见这是一种退约建立后仍可继续加期加价的形式,与先佃后卖和追卖找价有近似之处,但不同之处退契的加价不是买卖形式,田产并不办理过户,只是增加退约的有效时间。又过了六年,至嘉庆二十年,再度加钱二千四百文,并续加五年,同时双方言明至五年后归还时,原退价三千文,第一次加价八百文,第二次加价二千四百文必须全部还清,方准取回。因此"退约"、"退业契"还带有抵押借贷的特征,在传统社会中,限于经济环境,当时的民事行为并不能够像今天的民事行为一样具有明确的法律界限,甚至有些行为之间互相混淆,因此在研究中不能够完全按照现行民事行为的分类直接加以定性,而采用当时民间私约建立时的名称可能得出更加准确的结论。

(4-4-15-152)道光十三年(1833)叶均安堂社众出退小买熟地契(祁门)

立退业人叶均安堂社众,今因正用,自情愿将自置公业土名大岙下山小买熟地一业，上至祖先会地，下至延尧地，里至自地，外至李宅地，四至分明，并杂木一应在内，凭中出退与叶有祥名下为业，三面言定，得受时值价洋钱五十四元正。其洋当即收足，其地随即管业作种。以前迄今并无重复交易。倘有均安堂支丁异言，俱系社众出退人承当，不干受人之事。恐口无凭，立此退业存照。

再批：大买租一斗正

道光十三年九月　　日立退业人　均安堂社（押）

社众　叶益瑞（押）

叶松瑞（押）

叶贵瑞（押）

叶天瑞（押）

叶旺瑞（押）

叶延昭（押）

叶延赞（押）

叶延盛（押）

叶延桂（押）

叶延春（押）

叶生柏（押）

凭中　叶祥瑞（押）

叶煜瑞（押）

叶延来（押）

叶生桂（押）

叶生禄（押）

代书　叶礼安（押）

《道光十三年（1833）叶均安堂社众出退小买熟地契》为退地契，与前件《嘉庆十年（1805）张姚氏退小买园契》的形式和内容基本相似，区别在于其立退业人是叶均安堂社众，而标的物为公业田，即叶姓宗族的共有财产。明清两代徽州地区宗族祠堂一般都按族支设立，并给祠堂命名，均安堂为当时叶姓宗支祠堂的名称，因此在该件契约的最后，不仅均安堂，而且其主要的社众都必须签名画押。值得注意的是，该件契约的退业人、承租人、凭中人、代书人均为叶姓,这些当事人应属于同一个宗族,由此可见在当时的徽州地区,涉及土地租赁行为的契约,即使是同一宗族内部,也要满足书面的契约形式。此外,这件私约中于再批中写明“大买租一斗正”,大买租是小买人向大买人交纳地租的名称,即地皮人向地骨人交纳的地租形式。这一记录表示承租人除了要向退业人交纳地租外,还要向该田地的原所有权人交纳大买租地租。

(1 -2 -045)光绪十四年(1888)余志高承种朱宅田约(休宁)

立承种约人余志高,今承到朱宅名下田一号,坐落土名大碣口碣头,计田一坵,计交大租二十三秤零十斤,当面言定,每秤交干谷九斤正,不得短少。倘有水旱伤极,接看酌收。田塍上存有茶柯数株一并在内,自戊子年秋收为始,挑来交租,各无异说。恐口无凭,立此承种约存照。

计开租目

隥泉公匣十六秤

杏大房　三秤

云二房　四秤零十斤

光绪十四年二月　日立承种约人余志高(押)

《光绪十四年(1888)余志高承种朱宅田约》是承租人余志高向出租人朱宅建立的承种田约,承种田约建立以后,承种人可以在该田地上耕种,承种田约保存在出租人一方,作为向承租人收取地租的依据。在承租约中双方约定“交大租二十三秤零十斤”,作为向官府交纳的税粮,同时承租人余志高还要按每秤干谷九斤整,共计约二百零七斤交纳给朱宅作为地租,如果发生水旱灾害,可以酌情减免。交租时间为每年秋收时,由承租人将稻谷挑至朱宅。其中,税粮二十三秤零十斤分别由隥泉公匣十六秤,杏大房三秤,云二房四秤零十斤,依此承租人余志高按上述比例分别向三人交纳地租。同时还约,遇有严重灾害时,视情况酌收,作为一定救济手段。

立租批人李寿保,今租到曹名下田一业,土名排竹山,计租交大买硬租白谷二担五斗,秋收之日挑送上门风扇。其田并无顶头小买,倘有年成丰歉以熟包荒,不致欠少,如有欠少,听凭起业另交他人耕种,无得异说。恐口无凭,立此租批为据。

咸丰元年十一月　日立租批人　李寿保(押)

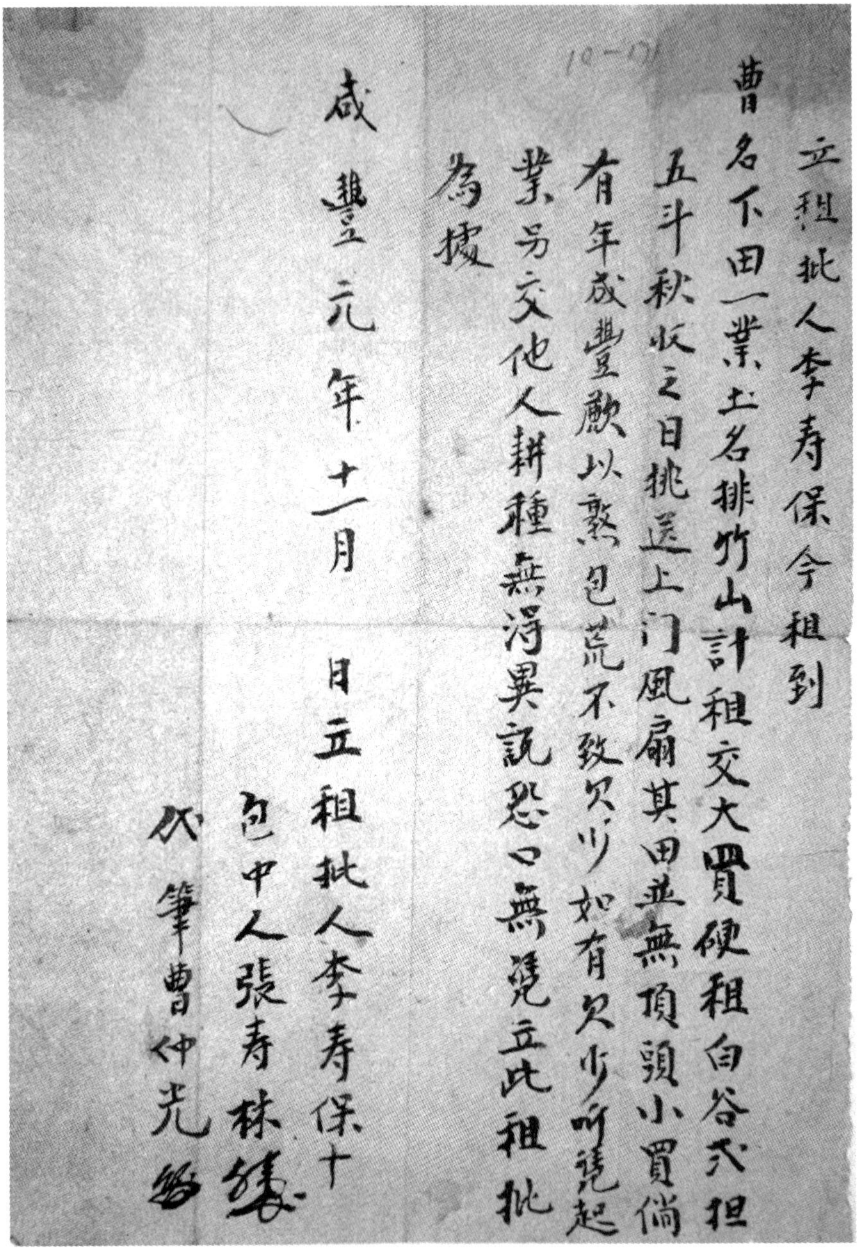

10-171

立租批人李寿保今租到
曹名下田一業土名排竹山計租交大買硬租白谷弍担
五斗秋收之日挑送上门風扇其田並無項頭小買倘
有年成豐歉以熟包荒不致欠少如有欠少听憑起
業另交他人耕種無得異說恐口無憑立此租批
為據

咸豐元年十一月　日立租批人李寿保十
包中人張寿林（押）
代筆曹仲元（押）

咸丰元年(1851)李寿保立租批契(黟县)　　| 4-6-10-171

包中人　张寿林(押)

代笔人　曹仲元(押)

除了“承种田约”之外，租赁契约的名称还有“承字”、“租批”等不同名称，《咸丰元年(1851)李寿保立租批契》使用的即租批形式，和承种田约的内容基本相同。仍然由承租人书写租约，保存在出租人手中，作为收取地租的依据。这件契约中，约定由承租人交大买硬租白谷二担五斗，因此承租人具有了在这块土地上的耕种权，即地皮权。与小买不同的是承种人没有将地皮权买断，而是不定期使用，按年份于秋收时交纳地租，如果不能按时交纳则“听凭起业另交他人耕种”，地租为稻谷，要挑送上门用手摇风扇去杂，即将稻谷送至田主门前当场风扇选净。

(4-7-10-006)咸丰九年(1859)陈方氏立承字契(黟县)

立承字人陈方氏，今承到詹梦周先生名下土名田培门前塝下黄系坵，计田大小三坵，计塘一口，计租三十七砠正承来耕种，递年谷麦临田监分，不得荒废。倘田主自种，即退租佃无阻。此照。

咸丰九年六月　日立承字人陈方氏(押)

中见　胡日喜(押)

《咸丰九年(1859)陈方氏立承字契》是承租人陈方氏与出租人詹梦周订立的承字契约。双方约定由詹梦周向陈方氏出租其“名下土名田培门前塝下黄系坵大小三坵”，每年收取地租“三十七砠”。契约中还规定了“倘田主自种，即退租佃无阻”，这一规定十分值得关注。承租人在订立承字契约后，即获得了该田地的耕种权，这一权利足以对抗其他第三人，但当该田地的所有权人，也就是出租人本人想要收回土地自行耕种时，承租人则必须无条件归还土地。出租人的这种先取权，基于物权优先的原则，在当代民法中被普遍认同。

立租批人余世森、守周，今租到岔口吴爱日堂名下熟地一业，土名湖田龟灯，其四至上至姚新水横，下至田，里至荒山，外至姚金兰界，四至之内凭中言定，每年包还三期麦豆苞芦三斗六升，其租下山之日亲自送门，不得断(短)少。倘有欠租等情，本家即时管业，毋得阻执。欲后有凭，立此租批为据。

民国九年二月　日立租批人　余世森(押)

守　周(押)

中书人　余世法(押)

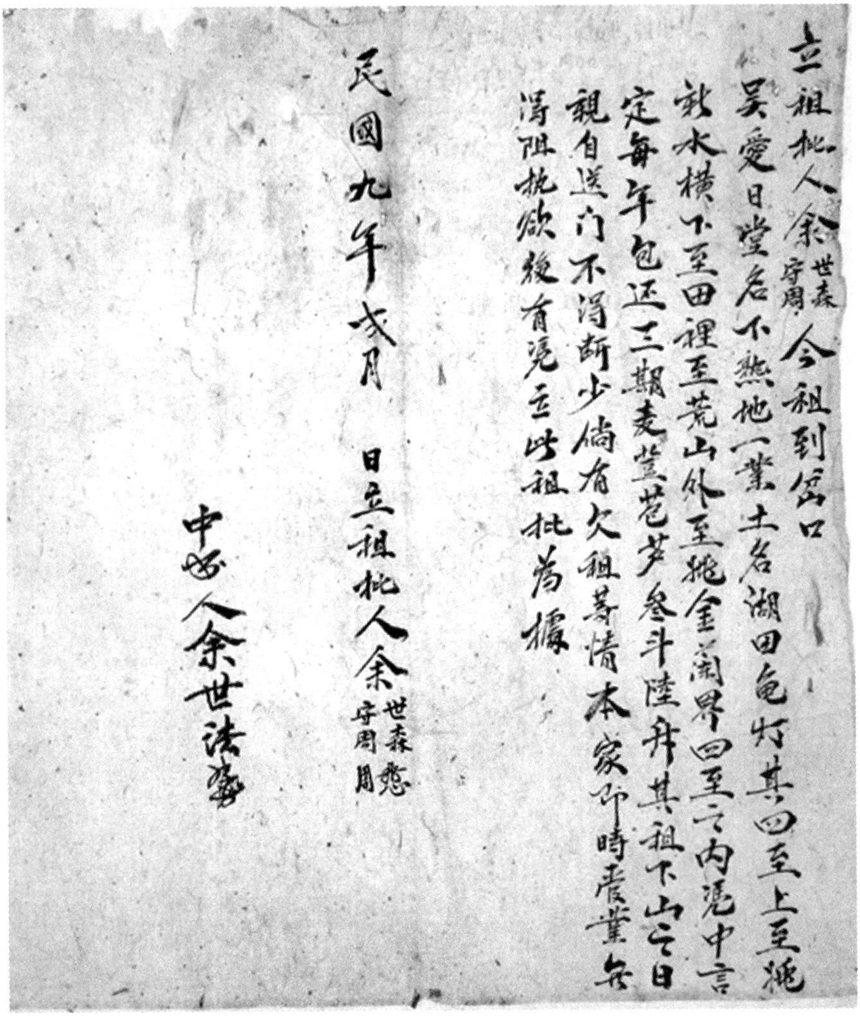
立租批人余世森、守周，今租到岔口
吴爱日堂名下熟地一業，土名湖田龟圩，其四至：上至施
秋水横，下至田裡，至荒山，外至施金阑界，四至之内凭中言
定每年包还三期麦豆苞芦叁斗陆升，其租下山之日
親自送门，不得断少，倘有欠租等情，本家即時管業，毋
得阻执，欲後有凭，立此租批為據。
民國九年　月　日立租批人余世森、守周
中见人余世法

民国九年(1920)余世森、余守周立租批契(休宁)　　| 4-8-15-070

《民国九年(1920)余世森、余守周立租批契》是租批人余世森、余守周与出租人岔口吴爱日堂订立的租批契。契约中详细规定了出租标的物的土名、四至和每年交纳地租数量等，还特别指出了“倘有欠租等情，本家即时管业，毋得阻执”，也就是要求交纳地租必须按时按量，否则要承担不利后果。这是一件民国时期的租批契约，与前件清朝时期的《咸丰九年(1859)陈方氏立承字契》相比，可以发现徽州地区的租赁契约在历史上的延续性。批约中吴爱日堂是休宁吴姓的祠堂，其田产为吴姓族人所有，但至民国时，宗族土地出租给外姓人耕种的现象，已经普遍发生。

(4-9-07)中华民国三十年(1941)胡玉梁立替过手田佃皮契(绩溪)

立替过手田佃皮字人胡玉梁,今因正用无措,自愿将佃田替与胡陈氏名下,坐落上管村,土名湾坵,计田税九砠正。当日三方言定,当受佃价国币七十五元整。其洋比日亲手收足讫,不另立领,其田即交受佃人耕种交租,所有以前租谷不清,概归由替佃人承值,不涉受佃人之事。一切重佃及不明拦阻等情,当归出替佃人事。与受佃人无涉。日后不得加佃,倘若取佃,过春钱凭听从原价取回。恐口无凭,立此替佃田皮字存据。

中华民国卅年农历十二月　日立替过手佃田皮字人　胡玉梁(押)

负责证明人　胡长财(押)

代笔　程聚为(押)

《中华民国三十年(1941)胡玉梁立替过手田佃皮契》是皖南绩溪采集到的契约,胡氏是当地大姓,这里是著名历史人物胡适的故乡。"替过手田佃皮字"是租赁契约中一种特殊形式,为承租人将田皮耕作权转让他人继续租种的一种民间私约。"替约"和"顶约"的意思表达较为接近,"过手"是现代汉语中"二手"的意思,这里表示为将自己手中具有的田皮权再行转让给他人的意思。在替过手田佃皮契约中双方约定佃价国币七十五元整,同时如果出让人即原佃主与原出租方存在以前租谷不清,概归由替佃人承值,属于一种瑕疵声明,即替佃人声明不存在原租谷不清的隐性瑕疵。替过手契约发现的数字较少,比较珍贵。

(4-10-04)乾隆五十五年(1790)烜俊公支丁收尚文田皮约收票(歙县)

立收票人烜俊公支丁,今收到尚文名下有梭肚坵田皮约一纸,因匣内未曾捡出缴付,恐后有误,日后捡出支丁不再行用。今欲有凭,立此收票永远存照。

乾隆五十五年正月　日立收票人烜俊公支丁

世泮(押)

世清(押)

执笔　世瀚(押)

在租赁关系中,出租人保存租约,以作为可能发生争议时的契约凭证,如果发生承租人退租现象时，保存租约的一方应当将原租赁契约退还给承租人。如果租赁契约丢失，则要另外建立“收票”，表明标的物已经收回，同时声明原有的租赁契约失去约束力。

徽州民间私约中租赁类契约分类比较表

年代	名称	内容	租金	年限	特别约定
乾隆十七年	佃约	佃出田皮	佃价九五色银三两五钱整	无	（转让耕种权）
乾隆四十七年	佃约	出佃田皮	价银九两五钱整	无	（转让耕种权）
嘉庆十年	退小买园契	退小买园	足钱三千文整	7年	嘉庆十四年十二月凭中加小买钱八百文正，言明耕种八年之外，听凭原价取赎
道光十三年	退业契	退小买熟地	价洋钱五十四员正	无	（退业回赎）
光绪十四年	承种约	田地	大租二十三秤零十斤	无	自戊子年秋收为始，挑来交租
咸丰元年	租批	田地	交大买硬租白谷二担五斗	无	倘有年成丰歉以熟包荒，不致歉少
咸丰九年	承字	田地	租三十七砠	无	倘田主自种，即退租佃无阻
民国九年	租批	熟地	每年包还三期麦豆苞芦三斗六升	无	倘有欠租等情，本家即时管业
民国三十年	替过手田佃约	佃田	受佃价价国币七十五元正	无	日后不得加佃，倘若取佃，过春钱凭听从原价取回
乾隆五十五年	收票	田皮			日后捡出支丁不再行用

（五）民间私约中的合伙契约（共20件）

民间合伙契约中主要包括合伙经营、共同管理、民间集资等，其中以合伙经营为主，由于徽州地区商业较为发达，外出经商的现象比较普遍，因此以入股的形式从事共同经营的民间私约时有发现。另外民间共同出资兴办水利、建设道路和开发山林等，也需要较多的人员共同参与。徽州地区山多地少，人均占有耕地份额较少，特别是水田耕作中，需要使用牛马等畜力，而人均土地份额有限，因此几户人家共同养牛轮流耕种的现象也很普遍。绝大多数的民间合伙行为，往往通过口头约定的形式，因此搜集和整理的民间合伙契约的数量，不一定能够完全反映这一行为的发生率。徽州地区过去流行一种“摇会”的民间集资形式，往往由会首出面召集数人，少则五六人，多则十余人，按照约定的数额和时间，将小额资金集中在一起，通过抽签或者摇骰的随机方式，决定入会者的顺序。其中先使用的人要注入较多的资金，而后使用的则出资相对减少，反映出这一行为中具有的利息收益，因此也有学者将民间摇会作为信贷问题加以研究，但在实际调查中，这种摇会行为更多地表现出民间合伙和互助色彩，因此本次分类仍然将其归入合伙契约中。也有学者对合伙类契约作为民间乡村“公约”加以研究，但这些所谓的“公约”，事实上反映出对民间私权利的保护以及相关的权利义务的约定，这些属于合同的约定形式，是两个以上甚至群体性当事人之间的合意表达，因此应当仍然归入民间私约的研究范畴。

合伙契约中主要涉及下述合伙行为的约定：如共同管理祖坟、族产；共同开发山界林场；公议地方管理；共同管理山产；共同买地修建和照管坟产；共同管理宗族资产；合伙开店从事商业经营；民间集资摇会；协同开修族谱；建立储蓄；合资入股建造水碓等水利工程；相邻关系共用墙壁、村民共建杀猪封山约等。

传统民间私约中，合伙类契约的名称主要有：“合文约”、“合墨”、“公会合同”、“摽分山业合同”、“合同文约”、“合伙生理约”、“合伙文约”、“会券”、“合同”、“章程”、“议据”等。徽州地区存世的合伙私约较少，约占已发现的民间私约总量的5%，但合伙类契约涉及的范围很广，其中有些内容和维护乡村中的公共秩序和共有财产有着直接关系，其研究价值较高。在已经出版的徽州契约文献中，大部分以介绍民间土地买卖和信贷为主，对于合伙类契约研究较为薄弱，因此本文挑选了 20 件不同形式的此类契约加以分析比较，以便能够对徽州民间私约中合伙类契约能有一个较为全面的了解。

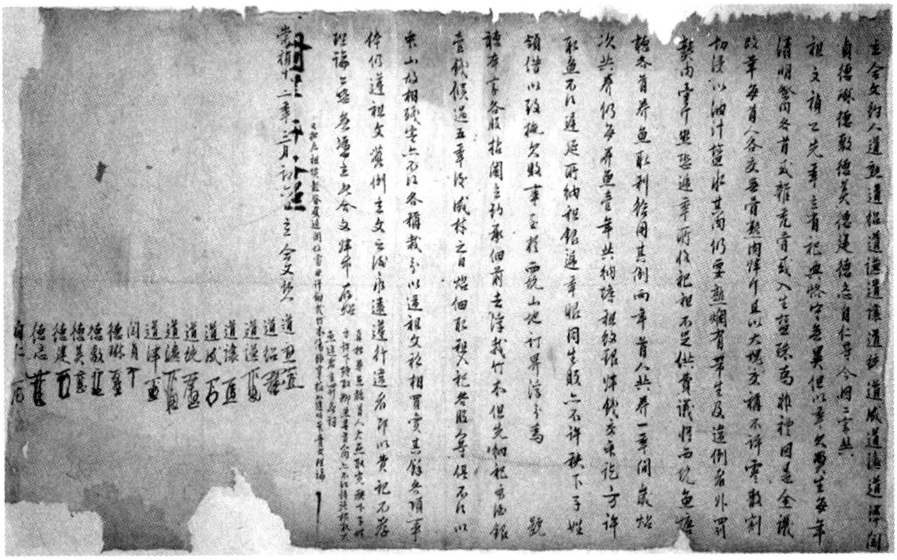

崇祯十二年(1639)道勋等共立祭祀文约(黟县)　｜ 5-1-035

立合文约人道勋、道绍、道谦、道让、道统、道成、道濂、道津、闰贞、德琳、德敷、德美、德建、德忠、自仁等，今因二家共祖文祯公先年立有祀典，恪守无异。但以年久弊生，每年清明祭肉，各首或杂秃骨，或入生盐，殊为非礼。因是全议改革，每首人各交无骨熟肉四斤，且以大块交秤，不许零散割切，浸以油汁盐水，其肉仍要熟烂，有带生及违例者，外罚熟肉一斤。然恐递年所收祀祖不足供费，议将西坑鱼塘听各首养鱼取利给用。其利两年，首人共养一年，间岁照次共养，仍每养鱼一年，共纳塘租纹银四钱，交众讫方许取鱼，不得迟延。所纳租银递年昭同生贩，亦不许秩下子姓领借，以致拖欠败事。至于西坑山地，订界浮分为　　号，听本家各股拈阄立约承佃前去，浮栽竹木，但先纳祀众酒银一钱，候过五年后成林之日，照佃取租入祀。各股人等俱不得以众山故相残害，亦不得各称栽分以违祖文私相买卖。其余各项事体仍遵祖文旧例。立文之后，永远遵行，违者即以费祀不孝理论。口恐无凭，立此合文四纸存照。

再批养鱼听首人大鱼取完，秩下子姓方许下塘取鲫鱼，其首人内亦不得恃强横取大鱼，违者重罚无词。

又批凡祖坟龙脊及近关坟处毋许锄栽竹木，伤脉穿棺，如违听众赍文理论。

崇祯十二年三月初六日立合文约人 道勋（押）

道绍（押）

道谦（押）

道让（押）

道成（押）

道统（押）

道濂（押）

道津（押）

闰贞（押）

德琳（押）

德敷（押）

德美（押）

德建（押）

德忠（押）

自仁（押）

祭祀是传统社会中的一种仪礼活动，民间以宗族种姓为单位，通过对自己祖先的祭祀，以增加宗族之间的凝聚力，祭祀中举行对祖先的祭拜仪式，仪式后伴有聚会和筵席，民间借助这种仪式，通过人和神的交流，子孙后代与历代先祖沟通，为活着的人带来一次次灵与肉的抚慰。祭祀的仪式上通常要用三牲五谷和纸马香烛，需要支付一定的费用，民间采用自愿集资或者祠堂公田产出作为祭祀活动的经费，这一习惯由来已久。《崇祯十二年（1639）道勋等共立祭祀文约》就是一个宗族内部制定的祭祀祖先活动的合同文约。该文约非常详细地规定了祭祀祖先所使用的肉的重量、形状，甚至烹饪方式以及违反规定时应当给予的处罚，以便纠正以往"每年清明祭肉，各首或杂秃骨，或入生盐，殊为非礼"的不良现象。并共同约定此后改革为"每首人各交无骨熟肉四斤，且以大块交秤，不许零散割切，浸以油汁盐水，其肉仍要熟烂，有带生及违例者，外罚熟肉一斤"。除此之外，众人还约定将祠堂中共有的鱼塘交给首人也就是每房支系中的头人养鱼,并按期交纳租金,只有在租金交齐后才可以取鱼。同时还作了特殊的声明,由养鱼的首人取鱼后其他族中众人,才可以去捞取鲫鱼。奇怪的是在后面又加了一句“其首人内亦不得恃强横取大鱼,违者重罚无词”,这一句好像是根据其他族众的要求后加入的,大意是指反对首人把所有大鱼捞光,应当兼顾其他族众的利益。文约的结束还加了批语“凡祖坟龙脊及近关坟处毋许锄栽竹木,伤脉穿棺,如违听众赍文理论。”表明不许在祖宗坟地上栽种竹木,以防止竹木的根系损坏地下的棺木,如有违反者,允许众人“赍文理论”。“赍文”表示具文禀告,交由宗祠查处,大意是将这类破坏行为举报给宗祠,进行查处。宗祠有权力对违背家法和族规的人进行惩罚,在传统社会时期,这些私刑十分严酷,其中包括生命刑罚,严重时可以处死,如“沉井”、“沉塘”等;经济处罚,罚款或者没收财产;“不予祀”,禁止参加祭祀仪礼活动,甚至逐出族或者逐出祠,即将其从宗族中驱逐出去,这在当时的社会中,使当事人失去种姓救济的机会,从而增加了其生存风险,同样属于非常严重的处罚手段。

《崇祯十二年(1639)道勋等共立祭祀文约》立约人的签字人中可以看出同属于一个宗族的两个近支,签字是按照“道”、“闰”、“德”、“自”的不同辈分顺序来排列,根据我国民间传统,四个辈分应在五服之内,表明这一民间私约在其家族内部具有约束力,属于一种独特的民间私约形式。

(5-2-L-005)康熙四十八年(1709)王六如、李尔驭开发山界契约(歙县)

立议合墨人王六如、李尔驭,今有是字五千零六十五号,土名宝坑庵下坟山一业,于本年五月,出过税一分三厘与王宅扦造佳城。订界之后,本月又将界外余山出税三分与王姓,日后二股均同,照税管业,蓄养树木,荫庇风水。凡其山来龙,上至山顶,下至山脚,并地税均同出入王姓界外。两家永远毋得私自扦造,并转便他人扦造。日后倘有背议,听凭经公理论,干罪无辞。其山二各立禁蓄养树木,成林之日照股均分,王李两姓同心协力照看,不可怀私等情。恐口无凭,立此议合墨一样二纸,王李各收一纸,永远存照。

康熙四十八年七月　　　　日立议合墨人　王六如(押)

李尔驭(押)

中见人 孙旭瞻（押）
王圣占（押）
李瑞生（押）
王体乾
执笔 李展如（押）

《康熙四十八年（1709）王六如、李尔驭开发山界契约》是一件王姓和李姓两家订立的合伙开发山界的契约。双方约定“蓄养树木，荫庇风水”，并承担管理山林的义务，同时还约定日后树木成林，照股均分的权利，因此这是一份典型的经济合作契约。契约规定对违约一方的处罚方式，“日后倘有背议，听凭经公理论，干罪无辞”，如果其中有一方“背议”，即现在我们称为违约行为，另一方就可以通过诉诸官府，由官府依法论罪，追究其违约责任。这与前件《崇祯十二年（1639）道勋等共立祭祀文约》有着显著的不同，前件契约的立约人属于同一宗族，因此出现违反契约的情形时，可以将其“赍文理论”由宗祠根据家法族规进行处罚。而王、李两姓所订的合伙契约，无法经由宗祠调处，就双方不属于同一宗族，只能“经公理论，干罪无辞”。民间私约中约定的救济方式根据缔约人所处的社会地位不同，而体现出不同的救济方式，是在研究民间私约时值得引起注意的有趣现象。

（5－3－L－004）康熙五十九年（1720）汪添等九甲公会合同（歙县）

立议亟公会合同，一甲汪添、二甲汪德泽、三甲汪魁、四甲谢添、五甲汪祛政、六甲汪楼、七甲汪加、九甲汪元、十甲汪德徽共九排等粤稽，排年众会自古有之，然往往或成而或败者，良由见小利于目前，不图大利于久远也。独不念门户之苦创业之难而贫富盛衰之靡常乎。兹因八甲鼎革逃散，贻累众排，后吴熙明归而葺理规未成而卒，迨其子盛如挈家回籍，衣食无措。欲图营运，于康熙四十四年将流口东洲九股之二起卖八排，价银一十二两，讵料坐食山崩，私同甲下黄秀子典卖田地几尽，然犹钱粮积欠债负纷纷。及其物故，而秀子又复扫荡故轮康熙五十八年现后并新旧钱粮全无囊箧，不得以众排酌议，将东洲凑卖李宅，得银二十七两，若八排分扣不彀本利，且八甲课后将何取资，是以百计筹谋莫若仗义忘利，缘将洲价赎回，八甲田地除与现里预收上纳八甲钱粮外，惟扒小拓汪福、汪禄所佃田租□柄二秤，栗木坦九秤六斛十一两抵算八排，原本议定秋收租穀，次春开畐，现银交众约领生息，名曰亟公会，欲人顾名思义也。而十甲又为二甲缺排，备入会银一两五钱，共成九排，此后务宜秉公料理，计簿书权，子母而生生不已，则日后赋役得以取资会利，成良策也。若八甲觅有余赀，亦为生殖，附簿另记。备后现役张本惟在同会之人一乃心齐乃力，矢公矢慎，以襄乃事，更垂戒厥。后须念门户之艰难，体创业之苦心，世守勿替。毋贻鲜终之讥，则为更累亟公悠久无疆之胜会矣。今欲有凭，立此合同一样九张，各执永远存照。

第九张

康熙五十九年正月十三开畐日立议亟公会合同　一甲　汪　添（押）
二甲　汪德泽（押）
三甲　汪魁祚（押）
四甲　谢　添（押）
五甲　汪祾政（押）
六甲　汪　楼（押）
七甲　汪　加（押）
九甲　汪　元（押）
十甲　汪德徵（押）

《康熙五十九年（1720）汪添等九甲公会合同》是由九名甲长共同订立的公会合同。“甲”为历史上的一种户籍的编制单位，清朝规定100户为1甲，10甲为1保，使统治者利用这一制度设计，实现国家对民间基层的垂直管理和统治。保甲制度在中国有着悠久的历史，20世纪中期为居民委员会和农村合作社制度所取代。这份合同由九甲在排年众会上共同制定，因为“八甲鼎革逃散，贻累众排”，而第八排甲长“吴熙明归而葺理规未成而卒”，其子由于无钱返回广东原籍，就将八甲田地卖与他人，由此将导致无法承担国课。为了恢复第八甲，完善解决八甲遗留的相关问题，其余九甲合议建立了这份公会合同。合同中约定共同出资承担八甲遗留债务，恢复健全保甲编制，以利乡民。

合伙合同中当事人身份比较复杂，既有宗族内部族众，也有异姓村民，甚至还可能有类似保甲这样的组织，由于其社会身份有很大差别，其民间私约的表现形态也各不相同，因此为我们研究民间私约，提供了更加宝贵的资料。

“公会合同”在纪年之后，标明“正月十三开畕日立”八个字，表示这一时期每年正月十三各甲汇集在一起召开排会，类似一种定期举行的保甲长会议。“畕”是古代都畕制度中都以下的一种地方编制，据史料记载周代即已产生，明清时期县乡以下设都，都下设畕，成为一种地方性的组织形式，至中华民国末期逐渐结束。

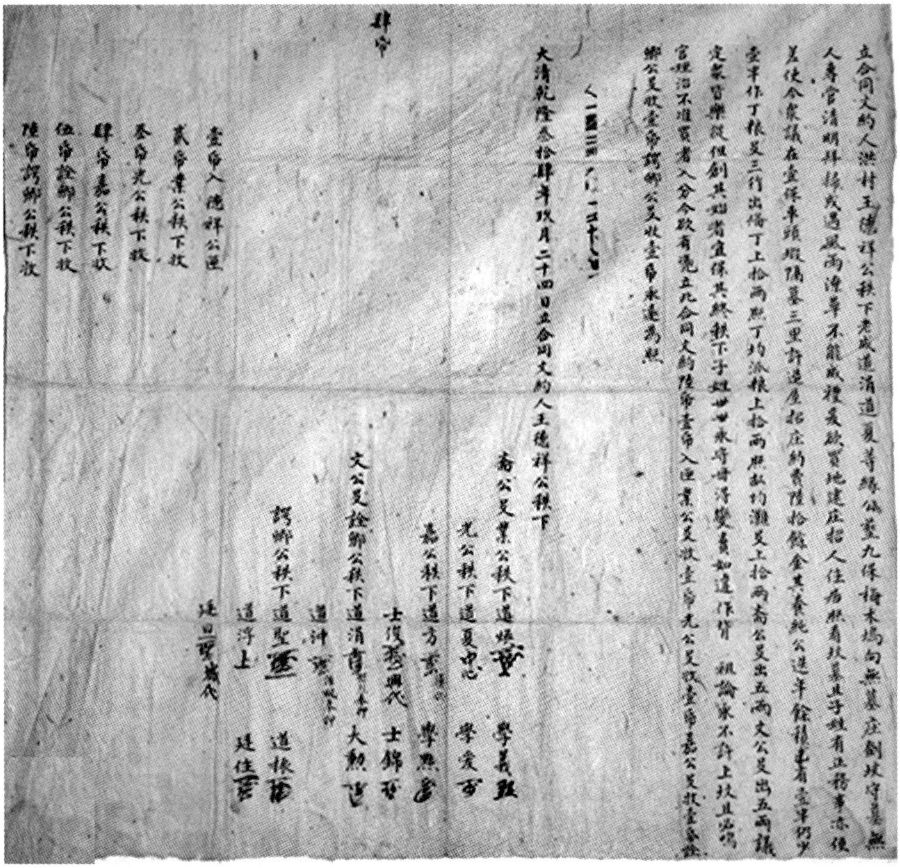
立合同文约人洪村王德祥公秩下老成道涓道夏等缘公墓九保梅木坞向無墓庄創坟守墓無
人專管清明拜掃或遇風雨潦草不能成禮爰欲買地建庄招人住居照看坟墓且子姓有正務事亦便
差使今衆議在壹保車頭瑕隔墓三里許造屋招庄約費陸拾餘金其養純公迭年餘積已有壹半仍少
壹半作丁粮支三行出備丁上拾兩照丁均派粮上拾兩照畝均灘支上拾兩斎公支出五兩文公支出五兩議
定衆皆樂從但創其田產宜保其終秩下子姓世世永守毋得變賣如違作背祖論衆不許上坟且治以
官理治不准賣者入分合欲有憑立此合同文約陸帋壹帋入德祥公匣業公支收壹帋光公支收壹帋嘉公支收壹帋
鄉公支收壹帋詮鄉公支收壹帋永遠為照
大清乾隆叁拾肆年玖月二十四日立合同文約人王德祥公秩下
斎公支業公秩下道娟　學義
光公秩下道夏　學愛
嘉公秩下道方　學熙
文公支詮鄉公秩下道清　大勲
誇鄉公秩下道聖　道根
道浮　廷佳
肆帋
壹帋入德祥公匣
貳帋業公秩下收
叁帋光公秩下收
肆帋嘉公秩下收
伍帋詮鄉公秩下收
陸帋誇鄉公秩下收

乾隆三十四年(1769)王道涓等族人立共同买地建庄照管坟墓合同文约(黟县)　| 5-4-006

立合同文约人洪村王德祥公秩下老成道涓、道夏等，缘公墓九保梅坞向无墓庄，看坟守墓无人专管，清明拜扫，或遇风雨潦草，不能程(成)礼。爰欲买地建庄招人住居，照看坟墓，且子姓有正务事亦便差使。今众议在一保车头瑕，隔墓三里许，造屋招庄费六十余金。其养纯公迭年余积已有一半，仍少一半作丁粮支三行出备，丁上十两照丁均派，粮上十两照亩均滩

（摊）。支上十两，斋公支出五两，文公支出五两。议定众皆乐从，但创其始者宜保其终，秩下子姓世世永守，毋得变卖。如违，作背祖论，永不许上坟，且必鸣官理治，不准买者入分。今欲有凭，立此合同文约六纸，一纸入匣业公支收，一纸光公支收，一纸嘉公支收，一纸诠乡公支收，一纸谔乡公支收，一纸永远为照。

大清乾隆三十四年九月二十四日立合同文约人王德祥公秩下

斋公支业公秩下　道焕（押）

学义（押）

光公秩下　道夏（押）

学爱（押）

嘉公秩下　道方（押祯代）

学点（押）

士俊（押兴代）

士锦（押）

文公支诠乡公秩下道涓（孙烈奉押）

大熏（押）

道冲（侄枫奉押）

谔乡公秩下道圣（押）

道振（押）

道浮（押）

廷住（押）

廷旦（城代押）

徽州黟县《乾隆三十四年（1769）王道涓等族人立共同买地建庄照管坟墓合同文约》当事人有王德祥公秩下、斋公秩下、光公秩下、嘉公秩下、文公支诠乡公秩下、谔乡公秩下，共计18房。共同约定对王姓祖坟进行保护和管理，计划共同集资建造房屋，招人居住，看守墓地。由各支派交纳丁粮，共同完善。并规定族人共建的墓地“秩下子姓世世永守，毋得变卖”如果出现违背这一约定者，除了以“作背祖论，永不许上坟”外，“且必鸣官治理，不准买者入分”，表明首先对违背者施用宗族中私权力进行处罚，“作背祖论，永不许上坟”，是传统社会中宗族私权力处罚中一种严厉的处罚形式。此外还将对违背者送交官府，追究法律责任。表明除了私权力的处罚外，还要加以公权力的处罚。同时，还宣布买卖的结果无效，买受人不能取得所有权或者处分权，不准对坟产进行分析。将私权力处罚和公权力处罚并行的方式，具有明显的威慑作用，这一方式在我国历史上被继续加以沿用，立法活动中也时常将这两种处罚形式互相混淆，如在某些调整民事行为的法律中，结尾就可以见到如下文字“情节严重者，追究刑事责任”，表现出立法者的一种矛盾心态和立法思想的滞后。

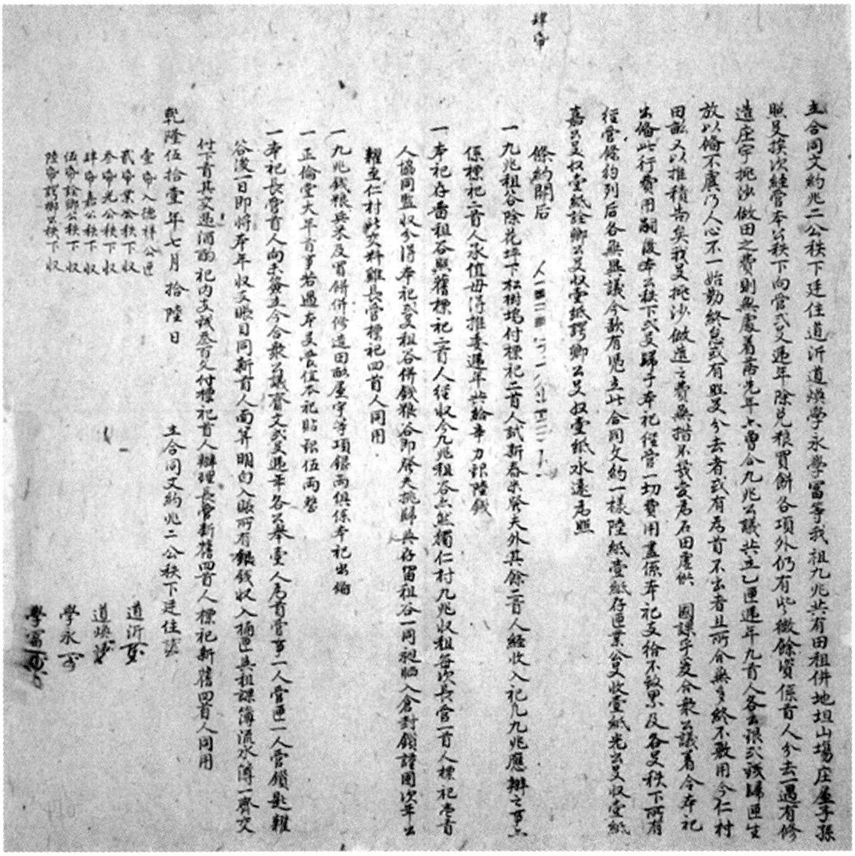

乾隆五十一年(1786)廷住等人共同管理族产所立合同文约(黟县) | 5-5-014

立合同文约兆二公秩下廷住、道沂、道焕、学永、学富等，我祖九兆共有田租并地坦山场庄屋，子孙照股挨次经管。本公秩下向管二支，递年除兑粮买饼各项外，仍有些微余资，系首人分去，一遇有修造庄宇挑沙做田之费，则无处着落。先年亦曾合九兆公议，共立一匣，递年九首人各出银二钱归匣生放,以备不虞。乃人心不一,始勤终怠,或有照股分去者,或有为首不出者,且所合无多,终不敷用。今仁村田亩又以推积告矣,我股挑沙做造之费无措,不几变为石田虚供国课乎。爰合众公议,着令本祀出备此行费用,嗣后本公秩下二股归于本祀经管,一切费用尽系本祀支给,不致累及各股秩下。所有经管条约列后,各无异议。今欲有凭,立此合同文约,一样六纸,一纸存匣,业公股收一纸,光公股收一纸,嘉公股收一纸,诠乡公股收一纸,谔乡公股收一纸,永远存照。

条约开后

一、九兆租谷,除花坪下松树坞付标祀,二首人试新春米发夫外,其余二首人经收入祀,凡九兆应办之事,亦系标祀二首人承值。毋得推委(诿),递年共给辛力银六钱。

一、本祀存留租谷照旧,标祀二首人经收。今九兆租谷亦然。独仁村九兆收租,每次长管一首人标祀一首人协同监收,分得本祀二股租谷并钱粮谷即发夫挑归与存留租谷一同昶晒入仓封锁。谨固次年出粜至仁村以交料鸡长管标祀,四首人同用。

一、九兆钱粮兵米及买饼并修造田亩屋宇等项银两俱系本祀出备。

一、正伦堂大年首事若遇本支管值本祀贴银五两整。

一、本祀长管首人向未签立,今合众公议斋文二股,递年各公举一人为首管事,一人管匣,一人管锁匙。粜谷后一日即将本年收支账目同新首人面算明白入账。所有银钱收入捅匣,与租课簿、流水账簿一齐交付下首,其交递酒酌祀内支钱三百文,付标祀首人办理,长管新旧四首人、标祀新旧四首人同用。

乾隆五十一年七月十六日　立合同文约　兆二公秩下　廷住(押)

道沂(押)

道焕(押)

学永(押)

学富(押)

一纸入德祥公匣

二纸业公秩下收

三纸光公秩下收

四纸嘉公秩下收

五纸诠乡公秩下收

六纸谔乡公秩下收

《乾隆五十一年(1786)廷住等人共同管理族产所立合同文约》是兆二公秩下的廷住、道沂、道焕、学永、学富管理家族财产订立的合同。该合同是为解决“递年除兑粮买饼各项外,仍有些微余资,系首人分去,一遇有修造庄宇挑沙做田之费,则无处着落”的情况制定的,合同约定的内容主要为建立宗族共同经济秩序,以确保祠堂具有公共支出的经济能力。“兑粮”是宗族祠堂将储备的粮食,按期发放给生活困难的族众,“买饼”是当地一种习俗,类似当今社会中流行的“招待费”,乡村中遇有开会议事,或者本族求外人办事之时,以“吃饼”的方式作为一种回报,这一现象在我国其他地区也有发现,如华北部分地区遇有托请中人或者延聘私塾教师时,也以“烙大饼”的形式比作“中资回馈”。由于传统社会中教育落后,很多人不识字,民间契约写作时有时需要请人代笔,这种代笔人的身份多样化,一般分为职业的代书人〔1〕和中介代书人两种,职业代书人按照书写契约文书的数量收取费用,中介代书人是民间特别邀请参与契约和文书书写时,保证文字质量和中立立场的文化人,这种人提供的是一种互助服务,有时收取一定数量的“中资”,但在调查中发现,更多情况下以请客吃饭的形式作为一种友情回报。

《乾隆五十一年(1786)廷住等人共同管理族产所立合同文约》是同一宗族中五个支派共同建立的私约,在作出有关权利和义务的约定后,记录了这份合同共计抄写六份,“一纸存匣,业公股收一纸,光公股收一纸,嘉公股收一纸,诠乡公股收一纸,谔乡公股收一纸,永远存照”,由于是具有共同约定的特点,因此除了祠堂中保存一份以外,其余参与订立的各方当事人分别收藏一份,以为备查之用。

立合伙生理约人学仁、士熊、师翰、师缃,今租到连祖祠右边师翰店屋一重,开张杂货生理,四股各出本银十五两,共银六十两整,合伙共做其生

〔1〕 关于乡间代书人的情况及研究,参见田涛:《被冷落的真实——新山村调查手记》,法律出版社2005年版,第28~41页。黄岩调查时尚有最后的代书人在世,当代社会教育逐渐发达,多数农民已经能够掌握一定的文化知识,职业代书人已经退出历史。清朝还有职业的官代书,为当事人书写状纸,相关研究参见邓建鹏:《清朝官代书制度研究》,载《政法论坛》2008年第6期。

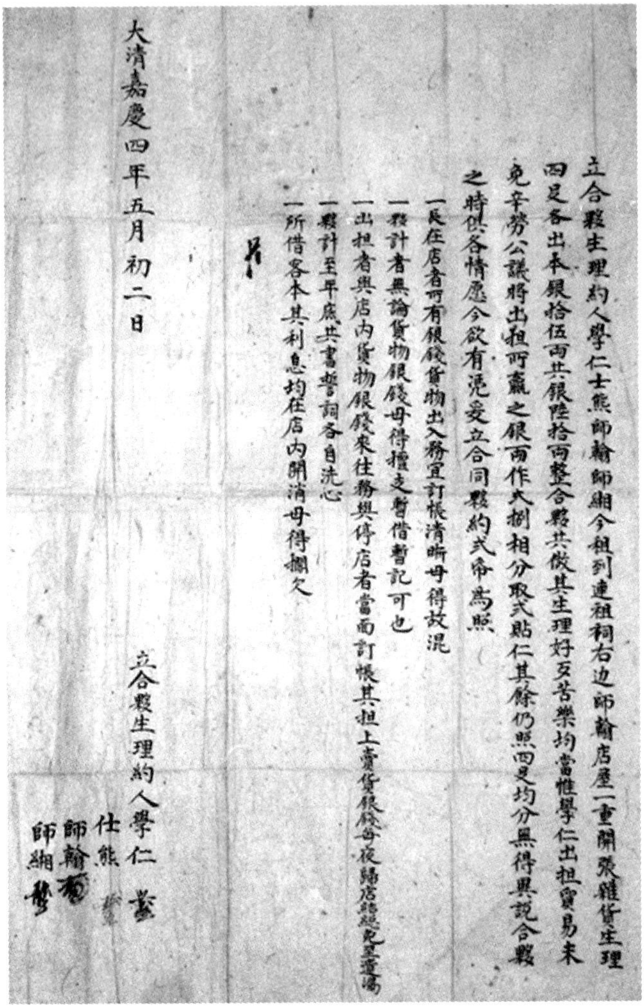

立合夥生理約人學仁士熊師翰師緗今租到連祖祠右边師翰店屋一重開張雜貨生理四足各出本银拾伍両共银陸拾両整合夥共做其生理好歹苦樂均當惟學仁出担貿易未免辛勞公議將出担所贏之银両作弍捌相分取弍貼仁其餘仍照四足均分無得異說合夥之時俱各情愿今欲有凭爰立合同夥約弍帋為照

一長在店者所有银錢貨物出入務宜訂帳清晰毋得故混

一夥計者無論貨物银錢毋得擅支暫借暫記可也

一出担者與店内貨物银錢來往務與停店者當面訂帳其担上賣貨银錢每夜歸店結總免至遺漏

一夥計至年底共書誓詞各自洗心

一所借客本其利息均在店内開消毋得擱欠

大清嘉慶四年五月初二日

立合夥生理約人學仁

仕熊

師翰

師緗

嘉庆四年(1799)学仁等合伙生理约(黟县)　　| 5-6-007

理，好歹苦乐均当。惟学仁出担贸易，未免辛劳，公议将出担所赢之银两作二八相分，取二贴仁，其余仍照四股均分无得异说，合伙之时俱各情愿。今欲有凭，爰立合同伙约二纸为照。

一、长在店者，所有银钱货物出入，务宜订账清晰，毋得故混。

一、伙计者，无论货物银钱，毋得擅支暂借，暂记可业。

一、出担者与店内货物银钱来往，务与停店者当面订账，其担上卖货银钱每夜归店结总，免至遗漏。

一、伙计至年底共书誓词，各自洗心。

一、所借各本其利息均在店内开消(销),毋得搁欠。

大清嘉庆四年五月初二日　　立合伙生理约人学仁(押)

仕熊(押)

师翰(押)

师缃(押)

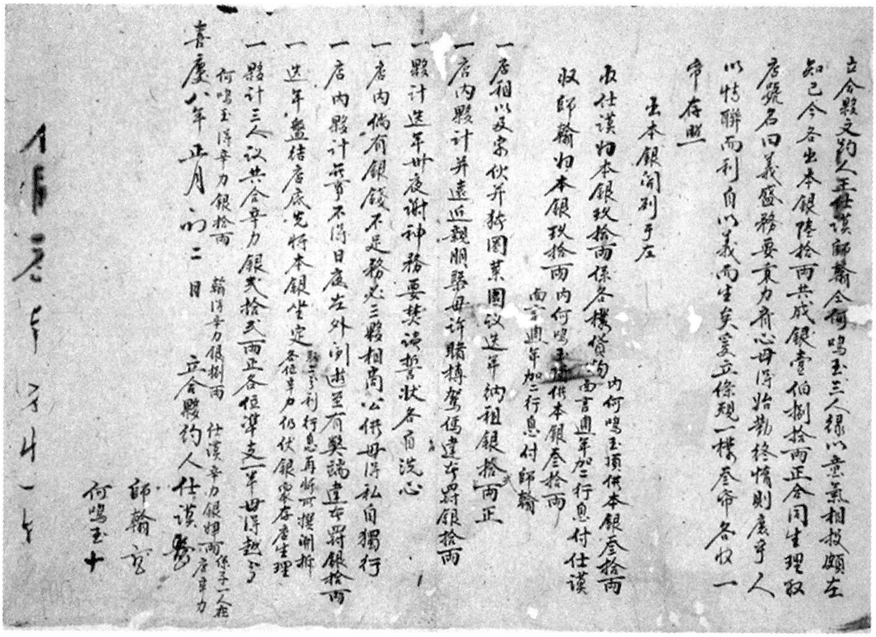

嘉庆八年(1803)王仕谟等立合伙文约(黟县)　| 5-7-009

立合伙文约人王仕谟、师翰同何鸣玉三人缘以意气相投,颇在知己。今各出本银六十两,共成银一百八十两整。合同生理取店号名曰“义盛”。务要秉力齐心,毋得始勤终惰,则庶乎人以情联而利自以义而生矣。爰立条规,一样三纸各收一纸存照。

出本银开列于左:

收仕谟归本银九十两,系各样货物 内何鸣玉顶价本银三十两,面言周年加二行息付仕谟。

收师翰归本银九十两,内何鸣玉顶价本银三十两,面言周年加二行息付师翰。

一、店租以及家伙并猪圈菜园,议迭年纳租银十二两整。

一、店内伙计并远近亲朋概毋许赌博驾码,违者罚银十两。

一、伙计迭年卅夜谢神，务要焚读誓状，各自洗心。

一、店内倘有银钱不足，务必三伙相商公价，毋得私自独行。

一、店内伙计无事，不得日夜在外闲游至有弊端，违者罚银十两。

一、迭年盘结店底先收本银坐定，取二分利行息再将所撰（赚）开拆，各位辛力仍伏银众存店生理。

一、伙计三人议共合辛力银二十二两整，各位准支一半，毋得越分。

何鸣玉得辛力银十两　翰得辛力银八两　仕谟辛力银四两　系子一人在店辛力

嘉庆八年正月初二日　　　　立合伙约人　仕谟（押）

师翰（押）

何鸣玉（押）

（半书　合同三纸各收一纸）

《嘉庆四年（1799）王学仁等合伙生理约》和《嘉庆八年（1803）王仕谟等立合伙文约》都是嘉庆年间安徽黟县地区的合伙文书，时间上相隔不过四年，契约建立的发生地和当事人具有明确的连带性，具有重要的研究价值。明清两代徽州地区的商业经济相对比较发达。两件合同在内容与形式上基本相同，都规定了合伙人的出资数额，权利和义务，收益的分配等情况。尤其是《嘉庆八年（1803）王仕谟等立合伙文约》的约定更为详细。特别是对店内伙计的约束更加严格，既不准赌博，不得无事在外闲游，违犯者都要受到罚银十两的处罚，十两白银在当时属于数额巨大。甚至还约定“迭年卅夜谢神，务要焚读誓状，各自洗心”，要求店内伙计每到除夕，都要在神佛面前发誓，表明在过去的一年内谨守本分没有做过有愧于自己良心的事情。“焚读誓状”是将自己的誓言誓词写在纸上，然后举香焚烧的一种仪式，带有迷信色彩，但在传统社会中，这一形式所具有的神明盟誓作用，足以对抗所谓的“诚信”，具有强烈的精神约束作用。最后在合伙文书中还约定了当事人应当取得的报酬，“辛力银”，是付出辛苦劳动后取得的工资性收入。当事人各出本银六十两，但当事人之一的仕谟，由于其子在店中提供劳务，因此仕谟的辛力银仅为四两，约为其他当事人的一半。民间私约中合伙契约的条款如此明细，说明对于合伙经营中契约的建立已经取得了比较丰富的经验，能够在约定中通过建立约定条款，保障合伙行为顺利进行。

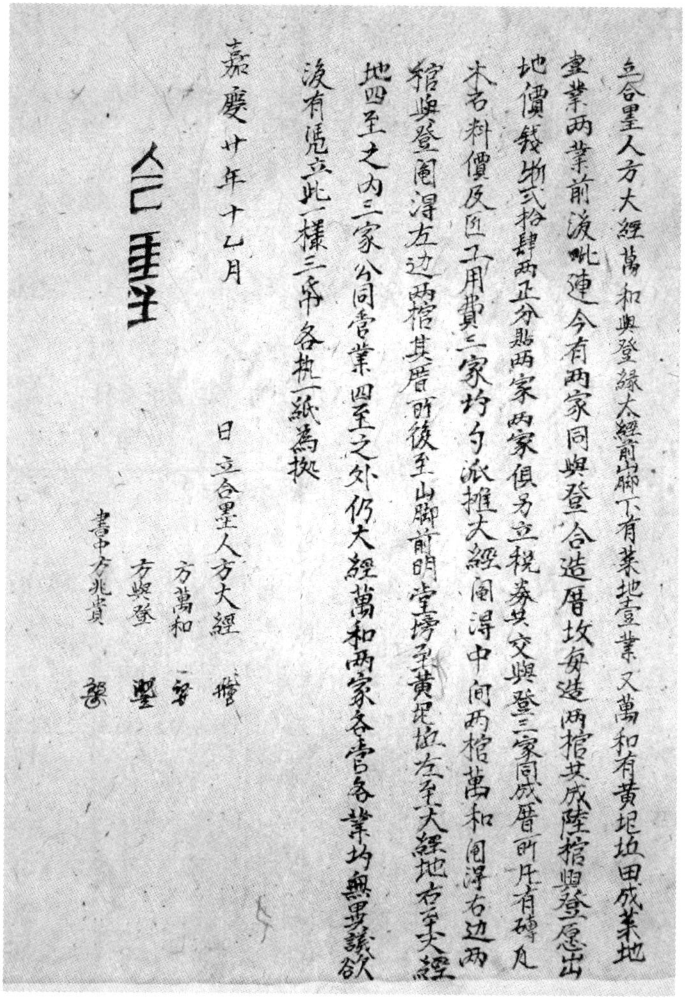

立合墨人方大經萬和與登緣大經前山脚下有菜地壹業又萬和有黄坭垃田成菜地
壹業兩業前後毗連今有兩家同與登合造厝坟每造兩棺共成陸棺與登愿出
地價錢□弍拾肆兩正分貼兩家兩家俱另立稅券共交與登三家同成厝所凡有磚瓦
木石料價及匠工用費三家均分派攤大經閹得中間兩棺萬和閹得右边兩
棺與登閹得左边兩棺其厝所後至山脚前明堂塝至黄坭垃左至大經地右至大經
地四至之内三家公同管業四至之外仍大經萬和兩家各管各業均無異議欲
後有憑立此一様三帋各执一紙爲據

合墨

嘉慶廿年十乙月　日立合墨人方大經　押
方萬和　押
方與登　押
書中方兆貴　押

嘉庆二十年(1815)方大经等三人厝坟共同管理合墨书(休宁)　| 5-8-018

立合墨人方大经、万和、兴登，缘大经前山脚下有菜地一业，又万和有黄泥垢田成菜地一业，两业前后毗连。今有两家同兴登合造厝坟，每造两棺，共成六棺，兴登愿出地价钱□二十两整，分贴两家，两家俱另立税券，共交兴登，三家同成厝所，凡砖瓦木石料价及匠工用费，三家均分派摊。大经阄得中间两棺，万和阄得右边两棺，兴登阄得左边两棺，其厝所后至山脚前明堂塝至黄泥垢，左至大经地，右至大经地，四至之内，三家公同管业，四至之外，仍大经、万和两家各管各业。均无异议，欲后有凭，立此一样三纸，各执一纸为据。

嘉庆二十年十一月　日立合墨人　方大经(押)
方万和(押)
方兴登(押)
书中　方兆贵(押)

(半书　合墨)

《嘉庆二十年(1815)方大经等三人厝坟共同管理合墨书》是一件合伙契约。方大经、方万和与方兴登决定合作建造厝坟,建成后由三人共同管理,所以订立该契约以明确各自的权利和义务。“厝”又称“厝所”,具有临时埋葬特点,即将棺木暂时停柩于厝所中,适当加以浅埋或者修葺,待将来正式建立坟墓时再行改葬,是我国民间常见的一种埋葬习惯。因为方大经“前山脚下有菜地一业”,方万和“有黄泥坵田成菜地一业”,而且“两业前后毗连”,适合建造厝坟,因此三人约定了由方大经和方万和提供建造厝坟的土地。为公平起见,方兴登提供二十两的地价钱补偿“分贴两家”,方大经和方万和也需要“另立税券”,交与方兴登以作为证据。在这份合墨书中,还约定了“凡砖瓦木石料价及匠工用费,三家均分派摊”,并且采用抓阄的方式,决定了六棺的分配情况,即“大经阄得中间两棺,万和阄得右边两棺,兴登阄得左边两棺”。合墨书中还界定了三人共同建造的“厝所”的四至,明确地表示“四至之内,三家公同管业,四至之外,仍大经、万和两家各管各业”,以避免日后可能出现的不必要的争执。

合墨是我国常见的合同称谓,徽州地区多用于纠纷调解类的民事契约中,有时也用于一般合伙类的民事契约中,但在买卖和租赁等经济合同一般很少适用。

(5-9-无编号)清道光九年(一八二九)舒灿□等会券(徽州,安徽)

会　券

盖闻戚友有通财之义,经营有襄助之情,是以义而成会,情洽以通财。虽会息之无几,要而必祈于始终。凡承雅爱,务相同志,无逾期日。敬邀戚友六位玉成一会,每位请出员钱五千文钱　分,共成三十千文整,付首会收领,会期公议十个月一轮,至会期,首会前三日具帖邀请,首会每次填银　两　钱　分,未、已得者,每位填银　两　钱　分,俱议现银上掉。然后拈阄动骰,点大者得会,如点相同尽先不尽后,立此会券,各执一本存据。

诸翁台甫列左：

郑德意仁兄　　　　一股

郑锦堂仁兄　　　　一股

胡思绂仁兄　　　　一股

李炳南仁兄　　　　一股

江殿一仁兄　　　　一股

仲端　家兄　　　　一股

二会　首会应钱六千文，未得者应钱四千八百文。

三会　首、二各应钱六千文，未得者应四千七百文。

四会　首、二、三应钱六千文，未得者应钱四千文。

五会　首、二、三、四各应钱六千文，未得者应钱三千文。

六会　首、二、三、四、五各应钱六千文，未得不用应。

末会　首、二、三、四、五各应钱六千文，交末会收。[1]

仍有余利钱六千文，三会至末会均分。

一议　会终之日会书不缴。

一议　□净典钱。

道光九年五月十五日立会书人舒灿□订

"钱会"是中国传统社会民间盛行的一种资本融通形式，由发起人邀请亲戚、朋友或邻居若干人参加，约定每隔一段时间举行一次，每次各缴一定数量的会款，轮流交由一人使用，借以互助。发起人一般称为"首会"，也有叫作"头会"、"会头"、"头子"、"会主"等，被邀请的人可以称作"会员"，或者"会脚"、"会众"、"会子"、"会股"等。首期由各会员交钱若干，归会首使用，以后每期由会首、会员分别交纳金额若干，由一未得会者使用，直至所有会员均已得会，该会就宣告结束。"会"按照得会的次序和方法可以分为三种，若以摇骰或抽签决定得会次序的称为"摇会"；若是由会员预先认定得会次序的称为"轮会"；若是以投标方式决定会员先后次序的称为"标会"。

民间"钱会"具有双重属性，以互助形式为主的钱会，各会出资数字基本相等，将若干小额资金汇集在一起，形成一笔相对数额较大的资金，可以

[1] 按：计算后怀疑应为首、二、三、四、五、六应钱六千文。

增加该资金的利用价值。摇骰的方式，带有随机选择和随机公平特色，通过摇骰可以决定对于资金的使用顺序。这种互助性的钱会，有时通过给付小额利息，或者对后“使会”者采用少交会费等形式予以补偿，因此这种钱会主要体现了民间的互助特征。有些地方将这种钱会称为“单刀会”，或者“互助会”。

通过“钱会”的形式进行资本融通，也是一种民间借贷行为，先用会的人具有债务人特征，后用会的人则成为债权人，通过钱会的形式收取利息，以盈利为目的产生的“钱会”，被称为“金钱会”或者“合会”、“同心会”、“七心会”[1]等。

会书，又称会券、会单，通常包括会式名称、开会期限、会首会员姓名、会金会额、得会方法、责任义务、不准事项以及宴席方式等内容，是由会首和会员共同制定的，在会的整个运行期间都必须遵守。从徽州地区收集到的会书来看，大部分是事先印好的格式条文，只需在空白栏处填写上会员名称、会期、金额等项即可，这与徽州地区雕版印刷发达有着直接关系。会券的后半部分附有“会规”，会规是所有参加集资会员需要共同遵守的规则，主要内容为结会的日期，需要交纳的会费，违规的罚则，甚至会券是否需要保留等约定。参加民间“钱会”的当事人的身份具有特殊性，首先他们与会首之间的关系，大都为亲戚或者朋友，会员之间处于熟人社会中，彼此比较了解，这样可以最大限度地降低信用风险。《清道光九年（一八二九）舒灿□等会券》中，参与的成员之间互相称作兄弟，如“郑德意仁兄一股，郑锦堂仁兄一股，胡思绂仁兄一股，李炳南仁兄一股，江殿一仁兄一股，仲端家兄一股”。这些人不但互相熟悉，有的甚至是亲兄弟。在调查中发现这类钱会的会书中，有的当事人为叔侄，有的甚至为祖孙之间，绝大多数都是彼此互相了解，并且互相信任的，从而使会书在运作中较少出现违约现象。《清道光九年（一八二九）舒灿□等会券》约定“拈阄动骰，点大者得会，如点相同尽先不尽后”的规定，表明该会的得会次序是以摇骰的方式确定的，这种随机选择体现出了民间私约中的原始公平特征。

---

〔1〕 赵瑞智：《杨庙“七心会”》，载《扬州文史资料》1991 年第 10 辑，第 242 页。

清道光九年(一八二九)舒灿□等会券会费统计表

(单位:文)

	舒灿□	郑德意	郑锦堂	胡思绂	李炳南	江殿一	仲端	收入总计
首期		5000	5000	5000	5000	5000	5000	30,000
二期	6000		4800	4800	4800	4800	4800	30,000
三期	6000	6000		4700	4700	4700	4700	30,800
四期	6000	6000	6000		4000	4000	4000	30,000
五期	6000	6000	6000	6000		3000	3000	30,000
六期	6000	6000	6000	6000	6000			30,000
末期	6000	6000	6000	6000	6000	6000		36,000
支付会金	36,000	35,000	33,800	33,500	30,500	27,500	21,500	
盈负	-6000	-5000	-3800	-3500	-500	+2500	+8500	
另分余利				1500	1500	1500	1500	
总计盈负	-6000	-5000	-3800	-2000	+1000	+4000	+10,000	

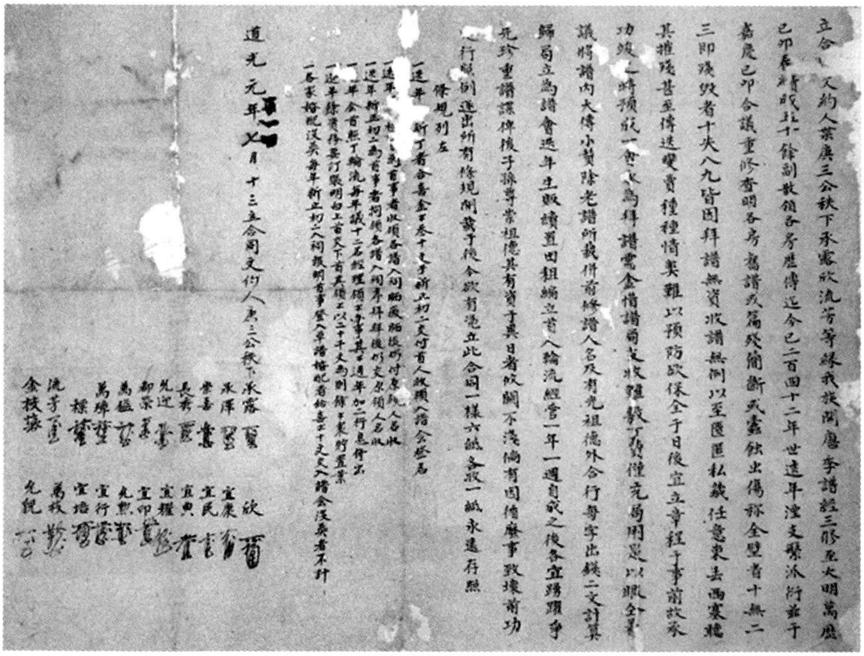

道光元年(1821)祁门叶氏开修族谱条规文约(祁门) | 5-10-033

立合同文约人叶庚三公秩下承露、欣、流芳等,缘我族开唐季,谱经三修。至大明万历已卯春续成五十余副，散领各房，迄今已二百四十二年，世远年湮，支繁派衍，兹于嘉庆已卯合议重修。查明各房旧谱或篇残简断，或蠹蚀虫伤，称全璧者十无二三，即残毁者十失八九，皆因拜谱无资，收谱无例，以至匮匿私藏，任意东丢西塞，听其摧残。甚至传迭变卖种种情弊，难以预防。欲保全于日后，宜立章程于事前，故承功竣之时，预成一会，永为拜谱需金。惜谱局支收难敷，丁费仅充局用，是以眼同着议，将谱内大传小赞，除老谱所载，并前修谱人名及有光祖德外，合行每字出钱二文，计算归局，立为谱会。迭年生贩续置田租，编立首人，轮流经管一年一周，自成立后，各宜踊跃争先，珍重谱牒。俾后子孙尊崇祖德，其有资于异日者，攸关不浅。倘有因循废事，致坏前功，定行照例逐出。所有条规，开载于后。今欲有凭，立此合同一样六纸，各收一纸，永远存照。

条规列左：

一、迭年出新丁者，合喜金钱三十文，于新正初二交付首人收领入谱会登名。

一、迭年六月初□日为首事者，收领各谱入祠晒霉，晒后仍付原领人名收。

一、迭年新正初二为首事者，拘领各谱入祠续拜，拜后仍交原领人名收。

一、迭年会首照丁轮流每年议十二名经理领钱办事，其钱周年加二行息付出。

一、迭年余资务要订账明白，上首交下首，共领钱以二十千文为则，余钱众贮置业。

一、各家婚配没葬，每年新正初二入祠报明，首事登入草谱。婚配者，给喜钱十文，交入谱会。没葬者不计。

道光元年七月十三　日立合同文约人　庚三公秩下　承露（押）　欣（押）

承泽（押）　宜康（押）

崇喜（押）　宜民（押）

长秀（押）　宜典（押）

允迎（押）　宜耀（押）

都荣（押）　宜印（押）

万镒（押）　允勋（押）

万璋(押) 宜行(押)
标(押) 宜培(押)
流芳(押) 万枝(押)
金枝(押) 允貌(押)

我国历史上久有修订宗族家谱的习惯,据文献记载隋唐时士族已有修订族谱的先例,至宋元时更为广泛,明清两代几乎各姓氏皆有族谱,江南等地由于造纸和印刷物料的便宜,修订家谱已成风气。徽州地区传世明清两代的宗族家谱传世较多,大部分使用含有桑树皮的白绵纸制作,采用活字版印刷。江南一带盛产梓木,木质纹路细腻,不干不燥,遇水不易变形,非常适于雕版印刷。明朝徽州地区是我国著名的雕版印刷书籍的生产地,尤以版画雕刻印刷著称于世,当时徽州地区黄氏、程氏、方氏刻印书籍,备受推崇,多为版刻精品。当地有以刻印家谱为生的匠人,采用活字印刷,两三人组成一个班子,肩担而行,穿乡过镇游走乡村为人刻印家谱,担子一边为纸墨,另一边为一屉屉的大小木盒子,历史上称之为"谱匠活字"。由于家谱中多为世袭沿替,按辈分排列,同姓之中同辈分者文字多有重复,因此使用活字版印刷更为经济方便。传世的徽州明清甚至民国年间的宗族家谱,大部分就是使用这种谱匠活字印制而成的。徽州地区所见到的宗族家谱一般开本扩大,印制精良,为历代公私藏书所钟爱。但民间以私约的形式共同集资经营家谱的文献记载则较为稀见,唯少量家谱后面附录有出资者姓氏及出资数额,这件《道光元年(1821)祁门叶氏开修族谱条规文约》是我们所见到的唯一一件以宗族修订族谱为目的的民间私约。这件契约以合同的形式规定了族众共同修订族谱的合意。规定凡有表彰先人的新增文字的每字出钱两文,新生男孩交合喜金三十文,族中会费周年加二行息,婚配者给喜钱十文,没葬不计。并用条规的形式固定下来,要求大家共同遵守。因此这件契约,仍然属于民间私约的范畴,只是私约涉及的民事行为是家族众人集资修谱,属于特殊的合伙行为。

立议合同方国槐公支下任事人方美朋、方美座公、方美秋、方时健等,今因邀及商议。共有四大股,美盛公一股,美朋一股,美座公一股,美秋一股,各股均派银钱,续买到美琗美琨名下,收小买契一纸,是时健领去,该小买价七两五钱,该包还大买豆租三升。又续买到时灯名下大小买契一纸,

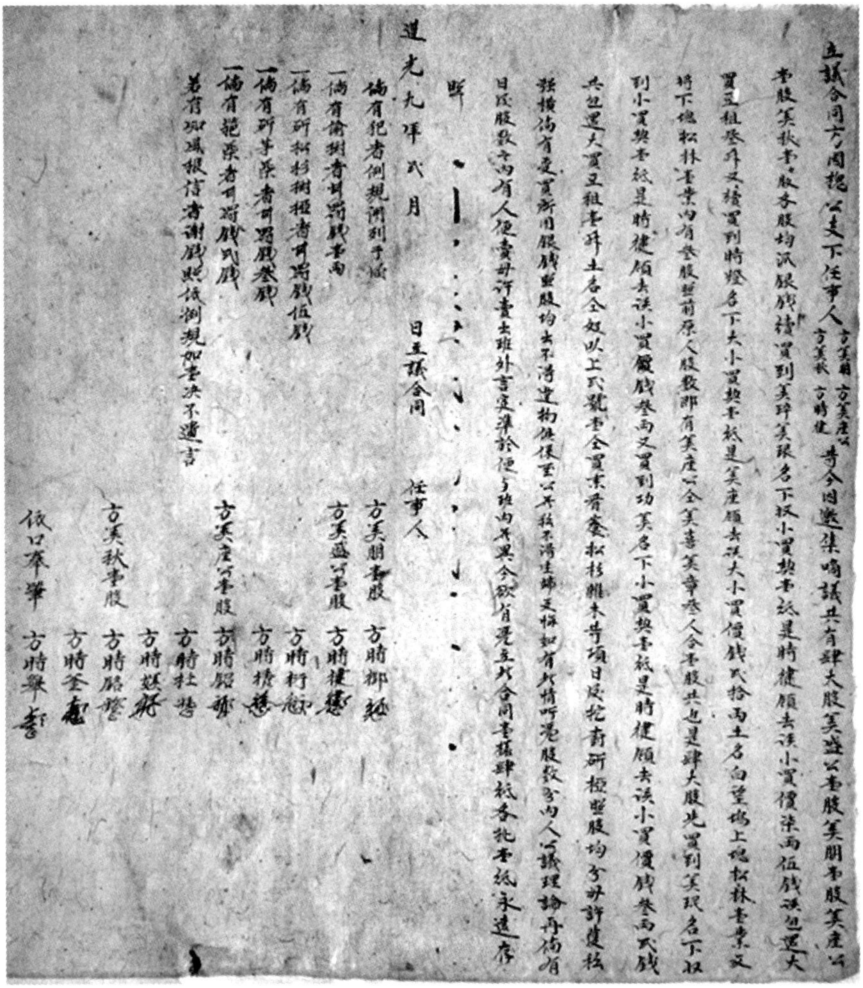

道光九年（1829）方国槐支下族人共管族产合同书（休宁） | 5－10－033

是美座领去，该大小买价钱二十两，土名白望坞上块松林一业。又将下块松林一业，内有三股照前，原人股数即有美座公同美喜美章三人合一股共也，是四大股。先买到美珉名下收到小买契一纸，是时健领去，该小买价钱三两。又买到功美名下小买契一纸，是时健领去，该小买价钱三两二钱，共包还大买豆租一升，土名同处。以上二号一同买来看养松杉杂木等项，日后挖树砍桠，照股均分，毋许获私强横，倘有受买所用银钱照股均出，不得违拗，俱系至公无私不得生端反悔，如有此情，听凭股数分内人公议理论，再倘有日后股数之内有人便卖毋许卖出班外。言定准于便与班内无异，今欲有凭。立此合同一样四纸，各执一纸，永远存照。

倘有犯者例规开列于后

一、倘有偷树者甘罚钱一两

一、倘有砍松杉树桠者甘罚钱五钱

一、倘有砍茅柴者甘罚钱三钱

一、倘有扒柴者甘罚钱二钱

另有知风报信者,谢钱照依例规加一,决不遗言

道光九年二月　　　日立议合同

任事人

方美朋一股　　方时御(押)

方美盛公一股　方时健(押)

方时衍(押)

方时琇(押)

方美座公一股　方时铭(押)

方时杜(押)

方时媄(押)

方美秋一股　方时铭(押)

方时釜(押)

依口奉笔　方时举(押)

《道光九年(1829)方国槐支下族人共管族产合同书》是方国槐公支下任事人方美朋、方美座公、方美秋、方时健等为共同管理山林的所订立的合同。该合同的当事人除了宗族关系外,还具有股东身份。表明在宗族之中,除了宗法辈分之外,其经济地位同样具有身份属性。合同中按股份详细地说明了各股所有的林地及其来源,支付的资金和各股享有的权利和应当履行的义务,如果有人反悔,则听凭股数分内人公议理论。值得注意的是,合同还对各种违规行为的处罚情况逐条作了说明,规定了罚钱的具体数额。特别是在合同的最后,还注明了"另有知风报信者,谢钱照依例规加一,决不遗言",承诺对于举报者"照依例规"给予奖励,同样成为一种习惯。无论是经济处罚还是物质奖励,都需要依靠一定的权力,才能够得以实施。从此可以看出在徽州地区民间习惯法则下所具有的私权,以及在行使这种私权时的权威属性。

(5-12-017)道光二十一年(1841)方赞礼方惇叙祠族人立祖茔共管合同(休宁)

立合同方赞礼、惇叙，缘街口祖坟自宋迄今，税业两明，与街口张姓立有合同，毫无争端。前康熙年间张姓留觊觎之心，谋占祖茔，以致上控，蒙府宪堂断，各管各业，因此讼息。今又有张姓者盗斫荫木冒占侵害，理合向伊理论，公论任事之人，各公支下选择一二人，以任账事。第祖茔由来已久，兼被侵害，急宜修理，其费照丁科派。每丁先出钱五十文，以作修理之费。倘张姓不遵前人合同，至于成讼，其费亦照丁科派，分程均收，以应公用，约至讼终为止。有不肯出者，公同议罚，如不受罚者，以不肖罪论，从重责处。特恐族繁支衍，众心不一，因立合同七纸，惇叙祠公存一纸，赞礼并五大分各执一纸，合欲有凭，立此为照。

道光二十一年五月　日立合同 方赞礼祠　方惇叙祠

赞礼祠支裔　统礼(押)
绪海(押)

惇叙祠支裔高公　统镃(押)统好(押)
绪禄(押)观祥(押)

全公　绪攻(押)承怡(押)
绪蕃(押)承灶(押)
统桂(押)统延(押)
承鈖(押)
宗源(押)

宁公　统魁(押)承亮(押)四海(押)礼安(押)
绪森(押)承法(押)社子(押)

藏公　统厦(押)承业(押)
统江(押)承清(押)
绪埰(押)绪宝(押)
绪海(押)
绪洲(押)

端公　统松(押)
统广(押)
绪炜(押)

绪渭(押)

奉书 统沼(押)

传统社会中民事纠纷被概括为“户婚田土”之争,也被称作“民间细故”,在官方看来这些民事纠纷属于子民小事,但作为以农业生产为主要经济来源的百姓而言,这些小事却无一不是与身家性命休戚相关的大事。由于缺少独立的人格,因此老百姓将地方官府的亲民官员称作“父母官”,而州县官员则视百姓为子民,因此在中国通过公权力调整民事纠纷的行为,被称作“打官司”。所谓打官司就是子民本身不能调整彼此之间的关系时,百姓们将他们需要解决的财产或者权利的纠纷,交给官府判断,由官府出来主持“公道”,以最终实现他们所期待的救济。“公道”在中国有着十分复杂的含义,既表示社会共同认知,也表示官方即“公家”的裁判,所谓“息讼”的主张,不过是一种政治期待,由于生产资料和生活资料的极度匮乏,所有的小事都必然和生活中切身利益相关,传统道德的调整范围,仅在相对的权威状态下得以实施,当这种权威的力量不能或者无法覆盖利益争端的群体时,人们只能通过“公了”的形式寻求公力救济,于是“息讼”只能成为少数人的期望,这种期望居然在中国绵延了千百年,每当需要表达期望者的政治立场时,“息讼”的主张,便成了这些人谋求接近政治权力的最好桥梁。然而对中国乡土社会稍作调查,看到被调查者和他们的先祖在经济生活中的地位时,便不能不对“息讼”的可行性产生动摇。

“民间细故”纠纷的绝大部分起因,主要是土地山林所有权和家庭财产的争端,土地纠纷通常围绕着坟山、荒山、荒地展开,其原因主要是宋元以来以至明清两代,官府对土地的清丈和登记制度日趋成熟,土地转移过程中对契约的要求逐渐严格,除个别地界不清或因析产不明导致的土地纠纷以外,坟山荒地大部分为私人圈占或者因埋葬尸骨而存在既成事实的占有状态,除少量为买受或租用他人土地作为墓地之外,徽州地区习惯将坟墓建在山地和坡垄之间,这与当地流行的茔葬习俗有关。唐宋以来以道家思想为主的“风水”学说中,分离出“积沙”、“潜龙”之论,据说选择将墓葬置于“风水宝地”,以庇佑子孙后代。这些所谓的“风水宝地”,大多位于上风上水之处,恰在山坡之上,两坳之间,很少直接占有耕地和良田。这些墓地的形成有着长期的历史,有些可以在宗族家谱中找到相应的绘图和“穴脉”,但大多数是在家族定居于此时便开始营造,以实际占有的形式为主,往往缺少契据证照,因此以坟山为主的纠纷成了我国南方地区传统社会中的主要案由。

《道光二十一年(1841)方赞礼方惇叙祠族人立祖茔共管合同》是方姓宗族共立的合同,由于历史上方姓与张姓曾经存在坟山纠纷,虽于康熙时经官府审断“各管各业”,似乎并未决出胜负,此后方姓和张姓订立了合同,各不相争。但至道光时张姓后裔又有侵犯,致使方姓建立公约,以为防范。在这个祖茔共管合同中,除了约定每丁出钱五十文,即按照家族中成年男性计算,每人出钱五十文作为修葺坟墓之用以外,还特别约定“倘张姓不遵前人合同,至于成讼,其费亦照丁科派,分程均收,以应公用,约至讼终为止。有不肯出者,公同议罚,如不受罚者,以不肖罪论,从重责处。”表示如果需要继续和张姓打官司,因诉讼产生的费用同样按照成年男性计算,按照诉讼的过程随时平均收费,直至官司结束为止。如果有人不肯出钱,交由宗祠处罚,不接受处罚的,以不肖论罪。所谓“不肖”就是指不肖子孙,为不孝重罪。据《大清律例》“十恶”中不孝一条载“谓告言咒骂祖父母、父母、夫之祖父母、父母;及祖父母、父母在,别籍异财;若奉养有缺,居父母丧身自嫁娶,若作乐释服从吉;闻祖父母、父母丧,匿不举哀,诈称祖父母、父母死。”[1]在封建伦理中,不孝是重罪,若父母举报子女不孝,官府将以重罪论责。这一现象表明,在家法族规的后面,存在支持宗族制度的封建法律,这种伦理制度和法律制度互相交织在一起,形成一张巨大的网,笼罩着那个社会中所有的人们。在这份合同的后面有方氏祠族众人签名,包括族中两个大祠,和由这两个大祠分出的支祠以及下属世系,如此众多的人在合同上签字画押,使这一合同具有在宗族中很强的约束力。

(5-13-L-012)光绪三十三年(1907)陈维海后裔族众立坟山开葬合同(歙县)

立坟山开葬合同字人陈维海祖后裔孙,值年管事慎斋在胜房长、在盛、源珠凭各房户长等情,因陈氏合族祖坟山,土名坐落陈家□离村远窎,不便照守,兼之近身坟山已满,故者难选佳城,于是就霜降祀祖之期,同各房户长商议开葬之规,众皆心愿乐从。当日议定,自二世祖思永公墓碑之上二

[1] 田涛、郑秦(点校):《大清律例》,法律出版社1999年版,第85页。

丈以上,至生基古墓为界,葬坟二排,上下一班(般)长,不准当中骑占,此上下二排之内,以及左右散处葬第一棺至第五棺者,出钱六串正;葬第六棺至第十棺者,出钱四串正;葬第十一棺至第二十棺者,出钱二串正;葬第二十一棺以后者,分文不取。又思永公墓碑直上二丈之内,祖坟左右二侧忝葬四棺,每棺出钱六串;葬在生基古墓同排者,出钱二串正;葬在生基古墓之上者,出钱一串正。前不准骑龙,后不准塞墓,二坟上下之中留基三尺,如左右有坟掘井,不德(得)掘开窀穸,左右坟主不德(得)阻拦有说。又言明登山定穴之日,请值年房管同面点明,其穴已定之时,即将所应出之钱交给管事人手,不准赊欠短少分文。葬坟之日,只请房管四人一席,倘有占穴不葬者,亦将所应出之钱交楚,不准拖欠短少,即令所葬之坟在不出钱之例,登山点穴葬坟,酒水亦于此规,自立开葬合同字之后,生顺死安,人财两盛,富贵双全,东西两塆,比此书立合同字二纸,互相执守为据。此。

凭族众　　在富

在金

在儒

元太　　钟友

大发　　钟杨

大论　　钟儒

大章　　源义

盛德　　楚兴

东海　　钟太

在达

在锦

在忧

钟彩

立斋

钟英

公举在望笔

合同字二纸　一纸存东塆管事在胜手

一纸存西塆管事慎斋手

光绪三十三年　　九月

(半书:富贵　合同)

在传统社会中宗族内部形成了一套完整的管理制度,除了使用私权对违反者进行处罚外,通过建立私约的形式调整各当事人之间的利益关系,以维持正常的社会秩序。这种乡土社会的共同约定,具有在特定范围内的普遍约束力,并且成为对国家成文法的有效补充。国家对于民间有约定的行为给予肯定和保护,同时民间的约定也将国家的公权力保护作为最终救济手段,在这种互相作用下,形成了相对稳定的制约机制,尽管这一社会中央机构不断的发生朝更代迭,维持这一社会秩序的完整结构没有发生根本的变化,因此建立在这个结构基础上的民间私约也没有发生根本的变化。宗族内部的共同约定具有较强的约束力,参与的族众都必须服从,如果有人违背,将会受到家法族规的惩罚,严重者甚至送交官府,由官府"依律治罪"。

《光绪三十三年(1907)陈维海后裔族众立坟山开葬合同》是陈氏家族内部订立的一件宗族私约,其目的是为了共同建立坟山开葬。在具体规定各棺木的位置及其费用、安葬程序等内容后,还特别强调了"不准当中骑占","前不准骑龙,后不准塞墓",这与中国传统社会奉行祖先崇拜,历来重视丧葬,遵循"风水"之说紧密相关。合同的结尾部分在陈氏家族的族人们的签名之后,注有"公举在望笔",表示合同的执笔人在望是由大家共同推举的,为陈氏族人所认同,这种产生的方式也加强了该合同的公信力。由于这一合同一式二份,"一纸存东塆管事在胜手,一纸存西塆管事慎斋手",为了便于日后查证,采用了半书的方式,即在两份合同中间骑缝处写有"富贵合同"二字,保证两份合同内容的完全吻合,以增加该合同的信证作用。

(5-14-044)宣统二年(1910)仁里公益研究会订储蓄公会章程(歙县)

仁里第一次储蓄公会章程(盖章)

(加盖:仁里公益研究会之章)

弁言

储蓄会之理由,城区已详言之矣,惟于我里尤有密切之关系,为今日当务之急者,为吾父老兄弟陈之。我里本少良田,又无土产。居民五百余户,殷实者不过百之二三,中常者百之六七,其余悉皆贫窭寒素,藉一二人之劳力，以为一家之生计者也。夫少良田则食不足矣，无土产则财源竭矣，殷实少而贫寒多，则通有无，济缓急，尤多形其窒碍矣。以数百户之乡村，而有此三者之隐虑，其奚以持久乎？然则补救之法，非使人人胥为储蓄计不可矣。况近来风气群向奢侈，不崇俭约，无论贫富，岁入出两较相埒者数恒少，不敷者数恒多，习以为常曾不为怪。遂致财政上之现象，溃成一泄无余之势，若不及早为计，诚恐愈趋愈下。再越数年，人穷财尽，虽欲储蓄而不可得，则后来之远虑，殆尤不可思议矣。同人早虑及此，故旧遂设立公益研究会，即发起仿行日本，永安家资金之举议，旋以年关伊迩致未实行。近见城区储蓄会章程适利于我里之推行，而挽救我里之危局，爰及仿而效之，遵其成法。而因我地利略为增损，名曰仁里储蓄公会，惟愿人人深明斯理，家集一股，庶几无时无事不有储蓄思想萦系于中，而家庭日用之间，如何为计划之周，如何为撙节之当。遂若有隐策之使然者，行见奢侈之行消于无行，勤俭之风征诸有象。五年结束之期，而我里具有发达之基础矣。循是续开二次以上之储金会，接续进行，恒久不已，将来日致富厚。凡百事业皆易振兴，不特家给人足而已，又何有前三者之足虑哉。我里之人庶其奋然以兴乎？同人且翘首望之。

仁里第一次储蓄公会章程

一、本会以提倡劝俭储蓄之风，俾地方人民按月积金，增进利益，兼便营业者资本之流通为宗旨。

二、定名为仁里储蓄公会，为仁里公益研究会之分会，即以公益研究会会所为会所。

三、俟开办一年后再定股数，每股月付大银圆三角，年付大银圆三元六角，于每股交到会金之第一期按号发给股摺，嗣后每期交纳会金，随带股摺交会所登记领回。

四、会法分左之四种：

第一种　每年分作十二次付者，每月二十一日付一次，每次每股付大银圆三角，逾期一月罚银一分，逾期两月，罚银三分，逾期三月则退会。

第二种　每年并作两次付者，每六个月付一次，每次每股去回息五分，付大银圆一元七角五分，逾期者与第一种罚则同。

第三种　每年并作一次付者，每十二个月付一次，每次每股扣去回息一角五分，付大银圆三元四角五分，逾期者与第一种罚则同。

第四种　五年并作一次付者，每股扣去回息四元，付大银圆十四元。

五、凡退会者俟会满之日给还会本，其会股别招一人继续之。

六、本会举总理一员，名誉总理一员，经理五员，查账三员，值事十员，庶务一员，其庶务员暂由值事员中酌派一人兼任之。

七、总理司银钱公匣及主任本会一切事务，借款挂号归其掌理。其应管簿册如左：

甲　章程　乙　议事录　丙　五年月收会金总簿　丁　每月收会金流水簿　戊　债户往来流水簿　己　债户清册　庚　钱总　辛　支用簿　壬　挂号簿　癸　记事簿

八、名誉总理分任本会一切事务，凡文牍函件以其名行之。

九、经理司银钱存放账目出入，凡借款抵押物，必须经经理公认方准借给。

十、值事掌每次开会经收会金登记簿摺等事，所收会金即日清交总理验收。

十一、庶务员布置开会事宜。

十二、查账员查验本会银钱、账目、契据等事项，每十二个月举行一次，日期由总理定之。查核无误，由该员签名盖戳以专责成。

十三、总理、名誉总理、查账员、经理员一次举定，连任五年，值事员一次举定，逐年轮换。以上各员均不支薪水。

十四、前条值事员逐年轮换之法，每员轮值一年，每年轮值四员，每半年换半数。其初次轮值者，其半数以抽签定之。

十五、每年正月初十日开正式会一次，如有紧要事务，由总理随时开会集议。

十六、凡向本会借款者，须有如左之抵押物

第一种　大小买田赤契（如祖遗业而契遗失者，须凭亲房为中出具卖契并注明原契遗失字样，该田须在本里附近者，远处之田不收，重复交易亦不收）

第二种　殷实店户之存摺及债券

第三种　公司股摺（须未失信用者）

第四种　本会股摺

以上四项均照以多押少法行之。

十七、如无以上四种抵押物者，须有殷实富户保单（殷实富户须经本会公认者)方准借给。

十八、前条公认可出保单之殷实富户,如有自行借款,不用抵押物,亦须遵章出具借据并取其同一公认可出保单之人之保单以昭划一。

十九、收利法分左之三种

一、借三个月者,每月一分二厘,毋庸另立利摺,本利同缴。

二、借六个月者,每月一分一厘,另立利摺,三个月交利一次。

三、借九个月或十二个月者,每月一分,另立利摺,三个月交利一次。

以上三项均定月之二十一日行之,所收本利即日清交总理验收。

二十、如有二人借款,一在会一不在会,则应借与在会者。若二人皆在会,则以挂号先后为序,同时则先股数多者,股数同以抽签定之。

二十一、凡借款以十元起数。

二十二、缴还存本法分左之四种

一、三个月缴者　二、六个月缴者　三、九个月缴者　四、十二个月缴者

二十三、凡缴还存本者,至速以三个月为度,至迟以十二个月为度,均须于借据内注明借几个月。

二十四、凡放出存本由经理取具借款人借据及抵押物或保单送交总理验收,照借据注明数目,如数支出银圆交付借款人收用。

二十五、凡收入存本由经理收清本利,送交总理验收,按号检出借据及抵押物或保单,交还借款人领回。

二十六、本会以六十个月为满,期满会后每股派分本利大银圆二十二元余利,除公费外,作二十成会股,得十成本,地方公积二成,总理得二成,经理得三成,查账、庶务、值事共得三成。

附条

二十七、本会定于本年七月二十一日开收第一次会金

二十八、开办后一年内可随时加入会股,但须补足前数月本利,列表如左:

月数	本利	月数	本利
第一个月	三〇〇厘	第七个月	二一六三
第二个月	六〇三	第八个月	二四八四
第三个月	九〇九	第九个月	二八〇八
第四个月	一二一八	第十个月	三十三五
第五个月	一五三	第十一个月	三四六五

第六个月　　　　一八四五　　　第十二个月　　三七九八

二十九、本会章程须随时增订改良。

三十、本会簿册及股摺悉依城区成式。

三十一、凡向本会借款者,挂号时须声明何种抵押物以便调查。

宣统二年七月二十日　　　　　　　　仁里公益研究会公订

(借据样式两种)

第一种借据式

今借到仁里储蓄公会大银圆　　　　元正,遵章以第　　　　种抵押物作为相当之抵押,所有关于履行债务各条列左:

一、收到存本即日起利。

二、利每月　　分　　厘,每三个月逢二十一日缴利一次(如借三个月者改注本利同缴)。

三、准借　个月缴本。

以上各条均承认照行,倘有违误,听凭将抵押物收管变卖此照,计开抵押物及件数。

宣统　　年　　月　　日立借据人

第二种借据式

今借到仁里储蓄公会大银圆　　　　　元正,除遵章第十七条由担保外,所有关于履行债务各条列左:

一、收到存本即日起利。

二、利每月　　分　　厘,每三个月逢二十一日缴利一次(如借三个月者改注本利同缴)。

三、准借　个月缴本。

以上各条均承认照行,决无违误此照。

宣统　　年　　月　　日立借据人

(保单式样)

保单式

今有　　　　在仁里储蓄公会借到大银圆　　　　元正,所有履行债务各条,除由本人自愿承认照行出具借据外,并由身担保,如有延欠本利等事,本身愿为认偿,所具保单是实。

宣统　　年　　月　　日立保单人

传统社会中使用“摇会”作为一种融通手段，在民间有着悠久的历史，并且逐渐形成了一套完善的运行方式。鸦片战争之后，西方近代的政治思想和经济制度纷纷传入中国，不断冲击着中国传统的思维方式和行为习惯。清朝末期，清朝政府开始进行司法改革，逐渐引进了西方的法律和法律思想，光绪三十年（1904）清廷户部财政处发起，奏定了一个《户部试办银行章程》，由户部拨款正式成立“大清户部银行”，主要业务为国际结算，不办理民间储蓄。光绪三十三年（1907）开始设立交通银行，以官商合办的方式，允许官绅商民在银行入股，开始办理民间金融业务。光绪三十四年（1908）由度支部奏请颁布《银行则例》，通过重组正式设立“大清银行”，同时参照西方银行管理经验，进一步制定了银行办事章程，完善了银行制度建设，不久大清银行开始在各主要城市设立分支机构，从此银行这种带有近代科学管理色彩的经济形式在中国开始运行。依靠国家法律制定的银行制度和科学化的管理，对传统的民间经济组织和经济行为产生了极大的冲击。近现代银行制度中，先进的信贷理念和结算规则，秩序化的银行管理，与传统的“晋商”、“徽商”奉行的“信义”、“诚信”，产生激烈的碰撞，其结果是近代的银行制度取代了传统的钱庄票号，先进的银行管理和与之配套的规则，取代了传统的“诚信”理念，由此不但动摇了“晋商”和“徽商”在传统社会中的经济地位，并且也彻底动摇了封闭的社会制度下形成的旧的经济模式。由于社会变化和经济发展，以宗族关系为主导的“熟人社会”环境下，依赖信义的“摇会”融通方式，已经不能满足社会需求，徽州地区民间融通手段和参与融通行为当事人的身份产生了重要变化。近代的银行制度开始影响徽州，并且出现了带有近代银行色彩的储蓄公会。然而民间习惯所具有的惯性特征，被削弱的种姓关念和宗族制度的影响继续存在，并且继续沿着惯性的轨迹向前滑行，民间“摇会”的融通形式并没有彻底结束，在徽州地区形成了具有近代银行制度特征的经济形式，和带有传统思想的民间摇会方式交叉共存的局面。

《宣统二年（1910）仁里公益研究会订储蓄公会章程》正是在这样的历史环境下产生的，仁里公益研究会根据当时的经济需要，仿效城区储蓄会章程，建立储蓄公会，并且以合同形式订立章程，表明在徽州已经开始出现了具有近代色彩的新的资本融通形式。“储蓄公会”，顾名思义，必然与储蓄有关。“储蓄”在中国古代汉语中的意思为积聚财物，以备需用，而在近现代社会，其含义是指把暂时不用的钱存入银行、信用合作社等信用机构，并取得利息的一种融通方式。从这份储蓄公会章程中可以看出，储蓄公会是在当时中国特定的社会背景下所产生的介于传统的“摇会”与现代“银行”之间的产物。

清朝末期民间资金融通的方式是在“摇会”的基础上发展而来，带有“摇会”的传统色彩，《宣统二年（1910）仁里公益研究会订储蓄公会章程》中仍然沿用了“会”的名称，交钱的名称仍然被称作“会金”。并且确定了本会的“会期”为5年，这些都带有“摇会”的传统特征。同时该《章程》还规定“俟开办一年后再定股数，每股月付大银圆三角”，采用股份的方式，设定股数，参股入会，在形式上继续保留了原有民间摇会的遗存。为了适应新的社会环境，《章程》也吸收了近代银行的经营和管理制度，比如设立总理职务，下设经理人、查账人等职位，明确了这些职务的产生办法和职责范围，采取了责任制的管理模式。这种近代的公司制度经营形式，比原有摇会时期确定会首，下分各会股东的方式显然更为先进。《章程》中以列表的方式颁布了利息率以及各月本利的计算方式，使其带有明显的公开和公平特征。值得关注的是《章程》的第十六条和第十七条关于借款人的规定，借鉴了近代的担保制度。并将担保分为财产担保和保证人担保两种方式。使用财产担保的方式时，根据章程规定，“大小买田赤契（如祖遗业而契遗失者，须凭亲房为中出具卖契并注明原契遗失字样，该田须在本里附近者，远处之田不收，重复交易亦不收）”、“殷实店户之存摺及债券”、“公司股摺”（须未失信用者）以及“本会股摺”均可以作为抵押物。在抵押物中作了抵押物不存在瑕疵的声明，以确保交易安全。所有抵押物都要按照“以多押少”的办法实行，降低储蓄公会的经营风险，以降低抵押物在保全过程中的不良率。第十七条的内容属于保证人担保，并且采取了财产担保优先于保证人担保的原则，只有在没有以上四种抵押物的情况下，才允许“殷实富户”提供担保，由“殷实富户”提供担保虽然带有传统“铺保”的痕迹，但《章程》中要求保证人“殷实富户须经本会公认者”，明显具有近代银行中的“信用认证”规则的属性。这些规定更接近于近代的银行制度，体现出近代民法中公开、公平和公正的原则。储蓄公会与传统的“摇会”相比，不同于“摇会”中会员均为会首的亲戚或朋友，使参与人的身份更加广泛，即使是借款，也只需要提供相应的财产或保证人担保即可。熟人社会中“戚、友”

身份，降低了参与者的信任风险，但在处于开放的社会状态中，防范风险需要的是制度建设。清朝末期由于受到近代西方经济的影响，处于封闭状态下的“熟人社会”的格局被逐渐打破，使民间产生了适应新的社会形势需要的新的私约形式。由此可见，《宣统二年(1910)仁里公益研究会订储蓄公会章程》尽管在形式上较大程度地延续了“摇会”的名称和程序，但在内容上却更多地吸收了近代银行的契约精神。

(5-15-050)民国十六年(1927)章钟贵等建造水碓合股文约(江西·婺源·大坑)

立议据人章钟贵　观成　渭均　灶有　钟有　南生
大生　灶定　德金　大永　观石　信祥程社林今因身等现新造水碓一堂，合成十三股，惟程家党，程观祥君特来相商，为身等念情喻允，愿将碓与观祥另添一股，以作十四股为准。其扦造并买基碓圳等欵，均以十四股配出，其碓及出入路地听祥一同共用。日后碓内碓外修葺等事之费，亦照十四股摊派，毋得怀私，亦不得推诿。惟愿同心同力始终如一，以贻后人之燕翼也。自议之后各无生端异言，恐口无凭，立此议据永远存照。

规则录后：

一、议大坑青塘三塘内之水与碓内毋得觊觎，如有将塘水放出充入碓内用者，鸣众议罚大洋三元二角；

一、议每年至小满后如或有来水开碓之日，无论碓外人碓内人俱要归当年管碓人收取碓税存众，其碓轮流挨管一年一换，毋得推诿；

一、议春冬两季及至立秋后必以十四股轮流挨舂，毋得怀私。

民国十六年　二月　日立议据人　章钟贵(押)

大生(押)

观成(押)

灶定(押)

渭均(押)

德金(押)

灶有(押)

钟有(押)

大永(押)

观石(押)

南生(押)

信祥(押)

程社林(押)

代笔　方惟善(押)

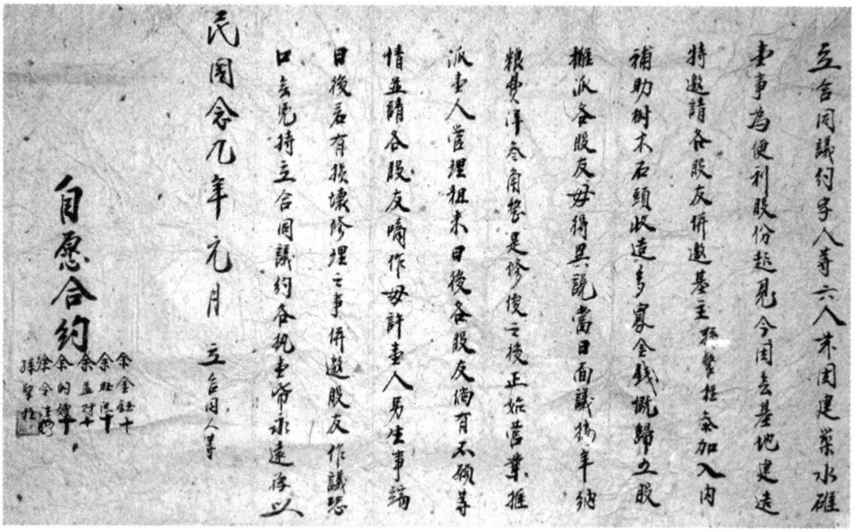
立合同議約字人等六人兹因建築水碓
壹事為便利股份起見今因無基地建造
特邀請各股友併邀基主孫擎柱參加入內
補助樹木石頭收造多寡金錢概歸五股
攤派各股友毋得異說當日面議按年納
粮費洋叁角整是修竣之後正式營業推
派壹人管理租米日後各股友倘有不願等
情並請各股友商作毋許壹人另生事端
日後若有損壞修理之事併邀股友作議恐
口無凴特立合同議約各執壹帋永遠存照
民國念九年元月　立合同人等
自愿合约

民国二十九年(1940)余金钰等六人共建水碓合同文约(婺源)　| 5-16-11-088

立合同议约字人等六人，兹因建筑水碓一事，为便利股份起见，今因无基地建造，特邀请各股友，并邀基主孙擎柱参加入内，补助树木石头，收造多寡金钱概归五股摊派，各股友毋得异说，当日面议，按年纳粮费洋三角整。是修竣之后，正式营业，推派一人管理租米，日后各股友倘有不愿等情，并请各股友商作，毋许一人另生事端。日后若有损坏修理之事，并邀股友作议。恐口无凭，特立合同议约，各执一纸，永远存照。

民国念九年元月　立合同人等

自愿合约　余金钰(押)

余旺洪(押)

余盖财(押)

余的嫂(押)

涂令洼(押)

孙擎柱(章)

（半书：文字不清）

中国传统社会以农业生产为主要的经济来源,江南地区以水稻为主要农作物,为解决农业灌溉的需要,徽州地区用水作为动力,利用水流的落差,推动水碓将低水位的水汲到高处进行灌溉,这种水碓今日仍能见到,巨大的木制水轮沿江而立,成为当地特殊的景致。徽州地区山多地少,每户平均占有的耕地数量不多,兴建水利工程时需要从效率出发,争取灌溉更多的面积,同时又要最大限度地节约有限的人力物力资源,因此采用了合股共建的方式兴修水利成为社会必需。

合伙修建水碓的民间私约,一般称为“合股文约”,参与合伙的当事人,称作“股友”,《民国十六年(1927)章钟贵等建造水碓合股文约》与《民国二十九年(1940)余金钰等六人共建水碓合同文约》两份文约都是民国时期发生在婺源地区的村民共同修建水碓而订立的合同,内容和形式也基本相同,主要约定了各股友需要分摊的费用,以及承担的权利义务和违反约定的处罚措施。从这两份文约中可以看出,合股修建水碓的当事人多属于同一个宗族,如有外姓人的加入,会在文约的开头部分说明其合股的原因,以股友的身份参与共建,表示水碓带有经营色彩,调查中发现水碓将水汲上高水位水塘以后,需要用水灌溉的人以支付租米的方式取水,故文约中有“是修竣之后,正式营业,推派一人管理租米”。此外还约定了对水碓受到损坏时的维修费用,不在本次约定中,将根据损坏情况另行约定。传统社会中以家庭为经济单元,而当一家一户的力量不能解决生产和生活必需时,需要聚集较多的人力物力共同营建或者共同处置某一具体事务,采用建立合伙契约的形式分清责任和义务,成为传统社会中一种普遍的有效手段。传统社会中出现的民间私约,是先民们智慧的结果,这一现象绝非是继受了外来法学理论的结果,而是在特定的历史和自然环境下,由中国人自己总结和发明的独特的契约精神,这种契约精神和西方近现代的契约精神,在形式上有所区别,但其本质则同属调整民事主体的合意行为,因此将中国人的契约精神放置在人类的契约文明史上,同样具有值得尊重的价值和地位。

(5-17-05)民国二十一年(1932)朱意诚借程兴全墙壁共用借据(歙县)

立出借墙壁契人朱意诚,今愿将借与程兴全名下起造牛屋一间。当日两相议定,得受大洋二元正,无论年月,决不异言。倘或家内人等另生枝节,尽归出借人理直。恐口无凭,立此字据为证。(押)

民国二十一年九月　　日立　　代笔人　朱佩章(押)
当日一并收足(押)　　出借人　朱意诚(押)

民事行为中经常涉及相邻关系问题，其中主要有互相提供出行方便，营建时协助另一方通风采光，小型水利互相利用，生活用给排水，以及将厕所、棚圈建于下风处，借用墙壁等。这些在生活中必须调整和解决的关系，在传统社会中逐渐形成以契约精神为主的，同时服从于传统道德的习惯法则。这种法则是人们在生活中自动总结和逐渐形成的，不仅在宗族之间，甚至在异姓之间，在相对封闭的社会环境下，这一规则具有普遍的合理性，并由此被当地的居民自动接受。传统法律没有以“相邻关系”这样的概念，直接规范当时的社会生活，传统道德使用“和睦、互敬”甚至“温、良、恭、俭、让”、“仁、义、礼、智、信”的观念，要求人们信守这些道德原则，乡规民约则通过共同约定的方式，建立乡村秩序规定，调整乡民之间的公共关系。但是生活在传统社会中的人们，除了遵循了上述道德和秩序原则以外，还通过建立契约的方法，使当事人之间形成约定，明确彼此之间的权利和义务，并且互相信守这一约定，从而达到了真正意义上的和谐。

《民国二十一年(1932)朱意诚借程兴全墙壁共用借据》是当事人双方用借据的形式建立的一件合伙性质的私约。在这份私约中，一方将墙壁提供给另一方使用，另一方则支付一定数量的金钱补偿，对标的物是以共同使用为目的，实际内容上和买卖、租借契约有明显差别。双方的合意是共同使用一扇墙壁，除了约定金钱补偿外，并没有约定使用期限，也无需归还，因此带有明显合伙契约的特征。在调查中发现，徽州地区共用通道，共用墙壁，甚至共有水渠灌溉的现象非常普遍，这与当地自然环境紧密相关。徽州地区号称“七山二水一分田”，山地多而耕地少，村落之间布局紧凑，各家房屋多为二层至三层，每栋建筑之间仅留有很窄的共用通道，走在其中更有一番置身高墙隘道曲径通幽的感觉。这一切措施都是为了节约土地资源，因此在长期的社会生活延续过程中，当地人民自发地形成接受这种地域环境的生存方式。当然，为了防止可能出现的“信用缺失”，以及因此产生的纠纷，他们发现，建立契约的方式，是调整这一行为的最好方式之一，“白纸黑字”足以对抗“恐口无凭”。通过对民间私约的研究，我们可以发现存在于传统乡土社会中，有一种普遍性的“契约精神”，这种精神不同于历朝历代的成文法律,而是由生活在那里的人们,在长期的生产和生存中逐渐总结出的,更加适合他们的,而且也只属于他们的一整套行为准则。这一准则被后来的学者称为“习惯”或者“习惯法”,并且争论至今,令人莫衷一是。著名法学家俞荣根教授在《羌族习惯法》一书中,对此作了高度的概括和评价:“法不仅仅体现为一种规范,还蕴含着人们对安身立命的人生追求,对富足、祥和、有序的价值渴望。在国家制定法的影响力无法波及的地区或者虽有波及但人们仍是依照祖祖辈辈形成的习惯乡俗生活的地区,人们对法的理解与渴望恐怕不只是抽象的国家颁布的写在纸上的条文,而更看重的是在此情此景中应该怎么做和不应该怎么做的成功经验和惯例。”[1]

在传统社会中,一方面通过国家权力和成文法的调整,公权力作用下的救济手段,是人们所期待的最终救济,尽管这种救济的作用并不如人们所期待的那样,因此当国家法律缺失的时候,并不足以动摇那个封闭社会的全部秩序;传统道德和宗法观念的制约,以及由此产生的私权力作用下的救济手段,被普遍地加以利用,并且成为通行的救济方式,这种私力救济以公权力作为后盾,互相支持又互相配合,形成乡土社会中真正意义上的行为规则,当出现道德缺失的情况时,乡土社会会以自发和自助的形式弥合这种缺失,并使其恢复原有的秩序,尽管这一恢复将以牺牲部分社会成员的利益为代价,而这部分社会成员通常属于那个群体中的弱者。另一方面人们采用建立契约的方式,约定确定彼此的权利和义务,并且最大限度地信守这些约定,使他们的生活继续处在一种相对平衡和稳定的状态之中。当信用出现缺失的时候,人们又反过来求助于乡土社会中私权力的调整和救济,甚至最终求助于国家法律公权力的调整和救济,“私了”和“公了”了而不了,如同轮回一般的周而复之,使封建社会持续地处于内在的稳定机制中,并且依赖于这一机制在中国这块辽阔的土地上,运行了两千余年。

立议禁山合同人通济桥会、孙伯仁众等,缘因源土元东西两培一带山场,向属森林,后被数度焚烧,残害日甚,禁约废弛,两培一空,国课无所出,桥木无所取。似此维艰,岂堪坐视。兹特邀集通济、伯仁以及汪树德堂、孙思本堂、孙思源堂、孙维德堂各众人等公同议决,将此两培山场自源土元口东培随峰直上至下木杓窟湾内,峰顶横迤至大土太峰沿峰脊直下至坟林山

---

〔1〕 俞荣根:《羌族习惯法》,重庆出版社2000年版,序言。

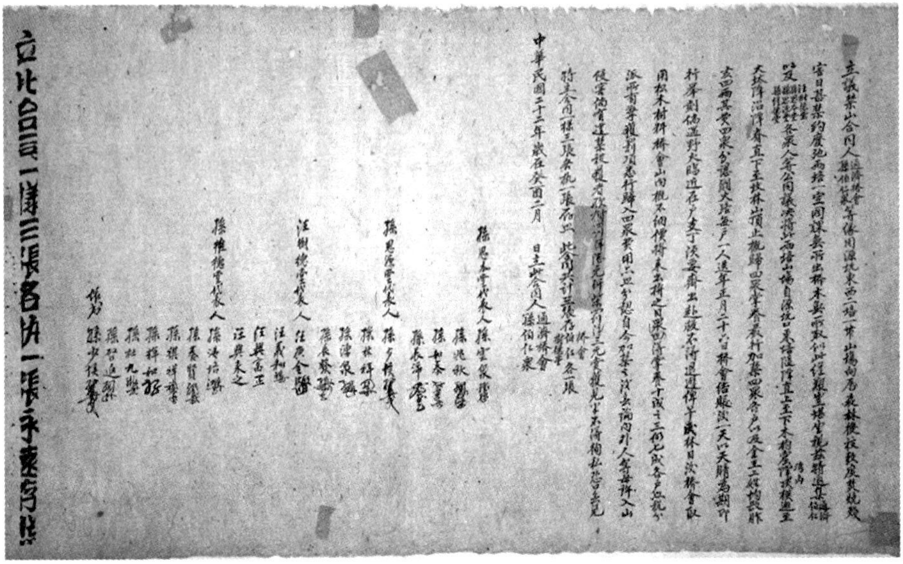

民国二十二年(1933)通济桥会孙伯人众立杀猪封山合同书　　｜5-18-016

顶止，概归四众掌养，严行加禁。四众各户以及金、王两姓均散胙亥四两，其费四众分认。火路每户一人，迭年正月二十六日桥会结账后一天以天晴为期，即行举□，偶遇野火临近，在户支丁须要齐出赴救，不得退避，俾早成林。日后桥会取用松木材料，桥会山内概不纳价。将来出拼之日，四众得掌养十成之三，仍七成各户照税分派。所有拿获罚项，悉行归入四众，费用亦照分认。自今加禁之后，无论内外人等，毋许入山侵害。倘有违禁被获者，砍树罚洋六元，砍柴罚洋三元，赏获见半，不得徇私。恐口无凭，特立合同一样三张，各执一张存照。此合同共计三张，存桥会、伯仁、树德堂各一张。

中华民国二十二年岁在癸酉二月日立此合同人通济桥会、孙伯仁

孙思本堂代表人　　孙云泉

孙兆秋

孙如泰

孙长沛

孙思源堂代表人　　孙少侯

孙林祥

孙湧泉

孙长发

汪树德堂代表人　　汪庚金

汪义和

汪兴富

汪兴来

孙维德堂代表人 孙汝培

孙养贤

孙祺祥

孙耀如

孙社九

孙启通

依书 孙少侯

半书:立此合同一样三张,各执一张,永远存照

“杀猪封山”是徽州地区具有传统特色的地方习惯,是当地村民之间合伙宣告禁山、守护山林的传统私约形式。其历史来源已经难以考证,至今在少数地区仍然加以采用。“杀猪封山”是由村民互相组织在一起,建立封山文约,自立约之后封山育林,任何人不得违约,不得擅自上山砍伐,同时还对森林防火和有关养护直至树木成材后的利益分配进行约定。立约之时,参与立约的村民共同出资杀掉一头猪,并将猪肉分与各家食用,同时声明立约后有敢违约者,取其家中圈养之猪,或者由其出资买猪,当众杀猪认罪,再将猪肉分散给众人,使违约者付出经济损失和道德损失。这种杀一儆百的形式,带有原始的盟誓色彩,属于古老的原始习惯。

由于半个多世纪以来,中国农村处在激烈的变革中,历经合作化运动、人民公社和“文化大革命”,农村中的生产资料和生产方式都发生了巨大变化,以“集体所有权”的形式对于土地和山林的占有,取代了一家一户私人占有,这种变革必然导致生产资料的重新组合。集体所有权和与之配套的生产方式,决定着参与共同生产形式下新的社会地位和身份地位。在农村出现了一种领导这一集体的“领导者”,其他则为接受领导的“服从者”,这种身份的不平等,不可能继续利用原有的传统契约精神,调整彼此之间的权利与义务,而替代以新的集体纪律或者其他的规章制度。农业合作化运动以后,以家庭为经济单元的社会结构发生了相应变化,甚至家庭养猪也受到制约,除额定的“自留猪”之外,大部分猪都迁居到公社养猪场去了,

“杀猪封山”以及其他的合伙性约定，逐渐退出了徽州地区，直至20世纪80年代以后，部分土地和山林重新由农民以一家一户的形式进行承包管理，被集中在一起的占有形式，再度变化成一种新的分散形式。虽然制度设计下的农村土地“所有权”仍然为“集体所有”，但新的分散生产管理形式，与一家一户的切身利益紧密相关。一家一户可以重新对属于自己管理范围的事务，具有了部分话语权，可以表达对这一部分事务的权利和义务主张。猪又从公社养殖场迁回了百姓家中的猪圈，于是类似“杀猪封山”这样的民间契约，再度被重新重视或者被重新得到利用。

对“杀猪封山”的调查和材料收集遇到很大困难，直到2005年5月对徽州调查时，我们才在婺源采集到《民国二十二年（1933）通济桥会孙伯人众立杀猪封山合同书》，采集的过程记录在《徽州调查报告》正文中。同时我们还在当地乡村两级政权的领导者进行了与“杀猪封山”习惯的专门调查。[1]《通济桥会孙伯人众立杀猪封山合同书》原名为“禁山合同”，由婺源县通济桥会中孙思本堂、孙思源堂、汪树德堂、孙维德堂四堂下代表共同参与制定。合同中约定对山林进行统一管理，并同时向四堂族众和没有参加约定的金、王两姓均散胙亥四两，根据传统十二地支推算，亥即猪也，亥年也被称作猪年，在文言表述中有时也将猪字避讳写作“亥”字。胙亥四两就是四两猪肉，也可能是当地的一种腌猪肉，其猪肉费用由四堂支付，这一做法显然沿用了民间“杀猪封山”。同时合同中还约定了遇有山林野火，“众人齐出赴救，不得退避”。根据这一合同，众人将对山林进行封育保护，直至木材成林之后，“四众得掌养十成之三，仍七成各户照税分派。所有拿获罚项，悉行归入四众，费用亦照分认”。为了保证这一约定具有约束力，在合同结束时还作出对违约或举报有功者的赏罚，“自今加禁之后，无论内外人等，毋许入山侵害。倘有违禁被获者，砍树罚洋六元，砍柴罚洋三元，赏获见半，不得徇私。”这份合同当时共签署三份，一份由通济桥会保存，另外两份交给孙伯仁和汪树德堂各存一张，现在发现的这份采自于婺源县清

[1] 2005年5月徽州调查中第一组向璜尖乡的党委书记方日新同志提出这一问题时，方书记直言不讳地告诉我们，“虽然林业部门颁布了一些有关保护森林的法律法规，但在实践中，我们这里最管用的还是实行杀猪封山的习惯。”关于“杀猪封山”的调查，详见《徽州调查报告》。另外春杨博士对“杀猪封山”的调查和讨论，参见春杨：《晚清乡土社会民事纠纷调解制度研究》，北京大学出版社2009年版。

华晓起村孙姓后人，当为原孙伯仁持有的一份。自民国二十二年即 1933 年至今，历经劫难，这份珍贵的民间私约居然被保存下来了，并被我们重新发现，实在是一件难得的幸事。

皖南地区这种“杀猪封山”保护森林的习惯，并未得到国家法律的认可，也未能查找到相关的文献记载，使对这种民间私约的研究存在很多困难。在 2005 年的一次调查中，我们在休宁县岭南乡进行调查时采集到一份岭南村的村规民约，这份村规民约立即引起了我们的关注，我们发现，岭南乡岭南村明确将历史上传统的“杀猪封山”的习惯，写进了当代村规民约之中，并报岭南乡政府备案，使其具有经过官方认同的合法性。[1]

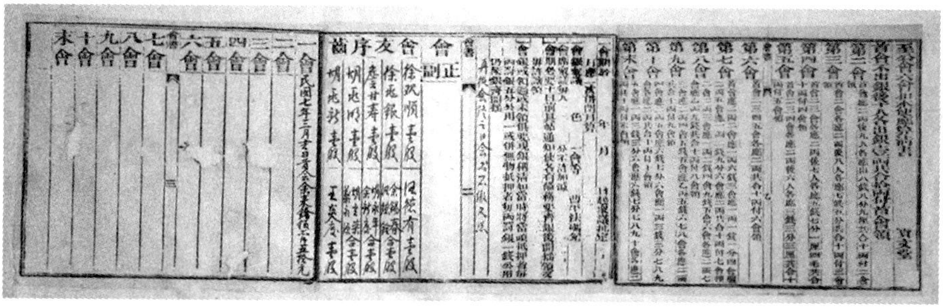

民国七年(1918)至公会会单(歙县)　| 5-19-10-032

至公会六会扣本便应算清书　　　　宝文堂

首会不出银，后十人各出银一两，共合十两，付首会领。

第二会　首会应二两，后九人各应出八钱八分九厘，共合十两，付二会领。

第三会　首会、二会各应二两，后八人各应七钱五分，共合十两，付三会领。

第四会　首会、二、三会各应二两，后七人各应五钱七分一厘四毛，共合十两，付四会领。

第五会　首会、二、三、四会各应二两，后六人各应三钱三分三厘，共合十两，付五会领。

会书　　　　　　　　一

第六会　首会、二、三、四、五会各应二两，共合十两，付六会领。

第七会　首会应二两，二会应一两六钱，三会应一两一钱一分，四会应二两，五会应一两二钱九分，六会应二两，共合十两，付七会领。

---

〔1〕　岭南村村规民约，详见本书下册调查部分，岭南乡采集的资料。

第八会　二会二两，三会应一两二钱，四会九钱，五会、六会各应二两，七会应一两九钱，共合十两，付八会领。

第九会　三会应二两，四会五钱，五会应一两五钱，六、七、八会各应二两，共合十两，付九会领。

第十会　四会应二两，五会应六钱七分，六会应一两三钱三分，七、八、九会各应二两，共合十两，付十会领。

第末会　五会应一两三钱三分，六会应六钱七分，七、八、九、十会各应二两，共十两，付末会领。

一、会期于　　年　　月　　日起众议批定　　月应一次并闰月算。

一、会银众议　　色　　　　　　一、会等　　　　曹平法码兑

一、会席众议每人　　　　　　分不许加减。

一、会期必要十日前具帖通知，使各有备，务要齐银后开摇领钱，毋许让领。

一、会银或领过或未领，俱要现银称清。如当时将当头抵押者，每两罚银五分公用。一或并无物抵押者，每两罚银一钱公用，仍候银齐开摇。

再批：会终之日，会书不缴，又照。

会书　　　　　　　　二

会正

副

会友序齿：徐观顺一股　　　　汪德有一股

徐乖银一股　　　　余锡春、汪德铨合一股

詹甘寿一股　　　　胡永年、余新庆合一股

胡乖明一股　　　　胡立荣、蔡永源合一股

胡乖新一股　　　　汪炎庆一股

一会：民国七年三月吉日首会余来铃领□□五十元

二会：

三会：

四会：

五会：

六会：

会书

七会：
八会：
九会：
十会：
末会：

徽州民间私约中合伙类契约分析比较表

年代	名称	合伙人	内容	特别约定
崇祯十二年	合文约	道勋等族人	共同管理祖坟、族产	养鱼听首人大鱼取完，秩下子姓方许下塘取鲫鱼，其首人内亦不得恃强横取大鱼，违者重罚无词；凡祖坟龙脊及近关坟处毋许锄栽竹木，伤脉穿棺，如违听众赍文理论
康熙四十八年	合墨	王六如、李尔驭	共同开发山界	其山二各立禁蓄养树木，成林之日照股均分
康熙五十九年	公会合同	汪添等九甲	公议地方管理	
乾隆三十四年	合同文约	王德祥公秩下王道焕等族众	共同买地建庄照管祖坟	秩下子姓世世永守，毋得变卖。如违，作背祖论，永不许上坟，且必鸣官理治
乾隆五十一年	合同文约	兆二公秩下廷住等族人	共同管理族产	
嘉庆四年	合伙生理约	学仁等四人	合伙开店经营	议定店规，共同遵守
嘉庆八年	合伙文约	王仕谟等三人	合伙开店经营	议定店规，共同遵守
嘉庆二十年	合墨	方大经、方万和、方兴登	三家各自分管坟茔	兴登愿出地价钱□二十两整，分贴两家
道光九年	会券	舒灿□、郑德意等人	集资摇会	俱议现银上掉，然后拈阄动股，点大者得会，如点相同者，侭先不侭后

续表

年代	名称	合伙人	内容	特别约定
道光元年	合同文约	祁门叶氏	开修族谱	倘有因循废事，致坏前功，定行照例逐出
道光九年	合同	方国槐支下族众	共管山林	倘有犯者例规开列于后 一、倘有偷树者甘罚钱一两 一、倘有砍松杉树桠者甘罚钱五钱 一、倘有砍茅柴者甘罚钱三钱 一、倘有扒柴者甘罚钱二钱 另有知风报信者，谢钱照依例规加一，决不遗言
道光二十一年	合同	方姓各支祠堂	共管坟茔	有不肯出者，公同议罚，如不受罚者，以不肖罪论
光绪三十三年	合同	陈维海后裔族众	共管坟茔	
宣统二年	储蓄公会章程	仁里公益研究会	建立储蓄公会	
民国十六年	议据	章钟贵等十五人	入股建造水碓	轮流管理，一年一换
民国二十九年	合同	余金钰等六人	合伙共建水碓	日后各股友倘有不愿等情，并请各股友商作，毋许一人另生事端。日后若有损坏修理之事，并邀股友作议
民国二十一年	出借据	朱意诚、程兴全	共用墙壁，出借人收价2元	无论年月，决无异言
民国二十二年	合同	通济桥会、孙伯仁众等	杀猪封山	倘有违禁被获者，砍树罚洋六元，砍柴罚洋三元，赏获见半，不得徇私
民国七年	会单	余来铃、徐观顺、汪德有等人	集资摇会	会期必要十日前具帖通知，使各有备，务要齐银后开摇领钱，毋许让领

徽州民间私约中除了由当事人直接订立的合伙约定以外，民国期间还

出现了行业色彩的共同约定,如在歙县发现的(5－20－无编号)《中华民国时期同德栈等十三家盐业合议章程》,这种章程虽然具有共同约定的行业规则特征,但同样属于民间私约范畴。

歙地全体盐业合议章程

立合议歙地全体盐栈十三家,共计一百三十五票,缘歙地磨销旧章废弛已久,以致团体不能巩固,营业损失颇多。近则政府改用市秤,不但税率增加,盐筋尤短,若不共谋补救,势难支持。兹集合全体盐栈同人,公同集议,重订埠章,以资补救而谋巩固。所有公订章程十八条,开列于左:

第一条　议歙地票盐共计一百三十五票,一律拢公派销办运。每月一结,按实销之数,照额分摊。

第二条　议每月月终,各栈将本月旧存若干、到数若干、销数若干、现存若干,应造表册,送交公堂登记。

第三条　议短销之栈比即过盐交溢销之栈;议溢销之栈比即兑价交短销之栈。课银按照当时旧价计算。

第四条　议过盐课洋,至迟不得逾收到盐后二十日交付,如逾期不缴,须由公家督同追缴,不得异议。

第五条　议过盐进出一概送到溢销之栈,不贴磨费。每引包皮,以司署所定之筋量为标准。

第六条　议苏栈让租引票二十一票,每票租价定为一百元。计鲍坤生承租苏氏一票,附恒泰栈配销;鲍咏松租苏氏八票,附同德栈配销;曹允辉租苏氏四票,附鼎隆栈配销;娄幼亭租苏氏二票,附深泰栈配销;鲍其昌、孙衡甫合租苏氏六票,甫德和栈二票,附恒源栈四票,各另立租据召批。

第七条　议各栈票额、引名暨租进、附销。引名计开:

德隆栈苏氏本票引名,共计十四票。

恒达栈曹氏引名六票;苏氏引名八票,共计十四票。

德和栈鲍汉记、显记引名十票,附销吴广裕一票,吴兆发一票;苏氏引名二票,共计十四票。

泰源遐记栈鲍梅记引名八票。

同德栈李贻谋引名四票,附租销;苏氏引名八票,共计十二票。

恒泰栈鲍水记引名五票,附租销;许源盛引名二票;苏氏引名一票,共计十票。

隆泰栈苏氏本票引名，共计八票。

恒源栈鲍汉记，显记引名四票，附租销；苏氏引名四票，共计八票。朱、王村苏两栈本票引名，共计十一票。

裕泰栈本票引名，共计十二票。

鼎隆栈本票引名八票，附租销；苏氏引名四票，共计十二票。

深泰撷记栈鲍氏，引名九票，附租销；许复康引名一票；苏氏引名二票，共计十二票。

共十三栈，计一百三十五票，以上、中、下三埠销数，统埠统销，以示公允。

第八条　议鲍坤生承租曹氏引名两票，每票租价洋一百七十五元、共计三百五十元，归鲍坤生承认租洋二百元，其余一百五十元，归公众一百三十五票摊认。

第九条　议自拢公后，只可并栈，不得添设新栈。设附销之票，不愿在原栈附销，尽可与公商酌附销他栈，一面栈多销少，致有栈用不敷之虞。如有故意破坏拢公章程者，当由公同处理。

第十条　议起盐须请邻栈派友验视再起，如深度、渔梁及过壩、临溪、富碣、朱村、王村等处起盐，各派邻栈验视。各栈互立经摺，记数登记、方可起盐。如朱、王无邻栈之地，起盐之日，即行报告恒泰、同德验视，不得隐瞒。如有私自起盐，未请邻栈验视，一经查出，仍公同督令补报，并每引罚洋二十元。

第十一条　朱、王两栈到盐，查仓归同德、恒泰两栈负责，查仓费由公家津贴两栈洋各三十元。富碣到盐，查仓归苏隆泰、泰源两栈负责，由公家津贴查仓费洋念元。

第十二条　议盐价如有涨跌，必须将各栈互相查明已销课洋，照额分摊，一律结清，而免取巧。

第十三条　议各栈到数及存仓之数，应即切实稽查，其兼配之商，倘需借起外县盐引，总以起栈实数为标准，以昭核实。所有到数、存数，由各栈随时互相查察；如有不符，一经查出，公同督令补报，并每引罚洋两元。

第十四条　议短销之栈过盐与溢销之栈，倘有赶运不及，至迟以两月为限；倘逾期无盐到埠，即归统销。

第十五条　议各栈售盐，一律现洋，不得放账，允宜互相循守。

第十六条 街口一埠，公推苏栈经销，统年共销盐数若干，每老引包盈余洋三元，归一百三十五票公摊。街口所销之盐，不归过盐进出计算。各栈经过街口之盐及苏栈经销之盐，由鲍栈公派一人常驻街口巡船内监视，造表报告公会。至于派人薪水、伙食，每月规定二十元，笔墨纸张邮费，实支实报，此项公费亦归一百三十五票公摊。

第十七条 自拢公以后，无论何栈，沿途不得起盐。

第十八条 议以上章程，共十八条，由全地同人一致赞成，从此和衷共济，利益均沾，各宜遵守，以保利权。倘有一家稍形紊乱，偶生争执，既属拢公团体，切勿遽生意气，应即由公会主席集合全地同人，详察事实缘由，开评议会公同调处，以资巩固而为商业。

苏德泰栈（印）
德和栈（印）
恒达栈（印）
泰源遐记栈（印）
恒泰栈（印）
同德栈（印）
恒源栈（印）
鼎隆栈（印）
深泰撷记栈（印）

见议人 曹聚卿代（印）
苏介如代（印）
曹蕴辉代（印）
鲍坤生（印）
娄幼亭（印）
曹丹山（印）
鲍咏松（印）
陈瑞生（印）
鲍其昌（印）
孙衡甫（印）
苏璞园（印）
陈煜章（印）

本章程同样共计十四本，除分发十三栈各一本收执外，尚有一本留存本会备查。

安徽歙县盐业同业公会

（加盖：安徽省歙县盐业同业公会之图记）

（六）民间私约中的析产契约（共10件）

人类本身的再生产，使人类可以子孙繁衍延绵不息，正如古人说的那样“吾又有子，吾子又有孙，吾孙又有子，子子孙孙无穷匮也”，因此人类本身的繁育，使人口不断增加，家庭不断划分。在中国传统社会中，以家族为世系，以血亲关系构成的种姓社会中，家庭成为这一社会中独立运作的最小经济单元。封建社会时期，家庭的概念以“户”作为划分依据，“户”的本意原指门户，后来又泛指家庭，即所谓“户口”，有时又表示做饭的烟囱，每个单独生存的家庭，都有一个用于做饭的炉灶，因此就必然有一个冒烟的烟囱，并因此成为一个纳税单位，至明清时期又称作“烟户”，习惯称作“一家一户”。尽管有“大户小户”之分，只说明该户的人口数量和经济条件有异，但以户为人们独立生存的单元并无区别。随着人口的增加，特别是男性人口的增加，导致需要“分户而炊”，男性成婚以后组成新的家庭，使原有家庭必然导致分裂，自然形成“分户别居”的局面，用现代仍然流行的语言就是分家。分户时原有的家庭财产将重新分配，这种民事行为被称作“析产”。分家析产使一个家庭分化成若干个新的家庭，每一个新的家庭将成为社会结构中一个新的经济单元。分家必然使这种以家庭为经济单元的数量增加，在农业社会中分家的结果，有利于防止土地过分集中，分散后的土地在管理上将趋于细化和利益化，并且由此解放出相应的生产力，就此而言分家析产是社会进步的象征。

进入私有制社会以后，人类自从有了家庭和家庭财产，就随之出现了分家和分家析产，如商鞅为了增加赋税，鼓励民间分户异居，主张“民有二男以上不分异者，倍其赋”。[1]，对民间有两个男子不分家析产的，税赋加倍以作处罚。人类的早期历史上可能存在口头分析的现象，但口头分析的

〔1〕《史记·商君列传》。

结果无法验证和流传，为了保障分析的财产和财产权利可靠性、合法性，甚至在分析财产再次分配，以及当引起纠纷时需要以书面的形式作为证据，都需要将析产时的合意表示，使用书面契约形式，这种形式就是习惯中被称作“分书”的民间私约。分家析产合同，在传统社会中名称较多，“分书”只是其中最为简便和常用的一种名称，另外还被称作“分书单合同”、“合同”、“分关书”、“关书”、“分单”、“析居字约”、“分产阄书”、“阄书”、“析家单”、“分单字据”、“分居清单字据”、“扒单”等，虽然名称不同，但均属于传统社会中的析产契约。析产契约的订立过程，需要通过相对固定的析产程序，析产契约订立以后，其效力则由中国传统社会中习惯和官方的支持与保护，析产契约受到破坏或者出现违约现象时，可以通过民间自助和经官府裁判的方式实现救济。家庭是传统社会中最基本的经济单元，保障家庭在社会结构中的地位，是稳定该社会秩序和经济秩序最基本的前提，因此历史上各级官府都通过立法的形式对家庭财产和财产分析予以必要的保护。

《唐律疏议》中“别籍异财”条规定：“诸祖父母、父母在，而子孙别籍、异财者，徒三年。议曰：称祖父母、父母在，则曾、高在亦同。若子孙别生户籍，财产不同者，子孙各徒三年。议曰：若祖父母、父母处分，令子孙别籍及以子孙妄继人后者，得徒三年，子孙不坐。但云‘别籍’，不云‘令其异财’，令异财者，明其无罪。”[1]这是禁止父母在时子孙不赡养父母，别籍而居，禁止父母在时子孙财产独立。显然若父母已经去世，则子孙别籍、异财则不在法律禁止之列。

《宋刑统》“父母在及居丧别籍异财”条：“诸祖父母、父母在，而子孙别籍、异财者，徒三年。若祖父母、父母令别籍，及以子孙妄继人后者，徒三年，子孙不坐。议曰：若祖父母、父母处分，令子孙别籍，及以子孙妄继人后者，得徒三年，子孙不坐。但云‘别籍’，不云‘令其异财’，令异财者，明其无罪。”[2]继续沿用了唐律的规定。

《大明律》中“别籍异财”条的规定更加具体，“凡祖父母、父母在，而子

---

〔1〕《唐律疏议》卷十二《子孙别籍异财条》，（唐）长孙无忌著，刘俊文（点校），法律出版社1999年版，第257~258页。

〔2〕《宋刑统》卷十二《父母在及居丧别籍异财条》，薛梅卿（点校），法律出版社1999年版，第216页。

孙别立户籍，分异财产者，杖一百。须祖父母、父母亲告乃坐。若居父母丧而兄弟别立户籍，分异财产者，杖八十。须期亲以上尊长亲告乃坐。"[1]但这一规定只有当祖父母、父母亲自出面首告时，才予以受理。如果在父母丧期之内，而兄弟之间不守丧服，分家析产者，给予杖八十的刑罚，这一规定是为了维护封建伦理制度的需要，而且还规定只有期亲以上的尊长亲自出面首告，才予以受理。

《大清律例》中"别籍异财"条："凡祖父母、父母在，子孙别立户籍分异财产者，杖一百。须祖父母、父母亲告乃坐。若居父母丧，而兄弟别立户籍分异财产者，杖八十。须期亲以上尊长亲告乃坐。若奉遗命，不在此律。条例：一、祖父母、父母在者，子孙不许分则异居，其父母许令分析者听。"[2]基本上继续沿袭了明朝的法律规定，只是增加了如果子孙是根据父母的遗嘱进行的分家析产，法律不予禁止。

封建社会的法律规定，不是禁止分家，而是禁止父母在世时子孙即行分家析产，这一措施是为了保护家庭的稳定性和维护封建伦理制度，同时也保障父母的赡养权。至明清时期则改为受父母命，即便父母在时，法律也不再禁止子孙分家析产。这一规定使传统社会的民间分家析产出现两种情况，一种是父母去世以后，子孙进行分家析产，这种析产只是对生产资料和生活资料等财产或者财产权利的重新分配。另一种是父母在世或者父亲、母亲中一人去世，子孙进行分家析产，除了对财产或者财产权利重新分配之外，还要分别承担赡养老人的义务。这两种分家析产契约的内容有着明显区别，但在契约建立过程中的程序基本相似。

在徽州地区的调查和标本采集中发现，民间保存分书的时间跨度较长，有的至今还存有明朝的分书，一般以家庭为单位进行收储，由于一般一代人只分家析产一次，因此分家析产契约的总量必然比民间买卖契约和租赁契约的使用率大为减少。我们采集的徽州民间私约，约占采集标本的总量的2.2% ~2.8%，基本上可以反映出分书在当地传统民间私约的留存情况。

---

[1] 《明律》卷四，《户律·户役》《别籍异财条》，怀效锋（点校），法律出版社1999年版，第52页。

[2] 《大清律例》卷八《户律·户役·别籍异财条》，田涛、郑秦（点校）：《大清律例》，法律出版社1999年版，第186～187页。

(6-1-无编号)明天顺七年(1463)黄氏析产华字阄书(休宁)[1]

今将以应为革弊并家规事例开列于左:

一、产土标拨以备供解伏腊之需,各房子孙并遵阄书永远为业,毋得妄生异议,违者以不孝论,仍依阄书管业。

一、住基、田地、山塘、税粮原系互换佥收之,从标拨之后,不以税粮段落为拘,并照阄书管业。

一、阄书内一应相共产土或遗漏开载未尽,日后查出,并系照分管业。

一、分产土勾书内,倘有分书亩步以多作少,以少作多,日后检出,多则众不除减,少则亦不增补,只凭阄书为业。如有外人侵渔界限,务要照分协力争复,毋得推故。

一、众存土名住前甘字一百二十一号,田二亩三厘八毫;又土名瓦窑山住前系甘字一百一号、一百二号,计田一亩二分八厘八毫;又土名三亩坵系甘字四百十九号,计田一亩三分一厘五毫;前项三处田亩以备日后子孙造屋。又众存各处墓林、火佃、住基,各房子孙毋得私将分数卖对他人,如有不遵者,以卑幼私擅用财律论罪,仍将卖人名下,即追原产入众,若直下(孙)子孙收买者,不在此限。

一、住基并住前田亩二处,日后造屋务要从众利便,毋得怀己之私,有妨众造,如有故将闲屋鱼塘久驻不行拆塞者,一听众人填拆,照分造屋。

一、来龙朝山水口并各处墓林荫木,直下子孙务要掌立,毋得纵令家人砍割侵损。有此等者,经公理治不恕。

一、各处山场之自标分之后,各家毋得纵容家人侵偷他人山木捏作分下另处木植,业主指实拿获一根,就将犯人家长山内即砍十根赔偿。

一、邻族地仆人等,或假以编篱担豆作料为由,偷担杉木发卖家外人等之众议,无问已众山场,务要公行理治。

一、众存土名瓦窑山住前田租浮谷一十二秤,并是次年年头之家收租预备接年。其接年自正月初一日侵晨,先备胡盘酒礼香纸接请土地安奉;次备米粽酒肴劳仆,每人酒二盅、粽一双,荤肴二块,备果合酒接待亲族;又备荤素肴馔,款遇魁源、琅溪、里荘□处,所有各处傩人,亦是其家为首拉众

[1] 《明天顺七年(1463)休宁黄氏析产华字阄书》,原载《田藏契约文书汇编》第三卷,中华书局2000年版。原件前面附有阄书,本次选用的是其中的规则部分。

掠物打发。七月中元，亦是其家为首，率众同出豆腐饭米与地仆妇。腊月二十四日，管年之家先行祀，先敷掠肉米劳仆。除夜备胡盘酒礼香纸饯送土地。其元旦花烛□系接年之家买办：天地烛一对重四斤整；香火烛一对重一斤；祖先烛一对重半斤。前项各件如有不依此者即追原坐田租入众，仍要照例应办。

一、众存土名血坑头瓦窑田八分有零，其租系是接年之家收取，预备清明标挂。

一、石山下、担水坑二处，祖坟三穴，该管之家每穴纸钱一竿拉众标挂。

一、金家垓三穴，曾祖已朝奉，（伯妣金氏清孺人，伯妣汪氏吉弟孺人）。二前山二穴。祖双一朝奉，全二朝奉、同穴伯妣汪氏和孺人。

一、琅溪祖妣汪氏齐孺人。

一、芦狄坑先伯芝一朝奉。

前项四处茔墓每处酒一瓶、胡盘一个，计净熟肉半斤、色果三斤、香烛火楮，每穴纸钱一竿，邀率各房子孙同去打扫，祭罢余物，听众食用，无将收回。

土名七亩段，原葬先嫂吴氏端孺入墓，存留来龙左右各五丈，前明堂至溪。

一、黄莲坞口，原葬侄道祥进士墓，方圆各存五丈。

一、琅溪庙前，原葬侄媳方氏闺素宜人墓，各存五丈。

前项三处坟地山所存丈数，葬坟之家永远管业，阄分得山者，毋得侵犯。

一、各处山脚及荒地日前各人已用工力开□田亩者，听自管业，阄分之后，无得再侵。

夫子孙者，当继先烈之美，泽及来裔，诗礼相承，箕裘世袭，基业田园，固宜世守而无忽也。顾予虽孥，不足以光先烈，惟冀尔等乃仍当思先世创业之艰，益加勉励，百世相承，传之悠久，愿也，幸也。

天顺七闰七月十八日乙亥书

立阄书　　八十二翁　黄辉忠（押）

　　　　　　八十翁　黄执中（押）

　　　侄　七十二翁　黄智夫（押）

　　　　　　七十翁　黄积仁（押）

黄伯光(押)
黄宗宪(押)
黄宗镇(押)
侄孙 黄舍瑄(押)
黄克珍(押)
黄舍琳(押)
黄舍琼(押)
黄舍大(押)
桃源亲眷 吴仕暄(押)
福以亲眷 吴希曈(押)
婺邑友人代染 汪以道(押)

验证
(加盖:徽州府印)
(加盖:休宁县印)
(加盖:休宁提调正官关防)
(加盖:皤溪双宝堂记)

这是我国目前发现的明朝分书中较早的一件,也是我们在徽州调查收集标本中最早的一件,这里值得注意的是,这是族产在分析时使用阄分的方式,徽州地区种姓氏族聚居的现象较为普遍,形成很多大姓,数代人聚居在一起,又形成以姓氏血亲凝聚状态下的自然村庄。族产分析时在分书的后面附带有家规性的规则,并且有八十二岁、八十岁、七十二岁、七十岁的四位黄氏宗族中的老人作为见证人,显然带有乡老制度的痕迹。除四位老人以外,参与见证的还有两位异姓“亲眷”,异姓的亲眷根据明清时期服制原则,应当为母族至亲,也就是平时江南一带所称的“娘舅”。娘舅既是母族长辈,对需要分析的财产和财产权利不具有所有权或者处分权,因此在习惯中被看作具有公平、公正的参与人。这种“娘舅”参与分家的现象,经清朝、民国时期直至当代,仍然在徽州地区被普遍采用。这件《明天顺七年(1463)黄氏析产华字阄书》后面带有验证和验证章,分别经过了徽州府、休宁县府县两级地方行政,此外还由休宁县分设提调正官加盖了关防,这种非常设行政机构的官方和府县两级行政印鉴有很大区别,明制府县印鉴是正方形的木印，而提调关防是临时设置的分设的派出机构，其印鉴是长方形的。此外还加盖了磻溪双宝堂记图章，双宝堂为黄氏宗族祠堂。分家析产的阄书属于民间的私约，一般不需要经过官方验证，而这件明朝天顺年的阄书，却经过府县两级见证，或者由于此次黄氏分家析产参与人数众多，引起官方的注重，或者由黄氏在分书签订后报经地方备案，以示隆重。经过官方见证的民间私约，更加具有权威性，在引起纠纷的时候，其证据效力也超过民间私约。

传统民间私约中分家析产契约，使用“阄书”定名的十分常见，“阄”据《说文解字》本意为斗取也。从斗从龟。阄字可能和古代的占卜形式相关，古人以龟甲作为占卜用具，在龟甲的一侧钻有按一定规律排列的孔，然后在另一侧以火烧之，龟甲遇热后开裂，古人通过观察龟甲上孔洞和开裂的痕迹判断是非吉凶，这一行为带有原始神明审断和随机选择的属性。后人用其他代用品做成大小的阄，在阄上预先做好相应的符号，由参与者各自拈取，用以决定相应的义务关系，这一方法在社会生活中经常使用，除了带有原始的神明选择之外，也具有随机公平的明显特征。民间在分家析产分析时，预先将财产进行“拨分”，并将拨分的财产编好顺序，另外，制作一些纸阄，在主持人的监督下，参与分家析产的当事人采用拈阄的方式，随机分配，并根据拈得的纸阄，逐一取得相对应的财产和财产权利。这一做法有着悠久的历史，并且在我国广大地区被普遍采用。

(6-2-1)雍正十三年(1735)王有东、有伦、有炎三兄弟分单(休宁)

主分单人王万梓所生三子长有东、次有伦、三有炎，上托中房长、亲叔，承祖阄得所诉源村心土库楼屋半所，将正屋每人一间。通项外边厨屋楼下帖三阄。楼上房二间，头阄一间，二阄一间，每阄得上堂通项。之后，兄弟妯娌俱要和睦，无得番张执拗，远吾言者，不孝罪论。立此分单一样三张，各执一张存照。有炎得。

有东(押)

有伦(押)

有炎(押)

雍正十三年正月　日

立分单人　王万梓(押)

房长　之秋(押)

堂叔　万礼(押)
亲叔　万根(押)
代书叔　万义(押)

《雍正十三年(1735)王有东、有伦、有炎三兄弟分单》是王家三兄弟分家析产所订立的合同。由于其父亲仍然在世,因此分书的立分单人是三兄弟的父亲。分书中首先明确了应分家庭财产的合法来源,即"承祖阄得",表示这次要分家的财产,原来正是长辈在上次分家时通过拈阄的方式分析而来。分书在规定了家庭财产的具体分割办法后,还强调"兄弟妯娌俱要和睦,无得番张执拗",表达父亲对家庭和睦的殷切希望。对于不服从分书规定的家庭成员,则要以"不孝"罪论。"不孝"在中国传统社会里是极其严重的行为,被认为"不孝"的人将会受到伦理道德的谴责和封建法律的制裁的双重惩罚。从中可以看出,分书具有较强的约束力,其中规定的内容当事人必须遵守。在分书的结尾部分,除了立分单人,各分书当事人和代书人的签名画押外,还有特别邀请的参加见证的房长、堂叔、亲叔的签名画押。这说明分书是在众人的见证下订立的,具有公示力和公证力,也加强了这份分书的权威性。值得注意的是,分家析产采用了"拈阄"的方式,将要分的财产做成三阄,由三个兄弟分别拈取,这种随机公平成为传统社会中一种习惯。

封建社会中家庭财产诸子平分有着悠久的历史,有学者认为大约形成于春秋战国时期,并提出商周时期的分封制度下,贵族的爵位是权力与财产的综合体,权力不能分割,财产也不能与权力完全分离,世袭时采取整体性传继方式,主要由诸子中的一个继承,余子次之。学术界对这种身份继承制度早有研究。处于社会中下层的庶民,能够传给子孙的只有家庭的财产,这些财产可以进行分割。春秋战国时期,个体小家庭渐渐成为一种新的发展趋势,成书于春秋时的《管子》在《问篇》中载"余子父母存不养而出离者几何人"一条,"余子"当指小宗,说明小宗已有别籍分居,故汉刘向注"出离,谓父母在分居也"。[1]

---

〔1〕 上述研究成果转引自邢铁:《我国古代的诸子平均析产问题》,载《中国史研究》1995 年第 4 期。

汉、唐朝以降，诸子均分析产的方式一直在民间通行。如《唐律疏议》："诸同居卑幼，私辄用财者，十疋笞十，十疋加一等，罪止杖一百。即同居应分，不均平者，计所侵，坐赃论减三等。疏议曰：凡是同居之内，必有尊长。尊长既在，子孙无所自专。若卑幼不由尊长，私辄用当家财物者，十疋笞十，十疋加一等，罪止杖一百。'即同居应分'，谓准令分别。而财物不均平者，准户令：'应分田宅及财物者，兄弟均分。妻家所得之财，不在分限。兄弟亡者，子承父分。'违此令文者，是为'不均平'。谓兄弟二人，均分百疋之绢，一取六十疋，计所侵十疋，合杖八十之类，是名'坐赃论减三等'"[1]；《宋刑统》"【准】户令：诸应分田宅者及财物，兄弟均分。其父祖亡后，各自异居，又不同爨，经三载以上；逃亡经六载以上。若无父祖旧田宅、邸店、碾硙、部曲、奴婢见在可分者，不得辄更论分。妻家所得之财，不在分限。妻虽亡没，所有资财及奴婢，妻家并不得追理。兄弟亡者，子承父分。继绝亦同。兄弟俱亡，则诸子均分。其父祖永业田及赐田，亦均分；口分田，即准丁、中、老、小法。若田少者，亦依此法为分。其未娶妻者，别与聘财。姑姊妹在室者，减男聘财之半。寡妻妾无男者，承夫分；若夫兄弟皆亡，同一子之分。有男者，不别得分，谓在夫家守志者。若改适，其见在部曲、奴婢、田宅不得费用，皆应分人均分。"[2]宋律沿袭了唐律，并且作了更加详明的解释。明清时期法律规定基本相同，分析家产分割时包括嫡子、庶子参与均分，受到成文法规定的保障。据《大清律例·户律》《卑幼私擅用财条》载"凡同居卑幼，不由尊长，私擅用本家财物者，十两，笞二十，每十两加一等，罪止杖一百。若同居尊长，应分家财不均平者，罪亦如之。条例一、嫡、庶子男，除有官荫袭，先尽嫡长子孙，其分析家产、田产不问妻妾婢生，止以子数均分。奸生之子，依子量与半分。如别无子，立应继之人为嗣，与奸生子均分。无应继之人，方许承继全分。一、户绝财产，果无同宗应继之人，所有亲女承受。无女者，听地方官详明上司，酌发充公。"[3]

---

〔1〕《唐律疏议》卷十二，《同居卑幼私辄用财》，（唐）长孙无忌著，刘俊文（点校）：《唐律疏议》，法律出版社 1999 年版，第 263 页。

〔2〕《宋刑统》卷十二《卑幼私用财》，薛梅卿（点校）：《宋刑统》，法律出版社 1999 年版，第 221～222 页。

〔3〕《大清律例》卷八《户律·户役·卑幼私擅用财条》，田涛、郑秦（点校）：《大清律例》，法律出版社 1999 年版，第 187 页。对于清朝分书制度的研究，转引自王宵兰的论文《清代分书制度研究》（原文为硕士论文），该研究是对目前清代分书制度进行的最重要的研究成果。

日本学者长野郎在20世纪初曾经对中国的土地制度进行了研究,他指出在封建社会制度条件下,中国的土地没有大规模的全面的兼并,而处于自然限制的状态,由于社会和自然以及农业生产本身的制约,限制了土地的过分集中。他认为"自然限制土地兼并的种种原因,其中主要的,就是中国的遗产继承制度。这样看来,中国的土地分配,假若听凭农村的自治而不加以其他的防害,大概可以不发生剧烈的土地兼并,而且土地的分配也或可以平稳地发展下去吧?自治的本领,原来就是在于自然而治的。"他指出"中国的遗产分配制度,是家长死亡的时候,子弟均分他的一切遗产,这样,自然土地也是要均分的。土地均分的结果。在大农方面,固然可以防止土地的兼并;可是,在小农方面,因只分得过少的土地,所以就不能够保证其各人的生活了。"〔1〕

(6-3-无编号)乾隆十四年(1749)汪良成、汪良松、汪良相、汪良榴四兄弟阄单(安徽 休宁)

立分(晰)〔析〕阄单墨人汪良成同弟良松、良相、良榴弟兄四人,今因田园、屋宇、山场、基业等项祖父鲁已央亲族眼同开述,立有阄书为凭,不必细述。近因子侄繁衍,(犹)【尤】恐日后争长兢短,肥脊不匀,理论。故此,又央亲族,近前将家祖阄书产业及已新置屋宇田租加入在内,作"天、地、人、和"四阄。注清土名税亩各人拈阄管理以凭。遁年输粮完官□上免公差破费,下可乏子侄日后争兢。自今分(晰)【析】之后,希望子孙和气同心,税产增高宗坊,毋负前人置业之艰难,后人日给之有济。辛甚,喜甚。恐后(空□)无凭,立此阄单一样四张,各人收执一张,永远为照。

计开

良成天字阄

一土名仁坦坑口田一亩五分

一土名滴水坑口大垃田租十二秤五分税一亩

一土名碣光头田租四分

一土名滴水坑坞里田头田二垃租二分七厘

一土名溪面田租三分二厘

---

〔1〕[日]长野郎:《中国土地制度的研究》,强我译,袁兆春(点校),中国政法大学出版社2004年版,第66~72页。

一土名溪南竹园山由上而下第一阄
一屋宇阄得老屋土库东边通脊一半
一菜园地阄得老厨屋外上首贴田地四产
一土名滴水坑口路上边田一垃五分
一老厨屋直过至牛栏基贴长房,其栏基存众
一存众土名苦李树段渭明田租八分三厘,门口前坦各照住屋界落管业
　　良松地字阄
一土名小连坑鱼塘皆田租五分
一土名苦李树段租五分
一土名革李树段田租一亩一分
一土名溪南竹园山由上而下第二阄
一屋宇阄得老屋土库西边通脊一半
一菜园地阄得老厨屋外上首贴山脚下地四产
一元福厨路外上边田贴里截田一块加滴水坑口对河下边一垃二共作租五分　竹园卖入良成名下一半
　　良相人字阄
一土名滴水坑口租十二秤五分税一亩
一土名滴水坑坞口田计二垃租二分七厘
一土名长杏田租二分二厘五毛
一土名溪南竹园山田由而下第三阄
一屋宇阄得新屋库东边通脊一半
一菜园阄得元禄屋前贴外边地二产,加上屋脊山脚下一小产
一元福厨屋路外田贴外截一块,加滴水坑口对河上边田二垃,共作税五分。
良榴和字阄
一土名乌龟石田租一亩八分九厘六毛
一土名滴水坑坞中间田二垃二分七厘
一土名溪南屋下竹园山作第四阄
一屋宇阄得新屋土库四边通脊一半
一菜园地阄得无禄屋前贴路地二产
一元福厨屋路外贴里截田一块,加苦李树段佃皮租二秤二,共作租五

分。其田系小连坑韩发种交租

乾隆十四年菊月 日立分晰阄单墨人 汪良成(押)

同弟 良松(押)

良相(押)

良榴(押)

见弟 汪良梓(押)

汪长健(押)

汪长衡(押)

良树(押)

良桓(押)

书见亲 叶登三(押)

(6-4-3)乾隆二十一年(1756)汪起龙、汪起锡兄弟扒单(休宁)

立议扒单墨人汪良成生育二男:长男起龙,次男起锡,俱已娶媳生孙成家立业。吾身年老,央亲族将家业、屋宇、田地、山场、竹园、菜园、基地、产税各色等件一并均分,扒付支两房名下掌管。长房名仁,次房名义。自今央族扒后,毋得反悔争端。如有反悔不尊,同为不孝罪论。吾付后见孙和气,成家立业,不可争兢。然祖上争气,基业兴隆,税产增高,儿孙满堂,财源倍得。恐后无凭,立此扒单为据,一样两张,各执一张存照。

一、土名溪南竹园仁房阄得外边一阄,义房阄得里边一阄。

一、土名滴水坑大圪计祖十二样,均搭两半,仁房阄得上半圪,义房阄得下半圪。

一、土名滴水坑口麦一圪,均搭两半,复议后,仁坦坑口对搭,义房阄得。

一、土名滴水坑源里田二圪,上圪扒搭水渠下,下圪仁房俱阄得,下一圪义房阄得上一圪。

一、土名水渠下田二圪,上圪扒搭滴水坑源里,下圪其水渠下田正土名碣见头仁房阄得,上圪义房阄得下圪。

一、土名乌龟坟麦田二圪,每圪各搭两半仁房阄得,下半圪义房阄得上半圪。

一、土名仁坦坑口田二圪,计祖一十二样,内扒四样批付长孙诗书之资。仍有祖田扒搭滴水坑口麦田坻阄,仁房阄得,仍祖补长孙。

一、土名小连口路下硬祖三样，扒批长孙诗书之资。

一、土名溪南竹园茶柯扒搭两阄，仁房阄得上边，义房阄得下边。

一、住屋各下正房一间，分隔野外两眼，前边楼下过厢补贴后房，仁房阄得外房，义房阄得里房。

一、住屋各上仓房将前边各厢补贴外仓，仁房阄得外仓，房义房阄得里仓房。

一、住屋各上仓房里房处外仓房均搭，仁房阄得外仓房，义房阄得里仓房。

一、住屋墙外厨屋并房间两半均搭。

一、屋上边菜园一块，仁房阄得里边，义房阄得外边。

一、以外产税会次俱系两半。

乾隆二十一年九月　日立议扒单墨人　汪良成（押）

男　起龙（押）起锡（押）

见弟　良相（押）长衡（押）

见侄　起宝（押）

依口代书亲　叶子龙（押）

（半书：合墨阄单为照。）

田野调查的优势在于能够走进农村，走进乡土社会，直接接触这些私约产生时的社会背景，并在这些民间契约的发生地直接进行调查和采集。除了能够发现和搜集到第一手资料之外，更能够深刻地领悟它们的内涵和背后的故事，从而使研究的结果相对接近历史的真实。《乾隆十四年（1749）汪良成、汪良松、汪良相、汪良榴四兄弟阄单》和《乾隆二十一年（1756）汪起龙、汪起锡兄弟扒单》采自休宁同一个家庭，两件分书彼此连贯，前一件为父辈的阄单，后一件为下一代分家析产时的扒单，两件分书当事人之间存在继承关系，身份和财产上则存在沿袭关系，通过这两件分书的对照，对于同一家庭不同辈分的分家析产可以直观地比较，因此更显得弥足珍贵。

《乾隆二十一年（1756）汪起龙、汪起锡兄弟扒单》中当事人起龙、起锡兄弟是前件《乾隆十四年（1749）汪良成、汪良松、汪良相、汪良榴四兄弟阄单》中汪良成之子，尽管名称分别为阄单和扒单，但格式和程序大体相同。

均以抓阄的方式分家析产,邀请族中亲戚作为见证,不服分书规定者皆以不孝罪论等。但两件契约除了平辈兄弟之间均分财产之外,分别依据“让长制”规定了“一老厨屋直过至牛栏基贴长房”和“土名仁坦坑口田二圪,计祖一十二样,内扒四样批付长孙诗书之资。仍有祖田扒搭滴水坑口麦田坻阄,仁房阄得,仍祖补长孙。土名小连口路下硬祖三样,扒批长孙诗书之资。”也就是说,在汪姓两代进行分家析产的分书中,都用专门的条款规定了将一部分财产给予长子或者长孙。在中国传统社会中财产“诸子平分”是分家析产所采用的方式和原则,根据这一原则,在分家析产时,若各兄弟俱在时,长孙并无权分得家产,但是在清朝分书中经常会出现长孙能够分得一份财产或者长子会多分一份财产的情况,这与传统社会中的宗法制度有关,因为长孙是宗祧继承人,并且形成“让长制”的独特传统。让长制是在分家析产时,长子具有宗祧意义上的优先权,如房屋中的堂屋,院落中的正房,排房中的东起房即所谓“上房”,离居所较近的土地,水源方便的土地以及其他条件相对优越的财产。有时还将长孙应得的财产或者预留给长孙的财产写进分书中,以表示长孙所具有的权利。这种让长制有着悠久的历史根源,并与种姓制度中“长子继承制”紧密相关。

按照中国传统习惯,长子具有优先继承的权利,根据传统宗法社会中的服制观念,嫡长子这种优先继承的权利,体现在财产权利的继承和身份的继承两个方面。在分家析产时,长子可以多分得财产,或者在条件不同的情况下,分得好一点的财产。如在房屋分割时,长子可以挑选上首或者靠东侧的房屋,这是由于传统文化中以东为尚。如果分割土地时,长子除了可以多分土地以外,还可分得距住房相对较近的土地,这样可以在从事农业生产时节约路程时间。传统的让长制依赖宗法社会而存在,20 世纪 50 年代以后,中国的农村普遍经历了土地改革,原有的宗法社会制度发生了变化,人和土地之间的关系也随之产生了很大改变,嫡长子继承制随着社会形态的改变,除少数地区残留了一些表面形式以外,其本质已经动摇。农业社会中的社会身份出现了巨大变化,导致身份继承发生了根本变化。根据阶级斗争的理论,在城市中将市民划分为不同的阶级,包括资本家、职员、小业主、工人、城市贫民等各种成分。农村则被划分为地主、富农、中农、贫农、雇农等阶级成分。阶级的划分使身份和财产关系产生了巨大变化,随着新的社会制度的出现,“让长制”也逐渐淡出中国的社会。从 20 世纪50年代以后的家庭财产分析的“分书”中观察统计的结果，除个别情况以外，民间分书只对财产进行分析，不再包含对于身份的继承，从此各兄弟之间往往直接采用均分的方法。新的分书中不但对长辈遗留的财产采用均分，甚至还规定对赡养义务也平均承担。至此在中国有些长久历史的“让长制”，除了在少数地区和特别的情况下稍有出现以外，作为一种制度，已经基本上退出了中国的社会。

分书属于一种多联合同契，每个参与分家析产的人都将持有一份内容相同的分书，因此分书中常采用“半书”形式，在每份分书的骑缝处写有“合同”等字样，其作用在于保证各份分书内容的相同，以加强分书的勘合证据效力。骑缝半书的文字各有不同，多为“合同分书”、“合同一样二纸各收一纸”、“同气连根”、“骑样三张”、“分关各执一张”、“合同执照”、“合同大吉兴隆”等。本件分书中“半书”的文字为“合墨阄单为照”。

古代汉语中“扒”字有拨分的意思，比喻将财产分成若干拨，即俗语中所说的“分拨”。在现代汉语里，这一词语仍然被保留，因此“扒单”即分单的一种。“八”字据《说文解字》云“八，别也，像分别相背之形。”就是说八字是分别的意思，好像两个人背对背而立。据清朝学者段玉裁注释“此以双声叠韵说，其义今江浙俗语，以物与人谓之八，与人则分别矣”。据此可知“八”以二人以背相向之意，“八”字有将物分与他人和分别之意。“八”同“扒”。所谓“双声叠韵”，是古人对文字一种声韵的拼读，由两个词素组成的单词中，两个字的声母相同称作“双声”，两个字的韵母相同被称作“叠韵”，因此这个词也被称作“连绵词”。段玉裁的双声叠韵说表示“扒别”二个文字声母相同，其意思表达也基本相似。此外《说文解字》一书中又将“八”与“分”字皆为八部，且上下相连，并释“分”字云“别也，从八刀，刀以分别物也。”段玉裁注将分字分入六书之“会意”，“八”、“分”古义皆为“别也”之意，故“扒”字也含有分物与人之意。[1] 传统社会分家析产的分书，使用“扒单”、“扒据”定名的现象较为普遍，尤其在长江中下游地区最为突出，徽州民间私约中分家析产契约中，“扒单”是比较常见的名称。

---

〔1〕“八”、“分”二字入《说文解字》第一篇下“八部”，见《说文解字注》，（汉）许慎撰，（清）段玉裁注，上海古籍出版社1981年版，第48页。

(6－5－无编号)嘉庆十一年(1806)林永登、林永美两兄弟分关书(安徽　祁门)

立分关书林廷杉,缘因未曾育儿,幸兄所育二子长子永登、次子永美,忖思虞迈,故将二侄教学婚毕,今已成人长大。二侄媳龃龉落事,同嫂林阿胡氏商议,少者可屈,大者难揉,比桑条之喻,窃慕尚古遗风,岂宜分拆?观其今不如古,勉强同居,恐生嫌隙。于是请托尊长、亲戚将承祖受置业产、田地、屋宇、家伙各项合配富贵字样,品搭二支均分,拈阄为定,于中并无私曲瞒昧等,至公无私,各宜安分。自分之后,各照关书管业,毋得捏胡争兢,如有此情,鸣公究惩,仍依此文为凭。今欲有凭,立此合文一样二纸,各执为照。

贵字号　土名计开于后

永登得:即批将三角坵田皮一号以作积庆公廷椿、廷杉名下,清明拌扫之费,日后轮流耕种毋得变卖,照。

再批:将六亩坵墩上田皮二号,贴与长孙新寿名下耕种管业。永登日后毋得异言,又照。

一小坑口

一江得坞

一大方冲

一执傢门前

一上屋

一漆碗坵

中重正前房一间并楼上食过厢上下在内。

两边正屋后房二间并到所在内并楼上亦在内,余屋外边一间并后猪栏在内。井边水粪缸一个,石水缸一口,余屋楼下三角灰格一个,牛栏屋猪栏众存。

唐坞原租十二斤,夏收六斤。

公子冲原租七斤八两,三共完租一秤。

软竹坑原租十斤,零三斤八两众存。

井弯茶柯上截一块弯子脚茶柯一块,新开坵田畔两边一半。又黄荆弯竹芜祖坟。又路下截一块,新扮东边竹芜捕上桥上茶柯一块,郎公议内取黄荆弯头竹芜批与叔父名下管业。

再批：将祖坟又路下正弯路为界，外边贴与祖坟又路上一单照。

再批：将廷杉叔名下黄荆弯头竹芜一块，又茶柯一块，贴与永美名管业，日后毋得异言，照。

即批：将母亲位下宗林弯茶柯一边，又□橱坞田埠上茶柯一块，贴与永登名下管业，日后毋得异言，照。

来龙山并朝山承祖□分各得四股之一，日后采取便用，二家诸要公议。宋隆住地各得四股之一，又照。

嘉庆十年七月十五日立分关书人　林廷杉（押）

同嫂　胡氏（押）

中见族兄　廷盛（押）

亲　胡尚德（押）

族长　积应（押）

族老　廷璋（押）

代书　汪万泰（押）

（半书：合同一样二纸各收一纸　照）

在《嘉庆十一年（1806）林永登、林永美两兄弟分关书》中，“将六亩坵墩上田皮二号，贴与长孙新寿名下耕种管业”，即在分书中预留了部分田产直接分给长孙新寿。这一做法仍然属于“让长制”，只是没有将财产让给长子，而是越过长子，直接由长孙继受，属于让长制的另外一种表现形式。在封建社会中“诸子均分”与“让长制”之间互相并行，同样为传统社会所普遍接受。

中国古代的继承分为宗祧继承和财产继承，宗是近祖之庙，祧是远祖之庙，宗祧是意指以祖宗血脉的延续和对宗统的继承。宗祧权往往有着严格的继承顺序，唐宋以来的宗祧继承均实行“嫡长”原则，即嫡长子、嫡长孙、嫡次子、嫡次孙、庶长子、庶次子、庶次孙的顺序继承。若子孙全无则为“户绝”，户绝者可通过“立继”或“命继”来择立嗣子。宗祧继承必然影响到财产继承，导致诸子平分的同时存在让长制现象。徽州地区明清分书中普遍存在的“让长”现象，体现出了封建社会宗法关系中的宗祧继承制度，这一制度保护了种姓遗传，并被与之相应的社会承认和接受。宗祧继承是宗族关系中的一种种姓遗传形态，表示以男性血亲关系为标准的人际秩序。分家析产的过程是一个家庭分成若干个新的家庭的过程，这一过程中，参与分析的当事人共同从原有家庭中分离出来，各个成立了新家，但不能由此动摇由血亲和种姓关系构成的宗法社会制度，反而建立在这一制度上的分家析产，正是以维护宗法制度为前提，以保障这一血亲宗派能够得以顺延，并以此协调其内在的统一。由于长子长孙具有继承“宗祧”的责任，在分家析产时，“让长制”的做法，强化了宗法血亲制度的“一脉相传性”的固有属性。[1]

(6－6－034)乾隆二十一年(1756) 王叶二姓山凭执照(祁门)

立文凭分山首人王、叶姓等，近因梓丹都内山坌星散，管蓄不便，佥议将合源等处山场秉公清算，估子绘图，四至定界，编号明白，割管拈阄。今会计王三凯项下，原合得各处老坌对神阄得袁字号山〇亩七分，土名枧坑〇第〇〇号，记粟子三斗五升〇。合特梓山凭，并画图界于左，给业主执照蓄管。所有已前文契俱不再行用，例禁俱遵总簿毋致违议，须至凭者此照。

时乾隆二十一年丙子岁十二月十二日给

分山首人王、叶二姓同立(章)

(加盖)：秉公清分依凭中记

(加盖)：利泽无穷

(加批)：归可尧管凤笔

(加批)：乾隆二十三年二月十八日将凭内山得批与何名下管业，当得价二两八钱正，所批是实，只此。

经手孙王元贞(押)

元凤(押)

(加批)：乾隆三十一年二月初四日何立亮将山凭转批与东□山契一纸绎收去

王仕、绎二人名下管业，经手人何立清笔

(附图)袁字号山七分　枧坑

《山凭执照》是明清徽州地区特有的财产分析契约，这种契约以雕版印

〔1〕 2001年我们在浙江黄岩调查时，见到一份1937年的“周氏分书”，同样记载了“让长制”。参见田涛：《被冷落的真实——新山村调查手记》，法律出版社2005年版，第169～170页。

刷的形式，将约定的内容格式化，然后按照不同情况分别填写当事人和标的物的名称，并在山凭执照上绘图标示，以作为财产分析的凭据。由雕版印制民间私约的现象是徽州地区民间私约的特点之一，一方面这一地区雕版印刷技术较为发达，另一方面反映出这类私约经常被重复使用，以致形成格式化特征。

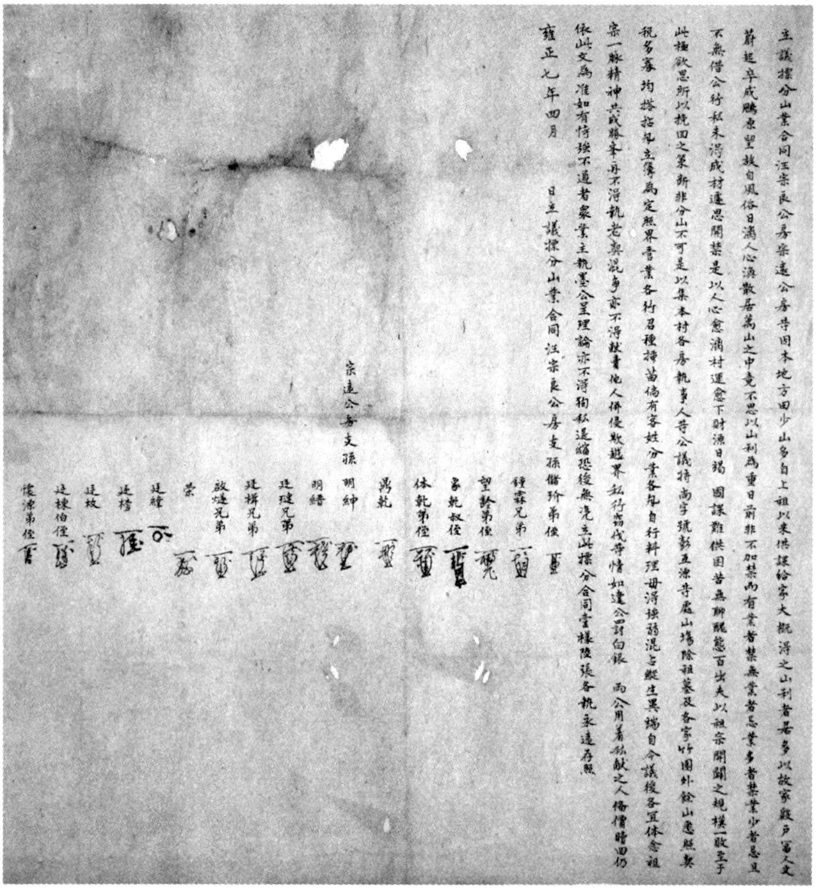

雍正七年(1729)汪宗良、汪宗远等分山合同(歙县) | 6-7-L-008

立议摽分山业合同汪宗良公房、宗远公房等，因本地方田少山多，自上祖以来供课给家大概得之山利者居多，以故家殷户富人文蔚起卒成鹏原望族。自风俗日漓人心涣散，居万山之中竟不思以山利为重。日前非不加禁，而有业者禁；无业者忌，业多者禁，业少者忌，且不无借公行私。未得成材遽思开禁，是以人心愈漓，村运愈下，财源日竭，国课难供，困苦无聊，丑态百出。夫以祖宗开辟之规模一败至于此极，欲思所以挽回之策，断非分山不可，是以集本村各房执事人等公议，将尚字号彭互源等处山场，除祖木及各家竹园外余山，悉照契税多寡均搭拈阄，立簿为定，照界管业，各行召种插苗。倘有客姓分业，各阄自行料理，毋得强弱混占，纵生异端。自今议后，各宜体念祖宗一脉精神共成盛举，再不得执老契混争，亦不得献卖他人并侵欺越界，私行窃伐等情，如违公罚白银　两公用，着私献之人备价赎回，仍依此文为准。如有恃强不遵者，众业主执墨公呈理论，亦不得徇私退缩。恐后无凭，立此摽分合同一样六张，各执。永远存照。

雍正七年四月　日立议摽分山业合同　汪宗良公房支孙储玠弟侄(押)
钟霖兄弟(押)
望龄弟侄(押)
象乾叔侄(押)
体乾弟侄(押)
鼎乾　(押)
宗远公房支孙　明绅　(押)
明缙　(押)
廷琏兄弟(押)
廷楫兄弟(押)
启燧兄弟(押)
荣　(押)
廷纬　(押)
廷榜　(押)
廷枚　(押)
廷栋伯侄(押)
怀源弟侄(押)

“房”是中国古代宗法社会宗族制度中亲属关系的称谓。在宗法社会中实行五服制，五服制度分为斩衰、齐衰、大功、小功和缌麻，分别表示在葬礼时穿着的不同服饰，用服制不同区别上下亲疏关系。房是五服制度中世系以下的单位，在封闭的农业社会中，祖父母、父母，甚至包括曾祖父母在内可能几世同堂，徽州地区交通不便，宗族制度较为发达，有时一个村庄仅为一两个姓氏，因此几代同堂的现象非常普遍。当家族中的辈分最高者在世时,没有对财产进行分析,大家共居一堂,此时他的儿子们也早已是儿孙满堂了,在这种情况下,他的儿子们就应当以“房”来称呼,长子称为长房,或者大房,次子称为二房,三子称为三房,余者类推。当家族中需要分析财产时,不是以兄弟之间诸子均分,而是以房为单位,率领房以下房亲进行财产分割。虽然同样属于分家析产,但因参与的房亲族众为数众多,因此这类分书内容较为详尽,并且有数代不同辈分的人共同参与,形成一种特殊的分书。

《雍正七年(1729)汪宗良、汪宗远等分山合同》就属于此类在家族内部房亲族众之间进行分家析产的分书。参与分配的是汪氏家族内部汪宗良公房和汪宗远公房两房的支孙。此次分山是由于当时“人心愈漓,村运愈下,财源日竭,国课难供,困苦无聊,丑态百出”,为了更好地利用祖宗遗产,解决赋税等问题而不得不实行分家析产。分书仍采用了分家析产合同中常见的抓阄的方式,规定了“各行召种插苗,倘有客姓分业,各阄自行料理,毋得强弱混占,纵生异端”。要求族众“体念祖宗一脉精神”,对于违背分书规定的行为给以罚银公用的处罚,“如有恃强不遵者,众业主执墨公呈理论”。同居共财是传统社会中的一种普遍现象,同居共财并不等于同居共有,对此,日本学者滋贺秀三在《中国家族法原理》中作过十分重要的阐述,他指出:“所谓同居共财……即以每个人的勤劳所得和由共同资产所得的收益为收入、支出每个人的生活万端……的费用、若有剩余则作为共同的资产加以贮存、如果出现不足则坐吃资产以保全生命的那样一种维持共同会计的关系。而所谓家产,无非是指称这类共同会计的资产内容的用语……同居共财,还有家产这些词语的概念内容基本如上,在此还想清楚地确认一下在以上叙述中所没有的其他内容。这个意思是说,在同居共财的词语中,家产的共同所有这样的含义作为概念内容没有被包含在内,即共财和共有是不同的概念。”[1]同居共财是宗法社会中维护血亲制度体系的追求,这种追求以宗族制度为依托,在长辈在世的情况下,各房子孙虽然表面上同居共财,但这仅是对于宗族制度的一种妥协,在这种妥协之下掩盖了个性的表现和个性的需求,因此必然会在几代同堂的局面下出现“人心愈漓,丑态百出”,并且不利于充分发挥个性能力和解放生产力,因此在

---

〔1〕［日］滋贺秀三:《中国家族法原理》,张建国、李力译,法律出版社 2003 年版,第 63 ~64 页。

中国社会中这种对祖产的分割,比诸子分家时的一般析产更为引人关注。

(6-8-6)清光绪三年(1877)金国永、金国福、金国凤三兄弟分书(歙县)

立分书父金明钰所生三子长子国永、次子国福、三子国凤均各长大,俱皆婚配,各立基业。惟予向系安昌船营生,所有三子四女男婚女嫁皆赖此完备。具予一生命途多舛,比岁流离,又值水荒兵灾,虽然苦度将七旬,至今迄囊橐仍虚。今予年已六十有七,汝母顾氏亦有六十有三,俱各衰老,况目下人口浩繁,家务日增,但予及汝母心血精神殆尽,不能再理家务,故邀同亲族公议,均分各爨。所有房屋、园地、肥池、农具、船只并家用什物及该偿债款一一配搭均匀,占阄撮定,凭无偏袒之情。自此分析之后,尔等须要各勤各俭,各守各业,各振家省,毋负一片苦心。乃幸立合同分书三纸,各执一纸存照。

长房所分得:东边楼屋上下一原间、屋后菜地两畻。面议:帮出钱十八千文。又有先祖荣达户当年祭祀归于国永承当,除祭祀过尚有余息以作长子之产。又有南园菜地两畻以作长孙之产。

次房所分得:中间楼上一间、又西边后楼上下两椽、屋后菜地两畻、南首肥池东边半个。安昌船一只归于国福管业,倘有安昌店中有欠款,次房自行理值。

三房所分得:东首侧屋一间、又西首侧屋一间、楼屋后菜地两畻、又南首肥池西边半个、又赊租田八亩、又自造船一只归于三房国凤管业,所认债六十千文。

光绪三年七月　日立　　合同分书父　金明钰(押)
允分　国永(押)
国福(押)
国凤(押)
母舅　顾嘉祺(押)
嘉祥(押)
见分　韩林揆(押)
严国庆(押)
徐兆禄(押)
沈起宏(押)

金国佐（押）
国奇（押）
国尚（押）
（半书：合同分书） 代笔 马晴川（押）
再批：父母二老三房供养所有寿木并百年后丧费三房公用。
又有石橄两副，其钱存于国永处，日后国永理应承办又照。

《清光绪三年（1877）金国永、金国福、金国凤三兄弟分书》建立时，父亲金明钰（67 岁），母金顾氏（64 岁）均在世，同时据分书称金明钰和顾氏生有三子四女，但参与分家析产的只有国永、国福、国凤三兄弟，其余四女既未参与分家，也没有分得任何财产，甚至她们的姓名在分书中均未加反映。传统社会中大多数情况下分家析产时，女性权利受到限制，出嫁女不具备参与分家析产的身份，不能分得娘家的财产；在室女也不能直接参与分家析产，但可以在析产时提前剥离出一定财产，作为在室女将来出嫁时的嫁资，不能作为其他使用，并将这部分财产附属在其他兄弟名下。农业社会中女性不参与娘家财产分析，是传统生活中的重要习惯，这一习惯是以男性为中心的封建社会的必然产物，显示出性别差距的不平等性。由于农业社会中主要的生产资料是土地，如果女性参与分家析产，并分得部分土地，女性出嫁后不可能将这部分土地进行实体分割，也不可能将这些土地转移至夫家，此外，农业生产方式也造成出嫁女对土地的耕作管理也存在困难。调查中发现虽然女性不参与娘家财产分割，但女性出嫁时带走相当数量的嫁妆，在室女也预留了作为陪嫁的资产，就此而言从遗产角度分析，并没有完全剥夺女性除土地、房屋等不动产以外的财产继承权，同时在一定程度上也防止了土地过分分割，保证土地留在以男性为中心的家族中，避免了土地过度分散，使依赖土地生存的农业社会相应处于稳定状态。这一现象不但有着长久的历史，甚至一直保存至今，并且对当前的农村财产分割以及性别身份和家庭产生了深远的影响。

这件分书中除了将财产分作三份外，还特别说明“又有先祖荣达户当年祭祀归于国永承当，除祭祀过尚有余息以作长子之产。又有南园菜地两疄以作长孙之产。”即将祭祀田分给长子，同时还留了菜地两疄作为长孙之产，体现了让长制的宗祧特征。次房分得资产中有“安昌船一只归于国福管业,倘有安昌店中有欠款,次房自行理值。”表明安昌船分给次房的同时,也将安昌店中的债务一起移交,即将权利和义务同时分配给次子。在分书中还约定如果父母去世,需要的安葬和“寿木”,也就是俗说的棺材,由三房共同负责。

参与这次分家析产的当事人有父亲金明钰和三个儿子国永、国福、国凤,见证人包括两位母舅,以及村中其他人员数人。母舅参与分家析产是我国传统社会中的重要习惯,母舅有着特殊的身份,母舅是母亲的兄弟,是有血缘关系的重要亲戚,但又被视作“外姓人”,不具有财产和财产权利的所有权或者处分权,一般情况下母舅的参与表示权威性和公正性,因此在我国广大农村,分家析产时通常要有母舅参与。

(6-9-10)民国七年(1918)汪和兴同侄汪高良分书(歙县)

立议合同人母范氏同男,缘因所生两子长子元兴、次子和兴,长子所生一子名叫高良。因其长子早年病故,父在所托亲族房长品搭田地、山塘、屋宇,立有阄书二本。民国三年,母自置房业,品搭两房均分。老屋左边楼上楼下堂前公同出入,前新屋搭右边连灶屋一堂,堂前公同出入,新灶屋于长房无干。争斗复重理论,凭托亲族、房长,立有合同二纸,无得反悔争斗生端。无论长次,两房争斗,罚洋四十元。此系两相情愿,并无逼勒等情,恐口无凭,立此合同为据。

即批:母故,本仓仍归言定高良,又照。

民国七年二月　日立议合同人　母　范氏　(押)

同男　汪和兴(押)

同侄　汪高良(押)

族长凭中　汪春竹(押)

房长　汪长财(押)

汪进业(押)

汪遂喜(押)

吴启洪(押)

汪来全(押)

代笔　汪社福(押)

汪禄安(押)

(半书:合同大吉兴隆)

《民国七年(1918)汪和兴同侄汪高良分书》是发生在叔侄之间的分家析产合同。立议合同人母汪范氏有两个儿子，长子元兴、次子和兴，但是在此次分家时长子已经去世，只留下长孙高良，因此在分家中本该由长子所得的财产份额转而由长孙来继承。分书中规定“即批：母故，本仓仍归言定高良，又照。”表明将来母亲去世时，“本仓”按约定由长孙高良继承，仍然体现了让长制的特征。参与分书建立的当事人除母亲范氏、次子和兴和长孙高良外，见证人包括族长，房长共六人，却没有“母舅”的参与，这是由于母舅的身份对于隔代已经具有辈分差距，一般母舅仅参与兄弟分家，不参与隔代人的分家。

中华民国九年(1920)邵在炳兄弟四人析产合同议约(休宁) | 6-10-036

合同议约　　　　三房在柏收执

立合同议约邵在炳同弟在柏、在侃、出继子之瑜，我等四人细思，人家失和之根在于钱产事务界限不清，故欲求和洽，必先清界限，况我父弥留时立有遗嘱，其时炳赴沪未归，柏、瑜二人侍疾，亲闻父训，皆各遵命。及炳归家，而我父已前一日弃养，悲痛已极。今我四人理应遵照遗嘱逐条实行，惟其中尚有宜于变通之处，特凭中三面商妥，均各允洽。因将商定，账务分条列后照行。自此次清理后，各无异言，尤当仰承遗命，永敦睦谊，藉以保祖业而庇子孙，全家之福也。今欲有凭，爰立合同，一样四纸，各执一纸，永远大发。

存照

民国九年二月　日立合议　邵在炳(押)

邵在柏(押)

邵在侃(押)

邵之瑜(押)

母氏(押)

凭中　兄邵在宽(押)

弟邵在义（押）

代笔　汪大成（押）

账务条款列后

一、存杂货、布匹、药材、栓料、门板等项，共计洋一千零十三元正

一、存生财共计洋一百五十六元正

一、存旧钱总入来大小洋铜元以及正月半钱药材，共计洋一百四十八元正

一、正月半前共支洋一百十一元正

一、除支仍存店洋三十七元正

一、该各清明会洋一百六十五元正

一、存各清明会洋七十元正

一、存亥洋七十七元正

两此仍该店洋十八元正

所该店洋十八元当将存店洋三十七元内，如数还店，外仍实存店洋十九元正

连前杂货、药材等项，共计存洋一千一百八十八元正

一、该各户存店洋一千二百八十八元正

两此过仍该店洋一百元正

一、借款当业共计洋二千二百七十六元正

内提出洋六百元贴补二、三、四房均分

又内提出洋一百元贴店

除提出所余洋一千五百七十六元正内有休邑尤溪碓股洋八十元已于阄书均分讫应照除。

此洋归四股均分，每股分洋三百九十四元正

一、存各户誊清旧账，计洋三千八百四十元正

对折扣实洋一千九百念元正，此扣实数归四股均分，每股分洋四百八十元正。但此属历年旧账难于收取，公议停息拨本，每年每股由店拨付洋六十元，作八年拨清。

（半书：立合同一样四纸各执一纸）

《中华民国九年（1920）邵在炳兄弟四人析产合同议约》是邵氏四兄弟

之间的分家析产合同。值得注意的是,四兄弟之一的邵之瑜的身份为出继子。出继子,是指过继给他人为嗣子的生子,在传统社会中出继子能否再继承本家父母的财产,存在很多争议,多数研究者认为一般不再回本家父母参与析产,但可以作为嗣子分得过继家庭的财产[1]。但在这件分书中仍然“四股均分”,即由四兄弟进行均分,出继子和本家兄弟共同分得财产。此次分家析产是在父亲去世以后进行的,父亲在弥留之际已经立有遗嘱,但当时长子邵在炳尚在上海,未能及时赶回家。因此分书规定“今我四人理应遵照遗嘱逐条实行,惟其中尚有宜于变通之处,特凭中三面商妥,均各允洽。”也就是说,这件分书主要是按照其父亲的遗嘱实行的,只是其中有些部分作了一些变通,则由四兄弟在见证人的参与下协商进行调整。由于我们在调查中未能发现邵氏兄弟之父所立的遗嘱,因此也无从比较两者的差别。

徽州民间私约中析产类契约分析比较表

年代	名称	当事人	内容	特别约定
明天顺七年	阄书	黄辉忠等黄氏族人	分家析产	
雍正七年	分山合同	汪宗良、汪宗远等	尚字号彭互源等处山场,除祖木及各家竹园外余山	如有恃强不遵者,众业主执墨公呈理论,亦不得徇私退缩
雍正十三年	分单	王有东、王有伦、王有炎	阄分楼屋	兄弟妯娌俱要和睦,无得番张执拗,远吾言者,不孝罪论
乾隆十四年	阄单	汪良成、汪良松、汪良相、汪良榴	分析田产	注清土名税亩各人拈阄管理以凭。遁年输粮完官
乾隆二十一年	扒单	汪良成(父)和汪起龙、汪起锡兄弟	家业、屋宇、田地、山场、竹园、菜园、基地、产税各色等件	

〔1〕［日］滋贺秀三:《中国家族法原理》,张建国、李力译,法律出版社2003年版,第254页。

续表

年代	名称	当事人	内容	特别约定
乾隆二十一年	分山文凭	王、叶两姓	山产四至,界线分明	所有已前文契俱不再行用,例禁俱遵总簿毋致违议,须至凭者此照
嘉庆十一年	分关书	林永登、林永美两兄弟	承祖受置业产、田地、屋宇、家伙各项	自分之后,各照关书管业,毋得捏胡争兢,如有此情,鸣公究惩,仍依此文为凭
光绪三年	分书	金明钰(父)及三子国永、国福、国凤	房屋、园地、肥池、农具、船只并家用什物及该偿债款	父母二老三房供养所有寿木并百年后丧费三房公用;又有石檄两副,其钱存于国永处,日后国永理应承办
民国七年	合同	汪和兴、汪高良	田地、山塘、屋宇	无论长次两房争斗,罚洋四十元; 母故,本仓仍归言定高良
民国九年	合同议约	邵在炳兄弟四人	钱产事务	账务条款列后

(七)民间私约中的婚姻契约(共9件)

婚姻行为是否属于契约行为,在学术界尚有争论,较为普遍的看法,认为婚姻是民事行为中的一种合意,因此属于契约行为。据清末民国时期的法学家董康在《民法亲属篇修正案》中的考察"唐律于婚约,为许嫁女报婚书及为婚女家妄冒两条。今法师其意,扩充为婚约一节,其实婚约亦契约之一种。"[1]婚姻的契约关系可以成立,也可以解除,因此大部分学者赞同婚姻属于契约行为。本文中将婚姻行为中建立的契约,归入民间私约的范畴加以研究。近年来,对于中国传统婚姻制度和婚姻契约行为的研究,已经引起了学术界的普遍关注,其中有些从社会和家庭角度进行了充分的研

〔1〕 董康:《民法亲属继承两编修正案》,民国28年(1939)版,第9页。

究，有的从婚姻制度本身的发展进行了系统分析，还有的对婚姻中婚书等契约文本进行了比较详尽的讨论，这些都值得我们给予必要的尊重，并且从中吸取值得我们注意的经验[1]。将婚书归入契约文本的研究仍然比较少见，特别是对于徽州地区婚书的研究更显得较为缺乏。在社会调查过程中，对婚书类契约的采集也不够充分，其中主要有下面三方面原因，第一，婚书类契约一般不带有房屋土地等不动产标的物的转移，不能作为财产来源的直接依据，因此民间对此缺少重视；第二，有幸得以保存下来的婚书契约，带有纪念意义，少数具有收藏价值，婚姻当事人的后代或者收藏者一般不愿意将婚书等对外出示；第三，有些婚姻行为具有特殊性，如入赘婚、招夫养子婚、童养媳婚姻、买卖婚姻、出妻休妻等，当事人或者其后代往往对此加以避讳，不愿意公开，使得婚姻类契约标本的发现和采集受到很多局限。因此我们手中所掌握的徽州地区民间婚姻类私约不但数字较少，同时也不能完全反映出明清以来这一地区的婚姻状况。但是在调查中我们采集到一些书写婚书类契约文书的样本，这些样本大部分为手抄本，主要内容是记录如何书写婚姻类契约的一种类似教科书似的样本，这些样本只在乡村之间私下互相传抄，抄录者不署人名，抄录年代不一，大约成于明清之际，最晚的当在清末民初之间，一般开本较小，历来为藏书界所不重视，乃至散落民间。这类抄本为我们研究徽州地区民间婚姻类的私约提供了极大的参考价值，因此在实际发生的民间婚书类契约之后，我们还附录了一些此类抄本中的样本，以资进行比较和研究。

传统婚约中带有明显的礼法特征，其中带有规律性的习惯，表现出顽固的规则特性，如俗语中的“父母之命，媒妁之言”，前者表现为婚姻行为是以家庭为单位通过婚姻关系建立的社会联系，后者则具有明显的传统契约特征。“媒”的原意是中介，据《说文解字》云“媒，谋也。谋合二姓者也”。女字是汉代以后和姓氏婚姻有关的文字的偏旁，其本义应当就是谋字。“妁”字据《说文解字》为“酌也。斟酌二姓者也”。妁字其实就是契约的约字被冠以了女字的偏旁，都是约定的意思表达。上古之民“刻木为信，结绳记事”，均表示一种信证，用绳子上结扣的方式，表示双方的约定，用刀在木

〔1〕 郭松义、定宜庄:《清代民间婚书研究》，人民出版社 2005 年版。该书列入国家清史编纂委员会的丛刊中。这是当前对清朝婚书研究非常系统的学术成就。

头上刻画痕迹,然后分而别之,当事人各藏一半,在需要的时候进行勘合,是传统契约的前身。所以"契"字就是用刀在进行刻画,"约"字,就是用绳索结扣,这些都是古代先民发明的原始契约形态。就此而言妁字,不过是婚姻的契约而已。汉代以后,在儒家礼法思想为主要传统精神的作用下,婚姻除了家族和财产的结合外,被冠以礼的外壳,其中以"婚姻六礼"形式最为突出。传统的"六礼"包括"纳采,问名,纳吉,纳征,请期,亲迎"六个礼仪程序形式。经过漫长的封建社会的不断沿袭和发展,至明清时已经成为具有程式化特征的习惯。在已经发现的明清时期婚书和民国初期的婚姻契约中,这种六礼程式,成为普遍特征。

本节以调查过程中采集到的婚书作为研究标本,因此具有较强的地域色彩和实证价值。时间上以清朝和民国时期为主,民国以后徽州地区逐渐采用"结婚证书"的形式,结婚证书由官方制作,民间办理结婚登记时,领取结婚证书,逐渐成为婚姻的法定形式,传统的民间婚书成为历史。

(7-1-无编号)清同治十二年(1873)许锡光致姻翁求婚书(歙县)

伏以

乔松入汉,欣同葛藟之依;绮阁迎和,翘企凤鸾之集。恭惟

太姻翁老先生,德重乡邦,兴甘泉石。家传理学,名儒擅注礼之宗;代有传人,直臣高抗疏之节。迈群伦于南斗,金玉其章;等寄隐于东山,圭璋其品。每欲登龙而仰止,时怀倚玉之忱。兹幸射雀于屏间,喜遂附松之愿。佳偶永偕,喜良缘三生而早结;良辰叶吉,先上巳五日以为期。敢将鸾辂敬迓。

鱼轩幸鉴悃忱,俯垂俞允。伏愿昌逾五世,庆洽百年,翠幙牵丝绣阁,绾同心之结,蓝田种玉,振麟兆公子之祥,冀他年之兰桂。应祝百男,自奕冀之蝉联;岂惟八叶,莫既寅虔统祈。

丙照

启上

大德望效翁戴老太姻翁老先生老大人阁下:

忝眷晚生许锡光薰沐端肃顿首拜

龙飞同治十二年仲春月下瀚谷旦

(7-2-无编号)光绪二十八年(1902)方发传许婚书(歙县)

许婚书

庚寅年六月二十二日申时瑞生

眷侍教生方发传顿首拜

　　启　　上

大德望卢老亲翁老先生老大人阁下

　　伏　　以

　　　梅报杨光鲤歌传于鱼府

　　　葭飞律候雁字谱入雎篇

　　　一阳之丽景堪夸

　　　两姓之良缘可订

　　　恭维

潭府

　　　金瓯覆茗

　　　琉璃挟箸

　　　忠厚开基式昭衍庆之意

　　　箕裘缵绪不忘积久之图

　　　兹承媒议缔好朱陈谨以舍

　　　侄孙女许字于

卢老亲翁和瑞令即官升富为百年实对千秋伉俪

　　　伏愿佳兆已应于凤锵酣歌

　　　旋庆于麟趾爰将女族堂额表字拜以应

　　　行书启附载于左伏冀

钧慈俯赐

鉴亮不宣

　　　惠宗堂启富春堂启锦春堂启三乐堂启

　　　德新堂启崇德堂启怀德堂启宏德堂启

　　　女伯发传　嫡伯渠庵　华庵　女父　富庵　女兄子寿

　　　子明 子昌　女侄梅逊　茹荪

族繁不及备载

　　　正书四伯封　　媒书二伯封

　　　戚书六伯封　　余书八伯封

　　　　　　方德新堂发

大清光绪二十八年岁在壬寅黄钟谷月

我国唐朝书仪中已经有婚书的样本形式[1],传世古籍中如宋朝《事林广记》和元朝《新编事文类要启劄青钱》以及明清时期的《万宝全书》之类的等书籍,都收有格式化的婚书样本。明清两代求婚书和许婚书(又称作允婚书)已经趋于格式化,很多民间流行的书仪和日用类书籍中常见这种婚书的格式化样本,如《尺牍双鱼》一书中所收婚书类中即可见到此类格式化样本。本文选择明刊本《绣梓尺牍双鱼》卷十《婚书门》所收录的求婚准帖(求婚书)、答允(允婚书)、过聘书三件以资比较,[2]其中:

婚　书

求亲准帖(求婚书)

深荷不鄙,俯听冰语,诺以令嫒下聘小儿,顿令倍增欣跃,故敢订盟于今朝,用将行聘于谷旦。谷旦,即吉日也。谨蔡某月某日,蔡,犹卜也,蔡地出大龟,故谓卜为蔡。聊申不腆微仪,伏愿一言俞允,俞允犹许诺也。万嗣蕃昌。嗣,子孙蕃多也,昌,盛大也。统异亲慈,鉴照不宣。

答允(允婚书)

柯斧定盟,《诗》:"伐柯如何?匪斧不克;娶妻如何?匪媒不得。"幸托朱陈之好,泽山交感。《易经》:泽山咸卦,山以虚而受泽之润,泽以润而感山之虚。允协男女之时,议婚既定于今朝。纳聘敢违于他日,敬从龟卜,吉遂凤占,伏异台慈,俯垂鉴眷。

过聘书　凡写此书,行要成双,字要成对,必须预先排定才是。

忝眷生 某某某 端肃拜启:

待封君某号尊太伯翁某老先生大人　　　　台下

荷蒙不弃寒微,俯采冰言,诺以令侄

大三元某号尊姻家大人门下几,闺秀、国器。与舍侄几 ,男、女 ,谐百

---

〔1〕 参见吴丽娱:《唐礼摭遗——中古书仪研究》,商务印书馆2002年版。吴丽娱女士对敦煌以及其他唐朝遗存的书仪进行了系统研究,其中对各种书信和文书的写作格式进行了较为详尽的描述。"书仪"是古代文章书写样本的泛称,"仪"表示参照和标准,如汉语中的仪式、照仪、如仪等表示。有学者将书仪列入古代法律文献,是对书仪的一种误解,缺少对唐朝以降书仪类文献的基本研究。唐以后书仪类作品继续流传,在明清时期得到更为广泛的制作和使用。

〔2〕 原书为明末刊本,题云间陈继儒眉公笺释,约成书于明崇祯时。半页九行,行二十二字,小字双行。在整理中将小字改为楷体,以表示为原书注释。原文中个别俗字、通假字径改。

年鸾凤，慈当　行、回　聘。谨世系年庚聘仪具陈于左。

世系

曾祖某　祖某　父某　　母某

年庚

本宅 学生、女学生　　　　某名某年某月某日某时生

聘仪

礼书鸳鸯　　礼银几锭　　金钗一偶　　金耳环双

金花几树　　银花几树　　礼缎几端　　色绸几端

启篚一封　　司笺一封

礼物多寡随人添减，但要成对耳。

右某不愧輶仪聊充舍侄　行、回　聘之仪伏异。

亲慈俯垂

鉴纳不宣

皇明　某　　岁某　　月穀旦　　　忝眷生其人再顿首

回聘书　馀俱一同，但略换几字耳，独回聘之仪稍异，故另开便览。

礼书鸯缄　　礼缎几端　色缎几端　赤金头袋

金钗一枝　　色衣一领　云履一双　宝藉一册

兔颖十枝　　松烟一匣　启篚一封　司笺一封

（7－3－无编号）中华民国十五年（1926）
陈镇峰入赘婚书（休宁·东临溪·大阜）

长发其祥

立愿出继证书人陈镇峰，缘身生母杨氏，适陈门育我兄弟五人。不幸父逝多年，皆赖辛勤抚育成立，兄友弟恭，褱无龃龉。惟身长兄偕弟业经授室，身年甫廿七，尚未联姻，东访西觅未逮。俗云：男大当婚，女长于嫁，理固宜焉。今本村佃彬氏与身家素无瓜葛，两愿爰赘，而其夫陨世多年，持家有度，敦抱冰心之坚志，羡慕可敬。惟乏子嗣，欲将长女继赘，持立门户。端赖双方情妥义洽，愿结缔联，是此央媒作伐，自愿承祧汪门烟祀。身当商于族庭，猥蒙应许，惟陈门门户钱粮祀会等项，仍照五房摊任。生母将来生供殁赀窀穸等费，均照兄五人分派，公认无辞。爰是双方允诺，俾无阻碍进行。哺乳之赀，原不计取，爰是凭媒愿继赘与汪佃彬氏名下为嗣。迎入之后，择吉完姻，相敬如宾，易姓更名，训督管束，俾即成立，尚望自作，振克勿

负所望，永承汪宅宗祧。当持双方门户，毋得诿卸。所有屋宇、田地、山场、祀会、粮赋、账目等项，均系聚隆担凭执管，本族内毋得侵佔鲸吞。言定裕后弄璋以次回宗无异。两族毋得阻行，将见兰桂滕芳光前裕后，预卜螽斯繁衍，尚望两方兴旺。自系两愿，永无反悔，恐口无凭，立此愿继赘书为证。

中华民国十五年六月日立愿出继证书人 陈镇峰 押
胞兄 陈镇南 押
弟 陈镇章
陈镇昌
陈镇鸿
宗族人 陈起林 押
承继人 汪方氏 押
凭族长 汪观福 押
汪起富 押
汪连佳 押
介绍媒人 汪连光 押
凭亲长 方善起 押
金发之 押

入赘婚是一种具有悠久历史的婚姻形式，汉唐以来为民间普遍沿用，至宋元时尤为盛行，明清则为当时的法律所肯定。入赘婚是由女家招男子过门为婿，故也被称作“招婿婚”或“上门婚”，民间还有时称作“倒插门”。传统社会中的婚姻，普遍由女性入男家，即平常所称之“出嫁婚”，但在生活实践中，不可能每家每户均能生子，有些家庭仅生育了女儿，虽然可以通过过继或者养子的方式，实现种姓宗祧，但这一方式需要在同姓中认养，因此受到一定局限。通过婚姻的形式为在室女招婿，形成将异姓男子上门成婚，成为另外一种重要的宗祧继承方式。这种招异姓男子上门的婚姻，需要入赘男子放弃原有姓氏，接受女方姓氏，同时议定入赘男子原本宗对于财产继承的权利和义务，并且约定在入赘后和女方生育的下一代男性子嗣，是否继承女性姓氏或是仍归入本宗。这种婚姻的主导一方是女性家族，与传统宗法理念具有一定冲突，但在传统“男耕女织”封闭式的农业社会中，由于生产方式的需要，男子充当从事农业生产中的主要劳动者，即所谓壮劳动力，在农业生产中，壮劳动力是不可或缺的，因此在现实生活中传统宗法礼教和生存实际存在必然妥协，这种非主流形态的婚姻，正是礼教和生存实践妥协的产物。因此，入赘婚虽然不是主流的婚姻，但也为历代法律所允许。据《大清律例·户律·婚姻·条例》规定“招婿须凭媒妁，明立婚书，开写养老或出舍年限。止有一子者，不许出赘。其招婿养老者，仍立同宗应继者一人承奉祭祀，家产均分。如未立继身死，从族长依例议立。”〔1〕民间入赘婚需要建立婚书形式的私约，其中要写明双方的权利义务以及财产和其他约定。所谓“招婿养老”指入赘婚中进入女方家庭的上门女婿，需要尽到对女方父母赡养的义务。在入赘婚中最重要的是上门女婿需要归宗入祠，以女方家姓氏为姓氏，婚后所生子女也要姓女方姓氏，以做宗祧延续香火。在入赘婚书中双方可以约定上门女婿是否保留原本家姓氏和继承权，或者在女家出生的次子可以返回男方原姓氏归宗等，此外入赘婚需要女方所在的宗祠和房亲予以承认，因此入赘婚书的格式具有独特属性。

《中华民国十五年(1926)陈镇峰入赘婚书》虽然建立在民国时期，但其格式和内容仍然带有浓厚的传统色彩，在调查中我们还发现，这种入赘婚的格式化婚书，一直加以沿用，甚至在《婚姻法》颁布以后，徽州地区民间入赘婚的当事人，除了到政府制定的机关办理结婚登记以外，双方仍然以建立民间私约的形式，书写这种入赘婚书。由于中国传统法律认为家中长子或者独子是不能入赘女方的，因此这件入赘婚书中，在开篇就言明男方陈镇峰，家有兄弟五人，一个哥哥和弟弟们都已经成家立业，只有本人仍未成亲，以表明陈镇峰符合传统入赘婚的身份。女方为本村汪氏，因为没有子嗣，愿将长女招赘，表明女方符合招赘的身份。因此汪陈两家约定由陈家次子陈镇峰入赘汪家，继承宗祧。陈镇峰作为上门女婿，需要“异姓更名”，“永承汪宅宗祧”，说明陈镇峰需要放弃自己原来的姓名，据婚书中“所有屋宇、田地、山场、祀会、粮赋、账目等项，均系聚隆担凭执管，本族内毋得侵佔鲸吞。”可知陈镇峰改换后的姓名为汪聚隆。对于陈镇峰本家陈氏的财产，婚书中约定“惟陈门门户钱粮祀会等项，仍照五房摊任。生母将来生供殁赀窀穸等费，均照兄五人分派，公认无辞。”也就是陈镇峰继续享有原本家

〔1〕 田涛、郑秦(点校):《大清律例》，法律出版社1999年版，第205页。

陈姓的权利和义务，除了需要交纳门户钱粮之外，还要承担以后生母的赡养和丧葬费用中的属于陈镇峰的份额。值得注意的是这份婚书中还约定“言定裕后弄璋以次回宗无异。两族毋得阻行”，“璋”是一种美玉的名称，民间生男孩称作“弄璋之喜”，反之如果生女孩则称作“弄瓦”，显示出传统社会中性别歧视的特征。“弄璋以次回宗”表明入赘后在女方生的第二个男孩可以仍回原陈氏宗族，代位继承陈镇峰的应得资产。

这件入赘婚书中当事人陈镇峰亲自作了签字认同，此外陈镇峰的四个兄弟分别签字，陈氏族人陈起林代表陈氏宗族签字；女方则由母亲汪方氏代表女方签字，女方三位族长分别代表汪氏宗族签字。此外在媒人一方签字后，双方亲长分别签字。据婚书中女方母亲为汪方氏，则女方母亲的娘家姓方，亲长之一姓名为方善起，根据调查中得到的情况，推知应当是女方的舅舅，另一位亲长名为金发之，其身份尚难以确定。

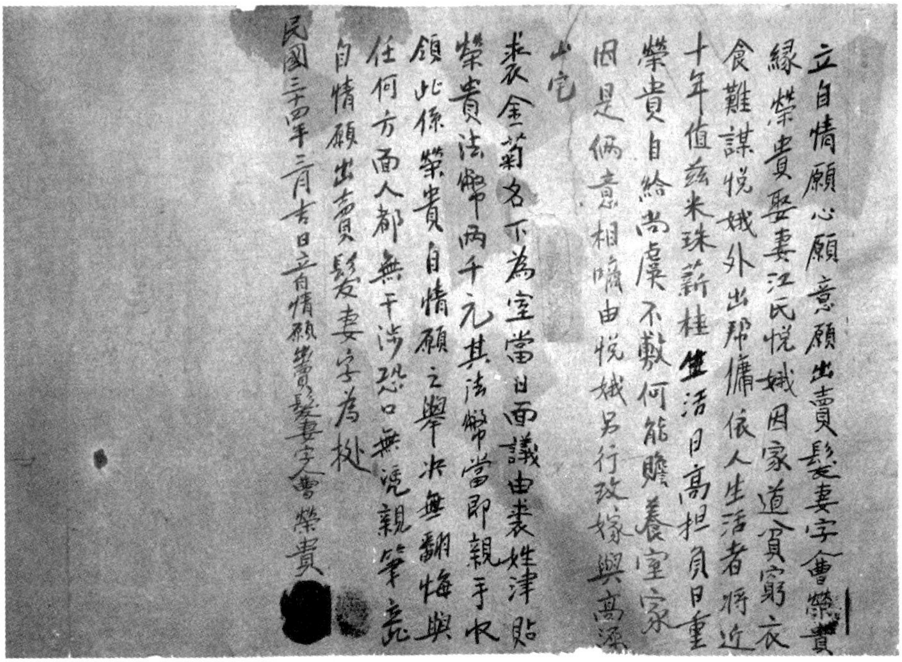
立自情願心願意願出賣髮妻字曹榮貴
緣榮貴娶妻江氏悅娥因家道貧窮衣
食難謀悅娥外出帮傭依人生活者將近
十年值茲米珠薪桂生活日高担負日重
榮貴自給尚虞不敷何能贍養室家
因是倆意相啇由悅娥另行改嫁與高源
山宅
裘金菊名下為室當日面議由裘姓津貼
榮貴法幣兩千元其法幣當即親手收
領此係榮貴自情願之舉決無翻悔與
任何方面人都無干涉恐口無凭親筆立
自情願出賣髮妻字為批
民國三十四年三月吉日立自情願出賣髮妻字人曹榮貴

中华民国三十四年(1945)曹荣贵出卖发妻字据(江西·婺源) | 7-4-无编号

立自情愿、心愿、意愿出卖发妻字人曹荣贵，缘荣贵娶妻江氏悦娥，因家道贫穷，衣食难谋，悦娥外出帮佣，依人生活者将近十年。值兹米珠薪桂，生活日高，担负日重，荣贵自给尚虞不敷，何能赡养室家。因是俩意相商，由悦娥另行改嫁与高源山宅裘金菊名下为室。当日面议由裘姓津贴荣贵法币两千元，其法币当即亲手收领。此系荣贵自情愿之举，决无翻悔，与任何方面人都无干涉。恐口无凭，亲笔立此自情愿出卖发妻字为据。

民国三十四年三月吉日　　　立自情愿出卖发妻字人　曹荣贵（押）

（7－5－无编号）民国三十四年（1945）曹荣贵妻江悦娥自由改嫁婚书（与曹荣贵出卖发妻字据共为一份）

天作之合

立自由改嫁婚书人曹门江氏悦娥，缘氏凭父母之命，媒妁之言，配夫篁岭曹荣贵。结缡之初，俩意融洽，中以翁姑，相继西逝，家道贫穷。氏夫复有外室，同爨同居，不相顾视，有如路人。氏自谋生活帮傭依人者近十年矣，冀回氏夫之心，谁知氏夫变本加厉，更不如初。氏知无望，且氏年将不惑，若不早自为计，终身云何？爰是蓄意改嫁，以谋终身。兹承曹花介绍高源山村裘金菊有鼓盆之戚者年余，正乏中馈。氏多方探问，均说良匹，氏意遂决。爰诹吉日自由改嫁与裘金菊名下为继室。由裘金菊津贴氏法币万元，由氏生放防身。惟愿我俩匹配之后感情浓厚，唱随同心，白首偕老，后裔京昌，门庭阀阅。今欲有凭，立此自由改嫁婚书，以作存据。

民国三十四年仲春月吉日立自由改嫁婚书　曹江悦娥（掌纹）

介绍人　　曹　花（指纹）

代书人　　游伯谦（指纹）

在江西婺源江村我们意外地采集到一套完整的出卖发妻的婚书，共计包括两件，第一件名为出卖发妻字据，是由丈夫曹荣贵建立，主要内容是丈夫曹荣贵由于家道贫寒，无力供养妻子江悦娥，因此，让江悦娥另行改嫁与高源山宅的裘金菊。约定由裘金菊当场付给曹荣贵法币两千元，并表示这一行为是双方自愿，以后不得反悔。第二件名为自由改嫁婚书，以妻子江悦娥口吻书写，首先写明自己“凭父母之命，媒妁之言，配夫篁岭曹荣贵”，结婚初期双方相处和睦，但自公婆去世，家道贫穷，丈夫曹荣贵“复有外室，同爨同居”，而与发妻形同陌路，为将来生计考虑，不得已决定改嫁与高源山村裘金菊为继室。双方约定“由裘金菊津贴氏法币万元，由氏生放防身。”即裘金菊支付给江悦娥法币一万元，作为江悦娥防身之资。“生放”二字指生息放债，由江悦娥支配这笔资金，并收取利息作为未来必须时使用，似乎暗示裘金菊可能因年龄原因生育困难，或者有其他不利于江悦娥的情况。

买卖人口的契约是一种特殊契约，传世非常少见，在民国时期买卖人口已是禁止行为，但在当时，买卖人口特别是出卖妻子的现象仍然时有出现。据中华民国初期的《六法全书》民法亲属篇草案婚姻一章中，对当时立法理由的解释称："吾国现今社会婚姻实际之状态，于掠夺姻一种早已悬为严禁，如现律婚姻门强占良家妻女等律例是。而卖买婚一种陋习尚未能尽除，往往两家议婚，时有计较聘金多寡者，若中流以上之社会，则两家议婚只言聘礼，而不言聘金，且聘礼多寡从不计较，但求备而已，足似聘娶婚一种已为吾国社会公认。法律为统一全国习惯起见，自以认定聘娶婚为宜。何则？法律若认卖买婚，则聘金多寡交付迟延，皆可据以为拒绝婚姻之理由，法律若认聘娶则只须备有聘礼足矣。且中国婚姻只有纳采、问名、纳吉、纳征、请期等礼，自古已然，于今未之有改，并不言及财物。文中子曰：'婚娶而论财，夷虏之道也。'以财物为结婚之要件，是夷礼非古礼可知。虽彼计议财物者，亦自知以婚姻而索财物实为可耻，故美其名曰聘金。然既以金钱为目的，则其事同卖买。揆诸婚礼大防毋容许。故本律规定婚姻专认聘娶婚，于财物一层概不提及。第聘娶一种，其于婚姻之成立，尚专重在父母之意思，男女之意思如何概置不问？然婚姻为男女终身大事，若重拂其意强为结合，将易生夫妻反目之忧，难望家室和平之福。是以本法既专认聘娶婚复兼采允诺婚，主义于父母之命，媒妁之言，外尚男女两造之同意，以崇礼教而顺人情。不采卖买婚，所以示革除陋习之隐意，亦不取自由婚，所以示维持纲纪之大防，本法之宗旨如此。"[1]

民国初期对于婚姻制度表面上禁止买卖婚，但维护聘娶婚，同时反对自由婚，这种立法思想是传统的所谓"纲纪之大防"与近代婚姻制度杂糅的产物，因此民国初期的婚姻，不可能彻底杜绝婚姻中的财产关系，也不可能实现男女平等和自由婚。一代之政治法律，必成为一代之风气，民间实施买卖婚姻时，可以采取规避的方法，在聘娶婚的掩护下，实施买卖婚之实，这两件珍贵的民间私约，正是这一历史事实的写照。

《曹荣贵妻江悦娥自由改嫁婚书》并非真正意义上的自由改嫁，只有这两件婚书私约被共同发现时，我们才能确知江悦娥不但婚姻不能自由，甚至人身也没有自由，她仅是作为一件可以被买卖的标的，被她的丈夫卖给

---

〔1〕《中华六法全书·民律亲属编草案·婚姻》，中华民国元年法政学社校刊，第15页。

他人，并且还需要她本人同意，因此我们有理由认为，江悦娥改嫁以后仍然不能得到幸福，在当时的历史环境下，很难保证她不被再次被她的新的丈夫转让给他人。私约中的“自由”二字仅仅是一种借口，在这种借口下，乡土社会中的悲剧不知重复上演过多少次。出于民间私约格式化的需要，或者出于要求江悦娥对自由意思的表达，在这份自由改嫁婚书上，江悦娥用手掌在签名下，盖有黑色的掌纹，江悦娥可能不会写字，甚至也不会画押，因此被要求将全部掌纹印押在这份特殊的民间私约上，黑色的掌纹押在红色的婚书上，是那样的不协调，给后来每一个见到这件私约的人一种备受压抑的感觉。

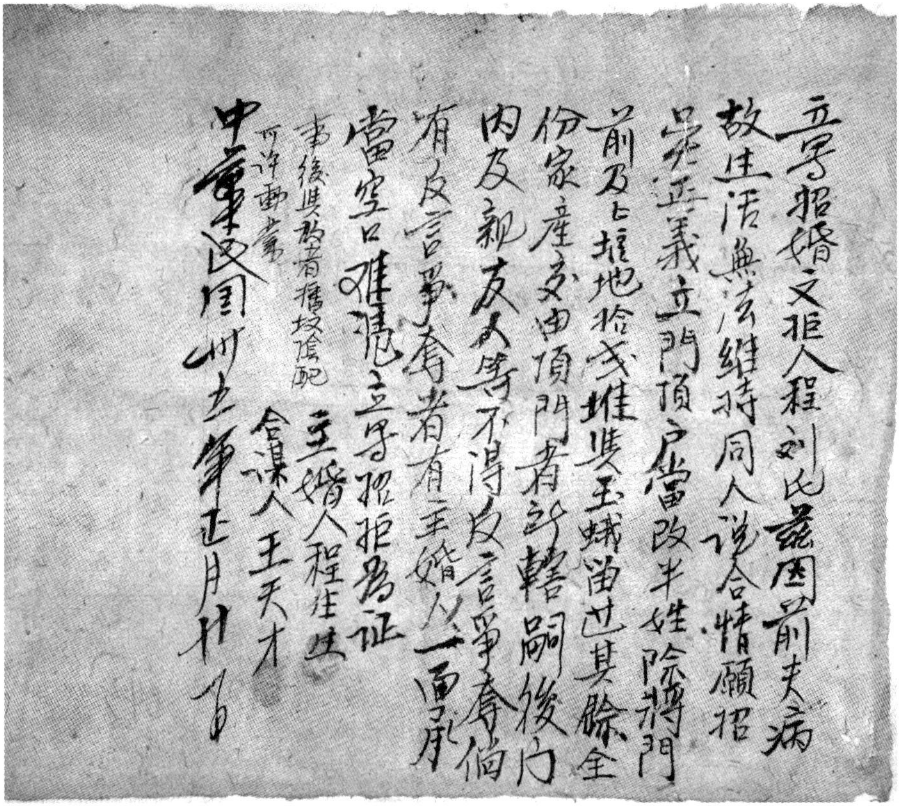
立字招婚文拒人程刘氏兹因前夫病
故生活無法維持同人说合情願招
吴正義立門頂户當改半姓除將門
前及上堰地拾弍堆与玉蛾留过其餘全
份家産交由頂門者所轄嗣後门
内及親友人等不得反言爭奪倘
有反言爭奪者有主婚人一面承
當空口難憑立字招拒為证
主婚人程住生
合谋人王天才
中華民国卅五年正月廿日

中华民国三十五年（1946）孀妇招夫养亲文据（婺源）　｜**7－6－无编号**

立字招婚文拒（据）人程刘氏，兹因前夫病故，生活无法维持，同人说合，情愿招吴正义立门顶户，当改半姓。除将门前及上堰地十二堆与玉蛾留过，其余全份家产交由顶门者所辖，嗣后门内及亲友人等不得反言争夺，倘有反言争夺者，有主婚人一面承当。空口无凭，立字招拒（据）为证。

主婚人　程生生（押）

合媒人　王天才（押）

中华民国三十五年正月二十一日

事后与故者播坟阴配，可许动业。

依口代笔人　姜应乾　押

妇女因丈夫早逝成为寡妇，在传统社会中可能会有两种出路，一种是再嫁，也称作再醮。再嫁时除原娘家陪嫁物外，不得带走夫家财产，而且所生子女大多数不能离开原夫家。另一种则留夫家守寡，不再出嫁。由于夫家人口较少，公婆年老，儿女年幼以及其他宗法伦理限制，都可能使丧夫妇女留夫家守寡。封建社会中的伦理道德，对这种守寡妇女予以褒奖，习惯中称为“节妇”、“守节”，有时还被称作“贞节烈妇”，我国各地方志中多有“烈女”一章，专门表彰该地所谓的贞女节妇。农业社会需要男子作为家庭中的主要劳动力，尤其是我国南方地区，无论是上山砍木伐竹，下地耕田，对男性劳动力的依赖十分明显，因此留夫家守寡面临的主要问题是因生存而对男性劳动的需要。在封闭的社会条件下，种姓宗祧的宗法制度和“一女不事二夫”的传统道德与生存需要形成了妥协，这种妥协使寡妇既可继续留守夫家，又可像在室女招赘一样，通过招夫入门的方式解决农业社会中必须面临的迫切需要。虽然允许寡妇招赘出于妥协和“不得已”，但在传统社会中已经成为一种习惯，并被普遍接受。招夫入赘时，有时将寡妇的身份转变为类似在室女的身份，同时将招夫入赘看作招婿入赘。招夫入赘也可分为养老与限年两类〔1〕，但多数属于养老，限年的现象至明清时较为少见。寡妇招夫也称作“坐产招夫”、“坐堂招夫”或“赘夫承业”。因为前

---

〔1〕 年限，也称作“限年”，在我国元朝时即已形成，表示对双方约定权利义务的时间限制，一般多数为三年、五年、不设定限年的则称为“至老”或者“养老”，详见郭松义、定宜庄：《清代民间婚书研究》，人民出版社2005年版，第149页。作者称“在中国历史上，入赘风气最盛的可能非元代莫属。元代将赘婿分为4类：‘一曰养老，谓终于妻家聚活者；二曰年限，谓与妇人归宗者；三曰出舍，谓与妻家析居者；四曰归宗，谓年限已满，或妻亡并离异归宗者’。这四类实际上就是两类，一类是养老赘婿，一类是年限赘婿。至于出舍，又分出舍养老赘婿，可归入养老一类，出舍年限赘婿，则可归入年限一类，归宗也是如此”。惟该书作者未能注明引元代文献出处。经查该引文出自元朝《吏学指南》一书“亲姻”条。

夫家留有产业，寡妇若要再嫁，按明清法律夫家财产不得随嫁带走，况且上有公婆、下有子女，为了生存和农业生产的需要，保持家庭的完整性，也为防止他人或丈夫族内亲房侵占财产，寡妇招赘必然成为一种婚姻形式。

我国南方地区寡妇招夫在民间有时也被称作“拉帮套”，表示男性进入寡妇家，帮助寡妇维持家庭的意思。徽州地区寡妇招夫的现象时有出现，习惯中称作“招夫养亲”。《中华民国三十五年(1946)孀妇招夫养亲文据》，是属于婚姻类民间私约，被称作“招婚文据”，寡妇程刘氏，“因前夫病故，生活无法维持”，决定招男子吴正义为夫“立门顶户”。吴正义“当改半姓”，即所谓一肩两祧。婚书中约定“除将门前及上堰地十二堆与玉蛾留过”以外，其余由顶门者吴正义所辖，“嗣后门内及亲友人等不得反言争夺”。这份婚书还特别约定，程刘氏死后仍然可以和原夫“播坟阴配”，即程刘氏仍与前夫归葬，形成夫妻合葬墓，同时还约定在程刘氏死后，招夫吴正义才能够支配和转移其所辖财产。

(7-7-无编号)清朝婚礼礼单稿本(歙县)[1]

吉开

送福履

履仪　吉银一百六十金

喜盒　双肩

果子担　双肩

鲜肉　一百二十觔

鲜鱼　八十觔

馒首　三百二十觔

行　聘

聘金　听送

书套　四封，每封吉银四十金

礼书　六十双富

果子担　双肩

鲜肉　一百二十觔

---

〔1〕《清朝婚礼礼单稿本》原载田涛、郑秦、[美]宋格文主编：《田藏契约文书粹编》第一卷，中华书局2001年版，第157页。

鲜鱼 八十觔

馒首 三百二十觔

首饰 全福

冠 笄

茶仪 吉银十六金

喜盒 双肩

迎 娶

大担 吉银八金

小担 吉银四金

红烛 八十觔

喜蛋 二百圆

公堂礼 吉银八金

大门礼 吉银四金

送亲礼 吉银四金

门闩礼 吉银二金

花红 听送

乳母担 吉银六金

福首担 全肩

旺相 六十株

馀 庆

福单计开

履仪 百金

果子担 遵送

鲜鱼 四十斤

鲜肉 四十斤

喜盒 成肩

馒首 一百六十斤

共结洋一百廿元,外担成担

行 聘

聘金 酌议

礼书 四十付

封套　遵送
果子担　照前
鱼　四十斤
肉　四十斤
馒首　一百六十斤
首饰　全福

冠　笄

茶仪　吉银十金
喜盒　成肩

迎　娶

大担　吉银四金
小担　吉银二金
红烛　六十斤
喜蛋　百子
公堂礼　遵送
大门礼　遵送
送亲礼　遵送
门闩礼　遵送
花红　临议
恳母担　遵送
福首担　全肩
旺相　四十株

该婚礼礼单为一件稿本，和这一时期通常采用的雕版印刷的正式礼单有所区别，封面雕有和合二仙，墨书一喜字。礼单中上栏为双方协商前的计划彩礼，下栏为经过双方协商后确定下的彩礼数量，这种记录经双方协商彩礼过程的礼单十分少见，通过比较可以发现徽州民间私约中婚姻彩礼数量双方协商的过程。

清朝婚礼礼单对照表

婚礼程序	原计划礼单	协商后确定的礼单	差别比较
送履仪	履仪吉银一百六十金	履仪百金	减少六十金
	喜盒双肩	喜盒成肩	减少一肩
	果子担双肩	果子担遵送	不变
	鲜肉一百二十觔	鲜肉四十斤	减少八十斤
	鲜鱼八十觔	鲜鱼四十斤	减少四十斤
	馒首三百二十觔	馒首一百六十斤	减少一百六十斤
行聘	聘金听送	聘金酌议	不变
	书套四封,每封吉银四十金	封套遵送	不变
	礼书六十双富	礼书四十付	减少二十付
	果子担双肩	果子担照前	不变
	鲜肉一百二十觔	肉四十斤	减少八十斤
	鲜鱼八十觔	鱼四十斤	减少四十斤
	馒首三百二十觔	馒首一百六十斤	减少一百六十斤
	首饰全福	首饰全福	不变
冠笄	茶仪吉银十六金	茶仪吉银十金	减少六金
	喜盒双肩	喜盒成肩	减少一肩
迎娶	大担吉银八金	大担吉银四金	减少四金
	小担吉银四金	小担吉银二金	减少二金
	红烛八十觔	红烛六十斤	减少二十斤
	喜蛋二百圆	喜蛋百子	减少一百个
	公堂礼吉银八金	公堂礼遵送	不变
	大门礼吉银四金	大门礼遵送	不变
	送亲礼吉银四金	送亲礼遵送	不变
	门闩礼吉银二金	门闩礼遵送	不变
	花红听送	花红临议	不变
	乳母担吉银六金	恳母担遵送	乳母改为恳母
	福首担全肩	福首担全肩	不变
	旺相六十株	旺相四十株	减少二十株

通过比较发现，原计划和经过讨价后的聘金、书套四封，每封吉银四十金、首饰、公堂礼、大门礼、送亲礼、门闩礼以及花红、福首、果子担等不变外，其余均有减少，平均减少率为 30%。上述比较表明其中一方对彩礼要求的数量，需要经过另一方的协商和认同。彩礼数量的变化体现出双方讨价还价的过程，但涉及礼金的数字如聘金，公堂礼，大门礼，送亲礼，门闩礼等没有发生变化，均表示遵照要求。其余鱼肉果鲜以及馒首、喜蛋、红烛、茶仪、喜盒均有大量减少。比较的结果可以看见男女双方家庭对于聘礼数字要价和还价的过程，显示出聘娶婚中特有的经济属性。在已发现的婚姻礼单中，这种讨价还价的记载尚不多见，因此格外显得弥足珍贵。下面我们将清朝末年和民国初期聘娶婚中婚姻礼单的定本选择两件，以资读者进行比较研究。这一时期的婚姻礼单绝大多数实行雕版印刷，礼单为折装，封面上用金粉套印“汾阳王四世同堂”故事，即以唐朝郭子仪祝寿的吉祥场面，预示家庭和美幸福，封底套印送子财神，这是一种民间祈盼的吉祥图案，一个财神模样的人一手持金元宝，一手牵一幼童，寓意多财多子，多子多福。民间礼单至 20 世纪 50 年代逐渐停止使用，并被由人民政府颁发的各种结婚证书所代替。

(7－8－无编号)清朝婚礼礼单

鸾凤和鸣

吉开

贽定

履仪　吉洋银一百二十元正

果子担　八肩　吉洋九十六元

喜担　八肩　吉四肩　吉洋四十八元

送四肩　喜馒百斤　喜饼百斤　鲜亥百斤　鲜鱼百斤

行聘

书启　全福

礼书　四十副

书套　存宅

镇书仪　吉洋百元正

聘金　存宅

果子担　八肩　吉洋九十六元
喜担　八肩　吉四肩　吉洋四十八元
送四肩　照前
花红　洋八元
书担　四肩
喜馒　二百斤
喜饼　二百斤
鲜亥　二百斤
鲜鱼　二百斤

冠　笄

茶仪　吉洋四十元
果子担　八肩　吉四肩　吉洋四十八元
送四肩　照前

迎　娶

宗堂礼　洋二十元
大门礼　洋十元
小门礼　洋六元
梳妆包　二百斤
桥下食　临议
送亲礼　洋六元
彩蛋　二百元
红烛　百斤
花红　洋八元
福禄担　全肩
旺相　百福
三把酒　洋八元
团圆担　洋十全

馀　庆

万　福　之　原

(7－9－无编号)中华民国二十八年(1939)罗玉德结婚礼单(婺源)

鸾凤和鸣

吉　开

文定礼仪	二百六十圆
金珠饰礼	听　送
大红贡緞	双　尺
新花紫绫	七　子
大红苏布	双　对
棠红苏布	双　对
双乘玉糕	八　肩
金花蹄酒	双　肩
精细果子	八十筋
大红彩蛋	双百子
双盖彩烛	六十筋
鲜　亥	四十筋
鲜　鱼	四十筋

冠　笄　迎　娶

镇书礼仪	一百四十圆
镶金礼书	四十封
双乘玉糕	四肩
金花蹄酒	双肩
粗细果子	四十筋
花箱果子	十六包
万口康泰	十两
盒作礼仪	八两
鲜　亥	二十筋
鲜　鱼	二十筋
双盖彩烛	四十筋
大红彩蛋	百子
旺　相	百枝
祠规礼仪	八两

堂规礼仪　　六两
大司阍礼　　六两
小司阍礼　　四两
乳母喜担　　听送
开门礼仪　　六钱
启扉礼仪　　六钱
铺筐礼仪　　二两
插灯礼仪　　八钱
旺相礼仪　　六钱
送亲礼仪　　一两二钱
彩舆鼓乐　　全部
轿内三盏　　全福
犒　　食　　八两

余　庆　裕　后

时民国二十八年已卯四月谷旦

澄溪罗玉德堂具

（按：原件共三张，均为红色，其中一件为封套。）

徽州民间私约中婚姻契约的分析比较表

年代	名称	当事人	内容	特别约定
光绪二十八年	许婚书	方发传	女方答允	
同治十二年	求婚书	许锡光	致姻翁求婚	
民国十五年	出继证书	陈镇峰	入赘汪宅，承祧汪门烟祀	陈门门户钱粮祀会等项，仍照五房摊任。生母将来生供殁赀窀穸等费，均照兄五人分派，公认无辞；易姓更名；永承汪宅宗祧；当持双方门户，毋得诿卸；所有屋宇、田地、山场、祀会、粮赋、账目等项，均系聚隆担凭执管；言定裕后弄璋以次回宗无异

续表

年代	名称	当事人	内容	特别约定
民国三十四年	出卖发妻字	曹荣贵	出卖发妻与裘金菊	裘姓津贴荣贵法币两千元
民国三十四年	自由改嫁婚书	江悦娥	自由改嫁与裘金菊	裘金菊津贴给江悦娥法币万元，生放防身
民国三十五年	招婚文据	程刘氏、吴正义	坐山招夫	除将门前及上堆十二堆与玉蛾留过，其余全份家产交由顶门者所辖

（八）民间私约中的继承契约（共6件）

继承是近现代民法中对于家族或家庭财产中，由继承人继受被继承人财产或者财产权利的民事行为。中国古代传统社会中，并没有继承和专门的继承法，但在民间通常将这种继承类的契约写作“兹有某人承祖、父处得某财产”，或者写成“立继文书”、“绍书”以及“遗嘱”、“遗书”等。传统民间私约表达的上述内容，体现出这类民事契约的范畴包括宗族种姓的继承、家庭财产的承受以及宗法社会中身份的承传三个方面。据此日本学者滋贺秀三将其归纳为“在中国人的心中，作为继承的目的而意识到的就是意识到人、祭祀、财产这三者并且这三者是不可分的一体化的事实。”[1]

明清时期的成文法中，主要对宗族制度进行维护，并不具有近代继承法的实质内容，如《大清律例》“户律”中“立嫡子违法”条：

“凡立嫡子违法者，杖八十。其嫡妻年五十以上无子者，得立庶长子。不立长子者，罪亦同。俱改正。

若养同宗之人为子，所养父母无子所生父母有子。而舍去者，杖一百，发付所养父母收管。若所养父母有亲生子，及本生父母无子欲还者，听。

其乞养异姓义子以乱宗族者，杖六十。若以子与异姓人为嗣者，罪同。其子归宗。

其遗弃小儿，年三岁以下，虽异姓，仍听收养，即从其姓。但不得以无

---

〔1〕［日］滋贺秀三：《中国家族法原理》，张建国、李力译，法律出版社2003年版，第96页。

子，遂立为嗣。

若立嗣，虽系同宗，而尊卑失序者，罪亦如之。其子亦归宗。该立应继之人。

若庶民之家，存养良家男女为奴婢者，杖一百，即放从良。”[1]

又在“条例”中作出了更为详尽的规定：

“一、无子者，许令同宗昭穆相当之侄承继，先尽同父周亲，次及大功、小功、缌麻。如俱无，方许择立远房及同姓为嗣。若立嗣之后，却生子，其家产与原立子均分。

一、妇人夫亡无子守志者，合承夫分，须凭族长择昭穆相当之人继嗣。其改嫁者，夫家财产及原有妆奁，并听前夫之家为主。

一、无子立嗣，除依律外，若继子不得于所后之亲，听其告官别立，其或择立贤能及所亲爱者。若于昭穆伦序不失，不许宗族指以次序告争，并官司受理。若义男、女婿为所后之亲喜悦者，听其相为依倚，不许继子并本生父母用计逼逐，仍酌分给财产。若无子之人家贫，听其卖产自赡。

一、凡乞养异姓义子有情愿归宗者，不许将分得财产携回本宗。其收养三岁以下遗弃之小儿，仍依律即从其姓，但不得以无子遂立为嗣，仍酌分给财产，俱不必勒令归宗。如有希图赀财冒认归宗者，照律治罪。”[2]

明清时期的法律中有“承继”二字，其中“承”表示承袭和接受，主要指对身份和财产的继受，如“妇人夫亡无子守志者，合承夫分”，意思是丈夫去世后，妻子如果没有儿子但决定守节的，可以承受本属于其丈夫名下的财产。这里的“承”只表示由妻子继承亡夫的财产，并不涉及宗祧。“继”则指宗祧，即表示家族的承传，和血亲种姓的延续。在一定程度上和近现代的继承，具有直接的延续性。

鸦片战争以后，传统的封建制度和与之相适应的传统法律受到冲击，近代西方的法律和法学思想开始进入中国，并且影响到中国的立法和司法活动。清朝末年，在沈家本等人主持下开始对传统法律进行修订，在日本法学家浅井虎夫等协助下，修订成《大清民律草案》，共计五篇，包括第一篇总则，第二篇债权，第三篇物权，第四篇亲属，第五篇继承。但实际对外颁布的只

---

[1] 田涛、郑秦（点校）：《大清律例》，法律出版社 1999 年版，第 178 ~179 页。

[2] 田涛、郑秦（点校）：《大清律例》，法律出版社 1999 年版，第 179 页。

有前三篇，亲属继承二篇由于当时朝野上下意见不一，纷争较多，未能“颁布天下”。后两篇直至中华民国元年，始由当时的新政府颁布。但这次颁布由于时间仓促准备不足，只是照搬了《大清民律草案》的全部文字，未作任何修订，因此使一部分研究者存在误解，以为清末颁布的民法草案已经包含了亲属继承两篇。

据民国初年颁布的民律草案，实际为《大清民律草案》第五篇继承的“定名”称：

“人死而继承之事以生，此古今东西所同者也。考继承之历史，继承人所得权利，或宗祀权或身分权或财产权，事实虽不同而其为继承一也。唯以继承事汇订以一定之规则，成为完全法典者，实自近代始日本谓继承曰相续法。夫相续云者，即相为继续之意也，此等字句若缀诸文字之内，其意固自可通，然以此作为名词，实为得取义之正。查中国于嗣续宗祧等项，多通用继承字，故此编改曰继承，而关于继承之法曰继承法。”[1]可见清末修订的民法继承篇，在很大程度上参考了日本明治维新以后新法律中的“相续法”。但在立法时又结合当时西方民事法律中的财产规定，吸收了中国传统社会中的民事习惯，并将其互相杂糅在一起，成为一种所谓杂混中西，融通古今的独特的法律文本。

据清末在继承篇中所作的纲领性解释认为：“谨按中国古无继承之律，其范围故不确定，然而三代以上宗法盛行，其恃以幹国承家敬宗收族者厥维宗子，此宗祧继承之法也。中古以降宗法废弛，而如官员之袭荫，丧服之承重，犹致严于嫡长，此身份继承之法也。凡以礼制立教之国，不甚注重乎家产，故吾国数千年来于分析祖、父遗业之事，一委诸习惯。苟有兄弟让产者，历史且著为美谈。晚近风俗衰薄，始有嫡庶子男分析家财田产，不问妻妾所生，止以数均分之例，此其为法虽未尽详要，亦渐趋于遗产继承时代。盖可知已现今欧洲各国，其法律概采个人主义，并不认有家族，故其所谓继承，直一财产之移转，无他义也。”[2]在民间将遗产和继承看作香火的承绍，所谓“香火”即传统社会中对于祖先的祭祀，如《名公书判清明集》一书中对于继子和立嗣案件的判决：“父子俱亡，无人承绍香火，不必为父命继而立孙，则

〔1〕《民律继承编草案》第五编《定名》，中华民国元年（1912）政法学社石印本，第1~2页。
〔2〕《民律继承编草案》第五编《定名》，中华民国元年（1912）政法学社石印本，第1~2页。

父之香火在其中矣”“是蜀（次男）有后而怡（长男）无后，蜀之香火不绝，则圣与（父）之香火亦不绝”[1]。

在徽州地区调查采集到的继承类民间私约较多，可以分为两个时期，其中1949年以后的部分，归入《徽州调查报告》中进行专门研究，主要是因为这类私约中的当事人或者其子女，尚生存于世。另外，于1949年以前的标本中，我们选择了六件具有代表性的标本，并逐一进行分类研究。

（8－1－无编号）雍正五年（1727）曹阿汪立遗嘱批字字据（歙县）

立批字人曹阿汪，夫廷琮公、男志敬、孙尚锦，不幸天道不佑。今阿抱病在身，特知会伯叔弟侄，三面嘱托，凡阿一应屋业田产以及众会等项尽阿婆媳食用，衣衾棺椁费用之外，只批租十二秤与亲女节弟，其余尽行输入望龄公祀会之内附祭拜扫阿坟，日后凡有事务，各房长侄公同料理，不得推诿。今欲有凭，批此存照。

雍正五年六月念六日立批字人　曹阿汪（押）

同媳　江氏

见胞弟汪正先（押）　侄　志钧（押）

伯　廷珪（押）　裴

叔　廷玑（押）　瀛（押）

廷墂（押）　昜（押）

轼（押）

依口奉书　志嘉（押）

这是一件采自歙县棠樾村的遗嘱，棠樾村因有数座牌坊相连，被称作“牌坊村”，现为著名的旅游胜地。遗嘱中曹阿汪，为女性，曹阿汪的丈夫汪廷琮、儿子汪志敬、孙子汪尚锦“不幸天道不佑”，均已去世，仅留下她和儿媳江氏。现曹阿汪本人又抱病在身，于是邀请族中伯叔弟侄等人建立遗嘱。遗嘱中约定将曹阿汪的房屋田产以及众会等财产和债权分作三部分，其中主要由“阿婆媳食用”和阿去世时的衣衾棺椁费用，其余另外拿出“批租十二秤”留给曹阿汪的亲生女儿节弟，其余交付给宗族公祀会作为祭拜扫阿坟之

[1] 中国社会科学院历史研究所、宋辽金元史研究室（点校）：《名公书判清明集》，中华书局1987年版，第262页。

用。同时还约定曹阿汪死后，剩余之事交给各房长侄共同料理。最后由曹阿汪和儿媳江氏签名画押表作认同，其他则均由汪氏宗族中伯叔弟侄等逐一签字。这份遗嘱中曹阿汪因无子，也没有过继立嗣，在当时属于“户绝”，户绝类的遗嘱非常少见，特别是曹阿汪死后留有一女节弟和一孀居儿媳江氏，除了给江氏留有生活必需的用品外，还特别划拨出田租十二秤的土地留给其亲生女儿。根据我国民间传统习惯，女儿不参与遗产的分配，甚至不能主张分配遗产的权利，这一现象至清朝末期修订《大清民律草案》时，依然被吸收进当时的所谓“新法律”中，如《大清民律草案》第五篇继承在第一千四百六十八条解释，如果“户绝”无直系卑属继承时，相应的法律规定及其理由：“本条系规定无直系卑属继承时，应由何人承受遗产。夫继承云者，不惟承接其产业，实即继续其宗祧，故惟所继人之直系卑属为有继承权。若其人并无子孙，则第处置其遗产，与嗣续问题无涉，故不曰继承而曰承受。而此承受之次序，首夫或妻，次直系尊属，次亲兄弟，次家长，再次为亲女。以夫或妻列首者，因其人与所继人为夫妇，生前既共为一体，则一造死后自应与以先得之权。直系尊属即本人之父母、祖父母等之谓，惟亲等有远近，即承受有先后。祖父母不得先于父母，曾祖父母不得先于祖父母，论亲疏不论尊卑，此亦理有当然者本条第二项。至亲兄弟虽为旁系亲，然与本人既同其所生，究与普通旁系有别，故斟酌情谊，应于直系尊属之后与以承受权。若并不无亲兄弟，则家长为一家之主，家属财产无人承受，自应归其所有。亲女列于最后者，以吾国习惯女子无继承财产之例，若非父母特别给予遗产，为女子者不得主张有此权。清《现行刑律》卑幼私擅用财条，其例文有户绝财产，果无同宗应继之人所有亲女承受等语。曰‘户绝’，曰‘无同宗应继之人’明非绝户或尚有应继者，女子犹不得承受财产也。本条以亲女殿后，盖即此义。”[1]这种对于继承与承受的区分，正是传统宗法社会中的法理念，并且直接影响到民间继承类契约的表述。

（8 –2 –无编号）嘉庆七年（1802）王仕昭立义继文书（黟县）

立义继文书人王仕昭原予父昆仲有四，父行一讳学缔；次二叔父讳学缘；次三叔父讳学红；次四叔讳学绢，迄今俱已没世。特念缘叔先年曾经祖

〔1〕《民律继承编草案》第五编第二章《继承》第一千四百六十八条“理由”。参见中华民国元年（1912）政法学社石印本，第5 ~6 页。

上仗义出继伯祖道南位下，永承宗祧，不幸所处囊空未娶无嗣，予心悲之。又念红叔元、继两配未获美璋，虽稍羡余，只年迈婶母汪氏一人，伤何如乎！即在绢叔幸哉有子，亦仅母子二人朝夕相依。惟予同胞手足鼎峙维三，论以义继，责将奚辞。因以予弟曰炦，继入叔父学缘；又以予弟曰炣，继入叔父学红。承乃宗祊以嗣以续，庶几大义所在，先人行之，后人效之，且从而推类之矣。至如屋宇田地山场一切余赀等项，无论祖遗新蓄，予兄弟之本位及炦弟、炣弟所承继之本位，坋籍或小或大，或多或少，分爨过家之日，浑作三股摊派管理，此皆从义起见，略无私曲之为。炦、炣二弟须知谊切，一脉共体，斯意各自承创克昌，厥后毋得生端异议，隣于非义之义贻笑他人。缘讬族叔等立定合同文书四纸，一纸存众，予兄弟各收一纸，永远存照。

大清嘉庆七年岁在壬戌季春月上旬二日立合同义继文书　仕昭(押)

承继弟　仕炦(押)　仕炣(押)

讬族叔　学桐(押)

信(押)　兄仕瞻(押)

学枫(押)　弟应飞(押)

学粮(押)　侄际昌(押)

(半书　合同四纸)

这是一份由长兄主持的过继文书，长兄王仕昭，父亲和三个叔叔均已去世，二叔学缘早年过继给伯祖道南，但不幸因贫寒未娶无嗣；三叔学红虽两次婚配，但均未能生育，至今只有婶母汪氏孀居；只有四叔学绢，去世后留有婶母和一子。王仕昭共有兄弟三人，即“鼎峙维三”，王仕昭和大弟仕炦，二弟仕炣。由长兄王仕昭出面分别将大弟仕炦过继给二叔学缘，二弟仕炣过继给三叔学红，承继香火以免户绝。王仕昭的四叔学绢，生有子嗣，因此不需再由王氏宗族中的男子参与宗祧。据《大清律例》户律中立嫡子违法条规定：“一、无子者，许令同宗昭穆相当之侄承继，先尽同父周亲，次及大功、小功、缌麻。如俱无，方许择立远房及同姓为嗣。若立嗣之后，却生子，其家产与原立子均分。”[1]不难看出这种过继的目的主要是满足“承乃宗祊以嗣以续”的宗祧需要，几乎并不涉及财产继承，从存世的徽州继承类民间私约可

〔1〕 田涛、郑秦(点校)：《大清律例》，法律出版社1999年版，第179页。

以看出，兄弟之间分析财产或者家族分析财产时，均对所分析的财产加以明确记载和分割，即民间俗说的“亲兄弟明算账”，但这件契约中未能对相应财产加以描述介绍，结合二叔贫寒未娶之事实，似乎可以进行分析的财产微乎其微。从这份过继文书上清楚地看到，传统社会中继承的主要目的，是以种姓继承即以嗣以续的宗祧为主，这和后人对于继承的认识有一定的区别。这份过继文书有亲族叔辈和兄弟辈族众参与，建立的“合同文书四纸”由族众收存一份，以作为私约见证，其余三兄弟各收一纸，分别留存。

(8－3－无编号)道光十八年(1838)汪灶妹等立膳茔合同(黟县)

立兴膳茔永远标祀合同人汪灶妹、灶美、佛应、灶应，缘因显伯考正顺府君生子一灶旺，所生二子长东灶、次东正，不幸堂侄二人俱已病故，聘妻未娶，并无标祀，所有产业屋宇等物不忍坐视，岂肯就手傍观。妹等邀请四大房长公议，着立膳茔永远标祀。准于大清明日，奖励显伯堂弟堂侄等墓，在世一生劳苦，百世不休。所有产业等物除坐立膳茔变产斋醮已外，仍余田地屋宇议四股均分。嗣后倘有以强欺弱，盗卖正顺公膳茔等物凭公议究。再每年膳茔之租除标祀已外，如有仍余不准放于立合同人人等。四人凭公，俱各情愿各无反悔。一样四纸，各执一纸。恐口无凭，立此与善膳茔永远标祀合同存照。

记开坐立膳茔永远标祀之业列后：

一、大小买熟地上下两业土名□坑官山，敬字四千九百四十八号，计山税九厘二毛，每年黄麦三斗正，黄豆一担正，粟米三斗正。

一、大买田一业土名车坑小塘坞口，敬字二千八百九十三号，计田税二分六厘，每年谷租三斗二升正。

一、大买熟地一业土名□坑平□，敬字四千七百四十二号，计山税三厘，每年黄豆七升五合正。

记开灶妹所领立生业屋宇列后：

一、大小买熟地上下一业土名将军踏弩(上半)，敬字四千九百卅九号，计山税八厘。

一、大小买粪窖基一业土名麻地，敬字二千六百九十六号，计地税一厘五毛。

一、菜地一业土名鲜榨坞。

一、租屋东边楼房一步。

记开佛应所领产业屋宇列后：

一、大小买菜园地一业土名屋基地里菜地，敬字二千六百九十二号，计地税五毛。

一、大小买菜园地一业土名屋基地里菜地，敬字二千六百九十二号，计地税五毛。

一、小买熟地一业土名茶湾岭。

一、租屋西边楼下中间地方一步。

记开变产斋醮列后：

一、大小买田一业土名罗干溪，竞字一千二百〇四号，计田税五分二厘五毛二系五忽。

一、大小买田一业土名汪公碣头，敬字二千九百廿八号，计田税三分五厘。

一、大小买熟地土名鲜榨坞（粟田）。

记开灶美所领产业屋宇列后：

一、大小买熟地一业土名将军踏弩（下半），敬字四千九百廿九号，计山税七厘。

一、砂墩业地一业土名　湖坵。

一、租屋西边楼房一步。

记开灶应所领产业屋宇列后：

一、大小买菜园地一业土名屋基地里菜地，敬字二千六百九十二号，计地税五毛。

一、小买熟地土名茶湾岭。

一、租屋东边楼下地房一步。

再批正顺公名下租批一纸，存于佛应经理。此照。

道光十八年二月　日　立兴膳茔永远标祀合同人　汪灶妹（押）、灶美（押）、佛应（押）、灶应（押）

亲房　汪益（押）、益炳（押）、观宝（押）、顺高（押）

四大房长　汪玉积（押）、润和（押）、玉均（押）、天宝（押）

代书　汪震仙（押）

《道光十八年(1838)汪灶妹等立膳茔合同》是由汪氏四兄弟汪灶妹、灶美、佛应、灶应共同建立的一份继承契约。汪氏兄弟的伯父已经去世，伯父生有一子汪灶旺，是为汪灶妹等的堂兄弟，灶旺生有二子东灶和东正，后不幸灶旺及二子均病故，致使汪灶妹伯父一家户绝。汪灶妹伯父一家无人承嗣，为了防止其财产受外人侵害，由汪灶妹等兄弟四人作为"同宗昭穆相当之侄"继承其伯父遗产。除留有部分财产作为祭祀使用之外，其余财产灶妹等兄弟四人均分，同时兄弟四人还负责管理坟墓和进行祭祀。但并未从兄弟四人中选择一人过继宗祧，也未曾兄弟四人的儿子辈中选择一人过继宗祧，仅将已经去世伯父的财产分析继承。从中可以看到在传统民事继承类契约中，同宗近亲侄辈，对户绝的财产可以分析和继承，并不仅限于宗祧。兄弟四人在继承伯父遗产后，仅需要承担保护伯父家坟茔和按年祭祀的义务。这份契约建立时除亲房人等参加外，还包括"四大房长"参加，并作为见证人。继承类合同中这种由子侄辈继承叔伯遗产的私约，通常被定名为"立兴膳茔永远标祀合同"。

(8-4-无编号)光绪五年(1879)李成富出绍次子合同(婺源)

立议出绍书人理田李成富缘身亲生次子兆源，己卯年六月十六戌时建生，今因家贫，自愿托本家出绍与汝宣弟名下为嗣，谊属一脉，昭穆相宜。三面凭中，议作礼洋是身收领，以为养育之资。其子自今出绍之后，悉听择吉进门，更名接拜宗支，抚养成立。惟愿子孙瓜瓞绵绵，是则我之所厚望也。今因有凭，立此出绍书存据。

光绪五年十二月十六日立议出绍书人　李成富(押)

家长　　祖武　(押)

《光绪五年(1879)李成富出绍次子合同》是李成富将其次子李兆源过继给本家兄弟李汝宣名下为继嗣建立的合同。这类继承类契约也被称作"绍书"，"绍"在民间常与"续"字相连，因此又被称为"绍续"。根据《说文解字》的解释："绍：继也，紧纠也。紧者，缠丝急也。纠者，三合绳也"。"续：连也，连者，负车也，联者，连也，皆其义也。《释诂》曰继也。"[1]据此在古代汉语中"绍"的意思为继续，"续"则表示相互连接，"负车"就是车与车相互连接，

〔1〕（东汉）许慎：《说文解字》，（清）段玉裁：《说文解字注》，上海古籍出版社据经韵楼本影印1981年版，第十三篇上"丝部"。

因此绍续表示继续和连接。在这份绍书中，立约当事人是李成富，将其次子兆源过继给本家兄弟李汝宣，这符合《大清律例》“户律”中“立嫡子违法”条“无子者，许令同宗昭穆相当之侄承继，先尽同父周亲，次及大功、小功、缌麻。如俱无，方许择立远房及同姓为嗣”[1]的规定。以次子过继是传统社会中重要的习惯，这是因为长子必须继承血亲宗祧，一般不能过继给他人为嗣，只有在两兄弟只有一子的情况下，才会出现一子两祧的现象。这件绍书中还约定了兆源在出绍之后，将听凭对方挑选良辰吉日举行仪式，更改名字，拜见对方家中长辈，才能正式成为李汝宣的嗣子。值得注意的是，绍书中还提到了“礼洋”，尽管没有写明具体数字，且注明是“以为养育之资”，但结合前文所述“今因家贫”，而且绍书中写明“三面凭中”、“今因有凭，立此出绍书存据”又与买卖合同的格式完全符合，不难看出李成富将次子出继给李汝宣为嗣子，更主要的是迫于生存的压力，在出绍之名下，包含了人口买卖之实。

立养节膳田契人浴三氏立此即所以保节也。缘保媳少年守节，其志可嘉，所可怜者凄凉孤立，将何以处之。然余夫妇年将望六，亦难兼顾，所有二三两侄均以(已)成家立室，各生子女，各有生业。惟保媳可怜，常背人饮泣，愁吾夫妇年老往后之日，系有不堪设想者。然余常就幕在外，辛亥年，革军起事，天下纷更，不得不返家门。每见保媳常有可怜之状，询其所以，哀泣再三，言语吞吐，实难出诸口者，然迫于事势又不得不言，后之日将何以处之。余闻之实怆余怀，因思向日之所蓄者，皆为母病及身后之事不下五百余金，加之保儿读书及进学，兼之疾病加之身后之事，不下数百金，因此亏空累累，债台日上。今之日思所以安保媳者，不得不将上人遗产田二处一坑边方坵田、一长坵田，此二处凭中立契付与保媳用作为养节之田，只能收租过老，不能变卖，即二、三两侄亦知大义，不致另有异言，特此立契永远存照。

宣统四年二月吉日立　　　　浴三氏亲笔(押)

鹤春弟

勉英叔

中人　　伯年侄

妹丈　冯砚卿(押)

[1] 田涛、郑秦(点校):《大清律例》，法律出版社1999年版，第179页。

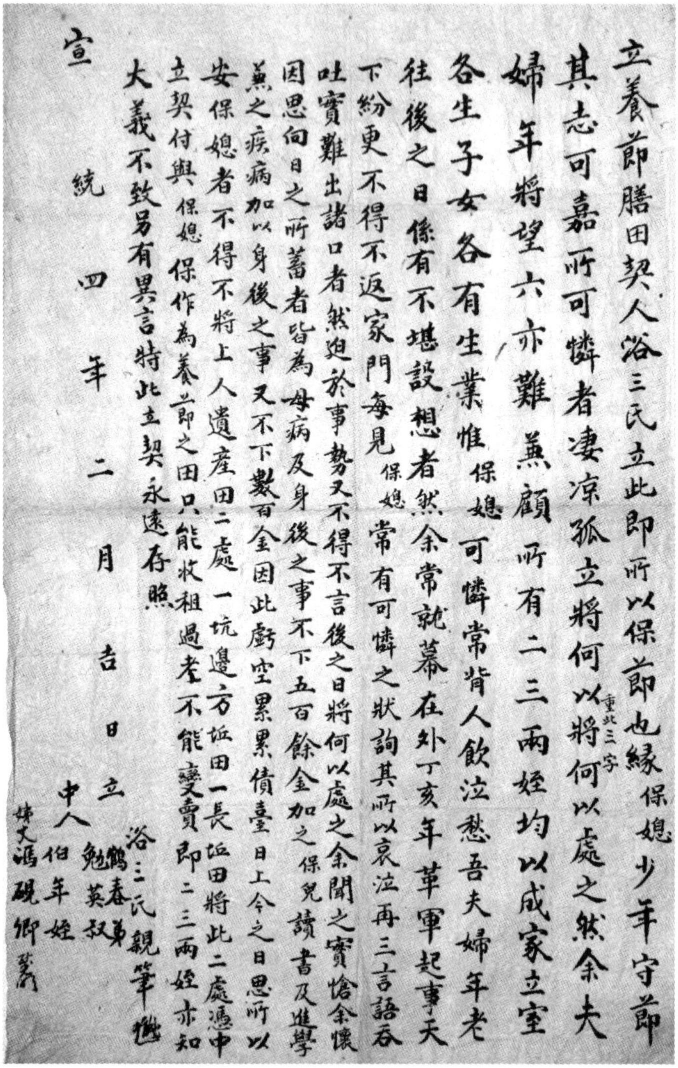
立養節膳田契人浴三氏立此即所以保節也緣保媳少年守節
其志可嘉所可憐者凄凉孤立將何以將何以處之（重此三字）然余夫
婦年將望六亦難兼顧所有二三兩姪均以成家立室
各生子女各有生業惟保媳可憐常背人飲泣愁吾夫婦年老
往後之日係有不堪設想者然余常就幕在外丁亥年革軍起事天
下紛更不得不返家門每見保媳常有可憐之狀詢其所以哀泣再三言語吞
吐實難出諸口者然迫於事勢又不得不言後之日將何以處之余聞之實愴余懷
因思向日之所蓄者皆為母病及身後之事不下五百餘金加之保兒讀書及進學
兼之疾病加以身後之事又不下數百金因此虧空累累債臺日上今之日思所以
安保媳者不得不將上人遺產田二處一坑邊方坵田一長坵田將此二處憑中
立契付與保媳保作為養節之田只能收租過查不能變賣即二三兩姪亦知
大義不致另有異言特此立契永遠存照
宣統四年二月吉日立　浴三氏親筆押
中人　鶴春　勉英　叔
伯年　姪
姊丈馮硯卿

宣统四年（1912）浴三氏立养节膳田契（歙县）　| 8-5-005

《宣统四年（1912）浴三氏立养节膳田契》是浴三氏为保证守寡儿媳生活必须，建立的民间私约。所谓“养膳田”，又可称为口食田。“膳”，即饭食，泛指生活必须。“节”，即节操、气节，是传统社会中提倡的道德品质，这里指女子丧夫后在夫家守寡以保贞节。契约的主要内容是因为浴三氏的儿媳“少年守节，其志可嘉”，而浴三氏“夫妇年将望六，亦难兼顾”，守寡儿媳生活非常困苦。为了维持她的生计，浴三氏不得不将所继承的祖上的两处田产以契约的方式给付儿媳作为“养节之田”。并且在契约中约定，这两处田产“只能收租过老，不能变卖”，只具有使用权，但不能变卖或将田产转移。若干年在保媳身后，田产仍然留在浴氏家族，其侄辈仍然可以继承，因此不会有人对这份契约加以反对。这份契约的行文风格不同于一般代书人所书的契约，代书人书写的契约文书，往往会有固定的模式，同一类型的契约文书内容大同小异，而且文字也较少修饰。这份契约为浴三氏亲笔所写，遣文造句倾向于颇为讲究并富有抒情色彩，显示出一定的文学功底。契约中“余常就幕在外”可推知，浴三氏曾经作为清朝官吏的幕友常年在外，但在辛亥革命结束了封建社会的统治后，他也不得不返回故里。同时也正因为有着长期的幕友经历，使得浴三氏虽在“为母病及身后之事不下五百余金，加之保儿读书及进学，兼之疾病加之身后之事，不下数百金，因此亏空累累，债台日上”的情况下，但仍能拨出二处田产作为儿媳的保节之用。这份契约结尾处写明是“宣统四年二月”所立，而实际上在宣统三年(1911)清朝结束，1912年1月1日中华民国成立，宣统四年应该为中华民国元年。但在当时的社会环境下，徽州地处比较偏远的山区，仍采用清朝纪年也就不足为奇了。最后的署名部分除了浴三氏外，还有他的弟弟鹤春、叔叔勉英、侄子伯年和妹丈冯砚卿作为见证，以增强该份契约的证明力。

(8-6-无编号)民国四年(1915)父吴嘉敏为子致中致诚致安立遗嘱文约(歙县)

立遗嘱父吴嘉敏，所生尔等兄弟三人，均各成立，惟三子致安尚未婚娶。本拟为其立室成家，讵料手中拮据，此志未成。兼之家道贫乏，难成衍敷，况予桑榆已近，万不可以支持。凑吾议息尚存，是以挽托亲房收祖遗之产，并屡年所借来各款账目，立成天地人三纸，尽皆载明各管各业，其账均照三股分派，俱遵遗嘱而行。嗣后毋得以强欺弱，如有此情，以不孝之罪论。恐口无凭，立此遗嘱存照。

天字致中阄得

土名大□上前塝老厨灶半间并楼下一半

土名通车楼左边正堂前步房一步

土名茶元尖熟地六亩

土名龙上壁外荒山一半

土名茶行坝塝夏菜地一半

土名上屋后熟地半亩，坐长子

地字致诚阄得

土名大□上前塝老厨灶半间并楼下一半

土名三进右边前堂房一步

土名茶元尖熟地六亩

土名龙上壁外荒山一半

土名茶行坝塝下菜地一半

土名下黄泥凸熟地一亩，此业增补娶亲费用

人字致安阄得

土名前塝房一步並楼上半阁

土名三进屋后进楼上左边房一步，此房坐厨灶

土名茶元尖熟地六亩

土名茶元尖地脚荒山一业，至坑

土名茶行塝熟地并荒山

土名黄泥凸熟地三亩

土名茶行坝毛厕一个

民国四年五月　日　　　立遗嘱父　吴嘉敏（押）

长男致中（押）

次男致诚（押）

三男致安（押）

亲房　　灶昌（押）

依书　　嘉谟（押）

（半书　和气致祥）

《民国四年（1915）父吴嘉敏为子致中致诚致安立遗嘱文约》是父亲吴嘉敏为其三个儿子吴致中、吴致诚、吴致安分家所立的遗嘱文约。这份遗嘱将吴嘉敏所有财产分为“天地人三纸”，采用抓阄的方式决定各份财产的归属，对于违背契约的行为，规定了“以不孝之罪论”的处罚方式。尽管这份遗嘱建立于民国五年，但在“天字致中阄得”所列财产中，仍可以看到“土名上屋后熟地半亩，坐长子”的记载，体现了传统社会分家析产合同中普遍采用“让长制”的色彩。这份文约虽然以名为“遗嘱”，但是实际上一经决定，各兄弟立即分得财产，不同于现代法律中遗嘱在立遗嘱人去世后始生效的规定。

因此从形式上分析，这份遗嘱更符合我国传统的分家析产合同。日本学者滋贺秀三在《中国家族法原理》一书中指出“家产分割和遗产继承是不同种类的概念至少不可能混淆。”[1]但现实生活中，上述两种行为的界限有时并不明显，这件契约虽然具有家产分割的特征，但仍然属于遗产继承的民事行为，因此我们将其归类为继承类契约中加以研究。

这件契约建立时父亲吴嘉敏仍然在世，由此可见，至民国时期父母在，子孙别籍异财不再受到限制，已经开始向近现代的方式过渡。值得注意的是，这份契约在一开始写明“惟三子致安尚未婚娶”，但后面开列财产中又将“土名下黄泥凸熟地一亩，此业增补娶亲费用”列于二子致诚名下，可能系笔误，由于没有进一步的材料，实际情况如何也就很难知晓了。

徽州地区发现的民间继承类契约较多，一九四九年以后的这类契约，我们将收进《徽州调查报告》中。本文将上述民间继承类契约，列入下表，以兹进行比较研究。

徽州民间私约中继承类契约分析比较表

年代	名称	当事人	内容	特别约定
雍正五年	批字	曹阿汪	屋业田产以及众会等项	阿婆媳食用，衣衾棺椁费用之外，只批租十二秤与亲女节弟，其余尽行输入望龄公祀会之内附祭拜扫阿坟，日后凡有事务，各房长侄公同料理，不得推诿
嘉庆七年	义继文书	王仕昭	屋宇田地山场一切余赀等项	
道光十八年	兴膳茔永远标祀合同	汪灶妹、汪灶美、汪佛应、汪灶应	所有产业屋宇	所有产业等物除坐立膳茔变产斋醮已外，仍余田地屋宇议四股均分。嗣后倘有以强欺弱，盗卖正顺公膳茔等物凭公议究。再每年膳茔之租除标祀已外，如有仍余不准放于立合同人人等

[1] [日]滋贺秀三：《中国家族法原理》，张建国、李力译，法律出版社2003年版，第111页。

续表

年代	名称	当事人	内容	特别约定
光绪五年	出绍书	李成富	出绍次子，“礼洋是身收领，以为养育之资”	其子自今出绍之后，悉听择吉进门，更名接拜宗支，抚养成立
宣统四年	养节膳田契	浴三氏	田两处	只能收租过老，不能变卖
民国四年	遗嘱	吴嘉敏及三子致中、致诚、致安	祖遗之产，并屡年所借来各款账目	立成天地人三纸，尽皆载明各管各业，其账均照三股分派，俱遵遗嘱而行

（九）民间私约中的纠纷调解契约（共10件）

民间调解是传统社会中重要的民事行为，在封闭的农业生产环境下，当事人之间的纠纷主要表现在家庭婚姻和财产纠纷两个方面，因此也被称作“户婚田土，民间细故”，所谓细故，是指这些民事纠纷所涉及的仅仅是生活中的琐碎小事。但是这些小事却和生活在那里的人们休戚相关，因为对这些乡民而言，他们一生中所能遇到的几乎都是这些小事，无论是婚丧嫁娶，还是房舍田宅，乃至于一牛一马，一草一木，对于这些乡民而言，却是关系到他们生活的大事。民间私约中所涉及的很多方面，都是由这些所谓的琐碎小事组织在一起的，从买卖到借贷，从析产到继承，每一个细节所涉及的全部内容，都关系到他们的权利和与此相关的命运，在生活资料和生产资料都相对匮乏的环境下，人们只能最大限度地保护自己已经得到的利益，并且竭力地防止这种利益受到损害。于是在社会生活中他们依赖人和人之间的群体，以及这个群体和群体之间的社会组织。他们希望在利益受到损害的时候求助这些群体和社会，以及国家公权力，从情、理、法的不同层面给予必要的救济。在传统社会中独立的人格概念被不断弱化的同时，让每一个失去独立人格权的人，不停地去依赖他所存在的那个群体，当这个群体不能对他施以救济的时候，便企图通过这个群体，向群体所依赖的社会去寻求支撑。当这个社会仍然不能对他施以救济的时候，他不得不越过这个社会,向这个社会赖以存在的国家权力,去寻求最终的救济。每一次祈盼或者寻求,都形成了一个向权威靠拢的过程。在这个过程中,最终人格的独立全部丧失殆尽,从而使中国人的契约精神,不但没有能够走向身份的自由,反而极端地走向了权威。民间将这个走向权威的过程和寻找权威救济的过程,习惯地称作——“打官司”。这是一个多么惟妙惟肖,又是多么真切的比喻,似乎每一个人都不能独立的调处他们之间的权利和义务,而最终将他们的希望寄托在由官员即国家权力的裁判中,其结果是百姓们成了子民,而官员成了“父母”。“讨一个说法”,并非讨一个正义或者自由,而是讨来一个由官方即民之父母的裁判。我们似乎是一群永远长不大的孩子,只能由父母不断给我们以“教谕”,就好像我们自己不能得出一个让我们彼此信任的评介,而只能听从父母官给我们指明的方向。讨一个说法只能讨来权力的说法,这个说法让所有的人必须听从,而且不允许怀疑。这个说法因为是源于官员的口中,便成了权威的说法,人们只能服从,并且从内心感到“心悦诚服”。这个说法是我们自己讨来的,在讨说法的过程中,把一些人造成了神,或者神的使者的同时,忽略了我们自身的价值。“公道”二字,也时常在传统社会中不断地被使用,“公道”除了泛指社会正义之外,更严格地说指向了公权力即依仗公权力作出的标准,于是在中国传统社会中没有出现过与“公道”相对应的词汇,相反在中国人的词语中从来就不曾出现过“私道”一词。

“公了”和“私了”成为人们社会中的一组常用的对应性词汇,“公了”直截了当地指向通过公权力的裁判,以极端的权威形式解决私人之间的财产或者权利的纠纷;“私了”的范围显然具有不确定性,可能是当事人之间口头地解决方式,由于没有留下足以考察的证据,我们只能在研究中不绝对排除口头解决的存在,但是“私了”过程中,留存很多不同形式或者不同人员参与民间调解的私约文本,这些材料不但丰富了对于传统契约研究的范围,也对我们研究传统社会中民事调解的发展与变迁,提供了十分宝贵的资料。

对于传统社会中的民事调解,很多学者从不同角度进行了各种各样的探索和研究,有的从传统文献中“息讼”观念,对民事调解中有利于消化矛盾,有利于社会安定等进行了比较充分的研究,并且得出在传统法律被“儒家化”的过程中,民事调解中“和息作用”为封建社会的统治者所极力提倡,并且成为“中华法系”中一个亮点。但是这一结论显然是后人优化的结果，传统社会中所谓“息讼”的观点，正是因为“累讼”的不断发生与重复，因之推出的一种对策。“刑期无刑”不过是一种主张和期望，息讼的社会局面历史上从来没有出现过，因此也同样仅仅是一种主张和期望。然而民事调解的价值不会因此而得到贬低，只是我们应当不把这种民事调解和息讼的主张生硬地放在一起，而应该真实地面对传统社会中的民事调解，研究其内部的规律，重新评价传统社会中的民事调解，才能够得出值得世人尊重的研究价值。

在徽州调查时我们采集到很多民间纠纷调解类的文书，对这些文书的属性也曾经产生过不同意见，但最终我们将其归入传统民事私约中加以研究，这是因为这类调解性质的文书，具有当事人合意的意思表达，其内容主要为对调解的约定，有第三方的参与和其他相关人员的见证，这和传统契约中中人的参与属于同一属性，另外对于调解约定的违背，还建立了对违约一方的处罚，最后由当事人进行签字认同。这些都属于传统民事契约中的程序要件，因此将这类调解文书归入传统民事私约，是比较恰当的。纠纷调解类的民间私约，名称也带有传统民事契约的显著特征，一般这类私约的定名常用“清单”、“劝息合同”、“劝议”、“批字”、“劝议合墨”、“合墨”、“遵劝和睦字”、“议据”、“截头文字”等。我们从中选择一些具有代表性的明朝、清朝、中华民国时期徽州地区民间纠纷调解类的私约，进行比较和研究，以便从中探索具有规律性的内容。

(9－1－021)万历三十四年(1606)王鋐卿等因执契争山立清界合同文约(黟县)

二十二都王鋐卿股、焕卿股与王一朴、王之祯各执契，混争一保土名株树弯山场，因朴祯现砍大培里及株树弯松柴在山。鋐焕二股托中清理，今族众劝息，二家从情公处，将其山埋石定界。除石头本身下崃，焕股已山外，只凭石头降正坞心，上至降自弯心里边以进，系鋐、焕二股管业，自弯心外边以出，系朴、祯二人管业，自定之后，各宜永远遵守。再无得仍前持契混争，如违可罚白银十两公用，仍依此文为准，恐后无凭，立此清界合同文约二纸，各收一纸，永远存照。

万历三十四年九月二十二日立清单人　王一朴(押)

王之祯(押)

王鋐卿(押)
王镗卿(押)
王傅卿(押)
王锭卿(押)
王镇卿(押)
中见人 王续胤(押) 王三统(押)
王达卿(押) 王三善(押)
王从周(押) 王惟悌(押)
王从建(押) 王德辉(押)
王三德(押)

《万历三十四年(1606)王鋐卿等因执契争山立清界合同文约》中,王鋐卿股、焕卿股因王一朴、王之祯砍伐树木发生土地山场财产纠纷,由于纠纷的双方手中都有对争议标的物的契约,于是王鋐卿、焕卿兄弟请求族众进行调解,最后纠纷双方经过众人的劝息,“二家从情公处,将其山埋石定界”。在调解书中纠纷的双方重新划分了界限,并且在山上埋下界石,结束了这场纠纷。双方还约定自调解以后“自定之后,各宜永远遵守。再无得仍前持契混争,如违可罚白银十两公用,仍依此文为准”,表明这份调解书具有的效力,如果其中一方违约要认罚白银十两从公,此处“从公”有时也写作“充公”,或者“罚银公用”,表示对违约一方的处罚,并将所罚的白银由族众共同使用。这一表达方式在唐朝敦煌契约文书中已经有发现,被写作“罚银入官”,“入官”与“公用”的意思表达应当是相同的。民间私约中对处罚的约定较为常见,是否对违约一方作出了处罚,现在难以考证,但在约定中明确建立处罚的原则,毫无疑问地增加了契约的约束力。这件标本被称作“清界合同文约”,在徽州地区“合同”一词的使用范围十分广泛,被普遍地用于各种不同类型的民间私约中。在这份调解合同的最后部分,除了当事人签字之外,还有大量王姓族众参与,并以中见人的身份签名画押,从而增加了这件私约的权威性。

立劝息合同张用图、李焕章、李西侯、李鲁詹,今有亲人谢公若即依仁,因啚内二甲汪德泽丁粮未纳以灭甲霸产事,具呈汪去非兄弟即汪然、汪鳌在钮父台案下,汪去非随以斥公案等事具诉,未经催审。今张、李与谢、汪

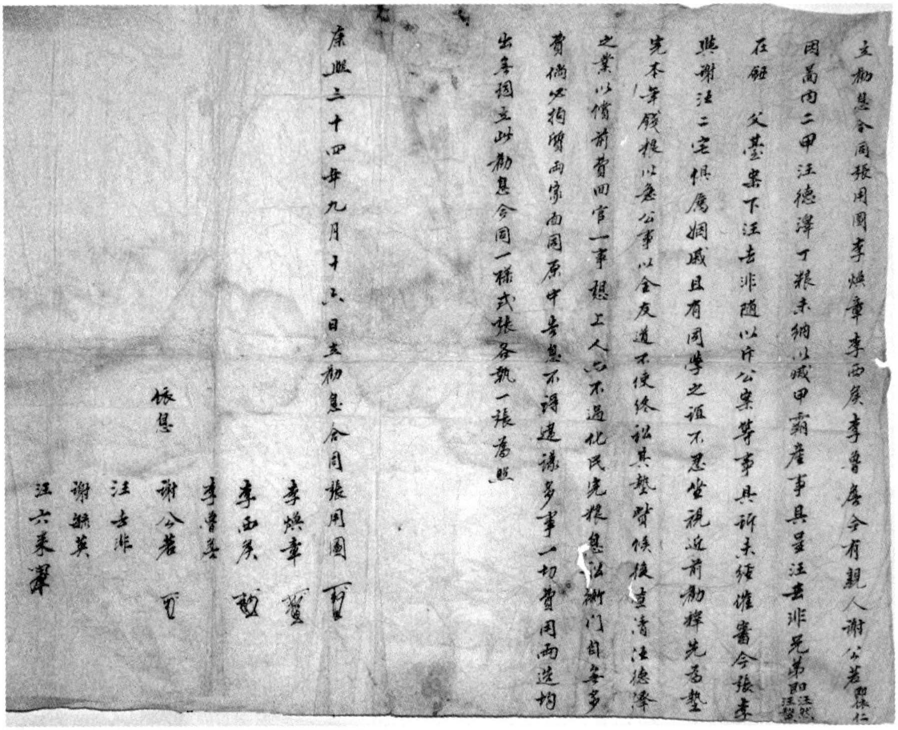
立劝息合同张用图李焕章李西侯李鲁詹今有亲人谢公若
因萬内二甲汪德泽丁粮未纳以贼甲霸产事具呈汪去非兄弟
在县 父台案下汪去非随以斥公案等事具诉未经准审今张李
照谢汪二宅俱属姻戚且有同学之谊不忍坐视近前劝释先为垫
完本年钱粮以急公事以全友道不使终讼其垫费候后查清汪德泽
之业以偿前费回官一事想上人亦不过化民完粮息讼衙门自无多
费倘必拘质两家面同原中告息不得违议多事一切费用两造均
出无辞立此劝息合同一样式张各执一张为照
康熙三十四年九月十六日立劝息合同张用图 押
李焕章 押
李西侯 押
李鲁詹
依息 谢公若 押
汪去非
谢毓英
汪六来 押

康熙三十四年(1695)张用图等为谢汪两姓劝息合同(歙县) | 9-2-无编号

二宅俱属姻戚，且有同学之谊，不忍坐视，近前劝释，先为垫完本年钱粮，以急公事，以全友道，不使终讼。其垫赀候后查清，汪德泽之业以偿前费，回官一事，想上人亦不过化民完粮息讼，衙门自无多费。倘必拘质，两家面同原中告息，不得违议多事。一切费用两造均出无辞。立此劝息合同，一样二张，各执一张为照。

康熙三十四年九月十六日　立劝息合同　张用图(押)

李焕章(押)

李西侯(押)

李鲁詹

依息　谢公若(押)

汪去非

谢毓英

汪六来(押)

《康熙三十四年(1695)张用图等为谢汪两姓劝息合同》是张用图、李焕章、李西侯、李鲁詹四人主持调解谢、汪两家的财产纠纷所订立的合同。谢公若与汪去非兄弟由于交纳该年官方征收的钱粮一事发生纠纷,此时谢公若已经将汪氏兄弟上告衙门,"具呈汪去非兄弟即汪然、汪鳌在钮父台案下",由于县太爷被称作"父母官",因此有时也尊称为"父台"。汪氏兄弟也随即进行反驳,但尚未进行审理。张、李等四人,因为与谢、汪两家都有姻亲关系,而且彼此之间曾经是同学,因此"不忍坐视,近前劝释",决定对双方进行劝息调解。张、李等四人首先代为交纳本年的应纳钱粮,"以急公事,以全友道",所垫的费用待查明事实后再由应该交纳的一方偿还。由于本案已经诉诸官府,但尚未进行正式的审理,因此在这份劝息合同中,张、李等四人还考虑到了官府可能采取的措施,尽管"上人亦不过化民完粮息讼,衙门自无多费",但是还是约定了"倘必拘质,两家面同原中告息,不得违议多事。一切费用两造均出无辞"。即表示如果一旦官方坚持审理此案,则谢、汪两家和参与调解的人员一起向官方说明,已经进行了"庭外调解",如果仍需交纳诉讼费用,则仍由纠纷的双方负责。值得注意的是,这份劝息合同的立约人是张、李等四人,他们并不是这件财产纠纷的当事人,而是作为第三方主持调解谢、汪两家的纠纷的调解人。而谢、汪等人则在这份劝息合同的最后签字画押,并注明"依息"字样,表示服从该份劝息合同的所有约定。

所谓调解,是指发生纠纷时,在当事人之间,或者由外力参与主持,依据一定的规则,通过劝说、教育、感化乃至施加压力的方式,进行劝解与说和,使当事人之间形成谅解,以达到息事宁人,解决纠纷的方法。这件私约中的调解人与纠纷双方是姻亲和同学,他们的社会地位和经济地位相互接近,甚至应该是平等的,主持调解的一方并不具有权力属性,调解的目的也仅仅是化解矛盾,避免纠纷扩大,虽然在客观上起到了"息讼"的作用,但调解人的主观愿望仅仅是"以全友道"而已。参与民间调解的人员的身份地位值得加以注意,对此当代学者也进行了卓有意义的研究。黄宗智先生在《民事审判与民间调解:清代的表达与实践》一书中提出了"民事调判"(civil justice)的概念,即"民事纠纷的民间调解和法庭审判",这样一个涵盖性的术语同时包括非官方(unofficial)的和非正式的(informal),也即民间的调解,与官方的(official)和正式的(formal)审判。其中也包括黄宗智教授所归纳出的参与民间调解的所谓中间领域或者“第三领域”。这些独立地处于官民之间的领域，形成一种客观存在，并且在官方与民间二者之间的交搭的空间里，起到法庭意见和民间调解的相互作用。[1]

在黄宗智先生看来官方的表达应当体现为《大清律例》即国家成文法中，而民间的实践和表达却表现为民间的调解。因此在官方和民间之外，还应当存在一个第三领域，即由衙役、乡保等所组织并且操作的半官办民调处手段。[2] 我国著名学者梁治平先生在其著作《清代习惯法：社会与国家》一书中虽然没有对清代的审判和调解进行专门研究，但他从近代对农村习惯调查出发，认为习惯法与国家法之间的关系属于“分工”和“断裂”的不同关系。[3] 日本学者滋贺秀三氏在《清代诉讼制度之民事法源的概括性考察》一文中，则提出清代诉讼裁判的法理学基础应当是中国传统社会中“情、理、法”三个基本原则，而且其中所谓“情、理”的表述，应当被判断为乡族传统的宗法与习惯。[4]

上述学者的研究显然具有不同的见解，这些见解源于研究者本人的立场以及对中国传统社会所持不同视角。尽管这些研究对我们认识中国古代的传统社会，以及这个社会中所具有的法律和习惯的区分，具有重大的学术意义，但这些研究之间的差异性也为我们探索该命题，留下了值得注意的空间。其中对于民间纠纷调解的作用及价值，特别是民间调解与司法裁判的区别；所谓“第三领域”，是否是中国传统社会中的客观实在，第三领域中的人员是否具有相对独立的身份，而且这一领域与另外两个领域之间的相关联系；生活在封闭状态下的乡民对所谓“第三领域”的参与是否可以自由的选择，第三领域是否建立了何种规范与规则，这些规则以及通过这些规则的调处的结果，与司法裁判的结果之间是否具有同等法律效力？对此春杨博士在其论文《晚清乡土社会的民事纠纷调解及其变迁——以徽州

---

〔1〕 参见黄宗智：《民事审判与民间调解：清代的表达与实践》，中国社会科学出版社 1998 年版，第 10 页。

〔2〕 参见黄宗智：《民事审判与民间调解：清代的表达与实践》，中国社会科学出版社 1998 年版，第 132 页。

〔3〕 梁治平：《清代习惯法：社会与国家》，中国政法大学出版社 1996 年版，第 140 页。

〔4〕 [日]滋贺秀三：“清代诉讼制度之民事法源的概括性考察——情、理、法”，另见滋贺秀三：“清代诉讼制度之民事法源的考察——作为法源的习惯”，载滋贺秀三等：《明清时期的民事审判与民间契约》，法律出版社 1998 年版。

私约为起点的解读》中甚至进一步提出“如果把调处作为‘第三领域’或者州县官裁决的一种方式，那么都很容易导向这样的结论：‘第三领域’与‘第一领域’、‘第二领域’一样是可选择的，同时具有与前两者相同的法律效力。”〔1〕

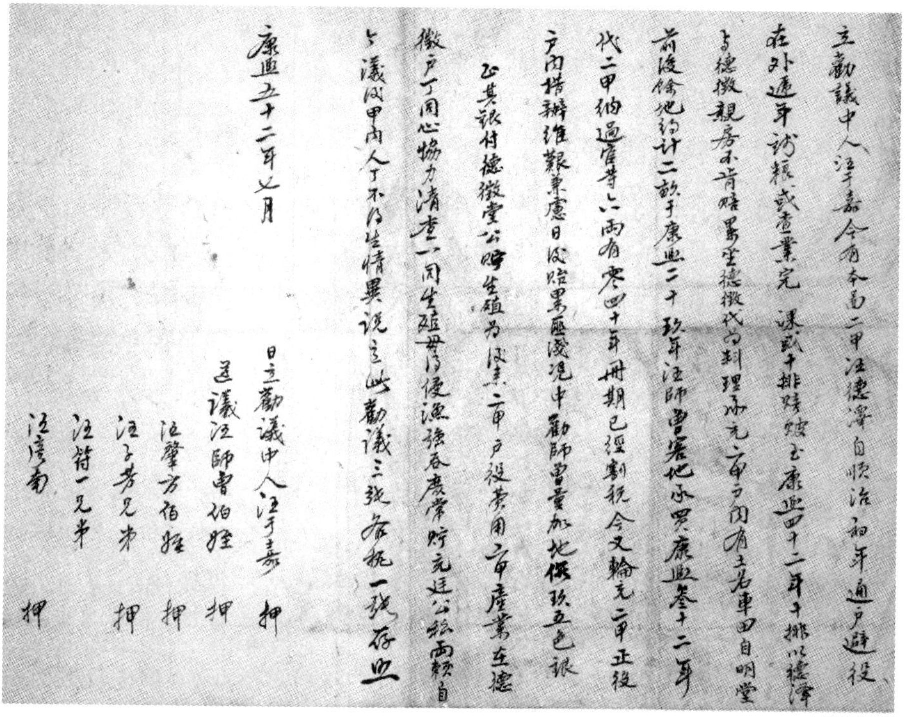

康熙五十二年(1713)汪于嘉与汪师曾汪肇方等劝议合同(歙县)　｜9-3-无编号

立劝议中人汪于嘉，今有本畐二甲汪德泽，自顺治初年通户避役在外，逓年钱粮或查业完课或干排赔□至康熙四十二年干排以德泽与德徵亲房不肯赔累，坐德徵代为料理承充二甲户内有土名车田自明堂前后余地约计二亩，于康熙二十九年汪师曾客地承买，康熙三十二年代二甲纳过官等六两有零，四十年册期已经割税，今又轮充二甲正役，户内措办维艰，兼虑日后贻累匪浅，凭中劝师曾量加地价九五色银　正，其银付德徵堂公贮生殖，为后来二甲户役费用，二甲产业在德徵户丁同心协力清查，一同生殖，毋得侵渔强吞，庶常贮充廷公私两，赖自今议后，甲内人丁不得生情异说。立此劝议三张，各执一张存照。

〔1〕 春杨：《晚清乡土社会的民事纠纷调解及其变迁——以徽州私约为起点的解读》，2006年5月，中国人民大学博士学位论文，第3页。

康熙五十二年七月　　日立劝议中人　　汪于嘉(押)
遵议　　汪师曾伯侄(押)
汪肇方伯侄(押)
汪子芳兄弟(押)
汪符一兄弟(押)
汪彦南　　(押)

《康熙五十二年(1713)汪于嘉与汪师曾汪肇方等劝议合同》是汪于嘉主持调解,解决本啚“二甲户役费用”问题所订立的劝息合同。“本啚二甲汪德泽,自顺治初年通户避役在外”,由于汪德泽一直在外不归,因此甲内之事只能由汪德徵代为料理。二甲户内有土地“土名车田自明堂前后余地约计二亩”,康熙二十九年卖与汪师曾。康熙三十二年,汪师曾还代为缴纳了二甲的户役费用。但是当康熙五十二年再次轮到“二甲正役”时,由于汪师曾“户内措办维艰”,已经没有能力承担户役费用,因此只能在劝议中人汪于嘉的主持下,协商由汪师曾“量加地价九五色银”若干,并且将这笔银钱交由德徵堂“公贮生殖”,用来解决二甲以后缴纳户役费用的问题。此外,在这调解合同中,各方还约定了“二甲产业在德徵户丁同心协力清查,一同生殖,毋得侵渔强吞,庶常贮充廷公私两,赖自今议后,甲内人丁不得生情异说”,使得由顺治初年时汪德泽外逃所引发的一系列问题得到了比较妥善的解决。在合同的最后部分,除了立劝议中人汪于嘉外,此次纠纷所涉及的汪师曾、汪肇方、汪子芳、汪符一、汪彦南等当事人也都签名画押,表示将会遵照合同约定的内容行事。而其中的“伯侄”、“兄弟”等称谓,则表明了纠纷当事人与劝议中人的同姓亲属关系,可见在当时由亲属或者朋友、同学等作为调解的主持人,是比较常见的现象。调解人汪于嘉的身份在契约中无法得知,根据调查的结果推知,当时作为民事契约中人的人,在同姓族众中应当具有一定的资质和信义。

(9-4-无编号)雍正四年(1726)吕应珪等立批字(休宁)

立批字吕应珪,缘身曾祖母程氏死后无地安放,借本族叔吕久蕃宙字三千一百十九号山地安放。后因年久朽烂,承族叔吕久蕃将此穴赠身埋葬。今族弟吕其玉等将此号山地尽行卖与何宅为业,身理应起棺让地,因央中求何宅,承何宅念及埋葬年久,不要身起举。日后两姓毋得生端异说。

今欲有凭，立此批字为照。

雍正四年十一月　　日立批字吕应珪(押)

凭中　吕其玉(押)

吕子亮(押)

吕玉成(押)

“批字”是传统民事契约的一种特有形式，具有保证和担保的色彩，有时也在租赁契约中加以使用，如本文前面在租赁契约中见过的“租批”等，在徽州地区民间私约中，批字带有特别说明的意思表达。《雍正四年(1726)吕应珪等立批字》中，吕应珪曾祖母程氏早年去世后，葬在吕应珪向族叔吕久蕃所借的土地上，由于年久，尸骨也逐渐朽烂。后族叔吕久藩将墓地使用权赠予吕应珪。现在族弟吕其玉要将整块山地卖与何姓人家，按照徽州地区的习惯，吕应珪只有对墓地的使用权，因此应当“起棺让地”。但是由于该棺木埋葬的年代已经十分久远，吕应珪不愿意挪动棺木，所以托中人吕其玉、吕子亮、吕玉成向何姓人家求情，求情的结果是何姓人家答应了吕应珪的请求，双方达成了合意，吕氏曾祖母的棺木可以不用挪动。为了“日后两姓毋得生端异说”，所以建立了这份批字，并由吕应珪和三个中人作为见证签字画押，如果将来吕、何两姓人家因为此事发生争执，可以作为凭据。这份调解书不是在出现纠纷以后，对平息纠纷的调解，而是在可能引起争议的情况下，预先作出的互相承诺，因此使用了“批字”，从中可以发现徽州地区民事调解类的私约，具有先见和预防的功能。

(9－5－38)嘉庆十九年(1814)程腾远、詹焕文等劝程森、叶氏守山林合墨(婺源)

立劝议合墨人程腾远、詹焕文等，原眷族程森祖买鸠栗树坞山场，发与叶氏看守。去年腊月森家查悉，胡尚顺盗去该山大竹四根，叶程氏私瞒不报。程森特邀眷族腾远等，向叶氏追究，收回山业，前立守山字约邀还。叶程氏自后中间水坑之西，上至连五，下至坑山场，程森收回管业。水坑之东山场即由叶程氏管业。自今之后，各管各业。叶程氏所该(欠)森家上年租谷七十斤，劝森作补叶氏守山辛力，两无异说，立此合墨，一样两张，各执一张存据。

嘉庆十九年二月　日立劝议合墨人　　程腾远(押)

程颐娄(押)
程禹三(押)
詹焕文(押)
程　森(押)
仆妇叶程氏招弟(押)
同男叶傩兴(押)
书　程煜芝(押)

通过对明清时期徽州地区民间调解类私约的初步研究，可以发现这一时期徽州民间纠纷调解类的私约具有格式化的倾向，首先说明调解人，其次是被调解人以及发生争议的事由和经过，再次是争议双方在调解人的主持下所达成的调解结果。如果有其他约定的，则在调解结果之后列明。最后写明该份契约立约年月以及所有参与立约的当事人和中人签字画押。

《嘉庆十九年(1814)程腾远、詹焕文等劝程森、叶氏守山林合墨》是立劝议合墨人程腾远、詹焕文等人主持程森和叶氏解除看守山场合同以及相关争议所订立的合同。由于当时的合同是用"毛笔墨水"写成，同时体现合同双方的合意，因此也称作"合墨"，多见于合伙类私约、纠纷调解类契约。争议发生的经过是程氏族人程森祖上买有"鸠栗树坞山场"，程森将该山场交由叶程氏看守。去年腊月时程森经过调查发现胡尚顺偷走了该山场上的"大竹四根"，叶程氏作为看守山场之人竟然"私瞒不报"，因此程森特意邀请了同族的程腾远等人，向叶氏追究责任，并要求叶氏返还其所看守的山场，之前所订立的"守山字约"也一并归还。程森与叶氏达成了协议，即"叶程氏自后中间水坑之西，上至连五，下至坑山场，程森收回管业。水坑之东山场即由叶程氏管业。自今之后，各管各业"。此外，叶程氏曾欠程森家去年应纳的"租谷七十斤"，在这次调解中，所欠租谷折抵作为叶程氏的"守山辛力"，即看守山场所得的收入。值得注意的是，在私约结尾处，所有参与争议调解的当事人都签字画押。由于叶程氏是女性，在传统社会中不具有独立参与订立私约的资格，因此由她和她的儿子叶傩兴共同签字画押，共同组成具有承担民事责任的主体。

本案中叶程氏，应当是程氏的女儿嫁入叶家，在没有出嫁前乳名招弟，出嫁后则改称叶程氏，徽州地区多山，交通不便，女儿出嫁邻村甚至本村异姓的现象较多,因此叶程氏和产生纠纷的程森应具有同姓亲属关系,但私约中未能说明,而冠以"仆妇叶程氏招弟",且向程森交纳租谷,叶程氏似为程森家佃户。但又从参与调解各方称谓中有"眷族"一词分析,具有亲属关系的纠纷,在当地适用亲族内的调解。

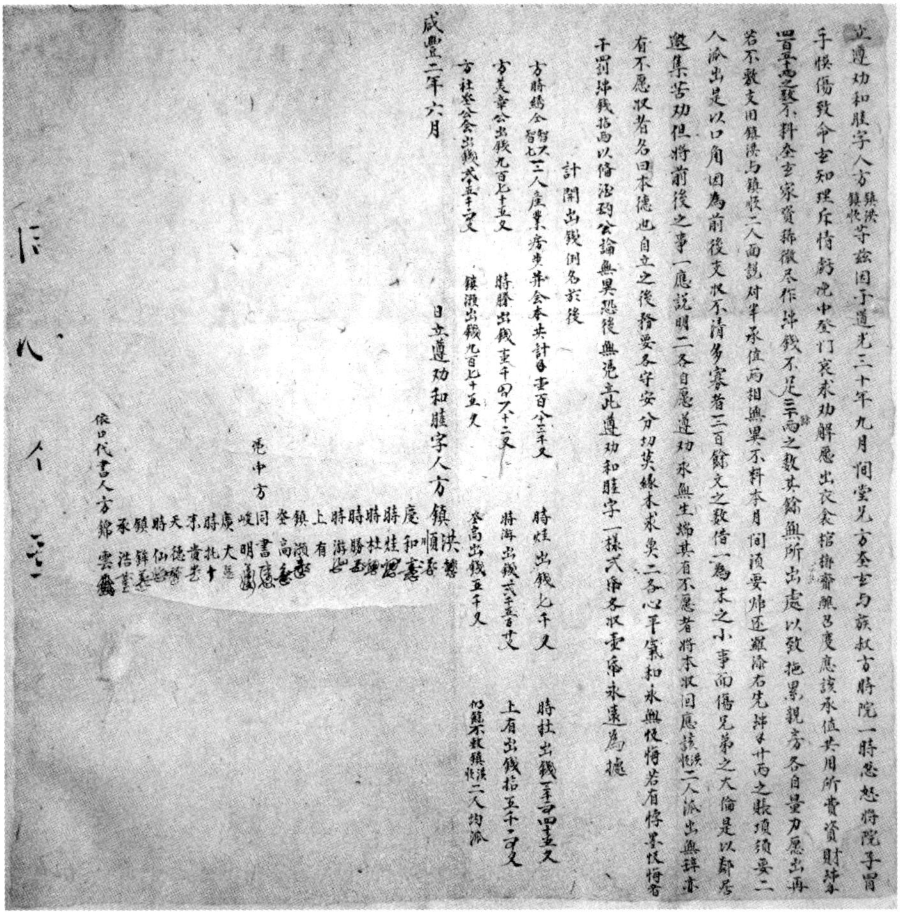

咸丰二年(1852)方镇洪等人立遵劝和睦文约(休宁) | 9-6-022

立遵劝和睦字人方镇洪、镇顺等,兹因于道光三十年九月间,堂兄方灶玄与族叔方时院一时忿怒将院子冒手误伤致命。玄知理斥情亏,浼中登门哀求劝解,愿出衣衾棺椁,斋醮超度,应该承值共用所费资财银钱四百五十两之数。不料灶玄家资稀微,尽作银钱不足三十余两之数,其余无所出处。以致拖累亲房,各自量力愿出,再若不敷支用,镇洪与镇顺二人面说对半承值,两相无异。不料本月间须要归还罗添右先银钱廿两之账项,须要二人派出，是以口角。因为前后支收不清多寡者，三百余文之数，借一微末之小事而伤兄弟之大伦，是以邻居邀集苦劝，但将前后之事一应说明，二各自愿遵劝，永无生端，其有不愿者，将本收回，应该洪、顺二人派出无辞。亦有不愿收者，名曰本德也。自立之后，务要各守安分，切莫缘木求鱼。二各心平气和，永无反悔，若有悖墨反悔者，干罚银钱十两以备酒酌，公论无异。恐后无凭，立此遵劝和睦字一样二纸，各收一纸，永远为据。

计开出钱例名于后：

方时绣同智六、智七三人产业、房步并会本，共计钱一百八十三千文，时桂出钱七千文，时杜出钱三千一百四十五文。

方美章公出钱九百七十五文，时胜出钱一千四百六十二文，时游出钱二千五百廿文，上有出钱十五千二百文。

方社灶公会出钱二十五千二百文，镇灏出钱九百七十五文，灶高出钱五千文，仍余不敷镇洪、镇顺二人均派。

咸丰二年六月　日立遵劝和睦字人　方镇洪（押）　镇顺（押）

庆和（押）

时桂（押）

时杜（押）

时胜（押）

时游（押）

上有

镇灏（押）

灶高（押）

凭中　方同书（押）

峻明（押）

广大（押）

时托（押）

京贵（押）

天德（押）

时仙（押）

镇铎（押）

承浩（押）

依口代书人 方锦云(押)

(半书 同心合墨)

在《咸丰二年(1852)方镇洪等人立遵劝和睦文约》中,调解人方镇洪、方镇顺的堂兄方灶玄与族叔方时院发生争执,方灶玄一时愤怒,失手打死了方时院的儿子方冒手,应当属于伤害致死人命的刑事案件。方灶玄自知情理难容,因此托中人“登门哀求劝解,愿出衣衾棺椁,斋醮超度”,总计需要丧葬赔偿等费用共白银四百五十两。但是,方灶玄家境贫寒,竭尽所能只拿出三十几两白银,因此方氏族众“各自量力愿出”凑钱,以救助方灶玄,并约定如果仍然不足,剩余部分由镇洪、镇顺承担。此时调解人方镇洪、方镇顺两兄弟“本月间须要归还罗添右先银钱廿两之账项”,发生了口角,后来经过邻居的劝说,认为不应该为这点小事而“伤兄弟之大伦”,镇洪、镇顺两兄弟重归于好,同意继续合作,主持族众凑钱一事。方氏族人为方灶玄凑钱,具有借贷的色彩,事后方灶玄应当归还,但私约中未表明利息的计算方法。同时在和睦文约中还约定“有不愿者,将本收回”,即不愿意再继续借的,将本金收回,所缺者仍由镇洪、镇顺二人派出。如果有不愿收回本金者,“名曰本德也”,其本金即成为善款,不再收回。于是经过族众协商后,众人共计出资二十四万四千四百七十七文。清朝白银和铜制货币并行流通,其兑换比值有很大浮动,一般在鸦片战争以前大约铜币一千文,即一枚铜币为一文计算,可以兑换白银一两,其公式约为 1 两白银 =1000 枚铜币。至道光后白银不断升值,至咸丰以后大约 1 两白银 =1500 枚铜币,同治、光绪两朝,1 两白银甚至可以兑换 2000 枚铜币。至晚清时银洋和机制货币开始流通,白银逐渐退出流通领域。本案发生在咸丰二年(1852),此时鸦片战争已经发生,国内白银外流加剧,推算大约 1 两白银约等于 1200 枚铜币至 1500 枚铜币之间,即 1200 ~ 1500 文,也就是众人筹措了白银二百两左右,加之当事人方灶玄拿出三十余两,大约凑足一半或稍多,其余尚有近二百两,应由方镇洪、方镇顺代为付出。同时方氏族人还约定,如果有违约者,将被罚钱十两,用于准备酒席向众人请罪。

《大清律例》刑律 · 人命 · 戏杀误伤过失杀伤人条中规定:

“凡因戏以堪杀人之事为戏,如比较拳棒之类。而杀伤人,及因斗殴而误杀伤旁人者,各以斗杀伤论。死者,并绞。伤者,验轻重坐罪。其谋杀、故杀人，而误杀旁人者，以故杀论。死者，处斩。不言伤，仍以斗殴论。

若过失杀伤人者，较戏杀愈轻。各准斗杀伤罪，依律收赎，给付其被杀伤之家。过失，谓耳目所不及，思虑所不到。如弹射禽兽，因事投掷砖瓦，不期而杀人者；或因升高险足有蹉跌，累及同伴；或驾船使风，乘马惊走，驰车下坡势不能止；或共举重物，力不能制，损及同举物者。凡初无害人之意而偶致杀伤人者，皆准斗殴杀伤人罪，依律收赎，给付被杀、被伤之家，以为营葬及医药之资。"[1]

根据清朝法律的规定，方灶玄"一时忿怒将院子冒手误伤致命"，按律属于斗殴杀人，且死者为方时院之子，当属"因斗殴而误杀伤旁人"，承担斗殴杀人罪，严重者可以处绞刑。

即便是按过失杀人，也应当"各准斗杀伤罪"，虽然罪行"较戏杀愈轻"，也应当依律收赎，给付被杀之家。但在调解中将方灶玄的斗殴杀人罪，降为误杀，并且没有报官治罪，而采用了民间"私了"的方式予以解决。

这件遵劝和睦文约解决的是伤害致死引发的纠纷，由此可见，在当时民间宗族调解的范围已经超越了财产性质的纠纷，甚至连人命案件都属于当时可以调解的范畴之内。宗族社会的救济能力，可以通过族众集资的形式加以实现，甚至这种救济淡化了因刑事犯罪而应该承受的法律制裁。

(9－7－030)咸丰九年(1859)汪氏万年山账(婺源)

咸丰九年四月念一日　　　　　汪日梅立

万年山祖坟，姚兆达于道光念一年，私下至本啚缮书黄有初谋买山税一分二厘，至咸丰九年三月初五日，身族往坟挂纸，主家林英嫂说及此事，讵兆和于十一日，竟在该山开茔，串同长滩俞汉洋出卖，身于十二日往坟看视，果开在坟傍里边。身十三日，同意开五元位三叔，清华亦舒兄士祖眷，至姚族投词，不能熨帖。十四日，意开同士祖眷，到朱坦宅投约，本日约保仍到亦舒兄家住宿。十五日，约保同前原人至姚家调停，安奠勒石加禁，将茔立碑，改作身家护坟息事。兆和一边税亩未曾割脚，过后半月，长滩俞汉洋，至位三叔家谈及此事，位三叔于四月十五日，复集原中约保，至姚兆和处，将谋买山税退割仍归本户，税签缴回，以全清业。当立议据二张，各收

[1]《大清律例》卷二十六《刑律·人命》，田涛、郑秦（点校）：《大清律例》，法律出版社1999年版，第433页。

存照，以免姚姓将税复卖他处。身族祖坟茶坦，省得与人混争，故承约中用洋二十二元了事。今将此事缘由一一记明，身族友丁底下捡看，便知来历。

八十八世裔孙日梅书记

《咸丰九年(1859)汪氏万年山帐》为纸捻装，一册，手工抄写，封面题“万年山帐”四字。一件山场纠纷发生后，一方当事人告诉，引起诉争，后经调解，另一方贴补二十二元将纠纷平息。将这类纠纷情况及调解书进行记录，并传之后人，在徽州地区民间较为常见，被称作《山帐》，或者《山书》、《山凭》等。在《万年山帐》中除汪日梅在开首处书写的引文以外，后面还附有清咸丰九年“万年山议据文”、清顺治九年“万年山业票据”、咸丰九年“向姚兆和诣山开茔理论词文”、“姚兆和加禁勒石碑文”等附件作为证据，以便后人查阅。这次纠纷中，一方当事人曾经出示了案件发生前已经建立的契约，作为纠纷时的重要书证。

万年山是徽州婺源大鄣山中的一座小山，地处今江西婺源县北部清华镇附近，汪氏家族祖坟就葬于此山之上。道光二十一年，姚兆达私下里向十六都二啚的缮书黄有初，买得“贞、必两号税亩一分二厘”的土地。“缮书”即“代书人”的别称，以替人书写信函契据和诉状为职业，如果经过官方考核和许可，即成为“官代书”。传统社会中民间识字者不多，因此在乡间存在以替人代书写字为职业的“缮书”。姚兆达所买的土地就坐落于十八都万年山，与汪氏祖坟邻近。咸丰九年，姚兆达之弟姚兆和在该土地上“诣山开茔”，此事被汪氏族人知道后，随即向姚族“词投理论”，但未能解决问题。后经过调查发现，“该山贞字八百八十五号，向系十六都二啚汪日旸户全业，清丈业票，该号四至俱已载明”，即所买得的贞字号土地原属于汪日旸所有，且有官方登记在册和交纳税赋的业票为证。黄有初并不具有所有权或者处分权。在乡约保长及众多中人的主持调解下，姚、汪达成协议，姚兆和则收“洋二十二元”，“将贞、必两号税亩仍退割付汪日旸户下完纳”，以取得这块土地的使用权，并防止姚姓将土地再卖他姓。

这件调解契约中记录了多次调解过程，第一次向姚姓族人投词理论，第二次“约保同前原人至姚家调停”，最后“复集原中约保，至姚兆和处，将谋买山税退割仍归本户”。最终在当事人出资洋二十二元后，双方形成谅解。

万年山议据文

立议据人胡锦文、姚汉川、俞汉洋等，缘兆和先兄乖达，买得十六都二啚缮书黄有初贞、必两号税亩一分二厘，坐落十八都万年山。于咸丰九年，兆和诣山开茔，致汪姓词投理论，身等两属亲朋，不忍坐视。今查该山贞字八百八十五号，向系十六都二啚汪日旸户全业，清丈业票，该号四至俱已载明，故劝兆和领价，将贞、必两号税亩仍退割付汪日旸户下完纳，以全清业，以保祖坟。两造心平，不愿滋事。自议之后外姓人等、汪姓坟山界内，毋得再行争端异说，恐后无凭，立议据存照。

咸丰九年四月　日　　立议据人约保　胡锦文押
林富押
一样两张各执一张存据　　中　姚汉川押
姚其美押
姚茂余押
姚时林押
俞汉洋押
胡士祖押
胡亦舒押
依议　胡兆和押
汪旺开押
代书　臧位三押

万年山业票据　　婺源县为清丈事

部　院　司　道　府明事奉贞字八百八十五号公正丈量取册申报在案，各号丈过田地山塘，合给凭业，印票业人以等各归户供纳税粮，永为遵守。须至业票者。

十六都二啚五甲　　汪日旸户　　丈积步

（附）西至古路，东至水圳，南至俞贤武等田，北至路及胡献福田。

计山税一亩五分七厘正

坐落十八都土名万年山

顺治九年十二月念八日　　俞兴兆书算

向姚兆和诣山开茔理论词文存照

开茔戕祖，欺窝害生，叩验呈究事

被姚兆和

证身祖显龙公历葬贞字号土名万年山界内清业，外姓至今并无戕害。于本月十二日身族友丁至坟挂扫，验被兆和界内开茔，戕祖害生，不得不叩公呈究。

姚兆和加禁勒石碑文存据

加禁　　万年山所是汪姓祖坟界内，毋许再行侵害，如违呈究。

咸丰九年三月十五日　　十九都二啚约保胡　锦文　（押）

杰明　押

中　姚汉川　押

姚茂余　押

姚美其　押

姚时林　押

代书　胡亦舒　押

经过调解后，姚兆和在争议的地点刻了一块石碑，碑文为"万年山所是汪姓祖坟界内，毋许再行侵害，如违呈究"。至此双方经过调解，结束了纠纷。这件民事调解私约中，记录了"十九都二啚约保胡锦文"两次参与调解的过程，约是"乡约"的简称，保即保长，胡锦文是十九都二啚的乡约同时也是保长，故连称"约保"。

清朝的乡正、约长、保长、里正等先由民间公举，或者由其前任代为推举，其身份仍属乡民。经过推举后再由州县地方官方加以批准并确认备案，即具有乡约和保甲长身份。地方官方赋予他们一定的权力，包括治安管理以及解决民间纠纷，维护乡间秩序等职能。四川巴县清朝的地方档案中，保存了地方官员对于乡保的要求，"（团首）钱债口角细故随时排解，勿令兴讼"。[1] "甲内遇有户婚、田土、钱债、口角等项细故，保正甲长妥为排解，以息忿争。""一切牙鼠雀角钱债细故，允当善为排解，毋使兹讼。"经过地方官的许可，乡正、约长、保长、里正等具有了调解民间纠纷的身份。据清《户部则例》卷三《保甲》[2]"一、凡绅衿之家，与齐民一体编列，听保甲长

〔1〕《道光二年六月初五巴县告示》，载四川大学历史系、四川省档案馆主编：《清代乾隆嘉庆道光巴县档案选编》，四川大学出版社1996年版，第285页。

〔2〕《户部则例》一百卷，清户部官撰，清同治十三年刻本。

稽查。违者，照脱户律治罪，地方官徇庇，照本例议处。凡佥充保甲长并轮值、支更、看栅等役，绅衿免充、齐民内老、疾、寡妇之子孙、未成丁者亦俱免。派兵丁、书役与民户同编，本身免充保甲"。

可以看出，这种纠纷调解的权力，源于这些人员在乡土社会中的自身资质，同时也源于地方官员的授权，这是二者的结合，使地方乡约保甲长，具有了居于官民之间的特殊身份，但就其社会地位和经济地位而言，仍然属于地方乡民身份，而非官方派出之吏员，因此并不能判断为官民之间的独特阶层，也不应当属于独立于官民之间的"第三领域"，或者相对独立存在的权力群体。[1]

立言明字人陈桂亭，缘因日纯公祖茔一事与族侄吉祥等争端。蒙亲族再三劝导，不得相争，以全族谊亲族理处，帮补英洋七十七元，交桂手收，作旅费。自后两造均愿息争，各尽其道，所谓和气致祥也。今预有凭，立此言明字照。

光绪二十七年十一月　日

立言明字　陈桂亭（押）
凭族长　陈长春（押）
见场人　金茂桂（押）
汪焕卿（押）
汪似山（押）
亲笔

徽州地处穷山峻岭之间，素有"七山二水一分田"之说，人均可耕地很少，用于安葬的墓地显得十分珍贵。因此由于争夺墓地引发纠纷是非常普遍的现象。当事人陈桂亭因墓地之事与同族侄子发生争端，在亲族的再三劝导下，双方以族谊为重，由纠纷一方陈吉祥补偿陈桂亭英洋七十七元，在"和气致祥"的理念下，达成息争的协议。这份调解协议书称为"言明字据"，表明徽州地区纠纷调解书除了使用合墨、和息合同等外，还使用"言明字据"，作为民间调解私约的一种形式。参加调解的除一名族长外，另有三

---

〔1〕 春杨：《晚清乡土社会的民事纠纷调解及其变迁——以徽州私约为起点的解读》，2006 年 5 月，中国人民大学博士学位论文，第 100 页。

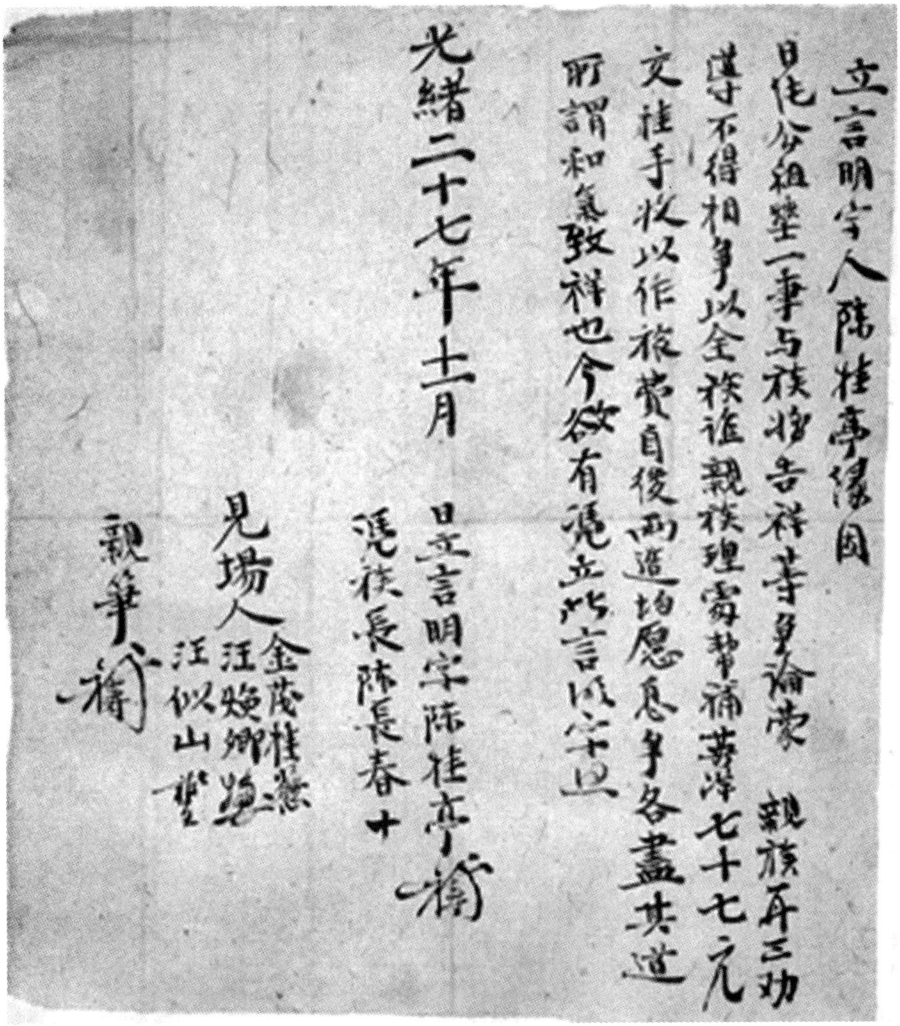
立言明字人陳桂亭緣因
日前分祖墓一事與族將告祥等爭論蒙 親族再三勸
導不得相爭以全族誼親族理處幫補洋七十七元
文桂手收以作衣費自後兩造均願息爭各盡其道
所謂和氣致祥也今欲有憑立此言明字為照
光緒二十七年十一月 日立言明字陳桂亭押
憑族長陳長春十
見場人 金茂桂 汪煥卿 汪似山
親筆 押

清光绪二十七年(1901)陈桂亭墓地民事纠纷言明字据(休宁) | 9－8－无编号

名异姓见证人,对这三位见证人的身份目前尚难以考证,这与族内纠纷完全由族众参与的现象有所区别,值得加以关注。

据清《户部则例》卷三《保甲》载:"一、凡聚族而居、丁口众多者,准择族中有品望者一人,立为族正,该族良莠责令察举。"[1] 这是国家成文法对于宗族设立族长的规定,族长应当是宗族中具有最高身份地位和威望的尊长,作为家族中的尊长,在宗族中具有崇高的地位和权威,但将这种权威延

〔1〕《户部则例》一百卷,清户部官撰,清同治十三年刻本。

伸到乡土社会中去，就需要国家对其进行授权，以便在家族以外的环境下继续行使其权威作用。政府通过家族尊长对家族进行管理，家族尊长依赖政府的授权和保护，行使对其家族及相应社会的管理权，从而形成一种自上而下的权力沟通。多年以来，我们一直试图在民间找到这种权力沟通的有力证据，直至在徽州调查时我们偶然间在徽州歙县发现一件雍正时期的《委牌》，才证实了我们的推断。

《雍正六年（1728年）徽州府歙县正堂给汪氏族正汪文周委牌》：

"奉旨严饬州县设立族正案。当经出示饬行公议遴举去后，今据二十五都一　族正县认前来，据此合给委牌。为此牌给族长汪文周前去，即便遵照先行。奉旨事理族内之中，不时稽查。如有素不务业，游手好闲，为非匪类及行踪诡秘不法之徒，许尔族正据实指名赴县首报，以凭严拿究治。倘有容隐徇情不首，事发之日与保甲等一体连坐。该族正务遵功令稽查，不得借端生事扰民，察出致干未便，均毋故违，须至牌者。"[1]

委牌，也就是俗说的委任状，这件委牌为木板雕印，蓝色水墨印刷，薄皮纸，上有歙县正堂官印。这件委牌的发现，使我们将地方官吏和宗族尊长之间的权力关系，有了更加准确的认知。

除了发现雍正朝委牌之外，我们还在歙县采集到一件清光绪年间雕版印刷的"知县敦请族长调处纠纷"的空白法律文书：

"……为此谕仰该______知悉此事，尔如能出为排解，俾两造息讼，最为上策。此谕仍交地保缴销，若不能息讼，即由该族长告知被告______令其於______月______日午前到城，本______每日於未初坐堂，洞开大门，该原被告上堂面禀，即为讯结。……此因该族长素来公正，言足服人，帮饬传知，并非以官役相待，亦不烦亲带来城，不过一举足、一启口之劳。想该族长必能题本______爱民如子之意，共助其成，实有厚望……"。[2]这件文书当属《县谕》，其中对于民间纠纷，以县谕的形式要求知情人予以调解，以达到两造息讼，并将调解的结果报之地方保甲销案。如果调解不成，则由该族长通知被告于指定的时间到县城，以便审理。官方认为"族长素来公正，

---

〔1〕 该委牌由田涛先生采自徽州歙县并收藏，原件为木版雕印单张。
〔2〕 该批文由田涛先生采自徽州歙县并收藏，原件为木版雕印单张。

言足服人”虽然不属于官役，也不必亲自到庭，但族长“必能题本”有利于案件的审理。表明地方官员不但尊重族长，且采纳族长的意见，从而在族长协助下，实现调解或者作出相应判决。族长的权力源于宗族中的宗法势力，同时也源于地方政府即国家权力给予的肯定和保护，在这两者权力的互相作用下，使族长成为乡土社会中的权威。反之，这种乡土中的权威又再度保护了赖以生存的社会，保护了使其存在的社会，并使这种互相保护在封建社会中得以凝固下来，最终成为中国封建社会长期运行的基础。

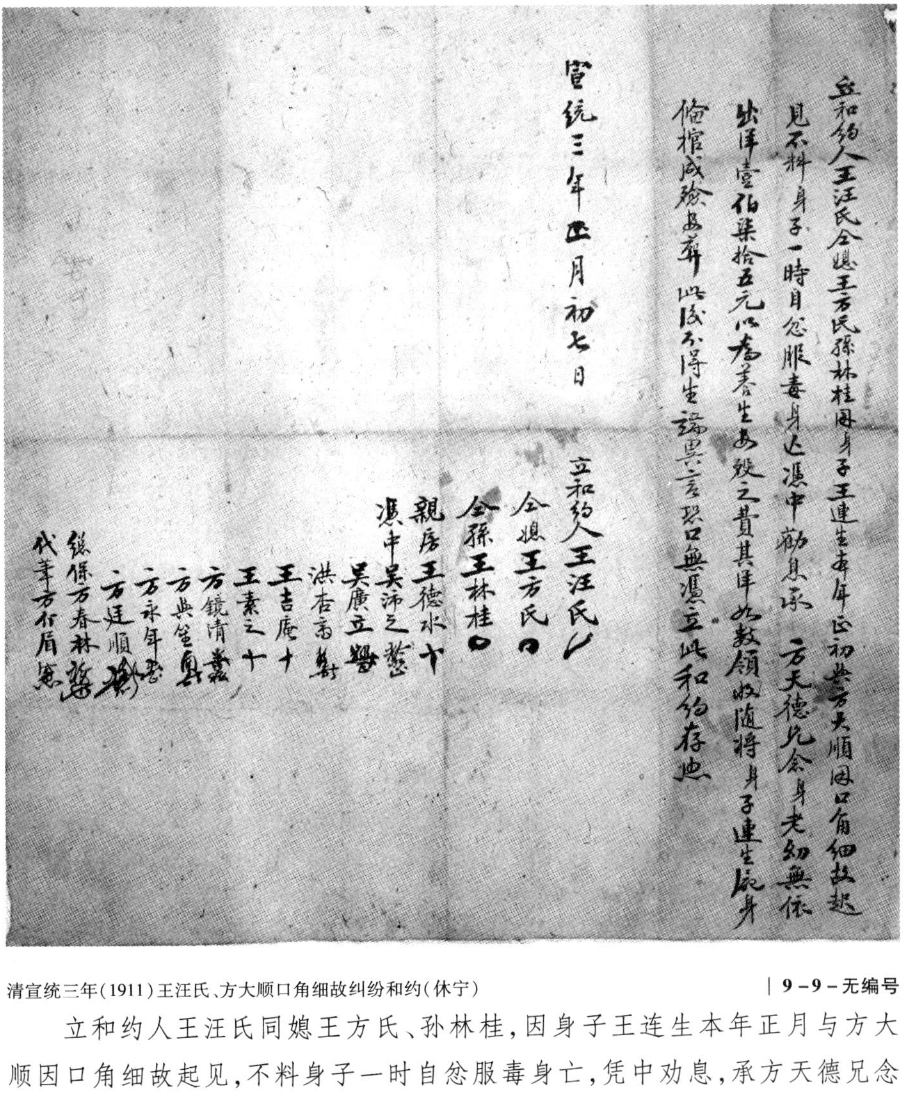
立和約人王汪氏仝媳王方氏孫林桂因身子王連生本年正月與方大順因口角細故起
見不料身子一時自忿服毒身亡憑中勸息承 方天德兄念身老幼無依
出洋壹佰柒拾五元以為養生安殁之費其洋如數領收隨將身子連生屍身
倫棺成殮安葬此後不得生端異言恐口無憑立此和約存照
宣統三年正月初七日
立和約人王汪氏
仝媳王方氏
仝孫王林桂
親房王德水
憑中吳沛之
吳廣立
洪杏高
王吉慶
王素之
方鏡清
方典堂
方永年
方廷順
總保方春林
代筆方作眉

清宣统三年(1911)王汪氏、方大顺口角细故纠纷和约(休宁) | 9-9-无编号

立和约人王汪氏同媳王方氏、孙林桂，因身子王连生本年正月与方大顺因口角细故起见，不料身子一时自忿服毒身亡，凭中劝息，承方天德兄念

身老幼无依，出洋一百七十五元以为养老安殁之费，其洋如数领收，随将身子连生尸身备棺成殓安葬，此后不得生端异言，恐口无凭，立此和约存照。

宣统三年正月初七日

立和约人 王汪氏（押）
同媳王方氏（押）
同孙王林桂（押）
亲房 王德水（押）
凭中 吴沛之（押）
吴广立（押）
洪杏高（押）
王吉庵（押）
王素之（押）
方境清（押）
方与笙（押）
方永年（押）
方延顺（押）
总保 方春林（押）
代笔 方介眉（押）

《清宣统三年（1911）王汪氏、方大顺口角细故纠纷和约》是王汪氏和儿媳王方氏，孙子王林桂作为一方当事人，经方天德等人调解建立的调解书。立约人王汪氏的儿子王连生因为与方大顺发生口角细故，一时想不通，就服毒自尽了。在方天德等人的调解下，方家出资"洋一百七十五元"，作为王家的安葬费和补偿费。王汪氏如数收到银钱后，随即把儿子王连生的"尸身备棺成殓安葬"，双方达成了和解。并且约定"此后不得生端异言"，经过调解这一纠纷得到了解决。值得注意的是，私约中参加调解的中人多达十人，其中有王汪氏房亲一人，另外还有九人以凭中人的身份参与此次调解，在这些凭中人中，有四人为方姓家族人，二人为王姓家族人，三人为其他外姓人，还有地方总保和代笔人也参加了调解。

按照清朝的法律，《大清律例》中"威逼人致死"条规定"凡因事户婚、田土、钱债之类。威逼人致自尽死者，审犯人必有可畏之威。杖一百”。[1]也就是说，因为户婚、田土、钱债等原因，一方导致他人自尽身亡的，应当处以杖一百的刑罚。但是造成对方自尽的一方当事人必须使他人感到恐惧害怕，不得不选择自尽。从这件调解私约中分析，方大顺并没有“可畏之威”，而且王连生是由于“一时自忿服毒身亡”的，因此从法律上来讲，方家人不需要对王连生的自杀行为负责。尽管如此，方家还是考虑到由于王连生的死亡，导致王家数口人“老幼无依”，于是从情和理的角度出发，同意支付一笔银钱作为王家的安葬等费用，王家在收到银钱后也表示以后永远不再寻事生端。这样一场人命关天的纠纷就通过调解得到了平息，而且王、方两家订立的和约也消除了以后再次因这件事发生争执的可能。

参加调解的人员众多，除总保方春林以外，其余大多为方氏亲族，以及王氏宗亲，均为纠纷中两姓的代表，其余尚有吴、洪两外姓作为见证，一则由于本案涉及一人自杀死亡，事情较为重大；二则其中没有族长等参与，直接的权威性不足，因此多人参加增加了这件纠纷调解书的公信力。

(9-10-无编号)民国廿三年(1934)余高川收误葬贴粮字据(休宁)

立收贴粮字二房已会今因桃川方高照误葬余氏山场已经多年，现因钱粮加重，国课事大，为此凭公理论，当收方宅凤月(高照弟媳)[2]大洋三元，永远作为贴粮之用，其地永无纠葛发生。恐口无凭，立此收领存照。

民国廿三年仲春日立收贴粮字余高川二房(押)

中见人　余锡伟(押)

代笔人　余昌元(押)

《民国廿三年(1934)余高川收误葬贴粮字据》是余高川为解决方高照误葬余氏山场产生的遗留问题订立的私约。早年桃川方高照下葬时，误葬入余氏族人所有的山场中。到民国二十三年，由于“钱粮加重，国课事大”，该山场所有人余高川二房召开会议，决定邀请余锡伟作为中见人“凭公理论”。此时，距离方高照去世之时已经事隔多年，只能由方高照的弟媳方凤月来参与调解。调解的结果是，方凤月给付余高川二房“大洋三元，永远作

[1] 《大清律例》卷二十六《刑律・人命》，田涛、郑秦(点校)：《大清律例》，法律出版社1999年版，第438页。

[2] 本件契约采自休宁余姓后裔，据向原收藏者调查，参与调解的人方凤月为方高照弟媳。

为贴粮之用”，从此以后，余氏族人不得再因为此事与方家理论。值得注意的是，本案方高照已经去世多年，或者其身后无人，由方高照弟媳方宅凤月参加调解，并支付大洋三元，补贴给余高川。本件契约直接采自于徽州休宁方氏后裔，并向原收藏者进行了了解，方氏后人只能提供凤月系方高照弟媳，不能确认方高照遗留之田地房产是否归于其弟媳凤月房中，若方高照户绝，则其弟继承了高照的财产，同时也继承了高照的债务。

徽州民间私约中纠纷调解类契约分析比较表

年代	名称	当事人	内容	特别约定
万历三十四年	清单	王一朴等七人	界定山场界限	再无得仍前持契混争，如违可罚白银十两公用
康熙二十四年	劝息合同	张用图等八人	为调解汪、谢两姓经济纠纷	两造费用，各担一半
康熙五十二年	劝议	汪师曾等人	原买卖土地存在纳税纠纷，后一方贴补银两了结	毋得侵渔强吞，庶常贮充廷公私两，赖自今议后，甲内人丁不得生情异说
雍正四年	批字	吕应珪	何宅应允不予起坟	
嘉庆十九年	劝议合墨	程森、叶氏	叶氏守山不利，程氏终止原守山合同	劝森作补叶氏守山辛力，免去上年租谷七十斤
咸丰二年	遵劝和睦字	方镇洪、方镇顺	原因伤害连带赔偿形成债务，再次调解	若有悖墨反悔者干罚银钱十两以备酒酌公论无异
咸丰九年	议据	汪氏、姚氏	汪氏与姚氏发生坟茔之争，后经调解，汪氏赔偿二十二元了结	
光绪二十七年	言明字据	陈桂亭	因日纯公祖茔一事与族侄吉祥等争端	帮补英洋七十七元，交桂手收，作旅费

续表

年代	名称	当事人	内容	特别约定
宣统三年	和约	王汪氏、王方氏、王林桂	老幼无依，出洋一百七十五元以为养老安殁之费	连生尸身备棺成殓安葬，此后不得生端异言
民国二十三年	收贴粮字	余高川、方凤月（方高照弟媳）	方氏误葬余氏坟地，经凭公理论贴补洋三元完结	大洋三元，永远作为贴粮之用，其地永无纠葛发生

（十）民间私约中的其他契约（共16件）

在徽州调查和采集契约标本的过程中，发现并且征集到很多不能直接分类到买卖、租赁、典当乃至婚姻和继承类的契约，如宗族建立族规、加强地方治安、清理户口文约、乡村建立禁约以及交换土地、宗族争产、诉讼前盟约和学徒、劳资之类的契约文书。为了便于研究整理，我们将这些契约文书单独划分为民间私约中的其他契约。这种划分可能并不准确，甚至还可能存在互相混淆的缺陷，但就目前研究状况而言，将其划分到其他契约中，可以表明这些契约和买卖、婚姻家庭等一般民事契约的区别，显示出这类契约的独特性。相信随着对中国传统民事契约研究的不断深入，这类契约可能会再度被细化或者重新进行分类。

徽州地区发现的民间其他类契约数量约占总数的15%，数量较多，涉及的民事范围也非常广泛，本书从中选择了十六件加以比较研究，可以初步反映出这类契约的基本状况，其中包括“共议族规”、“遵行保甲灶丁制度固守地方文约”、“看守抽分劳务合同”、“议族会章程”、“换地文约”、“禁约”、“争产盟约”、“清理户册文约”、“诉讼前盟约合同”、“保祖产族规合同”、“布告”、“基地掉换契”、“关书”、“遗产债务调查证明书”、“劳资解雇合同”、“兑换土地契约”等。这类契约大多数使用“合同”、“文约”等名称，其形式和徽州地区其他民事契约基本相似，但参与契约建立的当事人数字明显增加，据契约中文字记载，除学徒、劳务与交换类契约之外，绝大多数这类契约带有“公众共同订立”色彩，因此契约建立时抄录的文本也较多。

由于这类契约内容复杂,涉及的范围较广,且具有一事一议的个性特征,内容差异性明显,因此其文本均为纸本,墨笔书写,大部分具有乡村或者宗族公众订立的特征。但一般适用的地理环境相对狭窄,仅在宗族或者乡村之间具有约束力。建立契约时涉及的当事人较多,具有强烈的公开属性,因此与民间个人隐私较少关联,这类契约流传虽然不广,但绝大多数保存状况良好。在调查中发现,这类契约多保存在宗族祠堂或者族长及其后裔手中。

(10－1－无编号)嘉靖二十五年(1546)琳公支下子孙洪澜等三房共议合同族规(歙县)

歙南洪源立合同以遵祖命,以一众心,琳公枝下咨询洪澜等,切见祖至琳公生吾先父叔三,孟太祯公字惟诚,又字克恒,仲太时公字惟中,又字克用,季太佑公字惟敬,又字克枝,分三泒册立三户产有众存,祖户季子惟敬公承焉,众业契税咸附掌之,故业众而税不可均也,至今传承保守皆无异议。至吾等澜、沐、睿、澍,惟诚公四子也,淮、渶,惟中公二子也,滢、湘、瀚,惟敬公三子也,干时惟敬公长子滢已先世矣,有嗣嗣焉,是三分而今九矣。观此一祖而来,仅及三世,盛至多人,其后预可知其孙裔之愈盛愈多也必矣。昔祖皆子父叔曾置有业地,成构有厅堂,设有膳茔田产,遗有祖坟山地,分有火佃屋舍,余及应顶物仪,遗授子孙述守。吾等在分兄弟,若不立法画处,日后人多心异,上无成规,下何所法。贤愚辨别,不无同异于中,渐尔弊生无制,是非先人置遗之非,诚继者立法不谋之罪。予等于是议将应众事宜条书于合同簿内,以今一定之规,宝传百世无异,编簿三扇合同押号,悉载详明,一使便知分法;二则遵例奉行;三以有定法度,畏守而不敢肆犯;四得保全先志而力愈供承;五治无妄移易,犯之坐以罪刑。簿付分法轮掌外,立合同以杜弊匿,以警众心。遵者推为贤后,逆者众因治置之,死亦不抵命论情。世世相承无异,承为贤子贤孙,谨立合同一样本,各收一本,永远照行。

计开

一、厅堂一所,并地业三大分,子孙世世相承,毋许内外更易等情,违者虽未奉公法,众议应否由治以死,亦不偿命。

一、厅前空地及塝等,所存巷路非经众公相议举,亦不得私妄内外更易等情,违者治以违祖命不孝论罪。

一、众应有各处，远近祖坟、山地及在山荫木，及厅前朝山等项，在分子孙咸知保守，不得公私内外变易构势侵害等情，违者治以害祖不孝论罪。倘未及鸣公而时治之死，不在抵命之论。

一、众先今遗置膳茔田地山塘产业，及火佃住屋应有等项，其间遇有更易，必众公相酌议，多众明决，然后敢可更易，不许少人私擅主为致起争端，内相情愿交易，容可也必明言处，否亦不许。投献外人，图得挟众，如有此等者，经公是减膳祀，以不孝治罪。分下子孙，不许为之代赎，则必尽力攻敌，杜此，则外人焉肯谋得而致争于人乎。

一、众有所聚积及置有品具，务要公相交受，随逐开色押号合同，定例彼此收照，以杜执匿至斯交替，亦必公相查等数明执匿侵费，违者，照定例外随罚出银以倍偿为则，仍治以害祖不孝论罪。器具收者，不得私借外人，及私将假当，倘有违失，照数如式补倍不恕。

一、厅内众积银两，以每年正月十五日为期，令泒二人分领多加三人泒领，见领银十两，随凭众选。领人分下已田值价二十两者，当领其田书作卖契押号，眼同交轮管大厅年分之人写领，领契干下管年掌簿之人，簿内当交割一周年为斯，违一日不交，罚银一钱，积日计罚分无许少饶。违一月之外，除积日等仍将原当领银田管收租利，众随时坐取了明，倘仍违，众相攻治致罪不论。

嘉靖二十五年正月十二日立合同琳公枝下子孙　长房　洪澜（押）

洪沐（押）

洪睿（押）

洪澍（押）

二房　洪淮（押）

洪浃（押）

三房　洪滢子文权（押）

洪湘（押）

洪瀚（押）

凭亲族　汪邦琼（押）

洪太理（押）

洪海（押）

《嘉靖二十五年(1546)琳公支下子孙洪澜等三房共议合同族规》是洪氏家族琳公后裔子孙共同订立族规所立的合同。洪琳公生有三个儿子,各子又都生孙,三代后就已有九房,可以推知的确“其孙裔之愈盛愈多也必矣”。为管理好族中财产,避免出现“人多心异,上无成规,下何所法”的情况,洪氏族人共同制定了族规,以便族众遵守。在具体列举族规之前,该合同首先写明族规订立的原则和目的,即“一使便知分法;二则遵例奉行;三以有定法度,畏守而不敢肆犯;四得保全先志而力愈供承;五治无妄移易,犯之坐以罪刑”。也就是说,第一是要明确族产的分割方式;第二是要遵循以往习惯先例;第三是确定规则,使族众遵守而不敢肆意妄为;第四是要保全祖先遗志并且努力继承;第五是要整治随意变卖或交换族产,防止族产外流,对违犯者要处以惩罚。合同中众人共同制定的族规有六项条款,内容涉及的族产范围包括“厅堂一所,并地业三大分”,“厅前空地及塝等,所存巷路”,“远近祖坟、山地及在山荫木,及厅前朝山等项”,“膳茔田地山塘产业,及火佃住屋应有等项”,“众有所聚积及置有品具”以及“众积银两”等。

对于这些族产主要是规定了洪氏子孙必须世代继承管理,不得私自变卖交换。即使是有些允许变卖交换的族产,也必须经过族众共同讨论一致决定方可。值得注意的是,这份族规规定的处罚措施极为严厉,主要有三种方式,一是“罚银”,二是“以害祖不孝论罪”,三则是由族众公议处以死刑,且不需要承担“杀人偿命”的后果。不能按期交纳宗族田产应付银两的,每日罚银一钱,不论日期决不减免,拖欠一月以上者,收回其田产管理权利,如果继续违背,则还需承担“众相攻治致罪不论”的处罚。在“宗法制度”下的中国古代社会中,“不孝”之人将会受到法律和道德的双重惩罚,犯有“不孝”之条,将被逐出宗祠,在封闭的社会条件下,使其失去宗祠的保障,失去种姓救济,后果相当严重。但在这份洪氏族众共同订立的族规中,我们看到族众公议甚至被赋予了“生杀予夺”的权力。对于违背族规者“虽未奉公法,众议应否由治以死,亦不偿命”的处罚。表明虽然没有受到国家成文法的制裁,但仍然可以由族众决定他的生死,并且不用偿命。族规的处罚包括经济处罚,以不孝论,甚至私刑处死等形式,由此可见,在宗法社会中,家法族规的残酷性和权威性。因此生活在传统社会中的人们,其行为受到国家成文法和习惯法的双重制约。

徽州地区多山,交通不便,常见以氏族聚居的村落,村中均建有祠堂,有的建于明朝,有的建于清朝,由于氏族的维护,这些宗祠建筑绝大部分被比较完好地保留下来,形成明清时期聚积形式自然村落中,最为独特的景观。这些高大的粉墙黛瓦美轮美奂的徽派祠堂建筑中,往往以徽州特有工艺高超的石雕、木雕和砖雕进行装饰,雕刻的内容主要为传统伦理道德中提倡的“二十四孝图”、“烈女图”以及弘扬家族和睦的“郭子仪祝寿”,“五世同堂”等场面,均以提倡封建社会中传统的思想道德为主要题材。反映出明清两代对美学的认识和对封建伦理道德的颂扬。祠堂中留有族谱和大量与宗族有关的诉讼资料、契约文书、地亩清册和信函文书,一般由族长或者族长的后裔加以保管,基本上承传有序。上面这件明朝的家法族规,是我们采集到历史较早的一件保存完好的民间私约,对我们研究传统宗法制度和民间契约,提供了重要的第一手资料。

立合同文约人文堂约陈舜臣、高塘约王士骏、新安约金泰来、龙溪约汪大兴,向有三都之约固守地方,后因二十一都陈小细勾引浮寇,破从入境,以致地方受其鱼肉,但本境连界池饶,盗贼出没不常,地方屡遭其害,皆由各都窝户伙党互相接应。幸奉县主余爷明示严行保甲,联络灶丁,今两都会集公议遵行,分符纳束防守稽察。一处有警,先集本境灶丁竭力堵禁,随即分符飞报,互相救援,无得坐视旁观。至于各都欲却外盗,先除内窝,走线各约,有素行不端,接引窝盗等情,实迹可据者,两都鸣公共行剿除,毋得容隐,如违文罚银二十两,仍以通贼公论。恐后无凭,立此文约二纸各收一纸为照。

康熙元年八月十二日　立合同文约人　文堂约乡约　陈舜臣(押)
郑镇营(押)　王国玉(押)
灶长陈向缙(押)　陈至高(押)
高塘约乡约　王士骏(押)
灶长王民相(押)金润五(押)　赵之求(押)
新安约乡约　金泰来(押)
龙溪约乡约　汪大兴(押)
斯父　陈诏(押)陈元立(押)　陈玠(押)
金黄(押)　金榜(押)
王家骏(押)　王友士书

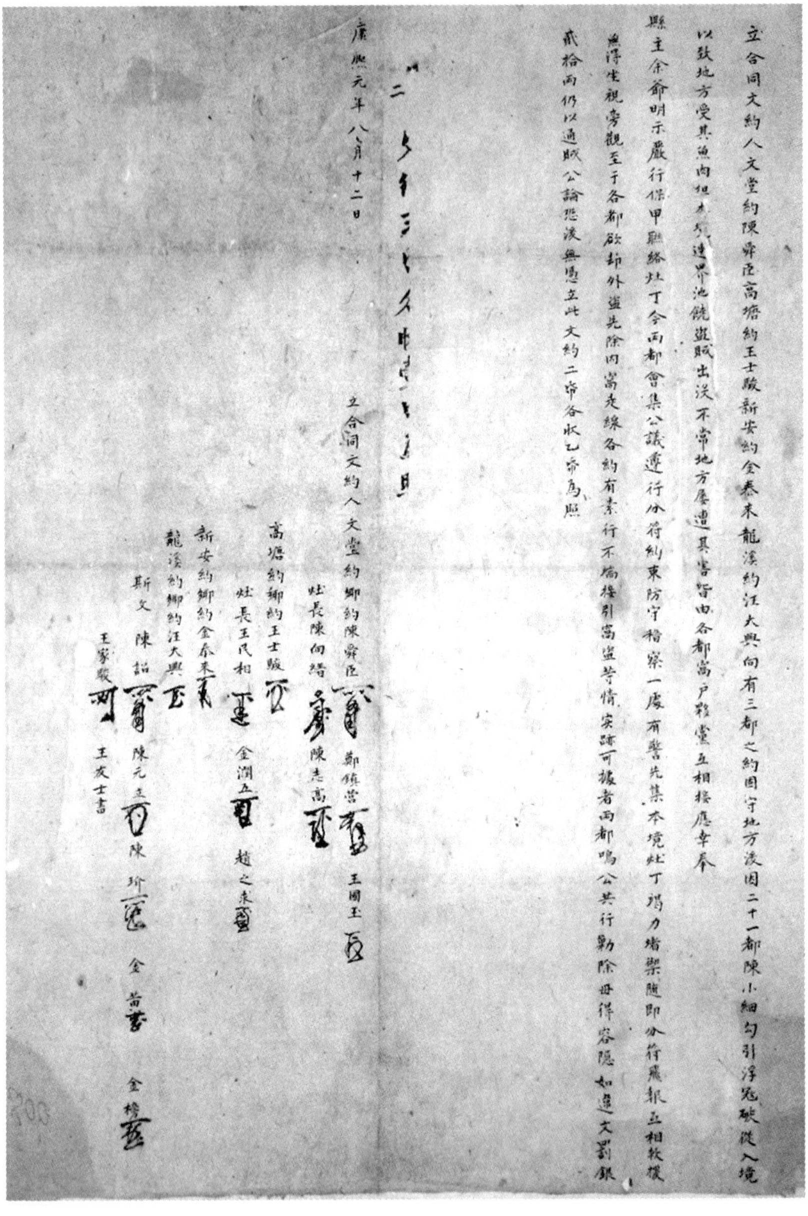

立合同文約人文堂約陳舜臣高塘約王士駿新安約金泰來龍溪約汪大興向有三都之約固守地方後因二十一都陳小細勾引浮冤破從入境以致地方受其魚肉相本連界池號盜賊出沒不常地方屢遭其害皆由各都富户雅黨互相接應幸奉縣主余爺明示嚴行保甲聯絡灶丁今兩都會集公議遵行分符約束防守稽察一處有警先集本境灶丁竭力堵禦隨即分符飛報互相救援無得坐視旁觀至于各都欲却外盜先除內窩是緣各約有素行不端接引窩盜等情實跡可據者兩都鳴公共行勦除毋得容隱如違文罰銀貳拾兩仍以通賊公論恐後無憑立此文約二帋各收乙帋為照

康熙元年八月十二日

立合同文約人文堂約鄉約陳舜臣 鄭鎮宗 王國玉

灶長陳向緒 陳志高

高塘約鄉約王士駿

灶長王民相 金潤五 趙之求

新安約鄉約金泰來

龍溪約鄉約汪大興

斯文 陳詔 陳元玉 陳玠 金茜 金椿

王家駿 王友士書

康熙元年(1662)陈舜臣等人遵行保甲灶丁制度固守地方合同文约(祁门) | 10-2-008

这是在徽州祁门县采集到的一件保甲灶丁制度合同文约，民间私约使用合同加以定名的现象十分普遍，用途也非常广泛。这是文堂、高塘、新安、龙溪四乡的保甲乡约共同订立的一份地方治安合同。清朝初期南方各地明朝残余势力不断反抗，地方土匪也趁机作乱，社会安全受到很大威胁。这份合同就是因当时陈小细在江西一带作乱，致使徽州地区受到影响，地方保甲根据县太爷要求决定建立互相支持，联合报警，以加强治安的和约。在和约中共同约定“一处有警，先集本境灶丁竭力堵禁，随即分符飞报，互相救援，无得坐视旁观”。如果有违背者不但罚银二十两，并以通贼公论。参与者除四乡乡约之外尚有灶长以及“斯父”等人。灶长一词宋朝即以有之，原意为“熬盐之地为灶地，熬盐户称灶户，熬盐者称灶丁，负责管理灶丁的头人称作灶长”。另据《大清会典》载：“各盐场并灶丁，是为灶户。又称：长芦、山东、两淮、浙江、福建、广东灶丁之地，曰灶地。”[1]徽州并非灶地，但清初时习惯将民户按“烟户”划分，即每户为一烟灶，按户收税，因此户长也称作灶长。“斯父”一词尚待考，可能是族中长辈的代称。

立承看守抽分合同汪聚五、汪文俊、汪锡汝等，今承到业主汪德徵堂全业坟山一号，係原丈益字　　号土名汪二伯坞，又汪仁让堂全业坟山一号，土名练坑南培，係原丈益字　　号，前山是身等承去拨种密插杉苗，无论悬崖峻壁，周围四尺四角四根，如苗稀疏，公罚另行补种。其山苗木係身等看守，隔截火盗。候木成材，三面议定，眼同出拼，每根百两，业主得七十五两，抽分得二十五两。议后倘有火盗，尽是看守人报知业主，隔截获赃一同理论，如有费用，照抽分数目派出，不得推诿，如监守自盗，情愿见一罚十。自议之后，看守人不得私行顶替，倘有转拼顶替等情，公罚白银五两做路，两无异说，今为有凭，立此议墨一样两张，各执一张存照。

乾隆二十三年十月　　日立承看守抽分合同　汪聚五（押）

文俊（押）

锡汝（押）

尔昭（押）

友良（押）

惟德（押）

仲和（押）

荣西

天贵

〔1〕（清）《乾隆会典·户部》清官纂，武英殿刻本。

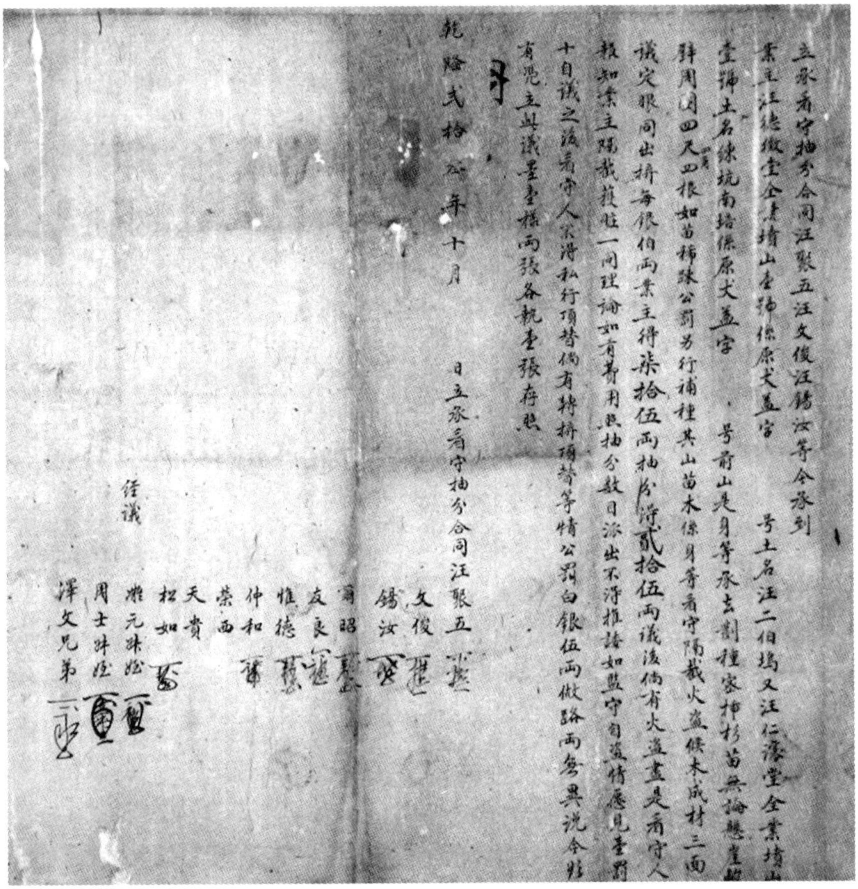
立承看守抽分合同汪聚五汪文俊汪錫汝等今承到
業主汪德徵堂全業墳山壹號係原丈盖字　號土名汪二伯塢又汪仁濠堂全業墳山
壹號土名練坑南培係原丈盖字　號前山是身等承去劄種家插杉苗無論懸崖峭
壁周圍四尺四根如苗稀踈公罰另行補種其山苗木係身等看守隔截火盜候木成材三面
議定眼同出拚每銀伯兩業主得柒拾伍兩抽分得貳拾伍兩議後倘有火盜盡是看守人
報知業主隔截獲贓一同理論如有費用照抽分數目派出不得推諉如監守自盜情愿見壹罰
十自議之後看守人家滑私行項替倘有拚拚碩替等情公罰白銀伍兩做路兩無異說今欲
有憑立此議墨壹樣兩張各執壹張存照
乾隆貳拾叁年十月　日立承看守抽分合同汪聚五
文俊
錫汝
兩照
友良
惟德
仲和
榮西
天貴
松如
凝元妹侄
周士妹侄
澤文兄弟
經議

乾隆二十三年(1758)汪聚五等承看守抽分劳务合同(婺源)　　| 10－3－L－006

松如(押)

经议　　凝元妹侄(押)

周士妹侄(押)

泽文兄弟(押)

(半书:合同)

其他类契约中,劳务合同是一种重要的合同形式。在劳务合同中,主要内容是约定提供劳动服务如承包、承运以及劳动方式和时间等,并在合同中还约定劳动的报酬,以及分配的方式或者和合同的另一方约定分割劳动成果的比例关系,而不是向承租人交纳土地山林的租费,因此劳务合同和租赁契约有着很大的区别。《乾隆二十三年(1758)汪聚五等承看守抽分劳务合同》就是汪聚五、汪文俊、汪锡汝等人为种植看守山林所订立的劳务合同。汪聚五等人承种了两块山地,业主分别为汪德徵堂、汪仁让堂。在这份合同中,双方约定在承种的山地上“拨种密插杉苗”,按照一定的要求种植,若杉苗过于稀疏,则必须“公罚另行补种”。种下的杉苗由汪聚五等人负责看管,防止山火以及偷盗等事。待日后杉苗成材,所得收益按照“每根百两,业主得七十五两,抽分得二十五两”,进行分配。如果承种期间发生山火或者偷盗之事,看守人必须告知业主,“隔截获赃一同理论”。所支出的费用,也按照业主与看守人约定的收益比例来承担。但是如果看守人监守自盗,则必须承担以一罚十的严重后果。值得注意的是,在这份劳务合同中,双方还约定了“看守人不得私行顶替,倘有转拼顶替等情,公罚白银五两做路”,即林地的看守人在没有经得业主同意的前提下,提供劳务的一方不得将劳务权擅自转让给他人,违背者将处以“公罚白银五两”的处罚。

尽管这份劳务合同的参与人都是汪姓,是在汪姓族人内部发生的提供劳务服务,但是双方还是订立了细致的合同,明确规定了各方的权利和义务,还有凝元妹侄、周士妹侄、泽文兄弟等人作为见证。由此可见,在当时徽州地区,将生活中常见的民事活动,通过订立书面合同的形式加以约束,是极为常见的现象,这种习惯有利于防止日后出现争议。

立议合同汪德徵堂支众,缘上代自德徵公创立户籍,因立里长会,生殖以为祖宗坟茔及差役亟公之费,历世相承,叠有合墨炳据。近因人心不一,遗规废弛,以致会内各账因循,难以清结。兹集众公议,将以前各人所欠本利尽行算清,共计四十五两六钱,若照会规清楚,其中实有万难措办者,不得已公议将前各人所欠之项,三房均摊,另立会规立后。自今以后,各宜念祖宗立会本意,原为坟墓荫木以及门户外侮之设,永宜世守勿替。如有乖议者,以此呈官究治。爰立合墨一样七张,存公匣一张,每房各执两张,永远存照。会规开列于后。

一议、每年秋收,必择殷实有馀之人,将实田约值价三十两,立断骨出卖田契入匣方许经收,俟开仓出粜,算账清楚,公同将契发还。如有欠少等弊,责令照数赔偿,倘有不遵听,即执此契割税入会管业。

一议、经收之人,会内给银每秤二分,以为点心之资,至于佃户欠少秤头,责在经收人取讨,会内不认。倘有顽梗佃户,及水旱等情,经收人邀同三房之事公同理论。

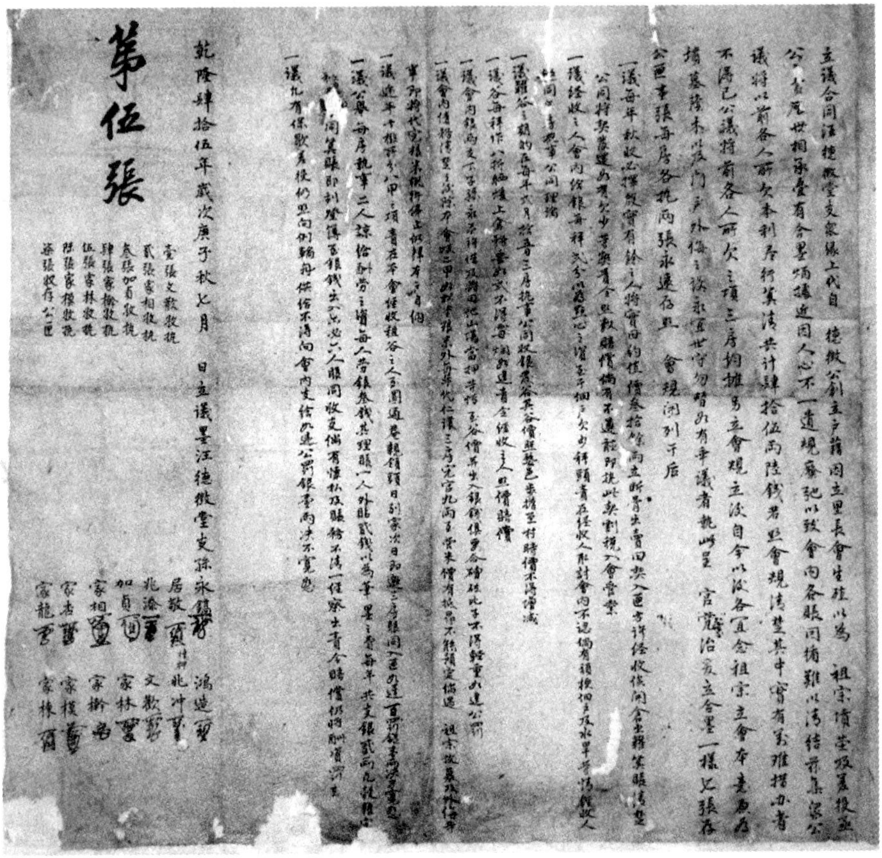

乾隆四十五年(1780)汪永镐等人立议族会合同(婺源) | 10－4－L－007

一议、粜谷之期，的在每年二月十五日，三房执事公同收银发谷，其谷价照婺邑步担至村时价，不得增减。

一议、谷每秤作八折，晒暖上仓，务要如式，不得霉烂，如违，责令经收之人照价赔偿。

一议、会内银两，支下子孙永无许借，及将田地山场当押等情，至谷价并出入银钱，俱要合□砝比子不得轻重，如违公罚。

一议、会内债务清楚之后，除本会及二甲如松堂粮米外，每年代仁让三房完官九两，至营米价有抵昂，不能预定，倘遇祖宗坟墓及外侮等事，即将代完粮米，概行停止，仍归本户自纳。

一议、递年十排所分八甲之项，责在本会经收租谷之人，至圆通庵亲领，头日到家，次日即邀三房眼同入匣，如违一日，罚银一两，决不宽恕。

一议、公举每房执事二人,谅给酬劳之资,每人劳银三钱,其理账一人,外贴二钱,以为笔墨之费。每年支银二两,凡谷粜完,务要公同算账,即刻登簿,至银钱出入,亦必六人眼同收支。倘有怀私及账务不清,一经察出,责令赔偿,仍将酬资罚去。

一议、凡有保歇差役,仍照向例轮阄供给,不得向会内支给,如违公罚银一两,决不宽恕。

乾隆四十五年岁次庚子秋七月　日立议墨汪德徽堂支孙

永镐(押)　鸿造(押)

居敬(押)　兆冲(押)

兆添(押)　文欢(押)

加贞(押)　家林(押)

家相(押)　家榭(押)

家杏(押)　家模(押)

家龙(押)　家栋(押)

第五纸

一张文欢收执

二张家相收执

三张家贞收执

四张家榭收执

五张家林收执

六张家模收执

七张收存公匣

徽州婺源《乾隆四十五年(1780)汪永镐等人立议族会章程》,同样是以合同形式制定的族会章程。张氏祖宗为"坟墓荫木以及门户外侮"而建立族会,并制定会规,族人世代相承。乾隆四十五年,张氏后人因"遗规废弛"会内账目混乱,集众共议,清结账目后重新拟定会规,以继承祖宗之德行。合同一方面规定"将以前各人所欠本利尽行算清,其中实有万难措办者,不得已公议将前各人所欠之项,三房均摊",体现了家法族规中对于家族内部成员的救济与扶持,而另一方面又规定"如有乖议者,呈官究治",明确族人的权利义务,如果违反规定不仅不能享受家族的庇护,相反还可能受到官方法律的惩罚。为了更好地维护族会秩序，族人共议族会章程，并逐条罗列，附在合同之后。从会规形式上看，均采用“一议”作为每条会规的开始，具有很强的条理性，“一议”族人秋收卖粮需遵守的规则，“一议”会议经收之事，“一议”卖粮的价格，“一议”会内钱款子孙不许支取，“一议”清楚户内债务，“一议”各房共同执事，共同算账，“一议”保歇差役，仍照向例轮阄供给，从会规约定的内容上看，都是规范族众在生产生活中的具体的行为规则。本合同参与制定的当事人为张氏同辈支孙十四人，均签名画押。另记载该合同一样七纸，各房各存一纸存照，本标本所采集的是第五纸，也就是由张家林收执的合同文本。

各宗族本家为了保护族产，往往邀集同宗各房“集众公议”，制定族规，约定共同遵守。宗族内部同样以建立合同形式，要求族众共同签署并且共同遵守，成为徽州地区民间私约中的一种独特形式。这类民间共同订立的合同文本，涉及的内容十分广泛，包括盟誓、祭祀、保安、教育、财产管理等各个方面，是我们研究徽州地区民间私约的宝贵财富。

立换约人余有位，合身今因善营屋宇，田地山场情愿条（调）换住屋左边楼下房一步，又上边厨灶前中进猪栏一个，又前山亲坟后熟山均半蔴园坪下田二分八厘，自愿条（调）换与有俊亲二弟名下为业，日后不得反悔无辞。空口无凭，立此换约为用。

再批：条（调）换新坟换姚家坞。

嘉庆七年三月　　　　日立　余有位（押）

亲笔（押）

交换是指当事人之间互相交换财产或者财产权利的民事行为，徽州地区民间私约中经常发现各种交换类的民事契约，有的交换土地以利于耕作或者兴修水利，有的交换宅基地用于房屋建筑，有的交换山场和道路，有利于开发山林和修建道路，这些民间交换类契约往往仅有当事人参加，少量标的物交换时甚至不需要中人参与，这和交换行为常用于宗族邻居之间有着直接关系，因交换引发的诉讼和争端非常少见，当事人保存交换类契约仅仅作为一种财产凭据，部分土地田产类标的物交换后，还需要在官方登记和纳税等管理上进行交割和推税。在传统民事契约中，中人的参与已经成为一种形式要件，即所谓买卖凭中，婚姻凭媒，但是在徽州地区却发现有

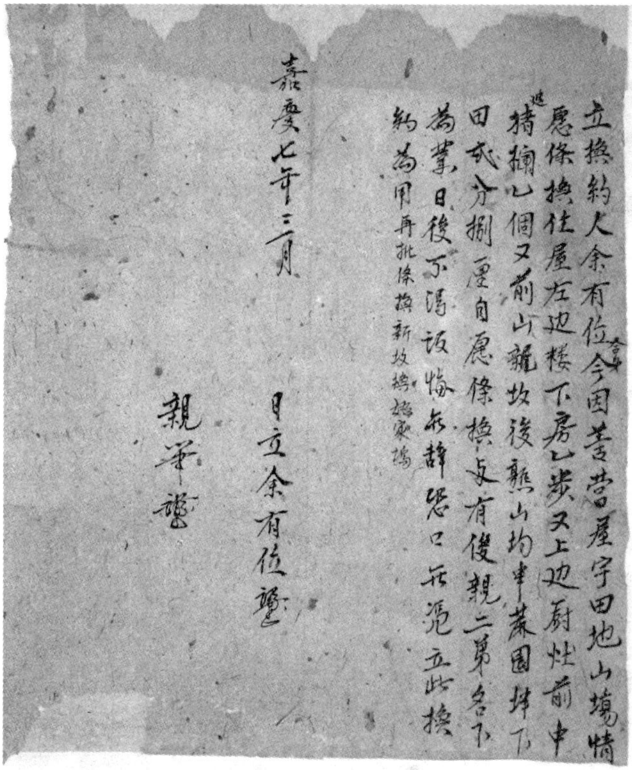
立換約人余有位今因造營屋宇田地山塲情
愿係換往屋左边楼下房一步又上边厨灶前中
進猪欄一個又前山龍坟後[illegible]山均中菜園坪下
田弍分捌厘自愿係換与有俊親二弟名下
為業日後不得翻悔永無[illegible]恐口無憑立此換
約為用 再批係換新坟
嘉慶七年三月 日立余有位
親筆

嘉庆七年(1802)余有位余有俊换地文约(休宁) | 10－5－10－009

少量财产交换类契约中,只有双方当事人亲自画押表示认同,没有出现中人或者其他第三人参与,这是一个值得注意的现象,这一现象否定了所有民间私约均必须经过第三方参与即中人中介的判断,为研究传统民事契约提供了新的有价值的材料。

换地文约是双方当事人为交换土地所订立的私约,它不同于土地租赁、买卖契约,采用“以地换地”的方式获得所需要的土地,财产的所有权或者处分权经过交换即发生转移。《嘉庆七年(1802)余有位余有俊换地文约》就是余有位、余有俊两兄弟为建造房屋,交换土地所订立的合同。徽州地区山多地少,为保持房屋建设的需要,往往要和相邻的当事人互换少量土地,因此宅基地交换是交换类契约中的主要内容。在这份交换文约中,立约人余有位为了建造修缮房屋,与他的兄弟余有俊协商,自愿达成协议,互易土地。从文约中的“一步”、“二分八厘”可以看出,所换的土地面积是相当有限的,但为了建房的需要又是必须的。

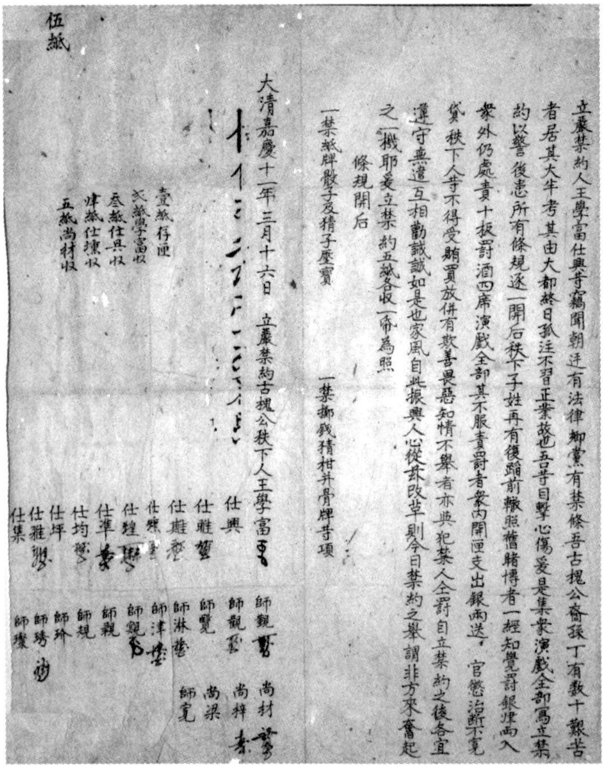
伍紙

立嚴禁約人王學富仕興等竊聞朝廷有法律鄉黨有禁條吾古槐公裔孫丁有數十艱苦者居其大半考其由大都終日孤注不習正業故也吾等目擊心傷爰是集衆演戲全部寫立禁約以警後患所有條規逐一開后秩下子姓再有復蹈前轍照舊賭博者一經知覺罰銀肆兩入衆外仍處責十板罰酒四席演戲全部其不服責罰者衆內開匣支出銀兩送官懲治斷不寬貸秩下人等不得受賄買放并有欺善畏惡知情不舉者亦與犯禁人仝罰自立禁約之後各宜遵守無違互相勸誡如是也家風自此振興人心從茲改革則今日禁約之舉謂非方來奮起之一機耶爰立禁約五紙各收一紙為照

條規開后

一禁紙牌骰子及猜子壓寶　一禁擲錢猜柑并骨牌等項

大清嘉慶十一年三月十六日　立嚴禁約古槐公秩下人王學富

壹紙存匣
貳紙學富收
叁紙仕具收
肆紙仕塘收
五紙尚材收

嘉庆十一年（1806）王学富王仕兴等立严禁赌博文约（黟县）｜**10－6－002**

立严禁约人王学富、仕兴等，窃闻朝廷有法律，乡党有禁条。吾古槐公裔孙，丁有数十，艰苦者居其大半。考其由，大都终日孤注，不习正业故也。吾等目击心伤，爰是集众演戏全部，写立禁约，以警后患。所有条规逐一开后，秩下子姓再有复蹈前辙，照旧赌博者，一经知觉，罚银四两入众外，仍处责十板，罚酒四席，演戏全部。其不服责罚者，众内开匣，支出银两，送官惩治，断不宽贷。秩下人等不得受贿买放，并有欺善畏恶知情不举者，亦与犯禁人同罚。自立禁约之后，各宜遵守无违，互相劝诫。诚如是也，家风自此振兴，人心从兹改革，则今日禁约之举，谓非方来奋起之一机耶。爰立禁约五纸，各收一纸为照。

条规开后

一、禁纸牌骰子及猜子压宝

一、禁掷钱猜柑并骨牌等项

大清嘉庆十一年三月十六日　立严禁约古槐公秩下人　王学富（押）

仕覲(押) 尚材(押)
仕兴 师观(押) 尚梓(押)
仕睢(押) 师览 尚梁
仕其(押) 师淋(押) 师宽
仕壥(押) 师津(押)
仕煌(押) 师□(押)
仕准(押) 师录
仕均(押) 师规
仕坪 师玠
仕雅(押) 师琇(押)
仕集 师璨

一纸存匣
二纸学富收
三纸仕兴收
四纸仕壥收
五纸尚材收

五纸
(半书):合同五纸各收一纸为照

这是徽州黟县王氏宗族众人订立的一件禁止赌博的文约,带有乡规民约的色彩,开宗明义表示"窃闻朝廷有法律,乡党有禁条",所谓朝廷有法律即指国家成文法,乡党有禁条则指向民间的习惯法则。在徽州调查中发现当地不仅存在这种契约形式的禁约,还可以见到将民间禁约刊刻于石碑之上,如在徽州祁门县渚口乡滩下村一块道光十八年"永禁碑"的碑文"官有正条各宜遵守,民有私约各依规矩"。正是这两种不同的法律形式,互相交织在一起,形成一套完整的法律体系,并将人们所有的行为约束在这个体系之内。

参与徽州调查的春杨博士,对徽州地区民间禁约曾经作出过比较系统的研究,她认为"乡规民约有明确而具体的应当遵守的条款和违反条款的处罚措施,亦即规定了乡民的权利、义务和违约责任。以明清时期的徽州乡规民约为例来看,明隆庆祈门《文堂乡约家法》的《会戒》中就对参加文堂村乡约组织的会众规定了具体的权利、义务和违约的责任”。[1]同时春杨博士还引用徽州祈门县《文堂乡约家法》中载有的“乡约大意，惟以劝善习礼为重，不许挟仇报复，假公济私，玩亵圣谕。……约所立纪善、纪恶簿二扇，会日共同商榷。有善者即时登记，有过者初贵姑容，以后仍不悛者，书之。若有恃顽抗法、当会逞凶、不遵约束者，即是侮慢圣谕。沮善济恶，莫此为甚，登时书簿，以纪其恶。如更不服，遵廖侯批谕，家长送究”。[2] 对她的观点加以佐证。她认为“从乡规民约中找到许多经典的概括性表达，例如，‘朝廷有法律，乡党有禁条’；‘官有正条各宜遵守，民有私约各依规矩’，这些都高度概括了包括明清在内的中国传统社会的基本政治模式。国有国法，村有村规。国法是宏观的，乡规民约则是具体的，是国法在某一乡村地域范围内的具体表现，是国法的必要补充和延伸”。[3]

赌博行为为我国历代法律所禁止，但民间赌博成为一种恶习，屡禁不止，至今民间赌博不但仍然存在，在有些地区甚至愈演愈烈，成为一种隐患。据《大明律》“刑律 · 杂犯 · 赌博”条中规定：“凡赌博财物者，皆杖八十，摊场钱物入官。其开张赌坊之人，同罪。止据见发为坐。职官加一等。若赌饮食者，勿论。”[4]《大清律例》“刑律 · 杂犯 · 赌博”中的内容与《大明律》基本相同。清初更增加条例：“一、凡赌博不分兵民，俱枷号两个月，杖一百。偶然会聚开场窝赌，及存留之人抽头无多者，各枷号三个月，杖一百。官员有犯革职，枷责不准折赎。奴仆犯者，家主系官，交与该部；系平人，责十板。”[5]平人有犯，即普通老百姓有违反禁止赌博规定的，除罚银外，杖责十板。在王氏族人自订的禁约中，对有犯者，“罚银四两入众外，仍处责十板，罚酒四席，演戏全部”，除罚银外同样也是杖责十板，可见这不是一种偶然，而是国家成文法和民间禁约存在互相支持，互相依赖，相辅相成的同一规律。

[1] 春杨：《晚清乡土社会的民事纠纷调解及其变迁——以徽州私约为起点的解读》，2006 年5 月，中国人民大学博士学位论文，第 154 页。

[2] 徽州祈门《文堂乡约家法》（不分卷），明隆庆刻本，原件藏安徽省图书馆。

[3] 春杨：《晚清乡土社会的民事纠纷调解及其变迁——以徽州私约为起点的解读》，2006 年5 月，中国人民大学博士学位论文，第 157 页。

[4] 《大明律》卷第二十六《刑律九 · 杂犯》，怀效锋（点校），法律出版社 1999 年版，第 202 页。

[5] 《大清律例》卷三十四《刑律 · 杂犯》，田涛、郑秦（点校），法律出版社 1999 年版，第 531 页。

除国家法律禁止赌博外，民间各种规约对赌博均加以严格的处罚，据清雍正朝休宁吴氏《茗洲吴氏家典》中，不但明确规定禁止赌博，并对参与赌博的子孙给予严格的处罚。“子孙赌博、无赖及一应违子礼法之事，其家长训诲之；诲之不悛，则痛箠之；又不悛，则陈子宫而放绝之，仍告于祠堂，于祭祀除其胙，于宗谱削其名。能改者，复之。”[1]然而民间赌博未能根绝，究其原因，一则此种陋习有着长久的历史，二则在相对封闭的社会形态下，不利于开展正常的文化活动，使乡间生活单调乏味，再则对于财富的奢望，对偶然性的心理依赖，都可能使赌博行为得以蔓延。对此王氏家族在禁约中约定“秩下子姓再有复蹈前辙，照旧赌博者，一经知觉，罚银四两入众外，仍处责十板，罚酒四席，演戏全部”。其中“罚银四两入众”，是经济处罚手段，对违犯者罚银四两，归入祠堂公用，即前面曾经讨论过的“罚银入官”，官并不单纯地指向官方政权，在明清时期，“官”字的概念在民间私约中仍然带有公告属性的意思表示；“处责十板”和《大清律例》中的处罚基本相同，均为一种残酷的肉体刑罚，表明宗族处罚中可以采用肉体刑罚的方式，以表示这一处罚的权威性和严厉性；“罚酒四席”是对违犯者的一种特殊处罚，这种处罚在相对封闭的熟人社会中明显带有耻辱色彩，要求违犯者置办酒席，宴请族中尊长，并当众表示谢罪；“演戏全部”是民间习惯中最为独特的处罚形式，要求违犯者出资邀请戏班，为全村或者家族演出戏剧，违犯者在演戏时当场向众人表示认罪服罚。

徽州地区乡土社会中要求违犯者“演戏全部”的处罚方式已经形成习惯，徽州祁门县彭龙乡环砂村一块清嘉庆二年(1797)的“永禁碑”，碑文的主要内容是禁止对山林乱砍滥伐，“非惟树尽山穷，致薪如桂，且……滋事生端，为害匪轻……所以不谋而合，共立合文，演戏请示订定界止”。在大家制定管理界限的约定前，先要演戏一场，作为一种召集形式。另外，这通碑文中还制定了各项具体的处罚措施，如“纵火烧山者，罚戏一台，仍要追偿木价；挖桩脑者无问松、杉杂植，罚戏一台；采薪带取松、杉二木，并烧炭故毁，无问干湿，概在禁内，违禁者罚戏一台”。除了一般性经济处罚外，均要求违犯者出钱演戏一台，作为一种重要的处罚。这种先行演戏一台作为召集模式，然后建立共同约定，对违犯者罚戏一台的程序和“杀猪封山”的

[1] 雍正休宁《茗洲吴氏家典·家规》(卷一)。

做法十分近似。

又据清道光六年(1826)三月徽州祈门文堂村《合约演戏严禁碑》中,同样制定了保护山林的规则,禁止村民随便上山采茶、拣拾苞芦桐子、入山挖笋、纵放野火和松柴出境等。碑文中规定"一、禁茶叶迭年立夏前后,公议日期,鸣锣开七,毋许乱摘,各管个业;一、禁苞芦、桐子,如过十一月初一日,听凭收拾;一、禁通前山春冬二笋,毋许入山盗挖;一、禁毋许纵放野火;一、禁毋许松柴出境;一、禁毋许起挖山桩。以上数条,各宜遵守,合族者赏钱三百文。如有见者不报,徇情肥己,照依同罚备酒二席、夜戏全部"。[1]全体村民建立的规约中,共有六项禁止性规定,遵守者,合族赏钱三百文,违犯或者知情不报,徇情肥私者,"照依同罚备酒二席、夜戏全部"。看来先罚酒席,吃酒之后还要演戏夜戏全部。

这种处罚形式成为一种乡土社会中的普遍习惯,我们在对当代农村进行社会调查时,也常常发现这种处罚现象。例如笔者在《被冷落的真实——新山村调查手记》一书中,在浙江黄岩调查时,记载了当地"对于轻微盗窃集体财产的处罚非常有趣,也非常值得我们注意。擅自上山挖笋的结果是对当事人进行为全体村民放一夜电影并加处罚款的处罚。据黄岩区司法局工作人员黄筱斌补充:在放电影时,有些村子还要求当事人在放电影时公开承认错误,并以此作为罚戒,教育其他村民不要再犯同样的错误。1998 年 1 月 25 日这一天,已知有三位村民(因上山偷挖竹笋)受到了'放电影一夜'的处罚,起码可以推知当年的春节前后,村民们可以看到好几场电影。在放电影时让当事人到台前公开承认错误的做法,带有一定的侮辱性,这对于生活在同一个相对封闭的环境下的村民而言,造成的心理压力是不能低估的。一方面是因为偷了笋,被罚款,还要在大家看电影时公开道歉;另一方面是全体村民在电影银幕前心安理得地欣赏和快乐,要想做到这一点,没有相应的强制能力是无法实现的"。[2]

立合同人吕存仁堂,因祖业宝字四千九百号计地税二厘正,土名店后菜园,并粪告(窖)在内。今因江姓昧良占业,今族老四房伯叔兄弟子侄孙嘀(商)议,恐其江姓起成分(风)波,接保呈公告状,老四房人等俱以齐心

---

〔1〕 清道光六年三月初八日祈门文堂村合约演戏严禁碑,原碑现嵌于安徽省祁门县闪里镇文堂村大仓原祠堂前照壁中。

〔2〕 田涛:《被冷落的真实——新山村调查手记》,法律出版社 2005 年版,第 111 ~112 页。

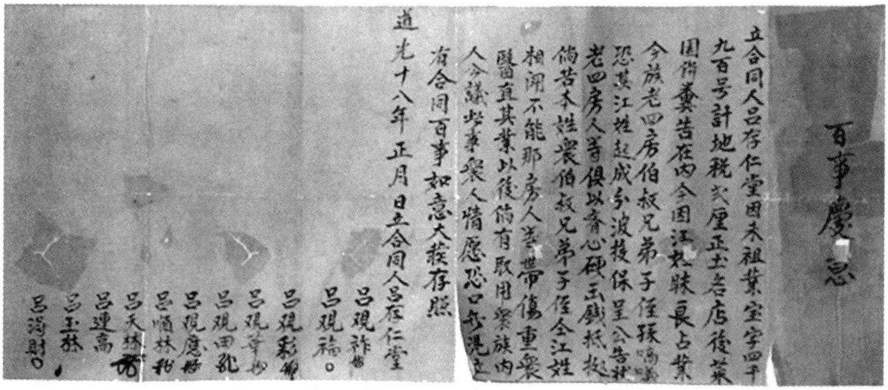

立合同人吕存仁堂因本祖業宝字四千
九百号計地税弍厘正土名店後菜
園倘姜苦在内今因江姓[illegible]長占業
今族老四房伯叔兄弟子侄孫[illegible]
恐其江姓起成分波接保呈公告[illegible]
老四房人等俱以齊心硬出錢抵觸
倘若本姓衆伯叔兄弟子侄仝江姓
相鬧不能那房人等帶傷重衆
醫直其業以後倘有取用衆族内
人公議此事衆人情愿恐口無憑立
有合同百事如意大發存照
道光十八年正月日立合同人吕存仁堂
吕觀祚
吕觀福
吕觀彩
吕觀華
吕觀田
吕觀應
吕順林
吕天林
吕連高
吕玉林
吕得財

道光十八年(1838)吕姓存仁堂立争产盟约合同(婺源 清华)　　| 10－7－037

硬出钱抵处(触)。倘若本姓众伯叔兄弟子侄同江姓相斗不能,那房人等带伤重众医直(治),其业以后倘有取用,众族内人公议。此事众人情愿,恐口无凭,立有合同,百事如意,大发存照。

道光十八年正月　日立合同人　吕存仁堂

吕观祚(押)

吕观福(押)

吕观彩(押)

吕观华(押)

吕观田(押)

吕观应(押)

吕顺林(押)

吕天林(押)

吕连高

吕玉林

吕得财(押)

(附封面题词:“百事庆意”)

在农业社会中,出于生存和生产的需要,人们争夺土地和水利资源的现象比较常见,因此产生纠纷,引发诉讼,甚至导致种姓或者村民之间的械斗。这种民间的争产械斗现象一直延续至今,在一些偏僻的山区或农村地区仍然可见。这类争夺通常发生在不同家族或者是不同村庄之间。解决的途径一般有公了和私了两种方式。公了是指由官府来裁判该土地或水利资源的所有权和处分权，而私了除了进行协商外，还有可能引发双方武力相争，最终胜者取得所有权或者收益权。这种情况在实践中虽然普遍，但是相关的文字资料却十分罕见。而徽州婺源发现的《道光十八年(1838)吕姓存仁堂立争产盟约合同》正是吕姓家族为了江姓家族争夺地产，召集宗族共同订立的一份盟约合同。合同中首先说明附近的江姓家族企图"昧良占业"，占有吕姓祖上流传下来的"宝字四千九百号计地税二厘正，土名店后菜园，并粪告(窖)在内"。因此吕姓家族召集族人订立盟约，决定和江姓争产。在这份争产盟约合同中，规定了非常详尽的应对措施：如果江姓家族上告官府，则吕姓子孙"俱以齐心硬出钱抵处(触)"；如果是采取械斗的方式，则对于在械斗中受伤的吕姓子孙，医药费由族众共同支付；此外还约定"其业以后倘有取用，众族内人公议"，表明这块土地将来的用途及其收益由吕姓族人共同分享。为保证其效力，在这份盟约合同的最后，按照徽州地区民间私约的格式，标注"恐口无凭，立有合同，百事如意，大发存照"，最后由参与盟约的吕姓子孙共同签字画押。

立合同起局经收税粮早完免累并清理户册文约人，王仕坪、仕□等同甲内江行古等，原因道新户众向来空虚，一切应该所出费用，前籍睢瀚二人支持，各位多少充付，至今户众无归。迩来户内非昔，粮则星微，出多收少，将来难为之计。况户册自嘉庆十七年清理造册以后，接取实征于十八年起，遗失一本，十有余年，湮灭不见。众皆袖手旁观，亦由力不胜用，以致户荒进出无所查考。各位虚供，亦皆罔闻，病莫甚焉。再者递年税粮各位供解不一，每有违限啻欠，故遭差弊，屡受掣肘。何故自作其孽，依然受辱，难免钱文多去，何必早纳心闲。所以眼同相嘀，各位顶力耑输，清理造册，费用以及起局经收完粮佥立董事数人轮流劝谕，照则计算若干经催交局。上限自三月初十日起收，至本月底止。下限自九月初十日起，至本月底止，齐付交局，登账查明。开则出邑，完纳户众，给付食用。上限准期四月初十日，风雨无阻交票，下限十月初十日交票，呈局验明，仍后给发各位领去收贮存照。倘有不遵限期者，公议重罚，仍要即交以便完啚。如再恃横不遵户众，以抗粮遗累出首，决不徇情。自定之后，各宜遵守，恐口无凭，立此合同文约，一样六纸，各收一纸存照。

内批余规载簿以便经理，瞩目了然，只此

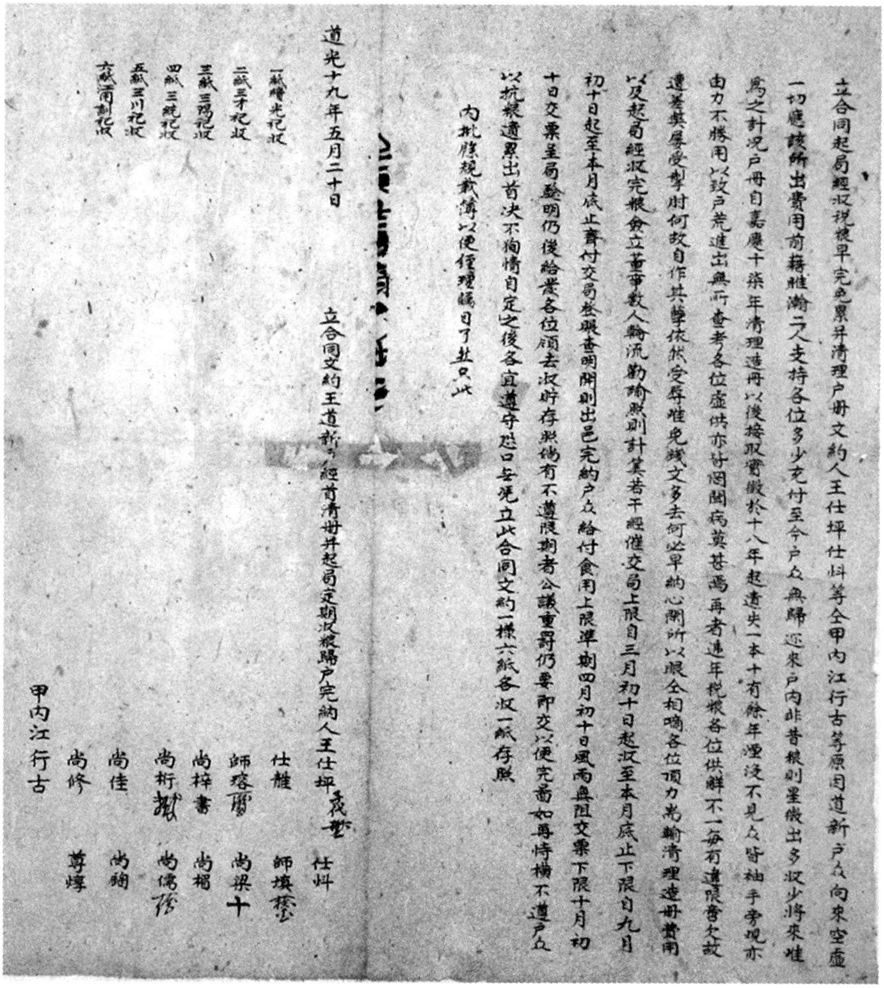

道光十九年(1839)王仕坪王仕□起局经收税粮早完免累并清理户册文约(黟县)　|　10-8-001

(半书不清)

道光十九年五月二十日

立合同文约王道新户经首清册并起局定期收粮归户完纳人：

王仕坪　子代(押)

仕□

仕□　　师填(押)

师瑢(押)　尚梁(押)

尚梓书　　尚眉(押)

尚桁(押)　尚儒(押)

尚佳　　尚鍧

尚修　　尊□

甲内：江行古

一纸续光记收

二纸三才记收

三纸三阳记收

四纸三统记收

五纸三川记收

六纸江用训记收

户册，又称“归户清册”，是清朝摊丁入亩以后按丁口纳税将人口和土地税赋合并一起的一种登记造册形式，归户清册中需要写明该户的户主和丁口人数，以及田地和相应的税粮税赋，归户清册取代了自明朝以来的“鱼鳞册”和清初的“柳条册”，形成一种田户合一的登记方法。归户清册至清末民初时，因近现代户口管理制度的出现而逐渐消失，归户清册是从鱼鳞地亩册到户口簿之间的重要过渡，在中国约行使了近一百余年。[1]

《道光十九年(1839)王仕坪王仕□起局经收税粮早完免累并清理户册文约》是一份王道新户众为清理户册所订立的合同文约。因为“道新户众向来空虚”，一切应该支出的费用，原来主要依赖“睢瀚二人支持”，但是现在“粮则星微，出多收少”，很难支撑下去。而且“户册自嘉庆十七年清理造册以后”，于十八年遗失了一本，至今不见踪迹，众人的袖手旁观使得“户荒进出无所查考”。此外，缴纳税粮时每人支出的数量不一，“每有违限啬欠，故遭差弊，屡受掣肘”。种种弊端促使户内众人不得不决定清理户册，订立相应的规程，以保证按期缴纳税粮。这份文约中，户众共同约定“费用以及起局经收完粮佥立董事数人轮流劝谕，照则计算若干经催交局”，并确定了缴纳的上下期限。对于不遵守约定期限之人，户众一同讨论给予重罚，仍然要缴纳税粮。如果再不遵守的，“以抗粮遗累出首，决不徇情”。最后由所有参与订立清理户册文约的户众签字画押。农业社会中农民按照规定

〔1〕 徽州地区《归户清册》的标本，详见田涛、郑秦、[美]宋格文主编：《田藏契约文书粹编》(第一册)，中华书局2001年版，第132页，编号271。鱼鳞册和柳条册见本文前揭。

交纳税粮是其义务，历代政权正是将农业税收作为政府的主要经济来源，因此对农业户口丁数以及田土地亩不断地进行“清丈”，以随时掌控纳税单位和税收的变化。这是一份清朝中期宗族建立的如何完纳土地税赋的民间私约，表明在传统社会中，宗族对于如何承担税赋义务及相关责任和制度的建立，也是通过建立私约合同的形式确定各方的权利和义务，因此可以看出在徽州地区，民间私约所涉及的范围非常广泛。

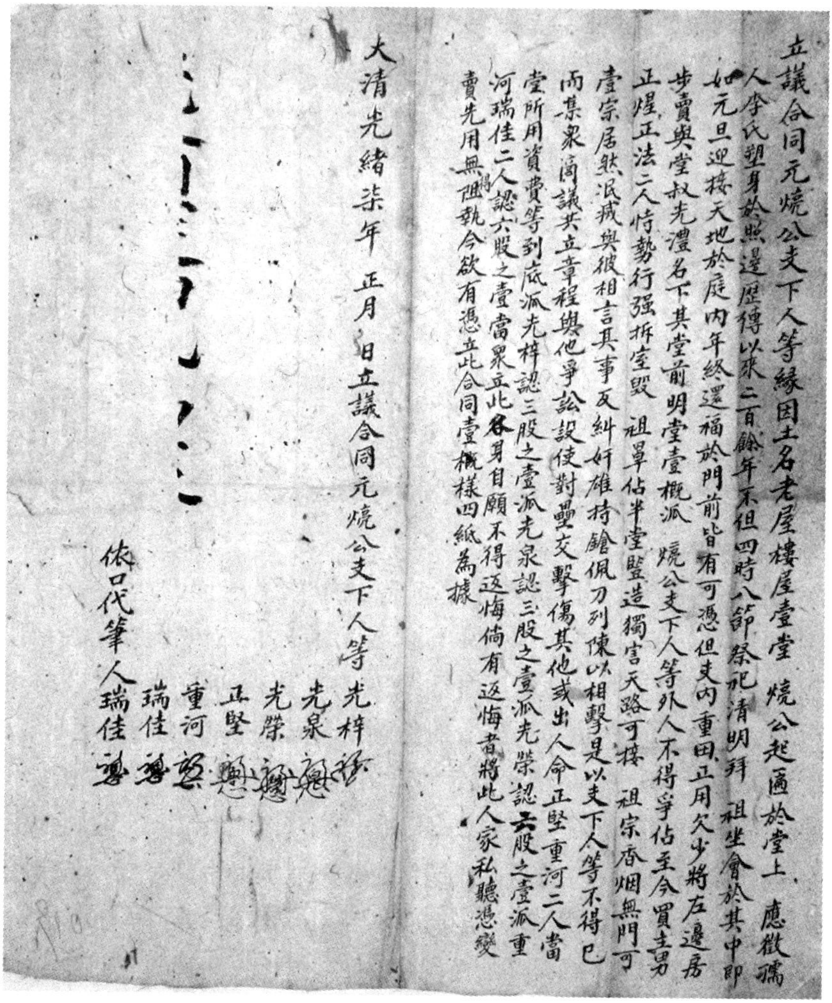
立議合同元焼公支下人等緣因土名老屋樓屋壹堂 焼公起匾於堂上 應徵孺人李氏塑身於照邊歷傳以來二百餘年不但四時八節祭祀清明拜 祖坐會於其中即如元旦迎接天地於庭內年終還福於門前皆有可憑但支內重田正用欠少將左邊房步賣與堂叔先澧名下其堂前明堂壹概派 焼公支下人等外人不得爭佔至今買主男正煋正法二人恃勢行强拆室毀 祖單佔半堂豎造獨宮天路可接 祖宗香烟無門可壹宗居然泯滅與彼相言其事反糾奸雄持鎗佩刀列陳以相擊是以支下人等不得已而集衆商議共立章程與他爭訟設使對壘交擊傷其他或出人命正堅重河二人當堂所用資費等到底派光梓認三股之壹派光泉認三股之壹派光榮認六股之壹派重河瑞佳二人認六股之壹當衆立此各身自願不得返悔倘有返悔者將此人家私聽憑變賣先用無阻執合欲有憑立此合同壹概樣四紙爲據

大清光緒柒年 正月 日立議合同元焼公支下人等 光梓 光泉 光榮 正堅 重河 瑞佳

依口代筆人瑞佳

光绪七年(1881)元焼公支下光梓等祖堂争讼前盟约合同(祁门)　| 10－9－019

立议合同元焼公支下人等，缘因土名老屋楼屋一堂，焼公起匾于堂上，应征孺人李氏塑身于照边，历传以来，二百余年，不但四时八节祭祀清明拜祖，坐会于其中，即如元旦迎接天地于庭内，年终还福于门前，皆有可凭。但支内重田正用欠少，将左边房步卖与堂叔光沣名下。其堂前明堂一概派烧公支下人等，外人不得争占。至今买主男正煌、正法二人，恃势行强，拆室毁祖，罩占半堂监造，独害天路可接，祖宗香烟无门，可一宗居然泯灭，与彼相言其事，反纠奸雄，持枪佩刀，列阵以相击。是以支下人等不得已而聚众商议共立章程，与他争讼。设使对垒交击，伤其他或出人命，正坚、重河二人当堂，所用资费等到底，派光梓认三股之一，派光泉认三股之一，派光荣认六股之一，派重河、瑞佳二人认六股之一。当众立此，各身自愿，不得返（反）悔。倘有返（反）悔者，将此人家私听凭变卖先用，无得阻执。今欲有凭，立此合同一样四纸为据。

大清光绪七年正月　日立　议合同元烧公支下人等　光梓（押）
光泉（押）
光荣（押）
正坚（押）
重河（押）
瑞佳（押）
依口代笔人　瑞佳（押）

这是一件宗族内部因房产纠纷而建立的盟约，缘因有老屋一堂，作为烧公祭祀之用，后将左边房部分卖与堂叔光沣名下，当时约定堂前明堂仍归烧公支下所属，后光沣之子正煌、正法擅自扩建，影响了烧公支下的财产权利，导致双方发生纠纷。这份盟约仍然以合同的形式建立，其中写到“与彼相言其事，反纠奸雄，持枪佩刀，列阵以相击”时，使用了民间争产诉讼中常用的所谓“四字珠语”，如反纠奸雄，持枪佩刀，列阵相击等，这种描述为古代民事诉讼中故意夸大事实，引起官方重视时使用的套语。[1] 首先参与盟约合同的当事人决定共立章程和正煌、正法等人进行诉讼，如果因此引发械斗，导致出现“对垒交击”的情况发生时，伤及人命由参与订立的烧公

〔1〕 关于四字珠语即诉讼套语的研究，详见田涛、许传玺、王宏治主编：《黄岩诉讼及黄岩调查报告——传统与现实之间 / 寻法下乡》，法律出版社 2004 年版，第 19 ~20 页；田涛：《被冷落的真实——新山村调查手记》，法律出版社 2005 年版，第 34 ~35 页；邓建鹏：《讼师秘本与清代诉状的风格——以黄岩诉讼档案为考察中心》，载《浙江社会科学》2005 年第 4 期。

支下正坚和重河二人去官府过堂顶罪。因此所需的费用分作六股，由众人分摊。盟约合同订立之后，各自不得反悔，如果有人反悔，众人将其家庭财产变卖，并不得阻拦。这种约定在民间属于盟誓色彩的重要约定，可见在乡土社会中，即便是宗族内部为了争夺财产，往往需要将宗族中近亲宗支联合在一起，以形成一定的势力，以便应对可能出现的讼争和纠纷。

将"结盟约"冠以"合同"之名，足以说明"合同"一词所涵盖的范围宽泛。而这份结盟约的内容与一般盟约有所不同。其以"元熓公支下光梓等祖堂争讼前盟约合同"冠名，是由于"正煌、正法二人，恃势行强，拆室毁祖，罩占半堂监造"，而引起的诉讼。族人专为此议定章程进行诉讼甚至"对垒交击"，即已经估计到在械斗中可能会出现伤亡，倘有伤亡费用产生，一律依照本约定由族人共同承担。并规定"当众立此，各身自愿，不得返(反)悔。倘有返(反)悔者，将此人家私听凭变卖先用，无得阻执"。这是一纸建立在维护宗族利益的结盟约，是当时宗族利益优于个人利益的体现，值得进行更加深入的研究。对于民间诉讼问题的研究是近年来的一个热点，但对于集体进行诉讼时有关资料的收集一直比较匮乏，这件盟约为我们研究民间诉前的准备活动提供了非常宝贵的资料。

(10－10－L－013)光绪二十九年(1903)陈维海祖后裔族众保祖产族规合同(歙县)

立免费立章以保祖产以正族规合同字人陈维海祖后裔孙，值年新旧房管等，请凭各房户长及族众等情，因祖积空虚，负债难还，兼之费用浩繁，难保祖产。因请族众商议，可免者免之，可少者少之，以兴祖积，众皆乐从。谨将公议章程书列于后：

一、已有大禁则春秋小禁免之。

一、中元节祭孤尺许值年房管四人聊备酒水。

一、祖债还完，霜降节开大祭，祭费仍照旧章。

一、清明霜降，十月十五小祭，只许值年房管及六十以上之老者，及有功名者皆与祭焉，此宗庙之礼，爵齿自古必序也，其余人皆不祭。

一、霜降宿祠祀祖算账由房管请凭各垮老者共八人，又请前界交账旧管事二人，写算祖账，饮福酒在内，族众不得有说。宿祠夜用素席。

一、童生考费应县试，帮钱五百文，未应者免用。应府试者帮钱二串正，未应者免用。府县未应，而独应院试者，只帮钱二串正，童生毋得有说。

一、庠生大小考费以及童生入学之礼钱，率由旧章。

一、童蒙学俸钱，近日丁繁，是以免之。

一、先生馆谷四石，不减不加。

一、房管四人，三年更换，东垮房管二人，由凭西垮公议，西垮房管二人，凭东垮公议，务必请各房户长入祠，各垮公议，然后同众言明。所议之新房管不得推诿，未议者不得霸管，亦不得各议，各垮限至霜降节前三日议定，至霜降日旧房管将钱账约纸约簿等项，一并交与新房管手，管事执掌钱账等项，退管事日如有钱账不清，或亏欠钱彀不交，尽在管事二人承任，房长执掌字跡退，房长日如有字跡不交，或窃约私压，尽在房长二人承任。房管如有此弊，任凭族象众议罚，毋得辞其责耳。如房管理事清俭公平，族众公议留管方可，如无人留而恋管不退，显有吞祖之情，族众革斥，毋得有说。

一、有公事入祠商议，概由房管所请，然后入祠附席，不准不请自来，亦不准众人办酒以作公费。

一、凡设筵席俱宜俭约，不准奢华。

以上公议公立章程，凡我族人永远遵守，不得违抗有说，如有违抗者，轻则入祠议罚，重则经公首究。一应费用概归祖上东西二垮，彼此书立保祖合同字二纸，各垮管事执守为据。其有遗漏赏罚等章未列合同字者，嗣后公议立之。此凭。

又庆贺上元灯费维海祖上分文不用。

值年旧房管	源麒	
	源金	
	在琼	
	钟亮	
新房管	源珠	
	慎斋	
	在胜	
	在盛	
族众	大章	新生
华太	钟才	
在勤	胜敬	
钟儒	源深	

钟彩　　立斋
在炎　　钟杰
在锦　　钟太
在学　　钟嘉
钟若　　源美
在喜　　源涛
此纸存西垮管事手
合同二纸,一纸存西垮管事手,一纸存东垮管事手
公举在琼笔
光绪二十九年九月初四日立
(半书:合同)

清朝末期徽州经济从鼎盛时期逐渐走向衰落,宗族势力的影响也随之减弱,因此民间私约中对于宗族内部财产的管理性约定也出现了明显的变化。在这件保族产族规合同中,体现出了清末这种变化现象,合同中出现"祖积空虚,负债难还"之类的文字,族规中也开始进行必要的缩减开支等节约措施,提出"可免者免之,可少者少之",以保证宗族正常的经济运作。但合同中仍然对宗族教育和科举考试必需的费用继续加以保护,如"童生考费应县试,帮钱五百文,未应者免用。应府试者帮钱二串正,未应者免用。府县未应,而独应院试者,只帮钱二串正,童生毋得有说"。同时"庠生大小考费以及童生入学之礼钱,率由旧章"。但要求"童蒙学俸钱,近日丁繁,是以免之"。表明对于开始入学的童蒙教育费用,不再由宗族承担,而对延聘的教书先生报酬"先生馆谷四石,不减不加"。徽州地区村中往往以宗族聚集,因此大姓宗族普遍设有"私塾",由宗族出资延请教习执教童生,当地习惯称私塾教师为先生,教书先生在私塾中居住,习惯中称作"坐馆",馆谷指支给坐馆教师的报酬。这种私塾在明清两代颇为盛行,至清朝末年废除科举考试以后,新式学校教育逐渐得以开展,徽州地区是著名的近代教育家陶行知先生的故乡,当地新式学校设立较早,旧式的私塾教学也随之结束。

这份族规合同中,仍然约定"以上公议公立章程,凡我族人永远遵守,不得违抗有说,如有违抗者,轻则入祠议罚,重则经公首究",但此后宗族势

力进一步被削弱，甚至有些祠堂建筑也逐渐倒塌，直至20世纪50年代，农村土地改革开始，加之农村合作化运动的深入开展，宗族已经丧失了对财产和生产资料的控制，从此宗族势力退出了历史舞台。至今这份清朝末年的宗族族规私约，成了历史的见证。

中华民国元年(1912)章尚忠与族弟章尚志财产纠纷布告（绩溪）　| 10－11－031

径启者，今有前清遗劣生章尚志，无羞耻、无长上、无心肝、无理说，此固人之有所不能容忍者，略为我三党四界共告之。缘我先父佩诚公，于前清同治二年兵燹后，在游埠等处经营立业，开万泰、开复泰、开万泰有记，又与人合开万龙森，合开万龙正记，贸易数十年未尝一私于己也。在当年虽有遗窖银圆，不过三百，银宝不过四只兑银圆二百七十八元有零。彼时志之胞伯父分去二百元，往龙开店，数月间亏耗过半。仍有余资抵债尚且不敷该汪姓款四伯八十六元有零。而一家数十日安得藉窖资为生活乎？迨至光绪十五年，先父年老力衰，恐将来子侄辈，不知生理之艰难，轻财浪用，故合各房人等，敦请亲友，同盘各店银钱产业，共计一万五千有奇，谨按大小房份逐一派定立议，书订章程，只许支利不许支本，俭约有余者，另存生息。查志之存款在有记本店四百余元，在绩城及孟街等处有三四百元，暨之继祖母又有百余元，其蓄积已属不少，其持久不更可观乎。孰意自我先父去世后，肆行放荡，不守家规，日赌夜嫖，虽有亲母，不能禁止。数年间存资荡尽，犹不自悔，复向叔借钱，不许，遂出恶言以侮其叔，谓叔何能，尚有酬劳之报议书中叔守店有功酬劳四百元。父为守窖而死反无哀恤之情，妄生思想，请众理论，众论曰：既窖矣，何必守？志半时不能答，既而曰为鬼守窖，不然被人挖去矣。众人闻其言一笑而散。今志自知前言难以欺人，复变一说，谓匪围龙城至急，父同个伙掘窟掩埋，比即解下随身所系扎包，力事窖藏，事毕仓惶出走，扎包忘系，有岳家之金在内，恐其失去，返身往取，即罹其害云云。正不思匪围龙城至急，人皆走之，不暇安得从容解下扎包掘窟以埋金乎？且埋金不得令外人知，既同个伙掘窟窖已泄矣，埋之何益？有心人必不致此。明明为岳家事死，而必藉死父以要功，此无羞耻也。而不但此也，三十二年阄分店业，志房得万泰店此店合志三分之一，满身欢喜。临行赴任店事忠告之曰：叔侄宜和衷共济，店事可望兴隆，不然腐败立至。孰知到店后，自居总理，要求薪水一百元，叔未之许，遂恶其叔以为眼中钉，大不便于窃取。对叔曰：非我日炒分家，安得如此好招牌，此番于尔无功，且尔等败兵之将，焉可复用，只好在家中吃碗现成饭也。遽令叔之父子及侄等强迫回里，叔等亦无可如何。此无羞耻便无长上也。于是乎拔去眼中钉，得遂心中欲。明支暗取，正不问资本之从何来，并不顾叔与侄之同有股份也。屈指仅六载，倒人一万八千元，自知无以对人，假杨埠之游，阴携囊金潜身返里，到家后颇闻人言啧啧，心不自安。忽生一计，邀人助会，谓在家读书毫无别业，全凭此店为生活。今一旦闭歇，母年老子年轻，嗷嗷数口，仅藉蒙馆，何以免饿莩之忧。装作无钱状以塞人口，实邀忠助会，忠责其忍心败业，辱我先人，负债已属不轻，还欲邀会以负友，是何居心也。兼之去岁朦万泰之亏耗，思挂害于我家，挽求亲友来说，拼股事未能允。志遂登门取闹，无理已极。此无羞耻无长上便无心肝也。因此两计不成，遂捏出许多虚词，指望坏人名节。试问一万五千金，议书注明分为五店资本，内田产屋业居其大半，各店照管各业，忠弟只管万泰一店，资本尚不足六千，何得妄言提出九千余，拨于羡余簿各记名下。各记有存款，各房皆有，亦皆有来历，与公款财自然无涉。分店后自应拨归各房之店，何得妄言将万泰羡余簿之资本尽行提拨。复泰当分店之时，各店财产皆志督同盘结历年账目，皆志督同查核，如有弊窦，当即指明，何待至今，设言假称连年亏本，同事择人而佐，家伙出钱而买，何谓夺取。历年账簿应在宝藏店中，何谓不存根蒂。人多室小，无不分居，今迁居仍在城中，犹一室也，何谓免牵连之累。子侄读书，按年有修金，入泮有谢金，何谓无亲亲之义。万泰资本虽小，犹有二千四百馀金照股分派洋三百九十四元，又分售米盈洋四百三十五元，田价照时增值洋一千二百馀元，坐正松二百元，坐正伦二百元，何谓空牌生意。盈亏皆有理由，万泰按年亏本，至去年仅耗六千，今岁便耗一万八千，理由何在。非志侵蚀干没而何。贪心不足又垂涎忠等之产，求助会而不允，捏诬告以欺人，羞乎不羞？此无羞耻无长上无心肝，便无理说也。嗟乎！我先父与志从伯侄也，志方四岁即无其父，当世乱未平，不时东走西奔，无不提携。与其幼则抚养如子，长则择配成婚，喜其读书，即择名师而肄业，不幸丧妇，又聘处女以续弦，及其吐血也，吃燕窝、吃别直、吃刺参，无不一一为之培养。恩斯勤斯，即伊父若在，亦未必有过于斯者。今观谤书，称嫡伯称乳名，其设心可想矣。若忠之于志同窗，则指教倍切，同考则照拂良多。志之继祖母无以葬，代造坟墓以居之，未尝派其钱。志之父死不知何乡，则予以招魂祭品银二百。志之娶媳不敷于用，则助以龙游田四石二斗计十亩半。虽无大恩德，亦未尝无微情，而岂知恩以怨报、德以仇成，立谤帖、捏诬词，骇人听闻，坏人名誉，殊令人有不忍于情者，此所以不能已于言也。伏乞我族党、戚党、友党，学界、农界、工界、商界共鉴之。

中华民国元年阳历五月　号　绩溪人章尚忠布告

随着徽州地区宗族势力的削弱，传统种姓社会中的秩序得以破坏，导致宗族内财产纠纷不断增加，甚至因财产争端而引起互相攻击和辱骂。《中华民国元年(1912)章尚忠与族弟章尚志财产纠纷布告》正是徽州地区这一历史时期传统社会的真实写照，互相谩骂，互相揭短，甚至互相仇恨，当事人以这种诽谤布告的形式诋毁同宗族中近亲，使宗族内部的财产纠纷公开化。这种以布告传单的形式揭发或者攻击另一方，在明清两朝历史上被称作“飞书”，为当时的法律所禁止，甚至可以对擅自发布布告者加以治罪。中华民国元年，是中华民国建国之年，徽州士人已毫无顾忌，制作流言，散布飞书，足见此时徽州地区宗族内部的势力已经纲纪败坏，失去了对宗族的控制能力，从此徽州地区有着悠久历史的宗法制度逐渐退出了历史舞台。

立掉换水碓基人戴功德，今凭中说合自愿将己名下租田一号坐落土名盈山下，系难字　号，计田一坵，计税六分正，今与周王庙尼僧名下之田一坵，土名木瓜头，亦系难字　号，计田税四分正，两相情愿合立议墨。掉换之后，各管各业，听其耕种架造。自掉换之后，两相永无翻悔。恐口无凭，立此合同一样两纸，各执一纸，永远存照。

再批：其税粮各管各纳，毫无异说。倘若造立水碓之后，其上下水路听从取用，无得拦阻。

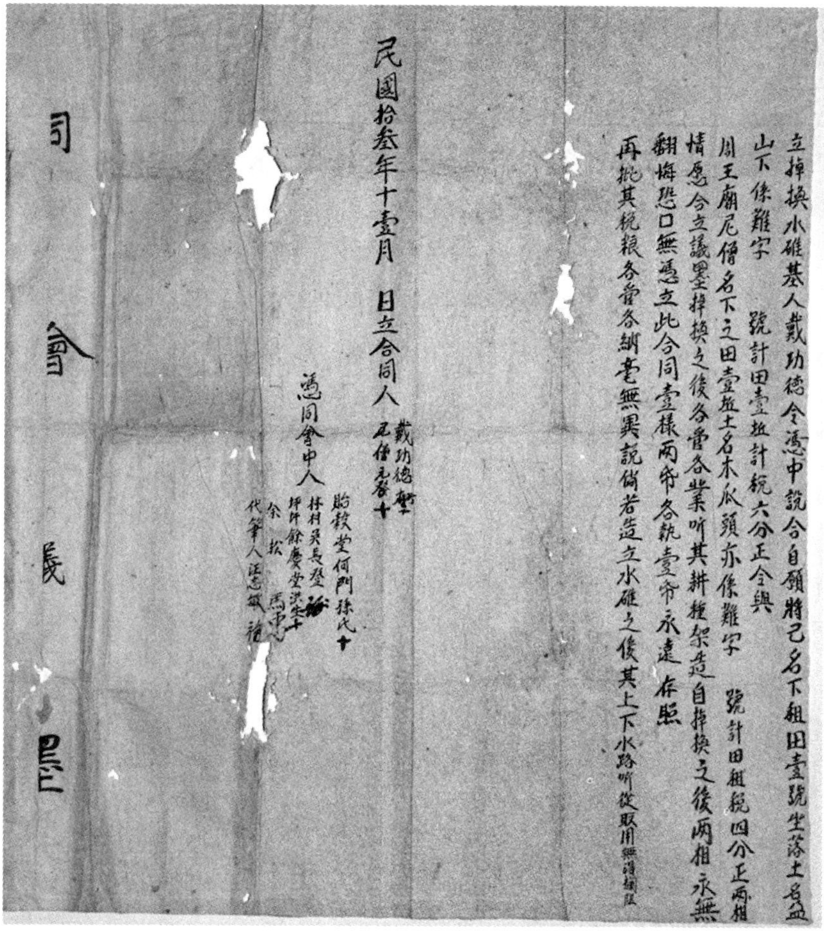
立掉換水碓基人戴功德今憑中說合自願將己名下租田壹號坐落土名益山下係難字　號計田壹坵計稅六分正今與周王廟尼僧名下之田壹坵土名木瓜頭亦係難字　號計田租稅四分正兩相情愿合立議墨掉換之後各管各業所其耕種架造自掉換之後兩相永無翻悔恐口無憑立此合同壹樣兩帋各執壹帋永遠存照

再批其稅粮各管各納毫無異說倘若造立水碓之後其上下水路所做取用無得阻

民國拾叁年十壹月　日立合同人　戴功德（押）

尼僧元發（押）

憑同會中人　貽穀堂何門孫氏（押）

林村長登（押）

坪圩餘慶堂洪生（押）

余松馬（押）

代筆人汪志敏（押）

民国十三年(1924)戴功德与周王庙尼僧水碓基地掉换契（婺源）　| 10-12-11-085

民国十三年十一月　日立合同人　戴功德(押)

尼僧元发(押)

凭同会中人　贻穀堂何门孙氏(押)

林村长登(押)

坪圩余庆堂洪生(押)

余松马(押)

代笔人　汪志敏(押)

财产互换的契约在徽州地区并不少见,《民国十三年(1924)戴功德与周王庙尼僧水碓基地掉换契》就是一份为建造水碓而互换土地所订立的契约。契约开头写明了双方所要交换土地的具体情况，同时约定两块土地互换之后，双方当事人取得对方土地的所有权和处分权，同时不再享有原己方土地的所有权和处分权，彼此不再干涉，“各管各业，听其耕种架造”。此外，还补充约定“其税粮各管各纳，毫无异说。倘若造立水碓之后，其上下水路听从取用，无得拦阻”，明确税粮以及水碓建立后上下水路的处理情况。值得注意的是，这份契约的一方当事人是“周王庙尼僧”。尼僧，即比丘尼，也就是俗说的尼姑。可见在当时徽州地区的寺庙拥有土地等财产，而且寺庙财产和民间财产发生转移互换等民事行为时，也同样通过建立民间私约的形式约定各方的权利义务。

（10－13－024）民国二十三年（1934）孙瑞康立关书（歙县）

立关书人孙瑞康投业徒，兴利皮件厂内吕安祥先生名下学徒，自愿凭托中保授业，决无反悔。倘有半途而废，承认数用膳食费归荐保负责，议定三年为额为可，三年未满，业有不测，归师。另觅三年满者，依厂就业起薪。天有不测风云，人有朝夕祸福，各由天命，性有走逃等情，概由荐保人理值。诚恐无凭，立此关书存据。

立关书人　孙瑞康（押）
介绍人　许伟生（押）
保　人　吕宝金（押）

民国二十三年岁次甲戌老历二月　日立

关书又称作关书合同，常用于分家析产，是常见的民间私约名称之一，关书有时也用于从师学徒。《民国二十三年（1934）孙瑞康立关书》就是发生在徽州歙县的一份从师学徒合同。立关书人孙瑞康，自愿拜于兴利皮件厂的吕安祥先生名下为学徒，决不反悔，如果半途而废，则学徒期间的伙食费由介绍人许伟生和保人吕宝金承担，三年之内如果因兴利皮件厂方面的原因，导致不能继续学习的，由授业方承担。同时还约定，三年期满后仍在该厂就业，由授业方发给工资。双方还约定在学徒期间如果发生意外，或者逃走事项，概由荐保人承担。这种学徒关书的形式在传统社会中十分常见，往往约定学徒期间授业方只管饭食住宿不发放任何劳动报酬，学业期满后才开始付给薪水报酬，同时还约定对于学徒者的生命安全不承担担保责任，因此这种学徒合同表现出明显的不平等性。

(10－14－042)中华民国二十八年(1939)满喜公遗产债务调查证明书(歙县)

满喜公遗产债务调查证明书　　民国二十八年农历十月吉日立

汪学甫　汪寿兆同订

窃学甫自置旧登科第,住屋不幸于民国二十七年十一月二十三日(即农历十月初二日)夜间十一时许,失慎惨遭火灾,全部被焚,一物无存。一家大小数口皆系单衣赤足脱险逃出,凡日需之衣食住仅止半时,完全付之一炬。当承徽申等地各方亲友捐赠相助,幸得未落于乞丐之境地。岂知寿兆弟夫妇即于农历十月十三日恳托王村茂之汪筱泉姨父、江寿孙姐丈及汪四十叔父等向余提议分家,言之在四,定要各立门户。查寿兆弟早经出继于永进公伯父名下为嗣,经公议定伊既已出继,其对于吾先父所有遗产理应无权,不能匀分。按照各方赠送捐助之财物,曾经分给其白米一石五斗,小米六斗,苞萝五斗,自存白谷三石分给其二石,小麦一石分给六斗,上海匡成永补助之款分给四十元,效俊弟划来款洋分给十元,衣服等用物分派后,余自购置之大小碗十六只,盐油等物由亲族派定,照数均分,即于同月十四日,各立门户,分炊各食。外黄牛一只,由其喂养,耕种二人共用。候家母百年后,寿兆出洋三十元作为丧葬用费,与余无涉。事经公议,两无异言,讵料今年八九月间乃寿兆弟夫妇突起争产之论,向余算给伊十余年之长工工资。复于十月初五日,又请原亲族等到场将先父遗产债务分别开具清单,凭公核算,两抵不敷洋百元之谱,余决将上项财产债务向公众声明,点交与寿兆弟清理经管,令其继承先父满喜公门户,同时应取消其出继文书,便可回宗。凡属余亲手自置之不动产与动产,部分归余所有,从兹脱离家庭,另立门户,再余代其历年用去洋计有二百余元,请其对折偿还,乃承各亲友美意劝导仍归于好,各管各业,各自安居。其原有遗产估价及债务,仍旧由余负责承担,不干寿兆之事。兹将应有财产及债务分别抄单列后,希请亲族长辈赐予证明,以免将来再有争论不幸事件发生。

民国二十八年农历十月吉日　汪学甫(章)

汪寿兆(押)

汪筱泉(章)　江寿孙(押)

方姨母(押)　汪四十(章)

汪彩寿伯母(押)　汪四十叔母(押)

殷巨实(章)　依书人端木桓(章)

族长　汪顺高(押)　房长 汪冬苟(押)

琅源　方明业(押)　汪法桓(章)

本　汪鸿增(章)　汪仲卿(章)

汪茂兴(押)　李毓银(押)

汪学甫业产调查表　中华民国二十八年十一月　日造填

产别	坐落土名	数量	字号	税率	备注
地	汪家店前	一块	敬字 109	一厘	太祖遗下与永进公各半今赠寿兆
地	后坑源	三升	同 5163	三厘七毛五系	太祖当与万有祖价钱五千文,先祖以洋五元赎回
山	塘坞	一业	无	无	太祖当进价钱五千文,转当永进公钱四千二百文归寿兆管业
山地	后坑源	一业计二升	敬字 5161	三分五厘七毛	光绪元年先祖买王村茂、方惟吉,价钱十八千文
山地	小坞	一业四升	同 5124	五厘	光绪二年先祖买王村茂、方增聚,价钱五千文
房	詹家堆	楼上半部	同 234	三厘五毛	嘉庆已巳年国宝公造遗楼下半步
地	后坑源	六升	同 5163	七厘五毛	民国六年先父买小梅口江顺之,洋十八元
地	詹家堆	一业	同 234	一分一厘二毛五系	太祖当进钱十千文,民国二年先父找给价洋八元
楼造屋	詹家堆	中央一间	同 234	一忽	楼屋先父手造地基民国二十二年汪茂兴与争产,学甫买进,价洋十二元

续表

产别	坐落土名	数量	字号	税率	备注
基地	詹家堆	一块	同234	八毛	民国元年先父买进毕胡氏，价洋八元，楼屋学甫自造约需洋六十元
屋	詹家堆	半堂	无	无	民国二年先父当进毕胡氏，价洋二十二元，中佣一元，其死后一切丧费又代垫二十二元五角
地	长坑	阳边八升	同	同	民国十年先父当进汪灶生，价洋二十元，中佣一元
牛	黄牛一只			时价洋六十元	民国二十四年先父故后售出，洋二十六元，复买进余长树一只价洋四十元，学垫十四元，寿兆半只
柜床研谭	老屋内			估值时价二十元	

汪学甫负偿债务调查表　民国二十八年十一月　日造填

祖遗	该南庄社四元	年息二分，二十八年学甫还二次洋八角
祖遗父借	该一椿公清明洋九元	年息一分五厘，二十八年学甫还洋一元三角五分
父借	该程翰云洋十元	息情不起
父借	该彩寿母洋三十元	言明还本利息不计
父借	该汪延龄洋一百五十元	民国九年十一月间讬父同阵赴上海往返路用
母借	该江寿孙洋五十五元七角	二十八年九月二十四日查陆续借□□，息不起
母借	该浦口姑母洋二十五元	息不起
母借	该王村茂洪士娣洋二十五元	息不起
母借	该养真堂洋五十元	父故时三十元药账，二十元言明五年归还，息不起
母借	该汪连根洋拾元	息情不起
父欠	该汪和记店账洋十八元六角零	二十七年学归还五角下欠十八元

续表

父欠	该许合记店账洋五元二角	二十八年学还清
	该汪四十会款□未付二股洋十七元	二十八年学付□一次
	该江寿孙会款□未付二股洋二十一元	二十七、八年学付两次清
	该公记打油榨账洋三元三角	二十七年终学还清
	以上合计共该各债户洋四百三十余元	

汪学甫代老幼亲属约计用款表明于后　　民国二十八年十一月　日抄具

计开

一、遗产估价约三百七十元之谱，遗债核计约四百四十元，两抵不敷。

二、民国二十四年八月初十夜十一时先父病故，衣棺、做坟、坟面人工、请贺坟酒、上堂祭场、酒肉菜蔬等用洋五百数十元。

三、寿兆弟长子于九月间死亡，说祖母坟墓不好，再将梅潭其坟迁回方坞，坟面人工请贺坟酒菜蔬等用洋百余元。

四、先父生前供付用洋千余元，又代清还各债洋百余元。

五、代三、四弟及凤妹出阁共用去洋千余元。

六、弟用去各数元，嗣后不得计算。

七、汪家店前熟地一块赠与寿兆弟耕种。

八、黄牛一只现值时价洋四十元，赠给寿兆半只由其喂养，二人共用，待后老母天年归寿兆担负丧葬费二十元，此后该牛一只归寿兆所有。

九、寿兆于十月初五日发生争产事件，当遵亲族劝和，核算产业，所值于负偿债务两抵不敷，仍由学甫清理经管，与寿兆无干。

十、黄牛一只由寿兆喂养，学甫耕种田地三亩有奇，归寿兆代为照料耕种，应用人算工资，其牛不得需索用费，亦不得藉故阻止留难，如要耕种时预先通知，双方不得争执，藉事生端。

十一、凭同亲族长辈公议，寿兆每年供应老母用费洋二十元，其洋交四十叔手收，转付老母，学甫不得过问，亦不加干预。

以上各议决事件希请亲族长辈予以签名盖章证明，俾资遵守，而免争执。

琅源　　方春继(押)
琅源　　方与奉(押)
琅源　　方寿山(押)
小阜　　张灶坤(押)

歙县第二十三保公民汪寿兆抄呈被焚契据证件证明表册　民国二十八年四月　具

(加盖:歙县第一区第二十三保图记)

谨启者:窃寿兆世居本保——歙县一区二十三保——南源口附住于第十甲十户旧登科第内,因于民国十五年秋间奉严、慈亲命,承继与先伯父永进公名下为嗣,所有应得承受之全部遗产契据归户等证件,均系存放于本宅铁保险箱中,不幸于民国二十七年十一月二十三日(即农历十月初二日)夜间约十一句钟时,该住宅偶然失慎,惨遭回禄之灾,曾将全部食料什物暨动产不动产之契据,并零星物品一概付之一炬,同归于尽,众目共睹。比经检查,各该项契据证件等被火灾焦成灰,不能行用。现衣食住三项均难解决,一家数口待哺嗷嗷。除已向册书另立归户存查外,为特将被焚各项契据证件列载表册敬祈。

本保保甲长暨诸士绅亲族誉阅,俯予签名证明,俾资查考,以作根据。无任感激之至,是为之启。

附抄列被焚契据证件表册:

中华民国二十八年四月五日 汪寿兆　谨启(指纹)

证明人第二十三保保长汪仲卿(章)　　第十甲甲长　汪禄全(指纹)

族长 汪顺高(押)　　南源乡联保书记　端木桓(章)　　汪四十(章)

王村茂　江寿孙(押)　　毛贵顺(押)　　程莲峰(章)

王村茂　汪筱泉(章)　　汪星园(章)　　汪衡权(章)

潾村瀹堂下 汪则孙(章)　　陈庆荣(押)　　小梅口江雨琴(章)

瀹岭下　张毓银(押)　　殷巨实(章)　　房长 汪冬苟(押)

(加盖:歙县第一区第二十三保图记)

歙县第一区二十三保十甲十户附居住民汪寿兆
继承永进公遗产契据证件被焚表册

产业类别	字号	税率数目	卖主姓名	中人姓名	坐落土名	备注
屋楼上下	敬字234	在汪恕户未折出	系先高祖国宝公灶	无	詹家堆	祖代遗传房二步
楼灶屋三间	敬字109	同	同	同	同	同
地	敬字109	同	同	同	汪家店前	同
碾磨坊一堂	敬字234	在汪裕盛户未折出	同	同	詹家堆	同
地	敬字90	税九分七厘三毫	汪津瑞	汪缵尧	砂田	永进公自置产业
地	寸字194	税四分一厘	汪小鸭	汪松茂等	王进坑	同
归户一本		永进公户				系汪寿兆户
粮票百余张		同				同
土地陈报收条一张		陈报人汪寿兆				永进公自置产业
备注						

附记　此外尚有其他被焚各项契据证件，因一时记忆不清，嗣后想出再行补列，报请证明。

歙县第一区南源乡乡公所指令第　号

令二十三保公民汪寿兆

本年四月五日呈一件　呈送抄列被焚契据证件表册，报请查核，予以证明，批示发还收执，以备查考而作根据。由呈暨附件均悉，查该公民附居于登科第屋内，不幸于民国二十七年十一月二十三日夜，该住屋偶然失慎，惨遭回禄之灾，来表所载全部动产及不动产契据证件被焚，经火灾焦成灰，系属实在情形。既据证明,报请批示并恳予以加盖图记,发还收执,以备查考而作根据。查阅来表所列各项,尚系实情,除将原表册加盖图记管还收执,以备存查外,合亟令仰知照。此令一一〇二原表册发还。

(加盖:歙县第一区南源乡保长联合办公处图记)

(加盖:歙县第一区第二十三保图记)

中华民国二十八年四月八日

乡长　汪仲卿(章)

琅源　方明业(押)　　汪法桓(章)

本　　汪鸿增(章)　　汪茂兴(押)

琅源　方与奉(押)

(半书:同会议墨)

汪学甫家不慎因火灾致使家庭财产受到损失,因此需要逐一开列火损清单,以表明因火灾损失的财产和财产权利。这件调查证明书并不属于直接的民间私约,但是在这份调查证明书中附带了两份调查表和因火灾造成的"被焚契据证件表册""被焚表册",在这些表册中分别罗列了因火灾被焚毁的大量契约合同文书,如土地买卖契据、地亩清册、归户册、粮票等记录土地田产和税赋户口等契约证照,以及债权债务的收据和借据。其中还包括家族内部的有关约定,如父母的丧葬养老费、兄弟姊妹结婚和出嫁费用,甚至还有共同饲养黄牛的特别约定,"黄牛一只由寿兆喂养,学甫耕种田地三亩有奇,归寿兆代为照料耕种,应用人算工资,其牛不得需索用费,亦不得藉故阻止留难,如要耕种时预先通知,双方不得争执,藉事生端"。在调查报告之后附有中华民国二十八年(1939)乡长及其他当事人和见证人的签字。由于这一资料中保存了一个家庭大量契约证照的统计性资料,以及事后追认的口头约定的记载,因此具有重要的参考价值,成为研究徽州民国时期民间私约量化关系的宝贵资料。

立劳资解雇书,资方代表翁仁巨,劳方职工严云发、俞政良、汪乾齐、王张诚,缘本号(安达运输号)营业遭受客货衰落影响,较前一落千丈,无法维持。经劳资双方同意,宣告清理结束,兹经劳资双方同意,对全体职工严云发、俞政良、汪乾齐、汪张诚四人之欠薪及解散费由资方代表负责,经理翁仁巨,支给每人人民币二十万元外,并将安达名下生财器俱充给全体职工

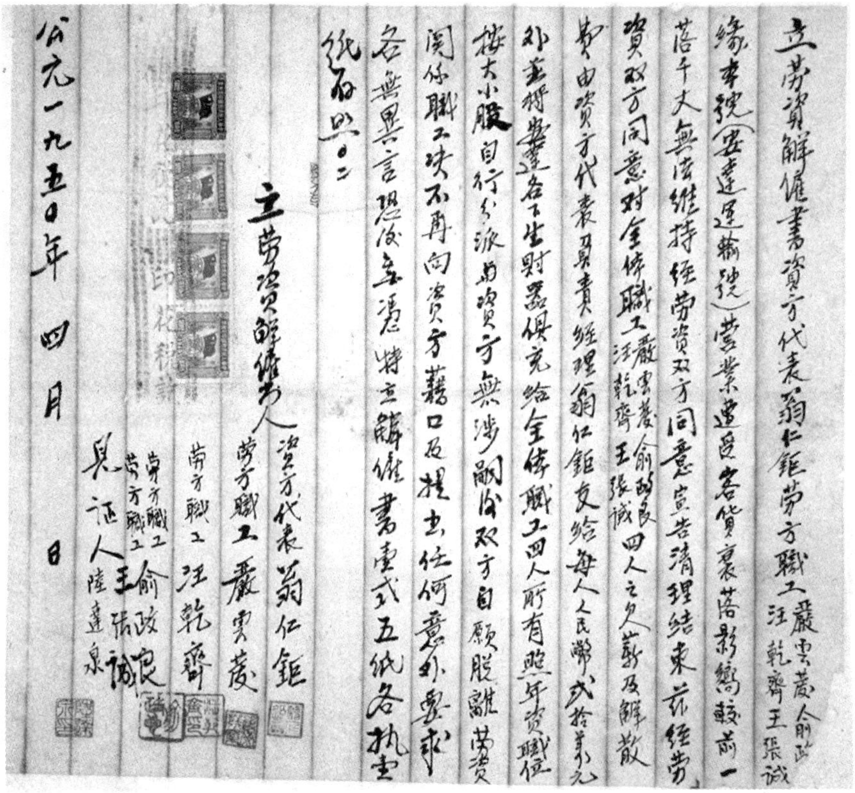

公元一九五〇年资方代表翁仁巨与劳方代表严云发等立劳资解雇合同(歙县)　| **10－15－无编号**

四人所有，照年资职位按大小股自行分派，与资方无涉。嗣后双方自愿脱离劳资关系，职工决不再向资方藉口，及提出任何以外要求，各无异言。恐后无凭，特立解雇书一式五纸，各执一纸存照。

立劳资解雇书人　资方代表　翁仁巨（章）

劳方职工　严云发（章）

劳方职工　汪乾齐（章）

劳方职工　俞政良（章）

劳方职工　王张诚（章）

见证人　陆达泉（章）

（加贴：1949 年中华人民共和国华东印花税票四张，面值 1600 元）

公元一九五〇年四月　　　日

《公元一九五〇年资方代表翁仁巨与劳方代表严云发等立劳资解雇合

同》是解放后发生在徽州歙县的劳资解雇合同。当时中华人民共和国已经成立,这份劳资解雇合同却仍然采用了传统民间私约的格式。但是此时徽州地区民间私约从形式到内容已经出现了明显的变化,尤其是合同当事人身份发生的变化最为显著,且加贴了新中国成立后华东地区的印花税票,但该合同最后,仍然有“见证人”一栏,表现出传统民事契约和近现代民事契约的继受关系。这份解雇合同中,由于经营失败,资方宣告清理结束,但对职工负责支付解散费用每人人民币二十万元,约合现在人民币二十元以外,仍将资方原有生财器具即生产资料,留给职工继续使用,从此双方脱离劳资关系。20 世纪 50 年代初期我国除农村进行土地改革之外,在城镇陆续开始对生产资料的所有制进行改造,原有的资方民营形式,逐渐得到清理,开始出现由劳动者股份合作的经营形式,可能这件劳资解雇生效后,原安达公司名下的“全体职工四人”,“照年资职位按大小股自行分派”,也组建了当地的运输合作社,开始了“由工人阶级当家做主的”新生活。

(10－16－051)一九五五年彭子南兑换土地契约(休宁)

立对换字人彭子南,因天成做操无地基,今将坐落土名两界茶料坦余地一号,新立四至:东至彭子南余地茶料坦,南至大路,西至吴彩天茶料坦小坑,北至吴鑫吉山,四至之内对换吴天成坐落土名小到坞茶料坦,又号土名大落坞二号,照依老界对换与彭子南名下兴种。双方志愿,两无诲言,今欲有对换字为凭。

再批:换余地字两个。

一九五五年一月一(日)

立对换字人　彭子南(印)

20 世纪 50 年代我国“土地改革”已经结束,农村合作化运动已经全面展开,农村以土地为主的生产资料开始归入集体所有,农民已经不能直接买卖或者出让土地,但农村房屋建筑宅基地仍然归房屋建筑的所有人名下,对宅基地的买卖和转让、交换继续出现,因此包括徽州地区在内,民间仍然通过建立合同的形式,约定对宅基地转让或者交换时的权利和义务。这件兑换土地契约是我们对徽州民间私约研究中,收集和分类比较的建立年份最晚的一件民间私约,这件兑换土地契约中,以彭子南与吴天成“做操无地基”为理由与吴天成兑换了一小块土地,这块被兑换的土地不属于宅基地，而是茶料坦余地，即培植茶树的土地，为不知吴天成为何要做操，且为何又做操无地，在调查时我们曾向当地老人询问，据称做操并非农业生产，也仅是锻炼身体而已。因此我们估计当时土地的买卖或者交换已经受到限制，于是当事人不得不想出这样一个令人费解的同时又令人啼笑皆非的理由。

徽州民间私约中其他类契约分析比较表

年代	名称	当事人	内容	说明
嘉靖二十五年	共议合同族规	琳公支下子孙洪澜等三房	共立族规	
康熙元年	遵行保甲灶丁制度固守地方合同文约	文堂约陈舜臣、高塘约王士骏、新安约金泰来、龙溪约汪大兴四地乡约	共议建立地方保甲维护治安公约	如违文罚银二十两，仍以通贼公论
乾隆二十三年	看守抽分劳务合同	汪聚五、汪文俊、汪锡汝，业主汪德徵	汪聚五、汪文俊汪锡汝等，承包业主汪德徵堂全业坟山合同	
乾隆四十五年	议族会合同	汪德徵堂支众	共议族会章程	
嘉庆七年	换地文约	余有位、余有俊	交换土地	
嘉庆十一年	禁约	王学富、王仕兴等族人	禁止赌博公约	照旧赌博者，一经知觉，罚银四两入众外，仍处责十板，罚酒四席，演戏全部
道光十八年	争产盟约合同	吕姓存仁堂族众	土地纠纷争产盟约	倘若本姓众伯叔兄弟子侄同江姓相斗不能，那房人等带伤重众医直（治），其业以后倘有取用，众族内人公议
道光十九年	清理户册文约	王仕坪等族人	议定钱粮管理公约	

续表

年代	名称	当事人	内容	说明
光绪七年	诉讼前盟约合同	元烷公支下光梓等族人	诉讼前盟约	设使对垒交击,伤其他或出人命,正坚、重河二人当堂,所用资费等各支分股负担
光绪二十九年	保祖产族规合同	陈维海祖后裔孙	族众共议族规,以保族产	如有违抗者,轻则入祠议罚,重则经公首究
民国元年	布告	章尚忠、章尚志	章尚忠告发族弟章尚志的传单	
民国十三年	基地掉换契	戴功德与周王庙尼僧	调换水碓基地	
民国二十三年	关书	孙瑞康	学徒授业合同	天有不测风云,人有朝夕祸福,各由天命,性有走逃等情,概由荐保人理值
民国二十八年	遗产债务调查证明书	汪学甫、汪寿兆等	关于汪家遗产债务的调查报告	因火灾造成契约损失,建立报告书作为证明
1950年	劳资解雇合同	资方代表翁仁巨,劳方职工严云发、俞政良、汪乾齐、王张诚	解除劳动合同	
1955年	兑换土地契约	彭子南、吴天成	交换土地	做操无地基

图书在版编目(CIP)数据

徽州民间私约研究及徽州民间习惯调查:全2册/
田涛著. —北京:法律出版社,2014.4
ISBN 978-7-5118-6183-2

Ⅰ.①徽… Ⅱ.①田… Ⅲ.①契约—研究—徽州地区
②风俗习惯—调查研究—徽州地区 Ⅳ.①D923.64
②K892.454.2

中国版本图书馆CIP数据核字(2014)第051057号

徽州民间私约研究及徽州民间习惯调查(上)·
徽州民间私约研究

田 涛 著

责任编辑 高 山 黄琳佳
装帧设计 乔智炜

开本 787毫米×1092毫米 1/16
印张 18.75 **字数** 256千
版本 2014年6月第1版
印次 2014年6月第1次印刷
出版 法律出版社
编辑统筹 学术·对外出版分社
总发行 中国法律图书有限公司
经销 新华书店
印刷 北京北苑印刷有限责任公司
责任印制 陶 松

法律出版社/北京市丰台区莲花池西里7号(100073)
电子邮件/info@lawpress.com.cn
销售热线/010-63939792/9779
网址/www.lawpress.com.cn
咨询电话/010-63939796

中国法律图书有限公司/北京市丰台区莲花池西里7号(100073)
全国各地中法图分、子公司电话:
第一法律书店/010-63939781/9782
西安分公司/029-85388843
重庆公司/023-65382816/2908
上海公司/021-62071010/1636
北京分公司/010-62534456
深圳公司/0755-83072995

书号:ISBN 978-7-5118-6183-2
定价(全二册):100.00元
(如有缺页或倒装,中国法律图书有限公司负责退换)

徽州民间私约研究及徽州民间习惯调查

徽州民间私约研究及徽州民间习惯调查

下册 徽州民间习惯调查

田涛 王宏治
柏桦 邓建鹏 主编

法律出版社

编委会名单

（按照姓氏笔画顺序）

主编简介

田 涛 中国著名法律文献学家、拍卖法专家、法史学家，为上海政法学院特聘教授，清华大学法学院、北京大学法学院、中国人民大学法学院、武汉大学等院校兼职教授，主讲法律文献学及拍卖法学。曾多次出访日本、美国、法国等国家著名高等学府。主要著作有：《第二法门》、《被冷落的真实》、《我说·我想·我自由》、《接触与碰撞——16世纪以来西方人眼中的中国法律》、《千年契约》、《田涛说古籍》、《法律文化三人谈》、《流动的土地》等；主编及整理文献有：《田藏契约文书粹编》、《黄岩诉讼档案及黄岩调查报告》、《中华传世法典》、《清朝条约全集》、《中国珍稀法律典籍集成》、《中国珍稀法律典籍集成续编》、《官箴书集成》、《清末北京城市管理法规》、《明清公牍秘本五种》、《日本国大木干一所藏中国法学古籍书目》、《法兰西学院汉学研究所藏汉籍善本书目提要》等二十余部；拍卖著作有：《拍卖法案例指南》、《拍卖法案例指南续编》、《拍卖法案例指南三编》、《拍卖法实务》等；并撰写有各类研究论文百余篇。

王宏治 历史学硕士，中国政法大学法律史学研究中心教授。1981 年本科毕业于北京师范学院（今首都师范大学）历史系，后考入北京大学历史系攻读中国古代史专业研究生，师从著名历史学家王永兴教授，专攻隋唐五代史，1984年毕业，获硕士学位。毕业后分配到中国政法大学，从事中国法律史教学与研究工作，1999年被评为教授、研究生导师。主要科研成果为：《中华文明史》“法制史卷”；《中华文化通志》“法学志”；《中国官制通史》“隋唐五代史”部分；《中国司法制度史》“隋唐五代史”部分等专著；并任《中华文明史》、《中国大事典》、《中华法案大辞典》副主编。近年来先后发表论文：《从中西立法过程比较〈唐律〉与〈民法大全〉》、《中国古代的反邪教立法》、《试论中国古代史学与法学同源》、《中国古代抗疫病的法律措施》、《〈顺治三年律〉补述》、《略论唐代的司法监督制度》等。 2004 年完成《黄岩诉讼档案及调查报告》项目（任主编之一），承担过国家社会科学基金项目《唐代死刑制度研究》等。

柏 桦 南开大学法学院教授、博士生导师。自1979年始，在中国人民大学、中央民族大学、日本大阪大学学习和工作，先后获得法学硕士（中国人民大学，指导教师：韦庆远教授）、历史学博士（中央民族大学，指导教师：王钟翰教授）、文学博士（日本大阪大学，指导教师：滨岛敦俊教授），历任中国人民大学档案学院助教、讲师、副教授，日本和歌山大学经济学部非常勤讲师，日本大阪大学文学部客员研究员。主要研究领域为中国政治制度史、中国法律制度史。

邓建鹏 中央民族大学法学院教授，北京大学法学博士，任多个杂志的副总编辑或编辑，参加工作九年来获得霍英东教育基金会第十三届高等院校青年教师奖、北京市第十届哲学社会科学优秀研究成果二等奖、中央民族大学“十佳教师”、中央民族大学五四青年标兵等九项奖励，曾数度主持国家社会科学基金项目，独立出版多部学术著作，其中包括《财产权利的贫困：中国传统民事法研究》（法律出版社2006年版）、《中国法制史》（北京大学出版社2011年版）等；研究领域之一为法律史（尤其是清代诉讼与传统民事法制），并发表相关学术论文近二十篇，包括《私有制与所有权》、《清朝官代书制度研究》、《宋代的版权问题》、《清朝诉讼代理制度研究》、《冤案如何产生》、《假设、立场与功能进路的困境》、《清至民国苗族林业纠纷的解决方式》、《词讼与案件：清代诉讼分类及其实践》等。

目 录

徽州第一次调查

徽州第二次调查

徽州第一次调查

一、初到徽州

（一）

继《黄岩诉讼档案及调查报告》问世以后，我们开始了“徽州私约及徽州民商事习惯调查”。选择徽州是因为那里地处山区，交通不便，较好地保存了明清时期的古代建筑风貌，并且存留大量的碑刻和遗迹。同时在当地民间一直存有“惜字会”的传统，出于历史原因，当地群众有保存各类文书的良好传统，因此当地村民的手中藏有很多契约和其他账簿、族谱、证照以及诉讼等资料。从20世纪90年代开始，我们通过十几次的摸底调查，共计采集到各种契约和诉讼文书，总计达两万件以上，并且对近6000余件明、清以及中华民国时期的民间契约进行了专门的分类，这其中除诉讼文书之外，还包括经过官方钤印核准的大量“红契”，以及所谓“白契”，有学者提出“白契”的产生，主要由于当事人逃避纳税义务，而未经官方钤印核准，但我们认为，“白契”中包含大量无须纳税的民间合同，应当属于民间私定的“私约”范畴。我们曾经将其中2696件民间私约进行了系统的分类和比较研究，并且由田涛先生撰写了《徽州民间私约研究》一书，集中表现了对徽州地区民间私约的研究成果。该书将2696件徽州民间私约分为十个类别：买卖契约、抵押典当契约、借贷契约、租赁契约、合伙契约、析产契约、婚姻契约、继承契约、纠纷调解契约、其他契约。这种分类是在我们实际掌握的徽州民间私约的基础上做出的，由于对传统民间私约的分类研究存在缺环，部分私约的属性尚需要进一步进行探讨和研究，因此这种分类本身可能需要不断改进，但在对民间私约研究中需要通过分类的方法，以便使研究过程趋于系统，上述分类仍然具有“聊胜于无”的重要意义。

在《徽州民间私约研究》中所使用的民间私约，均是我们历经十余年亲自采集的标本，其中上迄明、清两朝，下至中华民国时期和新中国成立之后，为了研究方便和参照历史学界以及经济史学界的研究成果，我们将明、清时期至1950年以前的民间私约，集中地收进《徽州民间私约研究》一书中进行较为详细的分类研究，而将部分1950年以后至当代的民间私约收进《徽州调查》中，这一方法可以使读者具有较为清晰的断代认知，并且为通过比较的方法进行研究提供了方便。在对当代徽州地区民间私约调查研究的过程中，可能会涉及历史遗迹如碑刻等资料，甚至出于民间私约的发展与沿革，在需要的情况下，将少量的明、清时期乃至中华民国时期的民间私约，体现在调查过程中，以便使读者能够直观地了解徽州地区民间私约发展及其源与流的关系。

在这之前我们曾经组织过对浙江省黄岩区的专门调查，并且出版了《黄岩诉讼档案及调查报告》，该书是以清代末期黄岩县民事诉讼的状纸为发起材料，通过对偶然间发现的100多宗清代末期的诉讼档案整理研究，结合对诉讼当事人后裔和标的物现状的调查，探讨不同时期民事习惯的区别及其发展，以便通过调查研究的方法讨论中国传统法律经验和当代法律发展方向的规律。[1] 根据我们预先设定的计划，徽州调查是以徽州民间私约为发起材料，通过对徽州地区民间私约的分类比较和分析研究，探讨在相对封闭的环境下，在对民间私约的种类及其外在形态研究的基础上，结合田野调查研究的方法，努力恢复和再现当地民间私约建立时的历史环境和历史场景，讨论局部环境下民事习惯存在的特异性及其发展，为研究我国传统法律中涉及的民事规范以及与当代民法建设中需要关联的若干问题，提出具有规律性的讨论意见。[2]

近代意义上科学的调查方法，是在18世纪以后逐渐传进中国，以实地进行田野调查的方法，在我国近代历史上曾经被普遍地加以利用。这一方

---

〔1〕 田涛、许传玺、王宏治主编：《黄岩诉讼及黄岩调查报告——传统与现实之间 / 寻法下乡》，法律出版社2004年版。

〔2〕 我们所设计的三次调查，分别为黄岩诉讼档案和黄岩调查，已完成并出版了调查报告，见前揭；第二次调查即徽州民间私约和徽州调查，已完成，本书即为其调查报告；第三次调查计划为“山西红契研究及晋中地区民商事习惯调查”，目前正在进行中。

法与传统的所谓文化人进行的“采访”有着很大区别，古代的文人有时也走出去进行民间访问，比如去搜集典籍、访拓碑文、寻踪获古、结识乡贤等，当然也出版了一些“访碑记”、“获古录”之类的书籍，但其中关系到国计民生的却付诸阙如。

清代末年，随着法制改良发展，沈家本等人提出修订《民律》的主张，因此组织人员到各地进行调查，并且组织修订了《大清民律草案》共计五篇，但当时正式颁布的只有前三篇而已，至于“亲属”、“继承”两篇虽然已经修订，却又留中未发，直到民国初年才勉强拼凑出台。北洋政府时期也曾经组织过“民商事习惯调查”，其目的是修订当时的“新民法”。此后国民政府还专门组织了“调查课”，并曾经在山西、河北、福建、浙江等省份进行过较大范围的调查，意图为修订“六法全书”提供借鉴。这时的调查方法有两种，第一种是让基层自行设计“调查员”，由调查员进行普查，然后再将调查员的调查报告汇集在一起，交给上面的组织者，再由组织者进行筛选比对汇辑成书。这种方法简便易行，不必要求调查者亲自下到地方，而仅将源于最基层的调查加以汇集，在当时被称作“简易调查法”。但因各地方调查员的水平参差不齐，调查的结果不能反映各地真实情况，很快被弃而不用。第二种方法是由调查者组织专门力量，实际进驻到被调查地，进行直接的标本采集和访问调查，然后将采集和访问的成果，带到室内进行编辑加工，形成较为完整的“调查报告”。第二种方法相对较为科学，被后人普遍加以利用，并称之为“田野调查”。

抗日战争期间，日本侵略者也曾经在我国东北三省和华北、华东等部分地区组织过类似的调查，俗称“满铁调查”，是由日本关东军满洲铁路组织的调查机构进行的，调查的目的是为侵略者在中国推行殖民地法律寻找借口和机会。“满铁调查”是在日本军队武力保护下进行的，因此也被后世的中国学者称为“铁蹄下的调查”。当时有些被调查的地区如华北地区，白天为日军力量所占据，晚间则有抗日武装所出没，因此这种调查不可能完全反映当时真实的社会情况。日本“满铁调查”采用了社会学和统计学相结合的方法，而且出版量较大，在国外的一些图书馆中均有收藏，因此直至当前，少数外国学者在研究中国近代社会民间习惯，以及研究中国农村的经济问题时偶尔也有采用。[1]

由官方所组织的调查，必然要附属于所依附的政治势力，调查的目的显然具有明显的政治倾向。调查者所依附的政治势力的需要，决定了调查者的价值取向，当那个政治势力垮台之后，这种调查的成果也大部分随之湮灭。

20 世纪 20～30 年代，一批青年学者，曾经进行过一些具有针对性的调查研究。其中包括对传统文化的遗存进行的访问调查，调查者跋山涉水，掌握了古代建筑、宗教遗产等很多非常有价值的资料。还有一些对少数民族地区的风俗习惯进行过摸底探察，初步了解了西北、西南等地少数民族的基本情况。“此一时期，在中国农村社会经济衰败、政治斗争日益激烈和各种新文化启蒙思潮兴起的刺激下，中国社会各界掀起了一股关注农村、调查农村和变革农村的浪潮。这些调查和研究不仅推动了当时的农村建设，也促进了中国学术尤其是社会学、经济学学科的发展。到今天，又成为当代历史学乃至社会学、人类学、经济学研究的珍贵文献。”[2] 其中以费孝通先生所进行的“江村调查”成果最为显著，调查者深入江南农村，用近代的科学方法对这一地区农村经济及社会结构和文化现象进行了细致的调查。由晏阳初先生领导的华北《定县调查》，被后人称为中国农村社会调查的里程碑。在《定县调查》一书中，调查者已经规范地使用了各种格式化的调查统计手段，并且关注到包括民间契约等在内的习惯，加之这一调查涉及家庭、婚姻、继承以及妇女和教育等诸多方面，因此更加具有法学和社会学的广泛价值。当然由于历史条件的限制，当时的调查缺少必要的社会基础，被调查者本身的社会地位和文化属性，对调查存在误解和排斥，因此当时的调查仍然存在很多局限性。据当代学者的研究，在调查时已经遇到农民较为强烈的反映：“一听见调查员到了，我们的大腿就发抖。我们是一向被欺侮的，不但被官厅的差役欺侮，也被四围的土匪地痞、本地的土豪劣绅欺侮。这班欺侮我们的人，最喜欢知道我们的内情，以便想怎样下手的方

〔1〕 如美国学者黄宗智（Philip C. C. Huang）等人所作的关于中国近代习惯问题的研究中，就曾使用了一部分“满铁调查”的资料，详见黄宗智：《清代的法律社会与文化：民法的表达与实践》，上海书店 2007 年版。此外，美国学者杜赞奇（Prasenjit Duara）研究 20 世纪上半叶的华北农村时，亦广泛运用了“满铁调查”资料，参见［美］杜赞奇：《文华、权力与国家——1900—1942 年的华北农村》，江苏人民出版社 1996 年版。

〔2〕 李金铮：《定县调查：中国农村社会调查的里程碑》，载《社会学研究》2008 年第 2 期。

法。所以我们一听见调查就怕。我们怕壮丁的数目被人知道了，难免会被拉去当兵。地亩的数目被人知道了，难免会被非法捐钱。二十岁上下的闺女或少妇被人知道了，难免会被抢去作姨太太，或被卖到大城市里作妓女。甚至我们怕人知道我们识字，因为识字也许是有钱的证据，难免会被没收财产。甚至六岁到十二岁的儿童数目、出生年月日，我们也怕被人知道了，难免会被用一种什么魔术，使我们的孩子得到很大的灾难。"[1]这一段文字真实地反映了当时被调查者所持的心态，因此有理由认为这一时期的调查虽然已经取得了很大的成就，也为我们留下了宝贵的资料，但其调查结果的科学性和可靠性仍然存在一些疑问。

这些由学者们凭着知识分子的热情与良知所进行的调查，可能会受到组织力量不足、经费短缺、被调查地点窄小等问题的局限，而且在当时还会被讥为"非主流"，被所谓的"主流学者"不屑一顾。然而这些调查是一种真正意义上的学术调查，调查者没有依附于哪一种政治需要，因此也就具有强烈的独立性和准确性。当所有的由官方组织的调查逐渐被另一个官方组织的调查所取代与轮回消亡之后，只有那些由学者们进行的真正意义上的学术调查还依然闪烁着悦目的光彩。

近年来对于农村调查逐渐开始受到重视，有学者对民国时期的民事习惯调查进行了整理和研究，胡旭晟先生在《20 世纪前期中国之民商事习惯调查及其意义》一文中指出："客观地讲，20 世纪上半叶的中国法律界对民间习惯之于国家立法，尤其是民商事立法的深刻意义还是有相当认识的。北洋政府司法部正是'鉴于司法制度侧重习惯'，才'令行各省区高等审判厅处责成调查，切实具报'。1943 年《（日华对译）中华民国习惯调查录》的编译者们更是强调：

造成一国之础本、形成一国之国风、即习惯也。故此如有无视该民族之习惯、而规定各种法令、则不能期待于行政之万全者明矣。

原来中华民国、注重习惯者颇深、诸般法律皆以此为准，如审判判决之时，在法律内阙欠此种条文时、则尽根据习惯以为通例也。

故拟企图于中华民国法令之万全者、不可不洞悉中国固有而在国内现

---

〔1〕 转引自李金铮：《定县调查：中国农村社会调查的里程碑》，载《社会学研究》2008 年第 2 期，第 7 页注①，原文仅注明：松年，1931。

行之习惯。”[1]

20世纪50年代以后，包括法学研究在内，理论先行的方法逐渐成为学术主流，而田野调查的方式渐渐被人遗忘。于是我们习惯于在封闭的环境下进行思考，这种思考的方法具有明确的方向性和被固化的逻辑，从而使我们的学术逐渐陷入“妄自尊大”的困境，同时在立法学上又忽略了客观存在的社会基础，过分强调效法西方的片面主张。正如田涛先生在《被冷落的真实》一书中所指出的，“我们可以想到当新中国成立的那一刻，便成了伟大的分水岭。1949年9月30日以前是旧的统治，10月1日以后是新的统治；1949年9月30日以前是旧的法律，10月1日以后是新的法律；1949年9月30日以前是旧的社会，10月1日以后是新的社会。但是我们是否想过，1949年9月30日以前是旧的习惯，10月1日以后是新的习惯么？甚至从‘社会’二字上讲，新旧之间所包含的文化属性我们应该如何去划分呢？惯性的思维方式显然是容易被采纳的，一方面无须更多的主观创造，另一方面这种惯性思维的正确性丝毫不需要去证实，只要我们沿着惯性的轨迹，我们便可以得出不容置疑的结论”。[2]

近年来调查研究的方法重新为学术界所重视，除了我们进行的浙江黄岩调查之外，其他高等院校和学术团体也陆续组织了很多田野调查，其中以俞荣根先生和陈金全先生对西南地区少数民族习惯的调查影响最为显著，俞荣根先生还特别提出了封闭的社会条件下形成的习惯在与之相适应的社会环境中发挥着重要作用[3]。这些研究成果已经成了当代法学研究中重要的理论。高等院校和学术团体所做的调查带有强烈的学术色彩，往

---

〔1〕《民事习惯调查报告录》（上册），前南京国民政府司法行政部编，胡旭晟、夏新华、李交发（点校），中国政法大学出版社2000年版，胡旭晟：《20世纪前期中国之民商事习惯调查及其意义（代序）》。胡旭晟所引《日华对译》的一段文字原引自《（日华对译）中华民国习惯调查录》，中华法令编印馆，1943年（日本昭和十八年），“发刊之辞”。标点系原书所有，该书现藏于中国社会科学院法学所图书馆。

〔2〕相同观点参见田涛：《被冷落的真实——新山村调查手记》，法律出版社2005年版，第4～5页。

〔3〕俞荣根1943年出生，浙江省诸暨市人。著名法学家，西南政法大学教授。《羌族习惯法》，重庆出版社2000年版。该书曾于2003年获得重庆市人民政府第三次哲学社会科学研究优秀成果一等奖。陈金全、杜万华主编：《贵州文斗寨苗族契约法律文书汇编》，人民出版社2008年版。陈金全1942年出生，四川渠县人，著名法学家，西南政法大学教授；杜万华1954年出生，四川雅安人，法理学、法律社会学专家，西南政法大学教授。同样的研究成果，参见梁聪：《清代清水江下游村寨社会的契约规范与秩序》，人民出版社2008年版。

往以课题的形式出现,因此受到课题本身的题材、经费以及人员的限制。我们在调查中同样遇到上述困难,尤其是经费问题更为突出,在没有任何官方背景的支持下,完全凭着调查者的热情,以自筹资金的形式进行的独立调查,必然要面对更多的困难。原以为由于经费的限制,且不是耗费国家经费的官方课题,调查的成果对参与者的评定职称、获得奖励没有必然联系,可能会影响到参加者的积极性。有人认为,在当下的学术环境中,学术成果的级别和挥霍掉的资金来源成正比,似乎国家级成果必然是挥霍掉国家的经费,省部级的成果一定是挥霍掉省部级的经费,当然这种看法肯定是不正确的,因此类似我们这种民间自筹资金做出的学术活动,而且捉襟见肘,即便是做出一些所谓的成绩,大概也只能算是"民间成果"。出乎我们意料,竟然有近百名同仁有兴趣参加这一工作,一时间让我们颇受感动。考虑到田野调查的条件和身体状况,我们从中挑选了八位教授和十几名博士研究生、硕士研究生共同参加了徽州调查,我们相信他们的名字,将和徽州调查一起被后来者纪念。

另一个顾虑是民间组织的学术活动既没有官方的介绍信,也没有得到各级批准的所谓科研项目证明,有人担心在调查中会遇到"身份困难",怕应验了"名不正言则不顺"的古训。但在实际调查中,我们却发现无论是县、乡两级的政府官员,还是村、镇中的代表人物,乃至村中的老少乡亲,对我们充满着热情和信任,甚至正是由于这些人的帮助,我们的调查不但进行顺利,而且还结识了一大批生活在山野之间的朴实到令人感动的朋友。或者官方的项目证明在当今大学院校园中起到无可替代的作用,然而在广袤的田野上,那里的人们更看重的是来访者的真诚。

在出发前我们首先将以前初步调查时采集的标本进行了初步的筛选、分类和抄录,我们近万件的标本中选择出 2696 件保存情况较好,文字基本完整的徽州民间私约,将其进行修复整理。这一工作耗费了大量的时间和资金,因为历史的原因,我们采集到的标本绝大部分为纸质材料,有些因保管条件限制,采集时已经被水湿、虫蛀、鼠咬,已经破损严重,虽经过反复挑选,但在进入文字整理之前,仍然需要加以整理和修裱。为此承蒙中国第一历史档案馆的档案学家唐益年先生的帮助,经由第一历史档案馆和其他图书馆以及中国书店等专家进行手工修裱,使大部分标本能够较为完好地展现在我们面前,为文字抄录工作奠定了基础。将这些民间私约具体细化为买卖、抵押、借贷、租赁、合伙、析产、婚姻、继承、纠纷调解及其他十个门类,并把这些分类和已经整理过的目录和资料分发给参与调查的成员,以便在调查研究中具有明确的对应性。同时预先制作了统一的采访记录登记表和调查日志,这一结果在到达徽州以后的分组调查中收到了良好的效果。为了进一步了解徽州地区的地理沿革,尽可能地掌握徽州地区的地志资料,先后复制了清道光《徽州府志》、清光绪《婺源县志》、清光绪《休宁县志》、民国《歙县志》、民国《黟县志》、清乾隆《绩溪县志》、清同治《黟县三志》、清嘉庆《黟县志》以及部分明代《徽州府志》;此外还准备了 1978 年《祁门县地名志》、《屯溪地名志》以及安徽省地图以及皖南地区地图等。这些资料对我们掌握和了解徽州地区历史和地理沿革起到了重要作用。同时对徽州第一次实地调查作了计划安排,初步定于 2005 年 5 月 24 日至 6 月 1 日历时 9 天对安徽歙县、休宁、屯溪、黟县、绩溪、祁门等地及旧属徽州今属江西的婺源进行民间私约及民商事习惯调查的实地考察。

参加调查的同志有田涛、王宏治、柏桦、程洁、姜晓敏、春杨教授以及唐红林博士、袁瑜琤博士和研究生王宵兰、高鑫、刘志松、邢巍巍同学等共计十二人。此外还专门配备了摄像师韩京明先生进行随行摄像,在调查过程中进行全程跟踪摄像。并预先聘请了两位有经验的当地向导胡家勤先生、吴敏先生,随同出发,这两位向导为本次的调查付出了很多辛劳,特别是在语言的沟通上发挥了重要作用。[1]

(二)

明清两朝是中国封建社会发展的最后阶段,封建社会的政治、经济、文化都达到了鼎盛时期,封闭式的自给自足的农业经济,在其内在的运行机制下,逐渐形成了以黄河流域和长江流域等沿河流走向分布的“陆缘经济”。我国北方沿黄河的“陆缘经济”带,沿黄河自西向下,经陕西、山西、河

---

〔1〕 田涛:上海政法学院教授;王宏治:中国政法大学教授;柏桦:博士,南开大学教授;程洁:博士,清华大学法学院教授;姜晓敏:博士,中国政法大学副教授;春杨:博士,中南财经政法大学副教授;唐红林:上海华东政法学院博士研究生;袁瑜琤:北京大学法学院博士研究生;王宵兰:上海大学法学院硕士研究生。高鑫:中国政法大学法学院硕士研究生;刘志松:南开大学法学院硕士研究生;邢巍巍:南开大学法学院硕士研究生;韩京明:法律出版社音像出版中心摄像师。

南、河北直至山东等省，形成了北方经济带，其中以山西为中心，构成了以“晋商文化”为代表的华北陆缘经济文化区；沿长江流域，自四川、湖北、安徽、浙江、江苏等省，形成了以“徽商”为代表的江南陆缘经济文化区。其他地区也存在有沿珠江、辽河、黑龙江等流域形成的其他陆缘经济文化区，但均没有安徽和山西两地所具有的重要位置。所谓“陆缘经济”是指按一定气候带和地域形成的地理区域，不同的地理区域，由于其自然环境和生产形式的区别，可能形成具有独特地域状态的群域环境。如华北陆缘经济文化区，气候干旱，年最低温度在零摄氏度以下，霜期较长，农作物主要为小米、小麦、高粱等，普遍为一年一熟，农闲期较长，因此形成了与此相适应的文化现象。江南地域文化区，年最低温度在零摄氏度以上，农作物以水稻、杂粮为主，一年为两熟或两熟以上，农闲期较短。并植有茶叶、蚕桑、毛竹等经济作物，降水丰富，水上交通运输发达，因此形成了与当地气候与自然条件相适应的文化现象。徽州地区成为传统商业经济重要发源地，并且形成了独特的徽州文化，以黄山为中心，加之新安江穿流而过，构成徽州特有的绿水青山。而就在这些绿水青山之中，孕育了深厚的徽州文化，粉墙黛瓦的徽派建筑，纤细繁缛的石雕、木雕、砖雕艺术，向人们传达着曾经的辉煌。曾经和山西一样发达的商业经济，促进了和“晋剧”同样盛名远扬的“徽剧”，二百年前的乾隆盛世，正是因为“徽班进京”时，来自徽州的艺人们，用他们的“生、旦、净、末、丑”，与五味杂陈的“西皮、二黄”糅合在一起，成就了未来的京剧艺术。[1] 在这块神秘的土地上，不但养育了数十、百、万计的先民，而且还遗存了丰富的文化财产，包括民间族谱家乘和大量的民间契约文书，甚至因此引发了学术界的关注，将对徽州地区传统文化的研究称作——“徽学”。只可惜今人对“徽学”的研究似乎愧对徽州的前贤，“徽学”的研究停留在少数人的书斋中，甚至对于徽州地区遗留的大量经典和文化艺术，尚缺少比较完整的评估和认识。虽然有少数作品涉及过“徽学”或者徽州文化，并不能引起全社会对徽州文化的普遍关注。尤其是法学领域对徽州地区的研究，则更为薄弱，尽管历史界和经济学界曾经先后推出过对徽州地区民间契约的资料整理，但这些整理往往侧重于土地兼并

〔1〕 京剧艺术也吸收了秦腔、昆曲、川剧、晋剧、汉剧等其他戏剧的大量营养，成为我国最有代表性的戏剧艺术，甚至被称为“国剧”，但一般以“徽班进京”，即乾隆五十五年(1790)秋天，为庆祝乾隆帝八旬寿辰在京演出，作为京剧艺术的发祥之始。

或者土地价格的研究，而对于徽州地区存在大量民间契约的内在机制，以及这些民间契约从形式到内容的分类比较研究，并且从中探讨存在于民间的和契约相关的制度化的表象，显得尤为不足，因此对徽州地区进行包括当代法学、社会学和人类学的调查研究，成为紧迫的任务。

徽州古称新安，春秋时属吴越之地，[1]秦始皇二十五年（公元前222），秦灭楚后在原吴越之地设置会稽郡[2]，汉时归入丹阳郡。据《元和郡县图志》称："歙县，本秦旧县也，县西有歙浦，因以得名。"[3]又称"休宁县，本秦歙县地，属丹阳郡"。但《旧唐书·地理志》则说："歙，汉县，属丹阳郡。县南有歙浦，因为名。"至于歙浦所在，旧有两说，一说在"县之西"，一说在"县之南"。《歙县志》引用《太平寰宇记》称："有水口，名曰歙浦。或云：歙，翕也，谓山水翕聚也。"[4]徽州一带有很多大小河流在此汇入富春江，可见"歙"的称谓非常形象。

隋文帝开皇九年（589）平陈后，因江南仍有反隋的起义，派杨素平定后，于开皇十一年（591）"置歙州"，统三县，海宁、歙县和黟县，开皇十八年（598）改海宁为休宁县。据史书记载休宁、歙县、黟县三县民户仅有"六千一百六十四"户，算起来不过三万之众。[5] 隋炀帝大业三年（607）改州为郡，始称新安郡。唐武德四年（621），改新安郡为歙州，仍辖歙、休宁、黟三县。唐武德七年（624），歙州改为都督府。贞观元年（627），罢都督府，歙州为上州，仍领三县。唐永徽四年（653）睦州女子陈硕真反，波及歙州，平乱后，置北野县。[6]《旧唐书·地理志》则直接说："绩溪，永徽五年分置北野县，后改为绩溪。"至此，歙州在唐高宗时已辖有歙、休宁、北野、黟四县。

唐玄宗开元二十一年（733），全国共分为十五道，各置采访使，歙州为

---

〔1〕 据司马迁《史记·货殖列传》卷一二九记载："楚越之地，地广人稀，饭稻羹鱼，或火耕而水耨，果隋蠃蛤，不待贾而足，地执饶食，无饥馑之患，以故呰窳偷生，无积聚而多贫。是故江、淮以南，无冻饿之人，亦无千金之家。"故知至春秋时，徽州一带农业经济还没有得到完全的发育。

〔2〕《史记》卷六，《秦始皇本纪》。

〔3〕《元和郡县图志》卷二八，《江南道四·歙州》。

〔4〕（民国）石国柱等修，许承尧纂：《歙县志》，《中国方志丛书》华中地方第二四六号，成文出版社有限公司印行，民国二十六年铅印本。

〔5〕《隋书》卷三一，《地理志下·新安郡》。

〔6〕 据《太平寰宇记》卷一〇四，《江南西道·歙州》载："废北野县，城在（休宁）县北三十五里。永徽五年，睦州清溪县女子陈硕真作乱，县人蒋宝举兵应之。事平，遂置县于五山上以镇之，至大历五年废。"

江南东道所辖，也曾一度归江南西道。开元二十四年(736)，休宁县乡人洪贞聚众反叛，平叛后，于开元二十八年(740)休宁县地设婺源县。[1] 唐天宝元年(742)，改州为郡，歙州遂改为新安郡。至唐乾元元年(758)，又将郡仍改称为州，新安郡随即复称为歙州。[2] 唐代宗大历元年(766)，“复置宣歙池等州都团练守捉观察处置使兼采石军使”，[3]治宣州。自此到五代末，歙州一直为宣歙观察使所辖。此间，北方由于战乱不断，中原地区的世家大族南迁至此者越来越多，歙州人口和经济开始有了显著的发展。

五代时歙州先后归吴和南唐政权所辖，宋太祖开宝八年(975)，平定江南，全国统一。宋太宗太平兴国元年(976)，分江南路为东、西两路，歙州原属江南西路转运使所辖，后并为一路。宋宣和三年(1121)，平定方腊起义以后，“改歙州为徽州”，[4]从此，徽州成为州名。据《尚书·舜典》载“慎徽五典”可知“徽”字古意有美和善的含义，因此徽州也可以称为美丽善良的地方。至宋代宣德以后，徽州已辖歙县、休宁、祁门、婺源、绩溪、黟县六县。元代元贞元年(1295)将婺源县升为州，不再属徽州路管辖。

元代始设行中书省，简称“行省”。徽州属江浙等处行中书省所辖，“元至元十四年(1277)，升徽州路”，[5]徽州路的治所设在歙县，此时仍辖歙县、休宁、祁门、黟县、绩溪五县。

元末朱元璋起兵之初，“丙申年(1356)七月置江南行中书省”，第二年(1357)七月，朱元璋手下大将胡大海攻克徽州，改徽州为兴安府，朱元璋于吴元年(1367)复改称徽州府，随后又将婺源县在洪武二年(1369)降为县，仍归徽州府辖领，至明初时徽州府仍然管辖歙县、休宁、婺源、祁门、黟县、绩溪六县，此后徽州地域逐渐趋于稳定，并从此统称为“徽州府”。

清初徽州府直隶南京，后属安徽布政司，治所仍设在歙县，继续管辖原六县。至中华民国二十三年(1934)，民国政府将婺源划归江西省，此后徽

---

〔1〕 据《太平寰宇记》卷一〇四，《江南西道·歙州》载：“婺源县，本晋休宁县西南之回玉乡。唐开元二十四年，乡人洪贞叛，聚徒与此。至二十八年，置县以镇之。有婺水绕县城三面，故名。”

〔2〕 据《旧唐书》卷三八，《地理志》称：“至德之后，中原用兵，刺史皆治军戎，遂有防御、团练、制置之名。要冲大郡，皆有节度之额；寇盗稍息，则易以观察之号。”此后歙州与宣州共设宣歙节度使，治所设在宣州。

〔3〕 《新唐书》卷六八，《方镇表五》。

〔4〕 《宋史》卷八八，《地理志四·江南东路·徽州》；又见同书卷二二，《徽州纪四·宣和三年五月条》。

〔5〕 《元史》卷六二，《地理志五·江浙等处行中书省·徽州路》。

州仅辖歙县、休宁、祁门、黟县、绩溪五县。新中国成立后，徽州成为地区，将地区专员公署改设在屯溪，此后又将屯溪改成黄山市，市人民政府所在地仍然设在屯溪至今。1958 年 1 月 2 日，黟县县委、县政府机关迁至祁门县合并办公。1959 年 4 月 5 日，经国务院批准，恢复黟县建置。

两千多年以来，徽州所辖地域屡有变化，但其位置均以黄山和新安江一带为中心，今日安徽省为旧安庆府和徽州府的并称，安徽省简称“皖”，古徽州一带也称作皖南，所以也有人将徽州称作“皖南”。现在旧属徽州地区的各县地理位置基本沿用明清时期的地界，县以下乡镇历年时有变化，因此本次“徽州调查”，沿用了传统意义上的徽州的地理划分，仍将今日已划至江西的婺源县，作为调查的范围，以保持相对的完整性。

2005 年 5 月 24 日上午 10 时，第一次徽州调查正式启程。在京的成员乘坐北京至福州的火车出发，列车经过天津时，南开大学的柏桦教授及南开大学研究生刘志松、邢巍巍同学由天津西站登车。25 日凌晨 6 时到达黄山车站，全体换乘公共汽车，入住屯溪区老街第一招待所。唐红林、王宵兰从上海出发，于 25 日上午 8 时到达，稍后在屯溪第一招待所会合。

屯溪第一招待所是一家当地私人设立的小旅馆，位于屯溪老街的东端，一层是店铺，二层是客房，条件甚为简陋，但价钱便宜，由于是屯溪老朋友的吴敏先生代为预订的，所以平均每人每天不足 30 元，且交通方便，为了省钱，大家乘火车而来，一路困乏，顾不得许多，一个个纳头便睡。吴敏先生是我们的老朋友，这次又充当我们的向导，将带领一部分人翻越白际山，前往与休宁县和浙江、江西交界的璜尖、岭南一带，那里山高路险，交通不便，没有向导可能会走很多弯路，加之语言上也有很多障碍，所谓向导其实除了领路之外有时还要兼做翻译。吴敏原任黄山博物馆的副馆长，十几年前因为在徽州地区采集契约和族谱等标本时，结下了深厚的友谊。吴敏先生是当地有名的收藏家和鉴赏家，曾经参与整理出版过《徽州三雕》等著作，是研究徽学的专家之一，有了他的帮助，徽州调查可以事半而功倍矣。王宏治教授又带我们拜访了他的好友黄山市公安局钱副局长，常言道“入乡随俗”，通过拜访钱副局长，也算是“问礼于地方”，最起码大家的安全感增加了不少。

随后召开全体会议，决定本次调查分为三个组，其中：

第一组：田涛（组长）、春杨、唐红林、王宵兰。调查地点：休宁，婺源（江西）。

第二组：王宏治（组长）、姜晓敏、袁瑜琤、高鑫。调查地点：歙县，绩溪。

第三组：柏桦（组长）、程洁、刘志松、邢巍巍。调查地点：黟县，祁门。

随行摄像师计划先随第三组出发，然后转至第二组。

约定第二天分乘三辆汽车于早七点半出发。

二、休宁璜尖——并非宜居之地

第二天清晨，承蒙向导们的帮助，包下了三辆当地人驾驶的面包车，各组将行李和设备装到车上，伴着山区特有的晨雾，分别向休宁、祁门、歙县进发。

其中第一组先到了休宁县司法局，刚巧县司法局程书记在，程书记一开始建议我们去百济和璜尖两个乡，那里是扶贫的老区，后来了解到百济不通汽车，于是建议我们前往休宁县的最南端璜尖乡和岭南乡一带进行调查，据他说随着旅游的发展，靠近黄山市的几个乡镇近年来开发建设十分迅速，但南部一些乡仍然保留着较为传统的民间习惯。令人感激的是他还联络了璜尖乡司法所的黄福新所长，让他陪同我们一起前往璜尖乡。果然山道弯弯，沿途茂林修竹，峻岭崇山，有时车行白云上，有时人在彩云间。

璜尖乡在皖南之南，靠近香炉峰北侧，翻过一座大山便到了浙江开化地界，山高路险，耕地面积极少，属于徽州地区"著名"的贫困乡。将近中午的时候一行人到达璜尖乡政府，说是乡政府，不过一堵围墙、一扇大门、一个院子而已，这大概是我们见到的中国行政治所中最为简陋的一所"衙门"了。院子外边不但看不到汽车，甚至连一个可以停车的广场都没有，然而院子的四周和院子中间长满了树木，绿油油的树木如同一座华盖，笼罩在这座中国最穷最小的乡政府之上，令人感到充满了源于大自然的生机。

乡政府的墙上有一个宣传栏，上面有一些关于璜尖乡的介绍，由于受到风雨的侵蚀，上面的字迹也已经有些模糊，甚至看不清落款和纪年，只见上面用彩色的油漆笔写着：

“璜尖乡位于休宁县东南边陲，距休宁县城58公里，平均海拔在800米以上，境内峰峦叠起，植被茂密，雨量充沛，生态环境绝佳，无农业及工业污染，是开发绿色食品和有机食品的理想境地。”

“璜尖乡辖三个行政村，十八个村民小组，817户，总人口2641人。土地总面积58,770亩，其中耕地面积210亩，茶园面积3,630亩（其中已颁布的有机茶基地面积500亩，且海拔在1100米以上）。毛竹林面积7,500亩，木材蓄积量10万余立方米，富产野生葛粉、香榧、竹笋。”

“届时璜尖乡将以全新的面貌、优美的环境欢迎各界有志之士前来投资。”

在宣传栏的旁边还有一张类似告示的东西，只见上面写道：

璜尖乡有机茶民兵示范基地地情介绍

该基地位于璜尖村东南部，土名：老殿基，该基地面积500亩。该基地由璜尖乡人民政府、璜尖乡人武部，共同规划立项，该基地海拔1150米，土层深厚，土壤肥沃、云蒸霞蔚，无污染、无公害。

看到这个宣传栏，不禁让人倒吸一口凉气，全乡两千六百多人，却只有二百一十亩耕地，平均每人不足八厘地，不要说种粮食，只怕连种菜都不够，显然这里的山民，只能靠山吃山了。

璜尖乡情介绍

乡政府书记方日新是一位红脸膛的汉子，身材不高，穿着非常朴素，能说一口地道的普通话，一看就知道是在外边读过书见过世面的人。他对我们来到这个闭塞的乡村进行调查似乎感到些许不安。据他说以前也有人来过，专门写些农民打官司上访的事，找了不少麻烦，我想他是指那本备受争议的《中国农民调查》，那本书中好像也提到过休宁的璜尖，只是作品是以报告文学的形式从独特视角反映了存在于中国农村的种种现象。〔1〕方书记向我们介绍了璜尖乡的经济、地理、物产、民事调解、自然状况、人口状况、行政区划、党员人数等基本情况。说着便到了午饭的时候，方书记招呼我们一起吃午饭，乡政府大门的一侧便是乡机关食堂，两三张方桌，七八条板凳，加上我们只有十几个人，围在一起吃了一顿乡政府的招待饭，一个咸肉炒春笋，一个雪菜炖豆腐，一盘炒萝卜，两笼红薯，半盆米饭，已经是这座"衙门"中招待客人的好饭食了。想到我们在乡政府墙上看到的宣传栏，一时间大家都没了食欲。

饭后方书记、乡司法所黄福新所长和我们一起座谈，说是所长，其实只有他一人。乡政府的会议室也不过一条长桌几把椅子，只是墙上高高地挂着党旗和国旗，四周贴满了"三个代表"之类的口号。

方书记问我："你们想了解些什么？只要我们知道的，方便的一定提供给诸位。"神情中显然还带着几分犹豫。

我们赶紧回答："民间交易中如林木、农牧产品的文书；借贷是否要打个借据，发生纠纷的以什么作为根据？"

方书记不假思索地答道："以契约作为依据，也就是双方写的字据。"黄所长接着补充说："就我所知，民事调解中目前存在以下方式：首先还是以前在家族中的老办法，在我们这里数舅舅为大，如果父母摆不平，就由舅舅来解决。"

我们又问道："在分家的时候也由舅舅出面主持分家吗？"

---

〔1〕《中国农民调查》一书作者为陈桂棣、春桃，2003 年底在《当代》杂志第 6 期上发表，后由人民文学出版社 2004 年出版，该作品出版以后在我国曾经引起很大反响，但因作品中涉及干群关系等敏感话题，后停止发行。该书中曾提到璜尖地区乡民的贫困生活状况，但本次调查设计时并未参考《中国农民调查》一书的线索。调查人员前往璜尖地区是应休宁县司法局的建议和璜尖司法所黄福新所长的陪同而成行。

在璜尖乡政府会议室座谈，左一为春杨副教授、左二为田涛教授、左三为王宵兰，中间深色服装者为璜尖乡党委书记方日新。

“是的，有舅舅的时候，肯定是由舅舅分。”

“当地如何称谓舅舅呢？”

方书记回答说：“本地称‘舅爷’、‘舅姥爷’，歙县称‘舅舅’。”接着他又补充道：“如果父母在，并且有能力的话，就自己分，有时也不需要舅爷参加。”

我们又问道：“第二种情况是由什么人主持呢？”

方书记说：“由当地其他有名望的、公正的人来参与；如村调解委员会，村长和书记啦。能当选做村主任和书记的，实际上在当地都是有号召力的。有时是在家里人已经解决好了的前提下，村长和书记才来，只是做个见证。”

黄所长看了方书记一眼又补充道：“我们这里的民事调解，在现有情况下，分为私了和公了。双方讲好了的算是私了，这种情况下舅舅是管不了的。”

我们问道：“是否有外姓人的加入？”

方书记说：“是的，此种情况下由村一级来调解；村调解不了的，上报乡里。所以存在三级调解体制，村一级调解，出具一个调解意见，执行不了的，再到乡一级来调解，还不执行的话，由法院来裁判或者县里来解决。我也实话实说，还有一种特殊的、非正常的方式，是邪恶势力的干预，但是在璜尖乡是没有啊。”稍微停顿了一下，方书记接着说道：“在我们这里家族观念还是很强的，最强的是程家，住在璜尖村。以河为界，河那边都姓程，河这边都姓徐，璜尖村其实就是程家村，甚至过去有人说连那条界河都是程家的。宗族观念还是根深蒂固的，而且是靠血缘关系维系的，血缘关系也分近与疏，虽然原先都是一个祖先传下来的，不过只有血缘近被认为是自家人，过去在解放前，程家势力强一些，河水都不让徐家的人吃。据说1935年方志敏的抗日先遣队曾经到过这个地方，那时，就因为这个地方地处安徽、浙江、江西三省交界的边缘，交通十分不便，信息也很闭塞。”

“我们这里的居民是吴越民族的后代，语言中有休宁话、遂安话（今之浙江淳安），现在讲的比较多的是休宁话。当地还有外面来的，租种山场、砍伐树木和造林，在新开发的土地上种玉米、芝麻和山芋。过去因为这些人住在山上，当地习惯称他们为‘山棚’。”这时吴敏先生在一旁解释说：“‘山棚’就是历史学界所称的‘棚民’。这一地区现在还这样称呼，‘山棚’有安庆人，也有更远的地方来的人，甚至有些失去本地生产资料的当地人也会成为‘山棚’，他们生活状况与本地常住民差不太多。‘山棚’聚集而居，主要有来自安庆的杨姓，和外乡刘姓和赣北江姓为主。不过历史上这些‘山棚’或者‘棚民’的地位是比较低的。”

“棚民”是安徽、江西、浙江等地对“流民”的一种特殊称谓。因天灾、避祸以及失去土地等原因，一些流民到上述地区建棚而栖，承租当地人土地或者私自开垦借以谋生，因其大多居住在山地之上，有时也被称作“山棚”。明清两代，棚民占据山场，逃避税收，规避保甲制度，常与当地人发生纠纷。据清人高廷瑶在《宦游纪略》[1]一书所称：“徽宁在万山之中，地旷不治，有赁耕者即山内结棚栖焉，曰棚民。棚民之多，以万计也。”棚民现象近年来受到学术界的不断关注，对于棚民问题的研究也取得了较为明显的收获，如卞利《清代中期棚民对徽州山区生态环境和社会秩序的影响》一文中就曾指出：“棚民的对徽州山区的无序垦殖和恶性开采，对徽州山区脆弱的生态环境造成了严重的破坏，并直接影响到了所在山区原有社会生产与生活

---

〔1〕［清］高廷瑶：《宦游纪略》卷上。

秩序,形成了较为严峻的‘棚民’与当地居民对立的社会问题。”[1]

嘉庆十二年(1807),休宁程氏宗族族长程元通以“棚民方会中等纠集多人、踞种山场、逞凶酿命等情”,赴京呈控,引起了清王朝重视。虽然后经安徽巡抚初彭龄等奉命委勘,认定程元通所控之词多有不实,指出“程元通系族长,年已七十六岁。程怡仁所递之词,系祠长程绍兰主意。词内所称掘濠筑垒、祖墓遭掘、程柏押毙、尸匿不交、程靳被捆无踪等情节,均属架捏”。[2] 最终清廷和地方政府仍然决定“驱逐棚民退山回籍”并加强编查棚民入地方保甲,据《户部则例》卷四《安插棚民章程》载“浙江省棚民(嘉庆二十年奏准)核其租种已逾二十年,现有田产卢墓、娶有妻室者,即准令入籍。其年分未久,业已置产缔姻者,俟扣满年限亦准呈明入籍。至并未置产缔姻者,分别饬退,俱不准再种苞芦,致碍农田水利;其只身棚民本无种山资本,藉称佣工逗留者,均驱逐回籍,此后不准再有增添。本地民人私召异籍民人搭棚开垦者,召租之人照子孙盗卖祀产例,承租之人照强占官民山场例,分别治罪”。同时还要求“按棚民三十户设立棚长一名,稽查约束一体,编查保甲,每届十月另册报核。如有为匪不法等事,责成棚长举报,地方官究办;棚长容隐,一并惩治”[3]。徽州各地尚存有关于查禁棚民的石碑,记载了历代查禁棚民的有关情况,在此后的徽州调查中,我们也屡有发现。[4] 棚民问题不是我们本次调查的对象,于是大家又把话题转到了民事契约上来。

接着我们问道:“这里的民间借贷是不是也要签订合同契约呢?其他财产分割或者买卖之类是不是也要建立契约呢?”

方书记不假思索地很快答道:“民间借贷在双方关系比较牢靠的情况下,签订契约的情况比较少,但在做生意的过程中,基本上都要签订契约合同。我到这个地方时间不长,对财产分割和房屋地契的情况了解不多。我

---

〔1〕 载《中国生物学史暨农学史学术讨论会论文集》2003年。

〔2〕《嘉庆十二年五月初二日安徽巡抚初彭龄为休宁县浯田岭等七处棚民已拆棚退山事奏折》,引自中国第一历史档案馆《嘉庆朝安徽浙江棚民史料》,载《历史档案》1993年第1期。

〔3〕《户部则例》卷四《安插棚民章程》卷四《户口》,第十四页,清同治十三年官刻本。

〔4〕 如《清乾隆五十九年四月休宁浯田岭严禁召租棚民种山碑》,原碑现嵌于安徽省休宁县龙田乡一杂货店墙壁中;《清乾隆五十年十二月婺源知县严禁盗伐汪口村严禁盗伐向山林碑》,原碑现置于江西省婺源县汪口;《清乾隆五十一年十一月婺源汪口村奉邑尊示禁碑》,原碑现置于江西省婺源县汪口村等。

家是歙县的,我见到过我家的地契,上面有土地的东西南北四至和估计多大面积,草图是用毛笔画在黄纸上的。20世纪60年代以前有,因为那时土地的转让没有具体规范,现在则普遍使用政府发的土地使用证。由于本地交通闭塞,我们这个地方发展和外面相比还是比较滞后的。另外法律意识和商品经济水平也比外面落后。目前政府推动法制建设的任务比较严峻,日常生活和生产活动中法律意识不太深刻。惹到法了,觉得蛮厉害;没有惹到,觉得按照原先的做法就行了。"

我们问他:"什么是原来的做法呢?"

方书记接着说:"原来的做法其实就是习惯的做法,特别是年纪比较大的人中,愿意使用原来的做法。"

令我们感到惊奇的是,方书记对于民间传统习惯居然有着很深的了解,作为乡镇干部,他的经验和知识显得令人钦佩,于是我们又问他:"我们这里还有祠堂吗?"

方书记说:"原来程家就有程氏宗祠,不过解放初期就拆掉了。"

突然间他话锋一转,对我们说:"我们这里主要的经济作物有茶叶、香榧、毛竹、箬叶(包粽子用)、葛根粉等。粮食作物很少,主要有水稻、红薯和少量玉米。这里平均44人才有一亩地,除了种点稻子,也种些蔬菜。我们乡位于白际山脉的东段,白际山脉是安徽、浙江、江西的界山,在浙江境内叫天目山。这里水是向南流入新安江,属于新安江水系。"

方书记出于职业习惯,向我们开始介绍当地的物产和经济,并一再说这里的茶叶比"太平猴魁"和"黄山云雾"还要好,加之没有受到环境污染,因此被称作"绿色仙茶",有着重要的投资价值云云。看来他还有不少接待外地客商的经验。我们不露声色地一面点头表示赞同,一面赶紧向他发问:"咱们这儿外出务工的情况怎么样?"

方书记说:"据我们统计,到三月初,也就是春节后,全乡外出务工有487人。这个还是长期的、比较稳定的务工数字,不包括临时外出打工人员。"

"外出务工的收入占当地经济收入有多少?"

"在我们这儿,劳务经济对于增加农民收入至关重要。据初步统计,外出劳务收入约占农民收入40%。但是这个数字不一定十分准确,毕竟老百姓对于个人收入是比较保密的。"说着大家一起笑了起来。"去年(2004)我们乡年人均收入是1311元,2003年人均收入是900元。去年全县的人均收入是2800元，我们连一半水平都没有达到。老百姓辛苦一年，平均人收入只有1000多元，每个月也就100来元，还要算上外出打工的收入。如果不对外输出劳务，或者限制农民工外出打工，这儿的老百姓一年也摊不上几百块钱。自2001年以来省、县各级对我们帮扶资金有1800多万元，结果对我乡经济、文化各个方面提高起到重大影响，这个成就不能磨灭。为了解决交通问题1983年开始动工，一直到1998年才修通，除了政府的投资以外，当地农民也从山林木材收入中提取了一部分资金，为了这条路还付出了十几条民工的生命。”

我们大家都沉默了下来，来时我们走过的那条弯弯曲曲的山路，竟然让当地老百姓付出了如此沉重的代价，但是如果没有这条路，恐怕当地百姓的生活更难以得到改善。想到几十年、一百年以前，这里只有崎岖小路，仅能通过人扛马驮越岭翻山，简直是与世隔绝。接着方书记建议我们去下面村庄看一看。并且说乡政府所在地就是璜尖村，村长和村支书对当地情况很了解。

“璜尖村还有没有古建筑?”不知是谁问了一句。

方书记边走边说：“古建筑不多，没有很好保存。当地土地资源奇缺，地价很贵。县里有‘公路通达工程’一亩地要3000块，而且这还是个公益事业。民间地价一亩要十万，这个价钱和当地经济收入很不相符，不过民间宅基地的交易仍然很频繁的。”

“我们这次来，主要想了解民间买卖中宅基地交易的法律问题。”我们向方书记介绍：“目前我们法学研究中，主要有两个趋势，一是注重民法中的法典建设，当前有些著名法学家希望中国的法律学习西方的模式，比如向法国或者德国学习，以此实现中国法治建设的现代化。而我们认为，现在更重要的是首先了解自己的家底，尽量掌握源于民间的法律基础和习惯，当然并不排斥向西方国家学习先进的立法经验。”

方书记一下子就听懂了，并且马上表示赞同：“我赞成你们的观点。我一直相信一句话，一切应当从实际出发，我们的法律最好通俗到让农民能听懂，法律的人性化应当包括尊重农民的习惯，光让城里边的人能听懂，好像有些问题，不过我不是搞法律的，一下子也说不清楚。”

我们只能向他解释说：“民间的习惯，正如你说的宗族和血缘关系都是我们要研究的课题，这些习惯的存在影响到农村生活的各个方面，是村庄生活的一个独特现象。不了解这些或者不承认这一现象，就不能从根本上解决农村问题。”

方书记说：“上次省委换届的时候，省委郑书记到我们这来调研，我就和他讨论了候选人资格审查问题，浙江和安徽是不一样的。浙江省明确规定，高中以上，45 岁以下，党员才能成为村委会主任候选人。这样做是否剥夺了其他人的被选举权？所以应当有一个临时性的选举机构，由它来认定选民和候选人资格。这个选举机构是村民选出的，选举一结束就自动解散。现在村里有两套班子，一个是村党支部，一个是村委会，村里的事情由这些人说了算，实际上他们构成了村庄中的基层权力。”

大家边走边说，沿着乡政府前面的小路，跨过一座用石头砌成的小桥，桥下淌着由山泉汇成的小溪，溪水清可见底，沿着两山之间的峡谷，潺潺地向远处流去，如同低吟着一首充满哀怨的歌。桥的另一边是一片一两百栋灰黄色的房屋紧密地排在一起，这便是璜尖村。村口那儿照例是一家小卖部，小卖部中陈列着最简单的日常生活用品和一些小农具，但是和所有的村庄一样，村口的小卖部成了村民们的聚会之地，村里的人们在这里交流着他们能够知道的，关于村里和外部世界的全部信息，讨论着他们必须要面对的和他们生活紧密相关的所有问题，简陋的房屋和匮乏的商品，不足以抵消他们在这里享受的群体的快慰和幸福，在这里他们不仅得到一种人与人交流的机会，一个获得外部消息的机会，甚至还可以得到显示自我存在的机会。

徽州地区几乎每个村庄中都有这样的小卖部

我们抓紧时间又问了几个问题："当地人订立书面契约的现象多吗？"

方书记和黄所长抢着回答："村民之间的交易，带有一种'自然状态'，当然口头的（契约）多，书面的（契约）也不少。一般还要有中间人，而且书面的契约可以作为证据。"

"在村民间的交易，什么是您说的'自然状态'下交易？在缔约中是否一定要有'中人'存在？"

"一般都有中人，除非血缘关系或者关系特别密切的。"

"有没有到主动公证处去请求公证的？"

黄所长接着说："少，极少。"

我们又问道："这是否说明在农村封闭的社会中，习惯和法律规定之间相互冲突的现象是大量存在的。在民间，自然形成的自然法则与国家制定的法则相比，哪个更有优势？"

"除非是官方操作，才能依据法律的规定。在我们这里有'本分'和'情分'两种术语，比如我欠你1000块钱，你让我还800。我还1000块，这是本分；让我还800，那是情分。"

"在这里有没有'父债子还'的现象？"

"我们这里有句话，叫'人不死，债不让；人死债让'。"

"如果有人不讲信誉，借钱不还，那会有什么结果呢？"

"如果他是存心赖账，那么他以后就举步维艰了。在我们这里，这是一种民间法则，并未与法律规定相一致。"方书记用十分肯定的语气对我们说。

"我们还想了解一下这里的村规民约。"

黄所长说："每个村都有村规民约，有的带有针对性和期限性。比如治水，事先贴个公告，但是治水完毕之后，这个公告也就结束啦。"

方书记又补充道："我可以给你提一个例子，我是林业工人出身，休宁这里有'杀猪封山'的风俗，也就是村里或者林场里的人，大家先买头猪，当众杀了平分，也许每家得到只有一斤猪肉或者更少。但是分完猪肉以后，如果谁家偷了树或砍了树，那么村里的每户都派人到偷树或砍树的人家里，将他家养的猪杀了分吃。而且每家都要去，除非是人不在，否则就吃你家的猪。这就是'杀猪封山'，封山以后，林子里什么东西都不能动。我曾经处理过一个案子，一个人放牛放到了山上，村民就把他牛给卖了，猪也吃了。最后在我们政府干预，因为根据法律，你怎么可以剥夺他人的财产呢？后来不了了之了。外界的人不能理解这个风俗的自制力，‘杀猪封山’的效果非常好。当然，毕竟我们是有法律的，可是在实践中不一定行得通。‘杀猪封山’是村民们自己创造出来的，是他们之间的约定，并且得到了大家的认同。”

我们接着又问：“那么政府有封山的官方措施吗？”

方书记回答：“有，主要有三种形式：全封、半封和轮封，派山林警察去巡视，派民兵轮流看守，有一定效果，但是我觉得最管用的还是这个‘杀猪封山’。”“杀猪封山”的习惯我们以前闻所未闻，因此我们一路打听，四处寻访，直至调查组到婺源县以后，一个偶然的机会意外地获得了一份“杀猪封山”合同，才解开了这个谜团。

从山上俯瞰璜尖村，因为受到地形限制，房屋显得十分拥挤。

大家正在说着，不知不觉已经进了村，村中的建筑显得杂乱无序，有的依山而建，有的建在山崖之上，一半房子几乎悬空，要用下面的木柱撑起来，房屋大部分是由大大小小的石块垒砌而成，木质的门窗显得略有破旧，在徽州地区常见的精美的砖雕、木雕和石雕在这里没有了踪影，没有庭院，没有天井，也没有阁楼，房屋之间仅有一米左右的窄小通道，屋顶的颜色也是就地取材，大多为石板瓦，只有很少的黏土小瓦，部分外墙涂成了土黄色，远远望去灰黄白相间杂陈，给人一种压抑的感觉。

村长和村党支部书记站在村中被称作“大道”的石板路上，正在向我们和乡党支部书记等一行绽放出村干部特有的微笑，并且两人一起轻轻地鼓着掌，口中还念念有词地说道：“欢迎欢迎！热烈欢迎！欢迎光临！欢迎指导！”这种欢迎词在我们整个的徽州调查中时常听到，似乎已经成了当地乡村干部常用的专业术语，其语气和语调响亮中略带平直，或者是受过专门的统一训练，或者因多次地重复形成了一种职业性的素养。

方书记向我们分别介绍说，这二位是村支部书记程德顺和村长程树青，就让黄所长和程书记他们陪你们继续转一转，我还有点事，晚上我们一起吃饭。于是大家寒暄一番，方书记便转身而去了。我们不知道中国有多少乡镇，大概总要数以万计，我们更不知道有多少乡镇的领导，能具有方书记这样的觉悟和能力，结识方书记以后，我们对中国乡镇干部的看法有了很大的改变。

村支书程德顺的家住在村子的中央，他家门口也有一个小卖部，我们去时，只见一大群妇女正坐在小卖部门前看电视，见我们和村长等一行走了过来，妇女们便“轰”的一声站了起来，笑着说着纷纷离开了。尽管村民的经济生活仍然很贫困，但电视的普及率却很高，几乎家家户户都有电视，电视成为今日我国乡村农民生活中重要的消息来源和文化娱乐媒介，看电视已经成为农民生活中重要的组成部分。那么为什么这些妇女还要凑在一起在小卖部前面看电视呢，如果不是到大山深处，便无法找到答案。程书记对我们说，村里的男人们几乎都外出打工去了，村里除了老人和儿童以外，尽是些妇女，这些人也看着可怜，平时连个说话的人都没有，大家闷得慌，就扎堆凑个热闹，其实也没什么，也就拉些家常，我们也不去管。你看生人一来，她们就散了。

村庄中的劳务输出，美其名曰“劳务经济”，其实说白了就是外出打工挣钱，打工的人离乡背井，受尽辛劳，在城市中被称作“农民工”，其身份地位可想而知。他们的妻子儿女，在家坚守，替他们赡养父母，抚育子女，看守家园。当城市人分享农民工劳动的成果之后，没有人在乎留守妇女们的需要，没有人在乎她们的孤独与寂寞，更没有人想到过在“农民工”的后面，有多少哀怨和牺牲。

程书记的家也是用砖石垒砌而成的小房子，共有两层，面积很小，一层兼作客厅和饭堂，二层则是卧室。客厅打扫得很干净，可以说窗明几净，一个木质的长条案和一个“八仙桌”几乎占满了整个房间。引起我们注意的是书记家的地面是用瓷砖铺成的，房间的一角摆放着一个白色的双门电冰箱，这在农村尤其是在海拔较高的山村中并不多见。

程书记年龄不大，看上去为人十分干练，似乎已经有人在我们来到之前事先和他打了招呼，程书记和程村长已经知道了我们的来意，于是程书记开门见山地对我们说：“我明天刚要出去解决一个山林纠纷。我是村山林调解委员会主任，经常参加村庄中的调解。”参加调查的春杨博士马上就问了一句：“咱们村有没有‘杀猪封山’的例子啊？都给些什么惩罚呀？这种惩罚有没有威慑力呢？”随着这一连串的发问，好像也令程书记和程村长有一点摸不着头脑，只是不停地说：“有，都是集体做出的，大家到村委会去看看，那边儿都有。”

村委会是一栋两层楼的房子，下面兼作老年活动站，墙上贴了一张很大的告示：

中共璜尖村支部委员会、璜尖村村民委员会

三年扶贫开发工作目标

按照市委、市政府《关于做好新一轮扶贫攻坚工作的决定》的要求和三年脱贫五年致富的总体目标，以中央一号文件为指针，认真贯彻落实“三个代表”重要思想，加快扶贫项目建设，力争在2005年底人均纯收入达到1800元，80%以上的人口摆脱贫困，95%以上农民饮上清洁卫生水，九年制义务教育普及率达100%，10个村民组通上广播电视、电话，人人享有初级卫生保健，贫困户掌握1～2门实用技术，把璜尖村早日建成全市扶贫开发的样板村，村民自治的示范村。

中共璜尖村支部委员会
璜尖村村民委员会

这个由璜尖村“二套班子”共同发布的告示，没有说明具体时间，大概是在2005年的春天，看来到年底完成人均1800元纯收入的计划应该问题不大，年纯收入1800元，也就是月平均150元，在今天看来仍然属于贫困线的范围，至于95%以上的农民饮上清洁卫生水，应当问题不大，这里有很多山泉，沿山而下汇入村前的小溪，不过当地人有在溪水边搭建厕所和在厕所下面养猪的习惯，因此溪中的水尽管看上去很清，但是不是符合“清洁卫生”的条件，因为布告中没有说明具体标准，也就无法衡量。

程书记和程村长从村委会的档案中找出村中民事调解的有关材料，并且从中选择了几件，递到我们手中。几乎都是关于村民之间因小事引发的纠纷和调解书，一时令我们大喜过望。

第一件的题目有一点奇怪，叫作“双方调换自留地由徐乡长解决定事”，这种文书的定名显得十分古老，是明清两代常用的文书形式，在今天已经很少使用了。

双方调换自留地由徐乡长解决定事

1. 程如昌户吧(把)坦园自留地五畦归程灯旺户种菜；

2. 程灯旺户扎林屋边自留地由二吴、梅香二人到场指定订桩为界，桩里归程如昌做猪栏，包括滴水地一起在桩内，桩外归程灯旺到厕所上走路使用；

3. 双方由以上决定后，不得再闹纠纷，要是哪方再闹纠纷，由自己负责全部责任。

此致

梅香字

双方同意调换人：程灯旺

程权祥

1985 年 10 月 6 日

因为当地山多地少，无论建房走路还是种地开园，往往需要对土地进行调换，以解决小面积土地调整的需要。在已经发现的徽州民间私约中，土地调换的契约是常见的门类之一，因土地调换或者调换后的相邻关系问题引发的纠纷也十分常见。[1] 这件调解书成立于 1985 年，当时农村的土地承包制度刚刚开始推行，村民之间在调换土地时书面的约定形式尚未得到全面恢复，可能原来双方在调换土地时仅为口头约定，因此在产生纠纷时缺少明确的文字依据，只得请人重新订桩划界，二吴和梅香二人参与划

〔1〕 关于徽州地区民间私约中土地调换的契约，详见本书上卷《徽州民间私约研究》。

界，应当具有见证人即中人的身份。最后双方特别言明“双方由以上决定后，不得再闹纠纷，要是哪方再闹纠纷，由自己负责全部责任”，不但解决了纠纷，并且将双方调换土地的约定形成书面契约。

村委会的墙上有一排宣传栏，正中间是安徽省人民政府统一颁发的《安徽省村务公开暂行办法》，大概是各地政府统一要求村委会将这个暂行办法进行公示，因此这个暂行办法就成了每一个村委会墙上的重要内容。

安徽省村务公开暂行办法

第一章 总 则

第一条 为认真贯彻党的十六大精神，把“三个代表”重要思想全面落实到农村基层，进一步推进农村基层民主政治建设，使村务公开经常化、制度化、规范化，根据《中华人民共和国村民委员会组织法》、《中共中央办公厅、国务院办公厅关于在农村普遍实行村务公开和民主管理制度的通知》、《安徽省实施〈中华人民共和国村民委员会组织法〉办法》和《中共安徽省委关于进一步加强农村基层组织建设的意见》（皖发[2002]20号）的规定和要求，制定本办法。

第二条 村务公开是村民自治的重要内容，是民主管理和民主监督的有效形式，是保障村民行使民主权利、促进农村经济发展、维护社会稳定的重要措施。

第三条 村务公开的基本要求是“六规范、一满意”，即公开的内容规范、程序规范、形式规范、时间规范、监督规范、公开栏建设规范，公开结果多数村民满意。

第四条 村务公开在村党组织的领导下，由村民委员会组织实施，村务公开监督组进行内部监督，有关党务公开由村党组织具体组织实施。

第二章 村务公开的内容

第五条 凡是村里的重大事项和群众普遍关心的问题，都应向村民公开，公开的重点是财务情况，具体内容包括：

1. 财务情况。村年度财务计划及执行情况，各项收入和支出，各项财产、债权债务和收益分配等。

2. 工作安排情况。村经济社会发展规划，村党组织、村民委员会年度工作计划，村干部分工，村民（代表）会议形成的决定、决议及落实情况等。

3. 公益事业建设情况。村级道路、水利、文教卫生等的立项、经费筹集、工程招标、承包方案及实施情况等。

4. 集体资产管理情况。村集体企业的经营、承包、租赁、出售、转让及费用的收缴，村集体所有的土地、水面、山场等经济资源的开发、承包、租赁、入股、土地征用补偿费的使用，宅基地的规划和申报等。

5. 农民负担情况。农业税，农业特产税及附加数额，生产性水费和电费，“一事一议”筹资筹劳情况等。

6. 计划生育情况。当年计划内生育对象的申报和获准生育者名单，社会抚养费的征收情况等。

7. 社会优抚情况。优抚对象和五保户的保障，筹资、筹劳的减免，农业“两税”的社会减免和灾歉减免的分配与落实，国家投入的扶贫、农业开发，以工代赈等资金的使用情况，社会力量救灾救济、扶贫、助残等款物的接受、分配、发放等。

8. 村干部管理情况。村干部报酬，民主评议，任期和离任审计以及奖惩情况等。

9. 党建工作情况。党组织的重要决策，党员大会的重要决定、决议，发展党员，党费收缴，民主评议党员，“双培双带”和干部联系群众情况等。

10. 其他。村民询问的答复和处理情况，村民要求公开的其他事项等。

村务要逐项进行公开，财务收支要逐笔据实进行公开，并不得设置“其他”支出项目。

第三章　村务公开的程序

第六条　村务公开要按照规定的程序进行，公开内容由村“两会”联席会议（吸收村务公开监督组组长参加）研究决定，村民委员会制作公开内容清单，村务公开监督组审核签字，以村民委员会名义公开，需经村民（代表）会议决定的事项，须在会议通过后进行公开。

第七条　村务公开后，村“两委”成员要广泛听取村民的意见，接受村民询问，并做好解释、核查或整改工作。

第八条　村民委员会要建立村务公开档案，每次公开内容都要及时立卷，一式两份，一份报乡镇，一份村里留存，以备查证。档案资料要真实、完整、规范，并保留5年以上。

第四章　村务公开的形式和时间

第九条　村务公开以设立固定公开栏和制作村务公开清单为主要形

式，同时，通过广播、会议及村民组组务公开等辅助形式，扩大村务公开覆盖面。

村民委员会要在村部设立固定村务公开栏，公开栏设置的基本要求是，能容纳所公开的全部内容，方便群众观看，公开的内容至少能保留一个月时间，提倡建立橱窗式公开栏。

村务公开清单要张贴到所有村民组，张贴的位置要醒目、固定。

第十条　村务至少每季度公开一次。根据公开事项的具体情况和多数群众的要求，常规性工作按季度公开，固定性工作长期公开，单项工作在任务完成后一次性公开，临时性工作随时公开。每季度首月的15日为全省村务公开日。

第五章　村务公开的领导和监管

第十一条　村务公开监督组具体负责对村务公开的监督和评议，具体职责是：督促村民委员会认真落实村务公开制度，参与研究村务公开工作；审查村务公开的各项内容，逐笔审核财务收支项目；每年组织一次对村务公开的评议，广泛听取村民的意见和要求，及时督促村民委员会进行整改。

第十二条　村务公开监督组由5～7人组成，设正、副组长各1名，村务公开监督组成员由村民（代表）会议推选产生，任期三年，其条件是：遵纪守法、公道正派、热爱集体、关心群众，在群众中有较高威信，有一定的文化、财会知识和议事能力，村“两委”成员及其直系亲属、村财会人员不得担任村务公开监督组成员，村务公开监督组成员出现空缺时，应及时推选补充。

第十三条　村务公开监督组成员应认真履行职责，切实行使好村民赋予的权利，对不认真履行职责的，给予批评教育；严重失职，引起村民不满的，村民（代表）会议可以进行撤换。

第十四条　村民对村务不公开或者公开不及时、弄虚作假等问题，有权向上级反映、举报，上级有关部门应及时调查核实，情况属实的，要根据情节轻重，作出相应处理。村民委员会每年召开一次村民（代表）会议，对村务公开工作进行评议，多数群众不满意的，要制定整改意见，公布于众，并认真落实，村务公开监督组要对落实情况进行监督。

第十五条　市、县（市、农业区）、乡镇党委要把村务公开作为“三级联创”活动的重要内容，建立健全责任制和齐抓共管的工作机制，采取随机抽查、暗访、调阅村务公开档案等方式，每半年检查考核一次，并把考核结果作为评先评优和干部任用的重要依据之一。

第十六条 村务公开由组织、农业、民政部门牵头，有关部门积极配合，分工协作，齐抓共管。

第六章 附 则

第十七条 本办法由中共安徽省委组织部，安徽省农业委员会，安徽省民政厅负责解释。

第十八条 本办法自发布之日起执行。

村务公开基本操作规程

公开的时间：常规工作每季度公开一次
固定性工作长期公开
单项工作完成后公开
临时工作随时公开

公开的内容：村两委联席会议研定
村委会制作公开内容清单
公开监督组审查签字
村委会进行公开

公开的形式：公开栏进行公开
公开清单张贴到村民组
会议广播等进行公开

公开的监督：村干部接受村民询问
监督组每年组织一次
市县每年组织一次检查

注：每季度首月15日为全省村务公开日

中共休宁县委组织部印制

村务公开管理中包括六章十八条，内容颇为详杂，尤其是将基层党组织的管理和村民自治的管理一股脑地混在一起，让人搞不清这个公开管理究竟是对基层党组织的要求，还是对村委会的要求。当然管理者可以对此有充分的解释权，因此没有人征求过被管理者的意见，于是这样好的措施，难免不流于形式。

村委会的另一面墙上张贴着一张《森林防火安全责任书》，由于璜尖村地处大山之中，森林安全直接关系到村中百姓的生命和财产，因此森林防火成为日常工作的重要内容。

森林防火安全责任书

为切实做好森林防火的预防工作，加强林区野外用火管理和监控，防止森林火灾，保护人民生命财产安全和森林资源。根据《森林防火条例》和《安徽省森林防火办法》，乡政府与村委会签订森林防火安全责任书：

一、每年十一月一日至翌年四月三十日为森林防火期，春节至清明为防火戒严期；

二、任何单位和个人都有维护森林资源安全、保护森林防火设施、预防森林火灾、报告森林火情并组织扑救，协助林业主管部门和有关机关查处森林火灾案件的义务；

三、森林防火期内，林区严禁一切野外用火：

1. 严禁携带火种进入林区，在林区内严禁吸烟、乱扔烟头；

2. 严禁在林区内烧火取暖、烤食物，玩火或夜间打火把行路；

3. 严禁在林区内烧火祭奠和燃放烟花爆竹；

四、防火戒严期，高火险天气严禁一切野外用火，坚决杜绝一切可能引起的森林火灾隐患；

五、违反规定，擅自用火，没有造成后果的，每起处罚 200 元，造成后果的由司法机关处理，过火面积超过 30 亩的，依法逮捕，不足 30 亩的依法拘留；

六、对违反森林防火有着规定，擅自野外用火，或发现森林火灾不报告、不补救、不制止，或者不服从防火指挥调度者，视情节和后果，坚决依法给予行政处分或经济处罚，直至追究刑事责任；

七、护林防火，人人有责。

甲方（盖章）：休宁县璜尖乡人民政府　江静

乙方（盖章）：程德顺

2005 年 3 月 15 日

这个责任书是以合同的形式出现的，合同的双方分别为乡政府和璜尖村的书记程德顺，根据该合同的约定，原本应当由乡政府和村委会共同签订，但实际上却由乡政府和村党支部书记程德顺签订，可见在璜尖村甚至其他的一些村镇中,党支部可以行使村委会的权力,支部书记才是村中真正的当家人。

程书记找了几张协议书和申请书,和程村长商量了几句之后,从中选择了几件递给我们,这其中有承包采伐的协议、交换土地的协议和向乡里民政员递交的困难补助申请书。

程茶红程坤松协议书〔1〕

甲方:程茶红

乙方:程坤松

关于在殿基口杉木林包采伐的协议如下:

1. 甲方将殿基口杉木林包给乙方采伐,做工运工出买(卖)一本在内归乙方办理。

2. 采伐证由乙方拿钱去办,但要以甲方程茶红的名义去办理,在采伐证上的问题甲方不负责。

3. 乙方采伐的数字不能超过二百九十根,超过部分按每根五元付给甲方成本费。(按:原件第3条全文被用钢笔划去)

4. 乙方在甲方指点的介(界)至上出现的问题,甲方要负责任,外至以外甲方不负责任。

5. 双方协议决定乙方付给甲方杉木成本费人民币一千七百元整(共1700元),一次付清给甲方。

6. 乙方在2002年底运清,余下杉木林归甲方所有。

立此协议,双方各自遵守。

甲方:程茶红

乙方:程坤松

这是一份承包林木采伐的契约,当地林木已经承包到户,但每年由人民政府批给承包人一定的采伐额度,以防止过分的采伐,因此采伐者需要办理"采伐证",采伐证上明确规定了具体的采伐量,甚至精确到木材或者毛竹的详细根数,竹木运出山后凭采伐证进行交易,无采伐证者不但禁止

〔1〕 原件只有"协议书"三字,现标题为编者所加,以便检索。另这件标本书写潦草,其中第三条全文被用钢笔划去,但文字仍能看清,在整理时仍予以保留并加按语说明。原件无具体年月,据文中有"在2002年底运清",可推知约建立于2002年。

交易,还要给以处罚。各乡政府规定了各村的具体采伐指标,在休宁县下一步的调查中,将具体涉及这一方面的内容。

璜尖村下门组程发兴与程顺亮调换田地协议书[1]

甲方:璜尖村下门组程发兴(盖章)

乙方:璜尖村下门组程顺亮(盖章)

乙方新建房屋后面滴水到甲方所分责任田中,就这一事项,双方聚坐一起,共同协商,达以下协议:

一、乙方愿意将自己一垅所分责任田给甲方以调换,地点也就是原来下溪下边这一垅(前面是甲方的田)。

二、甲方愿意将其责任田转让给乙方作为滴水地,面积定为长650公分,宽50公分。

三、乙方的排水管不能通放于滴水地上或其他户田中,必须通放溪中。

以上协议一式二份,且由村委会盖章监证,双方各存照一份,共同遵照执行,永不反悔。

甲方:(加盖:程发兴印)

乙方:(加盖:程顺亮印)

璜尖村民委员会

(加盖:休宁县璜尖乡璜尖村村民委员会)

2005年5月22日

这份换地协议上,被交换的土地为长650厘米,宽50厘米,实际面积仅有3.25平方米,相当于一个普通双人床的大小,但在当地已经非常重视,不但通过建立交换协议的形式进行书面约定,甚至还要求“由村委会盖章监证”,以表示这件契约的正式和权威性。在民间契约中,除双方当事人之外,往往还需要中人的参与,以显示契约的权威性和公正性。在传统契约中,中人的身份应当是当地具有良好资质的亲友或者尊长,这些人的参加使契约本身显得稳定,但近年来传统中人的参与,逐渐由村民委员会替代,这一变化显示出当前民事契约的特殊发展趋势,也体现了村民委员会在村民中的威望和作用。

---

〔1〕 原件只有“协议书”三字,现标题为编者所加,以便检索。

除了这些交换类契约外，程书记和程村长还递给我们几份村民的请求报告，这是一些因疾病陷入贫困生活的村民们，向社会提出的请求，他们希望政府的民政部门或者其他有可能关心他们的一切人给他们以帮助，帮助他们脱离困境。首先我们看到的是一个名叫程兴海的农村青年，当时年仅三十四岁因身患肝癌，陷入困境时无奈的请求。

关于身患绝症家境清贫恳求资助的报告

休宁县民政局：

我系璜尖乡璜尖村下门组青年，三十四岁。今年患肝炎病，四处求医，还到杭州、上海等大医院治疗过，已用去人民币二万八千多元，负债累累。更可悲的是病到晚期，在家等死。面对残酷的现实，我痛心至极，我已活不了几个月了，如今欠债三万余元，以后妻子女儿生活怎么过啊？我死不瞑目，亲朋好友激励我振作精神，战胜病魔。我知道癌症晚期出现奇迹，希望是渺茫的。

新社会共产党好，政策好，在我离开人世之前，特写书面报告呈给贵局，恳求贵局给予救助，妻子女儿感恩不尽。走前我内心呐喊谢谢领导。

致

写报告人：程兴海

2003 年 12 月 13 日

情况属实　望给予经济补助为盼

璜尖村委会　12 月 14 日（加盖：休宁县璜尖乡璜尖村村民委员会）

报告属实　请求补助　2003 年 12 月 13 日（加盖：休宁县璜尖乡人民政府）

这份请求书，很快得到了村委会和乡人民政府的批准，似乎乡政府在申请的当天就已经批准了，比村委会还要早一天，这份申请书经过乡民政员的帮助，很快转到了县政府。无论是村委会还是乡政府，都只能尽职尽责地把这份申请快速地递交上去，因为他们只能做到这些，其他则几乎爱莫能助了。同样的申请书程兴海写了好几份，或许真的是命运在故意嘲弄他，偏偏是屋漏又逢连夜雨，他的大女儿又不幸骨折，确是雪上加霜。

程兴海的另外一份申请[1]

尊敬的璜尖乡党委、乡人民政府：

我系璜尖村下门组村民，家有四口人。今年我本人患肝炎病，四处求医，还到上海杭州等大医院治疗过，负债累累。可悲的是病到晚期，无药可救，实痛心至极，雪上加霜的是“老天爷”又降祸我家，大女儿读小学，星期天在岳父（徐家村寨际口）玩，爬到人家放杉木的堆上玩，杉木倒下将女儿左腿打断，诊断严重性骨折，医治用去四千多元，如今女儿尚在家中养休着，需要开销。为此特字申请恳求乡党委、乡政府给以资金补贴。

致

申请人：程兴海

2003 年 12 月 13 日

情况属实

望给予经济补助为盼

璜尖村委会

12 月 14 日

（加盖：休宁县璜尖乡璜尖村村民委员会）

看完这两件申请书以后，我们所有人的心都感到为之难过，不知道程兴海的命运后来究竟如何，我们没有打听程兴海现在的生活，因为我们知道在今天的农村，农民们对抗疾病和自然灾害的能力还很弱，即便是已经开始脱贫的人家，在疾病和灾害面前依然可能重返贫困，更何况大多数人并未真正脱贫，疾病和灾害对这些人而言，真的是如同雪上加霜一般。下面一件就是关于因水灾而向政府请求经济补助的报告。

关于水患受灾要求经济补助的申请报告

璜尖乡人民政府：

我是本乡璜尖村柱棒堀村民组村民程松良。今年已六十开外，由于前些年身患重疾，动了好几次手术，身体很虚弱，家庭经济拮据，今年三月份，一场暴雨导致我家房屋前向屋基磅倒塌，危及房屋，造成直接损失三千多

---

〔1〕 程兴海在 2003 年 12 月 13 日分别写了三份申请书，其中两份内容相同，但另一份文字有所区别，原件标题仅为“申请”，为了加以区分，现标题为编者所加。同样内容的申请书，还保存在璜尖乡民政员的档案中。

元，目前生活处于贫困边缘。特申请恳求政府给予经济补助，以解燃眉之急。

申请人：程松良

2003 年 9 月 15 日

事实情况（加盖：休宁县璜尖乡璜尖村柱棒堀经济合作社）

情况实际　2003、9、18（加盖：休宁县璜尖乡璜尖村村民委员会）

无论是程兴海还是程松良，都必须面对因疾病和灾害所带来的困苦，就农村而言最需要的是建立一套完整的救济机制，这些不但要通过各级政府的关心，甚至需要全社会所有的人来加以关心。通过建立和健全农村中的保险机制，并从法律上给予保障，当然也需要村民们能够自发地组建各种自救性质的组织，以预防可能出现的种种灾难。

关于退伍军人程锡旺享受定补的申请

休宁县民政局：

本人系本县璜尖乡璜尖村柱棒堀村民小组村民，名叫程锡旺，于 1935 年出生，家境双老。

我于 1960 年 5 月应征入伍，在部队期间认真学习军事技能，巩固自己的基础而努力奋斗，并连续三年被评为“五好战士”和“雷锋标兵”称号，为贯彻落实国家政策“裁军”制，于是在 1966 年 12 月 8 日退伍。

从退伍还乡我一直从事务农，不分昼夜苦干也只能解决温饱，应付一些家庭开支，分来的山场林片被开璜尖公路淹没。所以多年来经济收入少得可怜，年人均纯收入不到五百元呀！基本靠着东借西筹办法维持生活，加上我年来体弱又得了高血压，人老什么都不如从前，妻子病状多症，每年赚来的钱还不够给她买药，平时我想买块豆腐的钱都没有，何况我即有好的想法但力不从心。据我的战友朱树发（汉口派出所退休干警）讲，在我们同年入伍同时退役的战友，现在大都享受到了国家定补。为此，恳请县民政局根据国家有关政策，给本人予以定补照顾。（按：以下缺文，原件如此。）〔1〕

---

〔1〕 原件不全，仅一页，文字至“定补照”止，“顾”字为编者所加，以下缺文，年代不清。据文中称程锡旺生于 1935 年，1960 年入伍，1966 年退伍，且文中又称自己为老人，战友也已退休，估计此申请约于 2003 ~2004 年时提出。

和前面一样，我们不知道这位连块豆腐都买不起的“五好战士”和“雷锋标兵”，是否得到了他应得的补助，我们从农民身上拿走的太多太多，然而我们能够回报他们的又太少太少。程锡旺为我们的国防事业贡献了他的青春，而作为一个复员军人，他在享受国家给予的荣誉之外，更应该享受对他经济上的补偿。类似程锡旺这样的人在当前中国的农村还有很多，他们的命运大体相同。因此全社会应当呼唤一种保障机制，为那些曾经做出过奉献，如今却生活在贫困线上的人们给予必要的补偿，最起码能让他们衣食无忧，安度晚年。

离开村委会以后，我们又在村子里转了转，访问了几个家庭，但是在那些普通村民的家里，我们没有再见到用瓷砖铺就的地面，当然也没有再见到过任何一种颜色的电冰箱。当地人的房子是用砖石和木材构成的混合建筑，由于人多地少，一般没有庭院，出了门便是小巷。房屋大多是两层，一楼的中间是一个略显敞开的厅房，当地人称作“堂屋”或者“中堂”，“堂屋”的后面有木质的楼梯可以通到二楼。楼梯很陡，不经常上下的人，可能会感到很不习惯。堂屋的两侧分别是两个小房间，可以作为起居之用，堂屋的后面还有一个灶膛，灶膛里有做饭用的灶台，灶台的台面是用白色瓷砖铺砌而成，绝大多数装有两口锅，此外便是一些简单的桌椅和餐具。二楼有时充作卧室或者堆放粮食等杂物，平时很少有人上去，大多数时间都在一楼的堂屋中度过。堂屋主要的装饰都集中在楼梯前面的隔墙上，隔墙是用木板制成的，左右两边各设一个小门，其中一个通往卧室，另一个则通往灶膛。

我们在几家普通的农民家中，见到他们用红色的楹联和年画来装饰他们的堂屋，很多都是“革命题材”，有一家张贴着毛泽东、周恩来、刘少奇、朱德四个伟人的画像，画像的两边大红的楹联上写着“开国兴邦亿民景仰，丰功伟绩万代凿铭”，另一家则高高地挂着毛泽东的画像，旁边的两幅楹联上写着“共产党日月同寿，新社会洪福齐天”；“辞旧岁牢记党恩，迎新春勤劳发奋”。四张红色的条幅整齐地贴在墙壁上，映照着从门外散射进来的阳光，红灿灿的一片，倒也满室生辉。家里有老人的，会在厅堂里张挂老寿星的年画，两旁是由晚辈送来的“福如东海长流水，寿比南山不老松”的楹联，我们在璜尖村见到一个老人独自坐在家中，白发苍苍的他上穿一件略显过时的圆领衫，下面一条蓝色的裤子在膝盖上打了两个深蓝色的补丁，赤着双脚，裤腿高高地挽起，好像刚从田里回来。在我们的请求下他坐在厅堂之中，背靠着晚辈送来的寿星画像和楹联，一面用力地吸着我们给他的香烟，一面眯起眼睛，带着犹豫和怀疑的眼神，悄悄地打量着我们。

独坐家中的一位璜尖村老人

山里的白天显得很短，尤其是在山谷之中，太阳从一边的山上落下去，余晖照亮了另一边的山头，将山顶染成一片金黄，不知不觉中这片金黄在消散，于是整个山谷成了灰茫茫的一片。从农民家里出来不久，我们便笼罩在这片荡漾着炊烟的灰色之中，竹林和山上的树木一起从浅到深变幻着色彩，身边的溪水忽忽地化作一条黑色的飘带，接着整个山谷都开始沉浸在暮色之中。村干部带我们去乡政府吃晚饭，晚饭的内容和午饭基本一样，只是多了一道用野山菌做成的汤，汤中散发出清新的香气。很快我们便吃完了晚饭，出来走向为我们安排的农民家住宿的路上时，天已经完全黑下来了，路上没有路灯，周围的农民舍不得用电，只有极少的昏暗的灯光飘忽在半山之上，我们只能跟着向导深一脚浅一脚地前行，大家都没有说话，不知道是因为一天的劳累，还是这漆黑的夜给人们的心情又带来了新的沉重。

第二天一早，重新回到璜尖乡乡政府，方书记很早就去县里开会了，只有黄所长接待了我们，按照昨天的约定，他已经提前准备了乡司法所参与民事调解的有关资料，从这些资料中我们可以直观地了解到近年来农村中民事纠纷的主要内容，以及调解的结果。这些纠纷涉及的内容主要是一些被称作“民间细故”的平凡小事，但大部分内容和山场土地划界纠纷有关，而且由于调解及时，一般都起到了较好的善后效果。其中有一件为璜尖乡清溪村上源组村民汪承福、汪发祥山场纠纷，最初曾经村调解组在小学校内进行过调解，未能达成调解合意。后经乡调解委员会于 2003 年和 2005 年两次调解，终于最后解决了这场纠纷。

汪承福与汪发祥山场纠纷调解记录〔1〕

谈话记录（一）

时间：2003 年 9 月 25 日

地点：汪承福家

事由：汪承福与汪发祥山场纠纷之事

1. 姓名年龄等项？

答：我叫汪承福，男，44 岁，家住清溪村上源组。

2. 谈谈事情经过？

答：清溪汪成来判树，将发祥家的树买去，我的山场与发祥搭界，我上山一看，发祥将我家的树判给成来了，我就将此事止住，而发祥说此片山场属他，所以争持不下，此山场地名阳（杨）树坪。

3. 当时分山情况怎样？

答：当时分山时，我一个大组，我、承年、承福、承寿（已死）、泗洪、我父母二人为一个大组，共计七人，分此片山与汪发祥搭界，凭小降为界，以一棵死了的大松树为屋顶为中心为标志。

4. 我们再去了解一些情况，今后不要争吵行吗？

答：可以。

（签字）汪承福

---

〔1〕 原件保存于休宁县璜尖乡司法所，仅按时间顺序排列，原标题均为“谈话记录”，为了便于区分和检索，现标题为编者所加。

谈话记录(二)

时间:2003 年 9 月 25 日

地点:汪发祥家

事由:汪发祥与汪承福山场纠纷

1. 姓名年龄等项?

答:我叫汪发祥,男,51 岁,汉族,住清溪上源组。

2. 请你谈谈事由经过?

答:我的山场阳(杨)树坪与汪承福搭界,分山到现在 23 年,现汪承福说我与他搭界的一片山场归他,所以我找了你们替我做主。当时分山时我、来亮、远亮、连松老婆、柏福(已死)、高亮老婆几个人一组共同上山去分的,其中来亮比较清楚。

3. 当时以什么为界?

答:当时以一个枯的大松树倒下的降为界,中权是队里分的,远亮是队组共同分的,都比较清楚。

4. 好的,你在以后不要与承福争争吵吵,行吗?

答:好的。

(签字)汪发祥

谈话记录(三)

时间:2005 年 1 月 20 日

地点:汪远亮家

被谈话人:汪远亮(指纹)汪中传(指纹)

事由:汪发祥与汪承福两人在杨树坪(又名黑石塌)处山场纠纷

1. 姓名年龄等项?

答:汪中传,男,56 岁,家住清溪村上源组,务农。

汪远亮,男,50 岁,家住清溪村上源组,务农。

2. 请你们详细谈谈事情经过?

答:当时分山时,1984 年,我们都是分山小组(成员),具体情况我们知道,勾单上以小降为界,是这么说的。但当时我们的真实意思是站在青岭上,望对面即此片山场,以倒下的大松树翘起的最高点直线而下为界,直线下面我们曾劈有界址。2004 年夏,他们发生纠纷时,我们曾经上山核对,找到直线下面界址树。但后来我们听说,此界址树让人砍掉了。勾单上以小降为界的真实意思就是如此。第一次我们上山时，找到小降而下的界识，不是分山时所劈界识，是别人中途，即八九上十年劈下的。

3. 还有什么要补充的？

答：我们活了几十年，办事要讲公正，对以上情况，我们是按事实说话，不说假话。下面的界识树，除非挖根，都可找到。

4. 纠纷山场有多少木材？

答：应当有三个立方左右。

以上记录我们已看过，与我们说的一致。

汪远亮（指纹）

汪中传（指纹）

谈话记录（四）

时间：2005 年 1 月 20 日

地点：汪来和家

被谈话人：汪承福（指纹）

事由：汪承福与汪发祥山场纠纷之事。

1. 姓名年龄等项？

答：我叫汪承福，男，45 岁，群众，家住璜尖乡清溪村上源组，务农。

2. 请你详细谈谈事情经过？

答：1984 年分山到户后，杨树坪的山场我有一片，去年我上山提后，于今年（2004）夏将此片山场判给茶顺、有顺，而发祥于此前将此片山场判给汪承来。就是此片山场，我与发祥搭界处发生纠纷。

3. 此片山场中纠纷之处，你有何根据是你的？

答：分山时有勾单，有山界。勾单上说是到坪就是到坪，到降就是到降，以勾单为准。

4. 此片山场中，你认为是你的树已出卖否？

答：我当时已出卖给茶顺、有顺了，钱早已拿到手了，总共三百元钱。

汪承福，我为了此纠纷，第一次到你家说上山看界址，第二次在汪承年家作记录，你有事没做成，第三次与乡詹永经一起上山看界址，第四次与共权一起，召集双方在清溪小学调解。

望双方采取配合态度，将此事解决在此次调解中。

补充：承福说：此片山场树，原本我是不卖的，因搭界处界址树茶顺、有顺已砍掉几棵(五根)了,茶顺、有顺对我说:“干脆你的树也卖给我算了。”所以我就卖给茶顺、有顺。砍伐证已扯过,共一米半砍伐证,是我父亲名字。

以上记录看过,与我说的一致。汪承福(指纹)

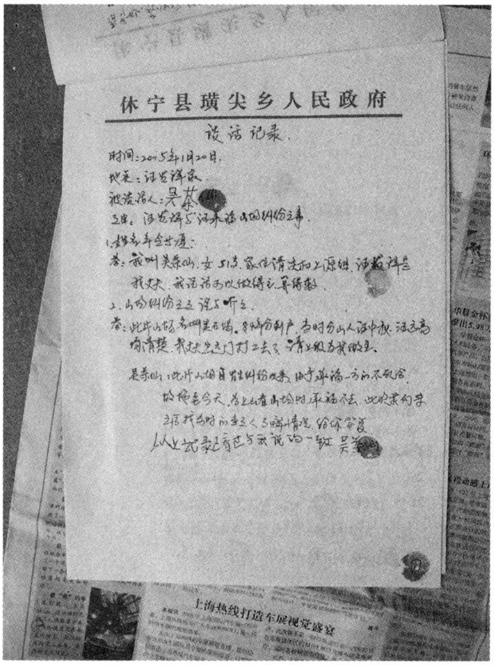
休宁县璜尖乡人民政府
谈话记录

谈话记录(五)

时间:2005 年 1 月 20 日

地点:汪发祥家

被谈话人:吴茶仙(指纹)

事由:汪发祥与汪承福山场纠纷之事

1. 姓名年龄等项?

答:我叫吴茶仙,女,51 岁,家住清溪村上源组,汪发祥是我丈夫,我说话可以做得主,算得数。

2. 山场纠纷之事说与听听?

答:此片山场名叫黑石塌,1984 年分到户,当时分山人汪中传、汪远亮均清楚。我丈夫出远门打工去了,请上级为我做主。

(调解人对吴茶仙说)吴茶仙,此片山场均自发生纠纷以来,由于承福一方的不配合，故拖至今日，如上山看山场时，承福不去，此次我们来之后，找当时的当事人了解情况，给你答复。

以上记录已看过，与我说的一致。吴荼仙(指纹)

汪发祥户与汪承福户山场纠纷的处理决定(六)

汪发祥户与汪承福户于2004年夏，就杨树午(又名黑石塌)处的山场发生林权纠纷，经村乡多次派员了解情况，现场勘查，以及走访当时的分山知情人，对其纠纷处理决定如下：

一、此片纠纷山场林权归汪发祥户所有；

二、对于汪承福户误砍的杉木，应折款还给汪发祥户，本着两户是同村乡邻，汪发祥户可适当付给汪承福户做工费；

三、望两户能接受本处理决定，不得另起争端；

四、对以上处理决定如有不服，可在30天之内向上级机关提起诉讼。

五、本决定一式三份，双方当事人各一份，乡政府存档一份。

璜尖人民乡政府

2005年3月20日

(加盖：休宁县璜尖乡人民政府)

从2003年9月开始，至2005年3月止，历时近一年半时间，乡司法所先后五次找当事人进行谈话最后才作出调解决定。在调解决定中，首先确定纠纷所涉山场林权归汪发祥户所有，并由此出发，要求汪承福就误砍的杉木折款还于林权人汪发祥，当然由于双方为同村乡邻，因此汪发祥户可适当付其做工费。调解书中要求双方接受处理，不得再起纠纷。最后告知双方可在30天内向上级机关提起诉讼。这里的上级机关应当指向休宁县人民法院，但是调解书没有明确指出汪发祥应当支付给汪承福做工费的具体数额，只是“本着两户同村乡邻”，继续给双方留下了进一步协商的余地。显然乡村的民事调解，更多的是依据了“乡理民情”，而不是刻意地去援引那些法律条文，这一做法除了体现出调解人对当地社会环境的深刻了解之外，在一定程度上也反映出传统民间的习惯意识，在今天的农村社会中，依然起到举足轻重的作用。据调查了解，本案调解后，双方均没有向“上级机关”提起诉讼，这场山林纠纷得到了最终解决。乡司法所是基层政权的重要组成部分，正是由于他们的辛勤，使多少矛盾在短时间内得到化解，不但减少了诉讼案件的案发率，而且节约了纠纷解决成本。

在乡司法所我们也看到因村民吵嘴打架而引发的纠纷，这种纠纷首先应当是在村中进行调解，在乡司法所见到了这些资料，均可能是村中调解失败以后，当事人直接找到乡里"讨个说法"的结果。生活在最底层的人们，当他们不能够自主地解决他们自己面临的问题时，他们开始向能够主宰他们命运的社会去寻找救济。历史上曾经有过向宗祠或者"乡老"，或者是向"都啚保甲"去求得救济。而在当代社会中，他们只能向村里的干部寻找救济，请求在村干部的主持下寻找所谓"公道"。当这种寻求受到阻碍的时候，村民们第一个选择便是"打官司"，在他们的眼中，乡里的干部和村里的干部有着很大的不同，尽管也有人将村干部称作"村官"，但这个"官"的身份其实并不能得到真正的认同，"村官"只是上面挑选出来的沟通真正官民之间的一个媒介或者桥梁，"村官"们当然要听上面的，但是"村官"们的花费和经济支撑，却源于下面的百姓。因此当村干部不能够给予他们寻求的"公道"时，转向真正的官方去寻求救济，成了村民们的必然选择，因为在他们的眼中，乡干部已经是真正的"官员"了，县上的官儿，省上的官儿，甚至更加上上的官儿，离他们很远，不仅是看不见，够不着，甚至心存畏惧。

璜尖乡清溪村周家源村民杨甲与程乙打架纠纷调解书

调解书

璜尖乡清溪村周家源村民组村民杨甲与程乙打架纠纷一事，经乡、村两级调解，结果如下：

一、程乙花去医药费，经核查为237.50元。[1]

二、杨甲水管损失计70余元。

三、纠纷发起时，双方负同等责任。

四、杨甲补偿程乙红药费100元整，双方其他损失各负其责。

五、双方本着和睦相处的原则，以后不得再起争端。

---

〔1〕 原件标题仅为"调解书"三字，为了阅读和检索方便，现标题为编者所加，除这件调解书之外，另还有程乙所交医疗费的收据五页，这些收据是在调解前程乙提交的证据，共计医药费为173.20元。以及程乙开具的收到一百元人民币的收条一页。按：本书出版时，隐蔽了纠纷双方的姓名。

本协议一式四份，双方当事人各一份，乡、村各存档一份。

双方签字：

在场人签字：汪国珍

吴延亮

黄如新

璜尖乡政府

2002年9月10日

在调查中发现一份杨甲和程乙打架纠纷调解书，纠纷最初发生于1998年，首先经过村中调解，但当事人不服，后又到乡司法所请求调解，前后历时四年，直至2002年9月才最终调解成功。调解的结果是扣除杨甲水管损失70元后，杨甲补偿程乙医药费100元整，其他损失各负其责。对此我们向黄所长了解，这个调解为什么需要长达四年的时间，乡村两级调解有没有调解期间的具体规定。黄所长想了想，告诉我们，在乡村中双方吵架是常见的事，尤其是不同姓氏之间的人，由于双方火气都很大，短时间内可能会使矛盾激化，因此适当地拖一拖，对大家都有好处。当时都在火头上，不好办，等大家火也灭了，气也消了，然后再拖一拖，当事人就会主动来找我们，并且会主动地说"那事算了吧"，"都过去那么长时间啦"。说到这里大家都笑了起来，这让我们再一次体会到，乡村间有一套特殊的办事程序，有时似乎是在法律和情理之间进行调和，或者这种调和才是一种真正的艺术，一种值得引起所有的法学家们关注的法律艺术。

五保供养合同书

甲方：(五保户)

乙方：(代养人或代养单位)

一、概况：甲方姓名：汪新万，性别：男，年龄：69岁，身体状况：疯狂；

乙方：A集体供养：单位名称　　，供养单位指定的供养负责人　　　。

B亲朋好友代养：代养人姓名：汪好顺，性别：男，年龄：28，与五保户的关系：叔侄，住址：璜尖乡清溪下元组。

二、依据《农村五保供养工作条例》并根据甲方实际和申请，经研究协商，签订如下条约：

1. 乙方负责甲方的吃、住、穿、疾病治疗，死后安葬等事项，生活一般不低于当地人均水平，甲方是未成年人的，还应当保证他们依法接受义务教育；

2. 甲方的责任山、田、茶等产权由乙方负责安排经管，乙方每年给甲方粮油待折合供养款30.00元。

3. 甲方的房屋、家具等私有财产在甲方逝世后由乙方负责处理。

4. 双方需要协商签订或修改的问题：

三、本合同一式五份，甲乙双方各一份，公证单位一份，乡政府和县民政局各一份。

甲方：(签字盖章) 汪新万

乙方：(签字盖章) 汪好顺(盖章)

公证单位(乡镇人民政府)盖章：(加盖：休宁县璜尖乡人民政府)

2002年6月26日

农村特殊的社会条件和生产方式，决定了在农业社会中存在需要社会共同救助的人群，在以宗法制度为主的传统社会中，主要依赖种姓和宗族实施这种救济，其救济的方式和救济对象被囊括在“五服制度”中，以五服确定的亲疏关系，成为救济的标准。20世纪50年代我国农村实行农业合作化以后，服制观念和服制体系的影响逐渐淡化，并且被农村集体组织的形式取代。这之后农村需要救济的人群被概括为失去劳动力、无人扶养并且失去主要生活来源的老年人、残疾人、未成年人等。所谓“五保”，是指对上述需要救助的人群保吃、保穿、保医、保住、保葬(孤儿为保教)。1994年1月23日国务院发布了《农村五保供养工作条例》，成为我国农村五保户工作的主要规范，徽州调查进行的时候，新的《农村五保供养工作条例》于2006年1月21日颁布，并于2006年3月1日起施行，新的《农村五保供养工作条例》更加适应农村经济改革以后的形势，并且开始发挥新的作用。这种制度的设立体现了我国法律保护老人和儿童的一贯原则，是人道主义的具体体现。在调查中发现，农村五保户的供养保障，主要通过集体供养和亲族供养两种形式，两种供养形式的不同，也决定了五保户即被供养人身后遗留财产的归属和去向。这份《五保供养合同书》属于亲族之间的供养合同，供养人与被供养人之间为叔侄关系，因此被供养人去世后其财产，主要是不动产，将归供养人所有。这种亲族之间的关系通过合同形式加以确认,避免了可能产生的财产纠纷。

休宁县农村部分计划生育家庭奖励扶助对象确认条件政策宣传提纲

奖励扶助对象应同时具备下列条件:(1)本人及配偶均为农业户口或界定为农村居民户口。(2)1973年至2001年间没有违反计划生育法规、规章或政策规定生育。(3)现存一个子女或两个女孩或子女死亡无子女。(4)年满60周岁。

(一)关于户口的界定

1.夫妻双方均为农业户口或界定为农村居民户口,丧偶或离异现无配偶的,以本人户口是否为农业户口界定为农村居民户口进行界定。

2.因城市扩张或区划调整等原因,农村村民委员会成建制改为城市居民委员会的地区,其所辖区域内的居民只要符合农村部分计划生育家庭扶助对象确认的条件,可以作为奖励扶助的对象。

(二)关于违法生育的界定

3.1988年12月1日以后违反我省计划生育地方性法规规定生育第一个子女的,不作为奖励扶助的对象。

4.1981年6月24日以后再生育的,虽符合法定再生育条件,但未经县级计划生育行政部门批准的,不作为奖励扶助的对象。

(三)关于生育间隔的界定

1973年3月13日至1978年10月25日,间隔期按4~5年执行;此后间隔期按3年执行。

(四)关于收养的界定

1982年2月底以前形成事实收养关系,1982年3月1日至1992年3月31日期间收养子女办理了司法公证,1992年4月1日以后收养子女依法办理了收养登记的,可以作为奖励扶助的对象。

(五)关于子女数的界定

5.曾生育多孩且同时存活过,现无子女或只存活一个子女或两个女孩的,不作为奖励扶助的对象。

6.生育子女送他人收养,该子女存活的,应计入现存子女数。

7.生育的子女遗弃或下落不明,未经人民法院宣告失踪或宣告死亡的,应计入该夫妻的子女数。

8. 生育双胞胎、多胞胎的，以子女的个数计算子女数量。

9. 再婚前后生育子女的现存数合并计算。

（六）关于年龄的界定

10. 1933 年 1 月 1 日以前出生的不属于奖励扶助对象。

11. 奖励扶助制度实施后，已超过 60 周岁的，以该制度在当地开始执行时的实际年龄为起点发放。

（七）下列人员不属于奖励扶助对象

12. 夫妻双方均未生育过子女。

13. 违法生育或违法收养子女的。

14. 户口不在本乡（镇）的。

15. 受到刑罚处罚的，刑期未满的一方。

举报电话：7514990　　联系人：胡莹芝、葛胜刚

咨询电话：7514649　　联系人：李安民、刘育文

休宁县“奖扶”办

休宁县计划生育委员会

2005 年 4 月 21 日

2005 年璜尖乡各村综治和信访工作目标管理责任书细则

实施考评单位：璜尖乡党委、政府

项目	内容
总则（20 分）	坚持以邓小平理论和“三个代表”重要思想为指导，树立立党为公、执政为民的思想，重视综治和信访工作，构建和谐社会。
综治类（40 分）	成立综治办公室，成立村级调解委员会组织和帮教组织，有固定办公场所的。（10 分）
	解决纠纷，有书面调解书，并能调解成功的。（20 分） 注：解决纠纷，有书面调解书，调解未果交乡政府的，不得分。 解决纠纷，无书面调解书，调解未果交乡政府的每起扣 5 分
	对两劳释放人员能进行帮扶教育的。（10 分）
信访类（40 分）	成立村级信访组织，村级主要领导亲自抓，确定专人负责，保持信访渠道畅通的。（10 分）
	做好新《信访条例》宣传贯彻实施工作的。（5 分）
	凡是村级可以解决，不发生到乡或县上访的。（10 分）
	信访中提出的问题在办理时限内及时解决的。（15 分）

这份和信访有关的责任书，在徽州调查中几乎随处可见，并且成为考评乡、村干部的重要指标之一。其中总则部分20分，一般不会产生争议，因为这些规则本身缺少客观标准。其他综合治理类则比较具体，并且在乡、村两级组织中已经有了较为牢靠的工作基础。其中关键的部分是关于信访类的考核标准，关键的内容是防止发生上访事件，无论是到乡一级还是到县一级，发生的上访事件都可能给乡村干部带来业绩上的损害，因此防止村民上访已经成了乡村干部中最基本的工作。

为了能够更多地了解当地，我们又到村中几户农民家中进行调查，在一位名叫程权松的村民家中，看到他家仍然保留着两份数年前分家时所立的分书，引起了我们的极大兴趣。程权松是长子，有三个弟弟，十几年前老父亲去世时曾经分过家产，因为分家顺利，舅父没有参加，只请了一个姨父和几个本家长辈。

（1989年程权松等四兄弟）分家理处老屋新屋协议书

（1）现亡父程春堂门下共留下的新屋家业安兄弟：

程权松、程坤松、程礼松、程学松四人均平分

（2）母亲在上，年老生活由兄弟四人共养，死后共送过山。

（3）经母亲掌管，兄弟四个共同议论分屋章程：

①寨林新屋带厨房、猪栏、厕所一本在内，归两兄弟继承，新屋找出现金三千四百元整，找出杉木五立方米（其中立方内屋柱四根），找出屋权树八十根，找出松木六根，找出大米四百斤，找出粗工四十个。（加批：权松、学松）

②老屋找出现金二千四百元整，找出杉木五立方米（其中立方内屋柱两根），找出屋权树三十根，找出松木二根，找出大米二百斤，找出粗工二十个。老屋、猪圈、上村头厕所、屋后自留地一本在内归一兄弟继承。（加批：坤松）

③以上找出树木、大米家里交代其中松木由做屋人，自己上山到兄弟片内泽砍，找出现金，在做屋人开始打地基时应交百分之五十。（加批：礼松做）

④新做房屋一兄弟，找进杉木六米（其中找进屋柱六根），找进屋权树九十根，松木八根，大米六百斤，粗工六十个，找进地基由母亲近地点一份七棵片，土名千斤旦渠下一条。

⑤以上弟兄亲自共议定分家房屋章程，条列互相遵守，以后兄弟不得争论，特立下字据让兄弟之间永远存照。

兄弟各自订名盖章作为交据生效。（加批：定五年出屋）

新房本家人订证盖章

此据立字人：程勇军

1989 年 8 月 8 日

（1997 年程权松等四兄弟）关于赡养母亲汪玉红的协议

因父亲已故，母亲年老多病，经四兄弟协商，负担母亲生活如下：

1. 每人每年各七斤油。（其中菜油五斤，粮油二斤，共 28 斤）

2. 每人每年大米各 120 斤。（米中等，全年 480 斤）

3. 猪肉每人每年各 13 斤。（全年 52 斤，适当搭配）

4. 烧火柴每人三个月（从长兄每人一个月往下推），炭每人一袋。

5. 红白喜事每人一次往下推，轮流执行。（礼品为母亲收。）

6. 全年零用钱，每人全年各 60 元（包括衣裳、盐等）。

7. 看病凭发票四人负担，如有意外问题，追究当事人责任。

8. 以上协议，次子程学松结婚后，母亲另立锅灶开始执行，如果三年后不婚，按此协议执行，在未婚前，每人一年一担大米，1997 年半年时间每人各 50 斤大米。

以上条款，经四兄弟协商，由长子程权松带头，互相监督执行，如有不执行者，母亲有权收回遗产（包括房屋及家一切财产）。

长子程权松（章）　三子程礼松（章）

二子程坤松（章）　四子程学松（章）

凭中人：

代书人：程高生

立凭时间公历 1997 年 6 月 11 日夜

两份契约同为程家四兄弟所立，其中一份成立于 1989 年，为程氏四兄弟在父亲去世后所定分析家产房屋的分书，但其名称竟然叫作“章程”，其中虽有一条关于母亲身前赡养、身后送葬事宜，但内容还是以财产分割为主。时隔八年之后，至 1997 年，也许是 1989 年分家房屋章程中对母亲赡养事宜“四人共养、共送过山”的规定不够具体，四兄弟又另立一份赡养协议，专门解决母亲的赡养问题。值得注意的是，1989 年的财产分割协议中，四兄弟基本均分，与此相对应，1997 年的赡养协议中四兄弟所负义务依然为均等。兄弟间财产的分割和义务的分担，并未因长幼之序而有所差别，这与传统社会中长子多继承财产和长子主要承担赡养义务不同。似乎可以看到现代继承制度中的权利均分、义务均摊的规则对农村社会的影响。不过，并不能就此断言现在农村社会已经完全消除了传统观念的影响。赡养协议的结尾处仍写明“由长子程权松带头”，随着我国农村土地制度的变革以及宗法制度的不断弱化，传统的长子继承制度，也发生了明显的变化，但是伴随传统文化的影响，在部分农业地区长子的特殊身份在家庭中仍发挥着它相应的作用。第二件契约中还约定了对违约一方的处罚原则“如有不执行者，母亲有权收回遗产（包括房屋及家一切财产）。”这和传统“分书”中“如有违者，以不孝论”的条文有明显的区别，同样表明现代法律观对民间契约的影响。两件契约仍然留有“中人”，或者“代书人”、“立字人”的参与形式，显示出在契约格式上仍然受到传统影响的痕迹。程权松的母亲生有四男二女，分家时四个儿子共同参与分家，两个女儿均已出嫁，按照当地的习惯，出嫁女是不能回门参与分家析产。据程权松自称，这个分家的协议是由他起草的，但在分家的时候，是由他的姨父，即他母亲妹妹的丈夫前来主持的。

程权松的母亲身体仍然很健康，留着花白的短发，身穿一件过时了的蓝色外套，在我们的要求下，老人家和她的两个儿子站在分给程权松的房屋前照了一张合影，照片中老人家站在两个儿子的中间，神情中露着满足和豁达。

程老太太与两个儿子的合影

三、东临溪的分家析产与调解

大山里的早晨显得有些忙碌，人比太阳起得早，当阳光终于穿过层层山峦，照到山谷中，并且给山上的林木披上金色霞光的时候，山里已经传来了一阵阵斧头砍伐毛竹的笃笃声。盘踞在大山深处的雾气，慢慢沿着山坡向上升腾，终于聚合成一片片白色的云。置身在山谷深处的我们，默默地听着风声，静静地看着云起，似乎灵与肉一起接受了大自然给予的洗礼。

上午十点我们已经从璜尖的山上下来，满身露水两脚泥泞地到达休宁东临溪镇。东临溪地处大山脚下，位于休宁县东南部，因地理位置靠近屯溪，故得名。全镇下辖 21 个行政村，131 个村民小组，总人口 19,802 人。205 国道由北向南贯穿全境，交通便利，总面积 115 平方公里，其中耕地13,429.52公顷，林地 2195 公顷，引溪水灌溉，农业较为发达，是黄山市中心城区重要的农副产品供给地。

和当初到璜尖乡一样，我们首先到司法所，东临溪镇的司法所曾经被评为“优秀民间调解先进集体”，镇里的两名司法调解员接待了我们，一位名叫张和平，一位名叫汪雪健，一男一女，看上去年轻有为。表明来意之后，他们推荐我们到村子里去了解当地民事调解具体情况，并重点推荐我们到一位名叫汪荣权的农户家里去走访，这位汪姓农户家中因为子女赡养父母问题发生了纠纷，司法所同志也曾参与调解，但是没有取得成功，最后只能诉诸法院，现在正等待法院开庭审判，这件事在当地具有一定的典型性。

在去往汪荣权家的路上，先要经过汊口村，汊口原为汊口乡，2004 年以后归入东临溪乡。村口上有一个用旧的礼堂改成的养老院，礼堂建于“人民公社时期”，灰色的砖瓦，大大的屋顶，使人感到呆板和压抑，看上去又略有些像一个大食堂，大约曾经是社员们一起吃大锅饭的所在。敬老院里一共居住着10位老人，年龄最大的查顺仙老婆婆已经80岁高龄，查婆婆是新中国成立前嫁到汉口来的，后来无人扶养，成为五保户。2000年敬老院将查顺仙的房产，以公开招标出售的形式转让给汉口乡小阜村民汪美英，共计得到人民币7100元，转让所得暂由敬老院所有，并且成为敬老院的经费。同时查顺仙的其他财产如“责任田地、竹园、茶园、等生产资料暂由小阜村村委会代管，自公元二〇〇〇年六月一日起，原有附属物待收割之后再议”。此后查顺仙老婆婆的生老病死，均由敬老院负责，而查顺仙的个人财产全部归入小阜村所有。这种农村中的自助行为，是常见的救济形式，因此这份协议书是印刷而成的，并且成为一种格式化的条款，只需在协议书中填写当事人和标的物的名称，即可成立。建立《协议书》的双方当事人中，一方为休宁县汉口乡敬老院，一方为买受人汪美英，《协议书》经过了乡政府的鉴证，但没有查顺仙作为主体表述，同时《协议书》后面附了一份《小阜村查顺仙户房屋、菜地、自留地平面示意图及文字说明》，附件中标出了查顺仙不动产的平面示意图，并且作出了较为详尽的说明。虽然《协议书》上并没有查顺仙的签字或者指纹，但在示意图和文字说明的后面，注明了“属实　查顺仙”，文字工整流利，一望而知不是查婆婆本人的签字，但签名上有查婆婆本人按指纹表示认同。

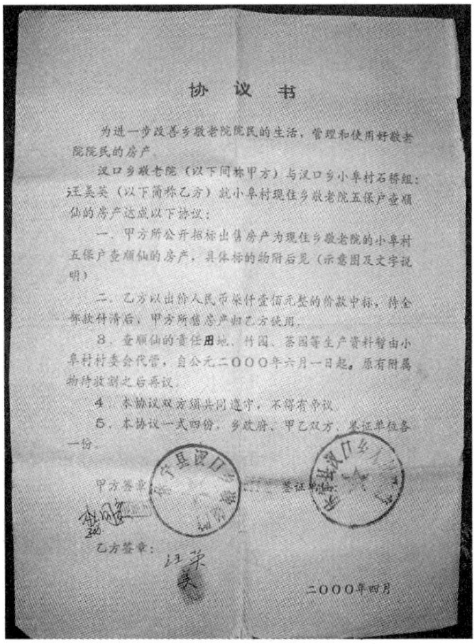
协议书

为进一步改善乡敬老院院民的生活、管理和使用好敬老院院民的房产.

汉口乡敬老院（以下同称甲方）与汉口乡小阜村石桥组：汪美英（以下简称乙方）就小阜村现住乡敬老院五保户查顺仙的房产达成以下协议：

一、甲方所公开招标出售房产为现住乡敬老院的小阜村五保户查顺仙的房产，具体标的物附后见（示意图及文字说明）

二、乙方以出价人民币柒仟壹佰元整的价款中标，待全部款付清后，甲方所售房产归乙方使用.

3、查顺仙的责任田地、竹园、茶园等生产资料暂由小阜村村委会代管，自公元二〇〇〇年六月一日起，原有附属物待收割之后再议.

4、本协议双方须共同遵守，不得有争议.

5、本协议一式四份，乡政府、甲乙双方、鉴证单位各一份.

甲方签章：　　　　鉴证单位：

乙方签章：

二〇〇〇年四月

（汉口村五保户查顺仙财产转让）协议书[1]

为进一步改善乡敬老院院民的生活，管理和使用好敬老院院民的房产。

〔1〕 原件为印刷品，标题仅有“协议书”三字，现标题为编者所加。此类协议书为格式化合同，在徽州地区敬老院中普遍加以使用，后经了解协议书为休宁县民政局统一制作。

汉口乡敬老院(以下简称甲方)与汉口乡小阜村石桥组:汪美英(以下简称乙方)就小阜村现住乡敬老院五保户查顺仙的房产达成以下协议:

一、甲方所公开招标出售房产为现住乡敬老院的小阜村五保户查顺仙的房产,具体标的物附后见(示意图及文字说明)。

二、乙方以出价人民币柒千壹佰元整的价款中标,待全部款付清后,甲方所售房产归乙方使用。

三、查顺仙的责任田地、竹园、茶园、等生产资料暂由小阜村村委会代管,自公元二〇〇〇年六月一日起,原有附属物待收割之后再议。

四、本协议双方须共同遵守,不得有争议。

五、本协议一式四份,乡政府、甲乙双方、鉴证单位各一份。

甲方签章:休宁县汉口乡敬老院　鉴证单位:休宁县汉口乡人民政府

乙方签章:汪美英　　　　　　　2000 年 4 月

小阜村查顺仙户房屋、菜地、自留地平面示意图及文字说明

单位:米

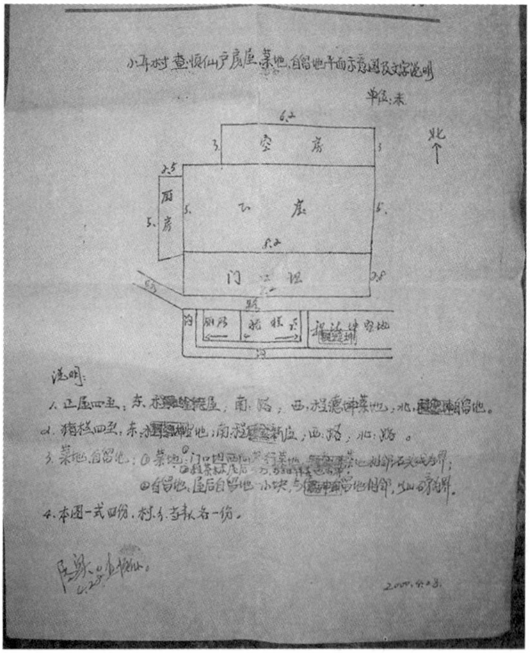

说明：

1. 正屋四至：东：程 金老屋；南：路；西：程德坤菜地；北：自留地。

2. 猪栏四至：东：空地；南：程 金新屋；西：路；北：路。

3. 菜地、自留地：(1)菜地：

(2)自留地：屋后自留地小块，与德坤自留地相邻，以山磅为界。

4. 本图一式四份，村、乡、当事人各一份。

2000年4月28日

属实　查顺仙　4月28日

在敬老院里我们遇到姓程的老人，老人家七十多岁住在村敬老院为其提供的一间用木板隔开的小房间里，享受着集体对他晚年的照顾。小小的房间不足十平方米，显得干干净净，老人家说每天都有人来打扫，定期搞卫生，一日三餐到食堂一起吃饭，虽无天伦之情乐，倒也安安静静颐养天年。看来他对敬老院的生活感到满意，老人家很健谈，一边说一边哈哈大笑，显得轻松愉悦，带着乡间老人特有的“拿得起来，放得下去”的爽快，或者这正是他长寿的秘诀。说着说着他掏出一张花花绿绿的纸头，上面印着“股金证”三字，这是一张1951年8月1日，由休宁县汉口村供销合作社发行的股金证明，为编号166号程大九名下的股金，距今已经有55年了，由于历史原因这张股金证已经略有破损，但主要文字仍然十分清楚，记载当时社员程大九入股大米五十市斤，折合人民币15,750元，这是20世纪50年代初期的币值，约合今日1元5角8分上下。[1]

股金证

〔1〕 20世纪50年代初期的旧币单位，当时一万元折合现在币值一元，五千元折合现在币值五角，一百元折合现在人民币一分钱，当时最小币值为50元，折合现在人民币0.5分，股金证上的15,750元，总计折合现在人民币币值约为1元5角8分。

休宁县汊口村供销合作社

股金证

汉字　　　　　　　　　　　　　　　　　　　No.　0166

社　员　　　　　　　　　　　　　　　　股　金

姓名　程大九　　　　　　　　　　　　大米拾伍市斤

住址　小阜　　　　　　　　　　　　　折合人民币15,750元

理事主任:李荣楷章

1951年8月1日

看上去老人家十分珍惜这张股金证,我们便请一路同行的向导吴敏先生从中帮忙,老人提出只要5元钱,于是这张半个世纪前的股金证成了我们一件重要的标本。1951年,共和国刚刚成立,百废待兴,是人民支持了这个新兴的政权。当时年轻的程大九交给供销合作社15斤大米,这是他半个多月的口粮,也许对今天的人来说显得不够慷慨,但是在当时的历史条件下,这些大米很可能是程大九能够拿出的最大数额了。编号166号股金证,说明在程大九之前这个小小的村庄里还有很多像他一样的农民,用他们的行动支持了这个新兴的政权,应该有数以千斤的大米被集中到政府的名下,成为新的政权经济支柱的组成部分。程大九没有在这之后的日子里兑换这张股金证,而是将这张股金证稳妥地收藏了起来,或者他们只知道投入,却并不要求任何回报。我们的心中对老人家充满了敬意,老人所收藏起来的或许并非一纸仅值1元5角8分钱的股金证,而是收藏起对新中国的无限希望和信任。老人家又经历了"农业合作化运动"、"大跃进运动"、"人民公社运动"、"四清运动"、"无产阶级文化大革命运动",每一次运动之后,或许他都会将这张股金证藏得更加隐秘,保管得更好,甚至到他的晚年,这张股金证几乎成了居住在敬老院里享受着五保户生活的老人家唯一的财产。

离开敬老院的时候,我们邀请几位老人家一起站在敬老院的大门口,为他们照了张集体照片,及至第二年我们再次进行徽州调查的时候,又重新访问了这个用乡镇礼堂改造而成的敬老院,可惜当时一起合影的两位老人,已经乘鹤西去,带着他们的安详,带着他们的快乐,也带着他们的悲伤和无奈,

孤独地静悄悄地离开了这个人世。

敬老院的外边有两面“八字墙”，这是传统公用建筑中在门外向两侧张开的墙壁，从平面上看呈八字状，因此俗称“八字墙”。八字墙常用于张贴各种公告，是旧时官方公布消息的主要场所。大约现在的敬老院过去曾经是人民公社时期的大礼堂或者“大食堂”，因此也留下了这种带有官方色彩的建筑痕迹。果然我们在敬老院门外的八字墙上，也见到了两份用糨糊贴上去的公告，用手轻轻一揭，两张原本贴的并不牢靠的公告便掉了下来，于是索性将其看作是采集的标本，一起带了回来。这两份公告的内容一份涉及对计划生育的奖励扶助，另一份是小阜村《村规民约》。

黄山市农村部分计划生育家庭拟确认奖励扶助对象公示表

休宁　县(区)　东临溪　乡镇(街道)　大阜　村(居)　村组(小区)

根据安徽省农村部分计划生育家庭奖励扶助对象确认条件，通过严格按照规定程序，在第一、二榜公示和县(区)计生委对拟上报的奖励扶助对象逐户、逐人、全员复查审核，并对规定程序执行情况进行检查的基础上，经县(区)质量控制小组集体研究、审核后，提出拟确认的奖励扶助对象名单，现公示如下：

申请人基本情况									
姓名	出生年月(属相)	婚姻状况	户口性质	户籍所在地	生育(抱养)子女数		现存活子女数		备注
					男孩	女孩	男	女	
叶雨仂	1945.4.2(鸡)	初婚	农业	大阜村，下亭组			/	2	
江腊仙	1936.12.16(鼠)	丧偶	农业	大阜村，红旗组	1	/			
汪冬月	1940.11.10(蛇)	初婚	农业	大阜村，红心组	/	1			
江九仂	1934.6.2(狗)	初婚	农业	大阜村，红心组	/	1			
姚树花	1934.2.16(狗)	初婚	农业	大阜村，上圹组		/			
程红庆	1942.7.27(马)	初婚	农业	大阜村，桂花组			/	1	

注：以上内容如有不实的，请于5月9日前向省、市、县(区)、乡(镇、街道)反映或拨打举报电话。

乡(镇、街道)举报电话：　7501112　　县(区)举报电话：7514990，7514649
市举报电话：2347890，2348776　　省举报电话：0551－5111233，5122366

黄山市农村部分计划生育家庭奖励扶助对象条件和确认程序

奖励扶助条件	奖励扶助对象确认程序
(一)本人及配偶均为农业户口,且户口在本乡(镇); (二)1973年至2001年没有违反计划生育法规、规章或政策规定生育; (三)现存一个子女或两个女孩或子女死亡现无子女; (四)1933年1月1日以后出生,年满60周岁。	(一)本人申请,填写《安徽省农村部分计划生育家庭奖励扶助对象个人申请表》,附有关原始资料,并作诚信承诺; (二)召开村(居)协会理事会和村(居)民代表大会,对拟奖励扶助对象进行评议; (三)乡(镇、街道)组织干部入户与拟奖励的对象本人见面,调查审核; (四)县(区)计生委对拟上报的奖励扶助对象逐户、逐人、全员复查审核,并对规定程序执行情况进行检查,经县(区)质量控制小组集体研究、审核后,提出确认的奖励扶助对象,并经市人口计生委监督抽查后,上报国家。

根据对计划生育家庭确认奖励扶助对象公示的内容,发现给予“计划生育扶助”奖励的人员,年龄最大两位出生于1934年,至今已是古稀之年,最年轻的也已经年过六旬,这些老人们早就都超过生育年龄,因此奖励她们不至于产生争议,但对这些非育龄人员的奖励,虽然稳妥可靠,然而对于正在育龄中的妇女而言,明显丧失激励作用。在调查中我们有幸见到了这份获奖人员名单中的江大娘,老人家已经七十多岁了,耳朵有些失聪,见到我们时她的脸上堆着慈祥的笑容。当我们向她问起与计划生育奖励有关的情况时,似乎她根本不知道我们在说什么,眼睛中充满着疑惑,几乎看不见牙齿的嘴里嘟嘟地说着一些谁也听不懂的内容。在计划生育奖励扶助对象公示中,明确地写着由“本人申请”,和“经市人口计生委监督抽查后,上报国家”,据我们估计江大娘无论如何不可能本人亲自申请,至于是否最终上报国家,就愈发不得而知了。

另外一件是小阜村的村民公约,小阜村和大阜村之间仅隔着一条小溪,不知为何小阜村的村规民约竟然贴到大阜村的敬老院门口八字墙上来。这份《村规民约》仅仅是一份草案,还没有正式通过,张贴于此,大概也是进行公示和征求意见。其内容除了各地村规民约中常见的爱国守法、计划生育等条款之外,还特别约定了要自觉保护森林生态。这与徽州地区多山林树木的自然环境有着密切的关系。小阜村的《村规民约》详细地规定了保护森林的具体要求,特别是对违反者列明了非常详尽的罚款数额。要求村民做到“凭采伐证采伐木竹,不少批多砍,不乱砍滥伐盗伐,积极护笋护竹。封山育林,大力造林绿化,禁止毁林开荒;森林防火期严禁一切野外用火。盗挖春笋一根罚款 5 ~ 50 元,盗伐毛竹一根罚款 20 ~ 50 元,盗伐杉松木一根罚款 50 ~ 100 元。防火期内点火一起罚款 500 元”。罚款是村民中常见的处理违规的手段,没有法律授予村委会罚款的权力,但作为村民自治性的约定,在农村中发挥着重要的作用。[1]

村规民约(草案)

(2005 年　月　日村民代表会议讨论通过)

为加快农村经济、社会公益事业发展,加快脱贫致富,促进物质文明、政治文明、精神文明协调发展,创造和谐稳定社会,确保村民安居乐业,根据《村民委员会组织法》和《宪法》修正案等有关法律法规的要求,结合本村实际,特制订村规民约如下:

一、爱党爱国,爱社会主义,爱人民,爱集体,爱护公共财物和公共设施。

二、认真贯彻执行党在农村的各项路线、方针、政策。

三、积极学习法律法规,增强法制观念,遵纪守法,依法办事,合法经营。不参与赌博,不打架斗殴,不封建迷信,反对邪教。

四、移风易俗,树文明新风。讲文明、讲礼貌、讲道德、讲信誉。尊老爱幼,赡养老人,重视子女教育培养,不虐待老人、妇女和儿童。邻里团结,和睦相处;互相帮助,扶贫济困;勤劳致富,勤俭持家;婚事新办,丧事简办。

五、自觉计划生育,树立婚育新风。提倡晚婚晚育,提倡一对夫妇只生育一个孩子,有计划生育二孩;不早婚、早育;树立“生男生女都一样,女儿也是传后人”的思想。

六、自觉保护森林生态。凭采伐证采伐木竹,不少批多砍,不乱砍滥伐盗伐,积极护笋护竹。封山育林,大力造林绿化,禁止毁林开荒;森林防火期严禁一切野外用火。盗挖春笋一根罚款 5 ~ 50 元,盗伐毛竹一根罚款 20 ~ 50 元,盗伐杉松木一根罚款 50 ~ 100 元。防火期内点火一起罚款 500 元。

七、保持村庄、家庭整洁,讲究卫生。不乱倒垃圾、污水,不在公共场地乱堆杂物,圈养家禽和牲畜。防止河道垃圾污染,不断改善村庄基础设施和村容村貌。

---

〔1〕 这种约定应当属于村民自治中的契约范围,在本书上册《徽州民间私约研究》中将其归入其他类私约中。

八、珍惜土地，合理利用土地。严格保护耕地，不违章建筑建房。

九、支持村两委工作，为加快脱贫致富献计献策。正确履行山区共同开发中的权利与义务，争取双赢。

十、不断提高自身综合素质，有权提出合理意见、建议和批评，有事应通过合法正当渠道协商解决，依法维护自身的合法权益。讲团结，讲正气；摆事实，讲道理。严禁大吵大闹、无理取闹和酒后闹事，干扰村两委正常工作，违者依法查处。

本村规民约从颁布之日起施行，望村民自觉遵照执行。

东临溪镇小阜村民委员会

2005 年　　月　　日

在张和平、汪雪健两位乡镇调解员的陪同下，将近中午的时候我们到了大阜村汪荣进家中，汪荣进老人已经 74 岁高龄，老伴胡秀花也已 72 岁，夫妻生有两个儿子和两个女儿，如今两个女儿均已出嫁。长子汪金好、次子汪金聚，数年前两兄弟已经分家析产，大儿子汪金好将分得的房子作价转让给小儿子汪金聚。但是现在两位老人因生活困难，将长子汪金好告上法庭，要求大儿子负担赡养老人，要求其每年出干谷 600 斤，另外每月负担零用钱 20 元。经乡司法所和村民委员会调解无效，现在已被休宁县人民法院受理，拟于 6 月 17 日开庭。

汪家的房子是一栋两层的小楼，典型的徽派建筑，粉墙黛瓦，木制的门窗显得破旧和狭小，门前一个小小的院子，院子上晾晒着被雨水淋湿了的柴草，一条分不清种类的小狗卷着尾巴趴在石头台阶的旁边，见到有生人来不但没有叫唤，反而伸了个懒腰径自慢腾腾地躲到一边去了。一行人走进汪荣进老人的家，提前又没有打过招呼，着实让两位老人吃了一惊。七八个年龄不同穿着各异的人，手持照相机、录音机，操着各种各样的方言，一起进入徽州山区一处与世无争的老人家里，会是何等景象！多亏乡里的两位调解员，一边打圆场，一边作介绍："这是从北京来的教授和学生，上你屋里调查来啦。"

汪荣进老人穿着一身褪了色的蓝制服，裤子上打了补丁，上衣也显得很不合身，花白的头发有些零乱，消瘦又有些疲惫的脸上被日月风霜刻画了横七竖八的皱纹。只见他抬头打量了我们一番，连声说道"哦，哦"。

张和平和汪雪健又赶紧介绍："他们是专门来了解民间纠纷和调解的。"

汪荣进好像听懂了什么，一边招呼他老伴给大家倒水，一边做出一种欢迎的姿势，脸上开始有了微笑。

汪荣进的老伴叫胡秀花，积年累月的劳动使她的身体呈现出弓一样的弯曲，袖子上带着花布套袖，胸前还套了一件蓝布围裙，虽说已到五月天，老人家依然穿戴臃肿，头上还缠了一条深蓝色的包头布，她一面忙着给大家倒水，一面不停地对我们一行人中的几位女士微笑。

调查组中春杨博士借机问她："您有几个小孩啊？"

胡秀花回答："生了两个男的，一个大的，一个小的。小的参军出去了，三年才回来，现在又出去打工去了，也不顾家里边。"

"那个大儿子呢？"

胡秀花回答："老大，在家种田呢。"

乡调解员张和平插了一句："你家里还有几个女儿呢？"

胡秀花接着回答："两个女儿的，都嫁出去了，大女儿阿美在丈夫家种田，小女儿叫阿巧。"

汪荣进老人接过话题说："我们家姓汪，三点水，一个王字，我叫汪荣进。"他怕我们听不懂，又接着解释说："三点水，一个王，汪荣进。"

我们问他："你的两个儿子两个分家啦，分家几年了？"

汪荣进答道："房子分了，各一半。老大一半，老二一半。"

春杨接着问："那你们的女儿分不分呢？"

汪荣进不假思索地说："女儿没有份的，我们这儿传统是这样子的，女儿嫁给人家了，就不再分家里的财产。"

乡调解员补充了一句："他家里一个小女儿，就嫁在这个村子里了，他家大女儿嫁到岔口市场那边了。"

春杨问道："你这房子分给老大、老二，那你们两口住哪里呢？"

胡秀花回答："老大重造房子了，分的是老房子，老大一半，小儿子一半。"

汪荣进抢过话来说："我今年 74 了，她 72 了。两个儿子，一点都不照顾我们。困难得很呢。"大概汪老汉看见是乡司法所的干部陪同来的，把我们当成法院的人了。

春杨接着问："房子分了你们住在哪儿？"

汪荣进回答："我们跟小儿子一起过，他打工去了，人也不回来，我们还住在这个老房子里。"

我们问道："这个老房子现在到底是老大的？还是老二的？"

汪荣进回答："房子是老二的，分家以后，老大把他那份卖给老二了，我们跟老二过，老大搬出去住了。"

说着汪荣进老汉取出一份当年的分家书给我们看。

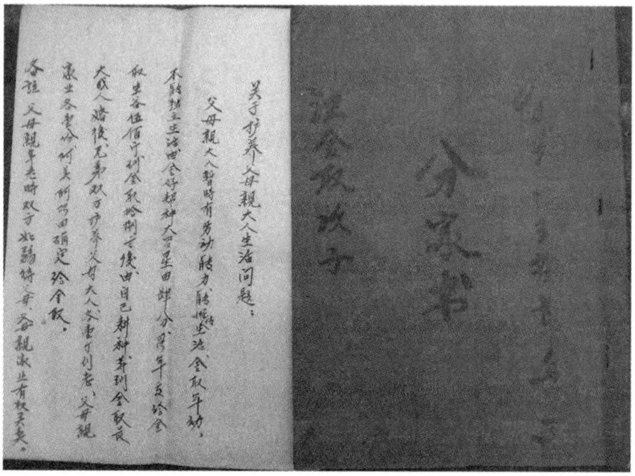

汪氏分家书(1984)

汪金聚次子〔1〕

关于护养父母亲大人生活问题：

父母亲大人暂时有劳动能力，能维持生活，金聚年幼，不能独立生活，由金好帮种大罗星田四分。每年交给金聚生谷五百斤，到金聚十八岁后，由自己耕种。等到金聚长大成人婚后，兄弟双方护养父母大人，各一个到老。父母亲家业各一份，阿美、阿巧田确定给金聚。

备注：父母亲年老时，双方如弱(虐)待父母，父母亲家业有权买卖。

房屋分配问题：

父母亲存留房屋楼上楼下二过相(厢)房；

金好房屋西边楼上楼下一半，大门口厨房三间；

金聚房屋东边楼上楼下一半，正屋后厨房三间；

当日双方言定，正间堂前，婚当喜事通众取用。

门口坦搭配问题：金好西边门口坦一半，金聚东边门口坦一半，

---

〔1〕 原件年代为半书，应为1984年，已装订成册，这份是次子汪金聚分家后的分书。汪金聚有时又写作"汪金取"，应是俗字，本文整理时一并改为汪金聚。

当日双方言定，众门口坦通众出入。

菜地分配：

大溪边菜地高基归金聚，大溪边菜地低基归金好，

带下马一块。

山芋地、呈大圩和野圩口、石柱坑大展荒田归金聚。

野圩岭、石枧、石柱坑荒地归金好。

溪边老厕所基、老□基二人对分，金好里半，金聚外半。

责任制水稻田分配：

石柱坑补肚坵里外坝归金好。

石柱坑□门口里外坝带水路头小坵归金聚。

东园棕匠洪九分归金好。

东园上新开五分，大罗星四分，草坵二分，野圩口一坵二分归金聚。

压田重石圩归金聚，压田栗木坑口归金好。

芋头田里外全部归金好，家边芋头田全部归金聚。

生产队作价耕牛款按九人分摊，总现金九十九元五角整，金好四十四元五角整，金聚五十五元整，双方言定按各人数字归还生产队。

现养耕牛一只，按九人分摊，金聚五人，金好四人。

饲养耕牛按人饲养，耕田按九人轮流。

自留山分配：

呈大圩当圩直上到顶外守搭石柱坑、水路里坝隔间当降直上外守，包括无拨在内为一阄，汪金好。

呈大圩当圩直上到顶里守搭石柱坑、水路里坝隔间当降直上里守为二阄，汪金聚。

呈大圩栅基降新式茶园扦山芋级拉平，以下归金聚，外弯降新式茶园全部归金聚。

呈大圩栅基降新式茶园扦山芋级拉平，以上全部归金好。

现摘茶园按股分，金好二股，金聚三股，抽阄为定。

抽阄时双方言定，上为一阄，下为二阄，金好一阄，金聚二阄。

当时双方到山场，看山场丁石为界。

家产主要物件分配：

四(自)鸣钟一只归金聚，电表细闹钟归金好

大锅一只归金聚，大号钢精锅一只归金好
食桌一张存众使用，好八仙桌一张归金聚
旧八仙桌一张搭两把椅子归金好，锯柴锯归金聚
□锯归金好。
当日参加分家人员：
陈久庭（盖章） 江竹跃（盖章）
叶永财（盖章） 程铁苍（盖章）
程铁杰（盖章）
代笔人 汪光宝（盖章）
大房 汪金好（盖章）
二房 汪金聚（押）
公元一九八四年十二月初二日立

分书建立于1984年，汪荣进当时55岁，胡秀花53岁，尚能够独立劳动。分书中没有直接说明分家析产的理由，其时，汪荣进次子年不足十八岁，且未婚，估计汪荣进长子汪金好已婚，因此需要分出去独立生活，这一现象是农村中兄弟之间分家析产的主要原因。另据分书中将阿美、阿巧田确定给次子金聚，可知汪荣进的两个女儿也刚刚出嫁。20世纪80年代初期我国开始实行农村经济改革，当时正在推行农村土地承包制度，按家庭人口将土地分配给农户，尚未出嫁的女儿仍然可以分得一份承包土地，因此汪荣进的两个女儿阿美、阿巧作为在室女，同样分得了她们名下的一份承包土地。但至1984年时，两个女儿先后出嫁，承包土地不能带走，因此留在家中，分家时确定归属次子金聚名下。分书中还特别约定由于"金聚年幼，不能独立生活，由金好帮种大罗星田四分。每年交给金聚生谷五百斤，到金聚十八岁后，由自己耕种"。表明金聚长大成人之前，田地由哥哥金好代为耕作，每年交给弟弟金聚生谷500斤，其余部分则成为哥哥的代耕收入，直至弟弟18岁之后，哥哥不再代耕，由弟弟自行耕种。同时，还在分书中约定"等到金聚长大成人婚后，兄弟双方护养父母大人，各一个到老"。两兄弟分别赡养父母一人的现象在农村较为普遍，在徽州调查时发现这种赡养有两种主要方式，其中一种是父母分开居住，一人住在哥哥家，一人住在弟弟家，兄弟二人各自单独赡养。另外一种则是父母选择居住在

哥哥或者弟弟家长期居住，另一家则给予经济和生活上的补偿。如果兄弟多于二人的，则可能存在轮养现象，父母分别在众兄弟中轮流居住，如果父母仍然选择单独居住，则由众兄弟分摊父母养老费用。另外在调查中还发现，父母和养老女婿共同生活的现象较为普遍，但父母投靠出嫁女，并在出嫁女家中养老的现象则很少发现。

除了房产和土地分析以外，当时汪家可以分析的生活资料非常少，只有钟表、饭锅、桌椅和柴锯等小型工具。表明 20 世纪 80 年代初期，徽州农业经济生活尚处在很不发达状况，乃至这些低值的生活用品，也要写进分书之中，而且不能看到现在农村生活中较为普及的电视、电扇等家用电器。据汪荣进介绍，当时只有村中的一些领导，而且是大儿子坚持要分出去独立生活，因此分家时比较仓促，乃至遗留了一些问题，最后发展到对簿公堂的局面。房屋和家产分完以后，长子汪金好将分家析产时自己名下得到的三间半房产，以建立买卖契约的形式出卖给次子汪金聚，双方于 1987 年建立了下面这份房屋买卖契约。

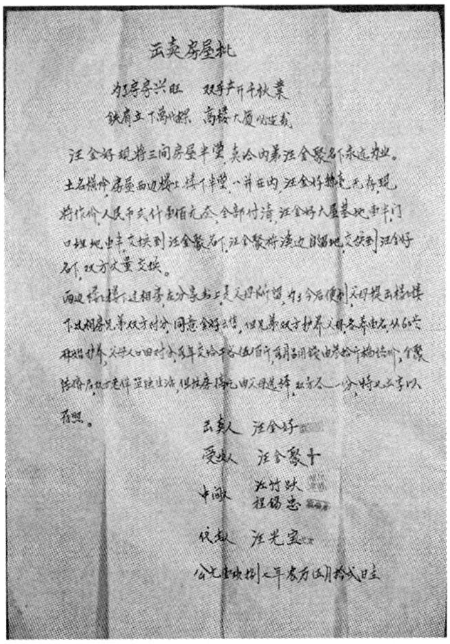
出卖房屋批

汪金好现将三间房屋半堂卖给内弟汪金聚名下永远为业。

出卖人　汪金好
受业人　汪金聚
中见人　程锡忠
代笔人　汪光宝

1987 年汪金好与汪金聚出卖房屋批〔1〕

〔1〕 契约原件名称为“出卖房屋批”，现标题为编者所加。在徽州调查中发现当地民间私约名称较为复杂，其中“批”常用于买卖和租赁契约中，如买卖田宅批、租批、退租批等。详见本书上册《徽州民间私约研究》。

为了房房兴旺　　双手产开千秋业
铁肩立下万代辉　高楼大厦必造成

汪金好现将三间房屋半堂，卖给内弟汪金聚名下永远为业。土名横圩，房屋西边楼上楼下半堂，一并在内，汪金好丝毫无存，现将作价，人民币二千一百元整，全部付清。汪金好大屋基地一半，门口坦地一半，交换到汪金聚名下。汪金聚将溪边自留地，交换到汪金好名下，双方丈量交换。

西边楼上楼下过相(厢)房，在分家书上，是父母所留，为了今后便利，父母提出楼上楼下过相(厢)房兄弟双方对分，同意金好出售。但兄弟双方护养老人，各养一名，从60岁开始护养。父母人口田对分，每年交给干谷五百斤，每月零用钱由三十斤稻结价。金聚结婚后，双方老伴单独生活，但住房搞吃由父母选择。双方各一份。特此立字以存照。

出卖人：汪金好(盖章)
受业人：汪金聚(押)
中间人：江竹跃(盖章)
程锡忠(盖章)
代书人：汪光宝(盖章)
公元一九八七年农历五月十二日立

汪金好、汪金聚兄弟于1984年12月分家析产，并且在村干部的见证下建立了《汪氏分家书》，在这份分书中将房屋和门前院落的分配作了如下的约定[1]：

房屋分配问题：

父母亲存留房屋楼上楼下二过相(厢)房；

金好房屋西边楼上楼下一半，大门口厨房三间；

金聚房屋东边楼上楼下一半，正屋后厨房三间；

〔1〕 1984年汪氏分家书见前文。徽州地区民间建筑大多为砖木结构，以两层为主，首层中间为堂屋，也称作“正屋”，堂屋两侧为厢房，楼梯为木制，设于堂屋后方，以木板相隔。房前有大小不等的院落，习惯中称作“门口坦”或“门坦”，因门前院落较为平坦，故得名，但大多数建于山区的民居因土地奇缺，一般没有“门坦”，只在大门和堂屋之间的小块空地上开辟小小院落，因四面为房屋和墙壁包围，故当地也将这些小院落称作“天井”。徽州地区厨房多为靠近主建筑搭设的较为矮小的配房，因防水需要，一般为单面斜坡式，开间较小，除构筑灶台之外，有时也兼做吃饭的餐厅，习惯称作“饭堂”。

当日双方言定，正间堂前，婚当喜事通众取用。
门口坦搭配问题：金好西边门口坦一半，金聚东边门口坦一半。
当日双方言定，众门口坦通众出入。

根据约定父母留下“楼上楼下两过厢房”，金好分得西侧楼上楼下一半，以及大门口厨房三间；金聚分得东侧楼上楼下一半，正屋后厨房三间。表明房屋分割后，大家仍然有一段时间在一起居住，只是不在一个锅中吃饭，哥哥在大门口一侧的三间厨房单独立灶，父母和弟弟在堂屋后面的厨房里做饭吃饭，两年多以后，金好将其分到的房产全部作价人民币二千一百元整，出卖给弟弟金聚，此后汪家老屋完全归弟弟一人所有。调查中发现此时哥哥金好已经在汪家老屋附近，另外建成属于他自己的，并且规模和汪家老屋基本相似的一栋房屋，从此兄弟之间不但各自分炊立灶，而且各自拥有属于自己的房屋。汪金好又将“大屋基地一半，门口坦地一半，交换到汪金聚名下”。同时“汪金聚将溪边自留地交换到汪金好名下，双方丈量交换”。徽州民间私约中交换类的契约较为常见，在宗族或者兄弟之间交换的现象更为普遍，交换的结果使用更加方便。就徽州地区农村中实际生活而言，汪金好的房屋只能卖给其弟汪金聚，这种同居关系的房屋无法卖给外人，更何况其中还居住着老人，正是由于这一原因，哥哥汪金好在卖出自己名下房产的同时，还需要将与之相连的宅基地一半、门口坦地一半一并交换到弟弟汪金聚名下，同时取得原归属弟弟名下的溪边自留地。交换时双方还共同对土地进行了丈量，带有“亲兄弟明算账”的属性，土地交换后涉及地上的构筑物，如哥哥金好换出土地上有三间厨房，其上有屋架，需要在交换中由弟弟金聚补充做工费50元，为了将这一条件明确地加以表示，双方在丈量交换的土地之后，另外建立了带有补充说明性质的《协议书》：

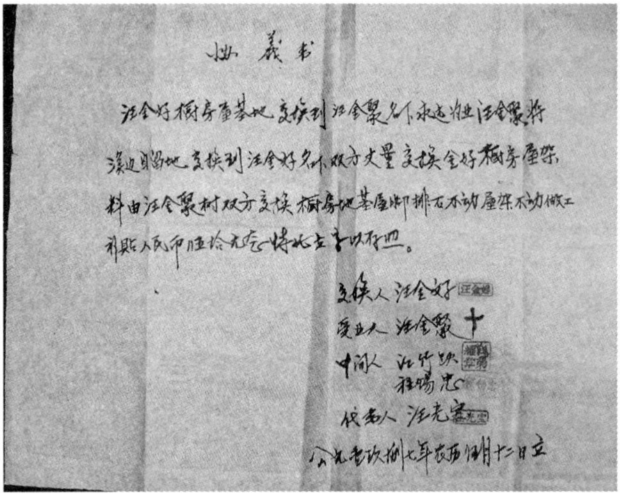

1987 年汪金好、汪金聚交换补充协议书[1]

汪金好厨房屋基地交换到汪金聚名下永远为业，汪金聚将溪边自留地交换到汪金好名下，双方丈量交换。金好厨房屋架料由汪金聚（的）树双方交换，厨房地基屋脚排石不动，屋架不动，做工补贴人民币五十元整。特此立字以存照。

交换人：汪金好（盖章）

受业人：汪金聚（押）

中间人：江竹跃（盖章）

程锡忠（盖章）

代书人：汪光宝（盖章）

公元一九八七年农历五月十二日立

汪氏兄弟的分书和买卖批单、交换协议书，成为一整套兄弟之间财产分割的完整记录，其中除了买卖、交换之外，还约定了对父母的赡养义务，如在“买卖批单”中写明：

“西边楼上楼下过相（厢）房，在分家书上，是父母所留，为了今后便利，父母提出楼上楼下过相（厢）房兄弟双方对分，同意金好出售。但兄弟双方

〔1〕 原件为一页，原标题仅有“协议书”三字，现标题为编者所加。

护养老人,各养一名,从60岁开始护养。父母人口田对分,每年交给干谷五百斤,每月零用钱由三十斤稻结价。金聚结婚后,双方老伴单独生活,但住房搞吃由父母选择。"

在原有分书中楼上楼下过厢房属于父母所有,因此哥哥汪金好对这些厢房不具有所有权,为了"今后便利",大约是希望将汪家老宅遗留问题彻底解决,这次由父母提出将原属父母所有的厢房改由兄弟"双方对分",即兄弟二人平分,因此在平分之后哥哥具有了对厢房的处分权,并且经父母同意将这部分房屋"出售"给弟弟金聚。从表面看来兄弟之间对于动产和不动产以及土地的耕作权均进行了分割,从此汪家原有的财产和财产权利有了明确的归属,但赡养父母问题却没有得到彻底的解决,只是决定"兄弟双方护养老人各一名,从60岁开始护养"。虽然约定了原属于两位老人名下的"人口田"也进行对分,但没有将"人口田"进行明确的分割细化,"人口田"是当地农民对"以户为单位,以人为基准的责任田"的俗称。20世纪80年代初期在一些农村责任田制度改革中,曾经采用"分田到户"的方法,出现了"责任田"、"承包田"等不同称呼,徽州地区有时将其称作"人口田",这种称呼表明农民对责任田或者承包田的财产属性不能作出准确的判断,同时农民对人口田缺少所有权,甚至也不具有较为完整的处分权,显示出带有短期眼光下的不确定性。汪家两位老人的人口田对分以后,"每年交给干谷五百斤,每月零用钱三十斤稻结价"的赡养约定不够明确,不知是两兄弟共计交给父母干谷500斤,和零用钱30斤稻谷价,还是兄弟每人交给上述赡养费用,这就为后来的纠纷埋下了隐患。另一方面还约定在弟弟金聚结婚后,"双方老伴单独生活,但住房搞吃由父母选择"。这一约定更具有不确定性,可以解释为两位老人单独生活,也可以理解为每个老人各自选择住处分别单独生活,尤其是"搞吃"由父母选择不但不明确,而且容易引发歧义。正是由于这一原因,终于在数年之后引起了赡养纠纷。

汪氏兄弟分家后,各立门户,一度相安无事。哥哥金好在家耕种,弟弟先是入伍当兵,转业后回家结婚,再往后就出去打工,很少回来。慢慢地两位老人都年过古稀,需要有人照顾,加之在分家时有约在先,父母年过六十以后应当由兄弟二人扶养,但至今儿子未能扶养老人,并且因此发生纠纷,于是首先由大阜村村民调解委员会进行调解,这次调解的结果由大阜村村民调解委员会主任汪运达主持,并且还专门成立了一份调解报告。

调解报告

今有大阜村汪荣进、汪金好父子，因抚养老人问题发生纠纷。因分家书写清楚，只因汪荣进在六十岁至今以前，没有提出要求儿子汪金好抚养。现今年老人有七十四岁，加上身体健康欠佳，故提出要求汪金好抚养。汪金好提出每天给一斤大米，不接受其他条件，要不可以跟金好一起生活。但是汪荣进提出每年交干谷600斤，给零花钱每月20元，生病药费要求全付。另外按分家书执行也可以，否则交由法庭进行解决。

调解议定按分家书条款执行，如有异议，请转报乡司法部门进行另调。

大阜村调解委员会　汪运达

被调解人：汪荣进（盖章）

汪金好

05年3月28号

根据调解报告可以看出双方主要的争议内容是扶养费用的数量差别，父亲要求每年交干谷600斤，约折合大米500余斤，平均每天约大米一斤半左右，另外每月给付零花钱20元，折合每日7角钱。儿子金好则提出每天只给大米1斤，全年约为360余斤，同时不接受其他条件。最后经大阜村调解委员会调解后决定，仍“按分家书条款执行”。汪氏分家书建立于1984年，分家书上已经有关于父母养老的约定，其内容为“父母亲大人暂时有劳动能力，能维持生活，金聚年幼，不能独立生活，由金好帮种大罗星田四分。每年交给金聚谷五百斤，到金聚十八岁后，由自己耕种。等到金聚长大成人婚后，兄弟双方护养父母大人各一个到老”。但这一约定不够明确，因此1987年哥哥金好将自己分得的房产出售给弟弟金聚时，又作了补充性的约定“兄弟双方护养老人各一名，从60岁开始护养。父母人口田对分，每年交给干谷五百斤，每月零用钱由三十斤稻结价。金聚结婚后，双方老伴单独生活，但住房搞吃由父母选择”。在补充的协议中，每年交给父母干谷500斤，每月零用钱折合30斤稻谷价值，按调查时谷价结算，每斤稻谷7毛钱，每月约为20元钱。[1] 虽然这些约定的内容已经比最初的分家

〔1〕 徽州地区一年两熟，早稻和晚稻价格略有不同，一般约为每斤0.6～0.8元，但民间交易时又根据稻谷的含水率、净出米率以及年景丰歉使价格产生变化，这里按当地民间交易中每斤稻谷的中间价计算。

书略为详细，但对金聚婚后老人的生活安排问题仍然不够具体。这份由大阜村调解委员会主持的调解书上，可以看到父亲汪荣进的盖章，表示认同，但儿子汪金好没有在调解书上签字或者盖章，显然他不同意这份调解书的调解决定。于是十二天以后，在村调解主任汪运达的主持下，再次进行了重新调解，并且再次建立了一份调解协议：

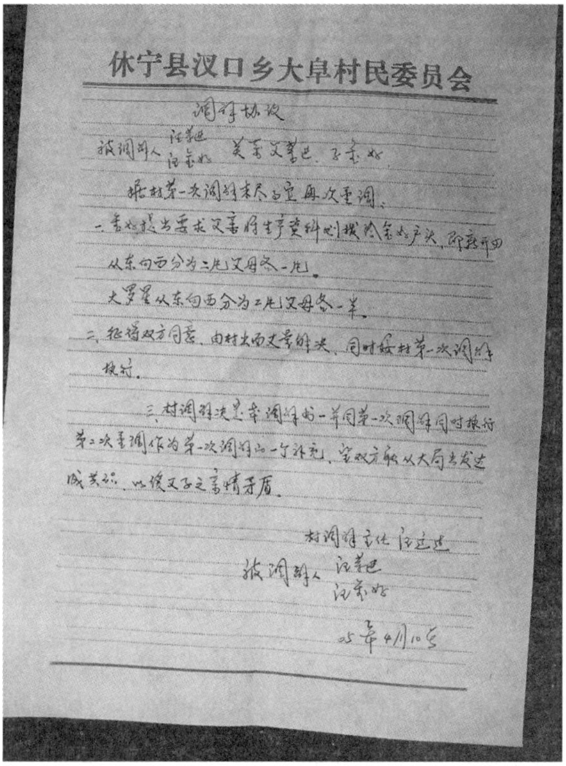

调解协议

被调解人：汪荣进　　关系：父荣进　子金好

汪金好

据村第一次调解未尽事宜再次重调：

一、金好提出要求父亲将生产资料划拨给金好户头，即新开田从东向西分为二片父母各一片。

大罗星从东向西分为二片，父母各一半。

二、征得双方同意，由村出面丈量解决，同时按村第一次调解执行。

三、村调解决定本调解书一并同第一次调解同时执行。第二次重调作为第一次调解的一个补充。望双方能从大局出发达成共识，以缓父子之亲情矛盾。

村调解主任：汪运达

被调解人：汪荣进

汪金好

05 年 4 月 10 号

十二天以后的重新调解，仅在第一次重新调解的基础上增加了关于"生产资料"即两块田地的耕作权进行重新分割，内容为"新开田从东向西分为二片，父母各一片。大罗星从东向西分为二片，父母各一半"。在双方达成一致意见后，由村作为主持人出面负责丈量。因为这份调解协议是第一次调解的补充，因此第一份协议仍然有效，两份调解协议一并执行。这份补充的调解书上，被调解的当事人双方都没有签字或者盖章表示认同，表明这个调解书没有发生效力。这份调解书上虽然将田地的耕作权作了分割，但表述并不清晰，仅为"新开田从东向西分为二片，父母各一片。大罗星从东向西分为二片，父母各一半"。但未能说清哪一片归金好名下，哪一片归金聚名下，从文字上看出"父母各一半"，似乎可以理解为谁挑选了父亲分得的一份，即应该奉养父亲，谁挑选了母亲分得的一份，则应该奉养母亲，对于在农村生活着的农民而言，这种名义上的分割并不能得到真正意义上的重视，他们看重的是财产和财产权利的直接明晰的归属，以便在属于他们份内的那块田地中进行劳作和取得收获。值得注意的是这次被分割的田地中有一块叫作"大罗星田"，根据最初建立的兄弟分家书的约定，大罗星田四分，归弟弟金聚所有，在弟弟 18 岁以前，由哥哥金好代为耕作，每年贴给弟弟金聚干谷 500 斤。这一约定可以看作哥哥租种了大罗星田，将收获中的一部分支付给弟弟，但并未约定大罗星田为父母所有，在实施中也有很多障碍，因此这种调解的结果不能被金好接受，最终大阜村村民调解委员会调解失败。

汪荣进老汉和长子之间的矛盾日益加深，其间镇司法所也曾经做过调解，但均未能成功，最终汪荣进将长子汪金好告诉到休宁县人民法院，再有两个月就要开庭了，我们和汪荣进约定，明年进行第二次徽州调查的时候，还会再次到他家来，对这一案件进行追踪访问。

我们在离开汪荣进家的时候，请他带我们到这块有争议的“大罗星田”去看一看，他欣然同意带领我们一起前往，半路上我们又聊了起来。

“你家小儿子在哪儿打工啊？”

“福建，两口子都去了，一年半载都不回来，有时寄点钱来。”汪荣进回答道。

我们又问：“当年参加分书的代书人汪光宝是谁啊？”

汪荣进回答：“汪光宝是我家隔壁的。”

“是你家亲戚吗？”

汪荣进接着回答：“不是亲戚，那个分家书是他写的。”

“江竹跃呢？”

汪荣进又回答：“是我的亲戚。”

乡间的小路十分泥泞，当地以水田为主，有时走在田埂上，两边都是稻田，稍不注意就会脚下打滑，尤其是参加调查的几位女同志，显然吃了不少苦头。汪荣进打着赤脚，七十多岁了，竟然在田间四平八稳地走来走去。大家边走边说，过了几道沟沟汊汊，汪荣进指着前边一块不大的水田说道：“哦，那就是大罗星田。”看上去这块田地和周围的田地没有任何区别，同样的一尺来宽的田埂，同样是在田埂中间灌满了平平静静的水，绿油油的早稻，正在田里孕育着谷穗。除了汪荣进之外，我们谁也不能看出这块二百来平方米的水田和其他的田地之间有什么区别，只见到汪荣进跳进水田之中，顺手捞起几把杂草扔了出去，他的眼里充满着温情，就如同一个老者对待隔了一代的孙儿一样，充满了爱抚，似乎这块田地便是他的未来，他的希望。

回来的路上，我们问汪荣进老汉：“你家不是还有两个女儿吗，为什么不要求她们也尽些扶养呢？”

除了汪荣进以外，包括镇司法所的两位都笑了起来，仿佛我们的问题是多么幼稚。

我们又问：“你和儿子打官司，怎么不把女儿一起作为被告呢？”

于是随行者七嘴八舌地抢着回答，一时竟分不出到底是哪个人的意见。

“嫁出去的闺女，泼出去的水。”

“女儿出嫁又不回来参加分家，当然也就不管养老。”

“女儿嫁出去是人家的人，养人家的老，所以说养儿防老，谁听说养女防老了。”

我们赶紧打断大家的议论，借机发问：“女儿不分家，这样公平吗？”

“怎么不公平，家家都有陪嫁，算起来嫁女儿用的钱，难道就不是钱了吗？”

我们没有完全搞清楚，于是便接着问：“嫁女儿的钱是不是就是嫁妆钱呢？”

“嫁妆钱只是一部分，身上穿的，头上戴的，手上拿的，凡是娘家出的，都需要花钱置办。”

“一般需要多少钱呢？”

“这也没有定规，要看娘家的经济条件，能多就多，不能多就少。”镇里随行的司法员接过去回答：“其实算一算娘家要花不少的钱，好像已经把要分给女儿的那份让她提前带走了。”

这是我们从来没有想过的，在徽州调查时甚至在其他地方调查时均可以发现，农村分家析产大多数情况只在儿子之间进行，分书中偶尔见到给未嫁女留有嫁妆田时，也只表明该田产的孳生物或者相关的收益留作嫁资，同时在分书中还标明该嫁妆田待女儿出嫁时不能带走。因此有学者认为，这种对于父母遗产或者家庭财产的分配，缺少公平，甚至认为剥夺了农村女性的财产继承权。从《继承法》的角度的研究，支持了这些学者的观点，但从社会学的角度去看待，却可能得出新的结论。传统社会中父母嫁女儿时，支付的嫁妆钱，虽然可多可少，但却可以计算出在家庭中的比例关系，而且这种比例关系和未来分析家产时，分配给儿子的家庭财产存在必然的联系，于是出现了乡土社会中给予的答案“好像已经把要分给女儿的那份让她提前带走了”。农村的田土房宅，带有传统的家庭和种姓色彩，即便是在“土地集体所有制”的环境下，这种传统的色彩依然顽固地存在，“汪宅”、“汪姓地界”、“汪氏山林”、“汪姓坟茔”，无不显示着在封闭的农业社会中，不动产和家庭种姓之间的血脉联系。出嫁女嫁至别家，通常可以带走动产，一般却不能带走不动产，从而使不动产的家庭和种姓归属得以延续。农村土地是最主要的生产资料，相对集中和保持土地完整，是农村规模性生产的重要前提，以家庭为单位的生产模式，必然受到小规模的制约，因此有必要防止土地的过分分散。如果出嫁女将田产带入夫家，在形式上无法实现，也同时破坏了家庭土地关系的完整性。于是传统社会在其自身发育过程中，寻找出适合于这一社会的规律，体现在家庭财产分配中，则以嫁妆的形式，满足了不同性别子女的财产给予。当然从表面上看，出嫁女没有取得不动产，但不等于没有取得任何财产，嫁妆的多少，可能显示出娘家的财力，同时也可能在未来决定新娘嫁入夫家以后的地位。这些只有生活在乡土社会中的人们，才能够运用自如，并且也只有他们才能作出令人信服的解释。

出嫁女到夫家后，属于夫家的家庭成员，从而融合在另外一个家庭和种姓之中，这对于维护夫家的稳定，起着十分重要的作用。在徽州调查时发现，出嫁女经常回娘家看望，并且也会给娘家很多帮助，但是这完全是出于亲情，并不等于出嫁女的义务。当然这一习惯随着农村经济的发展，特别是独生子女政策的推行，正在发生动摇，这在之后我们对于徽州地区"招夫养子"和"招婿入赘"的习惯调查时，将进一步加以介绍。

汪荣进老汉告了他的儿子，却没有告他的女儿，这在农村社会中被普遍地加以接受，并且同样成为一种习惯。走回大阜村的时候，我们发现这村中的人很少，很难见到年轻人，绝大多数都是老人、妇女和儿童。陪同的乡司法员对我们说，年轻人都外出打工去了，村中只有留守的老人和妇女，只是到了过年的时候，外面打工的人才回来和家人团聚，平时村里冷冷清清。汪荣进有两个儿子，大儿子在家务农，小儿子外出打工，因此他不能指望小儿子守在身边照顾他们两位老人，这和最初汪老汉分家时的期望产生了重要的矛盾，于是他指望着通过法律的渠道讨个说法。由于年轻人外出打工，导致产生的家庭矛盾成为当前农村社会中的普遍现象，例如不能赡养父母，难以看顾留守儿童，甚至因性问题导致的夫妻失和，都已经成为当今农村社会中家庭纠纷的主要案源，应当引起了全社会的关注。我们返回汪荣进的家中，并约好在下次徽州调查时，一定再来大阜村，一定来看望汪荣进老汉，并且进一步跟踪本案的进展，相信现代的法律也一定会对汪荣进遇到的困境施以必要的救济。

返回东临溪镇的时候，已近中午，我们借着在镇上请镇政府领导吃午饭的机会，向他们讨要了几份近期各级政府有关农村管理的新规定，果然灵验，镇里的领导给了我们几份关于新农村民主与法制建设的文件。分别为：

休宁县东临溪镇人民政府文件

临政字[2005]50号

关于继续开展“民主法治示范村”创建活动的通知

各村委员会:

为落实民政部、司法部《关于进一步加强农村基层民主法制建设的意见》,根据县司法局《关于继续开展“民主法治示范村”创建活动的通知》精神,进一步推进农村基层民主法制建设,努力提高广大农村的法治化管理水平,现就我镇开展“民主法治示范村”创建活动通知如下:

一、加强领导,健全组织。为切实加强对“民主法治示范村”创建活动的组织领导,把“民主法治示范村”的创建活动与村民自治模范村有机结合起来,经镇政府研究决定,成立“民主法治示范村”创建工作领导组,组长:谢苗峰,副组长:张和平、吴秀芬,成员:汪卫、汪雪健及各包村负责人和各村村委会主任。

二、根据省、市、县的要求,结合我镇实际,2004年“民主法治示范村”达35%,2005年“四五”普法检查验收达40%,2006年全镇范围内实现“民主法治示范村”的要求。具体落实情况为:

2004年:巧坑、三村、中村、林竹、四堂、和坑、大阜、小阜八个村达到“民主法治示范村”要求,需进一步完善。

2005年:一心、上村、下村、严川、芳口、后田、枫溪、上门、呈干、源口十个村达到“民主法治示范村”要求。

2006年:栈山下、枧东、璜源达到“民主法治示范村”要求。

三、为确保“民主法治示范村”方案得到实现,使创建活动真正取得实效,要求各村委会成立组织,落实专人负责,按照《民主法治示范村考评标准》和《村级“四五”普法依法治理工作要求》落到实处,迎接上级检查验收。

附:1. 民主法治示范村考评标准

2. 村级“四五”普法依法治理工作要求

东临溪镇人民政府(筹)

(加盖“休宁县东临溪镇人民政府<筹>”公章)

2005年4月20日

抄报:县司法局

村级“四五”普法依法治理工作要求

1.建立健全“四五”普法依法治村工作领导小组,工作职责、工作制度上墙;制定年度普法计划,年终有书面总结(并存档)。

2.村两委班子成员坚持学法制度,围绕中心工作,有针对性地开展切合实际的法律法规学习,每年集中学习不少于4次,并有学法笔记、座谈记录。

3.为使村民法律素质的提高,建立村民法制学校,并有牌子、有组织、有计划、有教材、有教员,保障村民学法内容的落实。(学习培训通知、花名册、照片等要存档)

4.因地制宜,采取贴近群众生产、生活、符合群众需要的宣传方式。如:以会代训、以法调解、个别谈心等,将法律条文送到户,学法用法抓到家,守法责任定到家。(调解文书存档)

5.充分发挥板报橱窗、专栏的作用,根据不同时期,抓好季节性、针对性的法律法规宣传、报道工作。(宣传底稿存档)

6.配合中小学开展法制文艺宣传活动,以案释法。把法制宣传教育寓于娱乐之中,扩大宣传影响和效果。

7.依法制定村规民约、自治章程,实现村务公开、村民会议制度化。(内容、签到本均存档备查)

休宁县“民主法治示范村”考评标准

单位: 总分: 时间:

类别	考评标准	考评总分	实际得分	说明
一 村级组织机构	1.以村党支部为核心的各级组织健全。包括民主法治示范村建设工作领导小组及办公室、村民委员会、村民小组、共青、妇、民兵组织健全。(2分)			出现不符合考评标准事项,酌情扣分。
	2.各村级组织制度健全,工作开展有序,依法履行各自职责,无损害村民利益的行为。(2分)			
	3.党支部、村委会组织关系协调,工作运转正常,无不利于工作因素,无违法违纪行为。(2分)			

续表

类别	考评标准	考评总分	实际得分	说明
二 民主 选举	1. 村民委员会组织成员，均由村民按照公开、公正、公平原则，依照法定程序直接选举产生；并按期换届选举，无任意更换和延期不换行为。（2分）	6分		
	2. 村民委员会主任、副主任和委员由村民直接选举，村民小组长、村民代表由村民小组会议和村民每5～15户推选，无任何组织和个人指定、委派、撤换或变相撤换村民委员会成员的行为。（2分）			
	3. 村民委员在选举中无非法剥夺村民依法享有选举权和被选举权的行为；无以威胁、贿赂、伪造选票等不正当手段妨碍村民行使选举权、被选举权，破坏村民委员会选举的行为。（2分）			
三 民主 决策	1. 对涉及村民利益或村民群众普遍关心的事务能实行民主决策制度，在决策过程中坚持少数服从多数的原则，无少数人决定行为。（3分）	8分		
	2. 落实"一事一议"制度。村级重大事务经过党支部、村委会统一意见后，再交村民代表会讨论决定。（3分）			
	3. 村级重大事务决策程序明确，作出的决议、决定要符合法律、法规和政策的规定，并能严格执行。（2分）			
四 民主 管理	1. 依法制定村民自治章程和村规民约，内容全面、合法、无侵害村民合法权利的内容，并能根据村里实际情况及时修改和调整；执行渠道畅通，效果明显。（3分）	9分		
	2. 村民代表会议所作决定，没有与村民委员会所作的决议、决定相抵触。（2分）			
	3. 村民会员、村民代表会议和党员议事会制度健全，活动正常有效，并在管理中发挥明显作用。（2分）			
	4. 村委会的印章的使用和管理符合国家的有关规定。印章的保管人经村民会议或村民代表会议决定。建立印章使用的审批、登记和备案制度。（2分）			

续表

类别	考评标准	考评总分	实际得分	说明
五 民主 监督	1. 建立村级干部民主评议制度(每年不少于一次)、党员大会评议党支部(每年至少一次)、村级财务审查制度、过失责任追究赔偿制度。(3分)	17分		出现不符合考评标准事项,酌情扣分。
	2. 实行村务公开。即:村财务收支情况;土地、集体企业和财产的承包、经营和租赁情况;征用土地补偿费使用情况;宅基地审批情况;公益事业收支情况;优抚、救济发放情况;计划生育情况;公共设施建设项目投资、承发包情况;经费、招待费收支情况;村干部报酬补贴情况;以及群众关心的、要求公开的其他情况。(6分)			
	3. 村务、政务公开,做到定期、及时,保证公开的资料真实、准确、完整。村财务每季度公开一次,重大、特殊事项要及时公开。并做到场所固定(公开栏)、专人负责、面向群众。(5分)			
	4. 建立村级民主监督小组,并坚持公开、公正、实事求是原则,定期对公开项目进行公开,凡是公开的村务,特别是村财务内容,必需经民主监督小组审核签字,提交村民代表会议通过后才能予以公开,不得弄虚作假。(3分)			
六 村级 法制 宣传 教育	1. 建立健全普法依法治村领导小组,小组职责和工作制度明确,并对普法教育依法治村工作实施强有力的领导。(3分)	31分		
	2. 设立村级普法机构,明确专人负责。农民法制学校有教员、有教材、有场地、有考核、有备案资料。(4分)			
	3. 村级制订了五年普法总体规划,年度村级普法工作有计划、有总结,其中村“两委”学员每年学法不少于二次。并做到有内容、有记录,组织村民集体学法每年不少于一次。(5分)			
	4. 法制宣传教育形式多样。宣传标语、宣传图画、宣传专栏、以案释法、法律进万家、广播、电视媒体等。(4分)			
	5. 建立法制宣传教育档案,资料齐全,整理规范。(5分)			
	6. 村民依法办事,无刑事犯罪行为,无侵犯集体经济和个人合法权益行为。(3分)			
	7. 村民自觉遵纪守法。无重大刑事治安案件,无民转刑案件,无集体越级上访,无封建迷信和“法轮功”邪教活动,无刑释解教人员重新犯罪,无非法婚姻,无违反计划生育现象,无子女未接受完九年义务教育辍学,无偷漏税行为,无滥砍乱伐,乱采矿山行为,无其他违法违规行为。(7分)			

续表

类别	考评标准	考评总分	实际得分	说明
七村级治安、治保工作（13分）	1. 村级社会治安综合治理组织网络健全(包括调解组织、刑释解教人员安置帮教组织),工作职责明确。(4分)	13分		
	2. 建立各项工作制度。即:流入、流出人口管理制度,巡逻联防制度,纠纷排查制度,信息反馈制度。(4分)			
	3. 建立群防群治制度,预防违法犯罪,保护村民生命、财产安全,创造良好的治安秩序,确保社会安定,农民安居乐业。(5分)			
八物质文明、政治文明、精神文明	1. 积极开展守法文明户创建活动,树立守法意识,做守法公民。(2分)	10分		
	2. 及时调处纠纷,做到小纠纷不出组,一般纠纷不出村、不滞留、不上交、不激化。(4分)			
	3. 搞好公共卫生,有效预防各类传染疾病发生。(2分)			
	4. 做好一切公益工作,包括优待抚恤、养老、抚幼及助残。(2分)			

这些都是我们到徽州社会调查时新下发的文件,其中涉及对农村民主法治建设的具体要求和计划安排,按照这一计划,大约在2008年之前,休宁县东临溪镇所有的村庄,都可以达到民主法治示范村的要求。对此我们没有进行回访,当然也就无从加以评价。尽管如此,这些文件对我们了解当前推行的“乡镇村治”仍然有着重要的借鉴意义,此外对我们今后研究我国农村法治发展的历史,同样将成为重要的文献。

酒足饭饱之后,又承蒙镇司法所的帮助,我们又见到几份由东临溪镇参与的民事调解书,纠纷的时间分别从2000年到2004年,纠纷的内容主要包括家庭财产纠纷、寡妇改嫁、夫妻失和、邻里关系等,均属于常见的“民间细故范围”。

2004年余顺富余顺新协议书〔1〕

甲方:余顺富

乙方:余顺新

经双方协商,达成以下协议:

---

〔1〕 原件仅有“协议书”三字,现标题为编者所加,调查中发现余顺富和余顺新两人为兄弟关系。

一、现将老屋作价给余顺新,价格按13,000元计算。顺新将6500元分二次付,签字之日付3500元,剩下的3500元等顺富出屋时再付。(经核实数字有误,原文如此)

二、现将老屋边上的一块空闲地给余顺富使用,重新建造,但余顺新的围墙必须改进,路放至2米。

三、为了考虑余顺富做屋,必须在2005年5月底搬出老屋。

四、本协议一式三份,自签字后生效。

双方协商人签字:余顺富(签字)

在场人:方宝龙(签字) 余顺新(签字)

许雪云(签字)

俞鸣坤(签字) 2004年5月21日

这份协议书的当事人余顺富和余顺新是兄弟关系,协议书中的"老屋"原为余氏兄弟继承父母的财产,余顺富放弃在老屋中继续居住的权利,条件是兄弟余顺新补偿其人民币13000元,但在协议中以作价买卖的形式进行转让。同时老屋边上的一块空闲地交换给余顺富名下,允许余顺富建造新房,同时要求余顺新的围墙进行改进,双方之间的道路共同使用,但需要放至2米宽。由于是兄弟之间的协议,不但价款分两次支付,而且允许余顺富在一年之后即造好新房再搬出老屋。虽然是"亲兄弟明算账",但也写出白纸黑字,并由村、镇两级调解员作为在场人共同签字认证。对照徽州地区传统民事私约,可以发现民间的私约形式和内容都在发生显著的变化,名称从传统的"合同"或者"合墨"[1]转变为"协议书",参与调解和见证的人员,也从母族亲属以及宗族长辈,转变为村镇两级的调解人员,这一变化不但体现了乡土社会中民间契约形式的变革,也反映出徽州地区乡土社会中宗法观念的淡薄。

汪天财、何雪红、汪国松家庭纠纷调解协议书

依照有关法律法规规定,本着相互体谅、相互让步的原则,9月29日上午在镇政府会议室,经镇司法调解中心的调解下,汪天财、何雪红、汪国松

---

〔1〕 徽州地区民间私约中这类调解性质的契约,经常使用"合同"或者"合墨"作为契约的名称,详见本书上册《徽州民间私约研究》中的调解类契约。

三方就家庭纠纷问题，达成如下协议：

一、汪年松死后，经济赔偿问题已经交警队处理完结，各方不得再起争端。

二、汪天财已将谷仓拆除，经调解，何雪红、汪国松各方同意放弃谷仓使用权，并表示不要求汪天财赔偿或重做。谷风扇归汪天财保管，各方共同使用。

三、因汪天财家房屋财产未明确分派给其三个儿子，现各方共住一幢屋内，从有利于团结、和睦相处的角度出发，虽然何雪红婚姻自由，但招夫入屋养子生活，应与汪天财夫妻商量。

四、各方拖拉纠缠各有小伤，先各自医治，伤好再定。

五、饮水按原状恢复，由汪天财牵头实施，施工及建成均不得损坏、影响屋墙脚，应互利互惠为根本。

六、通过这次调解后，各方不得再起事端，谁无理取闹，谁负责后果。

七、本协议一式四份，签字生效。各方各持一份，不得翻悔。

主协议人：汪天财（签字）　汪国松（签字）

调解出证人：项□□（签字）

2000 年 9 月 29 日

协议书所涉及的纠纷是因汪天财之子汪年松车祸身亡，留下未经分割的财产和守寡的妻子，在财产分割等问题上产生争议，甚至出现打架现象，对此经村镇两级派人进行调解。当事人汪天财、何雪红和汪国松，与死者汪松年的关系分别是父子、夫妻和兄弟关系。经过调解，三方达成了协议，不仅对汪松年的经济赔偿问题表示不再起争端，而且对汪天财擅自拆除谷仓，因争执造成的身体上的轻微伤害，共同饮用水源，以及未来可能发生的寡妇改嫁问题达成了解决方案。其中，何雪红作为死者的妻子，虽然根据现行《婚姻法》的规定，享有婚姻自由的权利，但是她“招夫入屋养子生活，应与汪天财夫妻商量”，因为汪天财老汉并没有明确分家，与三个儿子的家人共同居住在一幢房屋内，如果何雪红改嫁他人，则无可非议，但是如果想要“招夫入屋养子生活”，就必须要与公婆汪天财夫妻商量，征得他们的同意。将这一问题作为一个专门条款写入协议书，可以看出在徽州地区，丈夫死后，育有子女的寡妇“招夫养子”，虽然已经普遍为习惯接受，但仍然在居住和生活问题上存在局限。这一现象体现了国家现行法律与传统民间习惯,存在一个需要不断相互融合的过程。

在这份协议书中的最后,只有汪天财和汪国松作为“主协议人”的签字,何雪红虽然也是协议书的当事方之一,却没有在协议书上签字,甚至没有她签字的位置。根据徽州地区传统民事契约的传统习惯,女性一般不能独立作为民事契约中的主体,不能单独行使民事权利,有时连她的名字也不能和夫家的公公和兄弟相提并论。

汪开安、汪开元兄弟赡养父母协议书〔1〕

为教育后代,弟、兄、父、母,不发生矛盾,经弟、兄(汪开安、汪开元)协商决定,达成以下协议:

1. 弟、兄各养父母一人,汪开安养父,汪灶福,汪开元养母,柯千金,如生病、寿终,等事由各人负责处理。

2. 每年给父母粮食(谷)各600斤,合1200斤。如父母粮余,由父母自己解决。

3. 弟、兄每年给父母的生活费,每年各给父母1000元,合2000元。从2000年7月1日起,每年的生活费二次给清,不得拖欠。7月1日给500元,2月1日给500元。

4. 弟兄两人不准拆离父、母、吃、居,(如父母寿终其中一人,剩下父母其中一人,由赡养人负责吃、居,生活费同上第一条,第二条,第三条)现居在汪开元家。

5. 弟、兄二人必须尊重父母,教育子孙万代。

此协议签字生效,谁人推翻此协议,谁负法律责任。此协议四份。

一心村委会　　　　汪开安(签字)　　汪开元(签字)

负责人:柯国华(签字)　叶金田(签字)

2000年7月1日

农村家庭分家析产的分书上,析产者权利部分的约定往往比较详细,而对析产者义务的约定则相对比较简单,因此,由于义务的约定不够明确,容易产生相应的纠纷。如前文所述的大阜村汪荣进家,就因为在分家书中

---

〔1〕 原件仅有“协议书”三字,现标题为编者所加。

对兄弟赡养父母的义务约定不够清晰，使得父子、兄弟之间产生纠纷，甚至对簿公堂。在汪氏兄弟的这份协议书中，汪开安、汪开元两兄弟对如何赡养父母作出了非常具体的约定。首先约定汪开安赡养父亲汪灶福，汪开元赡养母亲柯千金，父母的生病以及身后事，均由承担赡养之责的一方负责。其次详细约定了两兄弟每年给父母粮食（谷）的数量以及余粮的处理，每年给父母的生活费以及给付的时间和方法。还特别强调了当二老均在世时，汪氏兄弟不准拆离父母，现在父母居住在汪开元家；但当父母中有一人去世时，另一人仍然由承担赡养之责的兄弟负责，具体的赡养标准也仍然按照协议书中约定的数量和给付方法。按徽州地区的经济情况计算，每人每年付给老人口粮谷 600 斤，另支付零用现金 1000 元，完全可以保障老人衣食无忧。

在协议书的最后，不仅有汪氏兄弟二人的签字，也有一心村委会负责人柯国华、叶金田作为见证人的签字，最后还报送到镇司法所备案，表明这份协议书已经具有了充分的法律效力。同时双方还约定，如果兄弟双方任何一方违背了这份协议书，将要承担相应的法律责任。此外这份协议还在开始时强调"为教育后代，弟、兄、父、母，不发生矛盾"，又在结束时"弟、兄二人必须尊重父母，教育子孙万代"，显示出在千禧年之后徽州地区民间私约的思想变化，同时也表现出传统习惯与当代社会发展的矛盾和冲突。

关于郑万富柯灶寿因放水纠纷柯致伤

双方协商解决协议〔1〕

时间：2000 年 8 月 2 日　　　　地点：郑万富家

7 月 26 日中午，柯灶寿、郑万富因在土名林塘放田水发生纠纷吵架，郑致柯胸左下侧受伤。经双方协商，同意以下解决了结。

郑万富一次性负担柯医疗费用 2000 元，营养费 200 元，合计人民币 2200 元整。

柯灶寿在医院治疗或在家疗养等治疗方式，郑不得干涉。

柯愈后如有后遗问题，郑概不负任何责任。

〔1〕 原标题如此，未作改动。

以上解决方法,属一次性处理。协议自双方签字即生效,任何一方不得反悔。

郑万富(签字)
当事人:柯灶寿(签字)
柯海兵(签字)
一心村委主任:柯国华(签字)
公证人:黄德金(签字)
2000年8月2日

轻微伤害引发的纠纷,在调查中时常发现,导致纠纷的原因基本上属于一些细碎的小事,如争水,牲畜践踏庄稼、农作物意外损失,甚至屋面排水、遮挡阳光等,但是在村民的眼中,这些都是他们生活中"重大"事项,因为他们的日常生活,只能面临这些被城里人称作"民间细故"的小事,而这些却和村民的生活紧密相关。轻微伤害同时也成为村镇两级民事调解的主要内容。在郑万富与柯灶寿放水纠纷中,郑万富将柯灶寿左胸下侧致伤。在调解协议中伤害人郑万富一次性负担被伤害人柯灶寿医疗费用2000元,营养费200元,合计人民币2200元整。还约定柯灶寿在医院治疗或在家疗养等治疗方式,郑不得干涉。以防止伤害人对被伤害人提出"伪伤"或者"诈伤"的抗辩。同时还特别声明被伤害人如有后遗问题,伤害人概不负任何责任。双方经过一心村村民委员会主任柯国华调解,[1]并请"公证人黄德金"进行"公证",但村中并无公证处及其派出机构,这里的公证人实际上仅是"中人"或者"见证人"的别称,但使用公证人称谓,同样显示出此类调解协议的发展和变化。

调和协议

关于龚顺清和汪爱琴夫妻调和一事,经村组织叶金田,舅母、姑娘千金三人调和解决基本达成协议,现制定协议如下,达成协议能成方圆:

(一):汪爱琴被龚顺清殴打成残,龚顺清必须负出一切担(赡)养义务,只能做轻微劳动,自本日起不允许出现随意殴打,一旦发现就有离婚的可

---

〔1〕 柯国华为一心村村委会主任,同时任村党支部书记。

能性。

(二):龚顺清必须从即日起,拒绝赌钱,从事正业,做一个成家立业模范家庭,为国为家创造财富,为子孙后(代)建立一个美满家园。

(三):龚顺清一切赌债,汪爱琴决不负担一分钱,由他本人不影响家庭生活,和家庭基建的前提下,挤出多余的钱偿还赌债。

(四):为维持母子生活平衡,龚顺清必须付出家庭生活费300元为一个月(时间每月1号)其钱供小孩零用和家中油、盐、酱、醋之类。

(五):汪爱琴医务费,必须由龚顺清全部负担,除他本人拿出1800元之外剩下付清总数一半(按正式单据)余下半数时间不得超过一年,因为这是急救费,当时机械脉刮断[1],血渗一米之长,随时有休克之危,那后果可想而知,这半数钱必须立即付清,才能得到我心理有(好)转。

(六):龚顺清和汪爱琴同意调和,可以到临溪人民法庭撤诉,但诉讼费500元,每人各付其半,付出交款人,时间也是自即日起,决不拖欠。

以上几点要求也是求实,希望一心村组织领导干部,来者亲戚协助这桩事,因为你们都是组织同志,包括他本人,相信你们素质高于我,能够把这桩事办成。

感谢!此协议一式三份,村委、顺清、汪水铃各执。

书记:柯国华(代签字)　　父亲:

一心村:村长:叶金田(签字)　　舅父、母:

妇联:　　姑娘:

龚顺清:龚顺清(签字)

汪爱琴:

汪水铃执笔

2000.10.18

这份调解协议书涉及的是夫妻间的家庭纠纷,因丈夫龚顺清沉迷赌博,不务正业,与妻子汪爱琴发生争执,并将汪爱琴殴打致残。据协议书中描述,“当时机械脉刮断,血渗一米之长,随时有休克之危”,可见伤害之严重,根据我国刑法应该已经构成故意伤害罪,妻子汪爱琴向当地人民法庭

[1] 原文如此,疑“机械脉”为“肌腱脉”或者“肌静脉”之误。

提起了离婚诉讼。这件事在当地造成了极大的影响,村里非常重视,由村里组织,由一心村书记柯国华、村长叶金田、妇联组织参加,并召集了父亲、舅父、舅母以及姑娘千金等亲属一起对龚顺清和汪爱琴夫妻关系进行调解。参与人中的"姑娘",在徽州地区的方言中是指父亲的姊妹,即姑姑。与前份调解协议只有一心村委主任柯国华和公证人黄德金参加相比,这次调解的参加人数明显较多,不仅有村书记、村长以及妇联等所谓的"官方组织",还有父亲、舅姑等家中长辈。其原因除了这次纠纷造成的伤害及后果比较严重外,还有一个重要原因是这次纠纷涉及的是夫妻矛盾,即家庭内部纠纷。参与人数众多,也使得这份调解协议具有更多的权威公信力,能够更大限度地保证调解协议的顺利实施。

通过调解,双方约定丈夫龚顺清从此以后不能再殴打妻子汪爱琴,不再参加赌博,从事正业,同时每月 1 号支付给汪爱琴母子生活费 300 元。对于龚顺清此前欠下的赌债以及汪爱琴此次受伤的医疗费用均由龚顺清全部承担。如果双方同意调解,即到临溪人民法庭撤诉,则诉讼费用由双方分担。徽州地区农村赌博的现象较为严重,除麻将牌以外,民间私下还使用扑克牌、押宝、牛牌和纸麻雀等方式进行赌博,一般赌资不大,但有时乡民沉湎于此,往往造成经济困难和家庭失和,但调查中发现,除所谓"扫黄禁赌"运动时,乡镇公安部门进行干预之外,一般民间赌博的方式也比较隐蔽,因此成为当地民间纠纷的重要原因之一。造成农村地区赌博风气的原因很多,其中和农业生产的自身规律有关,即便是我国江南地区一年两熟,仍然有较长的冬闲时间,在农闲时村民之间容易发生赌博行为。另一方面农村的文化生活相对较为单调,原有的各种地方戏曲由于文化变迁和欣赏情趣的改变,一般对青年人的吸引力较差,虽然各地均建有规模不等的文化活动站,间或也有一些小型的自娱自乐性的演出,但大多数流于形式,有的仅在节假日搞些活动,点缀一下,有的则干脆是为了应付检查。加之农村青壮年外出打工的人数较多,使乡村文化活动组织面临更多的困难。单纯以禁止的形式,难以杜绝农村中的赌博行为,甚至本案中的龚顺清,恐怕也难以彻底从此拒绝赌博,当然我们希望龚顺清起码要做到不再打老婆,以便有个和睦的家庭。

离开东临溪镇之后,我们又顺路前往三村,这是一个不大的村庄,四面青山绿水,几幢徽派特有的建筑散落其间,水牛在田间犁地,一丛丛的黄色油菜花弥散着淡淡的香气。三村村委会的房子就在路边，和周围那些黛瓦白墙的房子一样，沉浸在一派祥和的田园景色中。

还没有进村，在村口处就看见一个木制的标语牌，油漆尚显得十分鲜亮，看来是不久前刚刚油漆好立在那里的。上面分别写着：

护林公约

为了护林区的正常生产和确保今年退耕还林木正常生长，现经我组广大村民研究决定，将长山包括罗丝圹责任山山场进行封山育林。

1. 封山范围东至王家直上，南至毛坪直上，西至黄毛尖大路，北至公路。

2. 任何人不得在封育山场竹围内乱砍木竹和不乱挖鲜笋，一经发现，木竹鲜笋大小每根罚款50～100元，同时还没收赃物。

3. 任何人不得在退耕还林的林地上放牧。

4. 我村各位村民都有保护封育山场的义务和责任，我们给举报者60%奖励。

5. 护林防火人人有责，如有人为造成的火灾根据情节轻重给予处罚。

报送镇政府、林业派出所、林业站

三村村第三村民组宣

二零零三年四月一日

三村选区第十六届镇人大代表正式候选人名单公告

根据《选举法》第29、30、31条规定，经过本选区选民酝酿协商，根据较多数选民的意见，确定下列人员为本选区东临溪镇第十六届人民代表大会代表正式候选人。现将名单公布如下（按姓氏笔划为序）

吴灶权　张万年　胡高富　郭家华

选举日为5月8日。届时本选区将设流动票箱，请全体选民认真做好投票准备。

东临溪镇选举委员会

2005年5月3日

东临溪镇第十六届人民代表大会当选代表名单公告

三村选区于5月8日采取无记名投票方式，组织选民直接选举，东临溪镇第十六届人民代表大会代表。根据《选举法》第八章，《省选举实施细则》第七条的规定，选举有效。现将当选代表名单公布如下（按得票多少为序）

张万年　胡高富　吴灶权

东临溪镇选举委员会

2005年5月8日

走进三村村委会，迎面便看见墙上张贴着《中央一号文件和省委三号文件政策要点》，这是省里刚刚发下来的新材料，由于这一年开始实行免征农业税，停止了在中国行用两千年之久的农业税收，不但使农民喘了一口气，据说乡镇干部们也因此长长地喘了一口气，不但从此结束了乡镇干部们挨家挨户催讨税收的繁重工作，也因此缓解了一度较为紧张的乡村干部和农民之间的矛盾。似乎无论是那些乡村干部们，还是在田间辛苦劳作的农民，对这一重要变化，还没有做好心理上的准备，两千多年的农业税收，一下子戛然而止，会不会有因惯性而引起的冲突，同样是我们本次徽州调查中关注的问题。

张贴在三村村委会墙上的各种与农村制度建设相关的材料中，包括《中央一号文件和省委三号文件政策要点》和《安徽省退耕还林工程造林合同书》、《休宁县农村村民公约》、《民事纠纷调解程序》、《三村村社会治安综合治理领导组》、《村治保会工作制度》、《安全文明村条件》、《村社会治安组织网络》。其内容几乎概括了当前安徽皖南地区农村治理工作的所有内容，是我们比较完整地观察和了解中国农村自身制度建设的重要参考资料，其中：

中央一号文件和省委三号文件政策要点

1. 全省免征农业税。因免征农业税而减少的地方财政收入，由省财政通过转移支付给予相应补助。暂停收取2000年至2004年新发生的农业税尾欠。

2. 扩大对农民补贴。从全省粮食风险基金中增加粮食直接补贴资金1.85亿元，重点向粮食主产区倾斜，补贴水平每亩不低于10元。进一步完善良种补贴措施。省财政对重点地区、种粮大户安排农机具补贴资金1400

万元。

3. 增加财政对农业收入[1]。省级财政今年农业三类支出比去年增长10%以上，预算安排农业综合开发资金比上年增加3600万元。

4. 加大金融支持三农力度。启动中国农业银行“金融与服务三农安徽行动计划”。

推进农村信用社改革，在有条件的县(市)筹建农业合作银行。人民银行合肥中心支行今年对农村信用社增加支农再贷款指标5亿元。农业发展银行从单一支持粮食流通向整个粮食产业链延伸，增加中长期贷款。筹建政策性农业保险公司，积极开展种养业保险试点工作。

5. 严格耕地保护。设立基本农田保护标志，对非农建设项目占用基本农田，征地补偿费用和耕地开垦费按最高标准执行，并将数量和质量相当的耕地补划为基本农田。从新增建设用地土地有偿使用费中安排专项资金，对组织复垦损毁的基本农田予以补助。

6. 稳定农村土地承包关系。出台我省农村土地承包实施办法；鼓励农民依法、自愿、有偿、有序进行土地承包经营权流转。

7. 加强农业科技投入。支持农业科技和种子工程建设；推广20~30项水稻、小麦主导品种和10项主推技术，建设20个优质粮食生产示范县，10个省级新品种、新技术展示中心。组织“科技进村入户”工程。

实行农业科技特派员制度，鼓励农业科技推广人员驻村蹲点(有关部门正在研究制定实施方案)。

8. 完善农村用水制度。开展续建配套灌区的末级渠道建设试点、推进节水灌溉示范，在粮食主产区进行规模化建设试点；加强灌溉用水计量，实行用水总量控制和定额管理。

9. 设立小型农田水利设施建设补助专项资金，对农民投工投劳开展小型农田水利设施建设给予支持；对农民兴建小微型水利设施所需材料给予适当补助；对农民受益的跨村小型农田水利设施建设，推行“一圩一议”、“一渠一议”等方法，由农民自主决定，一事一筹，完工即止。

10. 鼓励农民建设农村基础设施。农户自建或自用为主的小微型工程产权归个人所有，由乡镇人民政府核发产权证。对经营性工程，可组建法

---

[1] 原文如此，未加改动，似应作“增加财政对农业收入的支出”。

人实体,实行企业化运作,也可拍卖给个人经营;对业主开发建设农村基础设施给予扶持,规范收费标准和服务行为。

11. 改善农村道路。安排农村公路建设1万公里以上,在部分县(市)启动村村通油路试点工作。

12. 促进农产品流通。改造和扩建十个大型农产品批发市场和一批中型区域性农产品交易中心。改造创建10个省级农副产品绿色批发市场,支持发展200个农资连锁经营网点;扶持发展10~20个农产品出口基地;实施“皖优农产品进超市工程”。

13. 实施扶贫开发“整村推进”工程。到县的财政扶贫资金和以工代赈资金70%用于重点村项目建设。

14. 加快农业产业化经营步伐。在3年内培育10个年销售额10亿元以上的大型龙头企业。

省财政安排500万元资金,扶持一批起点高、带动力强的合作组织和农产品行业协会。

15. 发展农产品加工业。统筹安排省内重点建设领域资金和财政贴息3500万元,用于支持粮食及农产品加工业发展。

16. 发展畜牧业。支持畜牧规模养殖和养殖小区建设。加大对动物防疫经费的投入,动物检疫监督机构的人员经费和工作经费全额纳入各级财政预算;实施奶牛良种繁育项目补贴。

17. 实施优质粮食产业工程,建设商品粮生产基地,推进优质粮食产业带建设;支持粮食生产。扩大粮食优质化工程实施规模,小麦、水稻优质化率力求达到45%以上。

18. 加强农民培训。省财政投入阳光工程配套资金2500万元,扩大农村劳动力转移培训阳光工程实施规模。利用扶贫开发资金,加强对扶贫工作重点县农村劳动力转移培训;运用国家服务业引导资金,继续开展跨地区就业服务项目建设。组织实施新型农民科技培训工程,今年培训优秀青年农民10万人。

19. 实施“一村一名大学生计划”。为农村一线培养一批高素质人才,目前正在抓紧制订方案。

20. 支持农民专业合作组织发展。对专业合作组织及其所办加工、流通实体适当减免有关税费。

21. 帮助贫困家庭学生就学。继续为农村贫困家庭学生免费提供教科书；从今年起对部分农村义务教育阶段贫困家庭学生免除杂费；三年内推广到所有农村贫困家庭学生。

22. 建立被征地农民社会保障制度。从今年起在部分县开展农村被征地农民社会保障制度改革试点。

23. 加强农村医疗卫生事业。扩大农村合作医疗试点范围，试点县由目前10个扩大到16个。创建4～6个农村卫生与初级卫生保健示范县；建立农村医疗救助制度，今年先从农村最困难的五保户和特困户急需的医疗支出开始实施。

24. 出台帮助女孩成长的各种扶助政策。

25. 加强农村文化建设。完善农村公共文化服务体系，加快农村广播电视"村村通"建设步伐。

休宁县农业委员会　翻印

2005 年 3 月

中央"一号文件"对农村的经济结构，将产生的巨大影响，在今后一段时间中才可以逐渐显现，但必然会使中国农业社会随之相应调整。其中包括乡村管理者和村民之间的矛盾，因为不再收取农业税，使这一矛盾出现缓和，但除农业税以外，农民肩上承担的还有其他费用，因此还不能说乡村管理者和农民之间所有的矛盾，因为"一号文件"的下发，而全部化解。例如外出打工农民出现的土地抛荒，外流人口计划生育管理，农村本身的环境问题，乡镇企业对环境的破坏及其影响，原有干群之间的其他矛盾，残留的宗族种姓观念等都继续存在，甚至原来因税收矛盾激化时被掩盖的其他矛盾，可能逐渐突出地表现出来。

三村村民委员会的墙上还张贴着其他一些文件，有些是格式化的文书，如《安徽省退耕还林工程造林合同书》，将这种合同书张贴在墙上，大概是起到宣传和示范作用。

安徽省退耕还林工程造林合同书

编号：

为确保退耕还林工程建设质量和进度，根据国家有关文件精神和《安徽省退耕还林工程管理暂行办法》。按双方自愿原则，签订合同如下：

一、合同双方

甲方：　　　乡(镇)人民政府

乙方：　　　县　　　乡(镇)　　　村　　　组　　　户主

二、甲方职责

1. 甲方林业部门负责退耕还林的作业设计、种苗、栽培、管理等方面的技术指导和技术服务。

2. 甲方林业部门根据作业设计要求，协助乙方采购每亩价值50元的合格种苗。

3. 甲方在乙方造林通过上级有关部门检查验收合格后，根据乙方提供的退耕还林证，按每亩300斤原粮、20元现金兑现补助。补助年限，经济林5年，生态林暂定8年。对应税的退耕地，乙方按照国家有关规定享受农业税征收减免政策，具体标准按省财政厅制定的办法执行。

4. 甲方林业部门协助乙方做好退耕还林后林权证的领取工作。

三、乙方职责

1. 乙方将分别在　　　　地方完成退耕还林共　　块，计　　亩，在　　　　地方完成荒山荒地造林共　　块，计　　亩，并严格按照作业设计技术和质量要求施工，于　　年　　月前完成整地，　　年　　月前完成造林任务。

2. 乙方每亩造林种苗费超过50元的，超出部分由乙方承担。

3. 乙方确保当年造林成活率达到85%以上，三年后幼林存活率生态林80%、经济林85%以上。对造林成活率达不到85%的，由乙方负责补植，补植种苗费由乙方承担。

4. 退耕还林后，由乙方负责幼林抚育和管护，禁止人畜对退耕还林地的侵害，禁止林粮间作。按“谁退耕、谁造林、谁经营、谁受益”的政策，乙方对退耕还林成果享有所有权、继承权和转让权。

四、违约责任

1. 因乙方未按甲方技术要求栽植、抚育和管理，造成造林成活率低于85%，三年后幼林保存率生态林低于80%、经济林低于85%，甲方不向乙方兑现当年补助。待乙方采取补救措施后，经验收合格再兑现相关补助。

2. 退耕还林后又复耕的，甲方责令其进行退耕补植，如不补植的，甲方将终止对乙方的有关补助，并追回原全部补助，依法收回土地经营权证书、林权证和退耕还林证，并由乙方负责赔偿国家、省、市、县（市、区）由此造成的经济损失。

3. 乙方提供不真实数据，造成的一切经济损失，均由乙方负责。

五、本合同未尽事宜，由双方协商解决。

六、此合同一式三份，甲方、乙方各执一份，县（市、区）林业主管部门备存一份。本合同从签订之日起生效。

甲方（乡、镇人民政府签字盖章）：

乙方（签字盖章）：

年　　月　　日

休宁县农村村民公约

1. 热爱共产党，热爱祖国，勤劳致富，建设家园。
2. 遵纪守法，破除陈规陋习，反对非法宗教活动。
3. 讲科学，用科学，不搞封建迷信。
4. 植树造林，绿化荒山，不乱砍乱伐。
5. 结婚要登记，不早婚，不私婚，要计划生育。
6. 尊老爱幼，家庭和睦，邻里团结，帮困扶贫，讲究社会公德。
7. 讲究卫生，美化环境，保持村容村貌。
8. 建房用地要审批，不乱占乱建，珍惜耕地。
9. 热爱集体，积极参加村里公益事业。
10. 做文明村民，树农村新风尚。

这份村民公约的内容较为常见，被当地老百姓称作“农民十条”，应该属于当地县政府推广的官方文本，其中难以看到明确的时间和与之相关的特征，这种村民公约大概可以上下五十年不变，并且成为一种具有普及性的农村行为准则。因此在典型和规范的同时，也缺少明显的个性色彩，甚至给人一种空洞和过分说教的感觉。这种抽象的不具体的条文，在政府成员的眼里可能是经典甚至不容置疑，但就村民而言则因其不具体而难以落实。可见官方和民间之间隔膜，并不因为“一号文件”的出现而松动或者消除。

此外三村村委会的墙上还有关于民事调解以及社会治安综合治理和

农村治安保卫、安全管理等方面的组织构成及相应规定，同样成为我们了解今日农村社会环境的重要参考资料。

民事纠纷调解程序

一、辖区内的民事纠纷，经一方或双方提起后，村调解委员会必须及时对当事人所提出的纠纷在查明事实的基础上，组织双方当事人进行调解。调解不成的应由村委会作出处理决定，并报乡司法所备案。

二、经村级调处无效的疑难纠纷，当事人需向乡司法所提出书面申请，乡司法所在收到申请和村处理决定后，按规定审核后，决定是否能够处理，立案调处。

三、乡司法所受理后的纠纷，必须尽快安排时间进行调查、取证，并组织双方当事人，村委会及有关人员进行调解。

四、对按法律规定，乡司法所无权受理的纠纷，应及时明确告知当事人，撤回申请，以及应向哪些部门提出申请。

五、对调解成效的纠纷应制作书面调解协议书，并监督双方按协议履行职责，对调解无效的纠纷应提出处理意见，报乡政府研究后，由乡政府作出处理决定书。

六、已受理的民事纠纷，应在三个月内处理终结，重大纠纷也应在六个月内处理终结。

七、对受理后调处完毕的纠纷，必须及时立卷归档。

三村村社会治安综合治理领导组

组长：张德宝

成员：张万年、方启圣、汪纪文、张根苗

调解委员会

主任：张万年

成员：方启圣、汪纪文、张根苗

治保委员会

主任：张万年

委员：汪纪文、姚祖贤、方真有

治安联防队伍

组长：吴开成

成员：方文武、郭炳华、胡高升

两劳回归人员帮教组织

组长:汪纪文

成员:汪转男、胡高升、程祥龙

村治保会工作制度

一、定期研究工作,学习法律、法令、政策和治保业务,半年进行一次工作总结。

二、经常进行安全检查,发现隐患及时向有关部门反映,认真解决。

三、经常向所属基层组织和公安保卫部门汇报工作,反映群众对社会治安管理工作的意见和要求,治安情况重大问题随时请示报告。

四、听取群众意见,接受群众监督,向群众报告工作。

五、对在治安工作中表现出来的先进集体和先进个人,应及时进行表彰奖励,以利推动治保工作开展。

安全文明村条件

一、有“创安”氛围,村庄醒目位置有“安全文明”标牌。

二、有“创安”组织,村委会有配套的治保、调解、依法治理、安置帮教、流动人口、治安巡逻等组织,责任明确,制度完善。

三、有“安全”感,无重大刑事案件,无称霸一方的地方恶势力,无大盗,无因民事纠纷激化而酿成刑事案件,无重大治安灾害事故,无邪教组织活动,无群众性械斗、闹丧和集体越级上访等重大事件,无买卖人口和“黄、赌、毒”等社会丑恶现象。

村社会治安组织网络

组别	总人口	治安组织	第一责任人
1	228		杨秋来
2	258		胡高升
3	234		孙良民
4	329		吴开成
5	180		方真有
6	84		郭丙华
7	188		程祥龙
8	118		方文武
9	合计	1436 人	

四、岭南乡的民事协议和民事秩序

岭南乡位于徽州休宁县南端，与江西婺源毗邻，山里的早晨风景别样清新，七点多一点，太阳刚刚照到山谷深处，山脚下便升起一缕一缕的云雾，沿着山坡向上升腾，拥抱着山坡上的毛竹林，让大山深处的一切都沉浸在一派朦胧中。我们一早就赶到岭南乡政府，等着乡里的领导接见我们，据说乡官们也很忙，去晚了可能见不到，如果没有先拜访乡里的官员，得不到他们的许可，在农村的调查将会困难重重。反之如果乡官们一旦高兴起来，给下边的村官们打上几个电话，那在下乡调查中，就如同拿到了尚方宝剑，一路绿灯，顺畅至极。

乡政府在一个大院子里，看上去有点像个学校，中间的院子就如同学校的操场，院子的中间有一个宣传栏，上边贴着一些公告类的宣传品，引起了我们浓厚的兴趣。

岭南乡政府政务公开栏：

“三农”优惠政策措施

为贯彻中央一号文件，省委、省政府今年出台了一系列促进农民增加收入的政策措施，其主要内容是：

1. 进一步减征农业税；

2. 对水稻良种实施补贴；

3. 对稻谷实施最低收购价；

4. 增加对农民粮食直接补贴资金；

5. 增加对农民购置和更新大型农机具的资金补助；

6. 实行城乡居民生活用电同网同价；

7. 鼓励和支持农村劳动力有序转移，严禁用人单位拖欠农民工工资；

8. 认真落实国家税收优惠政策；

9. 切实保护耕地。

岭南乡9～11月生育指标出生、手术、社会抚养费征收情况公布

<table>
<tr><th rowspan="3">村名</th><th colspan="2">生育指标</th><th colspan="4">出生</th><th colspan="2">社会抚养费生手</th><th colspan="2">手术</th><th rowspan="3"></th></tr>
<tr><th rowspan="2">一孩</th><th rowspan="2">二孩</th><th colspan="2">计内</th><th colspan="2">计外</th><th rowspan="2">应征数额</th><th rowspan="2">实征数额</th><th rowspan="2">上环</th><th rowspan="2">女扎</th></tr>
<tr><th>一孩</th><th>二孩</th><th>一孩</th><th>二孩</th></tr>
<tr><td>岭南</td><td>1</td><td></td><td></td><td></td><td></td><td></td><td></td><td></td><td>1</td><td></td><td></td></tr>
<tr><td>三溪</td><td></td><td></td><td></td><td>3</td><td></td><td></td><td></td><td></td><td></td><td></td><td></td></tr>
<tr><td>溪西</td><td></td><td></td><td>1</td><td>1</td><td></td><td></td><td></td><td></td><td>1</td><td></td><td></td></tr>
<tr><td>石川</td><td></td><td></td><td>1</td><td>1</td><td></td><td></td><td></td><td></td><td>1</td><td>1</td><td></td></tr>
<tr><td>璜茅</td><td>5</td><td></td><td>2</td><td>3</td><td></td><td></td><td></td><td></td><td>2</td><td>1</td><td></td></tr>
<tr><td>乡直</td><td></td><td></td><td></td><td></td><td></td><td></td><td></td><td></td><td></td><td></td><td></td></tr>
<tr><td>合计</td><td>6</td><td></td><td>4</td><td>8</td><td></td><td></td><td></td><td></td><td>5</td><td>2</td><td></td></tr>
</table>

岭南乡下辖璜茅、石川、三溪、岭南、溪西五个行政村和直属乡政府管辖的一个自然村。税收工作和计划生育是乡政府最主要的任务之一，从全乡2004年9～11月的统计观察，全乡六个村级行政单位中，只有六个生育指标，同时计划生育内的出生指标分别为一孩四胎，二孩即在允许内生育第二个小孩的八胎，计划外的则一个也没有。同时对于育龄妇女做计划生育手术的，也做了详细的安排，其中妇女上节育环手术的为5人，做人工流产手术的为2人。上述计划已经落实到具体村庄，显得十分详明。

2004年度木竹限额采伐计划分配表

注：单位： m^3 根

树种数量村别	杉木	松木	杂木	毛竹
璜茅				2000
石川	20			2000
三溪		100		2000
岭南	60			2000
溪西			20	2000
合计	80	100	20	10000

根据该竹木限额采伐表的计划，全乡五个行政村共计划采伐毛竹10,000根，平均每村2000根；此外允许石川村、岭南村采伐杉木80立方米；三溪村采伐松木100立方米；溪西村采伐杂木20立方米。按我们了解到的当地毛竹价格每根30元计算，平均每村采伐毛竹收入为60,000元，另按每村平均300人计算，每人平均约得毛竹收入200元。其余砍伐木材收入各村不一，以岭南村为例，砍伐杉木60立方米，每立方米700元计算，可得42,000元，按全村300人计算每人可得140元。因此按最乐观的估计，当地村民从每年竹木采伐中，平均收入约为300元。尽管这一收入并不能从根本上解决当地农民的生活基本需求，但仍然是村民经济来源的重要组成部分，因此既要保护森林植被防止村民乱砍乱伐，以便着眼长久，另外也需要解决农民生活的实际需要，因此就像计划生育一样，控制竹木采伐总量，也同样成为乡村政府的重要工作之一。

院子四周围着一圈略显破旧的房子，有的是一层平房，有的是两层的小楼，木制的楼梯斜靠在房子的一端，摇摇晃晃，走在上面给人一种不安的感觉。

没想到乡党委书记洪学军比我们起得还早，他刚和乡干部们一起吃完早餐，看见我们一行，便仔细地打量了一番，然后好像醒悟了过来，说道："啊，是从北京来的吧，我昨天就听说了，来了一群北京的教授，到我们县做社会调查，欢迎欢迎，快请快请。"说着便把我们让进了二楼一个门口挂着"党委书记办公室"牌子的房间，说是办公室，其实还兼卧室，一间不大的房子，用木制的文件柜隔成两半，里边的那一半摆着一张小床，上边的被褥叠放得整整齐齐，看来是书记睡觉的地方，外边的一半有一个办公桌和几把椅子，简陋得让人不敢想像这就是乡官的"衙门大堂"，只是墙上挂着不知何人写就的书法，墨色淋漓之间，透出几许书卷气来。洪学军书记年纪不到四十岁，身材不高，仪表堂堂，说话很有条理性，一望便知是个训练有素的人。在我们的请求下，他建议我们去溪西村看看，说着他便给溪西村的干部打了个电话，然后对我们说："没问题，那里的经济不是很发达，保留下来的历史遗迹也较多，我跟他们说过了，你们一提我，他们肯定配合。再说溪西村靠近公路，过了溪西，就进入江西地界了。"说着洪书记把我们送了出来，大家边走边聊了起来，洪书记说："现在的乡官啊主要是为下边服务，停止农业税以后，乡镇干部的作用应当随之变化，从征粮催款，转变为为基层服务，这个变化的确很大，说实在的，乡镇这一级应当进行压缩，或者合并，甚至取消，这样很可能进一步降低农村压力。”听到他的这番话，我们感到很惊讶。在徽州地区进行的农村调查中，我们所接触到的乡镇一级干部中，大多接受过高等教育，具有较强的工作能力，有些还具有较为独立的思想性，表明乡镇干部的整体素质已经有了很大的提高。

我们问他岭南乡有没有“杀猪封山”的习惯，他想了想对我们说：“有些村庄还保留着杀猪封山的一些痕迹，并且在农村管理中也起到一定作用。”说着，他用手机又打了一个电话，用皖南方言说了几句话，很快就有一个干部模样的人跑过来递给我们一件《岭南村村规民约》，在这份村规民约中，果然有“恢复历史杀猪封山制”的具体条文。

岭南村村规民约

为提高广大村民造林积极性，现有森林资源不受侵害，有效保护好经济资源，为生态自然保护创造良好空间，经 3 月 27 日晚村召开两委党员、各村民组长、村民代表会议，共同制定通过以下村规民约。凡日后损坏村规民约之规定，按此定村规民约之条例对照处理。

（一）村聘用张长有、张加权二人为全村专职护林员，对坐落岭南村境内之山场看守护林，包括竹笋、卫生及河道垃圾看理，月工资每人每月 100 元。

（二）恢复历史杀猪封山制，按居住本村户口每户发一斤猪肉为限，以示提高广大村民对护林的重视和警悟。

（三）对本村东边山（南至兰田岭，北至对圩背上场），全面封禁该山上杉、松柴（包括枯柴）一律禁伐，违者按每户一斤猪肉给予处罚。

（四）其他山场（包括集体山场、村民自留山林场、龙田林场），只限村民生活用柴，其杉、松树未经审批领取砍伐证，一律禁止砍运杉、松木进村，违者按偷盗给予每人每户 500 元罚款。

（五）竹笋是季节性资源，每年清明前半个月及清明后一个月，是养护竹笋的关键，在此季节每星期一、四两天作为村民各自间养护（只限在自己山场），时间定为早上 7 点至中午 12 点前，超出时间不论是否自己山场均按偷盗给予每根笋 20 元的罚款。

（六）美化环境，道路卫生，河流清洁畅通，严防水质污染，提高村民健康素质，本村规定，凡村民打扫卫生的垃圾，一律禁止倒入河流，凡违章倒入河,一旦发现,每人每次处以50元的罚款。

(七)外运凡未办理木材砍伐手续和外运计划,禁止一切外商进村收购无计划杉、松柴木,一旦发现,没收货物并处以500元罚款。

(八)凡党员干部违犯上述之规,对照条例,从重加以双倍处罚。

(九)护林员工资发放,每月按60%的工资发放,其余40%待年终对照护林员职责给予考核,考核达标一次补发。

(十)奖罚制度,凡违者被护林员发现举报,按罚款的总额给予40%的奖励,其他村民发现举报按总额的7%给予奖励。其余额作为护林基金,罚款一次,兑现一次,如护林员知情不报,年终扣除工资。

以上村规民约望广大党员干部、广大村民自觉遵守,共同维护,为保青山长绿,绿水长清,资源丰富,生态自然和谐,创造美好的未来。

本村规民约报岭南乡政府,送岭南林场、桃林村、江田村各一份。

岭南村委会

2005年3月28日

在《岭南村村规民约》中,全体村民约定:“恢复历史杀猪封山制,按居住本村户口每户发一斤猪肉为限,以示提高广大村民对护林的重视和警悟。对本村东边山,全面封禁该山上杉、松柴(包括枯柴)一律禁伐,违者按每户一斤猪肉给予处罚。”明确表明“杀猪封山”的目的,仅仅是“提高广大村民对护林的重视和警悟”,且在封山之时,按本村户口每户发给一斤猪肉,如果有违反者,则由其按每户给一斤猪肉予以处罚。岭南村不过是仅有几百户人家的村庄,大概杀一头猪就够用了,在已经解决了温饱问题的今日农村,一头猪已经不是非常重要的家庭财产,只能算是比较重要的家庭副业,因此杀猪封山对于财产的处罚显得并不重要,而在一个没有陌生人的农业社会中,这种惩罚的结果,可能会使被处罚者颜面丧尽。把违规者的猪抓出去杀了,全体村民在享受了猪肉的美味之后,这种惩戒作用会在村民的心目中留下深深的痕迹。乡土社会中自身所形成的习惯具有的约束力,被理论界和学术界所淡漠,但乡土社会却仍然按照他们自身发展的轨迹,固守着传统的习惯,因为这些习惯仍然具有强烈的生命力,并且发挥着明显的作用。

溪西村是休宁县最南部的边远山村,其地界与江西婺源县紧密相连,只有一条公路从村中穿过，由于地处偏僻，交通不便，是徽州地区有名的贫困山村。村庄不大，不过百十户人家，沿着高山脚下，顺着一条小溪，鳞次栉比地坐落着一座座略显陈旧的徽派建筑。只有村口靠近公路的小卖部，显得略为抢眼，那是用灰色的砖瓦建起的一栋两层小楼，建筑风格明显与周围的农家院舍不同。一楼兼做小卖部，里面也只有三五个柜台，放些简单的农具和食品、烟酒和日常百货，估计来此的"消费者"，仅限于村中的居民，但是农村的小卖部还肩负着另外的职能，例如经过村庄的公交车停靠在这里上下乘客，村里的干部在此宣布村民可以知道的大小决定，当然小卖部也成了村民们迎来送往和信息交流的场所。我们进去时，看见一张张笑脸，仿佛在等待着我们的到来，我猜想大约是乡里的领导和这个村庄打过招呼了。果然村中的党支部书记和村长都在这个简陋而又不可或缺的小卖部中等待着我们。

溪西村的书记叫李国保，原来是黄山市地志办公室工作人员，不久前到溪西村挂职锻炼，李书记显得很斯文，而且能讲一口道地的普通话，看上去显得十分干练。溪西村的主任叫杨文飞，是村中的土生土长的干部，和其他村里的干部一样，穿着灰蓝色的干部装，脚下是一双军队中士兵们才穿的绿球鞋，人显得很结实，只是脸上堆满了一种略带逢迎的微笑，让人刚一接触时显得很不自在。杨主任是这个小卖部的老板，于是楼下是他的小卖部，楼上就兼做村委会办公室。我们一行人随着李书记、杨主任和一位村会计一起上到二楼，还没有等我们张嘴，他们便主动向我们介绍了溪西村外出务工的情况，好像根据乡里的交代，已经有了准备。对此我们也有了一些经验，我们知道在上面有交代的情况下，村里的干部自然是十分热情和周到，他们会把准备好的资料给我们看，然后再说上一些"欢迎光临"、"欢迎指导"之类的致辞，于是在"形势一片大好"、"感谢领导关心三农问题"颂扬声中，调查者满意而去，被调查者眨了眨眼睛，于是一切又恢复了原有的平静。

为了不落入这样的俗套，我们便开门见山地说："我们是来了解农村合伙养牛问题的。请问咱们村里有多少头牛啊？"这下子好像超过了他们的准备，李书记和杨主任一时不知如何回答，于是会计赶紧接了过来说道："有十头左右。"村里的会计是除了书记和村主任之外的另一位领导，在村庄里有着举足轻重的地位，接着会计介绍说，他本人就曾与其他三户合伙养了一头水牛,用作耕田犁地,不过现在他已经退出了。我们问他:“村中最多的有几户合伙养牛?”他回答说:“多的有六七户。”

我们又问:“有没有一户单独养的?”

会计回答道:“也有,就叫‘养牛户’,专门养牛替别人代耕。”

“代人耕地怎么收费啊?”

“不一定,有时每亩收30元钱,有时按天收费。”

“是当时给钱,还是秋后算账一块儿给?”

“秋后算账,我们这里稻谷割了以后,还要种些油菜,油菜种好了,一般各户就该算账了。”

“那为什么还有人几户合伙养牛呢?”

“那太麻烦了,这里的田地很少,一年犁田的时候最多半个月,但是你要单独饲养它,就要喂上一整年,那样划不来的。”

我们接着问:“合伙养牛的时候要不要写一个文字合同?”

会计接着回答:“那没有,大家在一起一商量就行了,用不着写个文字。”

“如果你不跟人合着养牛,或者转让给别人家了,转让的时候要写一个东西吗?”

“我们这儿叫退股,一般有人接着就行了,也不用写个什么东西。”

“比如您合伙养牛时有六分之一股?后来您转让给谁了?是同村的一个人?要什么手续吗?”

“不要手续,我转让给别人,别人把钱给我就行了。”

“您多少钱转让出去的?”

会计笑了笑,没有直接回答我们,只是说:“要看牛的价钱,能耕田的,价格就高点。”果然他是一个精明的人,看来他不会做亏本的买卖。

我们接着又问:“那您以后还打算再入股,或者原来的股还能转回来吗?”

会计回答道:“那个牛已经卖了。”

我们问他:“如果是合伙养牛的,怎样使用呢?有没有先后顺序啊?”

会计答道:“一般谁家犁田就说一声,牵走牛就成了。也没有什么固定的顺序,上一家犁完田,下一家接着使,大家轮流用。”

我们问道:“平时由谁来饲养?”

会计回答说:“大多是一家一个月轮换着饲养。”

我们问他:“如果牛在你们家里胖了或者给养瘦了？有没有人会说闲话呢?”

会计回答说:“这种情况也是有的,有时也有人讲讲闲话什么的,不过不会闹出大的意见来。”

我们又问他:“如果碰巧牛死了或者受伤了怎么办?”

会计想了想回答说:“有过这种事,有一次轮到三婶(农村人对同宗叔叔配偶的称呼)放牛,一眼没看住,牛掉到坡下摔死了。”

我们赶紧问:“那怎么办呢?”

会计不假思索地说:“大伙儿一起把牛杀了,牛皮剥下来卖了,牛肉各家分着吃了,吃不了的肉也卖了。大家帮着卖,卖肉的钱拿回来,各户又添一些钱,重新买了一头牛。”

我们接着问:“有没有人提出让三婶负责赔偿一些呢?”

李书记、杨主任和会计一起笑了起来:“没这事,让人家赔,以后谁还敢跟你合伙办事啊,再说三婶也不是故意的。”

我们也跟着一起笑了起来,看来村庄里有村庄里的规矩,而且和我们已经了解的所有规则有着很大的区别,也正是因此我们的问题才会惹得生活在农村里的人们发笑。

在现代社会里,人们用法律作为规范行为的准则,如果根据《合同法》的有关规定,三婶不慎将牛摔伤,致使给他人带来损失,三婶应当根据合同的约定承担过错一方的责任,给予损失方相应的赔偿。但是在乡村社会中,如果出现这样的现象,将引起周围的人议论甚至笑话,其结果将会使要求赔偿的受到责怪。从理论上讲要求赔偿的人并无过失,然而在这样一个相对封闭的社会环境下,众人一起承担损失,形成一种特殊的互相救济原则,这一原则使三婶具有原始状态下的免责条件,其他无过错一方的谅解精神,成为他们之间继续合作的前提条件。而在这个特定的社会环境下,人们之间自发的合作精神,构成他们对抗恶劣环境时的群体力量。

李书记和杨主任陪我们从二楼下到一楼,同时他们还指示会计帮我们找些与民事调解和民间合同有关的资料。下到一楼的时候,我们又问杨主任:“村里人互相借债怎么办理?”

杨主任回答:“平时关系好的,或者朋友之间、亲戚之间都能互相借债。”

“兄弟之间借钱的现象多吗?”

“兄弟之间合伙或者借钱的一般少一些,因为不好要债,怕伤了和气,所以一般宁愿向外人借。”接着他又补充说:“村里用钱的机会不多,有时需要买东西也可以到村里的小卖部赊销,都是些小农具和生活必需品。大部分是留在村里的老人们来,所以要先记一下账,等老人的孩子外出打工回来后,挣了钱再来还。”

“有没有不认账的?”

“没有。”杨主任肯定地回答。

我们接着又问:“有没有最终还是不能还账的?”

他稍微想了一下,回答说:“也很少,有时一下子还不上,慢慢还呗。什么时候还上,什么时候算。”

我们把话题转了一下,又问他:“咱们这一带男女结婚时要不要订婚和送彩礼啊?万一订了婚又不同意了怎么办?”在我们的脑子里,还记着在大阜村时讨论过的关于女儿出嫁陪送嫁妆的问题。杨主任回答说:“我们这里结婚,男女两家要先订婚,先由男家来送彩礼,就算婚事谈定了。如果后来女方反悔了,彩礼都要给人家退回去,要是男方反悔了,这彩礼就不退了。”

“咱们这地方是不是一定要经过定亲才行?”

“这里一般是在中秋节,过年的时候定亲。定亲时,要把亲戚全部请来喝一下酒,大家讲明了,女的定亲了,其他人不能再来插手了。”

“订婚后,男女双方可不可以住到一起呀?”

分不清是谁回答了一句:“那可不行。”

我们又接着问:“那什么时候男女双方可以住到一起?”

杨主任回答说:“要等结婚以后。”

“一般是先登记拿到结婚证再办酒呢?还是先办酒再拿结婚证呢?”

李书记回答说:“先办结婚证,再办酒。不过现在也有人拿到结婚证就住在一起的,”接着杨主任又补充了一句,“不办酒席的很少,因为办酒席可以收份子钱”。

我们又接着问:“办一次酒席可以收回多少份子钱?”

他们三个人互相看了看,谁也没有回答我们的问题,让我们感到这其中一定有很多一下子说不清又道不明的蹊跷之处。

接着我们把话题转到了当地村民外出打工的情况。杨主任向我们介绍说，全村500人左右，外出打工的大概有一百六七十人，约占全村人数的1/3。他还提到这个在大山深处的小村子，没有太多的经济收入，青壮年外出打工的收入，是村里经济的主要来源。我们进村的时候已经发现，村庄里面冷冷清清，只有少数几个老年人和妇女儿童聚集在小卖部的周围，老年人蹲在墙脚处晒太阳，妇女们带着年幼的儿童三三两两地凑在一旁说着什么，当他们看见我们的时候，不约而同地停顿下来，用一种不解的眼光打量着我们这一群既不像旅游者也不像过路人的陌生人。

我们向杨主任等问起村民们有没有互相借债的问题，比如平时生活用钱不够时，怎么办？

杨主任回答："急需用钱时也会向别人借，当然是平时关系较好的人。"

"借钱时有没有借条之类的字据？"

"多数没有。"

"没有借条，以后借钱不还怎么办？咱们村有没有发生过这样的纠纷呢？"

杨主任不假思索地回答："反正从我做村长以来没有发生过，农村里头都是自家信用好。"

我们又问："如果这人不讲诚信呢？是不是在村里就没面子，待不住了呢。"

"如果发生这种事情，就可能是这样的。"

我们接着问到："杨主任，您开个商店，一般村民到您这里买东西，他没钱，是否要记个账呢？"

"是的，店里有个账本，专门记这些。"

"记了账什么时候还？"

"一般年底都能还清。"

"最多的时候一户人家能欠多少钱？"

"最多的欠一千五百多块钱，大概快四年了，早晚还是能还上。"

"有没有抵押行为？用什么抵押呢？"

"没有抵押的。"

我们又问他："这个店是您一个人投资的，还是有其他股东？"

杨主任爽快地回答："这是我自己一个人开的。"

说着大家都一起笑了起来。

小卖部的外面是穿村而过的公路，公路的另外一侧是一片一片的水田，水田里有人赶着牛在犁地，远处的高山，近处的竹林，竹林间三五杂陈的农舍，和水田中犁田的耕牛，构成一幅浑然天成的画轴。

杨主任指着水田说："我们村里山多地少，田里的水也不足，有时发生一些争水的纠纷，等一会儿找些这方面的材料给你们看看。"我们又向他们了解，在咱们这里村民建房都要办些什么手续？杨主任回答说："我们这里要盖房子的，先写个申请，按照上边发的表格把你要盖的房子的图画下来，先定下四至，再征得隔壁邻居同意，四至隔壁都定好以后，必须先让我看看，经过我签字同意以后才能施工。"

我们问他："如果一个邻居不同意，或者您看完之后会提出什么要求吗？"

杨主任回答："也不会提出什么很高的要求，先要把四邻的相隔距离定好，比如讲你空着一十五，我以后建房子，也空着一十五，大家都觉得可以以后，那我就签字了。"

"房子的高低有什么要求呢？比如说你的屋脊能不能比我的高？"

"如果两个房子不是同时盖的，后盖的如果高了会挡住光线，他俩就会私下协商，你是后盖房子，你在方向和高度都要变一下，那两家坐下来写写个协议，内容都会写得比较具体。"

"申请建房时您批准以后还要办什么手续吗？"

"我们看好以后，还要报给乡政府，乡政府再给批。"

"那个审批的资料最后存档在哪？"

"归乡政府统一保管。"

正说到这里时，村会计已经将村委会保存的有关房屋纠纷、相邻关系纠纷和各种调解记录以及其他与土地调换等契约文书找了出来，这些仅是村委会保存下来的相关文书中很小的一部分，对我们来说却如同如获至宝。这些采自徽州农村最基层的资料，是我们徽州调查的主要收获之一，成为我们研究徽州地区农村发展和民间习惯的宝贵资源。

村会计交给我们的是四册已经装订好了的村委会档案，基本上是最近两三年的资料，显然已经经过整理。内容包括交换田地、承包经营、纠纷调解、遗嘱继承、买卖和其他五个主要方面，从中可以直观地了解在乡政村治主导思想下，村级管理工作和乡村民间事务相关内容。这些内容从村庄以外的角度根本无法得知，只有深入乡村中去，才能进行观察和了解。

我们对这四册村委会档案进行随机取样，因保存和书写记录过分潦草的原因，在取样时尽可能挑选保存状况较好和文字相对清晰的文本进行拍摄，然后依据照片进行整理，除个别错字、白字和异体字做了适当修正外，绝大部分一如其旧，以尽可能保持这些材料的原有面貌，以便真实地反映出这些资料的原始价值。

（一）交换田地类契约文书

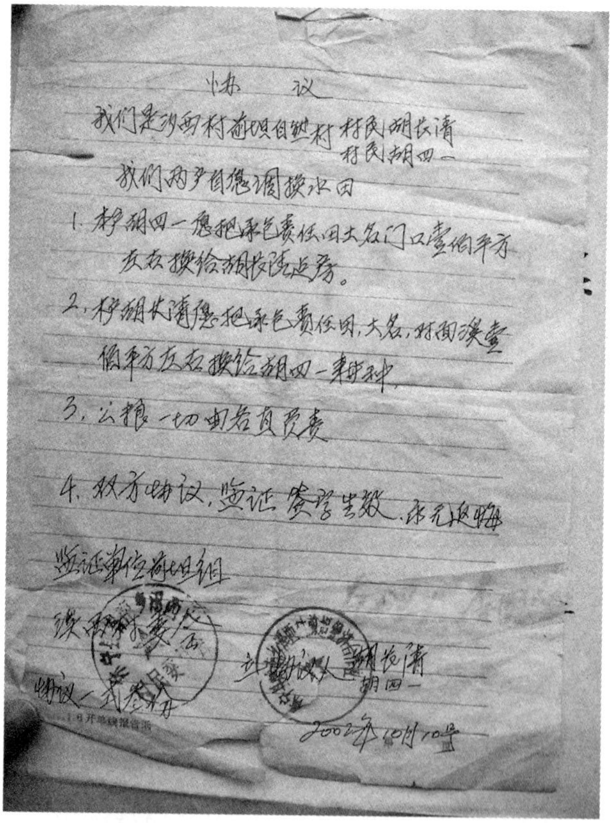

协议

我们是沙丘村商坝自然村 村民胡长清
村民胡四一

我们两户自愿调换水田

1. 村户胡四一愿把承包责任田大名门口壹佰平方左右换给胡长清建房。

2. 村户胡长清愿把承包责任田，大名，村间溪壹佰平方左右换给胡四一耕种，

3. 公粮一切由各自负责

4. 双方协议，监证签字生效，永无反悔

监证单位商坝组

协议一式叁份

立协议人 胡长清
胡四一

2002年10月10号

休宁县岭南乡溪西村前坦自然村胡长清与胡四一调换水田建房协议

我们是溪西村前坦自然村村民胡长清、村民胡四一，我们两户自愿调换水田：

1. 本户胡四一愿把承包责任田，土名门口，一百平方左右，换给胡长清建房。

2. 本户胡长清愿把承包责任田，土名对面溪，一百平方左右，换给胡四一耕种。

3. 公粮一切由各自负责。

4. 双方协议，监证、签字生效，永无反悔。

立协议人：胡长清

胡四一

监证单位：前坦组

（加盖“休宁县岭南乡溪西村前坦组经济合作社”公章）

溪西村委会

（加盖“休宁县岭南乡溪西村村民委员会”公章）

协议一式三份

2002 年 10 月 10 日

休宁县岭南乡溪西村俞福开与胡志全换田建房协议

兹有溪西村二组俞福开、胡志全两户，换田建房的协议，具体事项如下：

1. 为了双方建房的需要，俞福开以 40 平方的面积，调换胡志全 40 平方的面积，使双方能完整的建造住房，公粮各自负担。

2. 两家住房中间行人道，各让 2 尺，共行人道 4 尺。

3. 胡志全的厨房后边挖水沟留 1 尺 5 寸，以后俞福开要做猪栏，前边留 1 尺 5 寸。

4. 经双方协商，建房设计、地基双方一样高，前边一样齐，三层一样高，四层以外不管高低。

以上协议，各执遵守。

立协议人：俞福开（签字）胡志全（签字）

2002 年 10 月 16 日

监证单位：（加盖“休宁县岭南乡溪西村村民委员会”公章）

2002 年 10 月 17 日

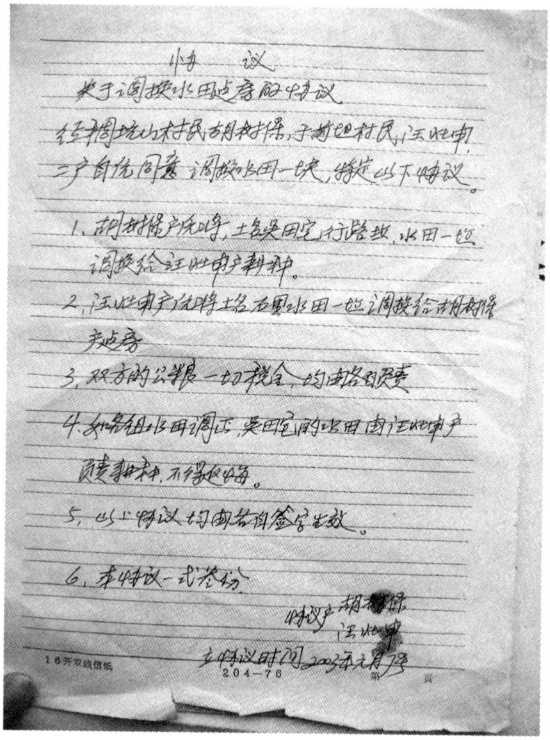

协　议

关于调换水田建房的协议

经调坑山村民胡树保，与前坦村民汪灶申，
二户自愿同意调换水田一块，特定以下协议。

1、胡树保户愿将土名吴田宅行路坵，水田一坵
调换给汪灶申户耕种。

2、汪灶申户愿将土名石里水田一坵调换给胡树保
户建房

3、双方的公粮一切税金，均由各自负责

4、如各组水田调出，吴田宅的水田由汪灶申户
负责耕种，不得反悔。

5、以上协议均由各自签字生效。

6、本协议一式叁份

协议户 胡树保
汪灶申

立协议时间 2003年元月7号

16开双线信纸 204—76 第 页

休宁县岭南乡坑山村村民胡树保与前坦村村民
汪灶申调换水田建房协议

关于调换水田建房的协议

经调坑山村民胡树保，与前坦村民汪灶申，二户自愿同意调换水田一块，特定以下协议：

1. 胡树保户愿将土名吴田宅行路坵，水田一坵，调换给汪灶申户耕种。

2. 汪灶申户愿将土名石里水田一坵调换给胡树保户建房。

3. 双方的公粮一切税金，均由各自负责。

4. 如各组水田调出，吴田宅的水田由汪灶申户负责耕种，不得反悔。

5. 以上协议均由各自签字生效。

6. 本协议一式三份。

协议户：胡树保（指纹）

汪灶申（指纹）

立协议时间：2003 年元月 7 号

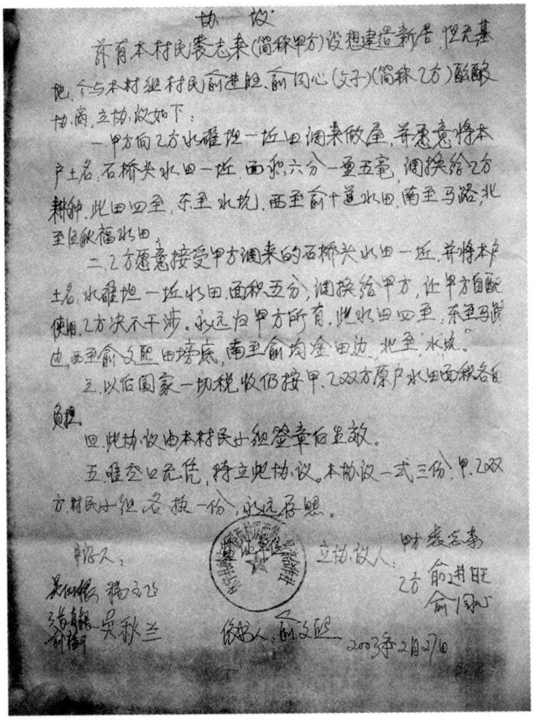

协议

兹有本村民裘志来（简称甲方）设想建造新居，但无基地，今与本村组村民俞进旺、俞同心（父子）（简称乙方）酝酿协商，立协议如下：

一、甲方向乙方水碓坦一坵田调来做屋，并愿意将本户土名：石桥头水田一坵，面积六分一厘五毫，调换给乙方耕种。此田四至：东至水坑，西至俞十道水田，南至马路，北至伍秋福水田。

二、乙方愿意接受甲方调来的石桥头水田一坵，并将本户土名：水碓坦一坵水田，面积五分，调换给甲方，让甲方自配使用，乙方决不干涉。永远归甲方所有，此水田四至：东至马路边，西至俞文熙田塝底，南至俞均淦田边，北至水坑。

三、以后国家一切税收仍按甲、乙双方原户水田面积各自负担。

四、此协议由本村民小组签章后生效。

五、唯恐口无凭，特立此协议。本协议一式三份，甲、乙双方、村民小组各执一份，永远存照。

证明人：

吴仙根 程云飞

张有根 吴秋兰

俞福乔

立协议人：甲方 裘志来

乙方 俞进旺

俞同心

代笔人：俞文熙

2003年2月27日

溪西村村民裘志来与村民俞进旺和俞同心父子换田建屋协议

兹有本村民裘志来（简称甲方）设想建造新居，但无基地，今与本村组村民俞进旺、俞同心（父子）（简称乙方）酝酿协商，立协议如下：

一、甲方向乙方水碓坦一坵田调来做屋，并愿意将本户土名：石桥头水田一坵，面积六分一厘五毫，调换给乙方耕种。此田四至：东至水坑，西至俞十道水田，南至马路，北至伍秋福水田。

二、乙方愿意接受甲方调来的石桥头水田一坵，并将本户土名：水碓坦一坵水田，面积五分，调换给甲方，让甲方自配使用，乙方决不干涉。永远归甲方所有，此水田四至：东至马路边，西至俞文熙田塝底，南至俞均淦田边，北至水坑。

三、以后国家一切税收仍按甲、乙双方原户水田面积各自负担。

四、此协议由本村民小组签章后生效。

五、唯空口无凭，特立此协议。本协议一式三份，甲、乙双方，村民小组各执一份，永远存照。

立协议人：甲方　裘志来（签字）

乙方　俞进旺（签字）

俞同心（签字）

鉴证单位：休宁县岭南乡溪西村溪西第三经济合作社（盖章）

中证人：吴树根（签字） 张有根（签字） 俞福开（签字） 杨文飞（签字） 吴秋兰（签字）

依书人：俞文熙（签字）

2003 年 2 月 27 日

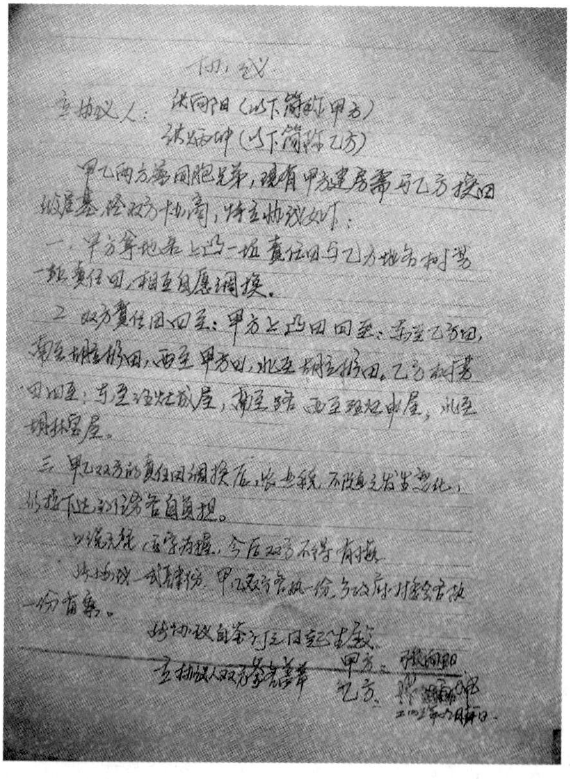

协议

立协议人：洪向阳（以下简称甲方）

洪[illegible]（以下简称乙方）

甲乙两方系同胞兄弟，现有甲方建房需与乙方换田做屋基，经双方协商，特立协议如下：

一、甲方[illegible]上边一坵责任田与乙方[illegible]一坵责任田，相互自愿调换。

二、双方责任田四至：甲方上边田四至：东至乙方田，南至[illegible]田，西至甲方田，北至[illegible]田。乙方[illegible]田四至：东至[illegible]屋，南至路，西至[illegible]屋，北至[illegible]屋。

三、甲乙双方的责任田调换后，农业税[illegible]，[illegible]各自负担。

口说无凭，立字为据，今后双方不得反悔。

此协议一式[illegible]份，甲乙双方各执一份，乡政府、村委会各执一份备案。

此协议自签订之日起生效。

立协议人双方签名盖章　甲方：[illegible]　乙方：[illegible]

[illegible]

张向阳张炳坤兄弟调换田地协议

立协议人:张向阳(以下简称甲方)

张炳坤(以下简称乙方)

甲乙两方属同胞兄弟,现有甲方建房需与乙方换田做屋基,经双方协商,特立协议如下:

一、甲方拿地名上凸一坵责任田与乙方地名树芳一坵责任田,相互自愿调换。

二、双方责任田四至:甲方上凸田四至:东至乙方田,南至胡立彬田,西至甲方田,北至胡立彬田。乙方树芳田四至:东至汪灶成屋,南至路,西至汪灶申屋,北至胡林宝屋。

三、甲、乙双方的责任田调换后,农业税不随之发生变化,所接下达的任务各自负担。

口说无凭,立字为据,今后双方不得有悔。

此协议一式四份,甲、乙双方各执一份,乡政府、村委会各执一份备案。

此协议自签订之日起生效

立协议人双方签名盖章

甲方:张向阳

乙方:张炳坤

2003 年 9 月 11 日

休宁县岭南乡溪西村村民张向阳与汪灶来汪灶成调换地皮为建屋运输协商道路协议

兹有溪西村前坦村民张向阳户,因在 2003 年新批的屋基坐落在前坦村屋后,为建屋时方便拖拉机运输材料,与汪灶来、汪灶成协商道路,特立以下协议:

1. 张向阳与汪灶来、汪灶成两户调换地皮,从汪兴彬新屋基门口直通张向阳的屋基门口,保持拖拉机进出。

2. 时间从协议生效起永远使用。

3. 具体调换土地地点,双方协议好后,另见附件。

4. 此协议经村、乡签证后生效。

5. 协议生效后，双方各执一份，永远遵照。

特此协议

签证单位（签字盖章）：溪西村委会

同意签证（加盖"休宁县岭南乡溪西村村民委员会"公章）

立协议人（签字盖章）：汪光林（指纹）代汪灶来（指纹）

汪灶成（指纹） 张向阳（指纹） 胡新成（指纹）

2004 年 4 月 24 日

同意以上协议（加盖"休宁县岭南乡人民政府"公章）

2004 年 4 月 26 日

这六份土地调换类契约中，除一份为调换地皮新建道路之外，其余五份土地调换的目的均为建设房屋使用。当事人全部为溪西村村民，其中张向阳、张炳坤还是同胞兄弟。用于调换的土地界线表述十分清楚，有的标明了具体面积，有的明确地界四至，显示出明确的物权属性。在契约中约定了当事人的交换方式以及相应的权利和义务，但均未发现交换中存在金钱补偿形式，契约中完全表示出单纯的交换性质。契约表面形式仍然带有徽州地区传统民间私约的浓厚色彩，除有当事人签字捺指纹表示亲自认同外，有的还有中证人的签字，值得注意的是除《休宁县岭南乡坑山村村民胡树保与前坦村村民汪灶申调换水田建房协议》以外，其余五份均经过乡、村两级进行见证，以表明乡政村治对土地的审批管理，同时也增加了契约的权威性和公信力。

（二）承包类协议共七件，其中包括公证书一件

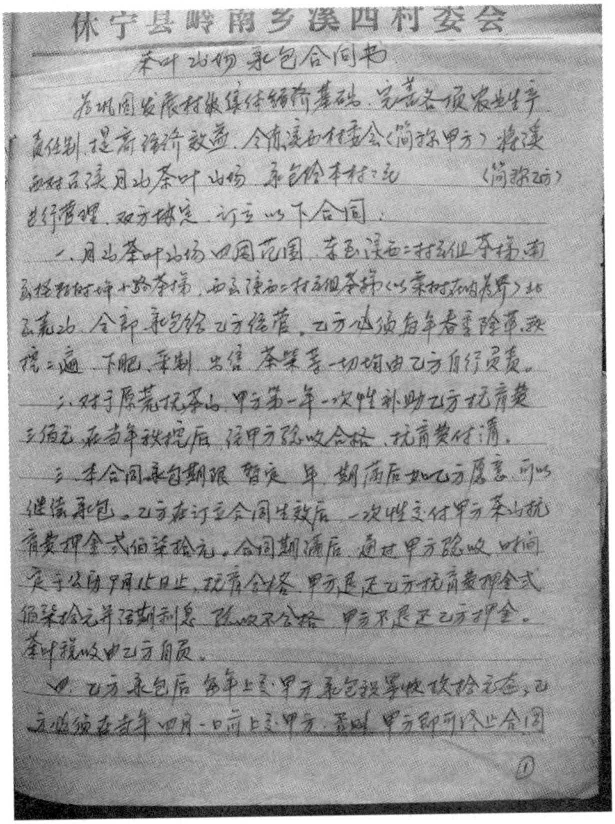

休宁县岭南乡溪西村委会

茶叶山场承包合同书

为巩固发展村级集体经济基础，完善各项农业生产责任制，提高经济效益，今由溪西村委会（简称甲方）将溪西村石溪月山茶叶山场，承包给本村[illegible]（简称乙方）进行管理，双方协定，订立以下合同：

一、月山茶叶山场四周范围，东至溪西二村三组茶场，南至[illegible]路茶场，西至溪西二村五组茶场（以桑树[illegible]为界），北至荒山。全部承包给乙方经营。乙方必须每年春季除草、秋挖二遍，下肥、采制、出售茶叶等一切均由乙方自行负责。

二、对于原荒坑茶山，甲方第一年一次性补助乙方抚育费三佰元，在当年秋挖后，经甲方验收合格，抚育费付清。

三、本合同承包期限暂定 年，期满后如乙方愿意，可以继续承包。乙方在订立合同生效后，一次性交付甲方茶山抚育费押金贰佰柒拾元。合同期满后，通过甲方验收，时间定于公历[illegible]月15日止，抚育合格，甲方退还乙方抚育费押金贰佰柒拾元并活期利息，验收不合格，甲方不退还乙方押金。茶叶税收由乙方自负。

四、乙方承包后每年上交甲方承包提成款拾元[illegible]，乙方必须在当年四月一日前上交甲方，否则甲方即可终止合同

①

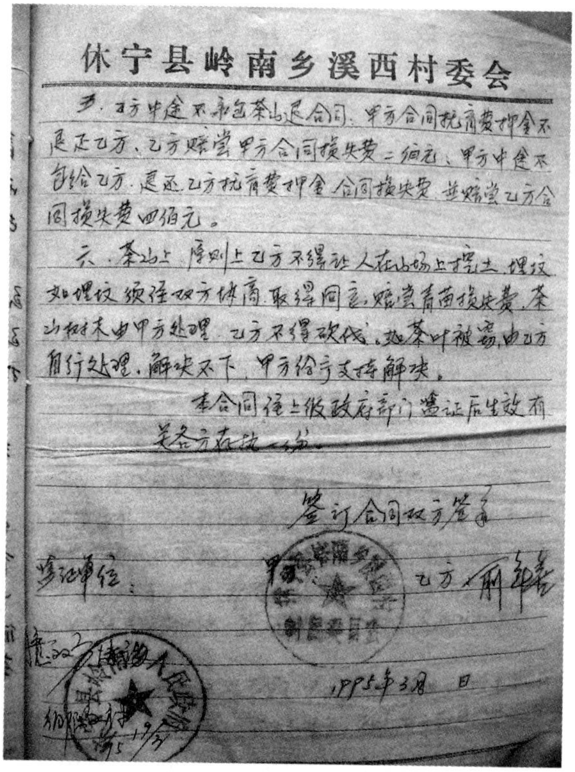
休宁县岭南乡溪西村委会

五、乙方中途不承包茶山退合同，甲方合同抚育费押金不退还乙方，乙方赔偿甲方合同损失费二佰元。甲方中途不包给乙方，退还乙方抚育费押金、合同损失费，并赔偿乙方合同损失费四佰元。

六、茶山上原则上乙方不得让人在山场上挖土、埋坟，如埋坟须经双方协商，取得同意，赔偿青苗损失费。茶山树木由甲方处理，乙方不得砍伐。如茶叶被盗，由乙方自行处理，解决不下，甲方给予支持解决。

本合同经上级政府部门鉴证后生效，有关各方存执一份。

签订合同双方签章

鉴证单位：　　甲方：　　乙方：俞年善

1995年3月　日

休宁县岭南乡溪西村委会与村民俞年善茶叶山场承包合同书

为巩固发展村级集体经济基础，完善各项农业生产责任制，提高经济效益，今有溪西村委会（简称甲方）将溪西对面溪月山茶叶山场承包给本村村民　　　（简称乙方）进行管理，双方协定，订立以下合同：

一、月山茶叶山场四周范围：东至溪西二村民组茶梯，南至□籽树坪小路茶梯，西至溪西二村民组茶梯（以栗树在内为界）北至荒山，全部承包给乙方经管。乙方必须每年春季除草，秋挖二遍，下肥、采制、出售茶柴等一切均由乙方自行负责。

二、对于原荒芜茶山，甲方第一年一次性补助乙方抚育费三百元，在当年秋挖后，经甲方验收合格，抚育费付清。

三、本合同承包期限暂定　年，期满后如乙方愿意，可以继续承包。乙方在订立合同生效后，一次性交付甲方茶山抚育费押金二百七十元。合同期满后，通过甲方验收，时间定于公历9月15日止。抚育合格，甲方退还乙方抚育费押金二百七十元并活期利息，验收不合格，甲方不退还乙方押金。茶叶税收由乙方自负。

四、乙方承包后，每年上交甲方承包积累款九十元整，乙方必须在当年四月一日以前上交甲方，否则，甲方即可终止合同。

五、乙方中途不承包茶山退合同，甲方合同抚育费押金不退还乙方，乙方赔偿甲方合同损失费二百元；甲方中途不包给乙方，退还乙方抚育费押金、合同损失费并赔偿乙方合同损失费四百元。

六、茶山上，原则上乙方不得让人在山场上挖土、埋坟，如埋坟须经双方协商取得同意，赔偿青苗损失费，茶山树木由甲方处理，乙方不得砍伐。如茶叶被窃，由乙方自行处理，解决不下，甲方给予支持解决。

本合同经上级政府部门监证后生效，有关各方存执一份

签订合同双方签字：

监证单位：

甲方：(加盖)休宁县岭南乡溪西村村民委员会

经双方协议

乙方：俞年善

乡政府(加盖)休宁县岭南乡人民政府

1995年3月　　日

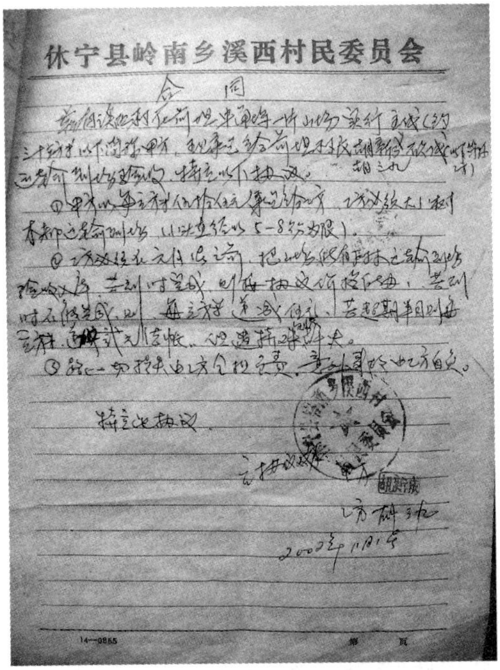

休宁县岭南乡溪西村民委员会

合同

休宁县岭南乡溪西村委会与前坦村村民胡新成胡三九承包中角坞一片山场合同书

兹有溪西村在前坦中角坞一片山场实行主伐（约三十立方米，以下简称甲方），现承包给前坦村民胡新成、胡三九砍伐（以下简称乙方）。运输到场验收，特立以下协议。

（1）甲方以每立方米五十五元承包给乙方，乙方必须大小树木都运输到场（小头直径以5~8公分为限）。

（2）乙方必须在元月1日之前，把山场所有树木运输到场，验收入库。若到时完成，则按协议价格所办，若到时不能完成，则，每立方米递减五元，若超期半月则每立方米递减二元结账，但遇特殊则另解决。

（3）路上一切损失由乙方全担负责，意外事故由乙方自负。

特立此协议

立协议双方：甲方：（加盖）休宁县岭南乡溪西村村民委员会

乙方：胡新成（盖章）

胡三九

2002年11月1号

休宁县岭南乡溪西村村委会发包村民吴金武与杨翱翔承包山场发包山场合同书

发包单位：溪西村委会（简称甲方）

承包人：溪西二组吴金武，一组杨翱翔（简称乙方）

甲方现有土名，下里湾，溪西村对面及月山二片茶叶山场已荒芜，为更好利用和开发山场资源，经甲乙双方共同商议，订立以下合同：

一、山场范围：原有开辟茶梯二片山场为八十亩左右，四至：下里湾山场，东至马路，南至马路，西至下坦山场，北至下坦。溪西一组山场：月山山场：东至二组茶山，南至二组油茶山，西至二组茶山，北至二组田上荒山。

二、承包期限：三十年整，有效期至2034年3月16日止。承包到期，山场归村所有，如国家禁止树木砍伐，山场中剩余林木归承包者所有，至能砍伐，但必须交村10%的山场过期损失费。（出售林木利润的10%）

三、承包金额一万零五百元整，合同成效款付清。

四、本合同自签订后，经公证处公证生效。公证费双方均负。

五、本合同签订后，受国家法律保护，甲方配合上级主管部门以政策支持。

本合同有关各方一份存执

订立合同双方：甲方：

乙方：吴金武

杨翱翔

2003 年 3 月 16 日

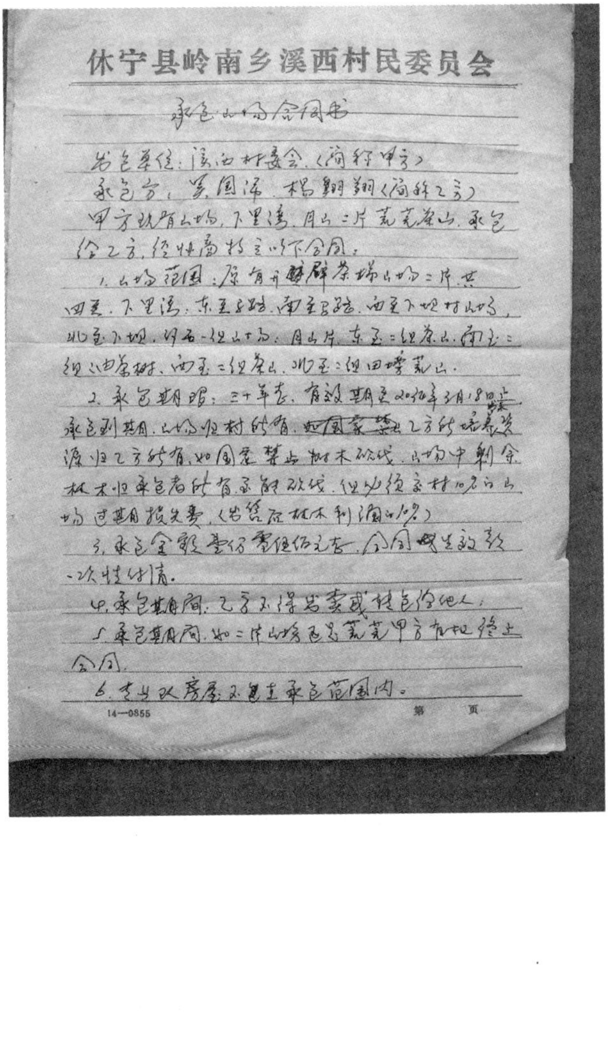

休宁县岭南乡溪西村民委员会

承包山场合同书

发包单位：溪西村委会（简称甲方）

承包方：吴国泽、杨翱翔（简称乙方）

甲方现有山场，下里湾、月山二片荒芜茶山，承包给乙方，经协商订立以下合同：

1. 山场范围：原有[illegible]茶场山场二片共四至。下里湾：东至[illegible]，南至[illegible]，西至下坝村山场，北至下坝，[illegible]一组山场；月山片：东至二组茶山，南至二组山油茶树，西至二组茶山，北至二组田塝荒山。

2. 承包期限：三十年整，有效期至20[illegible]年3月18日止。承包到期，山场归村所有，乙方所建房屋资源归乙方所有，如国家禁止树木砍伐，山场中剩余林木归承包者所有不能砍伐，但必须交村[illegible]山场过期损失费（出售后林木利润的[illegible]%）

3. 承包金额[illegible]元整，合同生效后一次性付清。

4. 承包期间，乙方不得出卖或转包给他人；

5. 承包期间，如二片山场仍是荒芜，甲方有权终止合同。

6. [illegible]房屋不包在承包范围内。

14—0855　　第　页

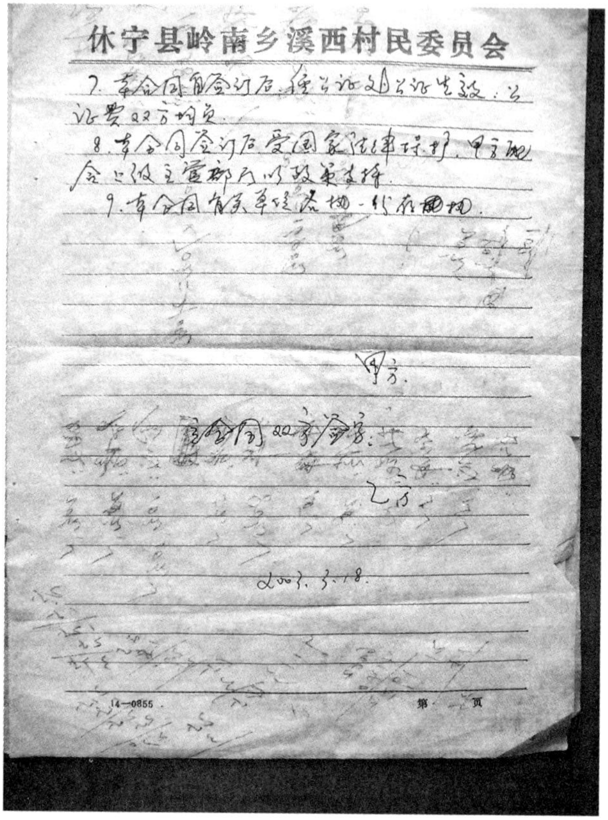
休宁县岭南乡溪西村民委员会

7. 本合同自签订后，经公证处公证生效，公证费双方均负。

8. 本合同签订后受国家法律保护，甲方配合上级主管部门以政策支持。

9. 本合同

甲方

本合同双方签章：

乙方

2003.3.18

14—0855　　第　页

休宁县岭南乡溪西村村民吴国沛杨翱翔承包山场承包山场合同书

出包单位：溪西村委会（简称甲方）

承包方：吴国沛、杨翱翔（简称乙方）

甲方现有山场，下里湾，月山二片荒芜茶山，承包给乙方，经协商特立以下合同：

1. 山场范围：原有开辟茶梯山场二片，共四至下里湾：东至马路，南至马路，西至下坦村山场，北至下坦，溪西一组山场：月山片，东至二组茶山，南至二组油茶树，西至二组茶山，北至二组田塝荒山。

2. 承包期限：三十年整，有效期至2034年3月18日止。承包到期，山场归村所有，乙方所培养出来资源归乙方所有。如国家禁止树木砍伐，山场中剩余林木归承包者所有，至能砍伐，但必须交村10%的山场过期损失费。（出售后林木利润的10%）

3. 承包金额 10500 元整，合同生效款一次性付清。

4. 承包期间，乙方不得出卖或转包给他人。

5. 承包期间，如二片山场还是荒芜，甲方有权终止合同。

6. 专业队房屋不在承包范围内。

7. 本合同自签订后，经公证处公证生效。公证费双方均负。

8. 本合同签订后，受国家法律保护，甲方配合上级主管部门以政策支持。

9. 本合同有关单位各执一份存执。

立合同双方签字：甲方：

乙方：

2003 年 3 月 18 日

（按：本合同甲乙方均未签字，似为一件合同的草稿，背面写了一些计算公式。该件收入溪西村民委员会档案夹中。）

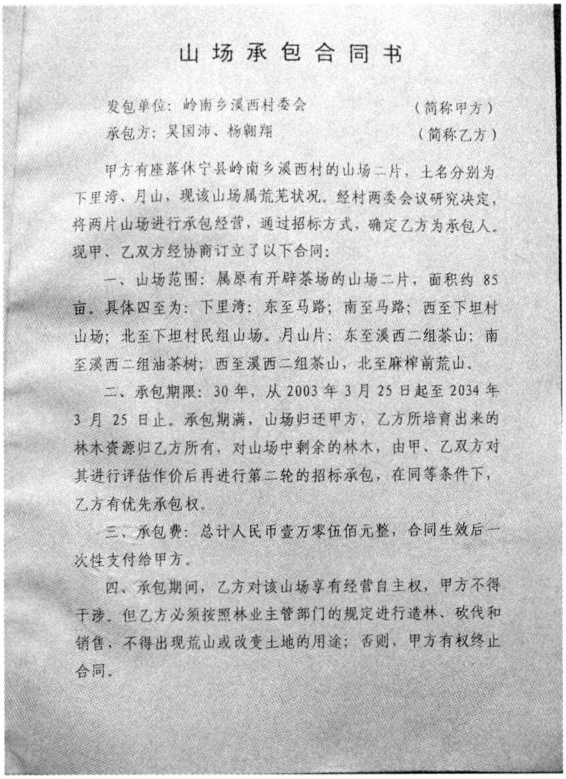

山场承包合同书

发包单位：岭南乡溪西村委会　（简称甲方）

承包方：吴国沛、杨翱翔　（简称乙方）

甲方有座落休宁县岭南乡溪西村的山场二片，土名分别为下里湾、月山，现该山场属荒芜状况。经村两委会议研究决定，将两片山场进行承包经营，通过招标方式，确定乙方为承包人。现甲、乙双方经协商订立了以下合同：

一、山场范围：属原有开辟茶场的山场二片，面积约 85 亩。具体四至为：下里湾：东至马路；南至马路；西至下坦村山场；北至下坦村民组山场。月山片：东至溪西二组茶山；南至溪西二组油茶树；西至溪西二组茶山，北至麻榨前荒山。

二、承包期限：30 年，从 2003 年 3 月 25 日起至 2034 年 3 月 25 日止。承包期满，山场归还甲方，乙方所培育出来的林木资源归乙方所有，对山场中剩余的林木，由甲、乙双方对其进行评估作价后再进行第二轮的招标承包，在同等条件下，乙方有优先承包权。

三、承包费：总计人民币壹万零伍佰元整，合同生效后一次性支付给甲方。

四、承包期间，乙方对该山场享有经营自主权，甲方不得干涉。但乙方必须按照林业主管部门的规定进行造林、砍伐和销售，不得出现荒山或改变土地的用途；否则，甲方有权终止合同。

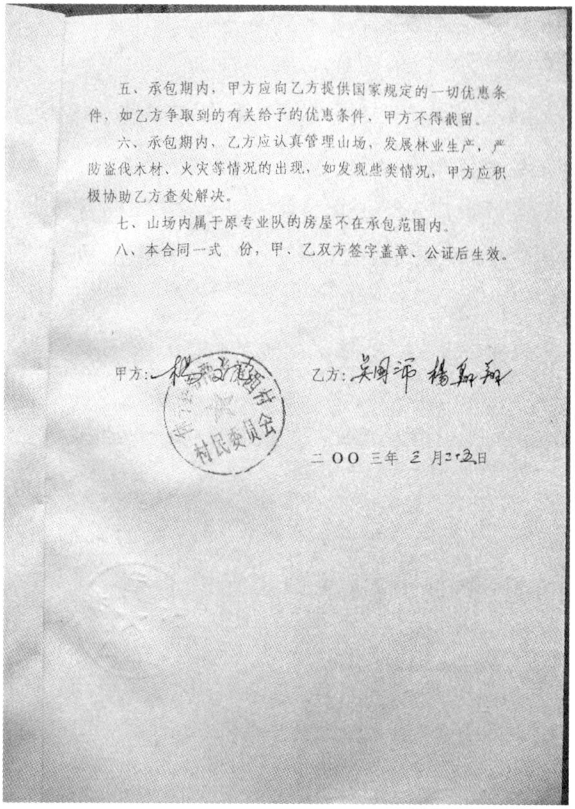

五、承包期内，甲方应向乙方提供国家规定的一切优惠条件，如乙方争取到的有关给予的优惠条件、甲方不得截留。

六、承包期内，乙方应认真管理山场、发展林业生产，严防盗伐木材、火灾等情况的出现，如发现些类情况，甲方应积极协助乙方查处解决。

七、山场内属于原专业队的房屋不在承包范围内。

八、本合同一式 份，甲、乙双方签字盖章、公证后生效。

甲方：　　　　乙方：吴国沛 杨翱翔

村民委员会

二〇〇三年 三月 日

山场承包合同书(2003年3月25日)

发包单位:岭南乡溪西村委会　　　　(简称甲方)

承包方:吴国沛、杨翱翔　　　　　　(简称乙方)

甲方有坐落休宁县岭南乡溪西村的山场二片,土名分别为下里湾、月山,现该山场属荒芜状态。经村两委会议研究决定,将两片山场进行承包经营,通过招标方式,确定乙方为承包人。现甲、乙双方经协商订立了以下合同:

一、山场范围:属原有开辟茶场的山场二片,面积约85亩。具体西至为:下里湾:东至马路;南至马路;西至下坦村山场;北至下坦村民组山场。月山片:东至溪西二组茶山;南至溪西二组油茶树;西至溪西二组茶山,北至麻榨前荒山。

二、承包期限:30年,从2003年3月25日起至2034年3月25日止。承包期满,山场归还甲方,乙方所培育出来的林木资源归乙方所有,对山场中剩余的林木，由甲乙双方对其进行评估作价后再进行第二轮的招标承包，在同等条件下，乙方有优先承包权。

三、承包费：总计人民币一万零五百元整，合同生效后一次性支付给甲方。

四、承包期间，乙方对该山场享有经营自主权，甲方不得干涉。但乙方必须按照林业主管部门的规定进行造林、砍伐和销售，不得出现荒山或改变土地的用途；否则，甲方有权终止合同。

五、承包期内，甲方应向乙方提供国家规定的一切优惠条件，如乙方争取到的有关给予的优惠条件，甲方不得截留。

六、承包期内，乙方应认真管理山场，发展林业生产，严防盗伐木材、火灾等情况的出现，如发现些类情况，甲方应积极协助乙方查处解决。

七、山场内属于原专业队的房屋不在承包范围内。

八、本合同一式　份，甲、乙双方签字盖章，公证后有效。

甲方：杨文飞　　　　乙方：吴国沛　杨翱翔

（加盖）休宁县岭南乡溪西村村民委员会

2003年3月25日

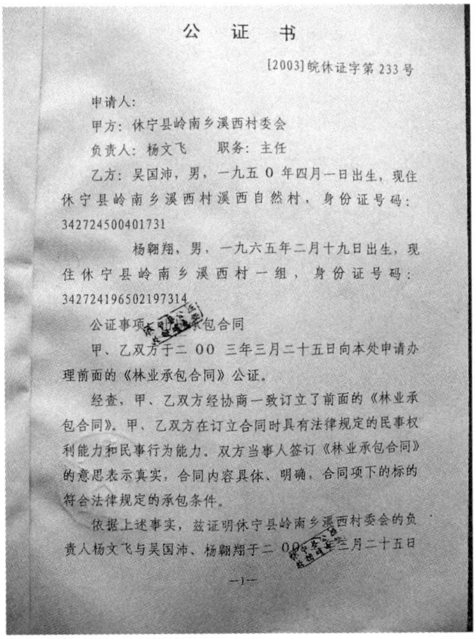

公　证　书

[2003]皖休证字第233号

申请人：

甲方：休宁县岭南乡溪西村委会

负责人：杨文飞　　职务：主任

乙方：吴国沛，男，一九五０年四月一日出生，现住休宁县岭南乡溪西村溪西自然村，身份证号码：342724500401731

杨翱翔，男，一九六五年二月十九日出生，现住休宁县岭南乡溪西村一组，身份证号码：342724196502197314

公证事项：林业承包合同

甲、乙双方于二００三年三月二十五日向本处申请办理前面的《林业承包合同》公证。

经查，甲、乙双方经协商一致订立了前面的《林业承包合同》。甲、乙双方在订立合同时具有法律规定的民事权利能力和民事行为能力。双方当事人签订《林业承包合同》的意思表示真实，合同内容具体、明确，合同项下的标的符合法律规定的承包条件。

依据上述事实，兹证明休宁县岭南乡溪西村委会的负责人杨文飞与吴国沛、杨翱翔于二００三年三月二十五日

—1—

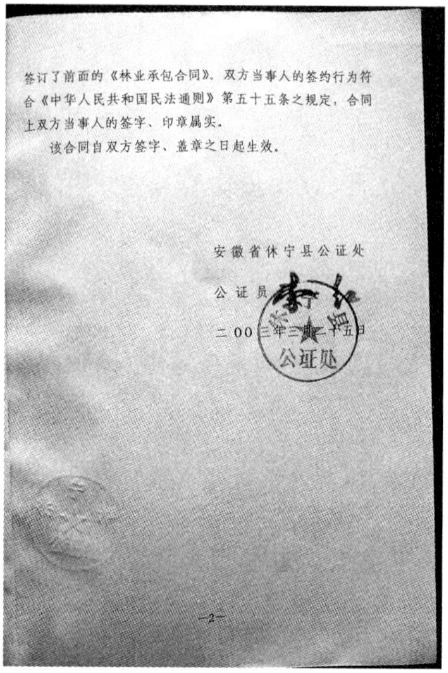

签订了前面的《林业承包合同》。双方当事人的签约行为符合《中华人民共和国民法通则》第五十五条之规定，合同上双方当事人的签字、印章属实。

该合同自双方签字、盖章之日起生效。

安徽省休宁县公证处

公证员

二OO三年三月二十五日

—2—

中华人民共和国安徽省休宁县公证处

公证书（2003 年 3 月 25 日）

［2003］皖休证字第 233 号

申请人：

甲方：休宁县岭南乡溪西村委会

负责人：杨文飞　　　职务：主任

乙方：吴国沛，男，一九五零年四月一日出生，现住休宁县岭南乡溪西村溪西自然村，身份证号码：（略）

杨翱翔，男，一九六五年二月十九日出生，现住休宁县岭南乡溪西村一组，身份证号码：（略）

公证事项：山场承包合同（盖章）

甲、乙双方于二〇〇三年三月二十五日向本处申请办理前面的《林业承包合同》公证。

经查，甲、乙双方经协商一致订立了前面的《林业承包合同》。甲乙双方在订立合同时具有法律规定的民事权利能力和民事行为能力。双方当事人签订《林业承包合同》的意思表示真实，合同内容具体、明确，合同项下的标的符合法律规定的承包条件。

依据上述事实，兹证明休宁县岭南乡溪西村委会的负责人杨文飞与吴国沛、杨翱翔于2003年3月25日签订了前面的《林业承包合同》。双方当事人的签约行为符合《中华人民共和国民法通则》第五十五条之规定，合同上双方当事人的签字、印章属实。

该合同自双方签字、盖章之日起生效。

安徽省休宁县公证处

公证员：李红

（加盖）休宁县公证处

2003年3月25日

休宁县岭南乡溪西村村委会发包村民

吴金武承包山场发包山场合同书

发包单位：溪西村委会（简称甲方）

承包人：溪西二组吴金武（简称乙方）

甲方现有　　　土名，下里湾，溪西对面溪、月山二片茶叶山场已荒芜，为更好利用和开发山场资源，经甲乙双方共同商议，订立如下合同：

一、山场范围：均以原有开辟茶梯为准，面积八十亩左右。

二、承包期限：三十年整，有效期至2034年元月1日止。

三、承包金额一万零五百元整，分两年交清。

四、承包期满，乙方将山场归还甲方如若树木不能伐清，双方可协商解决或另订立合同。

五、合同自签订后，经公证处公证生效。公证费双方均负。

六、本合同签订后，受国家法律保护，甲方配合上级主管部门政策支持。

本合同有关各方一份存执

订立合同双方：甲方：

乙方：

（按：本合同甲乙方均未签字，似为一件合同的草稿。该件收入溪西村民委员会档案夹中。）

2004年1月1日

承包协议中的发包方均为溪西村委会，承包人则为该村村民，承包的内容主要以承包山场林木生产为主。有些承包协议可能属于草稿，在当事人和承包期限中尚留有空白，但完整的正式协议中，承包期限均为三十年，这和当时农村推行的农业承包制的期限相吻合。其中一件《溪西村村委会与吴国沛杨翱翔承包山场发包山场合同书》还经过县级公证处的公证。

农村承包协议中出现请求公证处公证的现象，表明农村承包活动中要求承包协议具有公信力和稳定性的特征，同时在一定程度上也显示出村民和村委会之间诚信程度的不确定性。

（三）村级调解委员会纠纷调解的记录

休宁县岭南乡溪西村调解委员会关于对村民吴金武俞伟平因建筑影响通风采光等纠纷的调解记录[1]

会议录

溪西村委会调解记录

会议时间：2002 年 6 月 24 日上午　　会议地点：村委会会议室

参加人员：张德发　王根生　程立红　吴树根　吴金武　张有根　俞伟平

〔1〕 原件仅标明“会议录”，现标题为编者所加。

会议内容：

关于溪西村□二组俞伟平户因人口多、住房少，现要求拆旧建新，现暂住他家。该户因地皮紧张打算重建二层而吴金武户因采光问题与俞伟平户发生纠纷一事进行调解。

根据以上情况，乡政府派出村干部与土地管理员，与村两委召集两户人员进行协调。

由土地管理员王根生传达乡政府的意见：

(1)俞伟平户因目前申请四至未完成盖章，乡政府未批准，目前不能动工打屋基。

(2)俞伟平户与吴金武户从现在起不能再为此事把事情进一步扩大，产生闹事。

(3)依据双方的状况和有关法规、政策，如果能协商，双方进行协商。

联系村干部程立红根据双方的纠纷一事，认为：王根生的意见完全正确，俞伟平一方在没有批准之前不能动工，双方因采光问题的纠纷能协商，双方尽量协商，如双方协商不行，双方可以按有关政策、法律途径进行解决。

村支书吴树根认为：在他没有了解有关政策之前，别人建户需建几层是别人的自由，在今天看到《民法通则》第83条有处理双方因采光排水问题的有关政策之后，他认为按照政策双方能够协商应尽量考虑双方的利益，达成协调。另一点，双方都在场，先听听王根生传达《民法通则》第83条关于如何处理生产和生活中，因通行、通风、采光、排水而发生的纠纷的规定。

以上俞伟平认为，情况是事实，请求乡政府尽快给予解决双方的纠纷及住房问题。

2002年6月24日

这件村民因采光引起的纠纷，引起了我们很大的兴趣，建筑物之间因通行、通风、采光以及给排水等，属于现代民法中涉及相邻关系问题的权利之争。民事调解中引用了我国《民法通则》第83条的规定，该规定为“不动产的相邻各方，应当按照有利生产、方便生活、团结互助、公平合理的精神，正确处理截水、排水、通行、采光等方面的相邻关系。给相邻方造成妨碍或损失的，应当停止侵害，排除妨碍，赔偿损失”。传统民事行为中，涉及这类问题时，通常会采用合乎情理或者互相退让的方法进行调处，溪西村的这件调解文书中，则明确地引用民法通则中的具体规定，体现出当代农村中新型的法律意识。本案中要盖房的一方俞伟平户，在盖房前未经乡政府批准，也成为纠纷调解时重要的根据，表明当地农村兴建房屋时，前置性行政许可，已经成为重要的程序。本案经过调节后未能解决，仅仅被搁置下来，于是在时隔半年后于2003年2月24日再度进行调解。

关于吴金武俞立中两户房屋采光问题的纠纷座谈会[1]

会议时间：2003年2月24日下午　　会议地点：村委会议室

出席人：立红　德发　根生　树根　立中　金武　翠珠　有弟

主持人：程立红

会议内容：

关于吴金武、俞立中两户房屋采光问题的纠纷座谈会。

一、程立红简要介绍双方情况，并提出调解意见：即心平气和双方坐下写个协议，金武在门口砌围墙不要将立中厨房的窗户遮住。双方均为隔壁邻居，应互相谅解。

二、吴金武发言

我砌围墙原为解决卫生所为，无故意遮何？和报复之心，如果立中户砌了下水道，我就根本无必要来做围墙，门口卫生尤为重要，一头是猪栏，一头是卫生间出水和厨房洗涤出水，冬天还好些，夏天坐在堂前里怎能吃下饭。因距离太近我也是无办法才砌围墙，没害人之心，高度是9尺左右，因两头有个门槛，需连接压住，否则没地方生根要倒。

三、通过乡、村干部和当事人双方在场，达成以下协议：

1. 金武门口的围墙砌到立中厨房窗台高于一尺的高度，金武打个与立中窗户同样大小的窗户砌进围墙，装上玻璃，以解决立中厨房的采光问题。

2. 金武窗户高度应与立中厨房窗户顶持平。

3. 立中盐油房里的窗户对面，金武同样也在围墙里砌个比立中窗户稍大一点的窗户，装上玻璃。

---

〔1〕 这件调解记录与2002年6月24日的调解记录，被装订在一册中，但中间相隔其他民事调解资料，为了研究方便我们将其排列在一起。2003年2月24日的调解记录，标题为原件所有，整理时未作改动。

嘴说无凭,立字为据,以后双方不得有悔。

双方当事人签字:吴金武　俞立中

在场人签字:张德发　程立红　吴树根

执笔人:王根生

2003年2月24日

第一次调解后,时隔半年,双方当事人因前次纠纷调解遗留的问题再次坐到一起,就有关采光、排水等相邻关系的问题进行再次商谈,由于时间的推延,使被调解双方的情绪得以缓解,这一变化可以通过两份调解书的比较,进行直观的了解。

例如,第一次调解记录中有三条意见,内容为:

1. 俞伟平户因目前申请四至未完成盖章,乡政府未批准,目前不能动工打屋基。

2. 俞伟平户与吴金武户从现在起不能再为此事把事情进一步扩大,产生闹事。

3. 依据双方的状况和有关法规、政策,如果能协商,双方进行协商。

显然第一次调解时的主要目的是先把纠纷平息下来,要求先将施工停下来,避免事态扩大。而在第二次的座谈会达成另外三条互相接受的具体意见,内容为:

1. 金武门口的围墙砌到立中厨房窗台高于一尺的高度,金武打个与立中窗户同样大小的窗户砌进围墙,装上玻璃,以解决立中厨房的采光问题。

2. 金武窗户高度应与立中厨房窗户顶持平。

3. 立中盐油房里的窗户对面,金武同样也在围墙里砌个比立中窗户稍大一点的窗户,装上玻璃。

第一次调解时曾经引用《民法通则》第83条的规定来处理问题,但第二次的调解协议则充分体现了传统契约中相互礼让的习惯原则。同时,第二次调解协议表现出与传统乡规民约形式上的承继关系,如协议尾部的"嘴说无凭,立字为据"字样。协议中除当事人以外,还有在场人、执笔人的出现,这些人和我国传统契约中的立契人、中人、代书人一脉相承。对两份调解协议的比较研究,可以发现在当代中国农业社会中新、旧法律文化以及当代民事法律和传统习惯的交叉与融合。

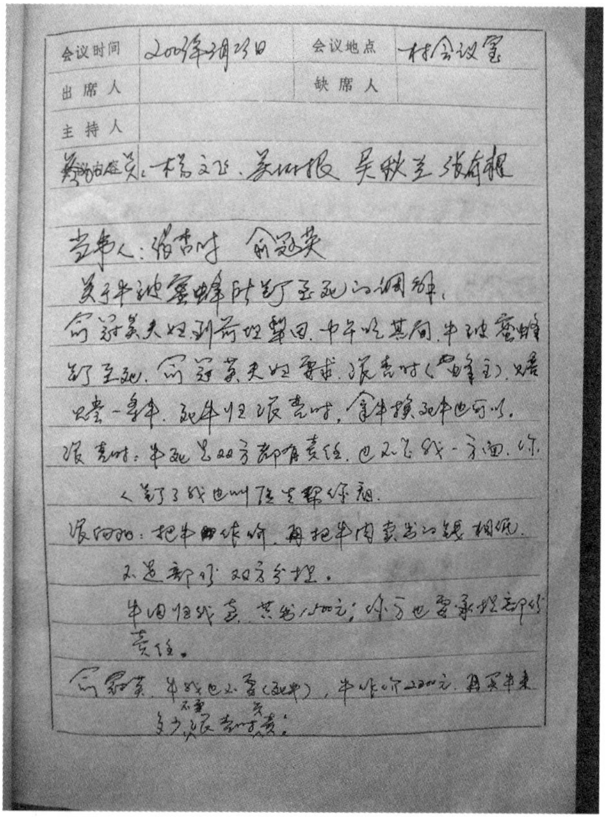

对张杏时俞冠英关于牛被蜜蜂叮至死一事的调解[1]

会议时间:2003 年 3 月 23 日　　　　　　会议地点:村会议室

参加人员:杨文飞　吴树根　吴秋兰　张有根

当事人:张杏时　俞冠英

关于牛被蜜蜂所叮至死的调解:

俞冠英夫妇到前坦犁田,中午吃(饭)期间,牛被蜜蜂叮至死。俞冠英夫妇要求:张杏时(蜂主),赔偿一条牛,死牛归张杏时,拿牛换死牛也可以。

张杏时:牛死是双方都有责任,也不是我一方面,你人叮了我也叫医生帮你看。

张向阳:把牛作价,再把牛肉卖出的钱相抵,不足部分双方分担。

牛肉归我卖,共出 1500 元,你方也要承担部分责任。

---

〔1〕 原文标题如此,整理时未作改动。括号及括号中的文字为原文所有。

俞冠英：牛我也不要（死牛），牛作价2200元，再买牛来多少，不要张杏时负责。

张向阳：死牛归我方，我共出1500元给冠英。

经村委会调解决定，张杏时出1800元给俞冠英重新买牛，若不足部分俞冠英自己负责；死牛归张杏时出卖。另医药费归张向阳结账。双方同意此处理方法，签字为凭。

双方当事人：俞冠英

张杏时

2003年3月23号

这是一件很有意思的调解书，村民张杏时的蜜蜂将俞冠英正在犁田的牛给叮死了，人也被蜜蜂叮伤了，死牛在农村中是件不小的事情，双方对赔偿问题产生了争议。于是，两家到村民调解委员会进行调解。从调解书中可以看出村干部杨文飞等四人作为调解人，张家有两人即张杏时、张向阳和俞冠英共同作为当事人。首先在调解书中记录了事情的经过，然后张俞两家分别提出自己的主张，最后经村委会调解决定，张杏时出1800元给俞冠英重新买牛，若不足部分俞冠英自己负责；死牛归张杏时出卖，张家负责对俞冠英提供医疗费用。最终被调解人同意调解，并经双方当事人签字后调解生效。这份调解书事实描述清楚，调解过程简单明了，调解结果责任明确并且简便易行。在农业社会中，轻微伤害事件经常发生，如果都通过法院的司法程序解决，不但诉讼成本太高，甚至在执行中还可能发生困难。村民委员会进行调解的方法简单易行，节约成本。因此农村中，这样的调解已形成相对固定的模式，由村干部按照事实分清责任，再根据相互礼让的原则和习惯，劝说纠纷双方达成折中和谅解协议。这种调解的方式在当代农村十分普遍，对化解社会矛盾起到了积极和重要的作用。

解决休宁县岭南乡溪西村村民俞长寿裘有义土地纠纷的调解书[1]

会议时间:2003 年 4 月 9 日上午　　　　会议地点:村会议室

主持人:杨文飞

参加人员:张有根　程立红　张德发　杨文飞　吴秋兰

当事人:　长寿　有义

会议内容:关于本村村民裘有义要求解决土地争议调解一事。

(一)根据县土地区管理局关于岭南乡溪西村村民裘有义要求解决土地争议信访调查结果情况的函复,双方同意如下:

(1)本村村民裘有义、俞长寿同意县土地管理局解决土地争议信访调查结果的复函的第一条为准。

(2)关于裘有义与俞长寿二户老屋楼上厅、下茶园地面积问题,照县复函办,因证件各执一理,等待上级答复再作决定。

(3)县复函第三条等查实后照办。

(4)(5)双方都同意按照县土地管理局关于裘有义要求解决土地争议调解复函的第四、第五条照办。第二条范围内土地,双方不得做建筑,东西保持原状,等待处理,双方快点拿出有力证据,以便处理。注:俞长寿方应在 1 个月内进行上访,做出决定。

长寿　　　　4 月 9 号下午

2003 年 4 月 9 号

调解协议达成之前,溪西村村民裘有义已为解决土地争议进行了信访。这份调解书就是在《县土地区管理局关于信访调查结果情况的复函》的基础上作出的。达成协议如下:被调解双方同意以复函第一条的内容处理。裘有义与俞长寿二户老屋楼上厅、下茶园地面积问题照县复函办,等待上级答复再作决定。在未明确面积的土地上,双方不得做建筑,保持原状等待处理,并要求双方快点拿出有力证据,以便处理。俞长寿方应在 1 个月内进行上访,要求上级做出决定。这份调解书表明村调解委员会最大限度地尊重上级行政部门意见,调解时不能取得一致的,则采用先行搁置的方法,这一办法在熟人社会中,起到防止矛盾激化和缓和冲突的作用,为

[1] 按:标题为原件所有,正文中序号存在误差和遗漏,整理时未作变动。

最后的调解奠定基础。

关于俞长寿裘有义茶地菜地纠纷的调解

会议时间:2003 年 7 月 8 日　　　　会议地点:村委会议室

参加人员:张德发　程立红　孙菊芬　长寿　根生　有义　新宝　程自强　有根　杨文飞　吴树根　吴秋兰

关于长寿、有义俩茶地、菜地纠纷的解决,经 2002 年县土地局,乡政府调解后,余下的 1、2 条,另进一步了解再进行解决。现经了解,进行协议如下:经双方当事人同意,以土地局登记证为依据,对大坟边、楼上厅两块地由政府界定。

当事人签字:

洪乡长:把地基、砖瓦全部作价拍卖,另按 1990 年的协议上讲,按当年的价格算给他们四户。

文飞:除去□进后做的以外,前边让他们 4 户自己拆,自己分,地基另作安排。

关于老大队屋的事情

黄书记:关于老大队屋现在已不能再拖了,现乡、村干部都在场,以前处理过多次,最后一次是 1990 年县法庭、乡一起到现场,作出了处理。但村级没到场,可乡里还是维护村级利益的,为维护乡级的权威,乡有大章盖上的,故此在双方的维护以下大家谈谈意见。

按洪乡长的办法进行,如四户要砖瓦就自己去挑,村统一拆,如不要砖瓦,每户 100 元现金。

胡好家:我牛没地方关,拆了我就到前边搭个牛栏。

俞大明:你们拆了我不管,基□那个卖了我不行,我要做个放祖宗牌的地方,这是我自己的祖宗骨头。

俞文熙:屋是要拆,瓦要是不够,拿点砖头抵也是可以的,不够要你们干部拿钱买。

经协商,先拆了屋,地基后步再讲。

2003 年 7 月 8 日

由于俞长寿裘有义土地纠纷一事并未彻底解决,时隔三月,村委会对此事再次调解,有第一次调解的基础,第二次调解带有座谈会性质。调解结果为:经双方当事人同意,以土地局登记证为依据,大坟边、楼上厅两块地由政府界定。座谈会上洪乡长要求把地基、砖瓦全部作价拍卖。但村里的杨主任让4户自己拆,自己分,地基另作安排,显然村委会主任的看法更容易为村民接受。被调解人胡好家提出如果老屋拆了就要到前边搭牛栏;俞大明说,他需要一个放祖宗牌的地方。俞文熙说,再建时材料不够要你们干部拿钱买,总之仍然意见纷纷。但最后经协商,大家还是决定先拆了屋,地基问题被再次搁置下来。显然,第二次调解,只取得了同意先拆屋,并没有最终得到彻底解决。

在调查中我们发现,徽州地区村民之间的调解,有时需要一个较长的过程,甚至经过多次调解才能取得一致。但这种方法却为当地村民所接受。正如村委会杨主任对我们说的那样,谈不成先放着,反正有着急的,大家都先压压火,调解调解就是调调解解,调一点解一点,最后还是都解开了。这是他们在这个属于他们的社会中摸索出的经验,也只有生活在他们的社会中,才能够理解和运用的经验。

关于休宁县岭南乡溪西村吴根宝与苏长青对面田出水口纠纷的调解

会议时间:2003 年 5 月 15 日

参加人员:杨文飞　张有根　吴树根

当事人:吴根宝　苏长青　俞霞晖

会议内容:关于吴根宝与苏长青对面□田出水口的纠纷调解。

霞晖:我这垣田已调换给根宝,但水路把它交接好,现在我已与辛永强协商好,根宝这垣田的水都放永强的田边下,长青田上边以后种水物或干物都不开口。

银花:反正你种油茶要开口,现在种田我就要放水,种油茶不开口,我现在也不放水。

根宝:我田是霞晖调给我的,就霞晖的讲就是。

以上按双方协商都没意见,今后按此次调解为准,各方都不得违反。

双方签字:吴根宝

苏长青

2003 年 5 月 15 日

本案是土地交换后,原土地使用人遗留的问题,导致发生农田水利纠纷。调查中发现因水利原因造成的纠纷较为普遍,这是因为农村推行以家庭为单位的承包制以后,原集体耕作的土地被重新划分为较小的地块,但原农业集体化生产时遗留的水利设施,与现行承包制度下的农田基本建设情况存在矛盾,如水利的调配使用,与家庭承包经营的小块田地,种植物区别较大,可能存在不同的播种期和灌溉期,甚至收获期也有差别,这些都导致当前农业生产中出现相应的纠纷。但此类纠纷一般调解较为顺利,调解的结果也容易为被调解人接受,因此这类民事调解绝大多数可以在村中得到解决。

关于吴祥云、吴祥兵兄弟与吴伟民、吴惠民兄弟屋基换配的调解〔1〕

会议时间:2003 年 6 月 15 日　　　会议地点:村委会

参加人员:张有根　杨文飞　吴树根　吴惠民　吴祥云　吴祥兵　俞年喜　吴秋兰　吴伟红

关于吴祥云、吴祥兵兄弟与吴伟民、吴惠民兄弟屋基换配和老屋协商解决的调解会议。

吴祥云:今晚请大家来,是解决屋基事情,能够协商的好是好事,协商不好就回金寿的一部分。

吴祥兵:我想向伟民兄弟配点地,能做三间屋方正就是:如果要地我就到我换下来的地划一点给他,另我的猪栏,祥幼猪栏给他。

惠民:我外边做事,女儿叫我来家一下,祥兵找你有点事,回家后,我讲可以,但能够协商好就是,但做三间不行。

吴伟民:十道地我不要,下边的屋基我要出路,出 3 米,两个猪栏,老屋让得就是。

吴祥兵:他地让一点,我让你一条老屋。

经双方协议如下:

1. 祥云、祥兵把与伟民、惠民现住的老屋两个老猪栏给伟民兄弟俩,在祥兵现做的新屋基地下边,伟民兄弟有一个屋基的茶园地,外边留 3 米的路,靠下边的水坑直马路,开始做屋基路留好,在老屋里的东西搬出去。

---

〔1〕 吴来发与吴伟民、吴惠民兄弟调配房的调解,前后历经三次,但在不同的调解书上,当事人的姓名记录有误,如吴来发有时被误记为吴来法,吴祥兵被误记为吴祥宾,整理时根据当事人签字情况同一进行了改正。

2. 伟民兄弟把坐落在祥兵现新屋基上边的菜地，给祥兵一畦地，配做一个三间房屋配正。

3. 祥兵的新建猪栏靠后边惠民的菜地边，不可开门口，在伟民换给祥兵地下的石板和石头归伟民所有。关于老屋，伟民父亲有一张字条，在祥兵父亲那里正式协议生效，字条还伟民。

双方签字：吴惠民

吴祥兵

2003 年 6 月 15 日

关于吴来发与吴伟民吴惠民兄弟调配房的调解

会议时间：2004 年 3 月 21 日　　　　会议地点：村会议室

主持人：吴树根

会议内容：关于吴来法与吴伟民吴惠民兄弟调配房的调解

参加人员：杨文飞　吴树根　张有根　吴秋兰

（被）调解人：吴来发　吴惠民　吴伟民

1. 吴树根：关于你两家的事情，在去年上半年调解过一次，因没有达到共语，今天来法再一次找到我们，大家坐下好好地协商，把事情圆满地解决。

吴来法：事情总有一天要解决，不要把事情拖得太远，以免造成不好的结果。

吴伟民：当年你做时，于我讲些话。

2. 吴伟民：我以前讲的还是这样，其他没多话。

吴惠民：我只能把你的厨房配齐，其他我不能同意，如要销门我就打销，发生事再解决。

吴来法：我是讲把我祥兵的厨房配齐，另从猪栏房外留一条路直通大路。

吴树根：我们只能调解，即不能达到协议，只有上报乡政府处理。

2004 年 3 月 21 日

关于吴来发与吴惠民伟民兄弟家屋基地纠纷一事的调解

会议时间：2004 年 4 月 29 日　会议地点：村会议室

主持人：陈新宝

会议内容：吴来发家与吴惠民、伟民兄弟家屋基地纠纷调解

被调解人:吴惠民

在场人:孙菊芳　程立红　李国保

1. 吴惠民:不承认来发老屋有产权,来发当时来溪西租我家住,没吃的时候,我父在上海做生意,向其借一万元钱,将屋租其住,后搬给住。老屋前一块屋基地,当时配其做屋,来发答应做好搬出去,让出产权,证人一死,其就不承认了。

2. 程立红:来发家提出,祥宾新屋边做猪栏屋,惠民答应配其一块地,后因来发家提出要另外开一道路上马路,惠民家不肯让出路。

2004 年 4 月 29 日

这次纠纷虽然经过近一年时间三次调解,但并没有形成一致意见,甚至在我们第一次徽州调查时,也没有形成最终的调解协议。据参加过这一纠纷调解的村主任说,可能还要再拖一段时间,他说:“你越急越调解不成,等他急了来找你,事情就好办了。”这或者就是村庄中的经验,在这个特殊的熟人环境下,体现出远古的“地法天、天法道、道法自然”的纯粹精神。

关于溪西村村民裘有义户与吴连顺户土地纠纷的调解

会议时间:2004 年 11 月 24 日　会议地点:村会议室

主持人:李国保

出席人:李国保　程立红　王根生　杨文飞　吴秋兰　吴树根

关于调解裘有义户与吴连顺户土地纠纷的会议

1. 纠纷情况:吴连顺户砌围墙时,裘有义向村、乡反映围墙阻挡猪栏屋进出,村干部调不成,有义报告乡协助解决。

2. 今日,村干部在场,乡政府程立红、王根生协助解决。

吴树根:大家都清楚。

程立红:连顺屋面前,已形成事实,通路多年,应作出让步。

连顺:有义户想我家围墙开出条路,向法院打官司,我愿意奉陪。有义做屋用屋基地,我家已让步,现在不再让步。

杨文飞:猪栏屋原属俞三十,老屋在猪栏也要进出,现在应保持进出老样子。

王根生:砌围墙属改变土地用途,若面积达不到当初审批的总面积,属违章。

记录人:李国保

2004 年 11 月 24 日

休宁县岭南乡溪西村二组村民吴连顺裘有义为出入路问题纠纷调解协议书

立协议人：吴连顺（以下简称甲方）

裘有义（以下简称乙方）

兹有溪西村二组村民吴连顺、裘有义为出入路问题发生纠纷，本着尊重历史实事求是的原则，经乡、村两级干部调查并经协调，特立协议如下：

一、甲方大门口现砌成的围墙封阻了乙方的猪栏出入路，甲方应负责无偿拆除（抵至乙方原猪栏出入路的宽度即可）。

二、乙方的猪栏猪尿流道应清理疏通，不应流入甲方及邻居的大门口，以保持家居清洁卫生。

三、乙方的露天猪草地不得对着甲方的门口设置，以防夏天臭气熏人，蚊蛆遍布。

四、乙方在今后的日常生活中，挑猪栏、破柴和存放禾秆后应及时打扫干净，以保持地面清洁，不影响甲方环境卫生，否则，甲方可以干涉。

五、今后乙方若将老屋翻新，厨房烟囱口不得对着甲方大门口设置。

六、协议签订后，甲乙双方应保持高姿态，要从有利于团结、有利于生产出发，保持和睦团结，有事多商量，不得无事生非，节外生枝，否则哪方引起，责任由哪方自负。

嘴说无凭，立字为据。甲乙双方不得有悔。

本协议一式三份，甲乙双方各执一份，村委会备存一份。本协议自签订之日生效。

立协议人签字：甲方：

乙方：

2004 年 12 月 15 日

关于溪西村村民裘有义户与吴连顺户土地纠纷的调解

会议时间：2004 年 12 月 30 日　会议地点：村会议室

主持人：李国保

参加人：杨文飞　吴树根　张有根　李国保

召开关于调处裘有义与吴连顺围墙通道纠纷的会议。

陈新定今日下午来强制执行,拆倒连顺户新砌的围墙,让有义户猪栏进出。

吴树根:据老人讲,当初三十户,有义户、连顺户三户已达好协议,连顺户门口通路,今砌起来不让人走,讲不出道理。

陈新定:猪栏屋权属问题,暂摆下,猪尿池封起来,以便国良户门口卫生。今日国良户毁瓦一事,让有义与国良户协调解决。

附:张有根户门口洗衣池砌矮墙,因为大家拼得紧,村干部自己带头拆,不讲让百姓讲闲话。

祥宾户新屋砌围墙,乡政府已发通知,到了后,拼其他户,即村部门口户(俞宏理)。

连顺:参加会议讲:有义户猪尿池敲掉,路填平。陈新定部长:猪尿池非毁

2004 年 12 月 30 日

溪西村村民裘有义与吴连顺的土地纠纷在第一次调解时双方火气都比较大。裘有义见村干部调解不成,就报告乡协助解决。但在村、乡干部共同参加的情况下,吴连顺还是声称如果有义户想打官司,他自己也愿意奉陪。将近一个月以后,经过乡、村两级干部的协调,曾经起草了一个协议,其中对与纠纷双方生活卫生关系密切,争议较大的问题提出了解决办法。但双方当事人对这个协议并不买账,在调解书中两户都没有在签字栏里签名表示认同。由于第二份调解协议作出后,双方均不执行,15 日后,于 2004 年 12 月 30 日,由乡里的领导陈新定带人强制执行。在执行中进行了第三次调解,其结果是:拆倒连顺户新砌的围墙,让有义户猪栏进出;有义户猪尿池敲掉,路填平。看来,这次纠纷最终还是乡里的行政力量发挥了作用,显然农村的民事调解,最终可以依托乡、镇政府的公权力进行救济。

关于俞永前俞国光打架一事的处理会议录

会议时间:2002 年 6 月 29 日　会议地点:会议室

参加人员:杨文飞　张有根　吴树根　张德发　程立红　俞永前　俞国光

关于俞永前、俞国光打架情况处理会议。

俞永前:以正式发票算账,不是正式发票不算,另上次事情已过后,但

要认也是40~50元。我自己到休宁人民医院看了，现金1471.50元，误工不在内。

俞国光：我同意还永前医药费750.00元（除我母亲医药费以外），永前要到休宁把处方开来，钱付清。

经乡干部立红、德发，村干部树根、文飞、有根，当事人永前、国光坐下协商，做出以下决定：

双方医疗收据相抵，另双方觉悟都高，故以国光付永前医疗费650.00元，永前也同意，以后双方不该再为此事发生争吵打架等事件，和睦相处，互帮互助，团结友好，各自把家庭搞好。

当事人签字：俞永前　俞国光

2002年6月29日

村调解委员会除了对村民农田、水利、相邻关系等纠纷进行调解外，也参与村民之间发生的打架斗殴等治安案件的调解。在乡、村干部的调解下，作出以后双方不该再为此事发生争吵打架等事件，和睦相处，互帮互助，团结友好，各自把家庭搞好的结论。村民调解会议对一般治安案件往往本着要求当事人双方相互礼让，以实现乡村和谐的社会环境。

关于刘某偷砍后龙封山杂柴的处理

会议时间：2004年2月15日　会议地点：村会议室

参加人员：杨文飞　张有根　吴树根　吴秋兰　李国保

会议内容：关于刘某偷砍后龙封山的处理

当事人：刘某

刘某在2004年2月15日，在后龙山上偷砍杂柴，被组长、村干部当场捉住，经两委研究，必须按村规民约处理：1. 罚款　2. 杀猪封山。

1. 按偷砍的数量应由1百斤以上，柴必须交村，如不交回，另出价卖给他，除此以外另作罚款。

2. 如不接受，经政府强行执行杀猪上户。

经村干、当事人最终决定：罚款八十元，柴作价八十元，共一百六十元整。今后不得再偷砍，如发现加重处理。

3.（1）对于今后后龙山的长期看守方面，派专人看守。

（2）经研究委托吴伟民为长期护林员。

(3)工资全年为四百元整。

(4)订立合同后,上山看过后合同正式成效。

2004 年 2 月 15 日

村民刘某在封山时节偷砍杂柴,被当场捉住,经村干部研究后作出按当地村规民约处理的决定。第一种方式:罚款,偷砍的数量如有 100 斤以上,则柴必须交村,如不交回,另出价卖给盗砍者,除此以外另作罚款;第二种方式,如不接受,经政府强行执行杀猪上户。但最终处理结果是罚款八十元,柴作价八十元,共计一百六十元整。并告诫其今后不得再偷砍,如发现加重处理。第二种处罚形式中杀猪上户就是所谓"杀猪封山",值得注意的是,这种处罚属于"经政府强行执行"的范畴。靠山吃山的村民们在长期的生产过程中,形成了处理盗伐现象的惯例,村民将其作为处理此类问题的依据,体现了乡村社会传统习俗一以贯之的特点。

关于溪西村二组村民汪招弟乱砍松树的解决

会议时间:2004 年 9 月 15 日　会议地点:村办公室

主持人:吴树根

出席人:杨文飞　吴秋兰　汪金鉴　倪海军　吴树根　汪招弟　张有根

关于溪西村二组村民汪招弟乱砍松树的解决会议:

1. 汪招弟自认所砍伐的松树是自己自留山场砍伐来伙伙的。[1]

2. 村□汪金鉴,倪海军说:"如是自己山场所砍伐的由村委会查实之后,由村委会处理。"

3. 汪招弟的乱砍松树(所自留山),另补审批手续。(申请,另交手续费 0.5 立方米每立方 50 元,总计 25.00 元整)

2004 年 9 月 15 日

村民偷砍集体的树木,处罚比较严重,但如果砍伐本家承包的自留山上的树木,虽然同属被禁止的行为,但处罚较轻,因此只按补交砍伐手续费 25 元处理。

[1] 原文如此,疑为烧火之误。

（四）遗嘱和继承

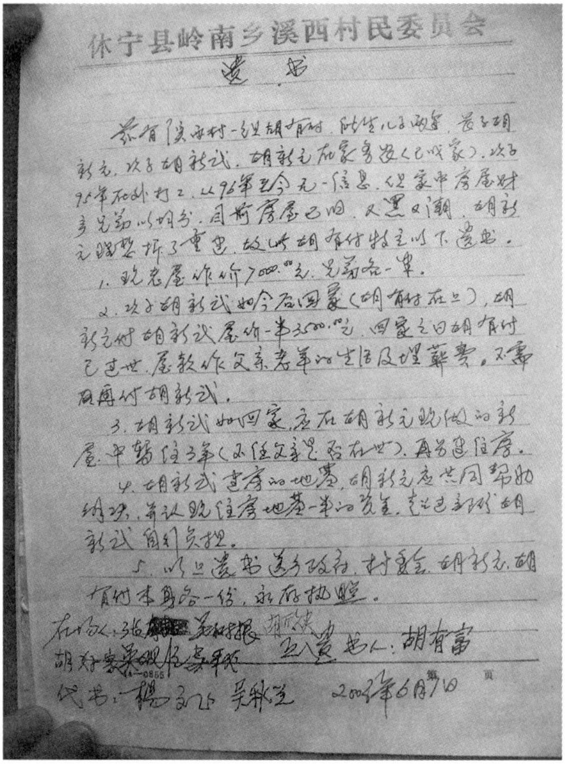
休宁县岭南乡溪西村民委员会

遗书

遗　书

兹有溪西村一组胡有富，所生儿女两个，长子胡新元，次子胡新武。胡新元在家务农（已成家），次子1995年在外打工，从1996年至今无一信息，但家中房屋财产兄弟已均分。目前房屋已旧，又黑又潮。胡新元现想拆了重建，故此胡有富特立以下遗书。

1. 现老屋作价7,000.00元，兄弟各一半。

2. 次子胡新武如今后回家（胡有富在上），胡新元付胡新武屋价一半3,500.00元。回家之日胡有富已过世，屋款作父亲老年的生活及埋葬费，不需再付胡新武。

3. 胡新武如回家，应在胡新元现做的新屋中暂住3年（不论父亲是否在世），再另建住房。

4. 胡新武建房的地基，胡新元应共同帮助解决，并认现住房地基一半的资金，超过部分胡新武自行负担。

5. 以上遗书送乡政府、村委会，胡新元、胡有富本身各一份，永存执照。

立遗嘱人：胡有富（签字）

在场人：张有根（盖章）吴树根（签字）胡欣夹（签字）胡好家（签字）吴观清（签字）马秘（签字）吴秋兰（签字）

代书：杨文飞（签字）

2003 年 6 月 7 日

遗书建立时立遗嘱人的次子在外打工，8 年没有音信，而家庭成员共同居住的老屋需拆了重建，因此父亲立下遗书，对老屋的翻建及次子回家后的生活做了安排。首先，老屋作价 7000 元，兄弟二人各一半。如果次子回家时父亲在世，长子应将房价的一半即 3500 元付给次子；如父亲过世，屋款作为父亲老年的生活费和埋葬费，则次子不再分得房价。同时，不论父亲是否在世新屋都应许次子住满三年。此外，次子建新房时，长子应付现住房地基一半的资金给次子。随着外出务工的村民越来越多，分家或遗产继承时，部分当事人不在场的情况时有发生，为将来这些人回家后不致因财产分割产生矛盾，需要众多的鉴证人在场，以增加遗嘱的公信力。这份遗嘱属于代书遗嘱，除代书人外，另有村干部及胡姓亲友 7 人在场，同时还将遗书送交乡政府、村委会分别保管，以作为次子回乡后继承遗产时的证据。

休宁县岭南乡溪西村村民吴干彬吴长庚兄弟过继扶养一事承继书

兹有吴干彬、吴长庚系同胞兄弟，兄长吴干彬是一个残疾人，至今单身一人，弟吴长庚已有两个女儿，长女吴姬现 7 岁，现吴姬过继给吴干彬为女，特立以下承继书：

1. 吴长庚将长女吴姬过继给吴干彬为女儿，但吴姬年小，吴姬的培养费应由吴干彬、吴长庚共同扶养。

2. 吴干彬的田、地、山场，在父亲没有过世前，由父亲管理。屋房吴长庚要拆做也可以，但父亲必须要在新屋内住到过世。

3. 在吴姬未满 16 岁以前，如果干彬生病后，花费在两千内，由长庚负责，超过部分桂溪、文水、长庚共同负担。目前干彬可以做，身边有点积累，医疗费干彬自己负责。吴姬满16岁以后,吴姬必须抚养吴干彬到过世。

4. 水呈湾的山树,是父母的杉树山场,长庚要做屋可以砍用,但不能出卖。

5. 吴干彬所做事的资金暂时交父亲管,在父亲过世后,应全数交给吴姬。

6. 以上承继书一式五份,吴桂溪、吴文水、吴干彬、吴长庚、村委会各执一份,永以为照,不得反悔。

注:父亲目前还可以自己做饭,长庚要安排他的自饮的地方。

特此承继书

立承继书人:吴长庚(签字) 吴干彬(签字)
裘育珍(签字)

在场人:吴树根(签字) 吴文水(签字) 吴桂溪(签字)

执笔人:杨文飞(签字)

监证单位:(加盖)休宁县岭南乡溪西村村民委员会

2004年元月28日

吴干彬与吴长庚是同胞兄弟,哥哥干彬是残疾人,无子女。弟弟长庚生有二女,长女吴姬过继给干彬。在传统社会中,一般按照宗族制度的规定,只实行同姓宗祧过继,大多数是以次子过继的形式。吴干彬兄弟的承继书,是将弟弟的长女过继给哥哥,从中可以看出,徽州地区仍然具有传统同宗过继的遗风,同时已经不再受到同宗以男子过继的限制。

农村的过继扶养,主要是为了财产的承继。因此,这份承继书中规定吴干彬的田、地、山场仍然由干彬的父亲管理,并且父亲可以在新屋内住到过世。同时,对干彬晚年也做了安排,要求吴姬年满16岁后,要抚养吴干彬到过世。承继书上有村干部和吴姓亲属参与,并且加盖了村民委员会的公章。传统社会中这种宗族中的承继,需要族中尊长或者宗祠的见证,当代社会中宗族权力已经逐渐消亡,因此鉴证单位改为村民委员会。

（五）买卖及其他

休宁县岭南乡溪西村民委员会与村民俞福开出售老大队屋厨房的协议

出售老大队屋厨房的协议

兹有溪西村委会老大队屋厨房现已倒，经全体村干部研究决定，将厨房出售给俞福开，特立以下协议：

1. 现将老大队厨房出售给俞福开。（包括砖瓦、老屋料）

2. 地基优先批给俞福开，四至：东、西、南按原墙脚，北与老大队正屋之间空一尺水沟，如今后建筑须审批办理，正屋要拆建也要空一尺水沟。

3. 厨房总价值为九百元整。

4. 协议成效，款付清。

以上协议一式二份
各执一份
立协议单位：溪西村委会
（加盖）休宁县岭南乡溪西村村民委员会
1998年6月19日

美居装饰公司与溪西村农户安装广告牌用地协议

协议书

甲方：美居装饰公司

乙方：溪西村民委员会

甲乙双方就安装在溪西与婺源交界处广告牌事宜协议如下：

1. 甲方安装广告牌在乙方地界上，纯属私营企业广告业务，不影响乙方山场归属等一切问题。

2. 乙方同意甲方在交界处安装广告牌一事，无异议。

3. 本协议一式两份，双方代表签字后立即生效。

甲方代表：吴旭东
乙方代表：杨文飞
（加盖）休宁县岭南乡溪西村村民委员会
2005年3月14日

关于溪西村俞万春户水田复垦保证金管理使用的协议

甲方：溪西村委会（发言人：杨文飞） 甲方
（加盖"休宁县岭南乡溪西村村民委员会"章） 以下简称：
乙方：溪一组俞万春户 乙方

因岭南乡石料厂项目建设的需要，需租用乙方坐落在下也坑处的水田。根据岭南乡政府与俞万春户签订的协议，为使租用的水田在岭南乡石料厂停办后达到复垦的目的，同时使复垦保证金妥善保管，现溪西村委会与俞万春户另定协议如下：

1. 乙方水田的复垦保证金交由村委会保管，如岭南乡政府不给予复垦，该三千元的复垦保证金由村委会处理，水田由甲方恢复。

2. 如果甲方恢复的水田不能达到耕种要求，该水田交由甲方自行管理耕种，另甲方暂时拨出与乙方面积相等的水田给乙方耕种，直至水田恢复达到能耕种为止。

特此协议

（加盖"休宁县岭南乡溪西村村民委员会"章）
协议双方签字：甲方：杨文飞
乙方：俞万春　洪凤英（指纹）

见证人：胡宝健
张清波
张有根

2005 年 4 月 16 日

协　议　书

甲方：岭南乡人民政府

乙方：溪西村溪一组俞万春户

因国家项目景婺黄高速公路建设的需要，经专业技术人员现场勘察，坐落在溪西村土名下边坑处的山场石料适用于公路建设材料，经岭南乡政府研究，并编报石料厂项目上报县政府，并得到了有关部门的同意，又因建石料厂牵涉到乙方坐落在下边坑处的水田，经双方协商，特定如下协议：

1. 乙方将坐落在下边坑处的水田，面积计 0.825 亩，（东至：吴济民田，南至：山，西至：山河，北至：小河）出租给甲方开采石料所用。

2. 甲方每年一千元的租金付给乙方，租用年限直到石料厂不办为止，租金一年一付，每年于 4 月底前一次付清，租金可随粮食市场价进行调整。

3. 甲方终止协议必须对乙方的水田进行复垦，达到能耕种标准。

4. 为保证协议终止前达到复垦目的，甲方现交三千元复垦保证金，保证金由乡政府同村委会代为保管，若终止协议未复垦，本保证金作为复垦费交由乙方处理。

以上协议双方商定，不得反悔，若有违约，违约方将处违约金一千元整。本协议一式三份，甲、乙双方各执一份，村委会一份。

特此协议

协议双方签字：甲方：（盖“休宁县岭南乡人民政府”公章）

乙方：俞万春（签字） 程凤英（签字）

2005 年 3 月 31 日

备注：按照近日现场开路多余的空田由乙方所用。

2005 年 4 月 16 号

以上四份协议书是溪西村村委会作为一方当事人与其他各方当事人订立的合同文书，包括老大队屋厨房的买卖、溪西与婺源交界处广告牌的安放、水田复垦保证金的管理使用等方面。这些合同协议表明村委会不仅行使村庄中的管理职能，还代表村民从事经营活动，这种经营活动的收入成为村委会的经济来源之一，村委会所具有的权力，同样成为寻求经济利益的重要资源。

溪西村是皖南休宁县最南部的一个小山村，沿着村旁的公路继续向前，不过几华里就进入了江西婺源地界。完全被青山和绿水拥抱起来的小小村庄，小到在一般的地图上根本无法找到，但是就是在这个小小的村庄中，勤劳和充满智慧的中国农民，祖祖辈辈生活在这里，并且总结出了条理分明的各种经验，并且凭着这种经验，规范和调处在生活中遇到的所有问题，只有在这些经验不能解决的情况下，他们才会求助村庄以外的公权力，而且公权力往往只作为一种权威，一种凌驾在所有村民头上的权威，他们畏惧和信任这种权威,指望着这种权威给予的庇护。哪怕公权力只给了他们一个“知道了”一样的答复,他们也同样会心悦诚服地说“等着瞧吧,上边已经知道了”。于是一切都会沉浸在原本宁静的绿水青山之中。或许千百年来我们的先人们一直就是这样度过的。

五、婺源——旧属徽州的械斗之盟

离开溪西村，进入了江西婺源县，沿着弯弯曲曲的公路，翻过一座座并不很高的山峰，小溪沿着山势哗哗地流淌，溪水边一丛丛杜鹃花正在怒放，红艳艳的花朵如同跳跃着的火焰，向生养它们的山野诉说着无声的爱恋。公路转了一个弯，再也看不见溪西村的影子，山坡上开满了一片片的金黄色的油菜花，将整个的山野点缀成一派金碧辉煌。向导指着前边的村庄说，这里是婺源的大畈，再往前就是江湾了，我们已经进入了江西婺源县。

据历史记载唐开元二十八年(740)正月初八日置婺源县，当时县城设清华，建县时，隶歙州，属江南东道。唐天宝元年(742)，歙州改为新安郡；后至乾元元年(758)五月，新安郡复改为歙州，属宣歙饶道；乾元二年(759)，宣歙饶道撤，歙州改属浙西道；大历元年(766)十二月，设宣歙道；其间婺源一直属歙州管辖。元和六年(811)定婺源为上县。宋开宝八年(975)南唐灭，婺源随歙州入宋，定为望县。太平兴国元年(976)，歙州隶江南道东路，后江南道东、西路并为江南路；宣和三年(1121)，歙州改为徽州，婺源随徽州属江南路。南宋绍兴元年(1131)，江南路复为东、西两路，徽州仍属江南东路。元至元十四年(1277)，州改路，婺源随徽州路属江东建康道，定为下县。元贞元年(1295)，婺源县改为婺源州，定为下州，仍隶徽州路。明洪武二年(1369)，婺源州又改婺源县，仍隶属徽州府。清朝时期，婺源县一直隶属徽州府。中华民国元年（1912），废府留县，改婺源县直隶安徽省，定为小县；二年改为中县。中华民国三年（1914），婺源改属安徽省芜湖道，十七年废芜湖道，婺源县重属直隶安徽省。至中华民国二十三年（1934），划属江西省隶属第五行政区；二十六年（1937），又重新划归安徽省管辖。1949 年 5 月 1 日婺源解放，属华东区赣东北行政区浮梁专区；1950 年 6 月，婺源定为丙等县。1952 年 10 月，正式归属江西省上饶地区管辖至今。

婺源号称中国最美的乡村之一，其地东连浙江衢州，南通上饶，西接景德镇，北临黄山，自古为文风鼎盛之所，是皖、浙、赣三省交通要冲。全县面积 2947 平方公里，总人口 33 万人。境内山多地少，素有“八分山水一分田，半分水路与庄园”之称。这里属中亚热带湿润气候，年平均气温为 16.7 摄氏度，年降水量为 1821 毫米。婺源自古有“书乡”之称，自宋朝以下，出仕宦 2665 人，传世有著作 3100 多部，其中选入《四库全书》就有 172 部之多。如文学家朱弁，理学大师朱熹，明篆刻家何震，清经学家江永，科学家齐彦槐，铁路之父詹天佑，现代医学家程门雪等，都生自婺源。

进入婺源以后，首先看到是风景如画的“大畈”。畈的意思是指山间的平坦地块，由于徽州地区山多地少，山间的大小平地几乎都被用作耕地。据当地人说明朝开国皇帝朱元璋曾经带兵经过这里，发现在群山之间有一块方圆几十里的平地，兴奋地说道：“好大的一块畈啊，他年吾等可在此屯兵也。”不过朱元璋当了皇帝以后再也没有回来过，反到留下了“大畈”的地名。经过明清以来不断地开发，如今大畈成了展示江西北部婺源地区著名的民俗文化的基地之一。大畈不仅景色宜人，更有儒家文化浸染的深厚底蕴，历史上婺源地区共出了 550 位进士，其中官位与政绩最盛的汪鋐〔1〕就出自大畈。汪鋐官拜明朝光禄大夫、柱国公、太子太保、吏部尚书兼兵部尚书，他的曾祖父汪樀、祖父汪焕和父亲汪俨也因他的缘故均被赐赠光禄大

〔1〕 汪鋐（1466～1536）字宣之，号诚斋，祖籍婺源（今属江西）大畈人。他初登仕途并不顺利，弘治十五年（1502）登壬戌科殿试二甲，拜左少宰吴文定为师，吴文定有意提携他，去找太宰马端肃，马端肃见吴文定十分器重汪鋐，结果在任职时对汪鋐不升反降，中国官场的这种跟人站队之风，以人为亲实在是害死人。正德六年，汪鋐迁任广东提刑按察司佥事；正德九年升本司副使；正德十年奉敕巡视广东海道，处理边疆戎务；正德十六年，汪鋐迁广东提刑按察使，此间亲自参与和指挥我国与西方殖民主义入侵者的首次战争。汪鋐在与葡萄牙侵略者的斗争中，积极学习和仿造葡萄牙先进的造船和火铳技术，并最终战胜了侵略者，挫败了葡萄牙人的海盗恶行与侵略阴谋。

夫太子太保吏部尚书的官衔,于是汪姓成为大畈最为显赫的望族。我国著名的歙砚的砚材,其实也产在这一带的山上,不但有老坑新坑之说,而且还有云纹、雨点、鱼籽、玉带、金星等诸色名目,一向深得文人墨客喜爱。皖南赣北一带,多在此取石,加工成各种砚台,又以歙县一带雕刻制作最为精美,使后人误以为歙砚产自歙县,而不知其砚石原来出自大畈。

大畈现归属江湾镇,那里峡谷里溪水弯弯,山坡上竹影婆娑,一幢幢古老的徽派建筑,和山山水水交织在一起,显得恬淡自然。这些年来江湾望族江姓出了个大人物,引得不少好奇者来此观望,也有潜心仕途的人,怀着朝圣般的心情,想从这里讨些"积砂潜龙"的风水经验,指望着自己哪一天也会举霞飞升。

在江湾镇一个农户家里,我们发现一件《道光十八年(1838)吕姓存仁堂立争产盟约合同》,是用红色的宣纸写成的,经折装,封面上题有"百事如意"四字,内容为:

立合同人吕存仁堂,因祖业宝字四千九百号计地税二厘正,土名店后菜园,并粪告(窖)在内。今因江姓昧良占业,今族老四房伯叔兄弟子侄孙嘀(商)议,恐其江姓起成分(风)波,接保呈公告状,老四房人等俱以齐心硬出钱抵处(触)。倘若本姓众伯叔兄弟子侄同江姓相斗不能,那房人等带伤重众医直(治),其业以后倘有取用,众族内人公议。此事众人情愿,恐口无凭,立有合同,百事如意,大发存照。

道光十八年正月　日立合同人　吕存仁堂

吕观祚(押)

吕观福(押)

吕观彩(押)

吕观华(押)

吕观田(押)

吕观应(押)

吕顺林(押)

吕天林(押)

吕连高

吕玉林

吕得财(押)

在农业社会中，出于生存和生产的需要，人们争夺土地和水利资源的现象比较常见，因此产生纠纷，引发诉讼，甚至导致种姓或者村民之间的械斗。这种民间的争产械斗现象一直延续至今，在一些偏僻的山区或农村地区仍然可见。这类争夺通常发生在不同家族或者是不同村庄之间。解决的途径一般有公了和私了两种方式，公了是指由官府来裁判该土地或水利资源的所有权和处分权，而私了除了进行协商外，还有可能引发双方武力相争，最终胜者取得所有权或者收益权。这种情况在实践中虽然普遍，但是相关的文字资料却十分罕见。这件《道光十八年(1838)吕姓存仁堂立争产盟约合同》是吕姓家族为了与江姓家族争夺地产，召集宗族共同订立的一份盟约合同。合同中首先说明附近的江姓家族企图“昧良占业”，占有吕姓祖上流传下来的“宝字四千九百号计地税二厘正，土名店后菜园，并粪告(窖)在内”。因此吕姓家族召集族人订立盟约，决定和江姓争产。在这份争产盟约合同中，规定了非常详尽的应对措施：如果江姓家族上告官府，则吕姓子孙“俱以齐心硬出钱抵处(触)”；如果是采取械斗的方式，则对于在械斗中受伤的吕姓子孙，医药费由族众共同支付；为保证合同效力，在盟约的最后，按照徽州地区民间私约的格式，标注“恐口无凭，立有合同，百事如意，大发存照”，最后由参与盟约的吕姓子孙共同签字画押。显然“恐口无凭，立有合同，百事如意，大发存照”是一句民间私约中的套语，不仅用于一般的买卖契约，甚至两姓纠纷争产械斗这类的盟书上，也是照用如仪。

没有人知道江吕两姓这场纠纷最后是如何解决的，也没人知道这场械斗最后的死伤，如果不是机缘凑巧，我们意外的采集到这件标本，甚至更没人知道在历史上曾经发生过的不同姓氏之间结怨的悲剧。

穿过江湾便是思口，这里同样被辟做旅游区，一群群乘坐大小巴士的游客们，带着对绿水青山的钟情和对陈年旧事的怀恋，在导游高举着的红蓝旗帜下，拥拥嚷嚷地挤进仍然保留着明清时期建筑的小村庄里。延村是这里的旅游中心，村委会在村口设了一个收费站，凡非本地居民，进入延村一律要买门票，美其名曰“旅游券”。这种“创收”之举，似乎属当前农村经济改革中的创意之举。在其他省市，由村民或者基层政府画地为牢，收取旅游门票的现象也随时可见，并成为地方经济的来源之一。其实风光名胜原在自然之中，收费有收费的道理，一批批外来人士，在饱览风景之后，排泄丢弃之物不在少数，适当收费可以作为对风景名胜进行维护和运行的经济保障。但其中也不乏横刀占路,只见旗杆上挑出“旅游”二字,三五大汉,横眉立目,口中唱道:“此树是我栽,此路是我开,要想打此过,留下买路财”,果然是令人心惊肉跳,大煞风景。我们在向导的帮助下,虽然经过两三个此等关卡,倒也顺利,进得延村之后,只见车水马龙,游人如织,村干部们忙得手足无措,乡村调查一事更是无从谈起,同行者纷纷以为选错了路线。

从延村出来原计划去往思口,不巧正在修路,各路人马都不能通行,路边有数株百年古木,郁郁苍苍,我们一行舟车劳顿,便躲在树荫中休息。只见三五村民,有的卖茶水,有的卖土产,在此招揽沿途客商。其中有一中年人,年近五旬,担了些自家山上采来的新茶,站在那里叫卖。我们便和他攀谈起来,原只想打听一下去思口有无别的路可以绕行,不想这一搭讪,竟然成就了我们此次徽州调查的一大心愿。

我们一行人跟着这位卖茶叶的村民边走边聊,他自称姓孙,是本地人,家住在清华镇晓起村,离我们喝茶休息的地方有二里多路,平时在家务农,有时也向游客卖些当地的土特产,由于身体不好,他和妻子没有外出打工。晓起村在公路旁边,穿过一座小桥,便到了这个只有百余户的小山村。大概村中以孙姓为主,村民的墙上涂了一些广告,如“中医孙某某,手到病除”,“中医按摩孙某某,正骨推拿”之类。我们跟随卖茶叶的孙先生,走进他略显破败的家中,他妻子刚巧也在,看上去身体不太好,头发零乱,衣衫也显得破旧。房间内杂乱无序,见有生人进来,他妻子赶紧整理房间,顺手理了理头发,倒也十分客气。孙先生从里屋拿出一个布包,从中找到几件红白契约摊到我们面前。我们稍微翻检了一下,大部分都是家族之间典卖土地田房的私契,间或有一两张民国时期的官契,且品相一般。正在失望之时,只见一张折叠在一起的契约,纸色微黄,不但楷书工整,而且字大如钱,一望便知与众不同。仔细看时,竟然是一份民国时期“杀猪封山”合同,这是我们本次调查一直希望找到的重要资料,一直遍查无着,果然“踏破铁鞋无觅处,得来全不费功夫”,一时大家大喜过望。于是故作镇定,以一百元买入,小心翼翼装进文件夹中,回到驻地之前,一直由专人保管,生怕发生闪失。

民国二十二年(1933)通济桥会孙伯人众立杀猪封山合同书

立议禁山合同人通济桥会、孙伯仁众等,缘因源土元东西两培一带山场,向属森林,后被数度焚烧,残害日甚,禁约废弛,两培一空,国课无所出,桥木无所取。似此维艰,岂堪坐视。兹特邀集通济、伯仁以及汪树德堂、孙思本堂、孙思源堂、孙维德堂各众人等公同议决，将此两培山场自源土元口东培随峰直上至下木杓窟湾内，峰顶横迤至大土太峰沿峰脊直下至坟林山顶止，概归四众掌养，严行加禁。四众各户以及金、王两姓均散胙亥四两，其费四众分认。火路每户一人，迭年正月二十六日桥会结账后一天以天晴为期，即行举□，偶遇野火临近，在户支丁须要齐出赴救，不得退避。俾早成林，日后桥会取用松木材料，桥会山内概不纳价。将来出拼之日，四众得掌养十成之三，仍七成各户照税分派。所有拿获罚项，悉行归入四众，费用亦照分认。自今加禁之后，无论内外人等，毋许入山侵害。倘有违禁被获者，砍树罚洋六元，砍柴罚洋三元，赏获见半，不得徇私。恐口无评，特立合同一样三张，各执一张存照。此合同共计三张，存桥会、伯仁、树德堂各一张。

中华民国二十二年岁在癸酉二月日立此合同人通济桥会、孙伯仁

孙思本堂代表人　孙云泉
孙兆秋
孙如泰
孙长沛
孙思源堂代表人　孙少侯
孙林祥
孙湧泉
孙长发
汪树德堂代表人　汪庚金
汪义和
汪兴富
汪兴来
孙维德堂代表人　孙汝培
孙养贤
孙祺祥
孙耀如
孙社九
孙启通
依书　孙少侯

半书:立此合同一样三张,各执一张,永远存照

“杀猪封山”是徽州地区具有传统特色的地方习惯,是当地村民之间合伙宣告禁山、守护山林的传统私约形式。其历史来源已经难以考证,至今在少数地区仍然加以采用。“杀猪封山”是由村民互相组织在一起,建立封山文约,自立约之后封山育林,任何人不得擅自上山砍伐。立约时村民共同出资杀掉一头猪,并将猪肉分给各家食用,同时约定立约后有敢违约者,取其家中圈养之猪,或者由其出资买猪,当众杀猪认罪,再将猪肉分散给众人,从而使违约者付出经济损失和道德损失。这种杀一儆百的形式,带有原始的盟誓色彩,属于古老的原始习惯。

半个多世纪以来,中国农村处在激烈的变革中,历经合作化运动、人民公社和“文化大革命”、“包产到户”等,农村中的生产资料和生产方式都发生了巨大变化,以“集体所有权”的形式对于土地和山林的占有,取代了一家一户私人占有,这种变革必然导致生产资料的重新组合。土地山林实行集体所有和与之配套的生产方式,决定着参与共同生产形式下新的经济地位和社会身份。在中国农村出现了新的主导这一集体利益的“领导者”,其他则成为接受领导的“服从者”,这种身份的不平等,不可能继续利用原有的传统契约精神调整彼此之间的权利与义务,而替代以新的集体纪律或者其他的规章制度。人民公社运动以后,极端的“集体经济”和“阶级斗争”观点的泛滥,使家庭为经济单元的社会结构发生了显著变化,除了山林土地被“集体化”之外,甚至家庭经济也受到过度限制,除额定的“自留猪”之外,大部分猪都迁居到公社养猪场去了,于是“杀猪封山”以及其他的合伙性约定,逐渐退出了徽州地区。直至20世纪80年代以后,部分土地和山林重新由农民以一家一户的形式进行承包管理,曾经被集中在一起的占有形式,再度变化成一种新的分散形式。虽然制度设计下的农村土地“所有权”仍然为“集体所有”,但新的分散生产管理模式,与一家一户的切身利益紧密相关。一家一户可以重新对属于自己管理范围的事务,具有了部分话语权,可以表达对这一部分事务的权利和义务主张。此后,猪又从公社养殖场迁回了百姓家的猪圈,于是类似“杀猪封山”这样的民间习惯,再度被重新重视或者被重新得到利用。

徽州调查时，我们曾经进行了与“杀猪封山”习惯的专门调查。[1] 直至采集到《通济桥会孙伯人众立杀猪封山合同书》以后，才对民间“杀猪封山”私约有了直观的了解。这件《杀猪封山合同》是由婺源县通济桥会中孙思本堂、孙思源堂、汪树德堂、孙维德堂四堂下代表共同参与制定的。合同中约定对山林进行统一管理，并同时向四堂族众和没有参加约定的金、王两姓均散胙亥四两，以传统十二地支推算，亥即猪也，猪年也被称作亥年，在文言表述中有时也将猪字避讳写作“亥”字的传统。胙亥四两就是四两猪肉，也可能是当地的一种腌猪肉，“胙”原意是祭祀用的肉，估计这个合同是请当地颇懂文墨的人士书写的。买肉的费用由四堂支付，根据这一合同，众人将对山林进行封育保护，直至木材成林之后，“四众得掌养十成之三，仍七成各户照税分派。所有拿获罚项，悉行归入四众，费用亦照分认”。为了保证这一约定具有约束力，合同还作出对违约或举报有功者约定了赏罚条款，“自今加禁之后，无论内外人等，毋许入山侵害。倘有违禁被获者，砍树罚洋六元，砍柴罚洋三元，赏获见半，不得徇私”。合同当时共签署三份，一份由通济桥会保存，另外两份交给孙伯仁和汪树德堂各存一张，现在发现的这份采自婺源县清华晓起村孙姓后人，当为原来孙伯仁持有的一份。自民国二十二年即1933年至今，历经劫难，这份珍贵的民间私约居然被保存下来了，并被我们重新发现，实在是一件难得的幸事。

皖南地区这种“杀猪封山”保护森林的习惯，并未得到国家法律的认可，但在当地乡规民约中却多有涉及。2005年的一次调查中，我们在休宁县岭南乡采集到一份岭南村的村规民约，这份村规民约明确将历史上传统的“杀猪封山”的习惯，写进了当代村规民约之中，并报岭南乡政府备案，使其具有经过官方认同的合法性。

中国农业社会中的习惯和它所存在的社会环境与经济结构紧密相关，“杀猪封山”作为一种习惯只能在以户为单元的经济环境中发挥一定的作用，离开这种环境，“杀猪封山”将失去意义，因此透过对“杀猪封山”这一

〔1〕 2005年5月徽州调查中第一组向璜尖乡的党委书记方日新同志提出这一问题时，方书记直言不讳地告诉我们：“虽然林业部门颁布了一些有关保护森林的法律法规，但在实践中，我们这里最管用的还是实行杀猪封山的习惯。”关于“杀猪封山”的调查，详见《徽州调查报告》。另外春杨博士也将对“杀猪封山”的调查和讨论，写进她的博士论文。参见春杨：《晚清乡土社会民事纠纷调解制度研究——以徽州私约为起点的解读》，北京大学出版社2009年版。

习惯的研究，可以观察该社会以及经济环境的变迁。“杀猪封山”的习惯，明显带有原始会盟制度的痕迹，并非社会进步的象征，而应当属于“以怨报怨”和“法外施罚”的传统习惯，与我国《物权法》建设相互背离，擅自上山砍伐属于违法行为，应当依照法律法规给予必要的处罚，但不等于可以对当事人的其他财产或者财产权利以众人伙分的方式进行处罚。这一方式可能在局部环境中具有威慑作用，但不应当在具有健全的森林防护制度，以及基层普遍设有森林警察配备的当代社会中加以提倡。但“杀猪封山”在当代社会少数地区仍然发挥作用的事实，也可能间接证实当前中国的农业社会，与现代意义上的法制建设还存有较大的距离。

由于道路不通，不能继续向婺源山区进发，于是我们一行决定到思口镇去采集一些由镇政府下发的资料，并且了解一些乡镇一级有关民事调解的内容。婺源县北部山区正在开展“有话跟我说”的法律服务活动。国家取消农业税后，乡镇一级政府的日常工作发生了重要变化，尽管官员的身份仍然和农民的身份之间存在天然的沟壑，但作为“父母官”，仍然需要在“亲民”工作中表现出具有时代感的姿态。所谓“有话跟我说”具有明显的两重性，一方面显示出基层政府对民间细故的关切，并以积极的态度化解社会矛盾；另一方面也可以理解为有话“跟我说”，而不是“跟别人说”，当然更不能允许“跟上面说”。农村承包制以后，集体经济的管理者逐渐成为农村中主要的势力集团，他们不但直接掌握着土地山林等生产资料的支配权，并且还直接掌握着其他可以转化为财富的所有资源，甚至在一定程度上还掌握着官民之间沟通的权利，因此农村集体经济的管理者和被管理者之间的矛盾不断上升，针对这一现象产生的纠纷日益增加，当农民的利益受到损害，甚至不能直接在他们生存的环境中找到救济渠道的时候，农民则可能选择“上访”的形式，希望能够求得上面或者上上面的干预，并且从中得到最终的救济。当然农民不可能完全理解集体经济管理者手中的权力，其实是上面赋予的，因此这种通过“上访”找一个“说法”，在更大程度上只能显示农民社会的存在，以及这个存在在整个社会架构中最底层的位置。阻止“上访”，成了基层工作者日常的重要工作，但这种阻止并未真正化解当前农村社会中的矛盾，于是“有话跟我说”成了这一工作中比较温和的方式。尽管如此，这种方式对化解农村社会中的矛盾，缩小纠纷的调解成本，显然具有及时性和对应性的重要价值。

下面一组材料，是我们在思口镇政府直接采集到的，具有直观和重要的参考价值。

中共婺源县思口镇委员会办公室(通知)

思办字[2005]02号

中共思口镇委员会办公室　　思口镇人民政府办公室

关于印发《关于在全镇开展“有话跟我说”主题活动的实施方案》的通知

各村党支部、村委会、镇直各单位：

镇党委、政府同意《关于在全镇开展“有话跟我说”主题活动的实施方案》，现印发给你们，请认真贯彻落实。

中共思口镇委员会办公室(加盖印章)

思口镇人民政府办公室(加盖印章)

2005年4月6日

关于在全镇开展“有话跟我说”主题活动的实施方案

一、指导思想

以“三个代表”重要思想和科学发展观为指导，坚持以人为本，以构建“民主法治、公平正义、诚信友爱、充满活力、安定有序、人与自然和谐相处”的和谐村镇为主题，着力加强镇党委的执政能力建设，倾力打造“亲民、为民、富民”的和谐政府。

二、目标任务

运用“有话跟我说”这一载体，架通党群、干群“连心桥”，使镇党委、政府及时了解收集群众的呼声、愿望，全面掌握社情民意有便捷、通畅的渠道，群众与政府之间上下沟通的距离缩短，镇党委、政府为群众办事，解决实际问题的效率提高。要通过活动的开展，实现以下目标：

1. 群众民主得到充分发扬，各方面积极因素得到广泛调动；

2. 群众各方面的利益关系得到妥善协调，群众矛盾和其他社会矛盾得到正确处理，社会公平和正义得到切实维护和实现；

3. 干部群众互帮互助、诚实守信，全镇上下充满活力、平等友爱、融洽相处；

4. 镇、村两级组织机制健全，管理完善，社会秩序良好，群众安居乐业，全年信访量比上年下降70%以上，社会保持安定团结；

5. 镇域经济做强做大，镇、村“三个文明”协调发展。

三、活动安排

整个活动分宣传发动、组织实施、总结提高三个阶段。从4月份开始实施。

1. 宣传发动阶段。

①发一封致全镇人民公开信；

②开好镇、村两级动员会；

③组织好一次镇、村干部群众学习会；

④营造好活动开展氛围，镇、村分别设立活动办公室，提供活动场所。

2. 组织实施阶段。

①每周一镇干部到各村“有话跟我说”活动办公室接访群众，做好来访者情况记录。对群众反映的问题实行办结承诺制，能当场解决的问题，当场作出明确答复予以解决；当场因各种原因一时难以解决的问题，承诺办结期限（一般七个工作日内办结）；对一时无法解决的问题，耐心做好说服工作。

②周二召开活动领导小组工作会。收集汇总各工作组工作情况。集体研究或按分工提交分管领导，解决周一群众反映但未能当场予以答复的问题。

③对因超出镇域工作权限，领导小组工作会无法解决的问题，由分管领导或党委，政府主要领导到县直部门帮助联络协商解决。

④对群众反映的带有普遍性的问题，集中力量多作调查研究，及时出台相关制度或意见，从根本上提出切实可行的解决办法。

⑤对群众反映的问题，做到事事有回音、件件有着落，力争办结率达70%以上。对个别群众所提的无理要求或因条件不具备一时无法解决的问题，要做好政策宣讲和说服教育工作，使群众满意而归。

3. 总结提高阶段

①在广泛接触群众，了解社情民意的基础上，理清各村经济发展思路，调整产业结构，强化举措，促进各村经济发展。

②紧扣工作实际，制定镇、村干部行为准则，规范干部行为，促进干部

思想和工作作风的根本好转。

③健全镇、村组织机制，加强制度管理，完善村规民约，促进镇村规范有序发展。

④评选“和谐村”、“和谐家庭”，倡导文明、和谐新风，促进全镇“三个文明”协调发展。

12 月底评选表彰“和谐村”（指自然村）6 个，每个奖金 1000 元或由镇党委、政府承办一件相当费用的公益性事业；“和谐家庭”20 户，每户奖金 200 元。

“和谐村”评选标准：（1）领导有力政令畅通，（2）思想道德风尚良好，（3）活动开展扎实有效，（4）社会治安秩序安定，（5）环境面貌整洁优美，（6）社会事业稳步发展，（7）基层民主健全有效，（8）村级经济发展壮大。

“和谐家庭”评选标准：（1）五爱四有，（2）勤劳致富，（3）守法守纪，（4）优生优育，（5）家庭和睦，（6）邻里团结，（7）科学文明，（8）环境优美。

四、组织机构

1. 镇成立活动领导小组：

组长：吕军

副组长：洪坤炎　李腾德　詹湘富（常务）　汪荣开

成员：何志凌　齐任农　汪晓君　汪泽水　叶兰英　余天海　方樟保　张红武　付强

领导小组下设办公室，詹湘富同志兼任办公室主任，成员由汪荣开、汪晓君、叶兰英、戴志华、胡养清、罗振华六位同志担任。

2. 各村成立活动工作组：

组长：镇挂村副科领导

副组长：村支书、主任

成员：镇挂村蹲点干部、村“两委”成员

主题词：党建工作　“有话跟我说”活动　实施方案　通知

中共思口镇委员会办公室　2005 年 4 月 6 日印发

（共印 28 份）

关于在全镇开展“有话跟我说”主题活动
致思口镇全体村民的一封公开信

尊敬的全镇村民：

你们好！

为构建和谐社会，镇党委、政府决定从2005年4月开始在我镇开展“有话跟我说”主题活动。整个活动的指导思想是：坚持以人为本，构筑“民主法治、公平正义、诚信友爱、充满活力、安定有序、人与自然和谐相处”的社会主义和谐社会，倾力打造“亲民、为民、富民”的和谐政府。通过“有话跟我说”这一有效途径，架通党群、干群“连心桥”，使镇党委、政府能及时了解，收集群众的呼声、愿望，提高为民办实事、好事的效率。

开展“有话跟我说”活动的具体实施方法是：镇、村分别设立活动办公室。每周一镇、村干部到村活动办公室接待群众，做好来访者情况记录。对反映的问题，能当场解决的，当场作出明确答复；如当场不能解决的，则由各村活动办公室将情况带回镇里，每周二镇活动领导小组提交党委扩大会集体研究或按分工交分管领导解决；如不属镇党委、政府工作权限内能解决的问题，由镇党委、政府分管领导或主要领导到县直相关部门帮助联络协商解决；对普遍反映的问题，镇党委、政府将集中力量调查研究，及时出台相关制度或意见，从根本上提出切实可行的解决办法；对因条件不具备一时难以解决的问题，作好耐心细致的说服工作。

镇党委、政府开展这一活动是落实“三个代表”重要思想的一大具体举措，也是“和谐”社会发展的需要。为此，每周一上午8:30时，欢迎思口人民到常住地村活动办公室反映问题，镇活动领导小组将按程序积极抓好落实。为开展好这一活动，镇党委、政府将在今年12月底在全镇范围内评选“和谐村”(指自然村)6个，每个奖金1000元或由镇党委、政府承办一件相当费用的公益性事业，评选标准是：领导有力政令畅通、思想道德风尚良好、活动开展扎实有效、社会治安秩序安定、环境面貌整洁优美、社会事业稳步发展、基层民主健全有效、村级经济发展壮大。评选“和谐家庭”20户，每户奖金200元。评选标准是：五爱四有、勤劳致富、守法守纪、优生优育、移风易俗、家庭和睦、邻里团结、科学文明、环境优美等。

最后祝全镇人民身体健康、合家欢乐、万事如意！

思口镇“有话跟我说”活动领导小组

2005 年 4 月

思口镇“有话跟我说”事项承办结果报告

镇“有话跟我说”办公室：

4 月 18 日按照镇党委每周一下村到组开展“有话跟我说”工作中，遇到前坦村委会江村小组张根保反映：“2004 年 3 月份家中 2 头肥猪（每头约 130 斤左右）突发 5 号病，按照上级防疫工作要求，当即将 2 头生猪埋葬作了处理，按规定，本人应得到相应的补偿。”时至一年至今未落实，要求镇里尽快落实到位。该事 19 日（星期二）镇“有话跟我说”联席会议研究，以为该农户的要求符合有关规定，县农牧部门至今也未回音，镇党委、政府决定由镇政府先垫付 600 元，让张根保吃定心丸。镇政府于 19 日中午派出专车将 600 元送到张根保家中，当时张根保很受感动，说镇党委、政府是为民办实事的好班子。他接到 600 元后，表示今后一定积极配合镇、村工作，并作出了书面承诺，在场的村民也说该活动深入民心，时隔一年的问题通过 2 天运作就解决了，为民办了一件实事。

镇蹲点前坦村工作组

2005 年 5 月 19 日

关于新岭下张坤林、张钦盛苗竹林投毒权属纠纷

张坤林、张钦盛两人系堂兄弟，张坤林，70 岁，党员；张钦盛，69 岁。在两人房后，祖上留下一片苗竹地，两人同时声称拥有该片苗竹地的所有权，两人就该地所有权历来冲突不断。4 月 12 日，张钦盛从该片竹林挖了些春笋食用，回家发现其中 3 颗竹笋颜色发黑，怀疑有人在春笋上下了农药，于是便去质问张坤林，张坤林当即承认自己在 3 颗笋上喷洒了农药，目的是防止别人偷笋。张钦盛将此事反映到“有话跟我说”办公室，镇村两级干部马上介入，在查清情况后，作出如下决定：张坤林在最近的党员大会上作检查，张钦盛列席旁听，苗竹地权属按谁扶育谁所有原则，苗竹地归张钦盛。双方对此解决方式无异议。

2005 年 5 月 19 日

关于余元意老人赡养问题

余元意80岁，西源胡家人，未生育前收养一子胡冬林，后育有一子一女。养子成家后与老人分家，余元意女儿胡水弟嫁到该村委会茅山店组，其亲生儿子1997年在温州打工时工伤死亡，老人与其孙相依为命。2004年其孙患白血病死，如今老人无所依靠。4月11日镇“有话跟我说”办公室了解到此情况后，马上召集余元意养子、亲生女儿及其家庭亲戚，共同商讨解决老人赡养办法，在老人自愿的、各方都认可的原则下，提出由其女儿胡水弟赡养，余元意每年支付2000元的伙食费，其养子胡冬林每月支付100元赡养费的方案，使老人的赡养问题得到妥善解决。

2005年5月19日

思溪村“有话跟我说”活动事项处理及结果

事由：

4月18日上午9时，延村二组村民金健民反映：延村龙河水根无人管理，现已堵塞，该水根长200米，灌溉面积150亩，要求组织牵头开沟修复。

处理意见：接到群众反映后，经镇蹲点干部与村干部等协商，针对该组组长缺位的情况，决定该组蹲点干部金坤喜组织牵头处理此事，两天内完成任务。

承办结果：经活动领导小组跟踪督促，4月20日金坤喜已组织人员动工修复。

2005年5月20日

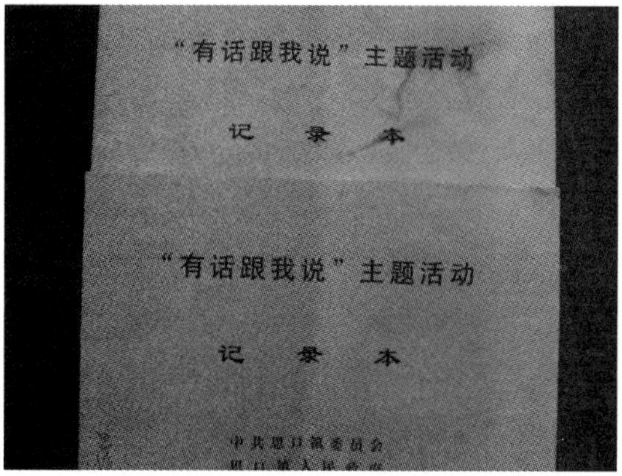

“有话跟我说”主体活动记录本

中共思口镇委员会　思口镇人民政府

“有话跟我说”登记表

<table>
<tr><td>来访人姓名</td><td>思溪、延村群众代表</td><td>年龄</td><td></td><td>性别</td><td></td><td>住址</td><td>思溪、延村</td></tr>
<tr><td>接访时间</td><td>4.11</td><td>接访地点</td><td>思溪村</td><td>接访责任人</td><td>李书记</td><td>记录人</td><td>吴汉元</td></tr>
<tr><td colspan="4">来访内容</td><td colspan="4">处理意见</td></tr>
<tr><td colspan="4">思溪、延村群众反映村委会每人每年60元资源费要求发放(以前是镇政府用农业款担保,目前已取消了农业款)。否则“五一”期间不让旅客参观。</td><td colspan="4">经镇、村干部会议研究,15号以前村委会将思溪、延村的人口核实好,有李书记出面与之请公司协调借资源费解决群众的每人60元,在“五一”节至目前发放到位。</td></tr>
<tr><td>承办结果</td><td colspan="7"></td></tr>
</table>

“有话跟我说”登记表

<table>
<tr><td>来访人姓名</td><td>俞喜来</td><td>年龄</td><td>61</td><td>性别</td><td>男</td><td>住址</td><td>思溪村三组</td></tr>
<tr><td>接访时间</td><td>2005.5.9</td><td>接访地点</td><td>村接待室</td><td>接访责任人</td><td>李腾德</td><td>记录人</td><td>俞志国</td></tr>
<tr><td colspan="4">来访内容</td><td colspan="4">处理意见</td></tr>
<tr><td colspan="4">俞喜来反映:思溪三组税改时(2002),该组共有四户村民退田,分别是俞甬华1亩多,吴文峰1亩多,叶祥1亩多,庆祥1亩多,当时该组把退田以抽勾的方式分到多户户头上,但目前为止,文峰、叶祥、庆祥的退田已别人种了,但甬华的退田却不肯让,还是自已种。</td><td colspan="4">税改时增负户的退田要求归组里管理(以发包的方式管理),但该组以抽勾的方式分到农户户头,纯属该组村民自治,一事一议的范畴,在全镇其他组也没有这种做法,请村委会协助该组组长处理好此事。</td></tr>
<tr><td>承办结果</td><td colspan="7"></td></tr>
</table>

“有话跟我说”登记表

<table>
<tr><td>来访人姓名</td><td>延村三组</td><td>年龄</td><td></td><td>性别</td><td></td><td>住址</td><td>延村</td></tr>
<tr><td>接访时间</td><td>2004.4.25上午</td><td>接访地点</td><td>村接待室</td><td>接访责任人</td><td>李腾德、吴汉源</td><td>记录人</td><td>俞志国</td></tr>
<tr><td colspan="4">来访内容</td><td colspan="4">处理意见</td></tr>
<tr><td colspan="4">因三清集团思溪、延村旅游公司在旅游开发过程中导致延村三组反映的几个问题：
游客中心至延村小路铺路问题。
至江坑坪架桥问题。
原枫树底小路问题。
汪冲坪至外家庄水沟问题。
征用水田价格问题。
程黄山要求调田问题。</td><td colspan="4">经思口镇政府、思溪村委会、思溪延村旅游公司、延村四方协调，协议意见如下：
1. 由村小组打请示报告，向三清集团争取资金一千元，由村小组负责带头铺路，路面为卵石或石板。
2. 由三清旅游公司在4月28日前做好木桥桥墩再进行做实。
3.“五一”前三清旅游公司负责对路面进行清理、平整，“五·一”后再进行铺石板。
4. 由于停车场有个整体规划，有时间先后问题，请村小组做好解释工作。
5. 由于征用时已定好价格，群众同意征用，维持原先价格不变。
6.(1)镇、村协调意见是将金观烈公田调给程黄山，如遇双方冲突，镇、村将支持程黄山。
(2)如调换水田没有协商好，不能按时插秧，将适当给予补偿青苗费，镇、村干部继续协调。</td></tr>
<tr><td>承办结果</td><td colspan="7"></td></tr>
</table>

（婺源县思口镇思口村漳村二组溪光寺）水圳修复验收合格记报

漳村二组坐落在王村段溪光寺水圳一条，全长80余米，溪水面积五十余亩，因思口至西沅公路改造后，造成水圳不能正常通水和漏水情况出现。我组群众5月3日在“有话跟我说”办公室提出了上述情况后，镇领导高度重视并立即和镇蹲点干部研究落实制订了混泥工浇溪总投资800元方案，承包给该组群众修复，在本月中旬经验收合格已完工了，并且得到了改组农户“有话跟我说”办公室真正做到了为农村农业生产办实事、办好事，此圳现已正常通水了，得到了全组群众的满意。谢谢。此圳村、组另投资300元。

汇报单位：漳村二组

2005年5月16日

“有话跟我说”登记表

<table>
<tr><td>来访人
姓名</td><td>王灶全</td><td>年龄</td><td></td><td>性别</td><td>男</td><td>住址</td><td>漳村</td></tr>
<tr><td>接访时间</td><td>4.22</td><td>接访地点</td><td>村委会</td><td>接访
责任人</td><td>吕茂庆</td><td>记录人</td><td>罗振华</td></tr>
<tr><td colspan="4">来访内容</td><td colspan="4">处理意见</td></tr>
<tr><td colspan="4">反映漳村畈排灌给原60泵，水轮叶片遗失，导致不能正常灌溉，影响秧苗插，要求解决。</td><td colspan="4">处理意见：
一、组织人员打捞水轮机叶片
二、联系延村废弃泵站（尽可能找到配件）
三、由村委会立即到农机站购新泵
四、村委会、组织资金公司买潜水泵</td></tr>
<tr><td>承办结果</td><td colspan="7">召开小组、组长会议（农户）农户自负一部分修好电站</td></tr>
</table>

“有话跟我说”是婺源北部思口镇摸索和创造出的一种新的农村社会调解形式，尽管这一形式并不能从根本上解决当前农村社会中出现的所有问题，但从搜集到的与民事纠纷有关的调处资料上判断，起到的作用是积极并且有效的。这种“活动”，是在镇政府直接领导的“活动领导小组”参与并且“跟踪督促”的情况下，发挥了原有乡镇一级司法所和调解员的作用，并且将这一工作纳入乡镇党政直接领导下，因此在短时间内对当地农村频频出现的上访问题起到了抑制作用，同时也有利于农村中村民之间矛盾的化解。其中一个纠纷案件，还要求涉及纠纷的党员，在“党员大会”上作出检查，可见由于党政领导的参与，“有话跟我说”活动，较之原有的乡镇司法所和调解员，更具有较为显著的权威作用。“有话跟我说”活动，值得在当前农村社会中进行推广，可能这一活动的历史寿命并不长久，或者在触及乡镇甚至农村的权力集团时会受到障碍，但并不因此直接否定这一活动的合理性及其价值。甚至在某种程度上说，这种由基层管理者根据实践总结出来的经验和方法，无论如何比打着“送法下乡”旗号的法学家们都要高明得多。

六、歙县、祁门、休宁、黟县、绩溪——民间契约中的新发现

歙县在屯溪以东不过十几公里路程，一大早王宏治教授等4人就抵达了歙县司法局。因为预先联系过，县司法局吴局长已经早早地等在那里，一阵寒暄之后，王宏治教授便向当地司法局局长介绍了我们本次调查的目的和意义，以及调查的方法。吴局长十分支持我们的工作，并表示要亲自陪同我们前往歙县徽城镇司法所进行社会调查。

徽城镇是历史上歙县县治所在地，现在是歙县的一个镇。镇司法所的王所长热情接待，并简单介绍了地方民事调解实际工作的情况，就我们所感兴趣的问题一一进行了回答，并提供了一批调解材料给予我们参考。其中有一个案件引起我们极大的兴趣，原案系歙县人民法院审结后调解生效的案件，因为司法所参与了调解，因此保存了这个案件的副本。该案中使用了民国时期典当类契约作为重要证据，并且根据这些证据证明的事实进行审理和调解，因此对研究徽州地区传统民事契约在当前司法审理中的证据作用和现实意义，有着重要的参考价值，为此我们将该案部分内容收录于本调查报告中，以便使读者能够从当今司法审理的角度，得以较为全面

地了解徽州地区民间私约所具有的法律意义。[1]

原案由为房屋典当纠纷

原告人：姚甲、姚乙

被告：姚丙

收案日期：1989年9月6日

结案日期：1990年3月2日

终结情形：调解

歙县人民法院民事立案登记表

案由：房屋典当纠纷　　　　1989年9月6日

当事人：

原告：姚甲，住址略

原告：姚乙，住址略

被告：姚丙，住址略

案情摘要、受理依据：

原告之父姚礼庄于民国三十年向被告之父姚佑仁典得渔梁某房屋，其中属汪精奎之松板房和厨房等财产也随该房出典，汪恒奎属原告户，该屋典期为十二年，而至今被告方一直未取赎，现被告私自登记了该房之财产权，双方发生纠纷。

处理方式审理结果：调解

歙县人民法院便笺

姚甲、姚乙

你们写给法院的信收到，关于房屋典当关系，有关民事法律政策规定，典期届满，逾期十年或典契未载期限，经过三十年未赎的，原则上应视为绝卖。

你们所述先父于民国三十年承典姚佑仁一间砖木结构的房屋，对方至

〔1〕调查中我们从歙县人民法院和徽城镇司法所收集到一批涉及传统民间私约相关内容的案件资料，但考虑到无法直接征求这些案件的当事人的相关意见，且未能全面得到上述司法行政机关的全部许可，因此只从中选择其中一件房屋典权纠纷案，仅对相关当事人姓名等涉及隐私问题的部分内容作了技术上的处理，其他如原有房屋典当契约等均尽量保持原貌。调查中另特别向当地各级人民法院的领导，了解了在目前司法审理中对传统民事契约的利用和法理学研究情况，得到了黄山市中级人民法院、歙县人民法院、休宁县人民法院、黟县人民法院的大力支持，在此表示感谢。

今没有提出过取赎，目前止在进行房屋登记，你可将情况如实告知登记机关，如登记后，当事人如提出异议，法院方可依法审理。

特此

函复

一九八八年七月十五日(加盖歙县人民法院印章)

立卖据人汪恒奎今托中情卖于姚德真名下，楼上松板房一间，皮门三扇，照壁松板及大锅灶下等，言定国币四百元，其币当时亲手收足，此物卖后，并无交悔等情，如有亲房人等异言，归出卖人一力承肩，不干受主人之事。此事两愿恐口无凭，立此卖据存照。

民国三十一年古历十月

日立

立卖据人汪恒奎(押)

凭长子汪大眼(印章)

亲笔

立借字姚佑仁今借到家德真兄名下法币二千元正，钱不起息，其法币准于明年春季为数归还此据

卅三年古历十二月二十六日

立借字姚佑仁

凭中巴烽南

亲笔

(此件与原件无异。汪 90.3.2)

附典契一份

立典基地房屋契人姚佑仁，今因正用，自愿将祖遗基地房屋竭字一千四百九十七、八号，计基地税二分四厘，并自造房屋全堂及厨房等，坐落中街保第十一甲　号门牌，土名南官头(即胡家巷)，上自尾椽下至地基，一并托中尽行出典与姚礼庄名下为业，三面言定，得受时价值典价国币一千元正。其币当即亲手收足，其地房屋随交受业人执管，听凭自住或转租他人，与出典人无关。议定以十二年为期，期内不得取赎，亦不得取赎加价；期满听凭早晚备原价取赎。此业从前至今并无重复，亦未典当他人。嗣后倘有亲房内外人等异言，概归出典人一并承肩，不涉受业人之事。此系两愿，并无威逼等情。恐口无凭，立此典基地房屋契存照。

再批：原来赤契因兵事遗失，日后捡出，以作废纸。

再批：该屋如有损坏大修，材料归典人承担，工资伙食归受典人承认。又照。

再批：该屋原议倘期内取赎，须在四个月前通知，所有印契及中资等费均归出典人承认。又照。（中资税契费共计国币一百六十七元正）

出典主：姚佑仁（章）　　中人：姚德安（章）、保长姚邦迪（章）

姚锡泉（章）

汪祖荫（章）、甲长胡日新（章）

监证人：巴燡南（章）

代书人：叶翔云

中华民国三十年十一月十日

我父亲汪恒奎于民国十一年，从姚佑仁之父姚品三名下，买下了坐落在胡家巷姚姓屋楼上松板房一间，皮门三扇，照壁松板及大锅灶下。后来，即民国三十年，姚佑仁将祖产房屋典给姚德真（即姚礼庄）。姚德真为房屋的完整统一，就要求我先父汪恒奎将该屋所占有部分卖给他，为方便姚德真的需要，就将自己松板房一间，皮门三扇，照壁松板及大锅灶下，以国币肆佰元卖给姚德真，并立下卖据一纸。

汪恒奎之子汪锡荣（印章）

1989年6月24日

姚甲提交

此案后经司法机关不断地说服和调解，最终双方达成了调解意见，被告取消了对争议房产的登记，并由原告补贴给被告若干费用，房屋继续由原告使用。这一做法是在尊重原有典当契约的基础上，不但维持了原有典当契约的作用，并且参考了当地民间由典当契约转变为“绝卖”契约时的追找习惯，即对过期不能回赎形成的“绝卖”，进行必要的价格补偿。调查中发现民间私约中涉及此类情况时，大部分由契约当事人和“中人”进行调解，采用直接追找的方式实现和解。本案的典当契约发生于中华民国时期，建立契约的当事人和中人以及相关证人保长、甲长和代书人均已亡故，又历经解放战争和一系列的革命与运动，情势已发生巨大变迁，但当事人的后裔竟然将这些历经水火的民间契约保存了下来,并且作为在当今主张权利的证据。最终正是这些劫后余灰一般的民间私约,成了解决本案的重要证据,因此愈发值得我们加以关注。

歙县富碣乡棠樾村东大道上,有共七座明清时期建造的牌坊,沿着村边的小路蜿蜒伸展,构成一派独特的景象。七座用石头雕刻堆砌而成的牌坊,犹如传统社会的象征,重重地压在这片土地上。据说这些牌坊是按照"忠、孝、节、义"的顺序排列而成,当地人引方志为据,好像应该是"忠、孝、节、义、节、孝、忠",即从两端分别论起,都是"忠"字打头。不过这一说法显得有些牵强,因为七座牌坊并非一次建成,而是横跨明清两朝,历时数百年,估计在建第一座牌坊时,并没有关于日后如何建造的"整体规划",而且依据方志的记载,此地旧称"棠樾"原本寓意大树遮阴,自宋元以来已有村落人家。牌坊的主人应当是受到封建社会中主流思想推崇的人士,或为忠臣、义士,或为节妇、孝子,似乎每一座牌坊都有一个令后人感慨不已的故事。在今人看来一方面显示出明清时期徽商的经济实力,另一方面也宣示封建宗法制度的威严和冷酷。传承"忠孝节义"的伦理道德观念,是封建社会的象征,这些经过无数工匠巧妙构思精心雕凿的石头牌楼,默默地矗立在乡间小路上,似乎在沉思,似乎在期待。

王宏治教授(右二)等在牌坊群前合影

棠樾牌坊群旁有两座祠堂，一处为鲍氏敦本堂祠，俗称“男祠”，据说女人不得进入这个祠堂；另一处为鲍氏清懿堂祠，又称“妣祠”，俗称“女祠”，是为专门祭祀宗族中女性尊长而设的祠堂。男女二祠显示出封建伦理中强烈的性别观念，非但活着的时候男女授受不亲，即便是死去之后，还要分别入祀，可见男女之间是为“大防”。棠樾牌坊群和鲍氏男女祠堂，今天已经成了旅游胜地，游人至此须花费50元方得进入，若鲍氏先贤地下有知，留得此番景致为子孙后代创收造福，亦可含笑于九泉矣。

堂樾鲍氏祠堂的墙壁上镶嵌着几块用青石板雕刻的石碑，为了防止游人触摸受到破坏，村民们将这些石碑加了个玻璃罩子保护了起来，不能直接在碑上拓取，于是只好进行抄录，祠堂里光线幽暗，石碑又高高地镶嵌在墙壁上，因此抄录碑文确实是一件辛苦的工作。石碑两通，分别为“公议体源户规条碑”、“公议敦本户规条碑”，碑皆为清代制式，保存情况良好，只有极少数的文字被剥蚀脱落，我们在整理时只是增加了标点，其余则一如其旧。

公议体源户规条

一、田税共计七百七亩（亩）二分八厘五毫六丝九忽；溉田塘税九亩五分四厘七毫五丝三忽八微；□塚仓基地税二十亩一分四厘二毫，共该正则糧銀九十两三钱五厘营米三石一升。

一、时租计六千四百三十七斗五升。

一、硬租计七千二百五十一斗二升五合。

一、体源户钱粮营米概归敦本户□粜谷价项下完纳，其敦本户造册贴费并筐箪征租各杂用尽归体源户开支。

一、仓内存谷呆？存六百石作为老底，每年再提收谷四十石专贮另仓，以备荒年给发。

每年租谷上仓只归收上年九月起至本年八月止支数，如遇闰月照之数一并归仓，再提收备荒谷四十石。□给体源、敦本两户造册费谷各三石。其两户所用筐箪租酒并过两户稟租及两户修理水冲沙涨田亩，即在本年体源租谷内开销外，再余谷作三股均分，以作辛水曾□者得两股，襄事三名得一股。

一、年岁丰收或中等年□总不论谷之多寡除两款归仓并给造册费□□明销两户筐箪租酒各费谷外余谷听五股均分。设过薄收之年谷数仅敷归仓租酒无出，准于提备款下开支董事无谷分酬丰得相抵而语，遇全荒之年，襄事三人再各接管一年。

一、□□□直忠支下司敦本祠者管理，如宣忠支下不司祠□则听组长文会议今以宣忠公支下贤而能者承管。

一、襄事三人在宣忠支下长、二、三房每房各择一人连管四年以年至二十岁能襄办者承办。轮换之年以新谷□数对□日交代下□设遇老迈年幼及废疾不能襄办，即以该房次人过接，不得以□轮强管。

一、谷数出入设立大簿一本，逐年先将督总执事人名登于簿首，每年以本年九月起次年八月止为一年，新谷上仓公同查数封仓后再于九月初一日开仓发谷。

一、征谷设立大簿一本先载田亩字号土名租额及佃人名字再将实收谷数于佃人名下载明。倘遇□□□□□□□□□□□□□□□□□□□发佃人换写收执仍于前佃人名下注明某年某人顶种子样以免失业。

一、征租定于处暑日，督总与执事者会同族长文会酌定分数。时租收几分，硬租收几分，书明实贴收租所，俾众佃共知。

一、租谷定以霜降日收楚，逾时不交即属抗欠，督总者即将抗欠人名欠数汇单照前县主李公定案于十月初一日呈追，不得徇延。

一、仓廒锁钥交替总收掌，发谷日协同执事人验封开闭。

一、平日不准开仓如有擅开即属私窃，许支众举首罚谷十石归给举首之人。设有人动谷出仓，查明谷数，以一罚十，原谷归仓，罚谷亦归给举首之人。仍将擅动仓谷之人，逐出祠堂。

一、仓谷议以每年二月十五日公祠祭毕，文会及各分长公诣仓所核簿盘查。倘亏少至一二十石，惟督总及襄事三人是问，数逾三十石之外则系舞弊，将舞弊之人究出，追谷价仓另签妥人接办，其舞弊之人逐出祠堂。

一、谷进仓以租斗，出仓以店斗，其所余作备量折鼠耗。

一、体源、敦本两户册书，每年各给谷三石作贴造册费，定于新谷上仓日给发。

一、发谷日期每月定于初一日，如次年正月，即先期于头年十二月二十五日预发。

一、每人每月给谷三斗，闰月如之。

一、谷系给本族鳏寡孤独四穷之人须合例者不得徇情滥给。

一、四穷及废疾与例相符应给谷者，执事之人知会督总给予经折，孤子注明年庚以备查考再行给谷以备责成。

一、四者之外有自幼废疾不能受室，委实难于活命者，一例给发。

一、鳏独年至六十岁给领食谷后有愿继与为子者，一体给领，全其宗祧。其子年至十八岁停止，其父母仍照例给发。

一、孀居有子，俟其子至二十三岁停止。一十四岁有，二十三岁无。[1]

一、孤子年至十八岁停止。十七岁有，十八岁无。[2]

一、孤女出嫁日停止。

一、族人或有流落他方久无音信者，其父母、妻子不得捏称物故援例食谷。总以访有实据，本家迎过魂后方准给领。

一、食谷之人有病故者给谷三十六斗以为身后使用。孤子女自十五岁以内者给谷二十四斗，十岁以内者给谷十八斗，五岁以内者给谷九斗，其谷于下月初一给领。

一、孀居住居母家者准领寄居亲戚者不准领。□住母家不准。[3]

一、四穷合例之人总以自宋至今住居本村者准其领给。

一、盗卖祖坟公产，盗砍荫木者永不准给。

一、孀居年少时不愿食谷出村佣食及至年迈归家再行请领者永不准给。

一、鳏独孤子有干犯长上行止不端者停给三年，改过三年后再给。

一、妇人打街骂巷不守规法者停给一年改过次年再给。

一、董事人分受余谷，订将新谷入仓后再分陈谷，庶免陈谷霉烂出陈入新之意。新谷未曾入仓有先出陈谷者贪图卖价即以舞弊论，出仓若干石加倍罚出。归入另贮备荒谷内公用，通同之人概行另换。

一、收拾筐箪及开发租酒需用钱文定以六月十五日先行动支谷石预为备用，约数发谷不得藉以多发。

一、仓屋日久修理邀同族众文会确估□□备□□支用不得藉以浮开。

一、赤契税票及奉宪禁示□印田园清册□合祠□遇有□查有督总襄事实事公同开查，查复眼同封锁。其田园清册另□副本，□遇□□受伤应往□看，

---

〔1〕“一十四岁有，二十三岁无”为双行小字。

〔2〕“十七岁有，十八岁无”为双行小字。

〔3〕“□住母家不准”为双行小字。

将副本交执事人带去□□以免刁顽佃户妄指蒙混，其副本亦不得遗失。

一、敦本租谷晒干订以入□折上仓所有征租杂项使费系在体源租谷内开销，前已载明。

一、体源户归户一本。

一、赤契税票共一百五十三宗。□□□□□□□[1]

一、收置四据地亩底簿一本。

一、立案田地字号县印簿两本。县印田园清册四本，副本田园四本[2]。

一、立碑府禁示一张。

一、立案禀租县示一张。

鲍氏敦本堂为清式砖木结构，单层南向，该碑保存于祠堂东壁，四周青砖包边。碑文楷书工整，少数文字不清，应为清代中期制作。体源户为鲍氏宗族中服制内的宗亲，体源二字表示源流继承之意。碑文记载鲍氏宗族中族产管理的有关规定，其中涉及田产租佃、仓库管理、祭祀用费以及宗族救济等内容。尤其是涉及族中救济的主体资格时，规定较为详明。如：

一、谷系给本族鳏寡孤独四穷之人须合例者，不得徇情滥给。

一、四穷及废疾与例相符应给谷者，执事之人知会督总给予经折，孤子注明年庚以备查考再行给谷以备责成。

一、四者之外有自幼废疾不能受室，委实难于活命者，一例给发。

一、鳏独年至六十岁给领食谷后有愿继与为子者，一体给领，全其宗祧。其子年至十八岁停止，其父母仍照例给发。

一、孀居有子，俟其子至二十三岁停止。一十四岁有，二十三岁无。

一、孤子年至十八岁停止。十七岁有，十八岁无。

一、孤女出嫁日停止。

一、族人或有流落他方久无音信者，其父母、妻子不得捏称物故援例食谷。总以访有实据，本家迎过魂后方准给领。

一、食谷之人有病故者给谷三十六斗以为身后使用。孤子女自十五岁以内者给谷二十四斗，十岁以内者给谷十八斗，五岁以内者给谷九斗，其谷

[1] “□□□□□□□”为双行小字。不清。
[2] “县印田园清册四本，开本田园四本”系双行小字。

于下月初一给领。

一、孀居住居母家者准领，寄居亲戚者不准领。□住母家不准

一、四穷合例之人总以自宋至今住居本村者准其领给。

关于“四穷”的说法一直没有定论，一说出于《礼记·礼运》篇，原文为“矜、寡、孤、独”，“矜”通“鳏”，又称“鳏、寡、孤、独”。另一说则又称民间“房、地、钱、粮”四项皆无者为赤贫，“赤”通“光”，赤身即光着身子，黄河流域俗称“穷光蛋”，赤贫也即一无所有穷困之人。此处虽然以《礼记》中的四穷为旨，但仍然含有“赤贫”之意。“废疾”按原在《礼记》中“鳏寡孤独”之后，属今之残疾之人，与四穷同样属救济之列。

除四穷之外“孤子”也在宗族救济之列，但规定年满十八时停止，这与当时对成年的认识相符。“孤女”则在出嫁日即行停止享受宗族救济，不受年龄限制，这与当时婚姻习惯相符。对未出嫁的孤女则规定五岁以内给谷九斗；十岁以内给谷十八斗；十五岁以内给谷二十四斗。清代对于量具的具体规定较为混乱，清初至乾隆、嘉庆时基本稳定，至道光以后则各地有所不同。按道光时较为通行的校正量具计算[1]，我国中原地区一斗约合小麦50市斤左右，若以容量稻谷，则一斗约在30市斤。五岁以内孤女，年救济九斗，折稻谷二百七十斤，十岁以内，年救济十八斗，折稻谷五百四十斤，十五岁以内，年救济二十四斗，折稻谷七百二十斤，这一数字作为口粮可以满足基本的生活需求。因此宗族内的救济能力应当是十分重要，并且是可以依赖的。孀居的寡妇有子的，其子的救济口粮，自十四岁开始有，至二十三岁停止。根据碑文中的记载，可以看出宗族正是依据这些措施，使宗族本身得以增加聚合力，并使宗族的种姓得到承传。

另外碑文中还规定，对违背宗法制度规定的，如：

一、盗卖祖坟公产，盗砍荫木者永不准给。

一、孀居年少时不愿食谷，出村佣食及至年迈归家再行请领者永不准给。

---

〔1〕 河南省内乡县清代县衙博物馆藏清代道光十六年（1836）制造的粮行校准石斗，其正面阴刻铭文为：道光十六年六月十五日。行内升斗不足者，除禀官究责外，罚钱一千文。行头胡德校准行斗，永以为式。该校准石斗理论计算容积（长69×宽35×深16）为38640立方厘米，经实测容小麦29.4千克，约合小麦50市斤。若量稻谷则因比重不同，约合稻谷30市斤以上，按一斗为十升，则一升约为容谷3市斤。

一、鳏独孤子有干犯长上行止不端者停给三年，改过三年后再给。

一、妇人打街骂巷不守规法者停给一年，改过次年再给。

规定中对于有侵犯宗族财产，永远不给救济；若寡妇年轻时，不愿接受救济而离开村庄在外谋生，至年迈时归还后再行请求领取救济的，永远不准给发；其他则有干犯长上、行止不端、打街骂巷等不守法规的应属救济者，则停发一年至三年不等，至其改过后才能再给。这些规定使得处在宗法制度下生存的一般族众，不敢冒犯宗法制度，因此也使得宗法制度在施以救济的同时，加强了这一制度本身的稳固。

公议敦本户规条

一、春粜之设以体源、敦本两户钱粮营米为谷价早完。

课永利族贫仍储谷备荒，法至善也。规条详列于后，惟冀永远遵行勿替，以无负谋者敦宗筹远之苦心，举族幸甚。

一、不论男女大小口一例粜给其小口，年至三岁准籴。

一、盗卖祖坟公产，盗砍荫木者永不准籴。

一、聚赌无论骰子、跌钱、看牌概不准籴，改过者次年准籴。

一、酗酒打降者不准籴，改过次年准籴。

一、男妇有干犯长上，品行不端及好与人寻事争斗者停籴三年，改过三年后准籴。

一、妇人打街骂巷不守规法者，停籴一年，改过次年准籴。

一、有用人者不准，如出嫁女归宁在家及妻之母相依者不以用人论；女与妻母不准籴，本家听籴。此外另有亲戚及帮工者，即与用人无别，该户概不准籴。

一、自宗住居本村者方准籴。

一、族人贸易来去无定，届期亲身报名准籴，期后来者不补。

一、本户田税共计五百三亩八分七厘五毫一丝，塘税八亩五分九厘三丝五忽。

一、时租三千七十三斗九升五合。

一、硬租六千五十三斗八升一合。

一、征租章程俱已载明体源规条一体照办。

一、租谷订定晒干，八六折归仓。

一、本户共该正则钱粮六十三两六钱一厘，营米二石一斗一升八合，并体源户钱粮营米俱以本户谷价完纳。

一、粜谷定于二月初五日收钱，初十日发谷。应籴谷者先于正月二十五日至仓所报名登簿，次日司祠与文会将两户钱粮营米算共需银若干，查上年收谷实数，除应提备三十石外，计算每升应粜钱几文，每人应籴谷若干，用红笺条写贴祠前，俾众共知。已报名届期不交钱者，即将应籴之谷，给与一半，仍一半听司事变价充公。

一、粜出钱文，司祠与文会公同易银，定于二月二十五（碑文至此）

体源户指向“自宋至今住居本村者”，敦本户则与体源户有所区别，当系鲍氏族中其他支系，已经不在服制之中，但仍属鲍氏本宗。“敦本”一词最初源于“敦化”，采自孟子中庸学说“小德川流，大德敦化”，指向传统道德中的美好德行。另据明代张居正《翰林院读书说》：“二三子不思敦本务实，以眇眇之身，任天下之重。”清朝则推崇王阳明“敦本尚实”的哲学思想，其意以崇尚儒家思想和重视农耕为主，是封建社会中的主流思想。在徽州调查中发现，当地有不少祠堂以“敦本”二字命名，则显然取自敦实本分之意。碑文中除了对敦本户籴粜稻谷的相关规定之外，并无对四穷以及残疾族众的救济，甚至对于违背宗族规定的如：

盗卖祖坟公产、盗砍荫木、聚众赌博、酗酒打架、干犯长上、品行不端、寻事争斗、妇人打街骂巷不守规法者以及有用人者，概不准籴。籴米粜米是农业社会中主要的经济活动，如果被禁止籴粜，则等同于停止了必需的经济行为，同样会使生存于封闭的环境下的生活陷入困境。祠堂内碑文所记录的应当是“公议”的章程，是家法族规的一种特殊形式，族规中提倡和禁止的规定，和祠堂外鱼贯而列的贞节烈坊一样，同样属于封建社会中主流思想的组成部分。在徽州调查时，可以发现这种思想的主要成分已经随着那个时代逐渐消失，但仍然有相当的部分仍然生存于与之相适应的社会土壤之中，无论是将其解释为“传统习惯”，还是将其解释为“具有传统合理性”，总之这些内容需要我们去进行深刻的了解和认知，并将其作为我国法律建设中亟须参考的资料，继而从中总结出应有的经验和教训。

《鲍氏五伦述碑》是后人根据鲍氏宗谱摘录后，立于祠堂中的木制匾牌，是以乾隆三十三年（1768）鲍逢仁撰写的《五伦述》为原本。现在则恭恭敬敬地用正楷誊录于红漆牌匾上，在光线幽暗的祠堂中，甚是引人目光。

鲍氏五伦述

鲍氏出夏禹后，敬叔食采于鲍，因以为氏；叔牙公为齐卿，勋公为御史中承，伸公为晋护军中尉，皆能以其君显，而炘公于晋武帝时，尝被召引论《易》义，帝顾谓群臣曰：朕与此人言意甚开畅，问年几何？已六十有七对，帝曰："昔太公既老而遇文王，今卿遇朕，岂非早乎？"对曰："臣才不敢望太公，陛下尊过西伯，愿天假余年，当竭驽骀以报。"官终冀州刺史。若此者，明良交契，可谓有是君、有是臣矣！宋时宗岩公遇盗被缚，将杀之，子寿孙公拜前愿代死。父曰："吾老矣，仅一子，若见杀，宗祀绝矣！"盗两释之，事载《宋史》。明成祖赐诗旌门有曰："鲍家父子全仁孝，留取声名照古今。"斯谓之父父子子矣！《新安名族志》载：允亨公与弟遇贼于螃蟹矶，受刃争死，贼为感化，兄弟保全，又岂非二难乎？若夫妇之伦，如宣公与桓少君，鹿车共挽，为千古内则；朋友如《史记》所载，鲍叔与管仲分金事，至今称道勿衰。吾鲍氏于五伦皆有卓然表著者，何其幸欤！

乾隆三十三年鲍逢仁谨识

这段《鲍氏五伦述》，是鲍氏宗人鲍逢仁于乾隆时撰写的，其意原在褒奖鲍氏先祖，多为依托文字，难以考证。五伦者"天、地、君、亲、师"，是为封建社会中伦理思想的主要内容。而今鲍氏后裔将此挖掘整理出来，并陈设于鲍氏祠堂中，大体上除了弘扬祖先功德之外，也有借此以警示后人，倡导仁义，甚至招揽游客之用。

雄村是歙县的另一个乡，离堂樾不太远，交通不是很方便，乘车半个多小时即可到达。这里虽然也遗存了很多明清时期的古建筑，但因宣传和设施的原因，旅游经济并不发达，却因此更多地保存了较好的原有风貌。在县司法干部的陪同下，雄村村委会程书记一见面就给我们拿出了事先准备好的一摞关于雄村治安保卫和民事调解的资料，大概这套资料已经多次提供给来自"上面"或者来自"外面"的人士进行"参观指导"过，规规矩矩，整整齐齐，一望便知是事先加工整理好，用以应付需要这些材料的上级或者领导。显然程书记无法判断我们一行人的来历，依旧像往常接待"上面"或者“外面”的人一样，穿戴得体体面面，脸上堆满了微笑，嘴里忙不迭地连声说道：“欢迎光临，欢迎指导。”经他同意，我们将这些资料拍照取样，作为一种“准官方”的标准文本，仍然成为我们了解今日徽州地区乡村一级权力建设的重要参考资料。[1]

雄村乡综治组织网络

一、乡综治委（编者按：全称为乡综合治理委员会）

主任：程米良

副主任：汪建光　方永峰

委员：曹政训　吕启生　方圆　鲍雪山

二、乡综治办（编者按：全称为乡综合治理办公室）

主任：汪建光

成员：鲍雪山　吕启生　曹玉霞　谢宾　胡健

三、乡创安办（编者按：全称为乡创建安全办公室）

主任：汪建光

副主任：曹政训　方永峰

成员：吕启生　曹玉霞　鲍雪山　谢宾

这个网络，是为了创建安全乡村，加强综合治理而设置。除了程书记本人亲自挂帅外，其他几位的职务是彼此交替关联的，主任均为汪建光，其余则为曹政训、鲍雪山、吕启生等交叉任职，甚至可以说是三块牌子，一套人马。这套资料中还包括雄村乡下属各村的组织情况、例会学习制度、乡司法所工作责任、乡综治办职责任务、社会治安综合治理措施落实主要标志、资料台账制度、工作例会制度、工作报告制度、社会治安综合治理领导机构主要职责、乡镇综治办的职权等。条理分明的制度化建设，细化到台账和例会，甚至落实到个人责任，因此并不能简单地认为这些资料仅供应付检查之用，而应当视为体现出在当前乡政村治建设中的基本体系。虽然是源于半官方的资料，从表面上仍旧可以反映出乡村权力建设的一个侧面。

---

〔1〕 这部分资料尽可能保留原状，包括人名在内均未作变动，仅在个别需要说明的地方加了编者按语。

村级组织成员情况

村名	村委会主任	支部书记	综治负责人	治保主任	调解主任
富岱村	姚前进	胡银全	胡银全	姚前进	洪银粮
山下村	胡林	叶大衍	叶大衍	胡林	叶大衍
柘林倍	汪继发	汪宝虎	汪宝虎	刘树德	汪文彬
柘林村	程青海	程青海	程青海	方博宏	程国光
航步村	程忠华	程忠华	程忠华	程忠华	程小华
维村村	曹大德	姚来胜	姚来胜	曹亚峰	曹大德
义成村	周利平	徐有春	徐有春	朱文星	朱文星
朱村村	孙永生	许日生	许日生	黄种成	朱金来
浦口村	郑于林	许春霞	许春霞	吴卫名	郑于林
夏坑村	胡守源	胡华波	胡华波	金砚贤	胡华波
洪岭村	洪继平	洪积维	洪积维	洪积维	洪继平
庄源村	汪成义	徐文华	徐文华	汪成义	汪成义
鲍坑村	胡文和	胡建初	胡建初	胡文和	胡建初
许川村	许辉翔	吴卫民	吴卫民	许辉翔	许海云

例会学习制度

一、认真学习邓小平关于建设有中国特色的社会主义理论，学习党的方针政策和国家法律。

二、每周进行一次业务学习，以自学为主，刻苦钻研业务，善于积累经验。

三、每周召开一次会议，对疑难和重大案件和其他事项进行讨论，民主决议。

四、全所成员应按时参加例会学习，不迟到、不早退，不无故缺席。

五、例会应作会议记录。

司法所工作职责

一、坚持四项基本原则和改革开放的方针,贯彻党和政府的各项方针政策,服从党的领导,执行国家的法律法规。

二、以事实为根据,以法律为准绳,恪尽职责,秉承执法。

三、工作认真负责,注重社会效益。

四、自觉接受司法行政机关、业务主管部门和乡镇人民政府的领导管理。

乡综治办职责任务

一、贯彻执行县综治委、县综治办及乡镇党委、政府的工作部署,办理乡镇综治办的日常工作。

二、制定本乡镇综治工作计划和短期工作安排。

三、拟定本乡镇与各村委会、辖区各单位签订的综治目标管理责任书、考核办法,并负责检查、考核。

四、对治保、调解组织的工作检查、指导,对其人员进行政治、业务培训。

五、组织群防群治队伍,开展治安防范工作。

六、组织协调有关部门对乡镇重大治安问题进行查处、调处。

七、针对突出的治安问题制定整治措施,经综治委审定后实施。

八、开展综治、法律宣传,开展调查研究,总结推广综治工作新方法,新经验。

社会治安综合治理措施落实主要标志

一、基层党政领导重视,建立了社会治安综合治理的工作议事制度。

二、社会治安综合治理的领导机构和办事机构健全,有专人办事。

三、建立了一定形式的目标管理责任制。

四、有群防群治队伍和严密的防范措施。

五、群众充分发动起来,敢于同违法犯罪斗争。

六、犯罪和社会治安问题较少,对发生的问题能及时处置。

资料台账制度

一、组织网络台账。如:乡镇综治委、办成员名单、治保、调解、联防组织人员名单、治安信息员名单等。

二、治安防范台账。如:开展治安联防情况:重点部位路段防范情况;流出人口,暂住人员登记表及管理情况;开展重大矛盾纠纷排查,调处工作情况等。

三、治安状况台账。如:重大刑事案件发破统计表;民事纠纷调处统计表等。

四、教育管理台账。如:帮教组织人员名单;帮教对象名单;开展帮教情况;青少年在校生教育情况;法制副校长、辅导员工作情况;法制、综治宣传活动情况;声、像资料等。

五、综治文书台账。如:党政会议录;综治委、办会议录;综治计划、总结;综治责任书及考核办法;乡镇党委、政府、综治委发文;上级综治部门来文等。

工作例会制度

一、乡镇综治委每年召开会议不少于4次。

二、乡镇综治办每月召开会议一次,总结上月工作,安排本月工作。

工作报告制度

一、乡镇年度综治工作计划,阶段性、专业性工作安排。

二、乡镇综治委、办工作人员组成及变动情况。

三、综治目标管理责任书(样本)及考核办法。

四、综治工作典型材料、经验、好人好事。

五、发生重大刑事案件,重大治安灾害事故,重大交通事故,群体性事件等及处理结果。

六、县综治办布置收集、采写的材料，统计报表等。

七、阶段性或专项性工作总结和年终综治工作总结。

八、综治工作遇到的新情况、新问题，调研文章。

九、每月一次的矛盾纠纷排查调处报告表（含零报告）。

以上情况，材料直接报送县综治办。

社会治安综合治理领导机构主要职责

一、研究贯彻党和国家关于社会治安综合治理的方针、政策。

二、对一个时期的社会治安综合治理工作作出具体部署，并监督实施。

三、组织指导各部门各单位落实社会治安综合治理措施。

四、总结推广典型经验，表彰先进，推动后进。

五、办理党委、政府交办的有关事项。

乡镇综治办的职权

一、检查权。根据“属地管理”原则，综治办有权对辖区内所有机关、学校，厂矿、企事业单位和村委会的综治工作进行督促检查。

二、指导权。对辖区内的单位、村委会的综治工作有权进行指导、协调。

三、建议权。对综治工作先进单位、先进个人见义勇为的积极分子有权建议表彰和奖金；对综治工作不力，治安状况差的单位及主要领导、分管领导，有权向上级综治委提出通报批评，设“一票否决权”等处罚建议。

雄村乡乡政村治的资料没有具体的制定和颁布日期，从内容上分析，如“坚持四项基本原则”、“认真学习邓小平关于建设有中国特色的社会主义理论”等应当是在2000年以后至2003年为止这一时期陆续推出的，其中尚无关于“三个代表”、“和谐社会”之类的口号，因此表明乡政村治的建设应当具有较为强烈的阶段性。

雄村有一所竹山书院，是现存徽州50多所明清时期古代书院中最富代表性的书院之一,相传竹山书院始建于清乾隆初期,是由当时著名的徽州盐商曹堇饴兴建的。徽商虽在外经商号称富甲天下,但政治地位并不高,因此徽商往往在故里投资兴建书院,鼓励宗族子弟读书学习,并通过科举考试的渠道跻身官场,以改变商人的社会地位。相传曹堇饴当时客居扬州,在病危之时,嘱咐两个儿子——曹景廷、曹景宸在家乡雄村雄溪畔建文昌阁、修书院。曹景廷、曹景宸兄弟捐资建造的竹山书院终于在清乾隆二十年(1756)前后建成。现存的竹山书院历经修葺,基本上保持了当初的建筑形式,是研究徽州书院文化的重要遗存。竹山书院的墙上镶有一块《雄村竹山书院文会条约碑》,碑文记载了书院的管理制度,我们抄录在本次调查中,借以从中了解徽州传统文化和民间教育之一斑。

雄村竹山书院

雄村竹山书院文会条约

一、振兴文教给公项以供会文者,岁二次,期以春秋。其有鲜私　以作兴者,不拘时日,咸集院中。

一、整齐风俗文会为风教转移地,凡相邻有事集议,务期和衷察理,一秉于公。

一、司帐综理出入所任綦重,岁举殷实至诚者主之,毋推诿规避。

一、司年岁二人以齿为序,轮次而下慎勿惮劳。

一、公匣银两不得发领,不准典当房屋,其交业听行招租者不在此例。

一、诸凡器皿什物,概不得借用,徇情擅取者有重罚,守仆知而不言,从重议处。

一、书院为会文集议公所,永不租借为馆地。

一、燕会嘉宾与庆吊事,咸可暂借此间。客柩带归亦可租停启吊,租银以日一两为准,不得久延。如遇会内有公事日期,则租借均不准。

一、文社、行宫、书院、园亭、石栏、路坦概不许堆垛晒打物件,违者即行撤回,断不姑徇。

一、基地上下一带概不纵放牲畜,晒粮栽藤,戕害花木,违者即以所获牲畜赏拿获人;晒粮栽藤即行毁去,仍议重罚。逞强不服者呈官处治,不稍宽假。

一、各处屋宇稍有沈(渗)漏损坏,即动公项修葺,不可忽略,责在司年。

一、看守仆人月给公食银一两,须勤谨照应伺候,洒扫浇灌,惰则责逐。

以上各条另有刊本详载明细,务期永远遵守,勿替初心。

明清时期的“徽商”和“晋商”曾经在中国当时的农业经济中发挥了巨大的作用,这和当时的社会环境和经济环境有着十分重要的内在联系。如果按照当时中国的版图进行观察,我们可以将黄河和长江看作两条从西向东相互平行的横向坐标,然后再沿着中国中部自上而下,从北向南垂直画一条纵向坐标,这样我们在与横向坐标两个交叉的位置上,得到南北两个坐标原点。北部的原点坐落在黄河中游地区,即山西中部;南部的原点坐落在长江中游地区,即安徽南部。山西中部地理位置决定了晋商的出现,从山西向北则通向浩瀚的蒙古地区,沟通农产品和畜产品的交易,向西则溯黄河而上,直达甘、陕,甚至青海、新疆,向东则顺河而下,直通豫、鲁,成为交通之要冲,结南北之经济,于是这里成了漕盐交易的会合之地,使晋商在这个坐标原点上辉煌了500年之久。安徽南部,即徽州地区的地理位置决定了徽商的出现,从徽州溯长江而上,直逼川、藏,则为沟通东西交通之要冲,向南则连接滇、贵、湘、粤,如果沿江而下,俯瞰江浙,于是这里成了茶盐交易的会合之地,自然造就了繁荣500多年之久的徽商。徽商和晋商是以陆地和河流交汇形成的“陆缘经济”,并且产生了各自的文化体系,不但有过曾经辉煌的"徽班"和"晋剧",同时还留存了彼此不同的徽派和晋派建筑。徽商和晋商所代表的"陆缘经济",是建立在传统契约"诚信"基础上的,虽然发育出了"钱庄票号"和与之相适应的信用体系,甚至体现出了封闭状态下的习惯法则,却并没有因此形成完整的制度建设。鸦片战争以后,当西方列强用坚船利炮敲开这个封建帝国的大门之后,以"海缘经济"为特征的西方制度化经济模式开始在上海、广州、天津、青岛等大城市登陆,近现代银行的产生,先进的信贷制度和结算方式,以及与之相适应的法律建设和制度建设,很快与以诚信为基础的"陆缘经济"正面交锋,如同鸦片战争时的军事战场一样,先进的"海缘经济"在短短几年之内彻底击垮了停滞的"陆缘经济",各种各样银行取代了所有的钱庄票号,甚至连曾经辉煌一时的晋商文化与徽商文化也从此沉沦为历史的遗迹。随着科举制度的终结,竹山书院和徽州大大小小的书院一起结束了原有的使命,继而开始出现了近代意义上的学校,并且就在歙县,产生了陶行知先生这样伟大的近代教育家。[1]

在竹山书院外面的墙上,还写着一串标语口号,内容为《公民文明行为三管好》。

公民文明行为"三管好"

一、管好自己的口,不随地吐痰,不说不文明的话;

二、管好自己的手,不乱画乱扔乱倒垃圾,不做不文明的事;

三、管好自己的腿,不违反交通规则,不践踏花木草地,不走不文明的路。

这串用红油漆涂在墙上的标语,经过了一段时间的日晒雨淋,已经有一点油漆斑驳了,但主要的文字仍很清晰。这类口号应当是在改革开放后提倡"五讲四美"时期的产物,其中不违反交通规则在这里多少显得有一点突出,令人感到改革开放以后农村和城市之间的差距,似乎已经缩小了不少。

离开雄村又前往昌溪镇,镇干部似乎已经提前知道我们的到来,刚一

〔1〕 陶行知(1861~1946),安徽省歙县人,伟大的平民教育家,我国近代学校教育的创始人之一,著有《行知文集》。现他的家乡为了纪念他,在歙县建有行知纪念馆,并将一所学校命名为行知学校。

见面仅仅寒暄了几句，就决定带我们去昌溪镇红心村进行“定点调查”。红心村属于经济水平中等偏下的村落，没有经过过度开发，仍然保留着古村落的质朴，一派错落有致的徽派建筑，伴着村后的青山，村前清清的溪水，构成一幅天然的风景画。红心村的吴村长，早早地就站在村口上迎接我们，好像他已经提前接到了镇里的通知，不但知道我们这群人的来历，而且还了解我们此行的目的，他爽快地让我们跟在他的身后，走进这个略略显得宁静的村庄。村子里很难见到青壮年，多数为老人和妇女儿童。吴村长告诉我们，因为青壮年多选择出外打工，只有到了春节前后，外出打工的人回来，村里才会热闹起来，平时只留下老人、妇女和孩子在村中生活。这也是我们在整个徽州地区进行调查时，发现的一种非常普遍的现象。外出打工的人，给村里留守的人们寄回钱来，已经成为这里的主要经济收入之一。但在家中留守的老人和妇女儿童，也给当地农村带来了一些新的社会问题，比如老人的扶养问题，有些外出打工的村民，多年不归，虽然有时会寄些钱回来，但老人们仍然生活得十分孤独，有时生病了也无人扶持。外出打工以青壮年为主，其中男性多于女性，有些男人外出打工时，留下妇女在家看管儿童，并从事农业生产，但这些农村妇女常年过着孤独的生活，因而在当代农村同性恋现象和其他性罪错的发生率明显高于以前。另一方面还存在“留守儿童”的问题，留在农村生活的儿童，常年得不到父母的关爱，在成长过程中出现的人格和心理扭曲等现象，也值得加以关注。但是我们本次调查的宗旨，主要在于对农村民事习惯进行田野调查，因此未能就村民外出务工对农村社会的影响等问题进行特别的侧重，仅在部分村庄对与此相关的问题和资料加以调查和搜集整理。据吴村长说红心村以吴姓为主，并留有一个比较大的吴氏祠堂，不过通常只有在过年过节的时候才会启用。全村有 1156 人，人均只有几分田，村庄经济比较落后。或许是由于有镇政府领导的在场，吴村长说话时显得吞吞吐吐，但在我们的要求下，他还是提供了几份由村委会保存的契约等资料，让我们进行拍照。我们心中暗想，在下次调查时，一定悄悄地回访这个村庄，以便寻找到更多的我们需要的各种资料。

吴村长让我们拍照的资料中，有三份内容相同的保证书，分别为三个吴姓男子同一时间书写的，保证书的内容均为无故不再去翠翠裁缝店里，以确保翠翠不受到骚扰。长久以来法学家和社会学家对农村的性问题缺少必要的关注，甚至将“性骚扰”一词作为城市白领阶层的专利，并且还出现所谓“我国首例性骚扰案”之类的专题报道。这里的三份保证书则告诉我们在当前农村社会中，性骚扰问题同样是一种客观存在，农村中家庭以外的公众场所，同样存在异性可能聚集的空间，加之农村中外出务工的现象，使村中留守成员出现性罪错的可能性概率增加。翠翠裁缝店是村中的一个小小裁缝店，我们可以设想年轻貌美的翠翠在这个小小的裁缝店里，就如同一枝鲜花吸引着周围的男人们，当然也会引起村中领导的注意，尤其是村中留守的又以老人和妇女为主，于是各种各样的流言蜚语，最终使这三位吴姓子弟，不得不在村官面前留下三份令人啼笑皆非的保证书。[1]

保证书之一

我保证从今以后不再去影响翠翠裁缝店，不再到翠翠店里去。

保证人：吴甲（手印）

2000 年 10 月 29 日

保证书之二

从今以后，除做衣裳、裤之外，不影响翠翠裁缝店，不再进店。

保证人：吴乙（手印）

2000 年 10 月 29 日

保证书之三

从今以后，除做衣裳、裤之外，不再影响翠翠裁缝店，不再进店。

保证人：吴丙（手印）

2000 年 10 月 29 日

其实吴甲、吴乙、吴丙是完全有理由拒绝写这样的保证书的，他们去翠翠裁缝店，是他们的自由，如果翠翠本人受到非礼或者侵犯，也应当由翠翠本人依法主张自己的权利，或者向当地公安机关报案，请求当地公安机关立案调查。但在农村，却由村委会直接进行处理，并要求吴甲、吴乙、吴丙分别立下保证书，保证不再去翠翠裁缝店。可以想象在 2000 年 10 月 29 日，三位男士在村委会一起低头接受村委会领导的斥责，并纷纷写下违心

〔1〕 在整理中考虑到当事人的隐私，对人名作了技术上的处理，同时将裁缝店的名称也做了必要的改正，其他文字则予以保留。

的保证书，然后再按上鲜红的手指印，那场面应当是何等的尴尬。显然村委会如同尊长一般，代表着正义和尊严，而三位男士则如同犯了忌讳的孩子，老老实实地认错，尽管连他们自己也说不清错在何处，甚至可能连为自己申辩的机会都没有，却依然不得不像古代戏剧故事里出现过的情节一样，在遭受一番训斥之后，恭恭敬敬地立下一份“甘结”。

遗　书

兹有我儿子吴成周，因父亲吴天福与我吴玉兰在一九五九年离婚，事后我带着儿子吴成周转嫁到苍山园。吴天福死于一九六零年，由于当时吴天福父吴金荣、母潘风桂身体较好，并于一九六四年三月，把我儿子吴成周收回昌溪裕民村，继承吴天福家业，就在这种情况下，昌溪吴天福财产、房产于我吴玉兰无关，一切由成周继承。

遗书人：吴玉兰（指印）
受书人：吴成周（指印）
中证人：王铭仙（指印）
在场人：吴柏金（指印）
代书人：吴铁史（指印）
一九九九年四月二日

这件标本虽是以“遗书”命名，但内容却是立遗书人吴玉兰的一种保证书。立遗书人吴玉兰与前夫吴天福生有一子，1959 年吴玉兰与吴天福离婚，随后改嫁至苍山园。离婚后第二年吴天福去世，四年后于 1964 年吴成周的爷爷奶奶将吴成周接回吴家，并继承吴天福家业。这种传统习惯被称作“归宗”，是我国中原文化中普遍存在的传统继承形式之一。1999 年，此时吴玉兰与吴天福离婚已达 40 年之久，其子吴成周也已年过四旬以上，吴玉兰则已成为年过花甲的老妇人，但仍然要以遗书的形式表示前夫的财产、房产与自己无关，一切由成周继承。值得注意的是此时吴成周继承其父吴天福的财产，早已成为事实，且吴玉兰离婚改嫁也已经 40 多年，因此无论如何已经与昌溪吴天福家中没有任何法律关系，但根据当地习惯，母亲改嫁后仍为生母，故此需要改嫁后的生母备有遗书，以保障与前夫所生之子归宗后的财产权利不受侵犯。这种现象带有传统的服制观念遗存，一方面表现出对改嫁后生母的尊重，另一方面也体现出民间传统习惯与当前

《继承法》在具体实施过程中的显著区别。

和其他村庄一样,红心村村委会的墙上,同样张贴着一份安全文明公约,这份文明公约四个字一组,具有明显的格式化特征,显然并非村民共同研究后作出的约定,而是由官方经过整理和组织化形成的具有套路色彩的语言,因此并不具有民间约定的契约特征,而应当属于官方倡导的口号。

红心村安全文明公约

热爱祖国,关心集体,维护稳定,齐抓共管,学法守法,行为规范,扫黄打非,严防事故,惩恶扬善,见义勇为,(爱)护森林,严禁滥伐,合理用地,依法审批,家庭和睦,邻里团结,尊老爱幼,(救助贫)困,公益事业,人人有责,依法纳税,义不容辞,移风易俗,破除迷信,计划生育,少生优生,讲究卫生,美化环境,安全(文明),促进发展。

红心村居委会

红心村的街道很窄,有少数几家铺面在做生意,基本上以经营食品和生活资料为主。其中一家杂货店最为抢眼,远远望去花花绿绿五色杂陈。杂货铺门前竖着一道醒目的广告牌,只见上面写道:

广　告

我店有花圈等冥礼品出售，质量可靠，售价合理，较本地同行，顾客有互利互惠的体会。品种应有尽有，为方便顾客，本店可以送货上门，服务绝对到位，并以诚挚的心态欢迎您！

以下品种及价格

奠字灯笼特大花圈：	42元	收折特大花圈：	30元
收折大花圈：	22元	收折中大花圈：	20元
不收折大花圈：	26元	九泉别墅三层楼：	56元
冰箱；	16元	电视机：	16元
洗衣机：	16元	空调：	16元
特大型汽车：	28元	大红花轿：	60元
电话机：	6元	麻将：	8元
冥礼品盒：	5元	长钱三万六：	面洽

店主：少林寺

2005年5月25日

只见店铺门前除大小花圈之外，还摆放着用纸板糊成的纸冰箱、纸电视机、纸洗衣机、纸空调，直至纸别墅、纸汽车乃至纸麻将，几乎凡人世界中享用的各类用品，无所不可用纸板扎糊而成，可见想象力和创造力的极大丰富。我们调查时，清明节刚过，想必店家进货过多，一时未能全部卖出，也许正在清仓，打折销售。清明原是二十四节气之一，按传统律历之说，春分之后，谷雨之前，太阳到达了黄经15度，即是清明之时。古代物候学的名著《月令七十二候集解》说："三月节……物至此时，皆以洁齐而清明矣。"到了清明，黄河中下游及其以南地区平均气温一般在10摄氏度以上。我国大部分地区气候温暖、草木萌茂，改变了冬季寒冷枯黄的景象。农业生产上，多忙于春耕春种。这一节气开始的第一日就是我们说的清明节，古往今来我国普遍有在这一天踏青扫墓的习俗。"清明"一词源出《淮南子·天文》"春分后十五日，斗指乙清明"。这里的斗就是天上的北斗星，古代的人经常将自然的现象，与现实世界中人物生活的关系进行对照，并且从中寻求所谓的"天人感应"，据说这时天上的北斗指向太乙，是人们祭祀祖先的日子。

每到清明节之时民间有扫墓的习惯，多是去祭祀他们祖先在天的亡灵，同时缅怀亲人。人们带着鲜花或者带着用纸和秸秆扎成的花圈，到墓地去祭祀和膜拜。这种祭祀是我们古老文化的一个组成部分，带着对生命的崇拜和对祖先的崇敬，在袅袅上升的烟霞中，进行着我们与先民的对话。几乎所有的人把他们心中的畏惧和企盼纠缠在一起，在故去了的亲人面前轻轻地诉说。他们在那里告慰生养他们的父母的同时，也告慰着自己，求得内心的平和与宁静。

这原本是一种善良的风俗，参加扫墓或者拜谒前贤的人们，毫无疑问地向他们的后来者，向他们的后世子孙传达了一种忠孝的信息，于是这种忠孝的信息，也将由此而薪火相传，千秋万代。现而今有的人有了些钱，想起父母当年的日子，心下不安，便将自己今日能够享受的一切复制一番，无论城乡各地，不但有人开发生产出了纸电视、纸手机、纸汽车、纸别墅、纸沙发，甚至突发奇想，糊成纸“二奶”、纸保镖、纸阿姨的，一时香烛纸马、牛鬼蛇神令人瞠目。至于冥界银行发行的亿万大钞成叠累摞，大火之中化作千百灰色蝴蝶夹着点点火星漫天飞舞。在红心村的街头，我们还看见几件用彩色纸板和金银纸帛扎成的一米多高的三层“楼堂”，上书“卡拉 OK”四个大字，内装影机碟片，几只沙发，大门口立有两位妖艳女子，左边的胸口上写着“南国姝丽”，右边的那位胸口上写着“北地烟花”。我不知道这位作古了的亡人是否生前酷爱此道，还是他的后人们想用这种方法安慰他一下，期待着将人世间“卡拉 OK”式的繁华引入阴曹地府。

绩溪县位于徽州地区的最东部，唐永泰时，约公元 765 年置绩溪县，属江南西道歙州。据《元和郡县志》：“此县北有乳溪，与徽溪相去一里，并流离而复合，有如绩焉，因以为名。”绩溪原属徽州地区，1988 年 1 月起属宣州地区、宣城市。因历史上曾经属于徽州，和其他徽州地区的各县一样，保存了大量的传统徽州文化。20 世纪初进行的有关徽州调查中，曾经将绩溪列入。另外在当前学术研究中，通常将绩溪纳入徽学领域，因此本次徽州民事习惯调查中，也将绩溪列入其中进行了专门的调查。2005 年 5 月 29 日由王宏治教授率领调查小组在向导胡家勤先生的陪同下，对绩溪县瀛洲乡坑口村和伏岭镇进行了实地调查。

坑口村有一座古祠，现在被列为国家重点文物保护单位，这就是著名的龙川胡氏宗祠。村旁有座龙须山，一条小溪穿村而过，故此地又称“龙川”，据说是风水极佳的潜龙之地，又因与当代某国家领导人的家世相关，于是这里又成了旅游胜地。当地人称小溪水为“坑”，故又将龙川改称坑口。相传龙川胡氏宗祠始建于宋，明嘉靖年间大修，现存的建筑则为典型的明清徽派建筑。祠堂坐北朝南，布局为中轴线东西两侧对称的建筑形式，前后共三进，由影壁、露台、门楼、庭院、廊庑、享堂、厢房、寝室、祭祠九大部分组成。祠中正厅的每根屋梁梁托上雕刻花草树木、亭楼台榭，加之人物故事，无不雕刻精美，形象生动，是徽派木雕的代表作。

据说这里是徽墨名家胡开文、官商兼具的胡雪岩和著名学者胡适的故乡，可谓人才辈出。研究“堪舆”的术数家以为此处为风水宝地，但此说难以用科学的方法加以证实，除名人之外，其实当地胡氏大多为本分的农民，命运也随时代而蹉跎，可见风水二字并不可信。

此时正值养蚕时节，留守在村中的人们正忙着蚕务，村庄周围多桑树，桑蚕收入成为农业经济来源的一个组成部分，但因周边地区桑蚕经济并不发达，也没有固定的缫丝加工厂，大部分蚕农将蚕茧出售，因此局限性较大。我们对村中一家姓胡的蚕农进行了采访，据她说养蚕主要作为家庭经济的补偿部分，她家的经济来源还是以种植业及外出打工为主。目前村中养蚕户都是各自独立经营，当地很少存在合伙这种形式，而养蚕户与收丝人之间也没有签订固定的合同，一般都是有人来买就随时卖出，互相之间以诚信为标准而且很少出现蚕丝出售不出去的情形，她家没有出现过因养蚕和售丝产生的纠纷。总体而言当地养蚕还处在一种分散阶段，乡镇没有对蚕农建立经济组织，家庭养蚕处在一种自发和盲目状态，而且蚕农本身也缺少足够的风险意识，因此短时间内，不可能成为当地的重要经济来源。

离开坑口之后，调查组进入伏岭镇的伏岭村。5 月下旬，正是农忙时节，村民们一早就下田干活，赶巧村中还有一个小饭馆，虽然在此就餐的人很少，但饭馆主人依然十分热情，饭菜干净可口，小饭馆的老板很健谈，先是自报家门称本人叫作方达焰，而且一再声明“焰是火焰的焰”，好像天生就与厨灶有关，据他说原本“徽菜”也是十分有名的，甚至可以和川、鲁、湘、粤、淮扬五大菜系并驾齐驱，只是宣传不够，让各界食客们冷落了徽菜。他还专门为我们点了几样极富代表性的当地风味，毛豆腐、臭鳜鱼、笋干烧肉之类，毛豆腐是徽州特产，豆腐做好后，存于阴暗处，待上面长出一寸多长的白毛，再配以青蒜肉片下锅翻炒，当地人称此菜为“天下第一香”。但在外人看来,滋味甘酸兼具,确是奇特。臭鳜鱼就不敢妄加评论了,据说此菜与徽商在外经营有关,相传一徽商在春夏之间乘船沿新安江出外经商,又不舍家中菜肴,便随身携带了几味徽菜,其中有几尾鳜鱼,竟然发腐变臭,但因其是故乡风味,徽商心中不舍,以浓汤厚味烹调之后,竟臭中带香,令人叫绝,于是竟然从此留下一道徽派名菜。据当地称之,此菜得酸、甜、苦、辣、咸五味之外之第六味,而在外乡人心中,却依然“怎一个臭字了得”,纷纷掩鼻,自叹无福消受。其实臭鳜鱼和臭豆腐一样,并非是腐烂变质,而是预先进行的一种食品加工方法,这种方法需有秘方烹制,而且必须取用一斤以下的鲜活鳜鱼,令其发酵,直至产生“第六味”来。至于笋干烧肉,则令人叫绝,徽州笋干细腻甘甜,入口清脆,佐以猪肉,色香味俱佳,真徽派之美味,令人大快朵颐。饭后饭馆老板方达焰主动提出带我们去村长家看看,因此时农忙,村长下田去了,方达焰又命其女儿将村长喊了回来。村长姓邵,看上去有五十多岁,邵村长家里放着几部刚刚印好的《新修邵氏族谱》,是由邵氏族人最近发起重新修订的,虽然是自费印刷,倒也工整精良,颇为可观。《新修邵氏族谱》编纂体例与传统的族谱修订格式相同,均以介绍氏族源流为开篇,然后则是历代祖先及各世各房,脉络序表。据邵村长说伏岭村以邵姓为主,他本人也参加了这部《新修邵氏族谱》的编修工作,而且他还直率地告诉我们,他除了管理村中事务之外,还管理邵氏宗族事务。在他眼里伏岭村的事情或者原本就是邵氏宗族的事情,我们没有向他提问这村中除了邵姓之外,是否还有其他的姓氏,我们知道这可能对他是一个难题,一个难以直接面对和难以回答的问题。我们不知道这个村庄全体村民是否都姓邵,但是我们却知道,在今后相当长的时间中,这个村的村长一定都姓邵。

我们走访了村中经常为别人代写文书的邵盛海老人,老人年近八十,但精神很好。他对我们直接问及是否代写诉状的问题表示了回避,只承认自己偶尔帮助别人代写一些契约之类的文书,而且一再表示他手里没有保存过去代别人写的任何文书,好像生怕冒犯了什么忌讳。但是他却向我们提供了他为四个儿子将来分家时准备的“析产阄书”,但是据老人说,这四份阄书早在 1987 年就已经写成了,不过至今都没有使用,因为一直没有分家,近二十年时间里,他家的财产又发生了很大的变化,原来准备的四份析产阄书可能永远也用不上了。

这四份阄书是用毛笔在草纸写成的，封面上分别写着“析产阄书一九八八年元月十七日”，并按长房、次房、三房、四房分别装订为四册。

绩溪县伏岭村邵盛海为所生四子所立分家析产阄书[1]

析产阄书　长房

立析产书人邵盛海、内助汪如仙，生平育养四子一女，长子千朋、次千俊、三子千毅、四子千力，惟有育女秀芬，幼年夭折。长次三子均各成家立业，四子千力虽已长大成人，嗟乎！幼年重病，死而求生，导致身负遗疾，姑且迄未字人。此乃人生憾事。鉴于我老俩，年事已高，治理家业力不从心，爰于一九八八年元月十七日，召集家门人等共商析产办法，欲将祖遗及自置产业各析子辈身下。幸蒙子辈积极响应，一致认为：树大分桠，人大分家之常规。为此本着互敬互爱、和衷共济的精神美德，力求图得合理搭配，商阄为定，业经达成协议。长子千朋率先建议：宜以好事好办，愿以析产继承份内之权益，予先征其折价人（民）币四千元整，然后对于房地产业就于三位胞弟掂定三股阄分。此议得到家门人等一致认同。今将各人新阄分产业以及坐议与附议的有关事项循序列后，以资共同遵守。嗣后各按阄分产业各管各业，毋得争多论寡。对于尚未论及的零星小事，多望本着兄则友，弟则恭的和睦、团结精神，尤其要讲“文明”、讲“礼貌”、讲“卫生”、讲“道

〔1〕 本标本采集于安徽省绩溪县伏岭村邵盛海老人家中，邵盛海共有四子，目前还没有分家，但早在1988年，他就为四子订立了分家析产阄书，至今没有实际交付子女。阄书共四本，分为长房、次房、三房、四房，因没有实际进行抓阄分析，故全部保存于劭盛海老人家中。四份阄书的内容完全相同，整理时主要参照了长房一册。

德"、讲"秩序";"心灵美"、"语言美"、"行为美"、"环境美"。在这五讲四美的精神基础上,应须相互以待。须知分家是为了更进一步搞好家庭团结和展望未来生活的不断改善,并非破产拆散或搞坏兄弟的骨肉友爱情义,务要好自为之,殊有厚望焉。

兹将各自产业阄分列后:

长房:千朋阄分如下:

坐分现金人(民)币四千元整,除去本身让担一千元外,其余三千元,则由千俊、千毅、千力各担负一千元正,其款议定在五年内,分期交付清楚。其继承份内房地产业,千朋不再参与拈阄分配。但谁违此议,超期拖欠,千朋则有权继承析产份内权益。

次房:千俊阄分如下:

一、房产:

(一)分四屋一幢(庭堂等一并在内)

(二)分过路楼一个(与旧屋毗连)

(三)分厨房两个(其中新旧各一个)

(四)分猪栏两个

(五)分厕所两个(其中新旧各一个)

二、地产:

(一)分马路下菜地一块(与千毅菜地同处各半)

(二)分际堂前(大河边)菜地一块

(三)分虎形湾菜地两块

(四)分唐家湾旱地一块(千俊、千毅、千力各占三分之一。现在父母坐种,有待以后阄分。)

(五)分马面坯菜地一块。(包括田背后菜地)千俊、千毅、千力各占三分之一,现在父母坐种,有待以后阄分。

三房:千毅阄分如下:

一、房产:

(一)分新屋东边半幢。(庭堂等一并在内)庭堂千毅、千力共同管用护理。门前围墙、园门、大门、水压井以及围墙之东西两边倒坯,千毅、千力共同管用护理。阁楼楼顶处,暂归千毅堆放物具;照壁后处,暂归千力堆放物具。东西两边过厢各管各边。假后双方改建须以整幢面积计量,各半划分。(假如互调,方便成园,不属此议。)

(二)分新厨房一个,千毅、千力合一幢,千毅阄管前半幢靠路,千力阄管后半幢靠屋沟。但在各自半幢中,双方先需让出适当路地,以便后幢行人出入,然后再论各自本幢。)

(三)分新猪栏一个,千毅、千力合一幢,千毅管西边半幢,千力管东边半幢。

二、地产:

(一)分马路下菜地一块。(与千俊菜地同处各半)

(二)分虎形湾菜地两块。

(三)分唐家湾旱地一块。(千俊、千毅、千力各占三分之一。现在父母坐种,有待以后阄分。)

(四)分马面坯菜地一块。(包括田背后菜地)千俊、千毅、千力各占三分之一,现在父母坐种,有待以后阄分。

四房:千力阄分如下:

一、房产:

(一)分新屋西边半幢。(庭堂等一并在内)庭堂千毅、千力共同管用护理。门前围墙、园门、大门、水压井以及围墙之东西两边倒坯,千毅、千力共同管用护理。阁楼楼顶处,暂归千毅堆放物具,照壁后处,暂归千力堆放物具。东西两边过厢,各管各边。假后双方改建,须以整幢面积计量,各半划分。(假如互调,方便成园,不属此议。)

(二)分新厨房一个,千毅、千力合一幢,千毅阄管前半幢靠路,千力阄管后半幢靠屋沟。但在各自半幢中,双方先须让出适当　地,以便后幢　人出入,然后再　各自本幢。

(三)分新猪栏一个,千毅、千力合一幢,千毅管西边半幢,千力管东边半幢。

二、地产:

(一)分唐家湾旱地一块。千俊、千毅、千力各占三分之一。现在父母坐种,有待以后阄分。

(二)分马面坯菜地一块。(包括田背后菜地)千俊、千毅、千力各占三分之一,现在父母坐种,有待以后阄分。

父母坐议及其他附议事项:

（一）阄分新屋者，议定需在父母百年以后，才可各自接管。

（二）马面坯之竹园及竹园南端之菜地，有待父母百年后，由千俊、千毅、千力掂阄分配。

（三）千力因身存遗疾，嗣后一旦生活丧失自理时，或许不能独立生活时，则由千朋、千俊、千毅三人共同照顾与他，以重同胞骨肉友爱情谊，但其财产则由千朋、千俊、千毅三人，共负继承与处理。

（四）塘角湾冥宫一廓，又寿板一副（计一拾六块）、火表一只，自鸣钟一只，和未论及之家具用具等，统归千力继承。

（五）国家政策，如果长期不变，唐家湾之责任田五分二厘，及门口田责任田七厘，并何家屋之责任地数处，悉归千力耕种。

（六）何家屋之责任田三分六厘，及门口田责任田一分二厘五毫，并凹头责任地一分，悉归千毅耕种。

（七）大桥上责任地二分三厘，归千俊耕种。

（八）永久牌自行车一把，独轮车一把，归千俊管用与所有。

（九）历史车轮，不可逆转。瞬间人生已趋暮年，值此别无他求，期望能在晚年图得：宁安、好德、善终，如果我先于内助，深望子辈应尽赡养义务，至于善后事，不搞排场，要从简就陋，需知人世在于生前的精神赡养，此嘱。

（十）本析产书一式四本，长、次、三、四各执一本存照。永发其祥。

立析产书人　愚父邵盛海（印章）

内助　汪如仙（印章）

母舅　胡德祥（印章）

执笔　邵盛海亲笔（印章）

公元一九八八年元月十七日

邵盛海夫妻为四个儿子准备的析产阄书，继承了徽州地区传统的分书形式，并且使我们看到阄书在实际财产分析前的完整形态。值得注意的是参与建立分书的见证人，“母舅胡德祥”，并非四个儿子的舅父，而应当是主持分家者邵盛海的舅父，这是隔代母族参与分家析产的记录。另外这些分书还显然具有明显的时代特征，如一开始就将分书的思想宗旨，概括为20世纪80年代流行的“五讲四美”，而在析产阄书结束时，又将两位老人晚年的追求归纳为安宁、好德、善终。这一现象似乎浓缩了中国人所有的历史心结，将新旧两种不同的思想和情绪，不由自主地结合在一起。

祁门地处黄山西麓，与江西毗邻，属古徽州“一府六县”之一，据文献记载建县于唐永泰二年（766），因城东北有祁山，西南有阊门故得名。全县面积2257平方公里，现全县共辖7镇，152个村庄，1039个村民组，总人口18.7万。东北与黟县接壤，东南与休宁县为邻，西南与江西省毗邻。[1]

到祁门县之后，我们首先访问了塔坊乡，乡党委书记蒋晓放、乡长苏梦香、乡司法所司法助理员方岭强接待了我们。首先苏乡长向我们介绍了当前乡政府的主要工作情况。苏乡长说：近年来乡政府由管理型向服务型转变，稳定和发展成为工作中最大的两个方面。随着农村改革的不断深入，农村生活中一些新的矛盾凸显出来，特别是和土地承包有关的内容，以及对土地的使用权和利益分配都会发生很大改变，并且产生相应的纠纷，有些纠纷甚至导致诉讼的发生，类似情况具有普遍性。出现纠纷首先要由村民各组来解决，如果不能解决，要到乡里进行调解。当前主要的是山林纠纷、土地纠纷和邻里纠纷。乡里加大了对乡司法所的投入，加强了培训，改善环境等工作。

我们问道：“村民各组都有调解员吗？”

苏乡长回答说：“乡政府主要依靠村民组在村里把矛盾消化掉，解决不了的再交给乡司法所。目前全县每个乡都有司法所，各行政村都设有调解委员会，基本每个村民组都有一名调解员。”

我们问道：“乡里给村民组的调解员发放经济补贴吗？”

“补贴很少。主要还是靠村民组自行解决，大多数村民调解员都是在村中具有一定威信的人。”

于是我们又转向乡司法助理员方岭强了解一些乡村司法中的具体情况，乡司法助理员是基层政府设置的司法干部，接受乡政府的领导，主要的工作内容是参与乡村司法建设和参与民事调解等内容。乡司法助理员享受公务员待遇，由政府发放工资，是干部级别中较低的基层司法工作人员之一，有些司法助理员还担任乡司法所所长职务。

---

〔1〕 由柏华教授领导的第三组对祁门县和黟县进行专门调查，因这两个县多为山地，虽然现在均有公路相通，但深入村庄仍然并不便利。因此第三组的工作重点主要放在选点和搜集资料两个方面，以便为第二次徽州调查做好准备工作。第二次徽州调查时将集中对本次选择的重点村庄和人物进行深入细致的调查。

“请方助理员谈谈咱们乡的纠纷解决情况好吗?”

方助理员回答道:“最近几年平均每年发生纠纷案件 80 件左右,百分之七十需要借助调解得以解决。其中以林产和家庭纠纷居多,家庭赡养纠纷一般较难解决,往往需要较长时间多次调解,有的还可能引发诉讼。山林纠纷主要是因为当初包产到户时的工作比较粗糙,由于当时采用‘活界制’,有的地方仅仅通过使用‘树标法’进行划分,比如在树干上刻一刀或者画一条油漆等方式表示界线,由于这些树木是活界标,有的长大了,有的移动消失了,使得界线不清,导致纠纷容易出现。”

我们又问他:“林产纠纷导致诉讼的比例有多大?”

“比因家庭纠纷导致诉讼的少,因为林产纠纷往往对亲情伤害较小,当事人不愿去法院解决,而且法院打官司的成本很大,在司法所进行调解不需要任何费用。”

“乡司法员在解决纠纷案件时,有没有因为村民不信服而要求更换的情况?”

方助理员答道:“有,村里每年村委会换届选举时,村民小组的调解员随之进行调整。村委会主任一般要担任村调解委员会主任,同时村党支部书记、村长也都有资格参与调解。如果村中解决不了,就会到乡里来解决。”

“是否最后的调解结果都要形成书面的调解文书?”我们接着问。

方助理员回答:“要书面的,尤其是山林纠纷,一般都要有书面的调解文书,这样将来再出问题时可以查找根据。我们这里对林界划分有很多民间习惯做法,因此在处理这些纠纷时,一般通过结合旧的习惯来解决。”

“请问你们这儿保留有关于纠纷的文字材料吗?”

方助理员看了苏乡长一眼,那神情流露出请示的意思。

苏乡长点了点头说道:“有,给老师们取一些看看。”

于是方助理员转身回去取了几件标本,并且爽快地同意我们拍照。

这些标本一件是关于山林纠纷的调解协议,另一件是涉及赡养父母和家庭财产分析有关的“家庭协约”。

张正平张家平茶棵地界纠纷调解协议[1]（祁门县塔坊乡响潭村）

当事人：张正平，男，38岁，小学文化，住响潭村洪村组，务农

当事人：张家平，男，35岁，小学文化，住响潭村洪村组，务农

张正平和张家平于2004年5月11日，因皮坞茶棵地界线不清发生纠纷。5月12日经平里公安派出所和乡司法所的调解，双方达成如下协议：

一、张正平与张家平皮坞处的茶棵界至以现有界至为基础，双方再让出20公分作为双方茶棵地的界线；

二、双方让出的20公分的茶地位置内的茶棵，由双方自己拔掉（时间限于6月12日前）

三、双方因纠纷打架受伤的医疗费自理。

当事人：张家平（指纹）　胡来香（指纹）

　　　　张正平（指纹）　周月红（指纹）

2004年5月12日

这份调解协议在当事人一栏中详细记录了被调解人张正平、张家平的姓名、性别、年龄、文化程度、住所以及职业，看来当地处理林产纠纷已经积累了丰富的经验，并且使这类司法调解文书相对固定和格式化了。调查中我们还了解到，两位被调解人是本家兄弟，可两家却因为彼此茶棵地之间的地界不清而大打出手，最后闹到了公安派出所。所幸在派出所和乡司法所的共同参与下，双方达成了调解协议，没有使事态进一步恶化。在协议第二款中，被调解人约定双方让出20厘米的茶地面积作为两块茶地之间的界限，这样一来，茶地收益必然会减少，可纠纷双方宁愿如此也要跟对方“划清界限”，真是“宁愿少一点，也要清一点”，表现出强烈的权利色彩。最后，两位本家兄弟同他们的妻子一起在调解协议上心甘情愿地按上了血红的指印。由于农村林权问题的不确定性，使得农村涉及林权问题的纠纷具有普遍性，本调查报告在写作中，我国政府陆续出台了新的林权划分方面的法律和法规，可能会使此类纠纷有所减少，但这些法律法规和农村基层社会的习惯尚存在一些差距，因此在相当长的一段时间中，中国农村的

〔1〕 按：原件名称仅为“调解协议”，现标题为编者所加，经向当地村民了解，张正平和张家平为本家兄弟。

林权纠纷依然会大量存在。

我们看到的家庭纠纷调解协议不太完整，仅有第一页，缺少最后当事人签字认同和调解协议制定时间等内容，但这份家庭协约仍然有重要的参考价值，比如长子已在早年迁出独立生活，没有参与现有的家庭财产纠纷。另外我们还可以看到参加调解的除了三儿、三媳、父母之外，还有村调解主任、村民组长、母舅等人，这与徽州地区分家析产时的情况相同，村调解主任由村委会主任或者村党支部书记兼任，他和村民组长一起构成了村中的权威，母舅不但是家庭中母族的至亲尊长，而且与纠纷涉及的财产没有直接的利害冲突，因此这些人的参与体现了习惯中的公平原则。

塔坊乡家庭协约

因父母年老，儿女全部成家立业，父母有病在身，生前为了三儿今后更加团结，避免父母过世后，兄弟互相发生纠纷，必须将房屋财产、集体承包土地、父母年老生活等处理。

聘请村调解主任、村民组长、母舅、三儿、三媳、父母等人集中座谈，协商调解，经全部同意以下协议。

房屋处理

1. 大儿知远一九八六年成家立业，分配土墙房屋壹幢，大儿已出卖重做新房。

2. 原有房屋壹幢，一九九五年双林、盛林二人共做新屋壹幢，共计房屋两幢，二、三、儿父母三家共住，现划分二儿、小儿两人各住一幢，经研究做□抽阄处理。以抽阄为实。

3. 父母在二儿家居住过世，两儿房屋父母居住各房屋壹间，在二儿双林厨房烧饭，在小儿盛(林)猪栏养猪，堆放柴火等物，两家自由。如一方同意居住者，一方不同意居住，拿出现金壹仟元给同意一方，双方都不同意父母居住者，双林、盛林两儿给父母建三十个平方小房给父母居住。父母百年后烧饭锅、铁罐，归盛林。

4. 双林抽得新屋拿出现金叁仟元给盛林，现金七天内付清。(下缺)

离开塔坊乡以后我们前往祁红乡进行调查，祁红乡是著名的祁门红茶主产地，茶叶经济是当地重要的经济成分，近年来以家族形式开办的茶厂有很大的发展，因此开始招募农民进厂做工，并且有些已经形成生产规模。

祁门红茶是红茶中的精品，简称“祁红”，祁门红茶外形条索紧细匀整，锋苗秀丽，色泽乌润；内质清芳并带有蜜糖香味，上品茶更蕴含着兰花香气，馥郁持久；汤色红艳明亮，滋味甘鲜醇厚。相传光绪初年，徽州人余干臣从福建罢官回籍经商，创设茶庄，祁门开始用发酵的方法加工红茶，并成为后起之秀。至今已有100多年历史。

也许是县里提前通知了祁红乡政府，乡党委汪书记早早地就等在那里，大家见面先是寒暄了一阵，大体都是些尊敬的、令人钦佩的，以及其他官场和学术场中常用的套语。汪书记很年轻，看上去相当精干，不等我们发问，他就主动地介绍起来，看起来已经做了充分的准备。

“我们位于祁门县城西南部，东边邻休宁县，南面与江西接壤，西边是本县芦溪乡，西北靠平里镇，往北是北祁山镇和塔坊乡。全乡东西长18公里，南北宽17.4公里，总面积达119.08平方公里，占全县土地总面积5.36%。这里常年气候温和，雨量充沛，年平均气温15.2摄氏度，年降水量2120mm，无霜期大约270天。全乡土地总面积119.08平方公里，森林覆盖率92.4%，耕地面积1206亩，茶园面积6835亩、山场面积177860亩，全乡辖7个村，44个村民组1761户，6102人。”

汪书记如数家珍一般的介绍令人感到十分钦佩，作为一个乡干部，对自己管辖的地区如此清楚，起码算是尽职尽责的。紧接着他又继续介绍：“其中农业劳动力人数有3719人，外出务工人大概1500人。人均纯收入将近两千多元，现在农民外出劳务收入还没有统计上来，估计可能突破七百万元，外出务工的收入已经成了农村经济收入中的重要成分。”说到这里汪书记喘了一口气，又继续说道：“我乡境内多山，海拔500米以上的高山就有20多座，最高峰为栗树尖，海拔912米。有两条大一点的河流，一条是汊口河，源自闾头、塘坑头二地一带，经塔坊乡流入阊江；另一条是查河，源于棕里村，向西经老胡村，流经芦溪乡境内，最后也是汇入阊江。”我们一直想找机会打断汪书记的介绍，以便把话题转移到我们调查的内容上来，大概他也看到了我们略带惊讶的表情，于是又自豪地说：“我们祁红乡是老革命根据地，1937年，陈毅、李步新等老一辈无产阶级革命家曾在祁红乡舍会山一带活动。1949年3月，祁门县第一个人民民主政府就设在我们乡的塘坑头村，到现在那个老的县政府还依然存在。”

或者每当有外面的客人来到祁红乡访问的时候，汪书记都会如此熟练地介绍一番,看来我们只有主动转移话题了。于是趁着汪书记稍作停顿的时候,我们赶紧向他发问:“我们乡民间纠纷即百姓之间的矛盾多不多?主要都有哪些?”

汪书记从对红色革命根据地的回忆和自豪一下子回到了现实中,稍微思考了一下对我们说:“民间纠纷较多,但主要以山场林产方面的纠纷为主,这是因为当初推行承包制度时划分界线比较粗糙造成的。”这和我们在塔坊乡遇到的情况一样,显然山场林产承包时对于界线的划分存在不少遗留问题,一方面是因为当时对于推行山林承包时尚无成熟的经验,另一方面山地林场和耕地田产比较而言,山地林场由于地形复杂,林木生长期较长以及水土流失造成的地形地貌的不确定性,都可能给山场林地划界工作带来困难。在调查中我们经常看见山地上当地乡民在树木和毛竹上用刀斧之类的工具刻下痕迹,这些痕迹就是划分彼此界线时留下的记号,但是由于树木和毛竹属于活体植物,可能出现移动灭失等情况,因此这种方法进行划界只能在短时期内使用,而当前推行的承包制度大多数为“三十年、五十年”不变,这种现象直接导致山地林产纠纷的普遍增加。

“能不能从根本上解决山地林产的纠纷呢?”

汪书记回答道:“这是一个备受关注的问题,当初落实山林承包时,是自上而下的推行方式,要求在短时间内都分下去,带有政绩工程和突击色彩,但是那么大的山林,又历经合作化和人民公社运动,在集体经济时期,大家一起吃大锅饭,山林之间没有什么界线,只有按照乡镇的管理范围进行比较粗糙的划分,于是很多问题都被遗留下来。”

我们向汪书记介绍说,最近中央正在进行关于“林权”制度的专门研究,据说召集了一批法学家对这一问题进行研究,很快会有这方面的新政策。[1]

说到这里,汪书记忽然转过头来,正色地重新打量了我们一番,似乎他已经感觉到我们这一群老老少少,与他以前见过的到农村走马观花访问一圈,再带些当地土产便打道回城的人有些区别。于是他轻轻地叹了一口气说道:“政策是好政策,但是要全部落实下来需要做大量的工作,如何勘测

〔1〕 2008年7月14日,新闻媒介正式公布了《中共中央、国务院关于全面推进集体林权制度改革的意见(2008年6月8日)》,该意见成为与林权制度改革的新的指导方针。

绘图？技术人员到哪里去找？费用怎么落实？林权证如何制作？这可不像当时推行承包制度那么简单，后来不吃大锅饭了，大家按户承包多劳多得，底下马上欢声雷动。”汪书记停了下来，自嘲地笑了笑：“哈哈！法学家们的研究？法学家们能够爬上我们身后这座几百米的大山吗？”突然之间，我们面前这位汪书记就像换了一个人一样，从应付外界来访的乡官，一下子变成了一个有思想和有理智的人，他那么熟悉这里的乡土和人民，他一定听到过很多学者专家们“间接收益”的理论，然而他一定也吃过很多这种理论的亏，因此不由得他越来越现实，或者说越来越实际。汪书记主动地打断了这个令人尴尬的局面，说道：“我们换个话题吧，你们还想了解点什么？我们乡可是祁门红茶的主要产地，这里地处海拔五百米以上，气候湿润，雨量充沛，早晚温差大，自然条件非常适合茶树的生长。每年春夏两季，都是茶农们最忙的时候，好茶只采鲜嫩茶芽的一芽二叶，然后还要有揉捻、发酵等多道工序，揉捻细碎的茶叶经过发酵后，由绿色变成了深褐色，然后再经人工细心挑选剔除茶梗等程序，才能制作出香气袭人的祁门红茶。”

“加工一斤红茶，需要采摘多少鲜嫩的茶芽呢？”

“大概是1∶6，一公斤上好的红茶，一般需要六公斤鲜嫩的芽叶。”看来汪书记对茶叶十分熟悉。我们向他了解目前这里茶农的经营形式，是以一家一户独立经营为主，还是建立茶厂具有规模化的生产。汪书记告诉我们，茶树是一家一户管理的，但是茶厂主要采用股份制的形式，大部分是茶农自家采摘茶叶，然后再将茶叶卖给茶厂，由茶厂负责加工和包装，最后成为商品。茶厂采用股份制经营，有的茶农也占有一定股份，有些茶厂的产权属于乡政府，也就是平时大家所说的“乡镇企业”。股份制经营有利于形成规模化的生产，同时也有利于创造茶叶的品牌，在管理上也比较顺畅。

徽州调查使我们对乡镇基层干部有了更深的了解，无论如何这些活跃在最基层的小官员们，比任何人都更加了解中国当代农村的实际情况，或者他们手中的权力很小，但是在乡民的眼中，他们依然如同“父母”，是乡民必须依赖同时又必须服从的公权力的代表。这些乡镇干部普遍受过良好的教育，并且具有很强的工作能力，勤奋与圆滑成了他们沟通官民之间的显著特征，也因此赢得了上上下下对他们的敬重。

汪书记介绍我们到祁门乡老胡村进行调查，因为前不久老胡村与平里镇光坑村发生过林产纠纷，牵扯的范围比较广，有一定的代表性，而且还特意给老胡村调解委员会主任胡敦凯打了招呼，并且派乡里司法股胡股长陪我们一同前往。路上胡股长向我们介绍：老胡村在祁红乡最南端，东接休宁县，西靠平里镇，距祁门县城35公里。全村面积4.8平方公里，其中山场面积6530亩、茶园面积155.1亩、水田面积109亩，到2001年年底全组有78户，人口247人，在徽州算是一个不大不小的村庄。

老胡村组因历史悠久，村中老屋很多，所以有人说这个村原来叫作“老屋村”，还有人说这个村大多数都姓胡，所以又叫“老胡村”，胡姓是村中的唯一大姓，直到现在还保存着胡氏宗祠。胡敦凯老人世居在这里，祖祖辈辈都是安守本分的农民，胡敦凯担任过村委会委员，还是村里的调解委员会主任，在村里有着一定的威望。他向我们介绍了20世纪末老胡村和平里镇光坑村林产纠纷的一些情况，两个村庄地界相连，但在行政划分上却分属不同的乡镇管辖，老胡村属于祁红乡，而光坑村属于平里镇，因此当产生山林纠纷时，就要到县里去解决。

胡敦凯老人想了想，用十分平和的口气对我们说：“我们村后面是一个大山坡，当初划分地界的时候，县上要求乡与乡之间做到‘四固定’。”这时胡股长插话说：“‘四固定’就是要求乡与乡之间在划分地界的时候做到固定山界、固定乡界、固定村界、固定组界，大意是做到划分明确防止出现后遗症。”胡敦凯接着说：“我们乡里当时没有进行四固定，如果要做到四固定，就会涉及个大山坡，所以当时就作了个临时的划分，山坡北面就归光坑村，南边归我们村，但是没有说清楚山坡归谁，没有确定准确的界线。不过我们按照原来的土改时期发的土地证，那个山坡应当是我们村的。”

我们问道：“土地改革时期的土地证还能见到吗？”胡敦凯回答说：“能，我手里就有，当时的土地证登记得很清楚，四至坐落，东南西北，背后就指北面，下面就是西面，一目了然。可是到了山林到户时候，有些林地就划了给他们村了，我们当然有意见。”……

我们问道：“是谁给你们划分的？是在县里面吗？”

胡敦凯说：“当初土改的时候就划分过，大概是1950年到1951年，我记不清准确是哪年了。”

我们问他：“土改时你们已经做了登记，对方怎么没有和你们发生争议呢？”

胡敦凯:“土改时我们不在一个农会,大家各自登记,不是一个农会就互不通气的,结果是我们登了记,证明是我们的,他们也登记了,证明是他们的,后来合作化了,再后来有了人民公社,土地都是集体的了,这个事也就没人再提起。直到最近开始土地承包,分山到户,这个事情就又出来了。”

我们继续问道:“也就是说你们双方都有凭据,都有理。那后来这个争议是如何解决的呢?”

胡敦凯接着说:“最初登记的只有两分地,说是两块长方形的地,对方登记时是两分油茶籽田,后来他们要100多亩,那怎么讲得过去?”

我们有些不解地问:“两分地怎么变成100多亩呢?”

胡敦凯继续说:“是啊,实事求是地讲,当时那个两分地可能不准,也许有两亩,或者不止两亩,但是他们要100多亩啊,那就太离谱了。这都是土改时留下的问题,那时我们村的村长是用村公有这个名字登记的。”“村公有?土改时就有公有田产?”“那谁说得清,反正就叫村公有,结果留下很多后遗症。由于两个村分别归属不同的乡,有了纠纷就由区上派人解决。”胡股长又在旁边解释说:“区上是指县的派出机构,一般几个乡上面一个区。”胡敦凯接着说:“当时那个区委书记姓什么已经记不清了,他处理得比较那个,根本不按法律办事。他说,你们村登记的是村公有,就是全公有,可以全都收归国有,还争什么。我们毕竟是农民呢,也不懂更多的道理,就去问了外面的一个中年人,大家都说他见过世面,一定讲得出。据他说村公有就是全村集体所有,并不是归国家所有。这个事折腾了好些年,后来闹到法院,法院判决对半开,也就是从中间划分一边一半。”

我们问道:“最后现在这个疆界划清楚了吗?”

“划清楚了,基本就是按照当时的那个区委书记的意思。”

“当时区委书记的名字你还有印象吗?”

胡敦凯停顿了一下,支支吾吾地说:“好像姓徐。”

我们问道:“法院作出从中间划分一边一半从中划分的依据是什么?”

胡敦凯回答说:“县政府下了个文,后来就在这个文件的基础上从中划分了。依照县政府的文件,我们整个村民组损失了100多亩。要是一亩、两亩也就算了,太多了就不行,我们村200多人要生活。”

我们问道:“当时你们没有提起行政诉讼吗?”

胡股长插了一句:“当时好像还没有行政诉讼的说法。”

胡敦凯:“告政府,那怎么行。这事就搁下了。土改时留下的问题也不是就我们村有,过了那么些年,谁能想到改来改去又把土地山林重新分了呢,说不清啊!”

话说天下大事“分久必合,合久必分”,谁也想不到这些土地山林随着人世间的变化一起经历了如此之多的悲欢离合,经历了农村合作化运动,生产资料的社会主义改造,总路线、“大跃进”,农、工、商、学、兵五位一体的人民公社,老胡村的土地从不清不楚的“村公有”,又再度被重新分户承包了。想当初土改时那个“村公有”,应当是全体村民心甘情愿的意思表达,尽管他们私下里还保存着当年的土地证和其他一些契约资料,这些都成了历史,而最终起作用的似乎并不是农民手上的土地证或者契约资料,而是那种能够决定土地的命运,同时还能够决定这些在土地上耕作人的命运。分分合合的不是那块山背后的坡地,而是权力,和依照这些权力书写的历史。

闪里镇在祁门县西部,与江西省景德镇市接壤,是徽州最西部一个重要的交通枢纽。据祁门县政府资料显示,全镇土地总面积 140 平方公里,下辖 8 个行政村,59 个村民组,共有 2632 户,人口 9290 人,其中农业人口 8529 人,耕地面积 7642 亩,另有茶园 8158 亩,山场面积 179198 亩,森林覆盖率高达 83%,以农业、茶叶和竹木等经济为主,近年来外出打工的经济收入逐年上升,此外当地尚有少部分蚕农和丝织业,保存较多的明清古建筑,风景秀丽,有很大的旅游开发潜力。

在闪里镇的调查,主要得到了镇司法所助理员陈平安同志的帮助,他是本地人,对情况十分清楚,除了向我们介绍了一些乡镇调解工作外,还陪同我们走村串户去作详细的调查。

和其他乡镇的司法助理员一样,陈平安也接受过较为良好的法律教育,并且具有很强的乡村生活经验,看上去在文静中还透着精干,说话不多,但意思表达得清楚并且准确。

我们问他:“咱们镇民事纠纷多不多? 主要有哪些方面?”

陈平安说:“现在纠纷调解不是特别多,比 20 世纪 90 年代明显减少,主要是山林侵权和家庭纠纷等方面比较突出。现在由于国家对农民的政策陆续放宽,而且本地居民开始重视农田与林产权利,因此林产纠纷相应增加。”

我们又问他:“农民之间的纠纷是不是大部分要到法院去解决呢?”

陈平安回答说："我们这里起诉到法院的案件比较少，因为这里经济毕竟不太发达，人们认为诉讼的成本太大，另外也不希望把彼此的关系搞得太僵，主要通过村镇两级调解消化纠纷。"

"村子里的调解工作做得怎么样？"

"村一级的调解成功率不是很高，主要是因为村里的调解员素质不高，加上村子里都有亲情的关系，调解的力度受到限制，另一方面村调解员待遇很低，经济补助很少，村调解员积极性普遍不高。"

"村里的调解员都具备基本的法律知识吗？"

"村一级民间调解员经过简单的培训，主要在农闲时间进行，如果有新的法律和政策下来，也会有专题培训。"

闪里镇古戏台

我们问道："咱们这与江西交界，有没有跨县跨省的林权纠纷呢？"

陈平安回答说："有，但是不由村镇直接解决，两省之间成立了联省调解委员会，乡镇也参加一些意见，不过这方面的材料大部分都保存在县上或者省上。"看得出来陈助理员不愿意向我们介绍涉及两省之间的林权纠纷，在言语支吾一番之后，他把话锋一转说道："我们这叶家村有一个山场纠纷问题，挺典型的，不如我带你们到叶家村去看一看。"

闪里的风光处处流露着安详与自然，绿水青山和黛瓦白墙与三溪河的碧波粼粼交织成一幅天人合一的风景画。河两岸杨柳青青，山坡上翠竹婆娑，田地里一片片金黄色的油菜花，与古廊桥相互映衬，令人陶然其中。当地流传当年陶渊明写的《桃花源记》一文中，如情似梦的桃花仙源便是此处，乃至直到今天还留有桃源地名，可惜除古风悠然的桃源廊桥之外，其他已难觅其踪，无从考证了。跨过廊桥沿着半是水田半是青山的小路，转了几个弯，沿途风光迷人之际，陈助理员指着前边一片新旧杂陈的民居说，这里就是叶家村了。

前往叶家村的途中，陈平安还介绍了一些叶家村的有关情况，叶家村是一个较大的行政村，位于闪里镇的西部，下辖 7 个村民组，总面积大约 24 万亩，其中 90% 是山场林地，耕地面积仅有 710 亩，另外还有茶园面积 678 亩。现有农户 358 户，农业人口 1358 人，人均只有五分地，而且还是小块山坡地或者梯田。为了改变经济落后的面貌，叶家村从 2000 年开始推广种植食用菌，在村中“祁门县玉宝食用菌协会”带动下，目前已经成为徽州重要的食用菌基地。

陈助理员带我们去访问了查老汉一家，查家兄弟曾经因就挖田伤苗产生过一些纠纷，后来就是陈平安参与调解的。查老汉就住在叶家村一栋带有新式风格的两层小楼房中，这种新式的楼房不同于老式徽派建筑，屋顶采用双坡或者平顶，取消了徽派建筑中的马面墙，门窗开洞稍大，通风和采光效果较好，依然是白色的墙壁，黑色的门窗，只是看上去简洁实用。进得门去没有了徽派建筑普遍设有的“天井”，而是进门便是堂屋，堂屋的后面有楼梯，可以直通二层，堂屋两侧分别是厨房和卧室。这种新式的小楼，一般造价较低，木材消耗量较少，部分使用钢筋混凝土预制件，因此建筑周期短，施工也较为便利。虽然看上去显得呆板，远不如传统徽派建筑中的精致和秀美，但因投资少，居住方便，在徽州部分农村受到农民欢迎，近来有逐渐取代传统徽派建筑的趋势。

查老汉很热情，年近六十，年轻时在农村做过教师，有些斯文气。看上去他对现在的生活感到很满意，据他说土地承包以后，生活水平有了很大提高，家中还有了摩托车和彩电，不过最近种子、肥料的价格涨幅太大，种田成本太高，作农越来越不划算，因此有不少人出去打工了。他说前几年他媳妇与弟媳妇发生一点儿纠纷，就是由镇上陈助理给解决的。他还说陈助理办事果断、认真，他们全家都很满意。陈平安接过来说这两兄弟争议的是一块坡形的土地，哥哥的地在坡的上面，弟弟的田在坡的下面。哥哥说弟媳妇用锄头挖草把田挖空了，认为下雨的时候如果山地塌方，坡上面土地面积就会减少，因此产生了纠纷。另外父亲在世的时候，兄弟两家讲好共用一大约5平方米的粪坑；后来弟弟家私自切去了2平方米，结果共用面积仅余3平方米，认为受到了损失，心存不满。由于当地人多地少，2平方米已经算是大事，由此产生了纠纷。弟弟曾经直接找镇里调解，没有先期经过村里调解，哥哥事先对弟弟去乡里寻求调解的情况并不知情，因此矛盾越来越尖锐。

调查组成员程洁博士在村民家中访谈

陈平安调查后发现，弟媳妇虽然有挖草的行为，但未必是故意扩充自家地界，也没有导致现有地界出现变化。至于粪窖方面，经调解后哥哥也愿意退让，现在留下的3平方米的粪窖并不影响使用；最后在陈平安的建议下，查氏兄弟互相体谅，又将已经出嫁的两个妹妹招了回来，全家吃了一顿酒席，这些问题一次性得到了全面的解决，现在两兄弟的关系比以前融洽了很多。可以设想这样的结果一定是经过了陈平安的不少努力，如果按照民事诉讼法办理，则兄弟二人可能通过一审乃至二审两个程序，交纳两次诉讼费，还要支付跑到县上打官司的其他支出，虽然可能得到一个司法判决，但县上的法官不可能就3平方米的粪窖,屈尊驾临叶家村进行强制执行,打官司的最终结果是付出了"讨个说法"的成本之后,讨来的只可能是一个"权威的说法"而已,最终可能兄弟变了仇人,粪窖依旧只有3平方米。

步行去往叶家村的路上,徽州地区有很多农民盖上了新式的小楼房,
这和传统的徽派建筑有了很大区别,
据说当地政府今后不再批准建设这种新式的小楼房了

黟县的调查得到了县司法局的大力支持,县司法局金瑶鸣副局长和调解股刘祖汉股长专门接受了我们的采访。金副局长对黟县的历史了如指掌,据他说:黟县古称黝县(音伊,黟的异体字),黟县已有两千多年历史,最初建于秦始皇二十六年(公元前221年)。西汉时,黝县曾经改为广德国,后又恢复。王莽始建国二年(10),黝县改称朔卤,属丹阳郡。东汉时又复称黝县,此后历代基本就叫黟县。新中国成立后曾一度与祁门县合并,1959年,经国务院批准,恢复黟县建置。全县共8个乡镇,近10万人口,方圆857平方公里,是徽州最小的一个县,但很有名气,唐代诗人李白曾在诗里写过,"黟县小桃源,烟霞百里间,地多灵草木,人尚古衣冠"的名句。由于过去交通闭塞,战火的破坏较少,保存下很多明清古建筑,县里旅游业十分发达,并且还建议我们去西递村和宏村看看。

金副局长还说道,和其他县的情况相似,民事纠纷主要以山林权属问题为主，其余则是家庭财产纠纷，由于当时分山场林产的时候，缺少长久观念，采用红色油漆在树上涂抹标志的方式进行划界。现在当年参与分山的老人有些去世了，时间一长原来树上的红油漆也消失了，界线不清，再加上这几年竹木的价格看涨，农民的权利意识也增加了，这方面的纠纷就跟着多了起来。

我们问道："有没有山林林地出租的情况？比如有的农民外出打工，分到的山场没人照管。"

金副局长回答说："这种情况不多，虽然山产到户，我们这里也有不少外出打工的，但山林毕竟好管理，只要有人照顾一点就可以正常生长，所以一般家里人都能照管，出租的现象很少。"

我们接着问："咱们县有许多明清古民居，这些古民居可不可以转让呢？"

金副局长接着回答："我们这里的古民居非常重要，近年来旅游业不断发展，有的是村里自己开发的，有的是县乡联合开发的，比如西递村是下面自己搞的，情况不错，宏村是联合开发的，投入大一点，影响也比较大。现在我们这里的古民居列入遗产保护，不能自由转让，但是可以租赁。具体的古民居的管理办法，县政府已经制定了专门的条例，并且是县人大批准的。"

"列入旅游地村庄的，是否允许农民建新房呢？"

"可以新建房，但在风格上要求与周围环境保持整体和谐。"

"游客可不可以住在老百姓家呢？"

"当然可以，不过不是所有的家都可以住人，只有经过批准的才可以住人，统一由旅游管委会负责批准。"

我们问道："开发旅游的收入怎么分配呢？"

金副局长回答："从每年的旅游收入里面提出，有两种分配方法，一种是按提供旅游的民居面积比例分配，一种是按当地人口来进行分配。"

我们又问道："耕田有没有出租的？"

金副局长接着回答："耕田一般没有出租的，搞了退耕还林以后，继续种田的农民已经少了许多。留在村中的，也有些人干起了旅游。"

西递村离县城 8 公里，村庄不大，东西不过 700 米，南北宽仅 300 米，居民三百余户，人口一千多。据史料记载，西递始祖为唐昭宗李晔之子，因遭变乱，逃匿民间，改为胡姓，繁衍生息，逐渐形成一处以胡姓宗族血缘关系为纽带，聚族而居的古村落。由于交通闭塞，历史上较少受到战乱的破坏，村落原始形态保存完好。保存下来明清古民居和祠堂建筑，已被列为安徽省重点文物保护单位，2000年又被联合国教科文组织列入世界文化遗产名录。在镇政府办公室里，我们见到了当地政法委的余书记，他恭恭敬敬地递上一张名片，只见上面端端正正地印着一行大字：中共黟县西递镇委员会政法委书记余瑞庆。

余书记向我们介绍了西递村开展旅游的情况，还特别谈到镇里搞了一个“十户联防”的管理办法，采用评比打分的方法，促进了村庄中的自我管理。

西递镇“十户联防”牵头人责任状

为深入开展农村“十户联防”活动，推进社会治安防控体系建设，按照“十户联防”牵头人地(的)职责任务，特签订本责任状：

一、负责组织协调本小组的治安防范工作，带领村民积极开展治安巡逻活动，做好防盗、防火、防破坏、防事故；

二、坚决反对封建迷信、邪教、非法宗教活动，及时制止群众聚众闹事和参与“黄、赌、毒”等违法活动；

三、经常宣传《婚姻法》、《森林法》、《土地管理法》、《人口与计划生育法》等与农村密切联系的法律、法规和政策；

四、积极排查和调处矛盾纠纷，防止纠纷积压、激化；及时搜集社情民意，上报治安信息；

五、认真做好本小组刑释解教人员和监外执行人员的帮教工作(每年每户上门做工作不少于2次)，防止重新犯罪；

六、带领联防户积极参与文明创建活动，保持环境整洁，及时制止乱搭乱建、乱堆乱放、乱扔垃圾等破坏环境的不文明行为；

七、积极宣传推广农业新技术、新品种，带领群众发展农业生产；主动关心、扶助孤寡老人和困难户生产、生活；

八、自觉接受村及上级综治组织的监督、检查、指导，主动配合相邻联防小组开展治安防范活动；

九、每季度组织各联防户开展一次活动，研究本联防小组的治安防范工作；

十、按时按质完成镇、村交办的各项任务。

本责任状的执行情况，由村综治委负责组织检查、考核。

“十户联防”牵头人：王□□

2004 年 7 月 1 日

余书记为了加深我们对“十户联防”的印象，还介绍说：“这个办法很灵验的，比如说有人举报某家污水垃圾随便乱倒，我做他的工作，做不通，怎么办，就扣他的钱，从旅游收入上扣掉一些，奖励补助给举报的人，奖罚分明。平时用打分的方法，一分扣十块钱，总计 100 分，每个村民都要打分……某某家某某号，门口倒垃圾屡教不改，扣你一分，第一次先教育你，第二次第三次……直到扣到他改正为止……”也许是旅游村庄，外面很嘈杂，政法委余书记后面又说了些什么，我们谁也没听清，只是怀着一个疑问，不知道有没有人去考察余书记，也不知道有没有人敢去扣余书记的分，这种“十户联防”的做法，似乎和这个被称作活文物的村庄一样，带有浓烈的历史气息，令人想起古代的保甲制度，当然时代不同，不能将保甲制度和余书记的“十户联防”相提并论。

美溪乡的风光已经不能用秀美来形容，只可惜我们此行在于调查当地的民事习惯和民间纠纷调处，并无心领略这绿水青山。于是径直前往乡政府，乡长方祖龙和乡司法所胡文东所长以及司法助理员柯芳红热情地接待了我们。想必是沿途神姿仙态般的田园风光赚去了我们不少时间，索性开门见山问了起来：“咱们这儿的民间纠纷主要是哪些方面？”

胡所长回答：“我们乡最主要的纠纷是赡养纠纷，山林方面由于目前条件限制，缺少明确的政策，有时难以解决，因此婚姻家庭类的纠纷显得比较突出。计划生育政策之前对生育不限制，大多数家庭兄弟比较多，长大后基本上要分家单过，赡养老人的纠纷就显现出来。”

“兄弟分家的时候有分书协议吗？”

“分家时倒是有分书协议，但是后来他们不按协议去办，不去赡养老人，互相推诿，发生纠纷。村、乡两级进行调解，他们表示按协议履行赡养义务，可第二天他又不执行。我们这儿有一个案子就是这样，拖了好多年，其中的一个兄弟认为分家时分得不公平，他就跑到法院打官司，法院经过一审二审判决，还是要求他们按当时分家协议办理，其实赡养纠纷判决并不难，案情也不复杂，我们尊重他们当时的分家契约。但是判决以后他还是不履行，你们说怎么办？法院也不能来这执行，也不能强迫把父母抬到其中一个兄弟家中吧。还有我们这女儿出嫁后不参与分家析产，但是按照法院的意思，不管女儿分不分财产，同样具有赡养的义务。那女儿家就说，我出嫁时没拿家里的任何东西，对吧？风俗习惯和法律有了冲突，这也是一个难题。”

我们问道：“咱们乡有没有这方面的民间救济呢？”

胡所长回答：“家境好一点的或者兄弟姐妹多的，政府不能提供救济，靠他们自己解决。政府的救济能力就那么多，只能对孤寡老人或者家庭确实困难的，有重大疾病的贫困户进行一些救济。”说到这里胡所长把话锋一转说道：“村、乡的民事调解主要还是靠感情约束，呵呵，有时乡理民情比法律的作用可能还要强一些。一般村中的调解员都是老年人，要么就是长辈，有的村中都是同姓同宗，你找一个年轻的文化水平高的，让他去干调解工作，老百姓可能不大相信他，再说他自己也不愿去干，现在年轻人都出去打工了，村调解员老龄化的现象一时难以改变。”

方乡长接过来说：“我们是最基层一级政权，有的事情确实不好办，有的话我乡长不能讲，村里的干部倒是可以讲，村里的干部调解力度要比我们大一点。农民要办个事，比如批个宅基地，建个房，村里要给他盖章批准的，因此在农民眼里村干部的话分量很重。有时村里的干部可以威胁他一下，事情就解决了。老百姓找我办事，乡政府这边我尽心尽力地给他办好，为老百姓服务是我们宗旨嘛，对不对？你就跟他讲道理呀，有的时候他就不讲理。所以有的村一级的干部，有的话他可以讲。而我们乡级的干部，包括我们这个当乡长的，有些话反倒不能讲。”

我们又问道：“那比如说，乡司法所这里作出了一个裁定，或者法院做出了一个判决，当事人不执行的情况之下，咱们能不能强制执行呢？”

胡所长说道：“山场林界的强制执行，很困难。申请强制执行的话，那法院最多给标志一个位置划分。法官不会去，法官也爬不了山。有时我们的裁定反倒好一点，我们可以跟他们一起上山当场划分。所以有时司法途径解决不了的，也出现个别人去上访的现象。”

我们接着问：“他去上访的话，会产生什么后果呢？”

方乡长马上抢着回答：“上访就是闹呗，到县里去上访还算不了什么，跑到市里、省上去上访那就影响大了。”

胡所长接着说:“有一次一个当事人到县政府去上访,县里告诉他不行,他又到黄山市去上访。市的一个法制办主任,跑下来调查,结果还是一样。现在纠纷裁定结果已经下来一年多了,他还在跑上访。搞调解工作的村干部都怕他,不敢跟他见面。虽然上面出了几个文件,强调人民调解工作的重要性,可我感觉这个人民调解工作实在不好做,当然文件是好的,确实执行起来有困难。因为我们没有约束力,有时调解半天,形成协议了,当事人感觉对他不利,拒绝签字,结果还是不成。”

说到此处,大家都笑了起来,似乎所有在场的人都感到在基层当个调解员,确实不是一件容易的事。胡所长做了一个尴尬的表情,接着对大家说道:“一般的小纠纷农民不敢去法院,因为他上了法院以后,诉讼费、律师费就要300多块钱,他就不愿意打这个官司了。不过有的时候争议的数额比较大,还是有人坚持要打官司,我记得有一个农民打一场官司花掉了几千块钱,他儿子劝他不要打,结果他却讲打官司也是一种收益,如果打回来了一年不是好几万嘛。”

方乡长接过来说道:“总结一点,现在的政策是好的,农村经济也有了很大发展,都讲30年不变、50年不变,大趋势当然是好的。但是具体操作中有很多不同情况,比如我家3个女儿已出嫁,当时山啊田啊都分了,结果嫁出去了,地又不能带走,不变就说不通。他家有3个儿子,娶了3个媳妇,就算一个媳妇一个小孩,也有九口人了,他就那么一点田,地不够了怎么办。这种情况你再调田就比较麻烦,需要经过2/3以上的村民同意,结果是很难通过。”

我们中有人问了一句:“以后把土地集中起来,集体搞生产是否可行,听说有的地方现在搞起新的农场制了。”

方乡长想了想回答道:“我们这里是山区,地都是一小块一小块的,不像那个平原地区,现在又划分成我家这么一块,他家那么一块,有的距离很远,集中起来搞困难很多。”不等我们发问方乡长又接着说了起来,好像他终于找到了可以听他倾诉心中烦闷的对象,“过去收农业税的时候,乡镇干部主要的精力都放在征收上,那时我们乡镇干部到农民那里去收税的时候,绝大多数农民认为这个是皇粮国税是应该要交的,但也有少数人拖着不交,也没有什么好办法。现在农业税全面取消,原来没有交农业税的人,反而讲你看我就没交,现在连欠的都不能再追究了。结果给基层工作带来了很大困难,以后不管你做什么事情,都有人给你拖着。人家老老实实交税的,感到很不服气,以后你再做其他工作,人家就不听你的了。又比如现在我们的计划生育工作,有《计划生育条例》、《计划生育法》等等,未婚的女青年,不能做那个孕检,但是往往我们计划生育搞不上去呢,就出现在这些未婚女青年身上。她年龄没有到,跟哪个小伙子谈恋爱了,我们知道她谈恋爱了,怀个小孩子,我们又不能给她做孕检,坚持做的话,她就得告我侵犯人权。等她七八个月肚子大起来的时候,出去躲个把月,小孩就生下来了。上面按政策考察,我们的合格率不就没有了吗?计划生育工作不达标,其他工作做得再好也没有用。去年我们乡就出现了两个计划外,男的在外面打工已经4年没有回家了,女的是云南贵州那边的,在外面搞在一起的,家里人对他毫无音信。后来两个人在外面租个房子生个小孩子就回家了,有了这个小孩就算我们计划没完成。全乡的计划生育干部一年都在辛辛苦苦宣传,就因为出现了这个计划外,一年辛苦都白干了。上面制定政策的人,计划生育条例,计划生育工作细则,考虑得是都很周到,要求达标率百分之百,这个当然也是对的。可是我辖区范围之内,人都出去五六年了,有的将近10来年了,在外面生个小孩子他们肯定要带回家,我来这里干了两三年,这些人连影我都没见到过,甚至连他自己的父母都不知道这个儿子跑到哪里去了,这个工作太难做了。”

有人插话说:“怎么算是你们计划外的?应该按户口出生地呀。”

方乡长说:“男的户口在我们这边,反正只要带着小孩子来了,就算我们没完成任务。你要不报的话,算你瞒报,罪加一等。”

徽州第二次调查

一、再访徽州

2006年4月1日调查组全体共13人从北京、天津和上海出发，分别前往安徽省黄山市进行第二次徽州调查。参加这次调查的同志包括：

田涛、王宏治、柏桦、程洁、王旭、唐红林、邓建鹏、牛涛、袁瑜琤、蔡玫、李祝环、刘志松、侯春杰等。[1]

调查分为三个小组，其中：

第一组　田涛　王旭　唐红林　邓建鹏　牛涛。

计划调查地点：安徽休宁　江西婺源。

第二组　王宏治　程洁　袁瑜琤　蔡玫。

计划调查地点：安徽绩溪、歙县。

第三组　柏桦　李祝环　刘志松　侯春杰。

计划调查地点：安徽祁门、黟县。

选择4月上旬的时间，主要目的是通过观察当地清明节时的祭祖上坟等风俗习惯，以便了解当地宗法社会的遗存。另外这一时间段为春耕时节，当地农民外出的现象较少，有助于对农村家庭的习惯进行细致的观察。同时重访第一次调查时的部分被调查人员，就赡养纠纷诉讼案件进行跟踪调查，由于第一次中第三组调查路线受到交通限制，因此第二次调查去往偏僻山区时，将第一组和第三组人员进行合并，以便增加调查的深度和广度。

---

〔1〕 田涛：上海政法学院教授；王宏治：中国政法大学教授；柏桦：博士，南开大学教授；程洁：博士，清华大学法学院教授；李祝环：中国政法大学副教授；邓建鹏：博士，中央民族大学副教授；王旭：北京大学博士研究生；唐红林：上海华东政法学院博士研究生；袁瑜琤：北京大学法学院博士研究生；蔡玫：中国政法大学硕士研究生；刘志松：南开大学法学院博士研究生；侯春杰：中国政法大学硕士研究生、北京大学出版社编辑；牛涛：随团摄影师。

二、休宁县——东临溪镇大阜村的追访

调查组从屯溪出发前往东临溪镇对第一次调查有关内容进行跟踪回访，回访对象是当地司法所工作人员张和平、汪雪剑两位同志，因张和平去璜源下村办公，只能对汪雪剑进行访谈。我们向他了解上次在东临溪镇大阜村汪荣进夫妇赡养纠纷引发的民事诉讼，最后是怎么判决的，是否已经得到顺利执行。[1]

汪雪剑介绍说："县法院已经判决了，但是执行起来有些困难。"他建议我们再去大阜村向当事人汪荣进了解一些具体情况。同时他还向我们介绍了另外一个关于口头土地交换的纠纷案件，也希望我们作一些深度调查。他提到在大阜曾经有这样一件案件，十几年前同村的人之间有一个口头换地协议，并且各自耕种和收获了很久，不想十几年后，双方对土地耕作权的归属发生了争议，但又没有书面证据，产生了纠纷。村里解决不了，就跑到乡里要求司法所介入了，因为缺少书面契约，我们也没有办法调查清楚，就对双方进行调解，将这块地作价，谁出钱地就归谁，钱归另一方所有。

我们问道："这样的做法有没有根据？土地评估由谁来进行？"

汪雪剑笑了笑没有直接回答，我们便接着问道："上次的调查时我们发现咱们这里在进行民事调解时很有特色，调解思路并不生硬地照搬法律，而是参照了一些本地的习惯，取得了不错的效果。"

---

〔1〕 大阜村汪荣进家庭纠纷案及其调解过程详见本书第一次徽州调查中东临溪镇大阜村的记载。

汪雪剑回答说:“有时光靠法律是行不通的,比如刚才说的土地交换纠纷,我们也无法解决,干脆使用经济手段,谁想要谁掏钱,把钱上交集体,结果他们都不说话了,各自回去继续种田,纠纷也平息了。”说到此处汪雪剑似乎来了精神,他接着说:“还有这样一件事情,有一家人在自己家的门前建了一个阳台,这个阳台建在了路上,影响了别人走路,我们要他把阳台两边的路铲平,也就是排除妨害,他不同意,我们也没办法。最后还是村里用经济手段解决了,方法就是你不修路,我们找人修,修完了以后你出钱,这个办法有一定作用,最后他自己动手把路修平了。村里的事情,有时需要结合当地的人情和习惯,大家把话说开,问题就能够得到解决,当然还是要以法律为后盾,排除妨害、相邻关系民法里都有,可是老百姓并不懂民法,在他们心里讲道理有时候比引用法律更有作用。”

我们心里感激这位最基层的乡村助理员,他学过法律,并且懂得如何适用法律,当需要组建基层法庭的时候,他们也有相应的裁量权,但是他们更了解他们所生活的环境,他们比任何一个法学家都了解他们所属的那个社会,他更加理解他的乡亲们,因此只有他们才能如此变通和有效地解决这些民间的纠纷。对于中国传统的司法审判,东方或者西方的法学家们,都曾经作出过各式各样的解释,但是如果他们有机会到徽州来,到东临溪来,虚心并且耐心地听一听这位中国最基层的司法助理员的讲话,他们一定会从内心深处,对以往那些所谓引经据典的研究产生根本的动摇。

田涛教授(右二)正在与汪雪剑交流

我们接着问道:“村里青年人都去城里打工了,留守的人是否产生了新的法律问题,比如说婚姻问题、性罪错问题等?”

汪雪剑回答说:“村里留下来的都是些老人和小孩,还没有发现这方面的问题。”

“留在家中的小孩子怎么管?”

“白天都在学校里,晚上基本上由爷爷、奶奶管。”

“有没有青少年犯罪问题发生?”

“没有,我们这里的学校管得很严。”

“咱们这儿清明节时有没有祭祀活动或者社火活动?”

“清明节时没有,祭祀都是自己家里人搞,我们这儿只有在过大年的时候有舞龙灯的。”

调查人员在东临溪镇司法所前合影

(右起:王旭、田涛、汪雪剑、邓建鹏、唐红林)

看看没有新的问题,汪雪剑便带领我们来到璜源下村的一个小村庄,村口有个小卖部,小卖部的老板是个中年妇女,她丈夫也出去了,平时店里的事务就由女主人负责。村庄中的小卖部规模都非常小,大多数只有两间房子,外间作营业使用,里间充作库房,主人有时也在其中起居。商品只有一些简单的日用品、价格低廉的烟酒和一些小型农具，等等。

我们向她打听，村民们来小卖部消费如何支付，她说有的给现金，有些就记账，农村人手中没有现钱，来买东西的也都是熟人，先记下来，等他家出外打工的人回来以后再给钱。我们问她到时候有没有不认账的？她几乎不假思索地说，都是熟人没有不认账的。我们还是不放心，又追问她，遇到不认账的怎么办？只见她笑了笑回答说："一般拿个小东西，他自己忘了，我们说有，他说没有，也没什么，以后他想起来了，还是会还的。"

我们又问她："如果欠账的人生病死了，那谁来还，是他孩子们还吗？"

她说："当然，他家会有人还的。"于是我们向她提出看一看她记账用的小本儿。她马上摘下挂在货架上的账本递给我们，账本不过就是一个小学生用的作业本，里面横七竖八地写着一些人名和数字，还有一些无法看懂的符号。看到我们疑惑的目光，小卖部的女主人有些不好意思地说："这些都是我记的，我们这儿的人也没什么文化，写得很乱。"

我们问她："这些账本中欠账的记录也是你自己记的吗？"

她回答说："都是我写的，如果他过年时没付账，我就转一年记，过后有钱再还。"

"有没有不还的？"

"有，但很少。"

"不还账的怎么办，会不会吵到村干部那里去？"

"不会。"她显得很自信，甚至对我们提的问题都有些不解，就好像我们问的问题，在她们这里根本就不曾存在过。这时在店里的一些喝茶、打扑克的人上下打量着我们，在这些人的眼中我们显得那么陌生，好像他们和我们就如同生活在两个不同世界里的人。

我们中的一个人又问了一句："欠的钱有利息吗？"小卖部里的人似乎听明白了我们的问话，有人轻轻地笑出声儿来，还有人主动替小卖部的女主人回答："没有利息，哪儿来的利息啊。"

中国农村有无数个这样的小卖部，除了提供简单的商品之外，这种小卖部还是农民聚集的中心，他们在这里体会群体的温暖，获取外界的信息，同时也在这里交流村庄中所有值得他们关注的消息。农村调查时，我们经常去造访这种小卖部，如果没有乡、村的干部在场，在这里还可以听到来自农村最真实的声音。这时有人提议去把巴老师喊来，并向我们介绍说巴老师是村中的能人，见过大世面，他知道我们想要知道的内容，找他问问不会错。于是有人跑出去喊巴老师来，这时小卖部的女主人对我们说，巴老师以前在村里当过小学教师，还去过县里，听说还到过省上，村里有什么事儿大家都去问一下巴老师，在村民的眼中巴老师是最有学问和最值得尊敬的人。村子很小，巴老师住得不远，很快一位长者模样的人就随着别人走进了小卖部，果然小卖部里所有的人都起身和他打招呼，眼睛里充满着崇敬和信任的目光。来人有六十岁上下，身材不高，面容消瘦，但透着几分精神，他好像已经知道了我们的来历，马上就自我介绍说："我姓巴，在村里当过教员，就叫我巴老师吧。"

或者因为我们中有不少也是当教师的，大家算是同行，便彼此少了些隔膜，稍微寒暄了几句，大家便把巴老师围在其中，一股脑儿地把所有关心的问题都问了出来。

"本村农民有合伙养牛的吗？"

果然巴老师不负众望，他对村里的情况实在是很熟悉，不假思索地回答说："以前有，分田到户时有，现在没有了。"

"现在还能找到当时合伙养牛的合同契约吗？"

"都是口头的，大家一说就成了，没有立下文字。"

于是又换了个话题问："这里寡妇改嫁时一般都怎么做呢？"

巴老师真是无所不知，他说："如果男的故世后，家里留有子女的，我们这儿有招个男人上门的习惯。"

"怎么称呼这个习惯呢？"

"就叫'招夫上门'。"

"那要不要写个婚书之类的？"

巴老师低头想了想，又抬起头来打量了周围的村民，然后支支吾吾地说："啊，就是到乡政府去登记……那样就受法律保护了。"

我们不知道为什么突然间他变得畏畏缩缩，还不断地抬起头来看看周围的人，事后才知道当时在场的人中，有一位就是不久前被招夫上门的，看来农村人的直爽，有时也要根据环境不同而打些折扣。

"除了称作'招夫上门'之外，还有没有别的称呼，比如'拉帮套'、'拖油瓶'什么的？"我国江南地区，对这一现象有一些俗称，在过去的农村习惯调查中就有这方面的记录。[1]

“也有叫‘招夫养子’。”

“请问巴老师，我们这儿孩子过继时要写些东西吗？”

“现在没有了，解放前有。”我们不知道他为什么不愿意直接回答我们，就我们所知事实上在徽州地区，招夫上门和子女过继，都要建立相应的文书契约，并且成为普遍的习惯。于是我们又换了个话题，希望能够从巴老师那里得到些更加准确的答案。

我们问道：“如果两夫妻一个小孩儿也没有生，那怎么办呢？”

巴老师回答说：“到外面去抱一个小孩。”

“是去外面抱一个来，还是在本家找一个？”

“都是从外面抱一个来。”

“到哪里去抱呀？”

巴老师又变得吞吞吐吐起来，慢悠悠地说：“这个嘛，我也说不清。”

“有没有花钱买孩子的和花钱买老婆的呢？”

说到这里巴老师又重新抬起头来，仔细地打量了我们一番，似乎他断定我们不是来解救被拐卖妇女和孩子的司法人员，但是这并没有消除他的顾虑，他说话开始更加小心了。巴老师没有回答关于买孩子的问题，只是说：“那买老婆的好像有的。”

我们赶紧问他：“都是从什么地方买来的？”

“好像是云南、贵州那边儿。”说到这里巴老师站了起来，似乎不打算再回答我们的问题了。中国的农村仍然充满了封闭的色彩，生活在那个环境的人们，必须按照那个环境的秩序生活，甚至必须按照那个环境的秩序进行思考，否则他们便不能在那个封闭的环境中顺利地生存。显然巴老师比我们更了解存在于他周围的一些秩序，而这些对我们而言，却显得那么陌生。

小卖部的女主人用剪刀灵巧地在白纸上剪来剪去，很快一张白纸便化作一串上坟用的“挂钱”，这是一种古老的祭祀方法，“挂钱”的形状仿照古代流通的外圆内方的铜币，一串一串互相联结，在祭祀时将其烧掉，火化成一片片黑色的纸灰，借以传达世人对祖先的纪念。烧纸的由来非常古老，有人

---

〔1〕 详见《民事习惯调查报告录》，前南京国民政府司法行政部（编），胡旭晟、夏新华、李交发（点校），中国政法大学出版社2000年版。

以为烧纸的烧字和“捎带”的捎字谐音，似乎在香烟缭绕之中，把这些阳世间活人的奉献，捎给了阴间的先人。我们问店里的人，这些挂钱卖吗？店里的人异口同声地说：“卖的。”

于是我们借题发挥问大家：“人死了以后，家中的遗产怎么解决？”

又是异口同声地回答：“传给儿子。”好像没有人对这个答案有任何异议。

我们又接着问：“要写下遗嘱吗？”

不知是谁小声回答了一句：“没有。”听起来好像很没有把握，语气中还带着犹豫。

我们又向巴老师问道：“你家还有原来的老契约和族谱吗？”

巴老师回答说：“没有了，‘文化大革命’时都烧了。”

“咱们这里姓巴的有多少人啊？”

“三百多人。”

“现在还有祠堂吗？”

“以前有，现在没有了。”

“巴姓都是本家吗？”

“是的，是一个巴字。”

“巴姓在本村住多少年？”

“说不清多少年了，好像很久很久了。”

“咱们村儿还有古代留下的石碑吗？”看来从巴老师那里是得不到更多的信息了，于是我们决定去村中寻找历史的遗迹。

巴老师站起来笑着对我们说：“好像有，你们找找看。”也许巴老师真的是见过世面的人，也许在见世面的过程中吃了不少亏，上了不少当，当然也就对世面上缺少了信任，但是我们仍然对这位曾经在村里教过书、育过人的同行由衷地有几分敬意。生活在乡村的人，和生活在城市里的人，有着被政治和历史以及文化划出的明显界线，令人感到这是一个二元的世界，彼此间有着天生的隔阂，彼此间缺少信任，无论以什么借口设法否定这个界线，都是徒劳的，只要你亲自在离开大城市一百公里以外的乡村，去住上一段时间，并且是用自己的眼睛去观察，用自己的脑子去思维，你一定会怀疑所有的抹杀甚至否定这个界线的一切妙论。

此时小卖部的门口已经聚集了不少人，显然在这个偏僻的山村里，我们这样一群明显和当地人不同的外来者，引起了他们的好奇和关注。不难发现这些围拢过来的人，大部分都是一些老人和妇女，我们又趁机向其中一位妇女打听："你家有地种吗？"她回答："地不多，也种得不好。"

"咱们村儿的年轻人呢？"

"都出去打工去了。"

"咱们村儿有多少人去打工啊？"

陪同我们前来的乡干部在旁边说到："这个村儿的不到 500 人。整个璜源大约有 2000 人出去打工。"

我们又问道："平均打工的收入有多少？"

"大概过年时每人带回来 2000 ~ 3000 元，这是他们的纯收入。"两三千元或许是大城市中一个普通人的月收入，但在这里却是他们一年的辛苦所得，而且只有在年终岁末之时，才能捎带回家。我们问道，如果外出打工的青年将来回家以后，会不会犁田种地呢？在场的乡民一致哄笑起来，大声地说着："犁田，他们做不成哦，种地，他们也做不成哦。"我们不知道再说什么好，假如有一天城市里不需要如此之多的农民工，当这些在城市中混得半熟的农民，不得不返回他们故乡的时候，他们将面临着新的困境。他们是城市中的工人吗？显然城市并没有从真正意义上接受过这些人，农民工一词，是他们身份的注解，但是他们却失去了大量的农业生产技能，二元社会制度已经决定了他们的命运。

在访谈的过程中，我们看见在小卖部门外的墙上，有一张刚刚贴上不久的通告。

通　　告

村民朋友们：

清明节将至，竹笋陆续出土，为发展毛竹，我三户决定，广松圩、东坪圩、台头从今日起禁止挖笋。往年都讲一根笋罚款多少元，也未见过哪个罚一元钱，今日不讲罚款。在日常生活中要做到一句话："叔伯母比奶头"你有我也有，而且比你多，这样的日子才会越过越美好；不做到我无使你更没，这样才会越来越沉，所以希望广大村民为我们发展养竹大力支持。

黄兴正　姚松寿　姚松桂

2006.4.3

通告上流露着一种无奈的情绪，似乎罚款并不能解决所有问题，于是乎公告主不得不回过头来强调感情的作用。我们向周围的人打听“叔伯母比奶头”的意思，一个身材不高、体型瘦小的汉子提高嗓门说：“这个好懂，就是你有奶吃，我也有奶吃，大家差不多嘛。”这个汉子引起了我们的注意，我们便和他攀谈了起来，他说他姓姚，是在村里做生意的。旁边的人又哄了起来，七嘴八舌地说：“什么生意呀！他是做杀猪生意的！杀猪佬！”小姚有些不好意思，却仍然执拗地说：“我也卖肉，卖猪下水呀。”这位姓姚的杀猪匠，自称三村五里哪里都熟，并且愿意做我们的向导，于是他便成了我们的向导，不但带领我们在休宁一带走村串户，而且成了我们的好朋友。

田涛教授(右一)与小姚及其母亲的合影

在小姚的带领下我们一行人出发前往浯田村，浯田村的程氏祠堂外面的墙上，镶嵌着两块石碑，分别为清乾隆和嘉庆年间所立，两块石碑的内容基本相似，均为县正堂关于禁止棚民滥行开采山林的告示，我们将乾隆朝石碑的文字抄录下来。

乾隆五十九年休宁县禁示棚民碑[1]

特授休宁县正堂加五级纪録七次记大功十二次郑，为显恩示禁宁民杜害事，据二十都五啚程华苍邦宁公执以周亭占永昌尔康□□程品等，以前事呈称：身族僻处廿都五啚，地连浙省，田少山多，贫民营生半籍畊种半籍樵采，安居乐业，共享升平。迩因异地棚民挖山垦种，地方无知，贪其小利，滥召妄租。不惟山遭残废，樵采无资，砂石下泻，田被涨荒，国课奚供？况深山大泽，异族盈千，哨聚成群，恐贻害匪浅薄□□新例禁森严□□宪示谆切。身等住居戎字壹千壹百八十三号起，至贰千九百壹号止，悉系高山长林，樵牧攸赖，若不叩恩示禁，诚恐不法匪棍贪利溢召，以致异民盘踞肆害，滋蔓难图。为此抄呈字号清单，公吁俯　　鉴下情，赏示严禁，勒石垂后。将见煌煌金谳，棚民自凛凛而潜踪；湛湛洪恩，群黎更翘瞻而颂德。宁民沛泽，杜患防微，顶禀等情到县。据此除批示外，合行示禁。为此示仰该处地邻山主及保甲人等知悉，嗣后各业主不得贪利将山召租棚民开种，棚民人等毋许垂涎勾贿串租。倘有抗违，许业主保甲楷名赴县陈禀，以凭拿究，决不姑宽。各宜凛遵毋违，湏至示者。

计　开　字　号　界　至

戎字一千一百八十三号玘至一千一百八十六号止

戎字一千三百一十六号玘至一千三百五十六号止

戎字一千四百七十六号玘至一千五百二十二号止

戎字一千七百三十八号玘至一千七百六十九号止

戎字二千五百七十四号玘至二千六百零九号止

戎字二千六百九十四号玘至二千七百八十六号止

戎字二千八百七十号玘至二千九百一十六号止

东至　外田□岑头　码凹头　陈尖杪头 白石尖头

西至　里外中溪源头　长□岑头　高鼻认

南至　观音尖头　大怢尖头　柴九湾大拦担

北至　清池汰　龙坑降头　大岑头

右　仰　知　悉

---

〔1〕 该碑嵌于浯田村中祠堂外墙壁上，保存基本良好，少数字迹漫漶，标题为编者所加。该碑为研究清代棚民问题的重要史料，已经引起历史学家的重视。

乾隆五十九年四月 日

叩

告示仰该保甲勒石通衢

明清两朝流民问题是历史上较为重要的事件，近年来历史学界开始关注这一课题。由于徽州地区与江西、浙江两省交界，历史上形成徽州以外的流民进入徽州地区借地谋生，这些外来人口绝大多数租用当地居民的土地山场，并搭建棚寮居住，史称“棚民”。由于棚民处于流动状态，地方行政管理困难，且与当地原住民时有纠纷，清乾隆以后多有禁止，但棚民并未彻底消失，直至清末民初，类似的现象依然存在。近年来对棚民问题的研究开始受到历史学界的重视，包括欧美等国的历史学家在内，曾有一些学者来到这个边远的小山村，抄录碑文。

三、桃林张氏宗族契约的发现与民间祠堂中的演出

浯田村的墙上张贴着“做戏告示”，小姚跟我们说，这是桃林村的人贴上的，这几天晚上桃林村请了外面的黄梅班子进村唱戏，欢迎浯田村的村民到桃林村去看戏。好在桃林村距浯田村不远，于是我们临时改变路线，决定到桃林村调查民间社戏，顺便了解一下那里的情况。

桃林村是休宁县最边缘的村庄，与浙江交界，和浯田村同属龙田乡管辖，地处偏僻，近年来正在修建连通安徽和浙江的高速公路，但目前依旧山道弯弯，交通不便。桃林村以张姓为主，村中清代建设的张氏祠堂虽历经战乱，但由于族人护持，不断修葺，至今尚存。小姚找来一个名叫张思春的村民，并对我们说有事可向张思春了解。张思春向我们介绍了张氏祠堂的来历，据他说是清初建设的，民国时期又重修，“文化大革命”中受到破坏，这几年张氏族人又纷纷出钱出力进行了维修，现在看到的便是这两年重修的情况。祠堂正堂塑有三尊塑像，也是这两年新塑的，原来的塑像毁于“文化大革命”。塑像三尺有余，制作粗糙，着彩艳丽，一望便知是出于当地俗手。中间的一尊为汉留侯张良，左边为汪公，右边为杨公。村中的张氏后人自认是汉代名臣张良的后代，但对于配祀的汪公和杨公却不知为何许人也。祠堂两侧摆放了许多木制的神主牌位，右边为女性神主，左边为男性神主。据张思春称乡俗以左为大，同时他还提到宗族中对于入祠祭祀的规定，凡是张氏后裔死后均可入祠，不是张氏后人，如招赘外姓人，若想死后入祠，可以通过摆一次酒，首先改姓更名，并且通过摆酒席的方式，得到张家族人认同方能获准入祠。目前张氏后人在农历逢初一、十五日在祠堂有祭祀活动，平时则此地为张氏族人公用场所，所以有时也兼作演戏的礼堂。果然我们看到祠

堂里，搭了一个临时的舞台，据说到晚上天黑时请来的戏班在此演戏。只见两块简易的幕布搭在用竹竿支撑的架子上，幕布上用红纸写着“今晚献演全本珍珠衫”。《珍珠衫》一剧源自于明代话本小说《三言二拍》中的短篇小说《蒋兴哥重会珍珠衫》，内容大体是蒋兴哥新婚后与妻子分别外出经商长年未归，妻子三巧儿经薛妈撮合与陈商勾搭成奸，后将兴哥所遗珍珠衫赠与陈商，此后陈商巧遇病中的蒋兴哥，并帮助照顾，使得兴哥痊愈，并见到了原属自己的珍珠衫，回到家中休了三巧儿。此故事与话本《金瓶梅》中潘金莲、西门庆的故事略有相同，明清以后不断为各种地方戏翻唱。传世中剧本分成“足本”和“洁本”两种，其中“足本”有些色情的描写。小姚对我们说，此时正值农忙，演戏要等到晚上才能开锣，并且还特意挤了挤眼睛说道，蛮好看的，晚上要不要看？于是大家会心一笑。只见祠堂外边用大红纸写了两张“做戏捐款”告示，其中一张上面写道：

做戏捐款（休宁 桃林）

建铎	500 元	坤仂[1]	20 元
灶松	50 元	思贵	10 元
家有（上）	20 元	付全	10 元
声友	50 元	声振（段里）	20 元
细时	50 元	林根（下）	10 元
香仂	50 元	进开	10 元
春仂	20 元	六艺	20 元
秀琴	40 元	兴发（庄）	20 元
佑杨	20 元	家卫	50 元
喜芳	30 元		
合计	1000 元		

2006.4.5

另一张没有注明日期，据说是4月6日之后贴上的，人名较前一张更多，但彼此之间有少量重复，如灶松第一次捐款50元，第二次捐款10元；声友第一次捐款50元，第二次捐款5元等，表明捐款的金额和数字没有固定的限制。

---

〔1〕 仂音 le，四声，当地方言，古字，意为多余或余数，徽州地区常用作人名，寓意富足充裕。

做戏捐款名单(休宁桃林):

做戏捐款名单 单位:元

雪华 40 仁杰 5 家贵 10 声振 10 声顺 10 友琴 500
忠山 20 的老 10 声竹 20 家顺 10 声权 5 秀琴 500
声开 50 思良 10 声礼 20 树高 10 思云 20 丽琴 500
秋花 20 思旺 20 社源 20 玉成 10 细仙 5 丽霞 500
平力 40 新九 10 亮亮 10 声贵 20 申根 10 爱女 200
新华 10 思利 20 跃进 5 黑幼 5 家梁 10 丽女 300
根和 10 能卫 10 明根 20 灶松 10 振杰 10
家远 10 声响 10 细学 10 水法 10 振顺 10
声树 30 锡昌 10 元力 5 声详 10 声军 10
长生 30 声旺 10 银丁 10 大根 10 声谷 5
声兆 30 福仙 5 声信 10 武红 10 家宝 10 建锋:免车费(三趟)
声高 10 桂平 20 春女 10 声法 10 思鑫 10 金生:承包柴火
春妹 20 秋仙 10 林发 10 云根 10 声高 5 家丰:承包用电
秋华 20 淑花 10 宗保 5 灶银 10 中兆 10 细根:包住宿
田杰 5 方宝 10 玉发 5 振学 10 金香 5
林升 5 思根 10 新良 10 家有 10 排泰 5
声美 5 思春 30 大九 10 声海 10 灶杰 20
永进 20 和力 10 细九 10 声大 10 瑞昌 5
的爱 10 灶树 10 海生 20 树元 5 松法 10
建锋 20 思贵 10 云根 10 起女 5 家顺 10
思振 10 松田 10 的力 10 有良 15 光跃 10
德民 20 爱民 5 林根 10 声深 5 声标 10
树根 20 松桂 10 善芳 20 思和 50 灯个 10
德成 10 家富 10 松根 20 家祥 20 家成 10
中树 5 礼杰 10 桂仙 10 罗付 10 中生 10
光明 10 的女 10 夏英 10 坤传 5
和松 20 声友 5 思元 20 文红 10
总计:4175

出钱的共有139人，总计出资4175元。此外还有建锋：免车费（三趟）、金生：承包柴火、家丰：承包用电、细根：包住宿。不难看出这一活动是在张姓族人中举行的，按照传统的群体聚合方式，“有钱出钱，有力出力”，最多的出资500元，最少的仅5元，相差100倍，除了家庭经济境况的原因之外，张思春还悄悄地对我们说：“出钱多的家，有的是今年要办事。”小姚又作了解释说道：“也就是他家有婚丧嫁娶，多出点钱聚个人气。”我们问张思春，有没有不出钱的？他说：“差不多都出了，只是出多出少罢了。”

布告中只注明捐款者的名字，且这些名字带有明显的辈分关系，如名单中有“家”字辈、“声”字辈、“灶”字辈、“和”字辈等，这是宗族中的世系关系。于是这两份捐款告示，向外界透露出一个重要的信息，种姓宗族之间仍然具有强烈的凝聚力，而且这两份名单还告诉我们整个张氏家族的基本情况。第二份名单不是按出资的比例排列的，而是似乎预先将名单逐一写好，再在名单的后面标明出资的数量，每一个人名代表一个家庭，尽管他们都姓张，甚至是一个祠堂、一个祖宗，但在经济上明显以家庭作为独立的单元，在宗族中表达着自己独立的意思。

趁着戏还没有开演，我们来到张思春的家，张家是一栋典型的徽派老宅子，石头砌成的门框上贴着一小块泥巴，泥巴上面还插着几炷没有燃尽的香头，张思春站在大门里等着我们，他说这是当地的一种风俗，在清明节和重阳节的时候各家各户都要烧香，接祖宗回家过节。泥巴是用来代替香炉的，以前都是在门口放个案子，在案子上放香炉，现在房子越建越多，走道都被占用了，案子和香炉没地方放了，有些人家连香炉也没有了，就在门框上贴上一团泥巴，插上几炷香，意思一下。一边说着，张思春把我们让进家里。徽派建筑不但外表看上去黛瓦白墙十分美观，里面也颇为讲究，一进院子首先看到的是“天井”，就像北方建筑中的院子一样，只是徽州民居墙壁一般都比较高，所以这种院子被形象地称作“天井”。很多徽派建筑的天井里都设有一个长方形的水池，当地人也称作井，水池周围围着一圈用石头砌成的井栏，当地人称作“井床”，所谓“床”最早大概就是井栏或者井的维护与支架的意思，这让我想起李白的诗句：“床前明月光，疑是地上霜；举头望明月，低头思故乡。”有的文本写作“窗前明月光”，显然是错误的，所谓“床前”是指诗人在井栏边上看见了水中的月亮，抬起头来又看见天上的月亮，不由得思念起家乡来，即所谓“天上有个月亮，水中有个月亮”，这种情景在房间里靠着窗户是无法实现的。在人们的情感世界里,“井”是家乡的象征,离开家乡远行的人们,虽然不知道前面是否真的会“面朝大海,春暖花开”,但他们的背后却是家乡的井渐行渐远,正是俗说的“离乡背井”。徽派建筑的正屋一般都坐北朝南,而且带有“厅堂”建筑的色彩,这和明清时期徽商出外经商,吸收了我国长江中下游地区甚至北方地区的建筑形式有关。张家的正屋悬挂着一个木制的匾牌,上书“祥林堂”三个大字,取意吉祥丰茂之意,两边是厢房,通常作为主人居住使用,正屋的后面设有木质的屏风,屏风的后面便是楼梯,沿梯而上可以登上二楼。二楼有时也作为卧室,但张家因为人口较少,二楼堆满了杂物,看上去像一个仓库。

张氏“祥林堂”在桃林村张氏宗族中的地位比较独特,过去曾经是宗族的族长,随着20世纪20年代以来土地所有制的改造,历经合作化运动、人民公社运动、四清运动,特别是“文化大革命”,农村宗族势力不断削弱,张氏宗族虽然保留了过去的祠堂,并且重新组织修葺了《张氏宗谱》,但宗族在农村中的地位已经大不如前,除了保留姓氏作用之外,由于宗族财产被分散到各个家庭中,族长和祠堂已经不能占有和支配宗族资产,使祠堂和宗族更多地保留下了外在的形式部分。但张思春显然在村中仍然具有一定影响,特别是在年龄较大的张氏家族成员中,这种影响有时继续发挥作用,但对于村中的青年人,尤其是外出务工的青年人而言,宗族和祠堂更多的可能是代表家族的历史或者故乡的陈迹。

在张思春的帮助下,我们在张氏“祥林堂”见到了三部不同时期的《张氏宗谱》[1]。

〔1〕 据乾隆《张氏族谱》序称:乾隆丁卯年五月,张氏世谱,开邑枧坞派会修,乾隆丁卯年(1747)张氏世谱。知乾隆丁卯为乾隆二十二年,即公元1747年。又据该书《张氏世谱序》序文载“予距开阳不二十里,姻亲密友素相往还,故其大家世族尝得而耳熟焉。枧川张氏故名宗也。姊丈我正先生雅兴予善,其子圣符昆季咸从予游,圣符需次家居圣占,以初冬赴官西粤,适其族谱告成,其族瓒先先生暨圣占辈诣予叙述以弁其端。”

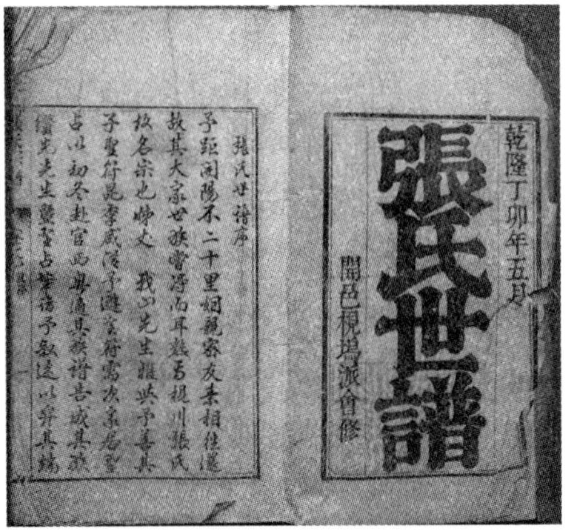

乾隆张氏族谱

第一部为乾隆22年刻本，按照《千字文》顺序编号，开化纸线装，印制精美，开本阔大。开化是浙江的一个县，邻近皖南，有着悠久的造纸历史，明代已有盛名。其纸白细柔韧，拉力很强，且不易变色，是古籍印刷的上乘材料，世人称为“开化纸”，乾隆时已很贵重，常被用于宫廷印刷殿版书籍，可见这部张氏族谱在当时投资不薄。据宗谱中称桃林张氏为西汉初留侯张良的后人，后迁徙至江苏，又自江苏进入婺州，即今浙江金华一带[1]，再经婺州迁至此地。据该谱称张氏还有一支定居徽州祁门、一支居河北宣化、一支迁居湖南。

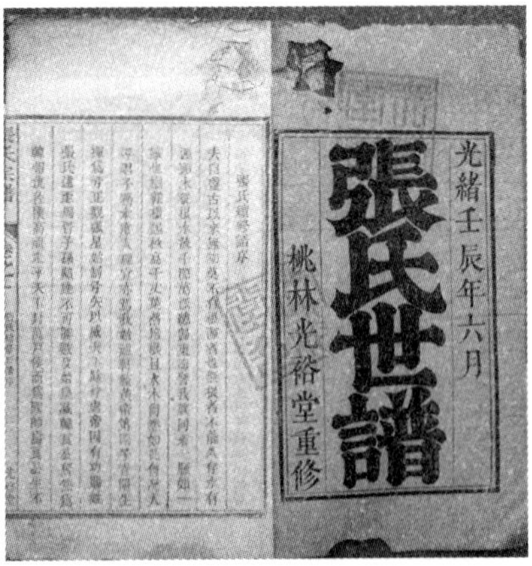

光绪张氏族谱

〔1〕 婺州，古地名，在今浙江省境内。隋时设婺州，治所在今浙江金华一带。

第二部是光绪十八年活字版印刷，为木活字线装，同为按《千字文》顺序编号。据该谱卷首称为桃林村光裕堂重修谱，这是用清代常见的匠谱活字印制而成，所谓匠谱活字是指几个印刷工匠，肩担印制族谱用的木活字和纸墨，走村串巷专为他人印制族谱。这种族谱印制水平稍差，成本较低，清末民国初期徽州一带多有采用。据光绪张氏族谱载：

“光绪壬辰年六月

张氏世谱

桃林光裕堂重修

光绪壬辰年（1892）张氏续修族谱序（休宁　桃林）

张氏续修谱序

夫自盘古以来，无物莫不有根源者也。无根者不能久存。水有源头木从根。水流千源，万派总归东海。譬我族同系一脉，如一家也。树从根起，梢高千丈，叶落培根，且水木尚然如此，何况人乎。君子务本，庶人理宜亦焉。我始祖轩辕黄帝第四子青阳生，挥为弓正观弧星，始制弓矢以威天下除悖虐。帝因有功，赐姓张氏。逮至周晋，子孙显达不可胜数。及始皇灭韩，良公奋然为韩报仇，佐汉高祖定平天下，封万户侯而为国师焉。”

类似依托古代先贤作为宗族肇始源流的现象，是我国宗族谱系中常见的认祖方式，明清以后所见民间族谱，大部分都以此种方式昭示宗族的祖望，以证明本宗系名人后裔。但是有些难以考证，只能聊备一说而已，张氏族谱当也属此种范畴。

第三部为民国时石印本，套红线装，较为残破，内有当地地图及张氏祖茔地图，系据光绪谱续修。张氏宗谱按世系排列，桃林村自民国后只有三房后裔，因此同属有服宗亲。

民国石印《张氏宗谱》中夹有数纸，其中有一件为张思春祖上张克邦的自书传记，墨色暗淡，又经多次折叠，显然是主人特意保藏的结果。该自传无标题，完成于民国三十八年（1949）正月，此时中国共产党已经在徽州地区组建了中共黟祁休县、祁休浮县、婺休县、歙太休县4个工作委员会。并由中共皖南地委发出“紧急动员一切力量，准备迎接大军渡江”的指示，当地国民党残余势力基本肃清，解放军即将进入这一地区，徽州地区全面解放已近在眉睫。

逊清光绪三十三年(1907),岁次丁未,余年念八,因余父年迈,兼以经商亏蚀,家务由余接理,讵料我村民众,因田产事件,与浯田岭发生械斗！民二(1913),岁次癸丑,余年三四,因本村祖房委托,经管祠事,讵遭浯田岭控为祸首,身羁囹圄,饱受铁窗风味！民五(1916),岁次丙辰,余年三七,省府宣告无罪,得以返家,深感地方武力有余,文化不足,矢志创办岭南小学,以开民智,而扫文盲,迄民二十三(1934),因方匪临境停顿;民六(1917),岁次丁巳,余年三八,是年新正,为长子家元结婚,莨月即举一雄,民十五(1926),岁次丙寅,余年四七,因父遗三益堂楼屋不敷居住,乃新建三省堂四合楼屋一幢,民廿二(1933),岁次癸酉,余年五四,又紧倚三省堂楼屋后,继建三层楼厨房屋一间,鸠工运料,煞费经营,民廿三(1934),岁次甲戌,余年双五,因当地方匪出没无常,防不胜防,不得已乃于腊月间,携眷避居屯溪,凡两阅寒暑,坐食山崩,债负如坵！民廿六(1937),岁次丁丑,余年五八,承乏本县双溪乡联保主任,石兼县长,派兵一分队,伴我返家,剿匪安民,匪氛甫定,讵又被邻村左桠民众,賨缘十六师刘连长指余通匪,将我押解豫鄂皖赣四省边区绥靖主任公署,嗣经本县各乡联保主任联名会呈,证明良善,请求保释,返家未几,双七单与,过单络绎,军运频繁！我村山瘦田少,年粮不足二月,不得已向三溪租大项源山场垦荒济饥,历时三载,仍属不敷,又继召长安坑垦植,并经县府备案,讵浯田岭觊觎未遂,恼羞成怒！将我村垦植之大项源山各户粮食牲畜动用器皿洗劫一空,损失不可数计,综上论列,系余生平经过史寔,双凡如驶！兹余年届古稀,精力日就衰颓,爰本树大枝分之意,将余父遗及手置之田房不动产,剖为二份,肥硗均搭,拈阄为定,央诸族房,交付元亨两房收执,自今阄定以后,各管各业,双方永远不得争执,毋忘先人创业之难,时存勤俭成家之念,愿各勉之,有厚望焉！是为序。

中华民国三十八年(1949)岁次己丑新正谷旦张克邦题并书(章)

根据自传中张克邦自称清光绪三十三年(1907)二十八岁,推算张克邦应生于光绪五年(1879),书写自传时为中华民国三十八年(1949),时年70岁。光绪三十三年张家因经商亏空,克邦开始接手经营。鸦片战争以后,西方近代经济和商业开始在中国登陆,先进的银行管理制度先后开始在广州、上海、天津等地出现。随着海洋贸易的发展,来自西方的海缘经济开始与以徽商和晋商为代表的陆缘经济发生了直接的碰撞,在碰撞的过程中,传统的以契约和信用为核心的陆缘经济，在先进的银行管理制度和近代法制建设下的海缘经济对抗过程中，短期内便使有着数百年辉煌历史的徽商和晋商走向灭亡。这不仅仅是张克邦一家的命运，而是以农业经济为主的封闭的中国社会，在走向近现代过程中必然要付出的代价。建立在传统诚信体系下的晋商钱庄，不可能对抗近代的银行制度化管理，以宗族势力为核心的徽商"信票"，也同样不可能对抗近代银行的信贷手段，短短几年之内，无论徽商和晋商采用何种形式的自救措施，最终均不能改变其历史终结的必然过程。清光绪末年，外国银行开始陆续主宰了中国金融经济，中国各地自办银行也日渐兴起，光绪三十一年（1905）清政府的中央银行"户部银行"成立，至光绪三十四年（1908）将"户部银行"改组为"大清银行"，这一时期中国官办银行开始确立，徽商和晋商的经营正式退出历史舞台。因此张克邦在这一时期退出在外商业经营，回家主持家务，符合当时的历史环境。

克邦回到桃林村之后，民国二年（1913），克邦开始经管张氏祠堂，成为当地地主的代表人物。此时桃林村与涪田岭发生争田械斗，张克邦列为罪魁祸首，被关押入狱，至民国五年（1916）经省政府审理后，得以无罪释放。关于桃林村与涪田岭之间争田械斗的情况，在调查中我们没有找到相关资料，但在徽州地区发现的其他材料中，类似这种民间因争田产水利发生的纠纷屡有发生。[1] 此后克邦感到徽州民间"武力有余，文化不足"，决心创办岭南小学，开展教育，直至民国二十三年（1934），因方志敏领导的中国工农红军在皖南建立革命根据地，桃林周围地区引发农民运动，岭南小学停办。

方志敏，1899 年 8 月出生，江西省弋阳县人，著名的革命家。据历史记载，大革命失败后，方志敏于 1927 年 8 月下旬，化装成贫苦农民从吉安步行回到弋阳，任弋阳、横峰等五县工作委员会书记兼武装起义总指挥，准备组织农民武装进行武装暴动。1928 年 1 月，他与邵式平、黄道等领导赣东北弋阳、横峰地区农民起义，创建了赣东北革命根据地，组建了中国工农红军第 10 军。1930 年起，先后任赣东北省、闽浙赣省苏维埃政府主席，红 10 军政治委员，中华苏维埃共和国中央执行委员，中共闽浙赣省委书记。1934 年 11 月初，以红七军团组成的北上抗日先遣队到达闽浙皖赣边区，与红 10 军组成

---

〔1〕 在徽州调查过程中，曾经在婺源县清华镇采集到道光十八年（1838）《吕姓存仁堂立争产盟约合同》，记录了吕姓与江姓之间争产械斗前的有关情况。详见《徽州民间私约研究》其他契约类。

红 10 军团,方志敏任红 10 军团军政委员会主席,奉命率红 10 军团北上抗日,不幸在皖南地区遭到国民党军重兵围追堵截,艰苦转战两月余,终因寡不敌众,于 1935 年 1 月 29 日被俘,后于 1935 年 8 月 6 日惨遭杀害,时年 36 岁。在张克邦的自传中,称方志敏为“方匪”,虽然明确地显示出了张克邦的政治立场,但仍给我们研究这一时期当地农村社会变化留下了重要的参考资料。

此后,张克邦的命运更加坎坷,民国二十六年(1937),张克邦被国民党某师的连长以“通匪”为由逮捕关押,或者实为敲诈,幸得当地各乡联保主任证明清白,释放还家。不久又因桃林村与浯田岭的争产纠纷导致家产被洗劫一空,损失巨大。70 岁时,张克邦觉得自己年老,精力已经衰退,因此决定将家产均分为两份,分给两个儿子。张克邦的命运是近代农村地主命运的真实写照,据张氏族人介绍,徽州地区解放后,张克邦划为恶霸地主被人民政府镇压。张克邦的自传在解放以后历经运动,得以保存至今,实在是一件意外,大部分此类资料被当作变天账被付之一炬,不知什么原因,张氏子孙竟将自传保留了下来,抛开政治上的不同见解,客观地认识和评价张克邦的自传,是当代学者应当具有的科学态度。

除了张克邦自传外,另一部《张氏宗谱》中还夹藏了四份契约,这四份契约起自 1955 年,最晚为 1997 年,是最近 50 年中张家保存的房地产买卖类的契约。虽然这些契约年代较为晚近,但同出一个家庭,具有明显的代表性,因此显得更有意义。

1955 年张秋荣卖屋契(休宁　桃林)

立卖楼屋契人张秋荣,今有屋一处,坐落土名桃林村。今有四至:上至青天,下至地骨,里至簷沟,外至菜园塝,左至本身菜园地,右至汪金才屋,四至分明,楼屋半堂内出卖一角。今因缺用,自愿央中将楼屋一角出卖与本村张进喜名下为业。当日双方言定时值卖价人民币 89 元整,其币当日一并收足,楼上角板归如买人修理好。倘有来历不明,尽是卖主承当,不管受业人之事。两无易言,恐口无凭,立此卖契为据。

再批:加堂字一个(章)

公元一九五五年二月日立出卖人张秋荣(章)

证明合业人汪金才(章)

依口代笔人张连和(章)

1969 年张秋荣卖房屋契(休宁　桃林)

立卖房屋契人张秋荣,今有房屋一处,坐落土名桃林村后边。六至分明,上至青天,下至地骨,右至汪金才半当房屋,左至基地形水坑,里至簷沟,外至菜园塝为界,六至分明。52 年以前房屋后福墙倒了,还有楼上房间各桥也没有装修,当是归如张进喜泥墙装修好,将房屋卖与一角张进喜名下为业,一角房屋除装修以外,仍找现金 89 元。张秋荣年老不能生产,要吃要用,与进喜两下说过同意□油柴米由张进喜负责,秋荣年老死亡之日归山,也是由进喜棺木葬果(椁)。两下双方同意,将房屋连基地半当一并在内,归如张进喜名下管业为主。倘有来历不明,尽是卖人承当,不管后业之事。两无易言,恐口无凭。立此卖契为据。

公元一九六九年三月日立出卖契为据人张秋荣(章)

证明人堂弟　张秋和(章)

堂侄　张炳进(章)

证明人大队　汪金财(章)

干部　张穴田(章)

张寿山(章)

代笔人张连和(章)

上述两份契约具有关联性,一为 1955 年所立,另一为 1969 年建立,其间相隔 14 年,但除交易双方当事人相同外,标的物为同一栋房屋。第一次张秋荣仅卖了半栋房屋给张进喜,即房屋一角,成交价系 89 元整。房屋的另一角仍由张秋荣居住。14 年以后张秋荣年事已高,不能够继续从事劳动,因此将房屋的另外一半卖给张进喜,但对价是买受方张进喜需要赡养张秋荣,并且在张秋荣去世后,承担棺椁和茔葬费用。这种买卖行为是亲族内的特殊交易现象,显然当事人之间具有亲属关系。在徽州地区这种交易仍然被称作买卖行为,只是买受方不是支付现金,而是以承担养老送终的义务作为对价的支付手段,这样不但保障了孤寡老人老有所养,同时买受人在担负应尽义务后,可以保障买受的标的物所有权不受到侵害。

1995 年张林松出卖猪栏屋契(休宁　桃林)

立杜出卖猪栏人张林松,因事急用钱,故愿将自建的一堂猪栏连地骨出字立契卖给本族本村张思春名下,当日三面言定,时值人民币三千二百六十元整。此款当日一并收足,该猪栏连地骨自立契日起效,日后任凭受业人执契受业取用,双方永无反悔,特立此契存照。此猪栏坐落于村后山下村,东至张发权地,南至张和松地,西至大路,北至张松桂、张思春两家屋出入路,该猪栏四至分明。此屋未卖之先并无文墨与外,日后如有本家亲朋等人起不良干涉,尽是卖人之事,与受业人分毫无干。恐口言无信,特立此契仅一张给受业人作永远为凭存照。

出卖人:张林松(指纹)

受业人:张思春

中证人:张声美(指纹)

代书人:张桂生字(指纹)

公元一九九五年四月十四日立

1997年张发权自留地转让书(休宁　桃林)

今有自留地一块,坐落在本村民张思春住屋前,总面积约三十平方米左右。东至张玉成自留地,南至张思春猪栏,西至张思春张松桂同用出入路,北至张思春屋沿,四至分明。为方便取用,现愿转让给本村民张思春户日后自由取用。现经双方议定:所属一切地骨青苗一并在内,作价人民币二千六百元整,当场一次性兑清。特立此据为凭,日后如有他人干涉,于受业人无干。

转让人:张发权(押、签)

中证人:张桂生(签)

代书人:张家富

公元一九九七年二月十六日立

“断骨契”又称“绝卖契”。由于土地改革之前,农村土地为私有制,因此在我国长江中下游地区形成地皮权和地骨权两种地权形态,地骨权是土地的所有权形式,地皮权则为土地的耕作权形式,后者又被称作“佃权”。两种权利形态可以分别处分,因此在徽州地区出现了土地的“大卖”和“小卖”的区别。断骨卖和绝卖指财产或者财产权利的彻底卖出,不再回赎和追找,即永久性的卖断。新中国成立之后,土地所有权制度发生了很大变化,农村土地改变为集体所有制,土地的买卖包括耕作权的买卖逐渐停止,使土地流转趋于停顿,因此在农村中土地买卖的契约也相应不再建立。但农村房屋或者宅基地等少量的交易行为依然存在,由于这种买卖同样受到限制,因此部分交易转为口头交易,此类交易的文本契约也十分少见。20 世纪 80 年代以后,农村推广土地承包制,小范围的土地流转或者宅基地的买卖开始松动,因此这类契约逐渐重新出现。值得注意的是,虽然交易的标的物受到限制,并且这种交易的合法性并不明确,但这类交易的契约却仍然体现了传统契约的所有基本特征,甚至还出现了类似"地骨"之类的词汇,令人感到在相对封闭的农业社会中,虽然经过一系列的"运动"和"改造",传统和习惯却仍然具有顽强的生命力。

在张思春家发现的四份契约,是最近半个世纪以来所订立的,分别为 1955 年、1969 年、1995 年和 1997 年。这些契约的写作格式上所具有的内在联系性十分清楚,如果将契约的日期遮盖起来,或者重新以打印的方式表现,那么这些契约在书写格式体例方面,不但基本相同,甚至与我们在徽州地区采集到的明、清两代的民间契约几乎也没有显著区别。尤其是 1969 年张秋荣卖房屋契,这份契约是在"文化大革命"期间所定,由于"文化大革命"的影响,私有财产已经受到极大的冲击,但是这里却依然有少量的民事买卖行为。从格式上看,这里没有"最高指示"之类的东西,却仍然保留了几千年传下来的契约书写格式。

我们问张思春,你们都是同姓人家,也要建立这种书面的契约吗?

张思春回答说:"还是写个东西好一点,恐怕后代人争来争去不好意思,写个东西以后也好有个凭据。"

我们又问:"你们的契约没经过县、乡政府的核准,能够生效吗?"

张思春说道:"生效的,我们农村都是这样的。"

我们接着问:"这些契约中有你和你父辈分别订立的契约,上面都有中人、凭证人、书写人、代书人等,请问这些都是些什么人?"

张思春接着回答道:"都是自己一家人,信得过的人。如果有人要将地卖给我,要写个地契,找个公证人,就是找个双方都同意的人来帮助写的。"

"请他们来有什么表示吗? 这些人来帮忙,要给点经济报酬吗?"

"没有,也就是吃个饭,喝点酒。"

"万一有了麻烦,找中人能认吗。"

"可以来起个见证作用,但不能担保。"

这时旁边另一个叫作张灶松的村民插话说："这些都是老祖宗传下来的，有了这个东西谁都赖不了的。我们现在还这么办，将来流传去也是都起作用的。"

说到这里时，外面传来了锣鼓和胡琴的声音，看来"珍珠衫"就要开戏了。于是一行人等离开张思春家，前往张氏祠堂准备看戏。因为到得晚，祠堂里已经站满了人，大部分都是老人和妇女，有几个小孩在人群中跑来跑去地嬉戏，看来这种民间娱乐的机会并不多，因此锣鼓一响便招来了很多人。

黄梅戏，发源于湖北黄梅，与鄂东和赣东北的采茶戏同出一源，最初形式是湖北黄梅一带的采茶歌。由于黄梅戏是用安庆方言念唱，尽管台上的风流男女卖足了精神用功地唱，我们依然是一句没有听懂。悄悄地打量周围的村民，好像也未必完全听懂一样，不少人更热衷在台下彼此聊天，交流他们的所有信息，或者这种演戏原本就带有社交的成分在内。一则因为听不懂，二来因为跑了一天大家都很疲倦，看了一半便决定回到驻地去休息。因此这出戏到底是"足本"还是"洁本"，到底台上的男女是否"作奸犯科"，就不得而知了。

四、入赘前男方家的四十二桌酒席（辞儿席）

我们住的客店是桃林村村头路边专门为过往长途运输的司机们准备的"车马大店"，店门口上高高地挂着"停车 吃饭 住宿 加水"，让人一望便知其功能所在。店面不大，只有两层，楼上是主人一家，楼下兼作客房和餐厅。我们到达时刚巧没有其他住客，但终因客店太小，我们一行5人加上司机向导，7个人只得不分男女挤进两间窄小的客房，和衣而卧。小旅店的后面靠近一条不知名的小溪，因为前两天一直下雨，溪水涨了起来。皖南山区的夜晚是那么宁静，令人感到一种肃穆和神圣，月光下远处的群山如同伏在那里的神兽，一动不动，只听到溪水在哗哗地响，仿佛淘洗了我们从城市里带来的所有喧嚣和污垢。

第二天清晨一大早，店主人便为我们准备了早餐，不过是稀饭、馒头、咸菜和咸鸭蛋而已，吃起来却是那么有滋有味，那种清新至今令人回味。店主人也姓张，女儿叫张淑华，女婿叫作张思利。我们好奇地问怎么都姓张，张思利略带腼腆地跟我们说，他是入赘的上门女婿，当地俗称叫作"招夫养亲"。他的话音一落地，我们立刻兴奋起来，一群人马上围住他问长问短，甚至讨要他们的入赘婚书，一时间弄得张思利几乎有些招架不住。还是张淑华过来将话题接了过去，看来张家的女儿更像是一家之主。

张淑华笑着对我们说："我妈生了两个女儿，一个嫁出去了，一个招夫在家，我留在家里当儿子了。"看上去张淑华也就二十三四岁的样子，是个性格开朗爽快的农村姑娘。

我们问道:“咱们这招夫结婚时也要有媒人吗?”

“要。”张淑华爽快地说。

“媒人是村干部吗?”

“也不一定,只要信得过的就行。”

“一般当媒人的,是男的还是女的?”

“都有。”

“要摆酒席吗?”

“摆,两家都摆。”

“以谁家为主呢?”

“当然以我家为主啦。”显然张淑华为此感到很是满足。

我们又问:“是你去把他接过来吗?”

张淑华笑着说:“是我去接他的,就跟娶媳妇一样。”

“后来你们生了几个小孩?”

张淑华仍旧是略带满足地说:“生了一个男孩。”

这时张淑华的母亲在旁边插话说:“就生了一个,生多了养不起,本来可以生两个的。”

我们趁机把话题展开,“这里出去打工的村民,一般都在什么时候回来?”

“过年时回来。”

“有没有因为男人出去打工,造成离婚的?”

“没有。”张淑华的母亲很肯定地说。

“那有没有一方去打工,另一方后来变心的?”

“那倒有,但是不多。”

“如果有,怎么办?”

“一般经过说合,最后也就合好了。”

说到这里,我们又把话题转了回来,接续问道:“这里在结婚之前要先订婚吗,也要送彩礼吗?”

张淑华说:“有的。”

“订婚后要是反悔了怎么办?”

“还给他就是了。”张淑华依然是那么痛快地回答。

“当初你们两个定亲时,也要送彩礼吗?”

张淑华马上回答说道："要的。"

"像你们这样的由哪一方送彩礼呢？"

张淑华不假思索地说："当然是我家给他家送的。"

"如果他们家不同意了，反悔了，怎么办？"

站在旁边一直没有多说话的张思利这时才插话说："退货呗。"

哈哈，大家都笑了起来。我们接着问："全部都要返还吗？"

张思利说道："是的。"

"如果是招亲这边的女方反悔了，怎么办？"

张淑华回答道："那聘礼就不要了。"

"你们家下多大聘礼？"

张家的人彼此看了看，又会心地笑了笑，谁也没有回答。

我们只好接着问张思利："你们家也要摆酒席吗？"

张思利回答说："也要摆，一共摆四天，共计42桌。"42桌，一定隐含着特殊的寓意，中国人喜欢通过数字的谐音表达一定的感情意思，"42"在当地的发音和"辞儿"近似，应该也是一种谐音表达方式。看着我们一时沉默，张思利接着说："客人都是有名单的，一般10个人一桌，每桌100多元。我们这里需要摆四天酒席，第一天是自己家人，第二天是客人，第三天是正席，第四天是还人家借来的碗和用具的答谢席。"为什么要摆四天，我们一直没有搞清楚，也不便问。于是话题一转又问道："参加婚礼的客人有没有送礼的？"

"有随礼的。"

"一般一个人多少钱？"

"低的二三十元，多的二三百元，根据经济情况和亲戚远近而定。"

"婚礼下来，你们的支出与收入是赚了，还是平了、赔了？"

"一般都是平的。"

我们问张淑华："思利家摆席，你们也要随礼吗？"

"是的，我们家给了有四千多元，主要用于酒席的准备。"张淑华回答说。

"送给思利家的钱，摆过酒席以后，还要还给你家吗？"

张淑华说："按我们这的规矩，留给他家了。"

我们接着问："收礼钱时要记名单吗？"

"都要记得，留个底，以后人家办事还要还礼呢，因此要有个数。"

"将来回礼的时候要再加一点吗？"

“一般都会再加一点。”

“能不能跟我们说说会加多少？”

“20 到 80 元，不一定的。”

“好像都是双数。”

“是的，几乎是双数，零头也是带 6 或者带 8 的。”

我们问张思利：“看来你们家好像是岳母说了算。”

张思利回答说：“是的。结婚时女方送的钱，我那边还要办些嫁妆。”

“啊，看来你当时就像出嫁一样。”张思利腼腆地笑了起来，这个徽州汉子显然对他这场婚姻和婚后的情况很是满意，脸上的笑容也透露着幸福和喜悦。

我们接着问他：“你们生的小孩儿对双方老人的称呼上，有一些变化吗？”

张思利仍然是笑着回答：“管外公外婆叫爷爷奶奶，而管我那边的父母，叫外公外婆。”

“除了你们家之外，其他上门女婿的也都是这样吗？”

张思利回答说：“这是我们这里的习俗，这么叫让人心里感到踏实。我们这儿‘倒插门’的女婿如果发生反悔，是很丢人的事。让人家看不起。”

这时张淑华的母亲在旁边插话说：“现在是新社会了，儿子姓谁的姓都一样，反正我们都姓张。”

听到这里，我们赶紧问道：“你们俩是一个张姓吗？”因为在农村有些虽然同姓，但并不是一家人，比如徽州地区姓胡的很多，但有时他们之间既不同祖也不同宗。

张思利解释说：“我们俩都姓张，而且连辈分也都一样的。”

不知是谁在旁边说了一句：“哦，没乱伦”，接着大家哄笑起来。

“结婚时你们要去祠堂吗？”

“没有。人死了以后才送祠堂里去。”

“所有的人都能送到祠堂里去吗？”

“不是，只有姓张的同宗才能送去。”

“有没有谁是专门管理祠堂？”

张淑华的母亲说：“没有人专门管，有事大家一起操办。”

“你们村都是一个张姓吗？”

“是。”

我们接着又问：“你们小两口出了五服没有？”

“早就出了，虽然都姓张，应该也有十代了。”看起来当地对同姓为婚的辈分和服制有着严格的要求，并且成为了固定的习惯，一般没有出五服是不能通婚的。

“你们怎么知道你们的辈分一样？”

“到我们这一辈还是很认真的，有时中间这个字排行有些讲究，不过现在叫什么的都有了，也许以后喜欢叫什么就叫什么了。一般提亲时老人会知道我们的辈分，其实年轻人也不一定都知道。”张思利回答。

“村中还有没有别人家有‘招夫养子’的现象？我们不是说你们这样的上门女婿，而是指已婚的妇女，男人没了，能不能再招一个男人帮助养家。”

张淑华和张思利互相看了看他们的母亲，显然希望老人代为回答，张淑华的母亲想了想说道：“也有，前几年有过一个这样的事情，有个女人带着孩子招了一个40多岁的男人，一起共同生活，但是没办手续。后来女的被车撞死了，那个钱就也没有赔给后来招的这个男人，结果他只好又回原来老家了。按我们这里的规矩，没有办手续是不行的。”在我们不断地追问下张淑华的母亲也没有说需要办什么手续，到底是应当去登记、领取结婚证，还是请媒人摆酒席，上祠堂认祖归宗，我们不知道张淑华的母亲所说的办手续究竟为何，也许在当地人的眼中，更加看重的是他们的习惯，他们在现实生活中总结的所有经验，以及根据这些经验形成的所谓规矩。

五、占卜中的现实——当今徽州地区民间迷信与禁忌

我们再次提出想看看张淑华和张思利结婚的婚书，他们用当地方言交流了一下，我们无法听懂，只得问旁边的向导小姚，小姚悄悄地对我们说，他们做不了主，准备去找父亲商量之后才能决定。果然张淑华趁我们不留意，去找她的父亲了。又过了一会儿，张淑华的父亲来了，一个身材不高、结结实实的徽州汉子，看上去50岁上下，年富力壮。显然他已经知道了我们的来意，一面忙着跟我们打招呼一面解释说，当年的婚书不知道收在哪里了，一下子找不到。我们知道这不过是推托之词，他们不知道我们的来意，甚至根据他们的经验判断不出来我们到底是些什么人，经验告诉他们要小心，身处小小山村的乡民们，必须顾及他们接触的所有外人，压在他们身上的包袱太多，因此他们不敢多说，甚至不敢多想，生怕想多了或者说多了会招来麻烦甚至灾祸。

张淑华的父亲手里拿着两张纸，一面满脸堆笑，一面递给我们看。这是两份由当地风水先生写的“选择吉时吉地书”，一份是“婚姻择期书”，包括草稿和正本两张：

百年好合

坤造男生于乙卯年水,女生于戊年火命,夫妇五行有冲克,天干地支比和平之姻缘。

婚姻佳期:

择于本年农历八月初八日早上八时入门,夫妇举行婚姻礼典,新人成为百年之好。此日是天德合,月德合,青龙黄道天福天瑞星合照。时上有金柜黄道,福德,月仙,右弼,国印,木星光归时位,大凡人间嫁娶喜事用之大吉大利。

择于本年农历八月初七日下午二时定被安床、子孙满堂。

庚寅日午庚辰时,于新人比和,相生,周堂吉利。

礼　合家幸福

　　万事如意

辛巳年桂月

《婚姻择期书正本》

百年好合

坤造男生于乙卯年水令,女生于戊午年火令,夫妻五行冲克,令官比和平:婚姻

婚姻佳期

亲翁:令郎入赘,双方协定,选择于本年农历八月初八日早上八时入门,夫妻举行婚姻礼典,新人成为百年之好。此日有天月德合,天福、天瑞、青龙黄道位矛。时上有金柜星,福德星光临时位,大凡人间婚姻喜事合生令用之大吉大利。

庚寅日午,庚辰时于新人相生相和,阖堂吉利。

礼　新婚幸福　万事如意

辛巳年桂月

另一份是“动土平基择时”和“竖造良辰吉日择时”,都是用紫颜色的纸写成的,内容包括开工动土时辰的选择和立柱上梁时辰的选择与禁忌。

动土平基

择于乙丑年甲申戊子日乙卯时,合青龙、黄道、天德,合福出、三合,时合玉堂、黄道、少微、天开、太阳星临照。

择于本年七月初二日上午六点半钟开工动土

竖造良辰吉日，其宅今年欠利

宅至丁酉火，戊午火，庚申木。

戊辰年，欠利寄梁大吉；

癸亥月，平月德星值月；

辛未日，黄道紫微星、月财星、天喜星、天医星、福生星、三合星；

癸巳时，玉堂黄道少微星、天开星、天官贵人、福星贵人、国印星。

择于本年农历九月十二日上午九点半钟正柱开墨，

合天帝值日，贵人明辅星值时。

择于本年十月初四日上午七点半钟竖柱定磉，

十点钟上正梁。

冲忌　竖柱定磉：乙丑4岁、癸丑16岁、丙戌43岁、戊戌31岁。

上正梁：乙丑4岁、癸丑16岁、丁亥42岁、已亥30岁。

余岁不忌。

按照这个占卜择期的结果，上梁的时候属牛的、属狗的、属猪的不能到场，否则不吉利。这种风俗属于传统术数学说中的“阳宅之术”，所谓“阳宅之术”，是为活人盖房时选择风水使用的一种占卜，带有浓厚的迷信色彩。与之对应的则为“阴宅之术”，又称“积沙潜龙”之说，是为死人埋葬时选择坟墓时使用的一种占卜之术。20世纪50年代以后，这些现象已经基本消亡，近年来又开始死灰复燃，这和当地经济发展与文化发展明显失衡有关。张家女儿结婚吉时的选择，包括根据男女生辰推算出来的上轿时辰，宴席时辰和入洞房的时辰，等等。很显然，是当地普遍流行的迷信行为，并且成为一种习俗。在我们看来，上轿的时辰可能和距离的远近有关，宴席的时辰无论如何当在正午，拖到下午恐怕把客人都给饿跑了，贺礼也就收不上来了。至于入洞房的时间则一定会在晚上，没有上午十点半入洞房的道理，即便是新娘新郎再着急，也要坚持到“月上柳梢头，人约黄昏后”。因此所谓风水先生的选择，其实也是与当地的生活习惯和日常起居并行无二的。

我们问张淑华的父亲当初孩子们结婚时是到哪里找风水地理先生。张老汉回答说是在陈村，距桃林村只有五里多路。

我们又问只是父亲一个人去的吗，回答说是的。

我们接着问一共花了多少钱。

张老汉回答："用了一条香烟大概 30 元，还包了一个红包，里面放了 60 元。"

"地理先生有多大年纪？"

"50 多岁。"

"咱们村里结婚的都要去找他算算吗？"

"都去。"

"这一带有几个风水地理先生？"

"桃林村本来也有一个，可惜前几年过河时被水冲走了。"看来风水先生没有算出哪天河里发水，当然也没有算出他哪天不宜出行，哪天不宜涉水，于是他的失算令他直接被河水冲上了不归之路。

我们又接着问："咱们村盖房和造阴宅时也要去找人算一算吗？"

张老汉回答："要找的，造坟的人家，还要把阴宅书符挂在竹竿上烧掉。"

我们赶紧接着问："这里建阴宅时会不会也要写一个给死人的契约文书？"

"要写，主要是写那个穴占地的来源，但下葬时都烧了。"

张老汉所说的这种给死人的契约文书，学术界称作"买地券"，也称"冥券"。其制作材料有铅版、玉版、石版、纸质等多种，内容均为记录茔葬时墓室的位置及其他属于道教迷信色彩的"厌胜"术语。此类"买地券"在一定程度上可以视为当时社会生活中真正契约的折射，而作为研究当时生活习俗与随葬文物，甚至于宗教文化，当然也有价值，但作为法学研究，则材料过于间接，尤其不可以直接视为民事契约。[1]

我们始终没有能够见到张淑华夫妻结婚的婚书，心里感到很不满足，临离开小旅店的时候，我们中有人又问了张淑华一句："你觉得结婚证重要招夫书重要，还是这个风水先生选择的吉期书重要？"

张淑华想了想，一面和我们挥手告别，一面微笑，但始终没有回答我们哪个更重要。

---

〔1〕 关于买地券的研究详见田涛：《第二法门》"法律文献辨伪四题"，法律出版社 2004 年版，第 129 页。

六、桃林村张氏宗族契约的再发现

离开张家的小店，我们再次走进桃林村，按照昨天的约定，去访问张顺和和他的叔叔张声扬，昨晚在祠堂看戏的时候，小姚替我们做了很多工作，大家约好第二天早晨一起去张顺和家，据说他家保存着几件契约和分书。

离开张家以后，张顺和带着我们在村中走了一圈，果然给我们带来了巨大的收获，在桃林村我们陆续见到了张氏家族其他房族保存的大量契约文书，并且成为本次徽州调查的重要发现。由于村民仅同意我们对这些契约文书进行拍照，不同意我们将这些文书作为标本带走，因此在经过拍照后，我们根据这批契约文书的年代顺序进行了整理。这批契约共计 38 件，从清嘉庆二十一年(1816)起，经民国时期直至 2006 年止，内容包括买卖契约、典当(抵押)契约、转让契约、租赁契约、析产契约、婚姻继承契约、交换赠与契约和其他八个类别：

嘉庆二十一年(1816)汪阿程杜卖田契(休宁　桃林)

立杜卖契人开邑九都西坑源汪阿程，今承　翁手阄分得有田一处，坐落土名上枧坑口戎字，其字号税色照鱼鳞册不及开述。今因急用，自愿央中将田出卖与　亲边桃林张大教名下为业。当日三面言定，时值价银九七色纹银二十四两整。其银当日一并收足，其田听凭管业，其税即行起推过户，毋得异说。未卖之先，并无文墨交加以及来历不明等情，尽是卖人承值，不涉买人之事。恐口无凭，立此杜卖契，永远存照。

契内加土名黄沙坵再批（押）

嘉庆二十一年六月　日立杜卖契人汪阿程（押）

凭中　叔　汪志仓（押）

张文顺（押）

代书　张德远（押）

再批

前项契内价银当日一并收足　再批　领（押）

清道光十二年（1832）张德宝当地契（休宁　桃林）

立当契人张德宝，今因新置得有地一块，坐落土名墓地，首字三百七十二号，计地税二分五厘三毫八丝整。今因缺用，自愿央中将地立契出当与房侄高福名下为业。当日当出大钱三千文整，其利每年二分五厘行息，其本钱约至来年冬季本利一并送还，不得欠少，如要短少，听凭管业，不得难（拦）阻，恐口无凭，立此当契存照。

道光十二年十二月　日立当契人　张德宝（押）

中见人　张善如

代书人　张有春（押）

再批（押）

前项当价钱当日一并收足　　领

道光十三年（1833）张大杍出佃田与房兄张沅芳契（休宁　桃林）

立佃批人张大杍，今自种得有田一坵，坐落土名三节坵墙围里。今因乏食，自愿凭中将田佃与房兄　沅芳名下。三面言定，时作佃钱四千文。其钱当即收足，其田听凭耕种。倘有外人言说，是身承值，不干佃种人之事。恐口无信，立此佃批为据。

佃批内加种、人二字，又改佃一介。再批（押）

道光十三年十一月　日立佃批人张大杍（押）

凭中堂弟张大森（押）

代书　张维风（押）

道光二十六年(1846)张庆余出卖田地与亲弟张竞礼契(休宁　桃林)

立卖契人张庆余,今有父手遗下有田一块,坐落土名乌石堨,系首字一百八十一号,计田税七分三厘八毫七丝三忽。今因正用,自愿央中将田出卖与亲弟张竞礼名下为业。三面言定,时值计价洋十六元正。其洋当日一并(收)足,其田听凭收税管业。未卖之先,并无文墨交加与内外人言以及重复等情。如有此情,尽是卖人承值,不涉受业人之事。其税在本户扒税完纳。两无异说。恐口无凭,立此卖契为据。

道光二十六年五月　日立卖契人张庆余(押)

中见人张咸熙(押)

亲笔(押)

再批(押)

前项契内价银当日一并收足。　领

清同治九年(1870)张阿汪赠予淀塘基据契(休宁　桃林)

立赠淀塘基据人张阿汪,承夫遗下有淀塘基一处,坐落土名上水碓下首塘基一只,上与喜全淀塘毗连,下至小坑里亦至坑外,与我淀塘连接,并小溪下首淀围半只,任凭广源侄造塘浸淀无异。倘有内外人言,尽是出赠人承当,不涉受赠人之事。恐口无凭,立此赠据永远存照。

(加批):据内加喜全二字面批(押)

同治九年岁在庚午又十月　日立付赠据人　张阿汪(押)

凭中人　张翰文(押)

代书人　张仁光(押)

光绪十年(1884)张克绪杜卖田与胞兄张克绎契(休宁　桃林)

立杜卖田契人张克绪,今承父手遗下阄分得有田一处,坐落土名下坞口,系首字四百九十号,计田税三分二厘六毫整。今因紧用,自愿凭中立契,出卖与胞兄张克绎名下为业。当日三面言定,时值价洋银五元整。其洋当即收足,其田听凭买人执契管业收租,无得异说。所有税粮现在本身户内。听凭即行扒入过户为课完纳,不得拦阻。其田未卖之先,并无文墨交加,以及来历不明重复等，尽是卖人承当，不涉买人之事。恐口无凭，立此杜卖契，永远存照。

光绪十年腊月日立杜卖田契人张克绪(押)

凭中房弟张克谟(押)

依书人张裕圣(押)

再批(押)

前项契内价洋银一并收足 领

中华民国五年(1916)买业收税票(休宁 桃林)

附 则

一、此票每亩收缴公费银元二角八分，附收临时重修峡溪硚捐银元一角，此外不准加取分文。违准指名禀候，依法惩治。

一、奇零数一厘至五分，以半亩算；五分一至一亩，以一亩算。票尾不得粘单。田地、山塘一律。

一、经办册员应于本票内署名盖章，担负完全责任。

买业收税票

休宁县行政公署为发给收税票事，今据 都 啚 地方 持契推税票赴册收税过户，除查核字号土名税则相符，准入征册外，合行发给收税票为据。

计二十都一啚八甲张佑户户丁光裕堂名下

(加盖:休宁县印)

首字 □□廿九号，土名油麻坞，计则田税七分七厘六毫六丝七忽；

卅号，土名油麻坞，计则田税三分七厘六毫七忽；

卅一号，土名油麻坞，计则田税四厘三毫三忽；

卅二号，土名油麻坞，计则田税二分六厘。

(加盖:休宁县推收所税册图记)

受税人 本都本啚本甲张佑户户丁克济名下现丁

民国五年七月 日给 推收所税册员(加盖:张延祥印)

中华民国癸亥年(1923)张寿春兄弟分家阄书

寿春阄分得开列
吉树坵田半亩
下枧坑阴边田一亩
下净碣茶业一片
麻榨坦茶业一片
下枧坑堆茶业一片
天子坟岭脚茶业一片
后山阳边竹园上半片
右边楼底房一眼
左边天井承厨房
抽屉桌一张、扁桶一只、衣箱一只

灶风阄分得开列
田坳坑坞垅里田半亩
又教山纳田半亩
坑口田一坵
梨木下田干脚田乙坵
后山茶业见半
塘山岭路底茶业一片
后山阳边下半片竹园
长孙塘山岭田塝底杉木茶业一片
右边灯字里边厨房

吉春阄分得开列
田坷坑堆上田半亩
下枧坑阴边田下坵
田爬底田一坵
上蓬后底茶业一片
塘山岭路上茶业一片
大水坑茶业一片

塘山岭钜地茶业两小吉
黄坭堆岭茶业一片
后山阴边上半片竹园
右边楼上房里眼
左边灯字里厨房
长孙大圣会一股

锦春阄分得开列
上蓬住后田一坵
下枧坑上下岭脚田一亩
后山茶业半片
塘山岭路底长吉茶业
后山阴边竹园下半片
右边楼上前房一眼
右边灯字天井承厨房

母亲口食
每年灶风、吉春、锦春、寿春各人交租谷二担,每年交在晒干谷百五十

下净碣食田半亩存祀
上蓬后底茶业一片
麻榨坦茶业一片
塘山岭路底茶业一片
塘山岭路上杉木
吉尖杉树一片存祀
水竹源杉树在拼之日抽洋十元

民国癸亥二月分阄单　　立

张灶风(押)
张吉春(押)
张锦春(押)

张寿春(押)
中人　张品暄(押)
张又兴(押)
张新海(押)
张德培(押)
张焰林(押)
依书人　张新廷(押)

中华民国十四年(1925)张吉春卖茶业地契(休宁　桃林)

卖茶业地人张吉春今有茶业地一处,坐落土名塘山岭大路上茶业地一片,上至石壁,下至水坑,左至金盘茶业,右至石壁为界,四至分明。今因缺用,自愿央中立批将茶业地卖与胞兄张再风名下为业。当日三面言定,时值卖价英洋五元正,其洋当日一并收足,其茶业地听凭执批管业长养,摘茶种地,本身不得拦阻。未卖之先并无文墨交家,以卖之后不得重复,倘有内外人言等情,尽是卖人承当,不管受业人之事。两无异言,恐口无信,立此卖茶业地契永远存照为据。

(加批):契内加石批字二介

民国十四年腊月　日立卖茶业地人张吉春(押)
中人胞弟　张锦春(押)
张金得(押)
代书人　张裕锦(押)

中华民国十五年(1926)张再发抵押茶丛地契(休宁　桃林)

立押茶业地人张再发,今有茶业地一处,坐落土名下□茶业地一片,上至青林,下至成春茶业地,左至坞,右至又记茶业地为界,四至分明。今因紧用自愿央中立批将茶叶地押与张又具、张再风名下,当日三面言定,时值押价大洋三十元正。其洋当日一并收足,其利每年二分,行息不得短少,倘要欠少利息,听凭执批管业长养摘茶种地,本身不得拦阻。未押知先并无文墨交家,已押之后不得重复,倘有内外人言等情,尽由押人承当,不管受业之事,日后本利到日听凭取回,两无异言。恐口无信,立此押茶业批为据。

(加批):批内加欠少字两介(押)

民国十五年八月十五日押茶业地人 张再发(押)
见中人 张东海(押)
代书人 张裕锦(押)

中华民国丁卯年(1927)张吉春卖屋茶业地契(休宁 桃林)

立卖楼屋人张吉春,今有楼屋一所,坐落土名桃林住,前四至鳞册不得开列,上至青天,下至地骨,四面砖墙的水,所有四至之内砖木石一并在内,四股见一卖与胞兄张再风名下为业,又取土名塘山岭路上茶业地,又顶上茶业地共两片,又路底茶业地两绞地内杉树一根一并在内为业。当日三面言定,时值卖价大洋屋上八元整,茶业地洋六元,共计洋十四元整。其洋当日一并收足,其屋、茶业地听凭执契管业长养摘茶种地,其屋听凭住居。其茶业地内杉树一并在内作洋五角未卖,之先并无文墨交家,已卖之后不得重复,倘有内外人言等情,尽是卖人承当,不管受业人之事。两无异言,恐口无信,立此卖屋契为据。

(加批):契内加执文卖字共三介

民国丁卯年二月 日立卖屋茶业地契人 张吉春(押)
见中胞弟 张锦春
代书人 张裕锦(押)

中华民国十九年(1930)张吉春卖竹园山地契(休宁 桃林)

立杜卖竹园山人张吉春,今有竹园一处,坐落土名后底山,又取四至,上至本身茶业,下至以青茶业,左至养山,右至本身竹园为界,四至分明。今因急用,自愿托中将竹园山立契出卖与胞兄张灶风名下为业。当日三面议定,时值卖价大洋九元整,其洋当即亲手收足,其竹园听凭执契管业、长养、砍伐、取用,本家不得拦阻,倘要来历不明,尽是卖人承当,不涉受业之事。两无异说,恐口无信,立此卖竹园山存照为据。

民国十九年二月 日立卖竹园山契人 张吉春(押)
见中人胞弟 张寿春(押)
依书人 张克勤(押)

中华民国十九年(1930)桃林村张克忍卖屋契(休宁　桃林)

立杜卖屋契人张克忍,今有合业祥瑞堂楼屋一堂,阄分得有楼上右边丁字房家一眼,楼底丁字正半左边外眼,四股正一,自(字)号不消开述,照依鳞册。今因急用,自愿托中立契出卖与胞兄张再风名下为业。当日三面言定,时卖价大洋二十一元正,其洋自手收足,其屋听凭管业居住取用,不得拦阻。来历不明尽是出卖人承当,不管受业人之事,恐口无凭,立此卖屋契永远存据。

中华民国十九年三月　日立卖屋契 张克忍(押)

中人胞兄　张吉春(押)

胞弟　张寿春(押)

堂兄　张云龙

依书人　张有义(押)

中华民国十九年(1930)张士富佃断浮田地契(休宁　桃林)

立佃断浮田人张士富,今有浮田一处,坐落土名庄上栏山浮田一坵,里至春富茶业,外至银有田,左至春富茶业,右至善林茶业为界,四至分明。今因缺用,自愿将浮田佃断与张再风名下,当日三面议定,时值佃价大洋十元正,其洋当日一并收足,其浮田听凭执批管业耕种,每年秋收交上租谷一百十斤足,不得短少清混。未佃之先并无文墨交家,以佃之后不得重复,倘有内外人言等情,尽是佃人承当,不管受业人知事。两无异言,恐口无信,立此佃断浮田批永远存照为据。

(加批):批内加茶浮佃字共三介(押)

民国十九年六月十三　日立佃断浮田人　张士富(押)

见中人亲儿　张德荣(押)

代书人　张裕锦(押)

中华民国十九年(1930)张丁酉出佃断田契(休宁　桃林)

立佃断田人张丁酉,今有浮田一处,坐落土名麻棺坵,计田一坵。上至祥辉,下至助善,里至路,外至大路,四至分明。今因应用,自愿将田出佃断与张少廷名下为业,耕种取用。当日三面言定,时值佃断价洋二十四元整。其洋即时亲手收足,其田按年交孝承祀祖谷八十五斤,不得欠少。未佃之先,并无点墨出外,其佃之后,听凭执契管业,永远耕种取用。倘有来历不明重复等情以及内外人言,尽是出佃人承当,不管受佃人之事。恐口无信,立此佃断田契,永远存照为据。

民国十九年十二月　日立出佃断契人张丁酉(押)

正中人　亲笔(押)

中华民国二十一年(1932)张少廷卖田契(休宁　桃林)

立允字人桃林张少廷,今买有溪栏杆田一处,坐落土名溪栏杆台上荒田一坵,又下边山脚好田两坵,共三坵,计租谷二百觔。又下边外河滩沿荒地一片,随溪沿到脚竹园未计,因田水涨荒滩,蒙田坳本家开垦栽茶。今允田坳人张裕海、张裕川、张裕良三位名下,永远耕种。又茶现已成林,三面照拼租谷八十斤,三共按年秋收交上门,租谷二百八十斤,不得欠少清湿,如要清湿欠少,听凭业主管业,耕种摘茶,不得异言。恐口无凭,立此允票为据。

民国二十一年三月　日立允字人　张少廷(押)

见中人族叔公　张择善(押)

依书人　张存锋(押)

中华民国三十年(1941)张寿春兄弟分杉树字据(休宁　桃林)

立议分杉树字据人张再风、吉春、锦春、寿春,缘因承父遗下杉树一片,弟兄四人见业坐落土名水竹源。当日凭公理论三房之树归樟锡管业,四房之树售出二房吉春管业,当日凭公临山勘过,随大石壁当坞为界,里边并阴培大小杉树,分与长房再风管业。悬崖外边并标树湾岭又并脚田边大小杉树分与二房吉春为业,长养自分,以后不得另生枝节,各受各业。恐口无凭,立此分杉树字,两纸各执一张,永远存照为据。

民国三十年农历元月下旬　日　立议分树木字据人　张再风(押)

张吉春(押)

见中人房叔　张佑兴(押)

又中族侄□　张寿田(押)

代笔人　张曾峰(押)

(半书:立议分杉树字据合墨同样各执一张)

中华民国三十一年(1942)程连起出佃浮田契(休宁　桃林)

立佃浮田契人程连起,今有浮田一处,坐落土名塘山岭。其田四至上至本林茶园,下至洪良茶园,左至本身茶园,右至有得田,四至分明。今因缺用,自愿将田立契出佃与桃林张再风名下耕种。当日三面言定,时佃大洋四十元整,其洋即时亲手一并收足,其田听凭耕种三十年,已满听凭取回。本身不种不得另佃他人。每年秋收交上租谷一百八十斤足,愿价到日听凭取回,两无异言,恐口无信,立佃浮田契存照为据。

民国三十一年二月　立出佃田契人　程连起(押)

中人　程洪味(押)

代书　张积玉(押)

中华民国三十七年(1948)张凡法抵押山地契(休宁　桃林)

立押山契人张凡法,今有荒山一片,土名水竹源,阴阳合并一并在内。今有急用,自愿立契出押与张再风名下,当日三面言定,时押苞芦一百觔足,每年交利息五十觔足,不得欠少。如要欠缺,听凭执契管业。原价到日听凭取回,五年本利不到听凭执契管业。两无异言,立字为据。

民国三十七年立押山契人　张凡法(押)

中人　张英法(押)

代书　张积玉(押)

中华民国三十七年(1948)张裕红出租山地契(休宁　桃林)

立出租山批人张裕红,今有山一处,坐落土名下砚坑水竹源隆边。四至外至锋余,里至再风,上至降,下至坑,四五分明。今因要用,自愿将山出租尽本村张再风开种十年,时值租价法币一百万元正,其洋当即亲手一并收足,其山由种山人扦树,其树长大三七分成,种主三成,租主七成,以后杉树出研,此山由出租人回收。异口无信,立租山批存照为据。

中华民国三十七年三月　日立出租山契人　张裕红(押)

中见人　张观法(押)

代书人　张志政(押)

中华民国三十七年(1948)桃林村张家成田产断卖契(休宁　桃林)

立卖断溪田契人张家成,今承祖父遗下阄得之业田一处,坐落土名塘山南培路底,计田大小两坵。今因要急用,自愿出单卖到张最风名下为业,当日三面言定时值价洋八十万元正,计洋当即一并收楚,此田每年秋收计粗谷交上二十斤足,不得缺少。之田听凭永远耕种,不得重复等情,要有重复情,尽是出佃人承当,不涉受业之事。恐口无言,立此佃契为据永远存照。

(加批):(契内加字三个)(押)

中华民国三十七年立佃断溪田契人张家成(押)

亲笔无中

中华民国三十八年(1949)张樟囡、张樟仔、张樟锡、张振球等阄书(休宁　桃林)

张樟囡阄分得开列

上蓬住后田三砠

上蓬后底茶业一片

下枧坑上下令脚田四砠

长子后山茶业一片

有加竹园阴阳一起

右边楼上前房一眼

右边厨房一角

张樟仔阄分得开列

庄上南山田三砠

庄上南山茶业一片

西坑口南山田五砠

西坑口南山茶业一片

左边楼上房里眼

右边厨房一处

右边厨房楼上一角

张樟锡阄分得开列

坑口田二砠
林树下脚田一砠
下枧坑上下岭脚田下三砠
下枧坑茶业一片
塘山岭路上茶业，上至岭，下至路，又山左至郎石坞，右至岭极上

张振球阄分得开列
西坑口古木树底田七砠
塘山岭路底田一砠
塘山岭路底茶业一并出内都是
右边楼底房一眼
左边厨房一角
父、母亲口食
每年张樟因、张樟仔各人交苞芦三百斤
每年张樟锡、张振球油每人五斤
中华民国三十八年　　立

父、母亲用的东西
大由柜一面
米桶一只
便桶一只
鸡扫一只
圆、长瓶两只
火钳一把
铜盆一面
脚盆一只
火叉一把
大小箩两只
又　等小箩一只
父、母亲过背用的东西
就是张振球的

中华民国三十八年　立日
张樟因(押)
张樟仔(押)
张樟锡(押)
张振球(押)

1954年张吉春卖菜地、茶地、杉木地、竹园山地契(休宁　桃林)

立杜卖断菜地、茶地、杉木山、竹园山人张吉春,今因正用,自愿卖与胞兄张再风名下为业。又取土名下小溪旱地,计税一厘九毛,又取土名上水碓旱地一厘九毛,又取土名下枧坑阳边连下枧坑口茶地,计税三厘八毛,又取土名下枧坑天子坟岭脚荒山一片,计税三毛,又取土名水竹源杉木山一片,计税三厘五毛,又取土名后底山竹山连茶业一片,计税三毛,四至照依土改证行事不必开述。当日双方言定,时值卖价人民币八十万元整。成契之日,亲手一并收讫。出卖之后不得重复,所有来历不明尽是出卖人承当,不管受业人之事,听凭买人种地摘茶取用。两无异言,恐口无凭,立此卖断契为据存照。

公元一九五四年三月　日立卖断契人张吉春(押)
证明人　张凡得(印)
代书人　张寿山(印)

1954年桃林村张兆权卖菜园地契(休宁　桃林)

立出卖菜园地契人张兆权,今父遗下阄分得有菜地一片,坐落土名屋下边新路形。其四至东至张丁酉地,西至张荣权地,南至新路,北至张寿权地为界,四至分明。其税照依土改证市亩计税六厘三毛整。今因缺用自愿出卖与本村张再风名下永远管业耕种,其卖价当日双方言定人民币二十四万元整。[1] 其人民币在成契之日一并收足,在未卖之先并无文墨在外,此卖之后不得重复等情,倘有内外人言尽是出卖承当,不管受业人之事,恐口无信,立此为据永远存照。

---

〔1〕 按:此处对价二十四万元当为20世纪50年代初期人民币的币值,折合现行币值为人民币二十四元整。

再批门口同行出入。(张声明印)

立出卖菜园地契人　张兆权(押)

中见人胞兄　张寿权(押)

代书人　张声明(印)

公元一九五四年十一月十九日立

1970年桃林村张振坤招婚入赘协议书[1](休宁　桃林)

立协议书

甲方　龙田公社桃林大队园凤生产队社员张振坤

乙方　余家公社木爪大队第四生产队社员汪金寿

(1)甲方年龄四十有加,已有亲生一女,通过双方协商,乙方自愿到甲方来安居乐业,到女方年龄已对,双方同意结婚;

(2)甲方如果年老不能劳动生活由乙方负责;

(3)甲方所有家庭产业永远归于乙方保管和取用,其他亲人不得干涉;

(4)乙方汪金寿原有家庭产业、父母生活负责于汪金寿并无干涉;

(5)双方通过协议以后如果发现矛盾,各方负责按上述执行,双方不得反悔。

此据

立协议队　甲方　张振坤(印)

乙方　汪金寿　代(汪右德印)

证明人　张樟囡　代(张灶风印)

汪右德(印)

张樟仔(张樟子印)

张老根(印)

张樟锡(印)

张寿山(印)

1970.2.22

---

〔1〕 原件一页,白色稿纸天头印有毛主席语录:“领导我们事业的核心力量是中国共产党。指导我们思想的理论基础是马克思列宁主义。——中华人民共和国第一届全国人民代表大会第一次会议开幕词”,标题为编者所加。

1981年桃林村张樟囡兄弟四人分家协议书[1](休宁 桃林)

协议分家书

1981年10月27日

关于弟兄四人协议分家,弟兄四家建设新屋一层,坐落土名马路边,坐西照(朝)东,楼底左边大门形房间补贴右边里瓦房二十元整,右边大门形房间补贴右边里瓦房五十元整,楼梯底归右边里瓦所有,堂前正堂摆桌由左右两瓦摆,外边左右各边归各边摆桌,正屋各角对顶,楼上前右楼梁桁各边归各边装谷仓,左边楼梯顶归左边装谷仓,楼上月台照形归右边里瓦摆谷仓。

厨房两对半分,由正屋右边两家分厨房,右边、左边两家分厨房,左边各边由四家私分,厨房上半港里进厨房,这条路由四家通走,不得封路。

老屋以前父亲手分过,现在弟兄四人协议调整原有各角归各家不动,就是调整楼底丁字右边一眼,丁字归张振坤户所有,左边丁字扣除一条路到厨房不准封,其如多由张樟囡、樟仔、樟锡三户所有,楼梯底归张樟仔所有,四人当面一言为定,今后不得反悔。

以上言定,由字为待。

四人协定分家人

(加批:一连四张)

张樟囡　左里角(印)

张樟锡　右外角(印)

张樟仔　左外角(印)

张振坤　右里角(印)

一九八一年　农历十月二十七日立

1984年张沙河招婿遗产字据[2](休宁 桃林)

自古道,生男女为了防老,积粮食预备饥荒,移花接木,今昔明训。

立出字据人张沙河,兹因我夫妇年迈苍苍,身体衰弱,难以自力更生,膝下无男,仅生二女。兹蒙本家亲房协商,同意我长女留在家中招亲,并得我长女同意,自愿招本村程长松之子程洪传入门为子婿,得愿夫唱妇随,百年

〔1〕 原件一页,白色红格稿纸,原标题即为"协议分家书",现标题为编者所加。

〔2〕 原件一页,红纸墨书,无标题,现标题为编者所加。

好合，白发偕老，侍奉我俩老逝世。但是我家中尚有义子张家贵，自幼是我扶养长大，现已成年，他也同意随我身边，自愿侍奉我俩老百年，以报养育之恩。因此经亲房们和子婿以及各方等有关同志共同协商，一致同意。承蒙村支书张家田、村主任张大传，按理遵法手续决定，我俩老既是子婿和义子两人侍奉□老，这也是做子女者应尽义务，我是应得之责。敬孝父母，古有明训，但是我俩老由子婿和义子俩人侍养百年。昔日衣食住行等各方面不得怠慢。逝世丧事，均由二人负担，每年清明祭祖，上坟扫墓，以表孝敬之意。我所有遗产：房屋半堂，厨房、猪栏、菜园、自留山、茶地、责任田和家中的一切用具等物件，今后俩人树大桠枝散，所有我遗产等物，俩人均分，双方按照字据执行，不得无理争乱，本家亲房人等，亦不得无故阻拦和节外生枝。自此以后，希你俩人义如兄□，按照男女平等法律，互相友爱，团结一致，勤劳创业，奋发图强，自力更生，戒骄戒躁，取长补短，安分守己，永远阖第和睦。为了今后口说无凭，立此同样字据一式两纸，各执一纸，永远存照。

再批：子婿和义子日后如有一方起不良之心，所有分给遗产全部无条件收回无执。

公元一九八四年元月九日立字据人　张沙河

子婿　程洪传

义子　张家贵

监证人　张家田

荣华（签名张荣华）

天传

中证人　胞弟　张清河

堂弟　张灶旺

堂兄　张建倾

堂侄　张松铃

堂侄　张桂荣

张根生

代书　张志成（押）

（半书：同样□式二纸各执一纸存照）

1986年张家顺等让地契[1]（休宁　桃林）

地　契

兹有张连根之子张家顺将菜园地一块，转让给二米给其弟张连香之子张家贵做出入路，折价计人民币一百元整。地坐落上树头，南至张家顺本身地，西至公路，北至张子端菜园地，东至张家贵本身新建地为界，四至分明，从路之下不管做猪栏、厕所都得放滴水，不得占用此路，但下边进出都得从路出入。空口无凭，立字为据。

立契人：张家顺（印）

收契人：张家贵（指纹）

代书人：张松元（印）

中证人：张灶明（指纹）

张灶旺（指纹）

张桂生

农历丙寅年（1986）七月廿八日立

1987年张松传张振坤易地契[2]（休宁　桃林）

立易断地约人张松传（称甲）、张振坤（称乙）。甲有菜地一处，坐落祈丰庙，东至松山荒地，南至水坑，西至路，北至声标地，其地总长14米，匀阔5.16米，积72.2平方。乙有菜地两处，其一坐落祈丰庙，东至灶元地，南至树根屋，西至振坤地，北至田生基地，其地长7.7米，匀阔6.1米，积47平方；另一坐落上水堆，东至路，南至坑，西至老根地，北至青松地，其地长6米，匀阔4.2米，积为25.2平方。由于乙方建设需要，经双方商定，乙以两地易用一地，面积相等，互不吃亏。自易之后，听凭易主管业取用，双方不许反悔，恐口无凭，立此约存照。本约一式两份，双方各执一份。

立易地约人　张松传（印）

张振坤（印）

证情人　张桂生（印）

公元1987年9月7日立

---

〔1〕 原件一页，现标题为编者所加。原件纪年为农历丙寅年，根据纸墨和行文中简体字等情况判断，当为1986年。

〔2〕 原件一页，无标题，现标题为编者所加。

1988年桃林村张旺囡卖屋契(休宁　桃林)

立出卖房屋人张旺囡,今父遗下有桃林住屋,该身正楼上右边里眼房一间,楼底左边丁字正半,另猪栏屋四股之一,所有该身所父遗下的房屋全部出卖与伯父张再风名下居住取用。当日从父亲双方议定卖价人民币一百四十元整。该款由该父手收到人民币八十元,其如亲手收讫,其屋听凭买人管业居住取用,出卖人不能干涉。两无异言,立字出卖为据存照。

所有前契发现一律作废。

公元一九八八年二月四日立卖断人　张旺囡(印)

证明人　张寿山(印)

1988年张振坤等交换自留地契[1](休宁　桃林)

双方协商自愿交换自留地书

立双方协商自愿交换自留地契人张振坤、张松田两户,为了双方取用方便,自愿将本身自留地互相交换如下:

1. 张振坤自留地,坐落土名上水碓,东至张老根地,南、西至水坑,北至张老根地,四至述明,自愿将本身见业全部换给张松田名下管业取用。

2. 张松田自留地,坐落土名下□行路里,东至地磅,南至沟,西北至路里自己石磅。再土名祈丰庙开荒地,东南至水坑,西至张振坤地基,北至桃上生产队茶磅,以上二处,自愿全部交换给张振坤名下管业取用。

以上两户之地,双方自愿交换,成契之后,各自接收管业,听凭自由取用,决不反悔。如有来历不明,或自己人拦阻,由原主负责,不涉受业人之事。恐口无凭,特立协商自愿交换自留地契二纸,各执一纸为凭。

公元1988年4月20日立双方自愿交换自留地契人　张振坤(印)

张松田(印)

代笔人　张志成(押)

半书(一式两□为证)

---

〔1〕 原件一页,原标题为"双方协商自愿交换自留地书",现标题为编者所加。

1994年张振坤张家权换地协议[1]（休宁　桃林）

协　　议

兹桃林村村民张振坤、张家权两户祈丰庙双方建房，为了便于双方日后的方便，今经双方协定本议事项条例要求如下：

1. 原张振坤祈丰庙建房时，屋东边张家权户原有自留地一畦，经协定归张振坤户建房使用。

2. 张振坤户大门口坦放一米宽的路（从下边本户尾角直接通到上边水坑以下）给张家权屋日后日常通路。

3. 张振坤户原建房自留地中，以下其他户自留地行路，原大队已放四十公分宽，（同样从本户正屋下连通器屋角直接通到上边水坑以下）归原自留地户日常以后永久通路。

4. 上述三项协定互不找价款，双方按该议永远遵守执行。

本协议一式二份，双方各执一份，永远存照。

致

代书人：张桂生

协议人：张振坤

张家权

中证人：

公元一九九四年三月三日晚立

1995年张联生招赘婚约书[2]（休宁　桃林）

百世其昌

赘约书

立约书人张联生，年近半百，仅生两女，均已长成，宜应婚配。为了我夫妇年老生活有依，及后祀有继两事着想，今欲以长女苏珍赘婿来我家成亲，以解决上述两事之忧。

今有本村张声振次子光海，愿来我家入赘。经过亲族男女，本人父母同意，约定几事如下：

---

〔1〕 原件一页，使用黄山市休宁县龙田乡桃林村委会办公用笺。现标题为编者所加。

〔2〕 原件为红纸墨书，横式，现标题为编者所加。

一、双方应端正思想，敬老爱少，同甘共苦，始终如一，双方不得随意抛弃；

二、我夫妇年老，家庭一切生活费用，均由女婿全部负担，至终不得缺少；

三、生育子女，均归女方，继承父母后祀；

四、所有遗产（包括动产及不动产）我二老百年后全归长女夫妇继承，他人不得争执；

五、夫妻翁婿父子等之间都要互相关心，互相爱护，当念养育之恩、父母之情；

六、本约一式两份，双方各执一份；

七、本约自订立日起成效。

加注：约内加我二老百年后五字松传批

立赘约人：张联生（印）
张声振（印）
张光海（签字）
张苏珍（签字）
中证人：亲叔　张茂全（签字）
亲兄　张声贵（印）
堂弟　张玉根（印）
介绍人：廖贵室（押）
代笔人：张松传
公元一九九五年正月吉日立

1998年张思源兄弟分家书契[1]（休宁　桃林）

立杜分家书人张思源、张思良、张思进胞兄弟三人，有祖遗房屋上堂左半幢，祈丰庙屋基一处（包括屋基边地）；上水碓横路下田一坵，此三处均以阄得。当日三面言定：张思源、张思进阄得老屋（包括正屋、厨房、猪圈、厕所基、上水碓田）。张思良阄得祈丰庙处。自立书契日成效。日后各管各业，永无反悔。上水碓田的公粮现金由阄得者先。父母健在定住老屋楼底房

〔1〕 原件一页，使用黄山市休宁县龙田乡桃林村党支部公用笺。现标题为编者所加。

间,直至百年。最恐口说无凭,故立此书契仅三张,三人各执一张,使永远为凭存照。

中华人民共和国公元一九九八年农历正月初四日立

良　思良(签字)(指纹)

立分家书人:张思源(印章)　　中证人:张金林(印章)

进　思进(签字)(指纹)　　张灶树

依口代书人:张家富(印章)

张灶树(指纹)

1999年桃林村张声高转让自留地契约(休宁　桃林)

契　约

今有园凤队[1]张振坤户意欲购买桃上队张声高户桃庄队岭顶自留地一块。自留地四边界址:东至张振坤自留地;南至张振坤马路边自留地;西至大马路;北至汪友根房屋。经双方协商达成意向,张声高户愿意以人民币二百元永久性转让自留地。支付方式:现金一次性,张振坤户愿意承受。空说无凭,特立此契。此契约一式二份,双方各执一份,契约自现金付清时生效。

此

契

受业人:张振坤(签字:张振坤)

出买人:张声高(印)

书写人:张声宝(印)

公元一九九九年七月三十一号

(纸包封皮,上文为其内容)

张声高出买庄上汪友根屋下边马路外自留地一处。

受业人张振坤名下

1999年立

〔1〕 按:原件此处作“元凤队”,其他契约文本均作“园凤队”,据有当事人签名的文本,统一为“园凤队”。

2000年张家寿与桃林村园凤大队协议[1]（休宁　桃林）

协　议

关于龙田乡桃林村园凤队村民张家寿户因女儿张菊花嫁给安庆市结婚,1999年1月17号出生男一个,姓名胡召帆。因为菊花不愿意到安(庆)住居,打算桃林安家落业,考虑(以)后儿子读书问题,没有户口册读书就不方便,因为目前要求园凤队帮忙装一个空人口,以后读书就方便,借装一个人口,今后不管那(哪)年那(哪)时候,上级政策下来调动土地茶园等,我坚决不分。上级达(搭)派下来各种征用人头款等,我和队里村民同样出,不得作价还价。总结来说,我就是要求队里装一个空人口,主要目的就是今后好读书。协议书一式二份,村里一份,队里一份。因为村里一份是防止今后队与户要发现问题时,村一级是代表一级政府,也是一个证明单位,可以分清后非为何。

致礼

立协单位:桃林村园凤经济社(章)

代表:张家峰(印)

协议人　张家寿(印)

二〇〇〇年三月二十八日

监证单位:桃林村委会(章)

二零零零年三月二十九号

2005年桃林村张家寿出卖房屋契[2]（休宁　桃林）

立契出卖房屋人张家寿,因桃林下村马路边有一座房屋,坐西照(朝)东,是张振坤四兄弟合建四股之一,张振坤应分下边半堂里角堂前,是上堂下半,包括放路到厨房楼梯底,包括在内厨房到猪栏大门为界,下半与张樟锡二人未分私,猪栏地基也是同样。

上至青天,下至地骨,四至为界,东至大门口坦下边,二股之一至马路,南至张林田家□二户房屋,西至张家田房屋,北至出入巷程树根房屋,四至分明,不得干涉,出卖给张家远名下受业,双方议定价值一万九千元整,双方

---

〔1〕 原件一页,使用黄山市休宁县龙田乡桃林村经济联合社信笺。

〔2〕 原件一页,白纸黑色墨水钢笔,无标题,现标题为编者所加。

一言在先,不得反悔,如有今后谁方推翻决议,就是谁方负一切责任,赔偿损失。双方一言为定,希望不得反悔。

付款日期二〇〇五年一万,二〇〇六年五千元,二〇〇七年四千元,三年代清为止。

公元二〇〇五年十二月十四日立契,一式二份。

堂前八仙桌餐桌四股之一归家远户。

亲笔代书　张振坤

出卖人　张家寿(印、指纹)

接受房屋人　张家远(印)

2006年张思源等三兄弟赡养父母协议[1](休宁　桃林)

协　议

兹有桃林村村民张之本户三儿:张思源、张思良、张思进对父母的负担问题,经三兄弟协商如下:

1. 三兄弟每人每年负担父母八百元生活费,每年大年三十夜付第二年生活费。

2. 父母如病须治疗,三兄弟负担。

张思源(指纹)

协议人:张思良(指纹)

张思进(指纹)

代笔人:张永进

中正人:柴海云(指纹)　柴金田(指纹)　张细根(指纹)

2006年4月5日

根据契约发生的年代进行分析,其中清代6件;中华民国时期16件;1954年2件;1970年入赘婚书1件;1981至2006年13件。其中1954年至1980年期间,很少发现土地买卖、典当、转让、租赁类的契约,表明这一时期徽州地区土地的自然流转现象已经基本处于停顿状态,这和农村土改后的合作化运动和人民公社运动中,农村土地转变为集体所有制有着紧密关系。

[1] 原件一页,使用黄山市休宁县龙田乡桃林村民委员会办公用笺。现标题为编者所加。

除了时间顺序外，还将这批契约按照类型进行了统计，详见下表：

徽州休宁桃林村民间私约统计表（共计 38 件）

契约类型	份数	比例
1. 买卖契约	14 份	36.8%
2.（抵押）典当契约	3 份	7.9%
3. 转让契约	2 份	5.3%
4. 租赁契约	5 份	13.2%
5. 析产契约	5 份	13.2%
6. 婚姻继承契约	4 份	10.5%
7. 交换赠与契约	4 份	10.5%
8. 其他契约	1 份	2.6%

我们将桃林村集中发现的 38 件契约，与徽州调查中整体民间契约和东临溪乡发现的民间契约进行类型比较，结果发现分类和比例关系十分近似，说明张氏族人保存的这批契约相对比较完整，基本上可以反映出当地契约发生的真实情况。

徽州民间私约综合统计

按照上述的分类，已经整理的私约共计为 2696 件，其中：

买卖契约 1441 件，占私约总数的 53.4%

抵押典当契约 495 件，占私约总数的 18.4%

借贷契约 48 件，占私约总数的 1.8%

租赁契约 197 件，占私约总数的 7.3%

合伙契约 14 件，占私约总数的 0.5%

析产契约 59 件，占私约总数的 2.2%

婚姻契约 5 件，占私约总数的 0.2%

继承契约 7 件，占私约总数的 0.3%

纠纷调解契约 22 件，占私约总数的 0.8%

其他契约 404 件，占私约总数的 15%

徽州休宁东临溪乡民间私约统计表（共计 250 件）

按照上述的分类，已经整理的私约共计为 250 件，其中：

买卖契约137件,占私约总数的54.8%

抵押典当契约57件,占私约总数的22.8%

借贷契约10件,占私约总数的4%

租赁契约9件,占私约总数的3.6%

合伙契约1件,占私约总数的0.4%

析产契约7件,占私约总数的2.8%

婚姻契约1件,占私约总数的0.4%

继承契约1件,占私约总数的0.4%

纠纷调解契约7件,占私约总数的2.8%

其他契约20件,占私约总数的8%

桃林村张家契约与徽州私约综合统计、东临溪镇民间私约契约类型比较表

契约类型	徽州私约综合统计	东临溪乡民间私约	桃林张家保存的私约
总件数	2696件	250件	38件
1.买卖契约	1441(53.4%)	137(54.8%)	14(36.8%)
2.(抵押)典当契约	495(18.4%)	57(22.8%)	3(7.9%)
3.借贷契约	48(1.8%)	10(4%)	—
4.租赁契约	197(7.3%)	9(3.6%)	5(13.2%)
5.合伙契约	14(0.5%)	1(0.4%)	—
6.析产契约	59(2.2%)	7(2.8%)	5(13.2%)
7.婚姻契约	5(0.2%)	1(0.4%)	4(含继承)(10.5%)
8.继承契约	7(0.3%)	1(0.4%)	—
9.纠纷调解契约	22(0.8%)	7(2.8%)	—
10.交换赠与契约	—	—	4(10.5%)
11.其他契约	404(15%)	20(8%)	1(2.6%)

经过上表的比较分析,可以看出买卖类契约在徽州、东临溪镇及桃林村的契约中所占据的比例都是最大的,其次则是典当与租赁契约。在徽州私约和东临溪镇中,合伙类契约占据了一定比例,但该类契约在桃林村私约中并未出现,可能表明在最基层的农村宗族群体中,合伙现象更多地表现为互助或者共同救济,而这种互助和救济往往并不需要通过建立契约的

形式加以保障。

桃林村的村口上一栋建筑的墙上有一个创建安全文明村宣传栏，上面用红色的油漆写着：

“村级党政宣传口号”

一、村级党政组织凝聚力和战斗力强，综治队伍健全，形成群防群治网络。

二、治安形势稳定，无重大案件发生，无地方恶势力，无重大治安灾害事故，无邪教组织活动，无群体性械斗、买卖人口及“黄、赌、毒”等社会丑恶现象。

三、防范措施落实，联防组织健全，及时化解民事纠纷，安置帮教措施得力。

四、法制宣传深入，经常性地开展多种形式的宣传教育活动，完成年度普法任务、村民法治意识较强，实行民主管理村民事务，无不合理的农民负担。

五、社会风气良好，尊老爱幼，家庭和睦，邻里团结，文化生活健康文明，讲正气，同违法犯罪行为作斗争。

村规民约

一、坚持四项基本原则，拥护党的路线、方针、政策，遵纪守法。

二、提倡文明礼貌、和气待人、互助互爱，邻里和睦，尊老爱幼，不制造无原则的纠纷和矛盾。

三、自觉维护秩序，防止“黄、赌、毒”等社会丑恶现象发生，对无理取闹、酗酒闹事的要坚决予以制止。

四、强化四防（防火、防盗、防破坏、防各类治安事故）。

五、密切关注流动人口的动向，有效遏止治安事故。

六、封山育林，保持自然生态平衡，创造优美的自然环境。

离开桃林村的时候，张顺和一直送我们到村口，村口的路边上长着几株高大的香樟树，树底下三三两两的村民围聚在那里不知道说些什么，但是却只有老人、妇女和跑来跑去的儿童，和其他村庄一样，这里的青年人大部分都外出打工去了。高大的香樟树，散发着迷人香气的油菜花，雨后淙淙的溪水，甚至伴着锣鼓的黄梅戏，对这些青年人都失去了吸引力，召唤着他们的是另外一种生活，一种他们并不熟悉的生活，告别了这个没有陌生人的宁静乡村，去面对陌生的人和陌生的世界。城市对这里的青年人张开了双臂，但没有人知道他们在城市里到底会收获什么，但这并不影响一批一批的青年离开农村走向城市，造成这一现象的深层次原因几乎很少有人涉及，或者在若干年以后才能够找到答案。

向导小姚带着我们再次返回大阜村，他是当地人，和这里的乡亲们都很熟悉，果然在他的引导下，很快我们就和周围的村民们打成一片。在村民陈荣贵老汉的家里，我们见到一份 20 世纪 60 年代的结婚证，大红的证书上印着毛主席的画像，两边是飘扬的红旗。端端正正地写着：陈荣贵 姚香幼，自愿结婚，经审查合于中华人民共和国婚姻法关于结婚的规定，发给此证。

《1964 年陈荣贵、姚香幼结婚证》的背面印着当时《婚姻法》的部分条文：

中华人民共和国婚姻法

第三章　夫妻间的权利和义务

第七条　夫妻为共同生活的伴侣，在家庭中地位平等。

第八条　夫妻有互爱互敬、互相帮助、互相扶养、和睦团结、劳动生产、抚育子女、为家庭幸福和新社会建设而共同奋斗的义务。

第九条　夫妻双方均有选择职业，参加工作和参加社会活动的自由。

第十条　夫妻双方对于家庭财产，有平等的所有权与处理权。

第十一条　夫妻有各用自己姓名的权利。

第十二条　夫妻有互相继承遗产的权利。

公元一九六四年四月四日

这张结婚证已经有 42 年的历史了，42 年来，陈荣贵和姚香幼夫妇经历了多少风风雨雨，他们还珍藏着这张结婚证。向导小姚告诉我们说，他和姚香幼都是本村人，陈荣贵是上门女婿，在这里生活了 40 多年了，他们的孩子早已长大成人，孙子出去打工了，村里人都知道陈荣贵是外姓人，但是全村的人都不拿他当外人。全世界不同的地方不同的人群对爱情有着各式各样的理解，而这里的人们也许不会使用很多美丽或者抒情的语言，他们却深信“执子之手，与子偕老”的不变诺言。

陈荣贵、姚香幼夫妇

我们请小姚带我们到第一次调查时汪荣进老先生的家里去看看，上次来的时候汪家正因为赡养问题闹纠纷，虽然经过了乡和村多次调解，但纠纷始终没有得到解决，并且汪荣进已经向当地人民法院起诉，只是我们调查时尚未开庭。汪荣进家就在大阜村，于是我们希望这次能够对汪荣进家进行回访，以便能够对本案有更为全面的了解。看来小姚真的是在当地颇有人脉，不但一口答应了我们，而且经他带领在村子里转了两个弯，很快就来到了汪荣进家。

汪荣进老汉还记得我们，一见面便忙着打招呼，他的老伴还特地为我们烧水沏茶，显得十分热情。只是一谈起他家的赡养纠纷，老人的脸色便沉了下来。他说去年6月17日到县里开了庭，月底就下了判决，可是他家大儿子不接受这个判决，所以到现在也没有得到解决。说到这里汪荣进的老伴跑到里间找到一个休宁县人民法院的判决书递给了我们。

休宁县人民法院

民事判决书

(2005)休民一初字第27号

原告汪荣进，男，1932年4月29日出生，汉族，休宁县人，农民，住休宁县东临溪镇大阜村。

原告胡秀花，女，1934年12月5日出生，汉族，休宁县人，农民，住址同上。

被告汪金好，男，1952年10月3日出生，汉族，休宁县人，农民，住址同上。

被告汪金聚[1]，男，1974年2月29日出生，汉族，休宁县人，农民，住址同上。

被告汪阿美，女，1962年7月25日出生，汉族，休宁县人，农民，住休宁县源芳乡四大号村。

被告汪阿巧，女，1968年3月28日出生，汉族，休宁县人，干部，住休宁县原汉口乡政府宿舍。

原告汪荣进、胡秀花诉被告汪金好、汪金聚、汪阿美、汪阿巧赡养一案，本院受理后，依法组成合议庭，公开开庭进行了审理。原告及被告汪金好、汪阿美、汪阿巧到庭参加诉讼，被告汪金聚经依法传唤未到庭参加诉讼。本案现已审理终结。

原告汪荣进诉称，我已年老体弱，不能参加劳动，无经济收入，生活无着，被告汪金好不履行我与他订立的赡养协议，我要求被告汪金好履行赡养义务。

原告胡秀花诉称，我已年老且无经济收入，我要求子女按原先订立的养老协议履行赡养义务。

被告汪金好辩称，不是我不赡养父母，而是父母的责任口粮田地没有分给我种植，我没有粮食给付他们，父亲又不跟我们同吃，所以我无法尽赡养义务。

被告汪金聚、汪阿美、汪阿巧在法定的期限内未提出答辩。

经审理查明，二原告生育二子二女，除小儿子汪金聚未结婚成家外，大儿及两个女儿均已成家立业。1987年农历5月20日，原、被告在村委会主持下达成协议，被告汪金好负责赡养父亲汪荣进，每年给付父亲稻谷300公斤，每月以30市斤干稻的市场价付现金给父亲作零用钱，原告汪荣进的医药及死后的丧葬费用均由被告汪金好负担。被告汪金聚以同样的条件

---

〔1〕 按：据本法院民事判决书，汪家次子名作汪金聚，本书内其他契约文书中有作汪金取者，应即为汪金聚。

负责母亲胡秀花吃用开支。此后，因二原告身体尚健靠自己劳动维持生活，所订协议未履行。现今二原告已年老体弱，不能参加劳动，且无经济收入，生活无着，并多次要求被告履行赡养义务，被告汪金好以多种理由拒不履行，后经村、乡派员多次调解无效。原告于2005年4月28日向本院起诉，要求被告履行赡养义务。

本院认为，子女对父母有赡养扶助的义务，双方在村委会主持下自愿达成赡养协议，是当事人的真实意思表示，应该维持。为保障老年人的合法权益，对原告要求被告汪金好履行赡养义务的诉讼请求，本院予以支持。被告汪金好辩称理由没有法律依据，依法不能成立，本院不予采纳。依照《中华人民共和国婚姻法》第二十一条之规定，判决如下：

一、汪荣进与胡秀花共同生活，汪金好每年给付汪荣进稻谷300公斤（每年10月份付清）、零用钱每月30元（每半年付180元），汪荣进的医药费、安葬费用由汪金好承担。汪金聚每年给付胡秀花稻谷300公斤（每年10月份付清）、零用钱每月30元（每半年付180元），胡秀花的医药费、安葬费用由汪金聚承担。

二、汪阿美、汪阿巧每人每月给付父母零用人民币各10元。

三、案件诉讼费人民币500元，由汪金好承担300元，汪阿美、汪阿巧各承担100元。

如不服本判决，可在本判决书送达之日起15日内，向本院递交上诉状，并按对方当事人的人数提出副本，上诉于安徽省黄山市中级人民法院。

审判长　王　涛

审判员　胡东恒

审判员　范春海

二〇〇五年六月三十日

书记员　谢卫权

（加盖）此件与原本无异

（加盖）休宁县人民法院

我们问汪荣进，判决下来后，他的孩子们是否提出了上诉，汪荣进只是直直地看着我们，好像他听不太懂什么是上诉，不停地说他家大儿子不接受，后来法院在年底时来人，让大儿子给了稻谷和钱，但是到了今年又没人管了。我们知道他说的法院来人指的是休宁县人民法院执行庭曾经派人强制执行,县法院能够派人到村里强制执行已经是很不容易了,像这种需要长期加以落实的情况,要求县人民法院每隔一段时间便来这里执行一次,的确也是勉为其难。

我们又问他:"你家老二金聚现在怎么样?是否按期给家里寄钱?"

汪荣进回答说:"老二打工去了,去年底寄来了400元钱。"

我们接着问:"去年开庭的时候老二回来没有?"

"没有。"

"去年6月17日开庭那天,你家大儿子去了吗?"

"去了。"

"那你们的二儿子为什么没有去?"

"没联系上。"

我们继续问道:"你家的两个女儿去了吗?"

"她们都去了。"

"你们老两口都去了吗?"

"都去了。"

"诉讼费是你们先交的吗?"

"是,200元,后来县里来人又找老大要了200元给了我。"看来他的孩子们已经把诉讼费的问题解决了。

"你们认为这个判决公正吗?"

汪荣进连声回答说:"公正,公正。只是大儿子现在反悔了,不照法院说的办。"

休宁县人民法院的判决书上裁定,长子金好系与父母共同生活,因此判令汪金好每年给付父亲汪荣进稻谷300公斤(每年10月份付清)、零用钱每月30元(每半年付180元),汪荣进的医药费、安葬费用由汪金好承担。另外次子汪金聚虽然外出打工,仍然判令每年给付母亲胡秀花稻谷300公斤(每年10月份付清)、零用钱每月30元(每半年付180元),胡秀花的医药费、安葬费用由汪金聚承担。同时还判令两个女儿汪阿美、汪阿巧每人每月给付父母零用人民币各10元。显然法院做出的判决是公正的,要求两个儿子分别负担赡养父母的义务,长子汪金好提出家里的承包田分给弟弟,拒绝履行赡养父母的主张不能成立。同样次子汪金聚虽然外出打工,没有和父母共同生活,但同样应当承担赡养父母的责任,其担负的稻谷数量和每月零用钱与留在村中的长子完全相同。但法院仅判令两个女儿阿美、阿巧每人每月给付父母零用人民币各10元,显然人民法院的判决在一定程度上吸收了当地“出嫁女不养老”的习惯。

我们也只好对二位老人安慰了一番,以我们的力量不能解决汪家的赡养纠纷,只是从这一案情的发展,可以看出民事纠纷调解在农村的作用依然是十分有限的,甚至人民法院的判决也不可能解决他们所遇到的所有问题。传统社会中提倡的孝道和种姓观念,曾经作为乡土社会中的一种秩序,对维护那个社会起到了重要的作用。“不孝”或者兄弟姊妹之间的“不睦”,在传统社会中受到自然秩序的压制,并且通过宗族的私力救济得以规范和调整。但是传统乡土社会中原有的自然秩序,在现代法律建设中必然会受到破坏,这应当是一种进步,这种进步显示出了法律在走向现代化的过程中必然经历的曲折,并且也使乡土社会的人们为此付出了相应的代价。

告别大阜村以后,调查组前往祁门县闪里镇对第一次调查时的一些情况进行复查。这一天恰巧是清明节,选择清明节进行农村社会调查,显得很有意义,甚至可以收到事半功倍的效果。

闪里镇司法所的陈平安所长提前在通往铜锣湾新区的路口上等着我们,显然他已经提前得到了祁门县司法局的通知。所谓铜锣湾新区,是祁门县里的新开发区,是当前县政府的重要窗口之一,是在原来铜锣畈坑口村的基础上发展起来的,经常请初次到来的公私人等前往浏览观摩。开发区里一些新式的钢筋混凝土建筑取代了原有的徽派建筑,新修的柏油路宽阔平坦,路两旁建了一些铺面房,我们去的时候当地正在招商,大体是希望以出租的形式招徕客商,借以改变当地的经济环境。这种开发区往往和当地领导的政绩直接挂钩,但却忽略了整体环境的和谐,是非功过可能又要留给后人评说了。

这里有唐代兵部尚书王璧的坟墓,据说每到清明时分,都会有各地王姓子孙来此祭祀。

王璧,字大献,唐肃宗宰相王玙之孙。据《旧唐书》记载生于唐会昌五年(845),卒于后梁乾化二年(912)。唐乾符年间(874～879)黄巢军入江东,王璧率众抵御,被吴王杨行密授为检校兵部尚书,累加银青光禄大夫。

杨行密卒后王璧出任祁门县令，王璧以年高请求退隐祁门县西苦竹港，直到去世。苦竹港，今地不可考，一般多认为在今祁门县铜锣湾村附近。王璧为新安琅琊王氏始祖，据历史记载王璧生有九子，九子共二十三孙，散处于安徽祁门、歙县、绩溪、黟县、休宁、宣城；江西婺源、九江、彭泽、湖口；浙江建德，以及江苏南京、泰州、高邮等地。号称一百三十六房，为江南王姓大族。

王璧墓坐落在闪里乡政府路南大约200米处。坟场南北向，坐北朝南，由墓道、拜台、墓冢三部分组成，面积约130平方米，规模颇为壮观。由于该地四面环山，形成锣形，后人因而易名为铜锣畈，又称铜锣湾。墓前立有石碑，碑阳题有唐兵部尚书王璧之墓，碑阴为王氏子孙后裔修葺祖坟的记载，另有左右两碑，分别载有《新安琅琊王氏统宗世谱序》和《重修王氏统宗世谱序》。

修葺一新的王璧墓，上面铺盖着王氏后人
扫墓时敬献的鲜花和挽幢

关于王璧墓的发现，据随行的闪里镇司法所所长陈平安介绍说，王璧墓是几年前当地居民在盖房挖地基时发现的，当时挖出一块墓碑，记录了这里是唐末兵部尚书王璧的坟墓，可惜原墓碑已经被王氏后人修新坟时一并埋入新坟，没有留下图片可供调查。王璧的墓已经按照今人的审美观重新修葺一新，水泥的拜台和护坡呈圈椅状，这是当代首先富起来的人喜欢的茔葬形式，在南方一带颇为流行。时值清明，琅琊王姓后人纷纷前来拜谒，但见墓地周围彩旗飘扬，花圈环绕，香烟袅袅。我们赶到的时候，祭祀的人们已经散去，只见墓地内爆竹纸屑遍地，余烟犹在，果然我们错过了一个祭祀的大场面。在王璧墓附近有一块较为平坦的荒地，地上有一小小土冢，冢旁卧一石碑，宽 45 厘米，长 165 厘米，碑上铭刻“王地陈坟，高太爷钧判。万历拾年七月初十日立”。这是明代万历时期县太老爷判决的简单记录，大意是说判定土地归王姓所有，而坟墓主人为陈姓，估计当时曾有土地纠纷，县太爷按照土地所有权和使用权分离的形式做出了判决，只可惜该案的其他情况已经难以查找。但这块“王地陈坟”碑，仍然是很有价值的发现。

王璧墓旁边发现的明万历时期“王地陈坟”碑

闪里镇的老街依然保存着，徽州地区历史上商业经济较为发达，很多古代的乡镇都曾经建有商铺集中的街道，这些街道铺有条石地面，街道两旁是鳞次栉比的各种商铺,显示出曾经的繁华,现在则统称为"老街"了。闪里镇的老街两侧聚集了很多商贩,有卖菜的、卖肉的和专卖日用百货与小型农具的,几间徽菜小馆也杂陈其中,人来人往颇显热闹。由于祁门县是徽州地区重要的茶叶产地,每年清明前后也正是采茶季节,为了加强茶叶市场管理,当地政府每到此时都要颁布茶叶市场的管理规则。果然沿街均可见到纸墨尚新的此类通告。

关于加强闪里老街茶叶市场管理(祁门 闪里)

通　　告

茶农朋友们:

为加强茶叶市场管理,维护市场秩序,现将茶叶市场管理通告如下:

1. 值班时间:四月六日至四月三十日每日凌晨三时至五时;

2. 茶叶市场值班人员由政府、工商、公安等部门组成;

3. 凡进入市场进行交易的茶农车辆停靠范围:西边为闪里大酒店门口以上,东边为老政府以下。

以上通告,请各位茶商、茶叶经纪人、茶农予以配合支持。

闪里镇人民政府

二〇〇六年三月三十日

据陈平安所长介绍说,政府发布公告的目的主要是强化市场管理,打击以次充好和欺行霸市,闪里是祁门红茶的重要产区,也是重要的交易市场,清明一过各路茶商和茶农纷纷来此进行茶叶交易,那时车辆云集、人头攒动。可惜我们来的这天正好是清明节,正式的茶叶交易尚未开始,而我们明天就要离开前往歙县,失去了了解当地茶叶交易的大好机会。

在我们的请求下,陈平安所长带领我们前往闪里镇下属的文堂村,陈所长说他本人就是文堂村人,他的叔叔陈绍元和婶婶汪慧芳现在依然住在文堂村。陈绍元和妻子汪慧芳生有三女一男,他家大女儿就曾经招婿入赘到家里,说不定可以看到当时招赘时的婚书。

闪里镇离文堂村只有几里路,于是在路上我们便和陈平安所长就当地婚姻等问题攀谈了起来。在第一次调查中我们已经涉及了当前徽州地区和婚姻有关的习惯,但还需要很多旁证和对程序以及一些细节的了解。于是我们便先请陈平安所长介绍一些当地农村定亲和退亲的有关程序。陈平安看来对此非常了解，他说这里定亲一般分成四个步骤：包括认亲、过门、下定和选日子。认亲，当地人俗称“拎篮子”，由女方选定一个范围，开出一个名单，男方按照名单准备多少份礼物，每份礼物装在一个篮子里，分送给女方的亲属。篮子中的礼物一般是两瓶酒、两包烟、一包贡枣，象征早生贵子，还有一包冰糖，象征婚后的生活甜甜蜜蜜，另外再加一个红包，里面放上 200 元现金。第二个就是过门，男方邀请女方到男方家去住一晚，当然是女方同意以后，有的还要家人陪着去。下定，就是按照定亲一方的要求，大多数是根据女方的要求，如果是入赘的，就要根据上门女婿家的要求，单独送一份礼，这份礼的大小要根据家里的经济情况，一般要在几千元以上。最后是选日子，也就是请人根据黄道吉日选出适当的日子，那天就要办酒席了。

我们问他：“是由风水先生来选日子吗？”

陈平安回答说：“是的，我们这里很多人相信风水先生。”

我们又问他：“如果定亲甚至下了定礼之后，一方反悔怎么办，有没有相关的案例？”

陈平安说道：“有这样一个案子。以前本地人找本地人是最常见的，这些年随着人口大流动，外出务工人员不断增多，外出打工的青年人也会有相识相恋的情况。我们这里有个 16 岁的姑娘，到四川巴县去打工了，在当地认识了一个男青年，后来他们同居了，并且生了小孩。但是这个姑娘不敢跟家里说，所以有两年都没回家。后来家里人骗她，说她奶奶死掉了，她才回来。她回来后家里人才知道她在外面和人同居并且生了小孩的事情，后来家里就不同意让她再回去了。家里人认为她还小，才 18 岁，也不太懂得如何处理这种情况，于是就留下来了。过了不久四川的那个男青年找来了，知道她家里不同意，一时想不开，就买来刀子和汽油，说如果她不回去了，就要割掉自己的手，并且扬言还要将女方家的房子烧掉。后来村里请我去参加调解，我跟那个四川男青年说：强扭的瓜不甜，劝他不要乱来。但是还有对于孩子的抚养问题，一时无法解决，男方说他没有能力抚养，他本人没有生活来源，在家还得靠父母养着呢，要求女方出抚养费。经过协商，最后由女方出了 8900 元，作为一次性解决。”

我们问他：“男方拿到钱以后是否直接离开了，现在这件事情怎么样了？”

陈平安笑了笑说:“当时女方出了八千块,那个四川青年就走了,过了不到一年,这个姑娘又出去打工了,还听说他们现在又好了,毕竟还有小孩子联络着感情。”

我们也笑了起来,还故意问他:“那你们的调解不是白干了吗?还让女方给搭上了八千多元钱!”

陈平安放声大笑起来说道:“哈哈,当时不解决不行,不能让矛盾激化,据说现在女方家里也同意了,这八千多就当作陪嫁了。”

我们问道:“现在这里男女双方恋爱结婚,还要有个媒人吗?”

陈平安回答说:“以前都要有个媒人,现在就是自己找的,也要再找个媒人在中间站一站。一来呢,为了方便双方沟通,比如女方有些要求不好直接讲,可以通过媒人提出来。有时就是走个形式,或者起个见证作用。”

“做媒人收钱吗?”

“大部分不收钱,但是得送些礼。”

“都送什么呢?”

陈平安回答说:“一般就是送点烟酒,吃个饭,再就是包个红包,里面放200元钱。俗话说得好‘媒人做得好,鸡腿两边咬’。但是也有一些媒人最后当得比较烦恼,有时还会得罪人。”

我们又问:“一般都由谁去请媒人呢?”

“招亲时由女方委托媒人去男方家说合,如果是结婚,就由男方委托媒人去女方家说合。”

看来陈平安的专业水平很高,而且也很有在农村生活的实践经验,既可以准确地用法言法语加以表达,又能够结合农村的实际情况进行概括。于是我们又问他:“你们这里有专门干媒人的吗?”

陈平安不假思索地回答:“有。”说到这里大家都笑了起来。

我们换了个话题问道:“您能不能详细说一下这里与退亲有关的程序?”我们也用了类似“程序”之类的术语。

陈平安想了想回答,“如果已经定了亲的,再要退亲,还要由媒人做中间人,最后由双方协商退钱,所以我说有的媒人当得比较烦恼。”

“如果在定亲后,男女双方已经发生性关系,会对退亲产生影响吗?”

“好像没有什么关系。不过如果是女方先提出来要求退亲,解决得会快一些;要是男方要求退亲,进程会相对慢一些。”

我们又问道:“您那里有没有这方面的案件?”

陈平安回答说:“有,不久前,我调解过一个案件。男女双方是在外面认识的,已经好了一段。家里双方父母也已经在家乡开始给他们准备办婚事,每次给女方送彩礼钱,都是委托男方的姐夫送去。姐夫每次去,都要求女方收钱后打个收条,以便回去交差。女方也就给他打了收条,而且还写得比较详细,前后女方一共收了一万五千元。后来发生了矛盾,男方提出不干了,要求退亲。女方不同意,并且提出来两个理由:第一,已经定过亲了,现在全村都知道我女儿跟了你儿子了。第二,我女儿被你儿子睡了,你们得给青春损失费。这个事闹到镇上来了,派我去进行调解,我对双方做了很多工作,他们还是不同意,最后跑到县法院打官司,因为有收条作为证据,最后法院判决赔回一万五千元。法律不支持这种收受彩礼的行为,当然也不会主动干涉民间这种习惯,因此打官司就只能依靠法律进行判决,因为双方没有办理结婚登记手续,没有领取结婚证,法律上不能承认他们之间存在婚姻关系,而将这一万五千元看作是一种赠与关系,赠与人有权利撤销当时的赠与行为,有权利要求受赠人予以返还。”

青春损失费是个很时髦的词汇,在城市里也是最近才开始流行的,尽管大家很难给青春损失费下一个准确的定义,或者明确青春损失费的量化关系。但随着农村青年人外出务工人数的增加,这种婚前性行为引发的纠纷也不断发生,甚至连青春损失费之类的时尚词汇,也已经在农村开始出现,并且作为一种理直气壮的请求。打工姊妹和农民工兄弟们并不能很清楚地说明,他们在城市中的打工生涯里,到底都损失了什么,或者收获了什么,按照传统观念,这种青春损失费,应当指向对于婚前性行为的补偿,其实这或许仅仅是对传统贞操观念的时尚解释而已。我们知道在中国广大的农村地区,这种婚前给彩礼的现象非常普遍,其中带有明显的买卖婚姻的痕迹,在很大程度上影响着今天农村的婚姻生活。

我们又问道:“咱们这儿婚礼期间有记账的习惯吗?”

陈平安回答说,“当然有,我办过一个案件,甚至连男方有一次给女方挑过一担水,在退亲时还要计算工钱。”

我们接着问道:“还有没有与婚姻相关的案件,可以跟我们说一说吗?”

陈平安笑了笑,又对我们说:“解决婚姻案件,是我们基层司法工作主要的工作任务,几乎每个月都会有因为婚姻原因产生的纠纷。记得有一次，我参加调解一个特殊的婚姻案件，这个案件带有一点骗婚的色彩，说起来很有意思。我们这里有个女的谈了几次对象了，每次都谈不成，但每次都收了些东西，影响很坏。最后她妈妈说，你不能这样下去了，老大不小了，得真找一个把自己嫁出去了。他们也知道，在本地是不行了，只好到外面去找一个。结果还真的在别的地方找了一个男的，开始时要对方给两万元定亲费，后来又要了一万元做家具，人家觉得这个女的长得不错，三万元都给了，很痛快。后来女方又说，你们那里生活太苦，干脆上门到我们这里来，要求男方再给十万元钱造房子。这回男方不干了，要求退亲。也是我去调解的，男女双方坐到一起对账，其中有五千元是男方给女方母亲的，没有人见证，于是女方母亲坚持说没拿。我就说，这个钱数额比较大，我不能调解了，需要公安局来介入调查。女方的母亲一听，赶紧说，那让我想想。结果不到一分钟，她就想起来了。最终这个案件女方退还给男方两万四千五。”

“不是一共收了三万多吗，怎么就退回两万四千五呢？剩下的是不是作为损失费了？”

陈平安大声地笑了起来：“怎么说呢？女方是本地人，也算是乡里乡亲的。”看来男方是别的地方的，在陈平安的心里，天平也发生了倾斜。这种倾斜在熟人社会里是很正常的事情，因此能够被生活在这一社会里的人们普遍接受。

我们又问道：“退亲时要不要先经过村里的人进行调解，还是一下子就闹到镇司法所里去了呢？”

陈平安回答说：“出了问题，首先是找媒人调解，有时也请村里的亲戚朋友们帮助调解。解决不了的，再由村干部进行村级调解，如果还不行，才由我们去进行正式调解。不过我们去调解时，也要先找媒人和村干部了解些情况，以便在调解时找到能够顺利解决问题的途径。”

说到这里，文堂村已经到了，于是大家放下这个话题，陈平安径直去找他的叔叔陈绍元去了，我们乘机采访了另外一位名叫陈雨开的老人。陈雨开老人 62 岁了，看上去身体依然非常强壮，为人热情爽朗，大家见面，寒暄了几句，我们便直奔主题地问了起来：“陈大爷，咱们这里假如有妇女丈夫不幸去世了，留下的女人能够带着孩子又招夫上门吗？”

“能。”

“招夫上门的时候要写个什么字据吗?”

“一般不写。”

“招来的丈夫需要改名字吗?”

“不用。”

“原夫留下的小孩要改名吗?”

“不改,跟原来一样的。以后再生可以跟招来的姓。”

“有没有家里有几个女儿,留下一个女儿招夫的?”

“有。”陈雨开老人每一次回答问题都非常简练,而且直截了当。

我们又问:“会留下哪个女儿?”

“按规矩留大的,但也要看情况,有时留下父母觉得好的。”这次陈雨开老人的回答显得详细多了。

“如果留下招婿的女儿又不幸死了,那怎么办?”

“男的仍然可以不走,当儿子养,还可以再招个老婆来。”看来陈雨开和我们逐渐熟悉了,话也多了起来。

“招上门女婿时,媒人到哪家去谈,先去男方家里还是先去女方家?”

“一般是先到女方家里谈。”

“女方要先送定金或者定礼吗?”

“不用。”

“招来的上门女婿要改姓吗? 是否还要给些补偿?”

“上门的一般都是男方家里经济困难,甚至没钱娶媳妇的才肯出来当上门女婿,所以可以给些补偿,有的也不给。”

“这种情况下怎么定亲?”

“带个媒人,再带两瓶酒、两条烟、两包糕点,图个吉利。”

“还要另外给钱吗?”

“不用。”

“如果不是招赘上门女婿,普通相亲结婚的,男女双方同意以后,第二次见面时,男的可以住在女方家吗?”

“可以,远一点的可以住。”

“男女能够住在一起吗?”

“不能,男的要住到隔壁一间。”

“女方什么时候去男方的家,能够住到男方的家里吗?”

“那要经过3到4次见面之后。”

“认过亲之后，还要做些什么？”

“男的到女的家里办桌酒席，认识一下女方的叔叔、姑姑亲戚们。”

“过门前要在男的家住一晚吗？”

“可以住，我们这里一般结婚后在娘家永远都不能同房。”

“这有什么讲究吗？”

“有人说，这对娘家风水不好。”

“什么时候算真正结婚？”

“以前讲拜堂算结婚。”

“以前指什么时候？”

“那远了，要到解放前。”

“现在呢？”

“现在要先拿结婚证，就是没有拿，办过酒席也算。”有时在农村把办酒席看得比办理结婚登记和领取结婚证更为重要。在当地村民的眼中，办酒席不仅仅是一个简单的仪式，而且是一种传统的公示行为，在热热闹闹的场面里，向所有生活在相同环境中的人们，表达一种“明媒正娶”的合法认同。

看来陈雨开老人对于婚姻的一些看法和司法所的陈平安所长有不少的区别，陈平安看重的是法律程序，而陈雨开老人显然更注重当地民间的习惯。为此我们也想听听陈雨开老人对当地退亲的看法。

我们问道：“咱们这里定亲之后，要是有一方不愿意了，提出退亲时怎么办？是不是还要找原来的媒人帮助办理？”

“还是找原来说合的媒人。”

“还要再次付给媒人钱吗？”

“给的。”

“退亲时，两家都要给钱吗？”

“哪家提出退亲的，哪家给媒人钱。”

我们赶紧问他，媒人参与退亲之后，原来给的定礼还要退吗？

“那要看是谁提出的退婚，如果是女家提出的退亲，一点也不能少，甚至男方给女方家帮过忙，误了工，都要来一天算一天工钱。”看来在结婚前，大家心里都有一本账。

我们又问道："如果是男方提出退亲时，原来送的东西女方会退吗？"

"一般就不要了，带口信就行。女的不要了，连东西也不要了。"

"仍然是由媒人带口信吗？"

"那倒不一定，一般人就行。"

"送的东西多的话，还会提出退亲吗？"

"不会了，送的东西多，男方是诚意的，所以提出退亲的很少。我们这里一般由女方提出退亲的多一点。"

我们接着问他："如果有一方提出退亲，而另一方不同意，怎么办？"

"也有这样的，但是最后还是要退。"

"还是请媒人去说吗？"

"是。"

"要不要请村里的村长或者族长参加？"

"不用，媒人就可以。"

我们换了个话题问他："您家的孩子认亲时，都送了些什么礼物？"

陈雨开想了想说道："贡枣、冰糖搞了一点，这是咱们这儿农村的习惯。还有两条烟、两瓶酒，一瓶红的、一瓶白的，还有点猪肉。"

"为什么送酒要一瓶红的、一瓶白的呢？"

"红的是给女人们喝的，白酒给男人喝。"

"你家孩子结婚时请媒人吗？"

"请了。他还退过一回亲。"

"看来，你也记了账。"

"记了，不到结婚，不能算是我家媳妇，不记账，花了多少钱，时间长了哪个还记得？"

"你家记账，你的儿媳妇知道吗？"

"她不知道，也许我儿子在结婚以后会给她看，好让她知道我们为了娶她花了多少钱。"说到这里，陈雨开大爷爽朗地笑了起来。

我们趁势提出想看一看当时他家儿子结婚时的账本，但陈大爷推脱说在儿子手上，没有能够让我们看到。

司法所陈平安谈到的情况，是已经发生纠纷，并且经过村、镇两级调解，甚至告诉到人民法院的极端情况，而陈雨开老人介绍的，则主要是村民之间可以自行调整和化解的情况，显然后者更为常见。此时，陈平安过来叫我们去他的叔叔陈绍元家,于是大家和陈雨开老人分手告别。在徽州农村,类似陈雨开这样的老人很多,他们日出而作,日落而息,过着平淡的日子,而且这样的日子还将继续延续下去。

陈绍元家就在文堂村大路旁边,陈绍元之子曾经学过医,现在回到村里开了一个小诊所,从事医生工作。也许是陈平安刚才给他叔叔打了招呼,陈绍元和妻子汪慧芳已经在诊所里等待我们。诊所就开在家里的,坐北朝南的三间房子,东边的一间作为诊室,用于给患者诊病;西边一间兼作家人起居,中间的则具有混合功能,墙上张挂着一些批准从事医疗活动的证照,也陈放着一些桌椅,看上去干净整齐,既可作为客厅接待来客,又可提供给病人在此候诊。类似的农村小诊所在我国很是常见,尽管显得简陋,不过平时的头疼脑热都可以在这里得到医治。当然如果遇到大病或者疑难杂症,还是需要转到镇上或是县城里的大医院进行治疗。

陈绍元夫妻看上去有六十多岁,穿戴得整整齐齐、干干净净,看来生活条件不错。陈绍元主动介绍说他家有两个女儿和一个儿子,大女儿玉英就是招的上门女婿,当时因为儿子年幼,家中缺少强劳动力,所以就招了邻村汪家的儿子汪宪和上门。当时立了婚书,汪宪和入赘后要改姓陈,并作为陈绍元的过继子,汪宪和的名字中“和”字和陈家祖上的名字相同,所以要避讳,根据“鸾凤和鸣”的意思将“和”字改为“鸣”字。说到这里老人家还掏出一份 1982 年招赘时候的“志愿书”来,志愿书是在大红纸上用墨笔写成的,虽然经过了二十几年的时间,仍然色彩鲜亮,显然是陈家妥善保管的结果。

1982 年陈绍元、汪宪和入赘婚约志愿书(祁门·闪里)

立志愿书人 陈绍元
汪宪和 兹因汪宪和与陈绍元长女陈玉英有婚姻之缘,今经双方协议,陈绍元同意汪宪和与长女陈玉英为配偶,并继宪和为长子,改原姓汪为陈,又因宪和原名与陈姓祖上人同字,故改为陈宪鸣。

陈绍元与汪宪和自立志愿书之日起,对宪鸣以亲子对待,即于今后继承权宪鸣与小弟玉鸣各半平分。陈绍元继陈宪鸣为子,其目的是为传宗接代,即继为陈宗之子,今后没有任何理由又改回姓汪。陈宪鸣既继与陈绍元为子,今后陈绍元夫妇年老丧失劳动能力要与小弟玉鸣共同负担一切生活费用，并送老归山。如宪鸣不负担二老老年生活费用和送老归山后，而改为他姓，即全部家庭财产继承权全归玉鸣所有。恐口无凭，特立此志愿书为证。

立志愿书人　陈绍元

陈宪鸣

中证人　汪宪文

王十

叶金

王绍均（押）

陈发廷（押）

王宝明

万道长（押）

秦炳火（押）

陈月秋（押）

陈秋原（押）

陈雨庆（押）

陈安兴（押）

执笔人　王潭根（押）

公元一九八二年农历四月十五日　立

这份《志愿书》带有很多传统民间私约的特征，如果不是因为上面明明白白地写着“公元一九八二年农历四月十五日立”，很难直观判断这个私约建立的历史时期。建立契约的当事人为陈绍元与汪宪和，值得注意的是，在《志愿书》的起首，使用的是“汪宪和”的原名，但在《志愿书》全部书写完毕之后的落款签字处，已经依照双方的约定，改用“陈宪鸣”的名字，表明了此份志愿书自签字之时，即已经开始生效。《志愿书》主要包含了两方面的内容：一是约定了汪宪和与陈绍元长女陈玉英自此结为夫妻，汪宪和从此入赘陈家，改姓“陈”并因避陈家祖先讳而改名；二是约定了双方就入赘一事各自应当承担的权利与义务。根据《志愿书》的约定入赘后陈绍元需对陈宪鸣以亲子相待，并给予陈宪鸣一半的财产继承权；而陈宪鸣在获得一半财产继承权的同时，应当为陈家传宗接代，并负责为陈绍元夫妇养老送终,且任何情况下都不得改回原姓。同时双方还约定"如宪鸣不负担二老老年生活费用和送老归山后,而改为他姓,即全部家庭财产继承权全归玉鸣所有",作为附带条件,表示如果陈宪鸣不能履行其应当履行的义务,则可能丧失原有的财产继承权。

参与《志愿书》制定的人员较多,我们大致问了一下陈绍元老人,他指了指《志愿书》上面的人名说,除了陈家和汪家的近亲之外,还请了他女儿的舅舅和村委会的干部一同作为见证人。显然他这样做的目的是防止将来出现可能的变故,如果在他身后陈宪鸣不能履行《志愿书》中约定的附带条件,或者擅自改回原姓,那时所有的见证人都会出来主持公道。这就是如同著名法学家俞荣根先生在《羌族习惯法》一书中所称:"法不仅仅体现为一种规范,还蕴含着人们对安身立命的人生追求,对富足、祥和、有序的价值渴望。在国家制定法的影响力无法波及的地区或者虽有波及但人们仍是依照祖祖辈辈形成的习惯乡俗生活的地区,人们对法的理解与渴望恐怕不只是抽象的国家颁布的写在纸上的条文,而更看重的是在此情此景中应该怎么做和不应该怎么做的成功经验和惯例。"

陈绍元的大女儿玉英招赘以后,就在绍元家附近建了新房,就像很多故事里说的那样"于是他们二人幸福地生活在一起"。19 年以后,陈家的亲生儿子陈玉鸣也长大成人了,终于也到了谈婚论嫁的时候,2001 年 12 月,玉鸣结婚了,按照当地的习俗,陈家要为玉鸣大办婚事,免不了要按照当地的习惯,先由媒人说合,再经过下定礼,选择吉日,最后摆酒席办喜事。由于我们来得晚了几天,没有看到玉鸣婚礼的盛大场面,但是还是能够从陈绍元家精心保存的结婚时收受喜礼的账本中了解当时的来宾情况和收受的礼金、礼品。

2001 年 12 月玉鸣结婚喜礼本(祁门 闪里)

4/12 叶金旺兄 200.00 元　三环烟一条 大炮竹一扎

4/12 陈文孝表姐夫 60.00 元

8/12 程永清 600.00 元

9/12 周华庆 500.00 元

13/12 张伯禄 60.00 元

11/12 陈宪鸣 1500.00 元(礼单较长,以下不计人名,按出礼数字排列)

此外 2000 元一人;

280 元一人；

200 元五人（其中有二人共出资 200 元）；

120 元一人；

150 元一人（五人共计出资 150 元）；

100 元十四人；

80 元二人；

68 元一人；

60 元十人；

50 元二十五人；

40 元十三人；

30 元四人；

20 元八人。

共计 79 人次，共计礼金总数为 10748 元[1]。

此外实物部分尚有：米类共 42 斤；面粉 36 斤；面条 8 斤和 10 筒（挂面）；糕 2 个；碗 20 个；烟 2 条；棉衣 1 套；毛毯 2 条；被面被单共 9 床；绒被 1 床；爆竹 19 包；蜡烛 1 对。

陈玉鸣婚礼时共有来宾 79 人，这里说的 79 人是指 79 个送礼的主体，实际上代表了很多家庭和亲友，平均一家亲友有两至三人出席婚礼宴会，因此据陈绍元介绍，当时摆了近 30 桌，共有大约 300 人前来贺喜。因此陈绍元家需要事先准备满足 300 人参加婚宴的食品、菜肴和烟酒，当然还要事先准备鞭炮、蜡烛、糖果以及厨师的报酬。陈绍元家保存下来的当年用大红纸写下的婚礼宴席菜单，成为我们这次调查中不但有趣而且十分有意义的发现。

（2001 年 12 月陈绍元之子陈玉鸣婚礼宴席）菜单

食　盐五斤

大　米六升

梳妆烛一对

---

〔1〕 按：根据礼单统计的结果实为 78 人，但礼单自行统计人数为 79 人，总钱数按礼单统计 10748 元，但根据礼单记录的计算结果为 10268 元，相差 480 元，可能礼单有漏记。

猪　肉一百斤
鲜　鱼十六条
猪　油五斤
牛　肉一十斤
鸡　爪十四斤
香　肠一十斤
甲　鱼十三个
五香花生七斤
香　芹十三斤
鲜香菇十四斤
苹　果二箱
鲜　桔二十斤
鸡　蛋一百二十个
猪　肝二斤
冬　笋一十斤
五香干一百块
土　鸡一只
地　瓜十二斤
白酒二十瓶(12～15 元瓶价)
甜　酒十瓶
盛唐烟五条(3 元包)
一品黄山四条(4 元包)
黄　山四条(5 元包)
水果糖二十五斤(小包装)
贡　枣二斤
虾　米一斤
五千响大地红二盘
二千响大地红三盘
五百响大地红三十包
二百响大地红三十包
十六响一十包

二十五响一十包
振堂烛一对
开面包一个
发被包一个
厨　资一百元
黄　豆三十斤
花　生一十斤
瓜　子一十斤
红辣椒六斤

据陈绍元向我们介绍，这场婚礼共计花了 5000 多元。事后我们向当地市场管理部门做了简单的了解，即便按照 2001 年前后的物价统计，上述物品共计需要耗资 4000 元以上，尚不包括陈家另需付出的燃料费和人工费以及交通费用，因此据陈绍元所说的婚礼费用是可信的。虽然陈绍元家收受礼物超过 10000 元，但是按照当地乡村的习俗，在传统的熟人社会里，婚庆所收受的礼物不仅仅是自然状态下的人情往来，更体现出这种社会环境下群体互助的本质特征。群体互助属于社会共同救济，即生活在同一社会的人群，自发组织或者自动存在的救济行为，在需要时这种救济可以体现出相对强劲的力量，并且可以在短时间内通过互助的形式集中人力或者物力，用于解决在这个社会中单独的个体无法应付的局面。在我国现在的农村社会中，这种互助性的共同救济行为普遍存在，甚至在城市相对熟悉的人群里也同样存在，并且成为一种习惯。当然，受到救济的当事人，相应存在对互助必然的回报，从而进一步推动了这种共同救济的稳定性。陈绍元家收到了 10000 多元，可以满足其子陈玉鸣大部分婚礼需要，不但在短期内满足了陈家的物质需求，也使陈绍元能够为其子举办了一场既体面而又热闹的婚礼。当然所有参加婚礼的人们，也可以从中得到喜悦和满足。陈绍元之子陈玉鸣在婚礼上收到的礼物，习惯中也被称作“人情债”，属于传统社会中的“礼”的范畴，即俗话所说的“来而不往非礼也”。在当地人的观念里，现在收受的礼物在将来他人家里有婚丧嫁娶一类情况时，是需要回礼的。对此司法所陈平安所长对我们说，陈绍元现在记下的账，正是为了方便在日后回礼时有个参照和依据，同时他还说道这次送礼的多少，主要决定于亲疏关系，一般关系近的送的礼物会重一些，比如陈绍元入赘的女婿，即继子陈宪鸣，送来1500元，是礼金中数字最高的，体现了手足情谊。陈平安还介绍说，现在礼单上记录的数字将来在回礼时，基本上就是返还给相对应一方的礼物数量，当然可能还会稍高一些，借以表现除了经济上的回报之外，还可以相应体现更多的亲情观念。通过对陈绍元之子陈玉鸣结婚礼单收入和支出的比较，直观上似乎收受的礼金要多于婚礼宴席支出的费用，但是考虑到日后回礼，以及相应的“人情债”等因素考虑，这种普通民众之间婚礼的礼金收入，更多地体现出习惯中的互助性，而非单纯的赢利目的。当然现行社会中，具有职权或者在集体经济中的强势人物，通过举办婚丧嫁娶借以敛财的现象同样存在，但这与陈绍元家收受结婚礼金的本质明显有别。

告别陈绍元全家之后，陈平安送我们返回闪里，路上我们又再次问起了为什么这里有嫁出去的姑娘与丈夫一起回到娘家时不许同房的问题。陈平安想了想说：“按照这里的规矩，认为嫁出去的姑娘回娘家时和丈夫一起同房，会不吉利，这里的人们认为这样做会将娘家的‘种子’带走。如果女人在外面偷老公的时候，到女人家里睡是可以的，这种女人到男人家里去睡也不行。因为有人认为女人偷男人时，在男家睡觉，会将男人家的‘种子’带走。按照当地老人们的说法‘女家上床、家败财亡；男家上床、子孙满堂’。”说到这里大家都笑了起来，这种风俗中似乎带有强烈的种姓社会的遗存，显示着男女社会地位的不平等。下午我们和陈平安告别，前往祁门的汉口村继续进行调查。

汉口村属祁门县的祁红乡，在2000年2月、2004年12月两次被评为县级民主示范村，2004年度目标考核责任制工作中荣获全县综合考核第一名。因为县里面曾经和汉口村村委会打过招呼，据说村长查显怀已经两天前就开始等待我们到来，并且据说为了“配合”我们的调查，做了充分的准备。

刚一见面查村长便像背书一样，开始熟练地向我们介绍他事先准备好的汇报材料：祁门县植被覆盖率为80%，其中祁红乡高达90%，以汉口村最为突出。林木、茶叶、菌类生产是这里的三大支柱，特别是茶叶，世界闻名的祁门红茶就是出自这里。祁红乡共有村民6000多人，外出务工的近2000余人，务工经济收入占全乡总收入一半左右。其中汉口村共有230多户,外出务工的就有260多人,平均每家一人以上。我们一干人等呆若木鸡般地听着查村长介绍这里的自然环境,他一边说,我们一边记,就像一帮学生在聆听教师的讲课。查村长看见我们毫无反应,便开始转换话题,接着说:本地属于贫困地区,据统计去年的年人均收入只有1300多元,并且历来属于缺粮区,靠自己耕种,根本不足吃用,所以主要依靠外出务工收入,欢迎外界朋友来这里投资,县乡两级提供各种优惠条件……

接着查村长给了我们一些村里事先准备的文件,是一份较为完整的当地农民组建竹业协会的有关资料。

××年祁红乡汪家竹业协会章程[1]（祁门）

祁红乡汪家竹业协会章程

第一章 名称 会址 范围

第一条 本会名称为祁红乡汪家竹业协会。

第二条 本会会址是安徽省祁门县祁红乡汉口村。

第三条 本会范围包括汪家组全体农户。

第二章 性质 宗旨

第四条 本会遵循自愿原则。由从事竹业生产、经营的劳动者和具有相关技术的个人,在自愿的基础上,联合组建起来的技术经济合作组织。

入会自愿,退会自由。

第五条 本会遵循互利原则。在家庭经营的基础上,实行统一经营和分散经营相结合的双层经营体制。以共同经营方法增加会员的经济收入和改善会员生活,实现共同富裕。

第六条 本会遵循平等原则,会员享有的权利和义务平等,实行一人一票制。

第七条 本会遵循民主原则,实行民主管理和民主监督,会员是本会的主人。

第八条 本会的业务有:

一、为发展竹业生产,联合从事科技开发、技术咨询、技术推广、技术服务。

---

〔1〕 祁红乡汪家竹业协会章程,原件中没有具体年代,带有草稿色彩,整理时一如其旧,未作变动。

二、为参加市场流通和竞争，拓宽流通渠道，建设营销网络和竹业市场，运销会员生产、加工的产品。

三、为实现农产品增值，联合进行生产、加工、销售一体化经营。

四、为谋求会员的共同发展、联合开发其他业务。

第九条　本会接受所在地科协和农业部门的指导和管理。

第三章　成立登记

第十条　本会至少由三人以上的专业生产、经营者组成。

第十一条　本会的设立由发起人发起，成立筹备小组，制定章程，召开创立大会，通过章程，选举理事、监事，确定工作任务，于一个月内，向当地主管机关登记。

应当向登记管理机关提交下列材料：

一、登记申请书；

二、章程；

三、办事机构地址和联络人姓名；

四、理事、监事的姓名、性别、年龄、籍贯、职务、住址；

五、会员数额。

第十二条　主管机关接到登记申请书后，应于十五日内予以批复。

第四章　会　　员

第十三条　本会会员，应具有以下资格：

一、年满十八岁；

二、从事专业生产、经营、技术者；

三、承认本会章程。

第十四条　同本会专业有关的企业、事业单位，以及愿意支持本会发展生产、经营的单位，可申请为团体会员。

第十五条　申请参加的个人和团体，要填写入会申请书，也可以口头申请；经理事会批准，即为本会会员。有必要的发给《会员证书》。

本会设立会籍登记簿。按会员姓名、性别、年龄、籍贯、住址、入会日期等进行登记。

第十六条　会员权利

一、参加会员大会，享有表决权、选举权、被选举权；

二、享有民主管理权和监督权；

三、优先和优惠接受产前、产中、产后服务，有权参加服务工作；

四、优先参加生产、加工、销售一体化经营。

第十七条　会员义务

一、遵守本会章程和会员大会决议；

二、接受本会指导，严格履行签订的承包、服务、运销等合同；

三、参加本会组织的生产、经营等活动；

四、完成本会委托的任务。

第十八条　本会会员有退会自由

退出本会要在财政年度结束前一个月提出申请，经会员大会讨论通过，履行有关合同，清算债权债务后，办理退会手续。任何会员不得中途退会。

第十九条　会员有下列情况之一，由理事会决议，予以除名。

一、被剥夺政治权利者；

二、不遵守本会章程和会员大会决议；

三、给本会正当利益带来严重损害者。

会员除名，必须有三分之二理事出席；出席理事三分之二的票数通过方能生效；对理事、监事的除名，由会员大会决议，若人员变动，可另行产生。

第五章　机构设置

第二十条　本会的机构设施如下：

一、会员大会；

二、理事会；

三、监事会；

四、合作企业经理、厂长联席会。

第二十一条　会员大会是本会最高权力机构，由全体会员组成。会员大会的权限是：

一、通过理事会和监事会的工作报告；

二、选举理事会理事、监事会监事；

三、通过上年度财务决算；

四、通过本会内部的各种规章制度。

第二十二条　理事会是本会的执行机构，由 3 ~ 13 名理事组成。理事任期3年,可以连选连任。由理事会选举产生理事长,副理事长1~3人,负责本会日常工作。

理事会的权限是:

一、执行本会章程和会员大会决议;

二、制定生产、经营计划和技术成果推广计划,经会员大会通过后,负责组织实施;

三、任免合作企业厂长(经理)、本会管理机构工作人员,制定奖惩办法;

四、审查本会财务收支情况;

五、代表本会签订合同、协议。

第二十三条 监事会是本会的监察机构,由3~5名监事组成。会员较少者设监察员1~2人。监事任期3年,可以连选连任。理事及其亲属、财务人员不能担任监事。

由监事会选举产生监事长,副监事长1~2人。

监事会的权限:

一、监督理事会对章程和会员大会决议执行情况;

二、维护会员的合法权益;

三、监督本会的财务和经营情况。

监事会有权代表列席理事会。

第六章 财　　务

第二十四条 本会建立财务、会计制度,实行核算。

第二十五条 本会建立定期向会员大会公布财产和财务收支制度,一般为六个月,至多不得超过一年,以接受会员监督。

第二十六条 本会同会员共同进行生产、销售、加工等经营活动,严格执行合同和有关规定,正确处理本会和会员之间的利益关系。

第二十七条 本会实行资助分配原则。除提留必要的公积金、公益金等外,实行按劳分配和按股分配的分配办法,实行惠顾者原则。提留和分配比例由会员大会决定。

第七章 会　　议

第二十八条 本会会议,分下列三项:

一、会员大会,每年至少召集一次;

二、理事会，每六个月至少召集一次；

三、监事会，每六个月至少召集一次。

第二十九条 本会根据专业生产和经营的需要，及时组织技术交流、技术培训、新技术推广、普及科技和市场经济以及管理知识等活动，不断地提高会员的科学文化素质。

第三十条 会员大会由理事会召集。召集前，经书面载明召集事由及决议事项，通知会员；也可以口头通知。

第三十一条 会员大会应有三分之二会员出席，才能开会；出席会员过半数同意，决议事项，才能生效。

第三十二条 会员不能出席会员大会时，可委托会员代理，同一代理人不得代理二人以上的会员。

第三十三条 理事会，由理事长召集。

理事会应有半数理事出席，才能开会；出席理事过半数同意，决议才能生效。

第三十四条 监事会，由监事长召集。

监事会应有半数监事出席，才能开会；出席监事半数同意，决议才能生效。

第三十五条 本会会议必须做好书面记录。分别写入《农村专业技术协会工作手册》。会议做出的决议，除做好会议记录外，还应由会议主持人签字。

第八章 解散及清算

第三十六条 本会有下列各款之一者，应予解散：

一、章程所定解散的事由发生；

二、会员大会决议解散；

三、与其他专业技术协会合并；

四、破产；

五、命令解散。

第三十七条 本会决定解散时，应对本会财产和债权、债务依法进行清理和清偿。

第三十八条 本会决议解散，应于一个月内向主管机关申请注销登记。

第九章 附 则

第三十九条 本章程经会员大会通过生效。

第四十条　本章程由会员大会通过后，报主管部门备案。

第四十一条　本章程可根据本会发展需要由会员大会进行修改或补充。

一　理事会成员名单					
姓名	性别	年龄	籍贯	职务	住址
汪记书	男	51	祁门	理事长	汉口村汪家
汪利强	男	52	祁门	副理事长（兼秘书长）	汉口村汪家
汪记彩	男	59	祁门	理事	汉口村汪家
汪道金	男	65	祁门	理事	汉口村汪家
汪克家	男	60	祁门	理事	汉口村汪家
二　监事会成员名单					
姓名	性别	年龄	籍贯	职务	住址
查显怀	男	32	祁门	监事长、村第一支书（乡科技副乡长）	汉口村
谢宜生	男	50	祁门	监事（乡农办室主任）	乡农办室
汪五九	男	58	祁门	监事	汉口村汪家
三　会员名单					
汪五九	男	58	祁门	农民	汉口村汪家
汪道良	男	32	祁门	农民	汉口村汪家
邱亚娟	女	45	祁门	农民	汉口村汪家
汪辉前	男	40	祁门	农民	汉口村汪家
邱秋红	女	43	祁门	农民	汉口村汪家
汪记彩	男	59	祁门	农民	汉口村汪家
汪传伟	男	42	祁门	农民	汉口村汪家
汪自强	男	51	祁门	农民	汉口村汪家
汪积家	男	46	祁门	农民	汉口村汪家
汪利强	男	52	祁门	农民	汉口村汪家
汪成金	男	57	祁门	农民	汉口村汪家
汪梦强	男	48	祁门	农民	汉口村汪家

续表

三　会员名单					
姓名	性别	年龄	籍贯	职务	住址
汪开运	男	60	祁门	农民	汉口村汪家
汪记家	男	46	祁门	农民	汉口村汪家
汪爱国	男	38	祁门	农民	汉口村汪家
汪记书	男	51	祁门	农民	汉口村汪家
汪定东	男	28	祁门	农民	汉口村汪家
汪新碌	男	70	祁门	农民	汉口村汪家
汪林木	男	42	祁门	农民	汉口村汪家
汪记松	男	65	祁门	农民	汉口村汪家
汪克家	男	60	祁门	农民	汉口村汪家
戴福平	男	32	祁门	农民	汉口村汪家
戴福光	男	40	祁门	农民	汉口村汪家
汪发前	男	47	祁门	农民	汉口村汪家
汪记划	男	26	祁门	农民	汉口村汪家
夏友龙	男	27	祁门	农民	汉口村汪家
汪五芬	男	28	祁门	农民	汉口村汪家
金碌花	女	29	祁门	农民	汉口村汪家
汪永忠	男	30	祁门	农民	汉口村汪家
戴福利	男	31	祁门	农民	汉口村汪家
汪道金	男	32	祁门	农民	汉口村汪家
汪昔广	男	33	祁门	农民	汉口村汪家
汪积金	男	34	祁门	农民	汉口村汪家
方金菊	女	35	祁门	农民	汉口村汪家

这份农民组建的竹业协会的章程，显然套用了《公司法》和当前流行的股份制企业的一般性规定。根据该章程的规定，全村村民均为竹业协会的会员，享有会员应有的权利和义务。但该章程没有具体日期，也没有批准单位，因此对这一章程的效力，很难做出客观评价。

也许随行的塔坊乡司法干部看出了我们的心思，低头和周围几位村干部们商量了一下,然后一再解释说,接到县里指示,要求我们配合几位学者的调查,这是一宗塔坊乡村民关于炭窑的纠纷,很有代表性,接着他递给了我们几份塔坊乡民事调解的资料。

2004年塔坊乡村民江夏茶与李爱眉纠纷调解(祁门)

(塔坊乡)人民调解委员会

卷　宗[1]

卷宗类别:生产经营

卷名:李爱眉把江夏茶的闭炭窑搕破了而发生纠纷

年度:2004　　卷　　号　1

调解员:方岭强　　调解日期:2004.1.15

立卷人:方岭强　　立卷日期:2004.1.14

保管期限:

备注:经乡人民调解委员会调解,当事人达成了协议

调解申请书

当事人(自然人姓名、性别、年龄、民族、职业、单位或住址、法人及社会组织的名称、地址、法定代表人姓名和职务):

江夏茶,女,44岁,文盲,住响潭村朱溪组,务农。

纠纷事实及申请事项:兹有塔坊乡响潭村朱溪组村民江夏茶与本组村民李爱眉发生纠纷一事请求政府给予处理介入。

事情经过:本人因拔山造林(长湾里),将山上柴火拉下山,烧闭炭,经协商在朱国兵地里建窑烧炭,因炭窑出口在爱眉地畔上出炭出口,事前也与爱眉协商好,但是烧炭口都在畔上,爱眉不分青红皂白出于破坏之心起红眼病,等我窑烧在正兴时,突然于本月4日早晨用棍棒将炭窑撬掉,炭窑中尽有5.6千斤柴火,可烧600多斤成品炭化为灰烬,折合人民币经济损失近有300元人民币,请求予以赔偿。本人意见是:1.爱眉在她自己山上砍柴火1窑装好,窑顶结好点火烧为止;2.如果同意赔偿经济损失折合人民币一千元,以上2条任选一条。

---

〔1〕按:原件为装订一册,封面为格式化的印刷件,主要内容包括案卷名称和调解日期、立卷日期,等等。原卷装订较为混乱,整理时按日历日先后顺序进行了调整,其他文字均从原件。

特申请(塔坊乡)人民调解委员会予以调解。

申请人(签名):江夏茶　　申请日期:2003 年 12 月 5 日

调查笔录

时间:2004 年元月 15 日　　　　地点:李爱眉家

事由:李爱眉搕江夏茶窑　　　　参加人:

被调查人:李爱眉

笔录:问:基本情况?

答:我叫李爱眉,女,32 岁,小学,住响潭村朱溪组,务农。

问:江夏茶讲你把她的闭炭窑搕了,有没有这回事?

答:有这么回事。

问:你为何事搕她的窑?

答:江夏茶的 10 元钱的茶棵损失费没有给我,并且还骂我,如果窑不搕了,窑就烧着不断,我茶棵就保不着,并且江夏茶的窑没有烧时,我就警告了她,叫她不准烧,她要强烧,我没有办法,就搕了窑。

问:你搕江夏茶的窑是在什么时间?

答:大约在 12 月 4 日。

问:你搕她(江夏茶)窑时,江夏茶的窑烧没烧?

答:我搕窑时,江夏茶的窑刚烧着。

问:你还有什么事讲?

答:事情发生后,储金海扬言讲不准我们孩子在他的门口过。并讲事情解决不好要报复。

问:你对搕窑有什么看法?

答:如果江夏茶还想烧,我就帮助她修窑。并且只同意她烧 2 窑,烧好后,把地形恢复好,如果她不想烧窑,我适当负担她的一点损失。

问:江夏茶烧窑和你协商了没有?

答:协商时我只同意她开一个火嘴,柴不能放在我的茶地里。

被调查人(签名):李爱眉　　　　调查人(签名):方岭强

记录人(签名):方岭强

调查笔录

时间:2004 年元月 15 日　　　　地点:江夏茶家

事由:李爱眉搕江夏茶窑　　　　参加人:

被调查人:江夏茶

笔录:问:基本情况?

答:我叫江夏茶,女,44 岁,文盲,住响潭村朱溪组,务农。

问:李爱眉为什么搕你的闭炭窑?

答:邻里爱眉讲我的 10 元钱没有给她。

问:李爱眉讲的 10 元钱是什么钱?

答:10 元钱是我烧窑损坏李爱眉茶棵的钱。

问:10 元钱你为什么没有给她?

答:我在响潭村洪村组替她运输打石头的机子到朱溪来,她没有给我钱,她问我拿 10 元钱的茶棵损失费,我说用那装打石头的运输费低(抵)。

问:你的闭炭窑在什么地方,是谁的窑基?

答:在长湾里,窑基是朱国兵的,窑门前李爱眉有两个茶棵。

问:你烧窑和李爱眉协商了没有?

答:2003 年农历十一月初二(阳历 11 月 26 日),我丈夫储金海晚上到她(李爱眉)家协商。

问:你和李爱眉协商好了没有?

答:协商好了,我晚上和李爱眉协商,李爱眉没有作声,李爱眉的父亲胡金德和李爱眉的母亲夏菊英都同意让我烧,我丈夫储金海就给了胡金德 10 元钱作为茶棵损失费,第二天早上,胡金德又把 10 元钱拿来给我,并讲 10 元钱就算了,你把两窑闭炭烧了就算了。

问:李爱眉什么时间搕窑的?

答:李爱眉是 12 月 26 日下午 2 点左右去搕的,后来我把窑修好,把第一窑烧了。

问:你还有什么情况?

答:第一窑烧好后,我就接着烧第二窑,正在烧的时候,李爱眉于 2003 年 12 月 4 日早上又把我的窑搕掉了。

问:你的窑里有多少柴和炭,损失多少?

答:我窑里有 3000 至 4000 斤的柴,烧成炭约有 650 斤,按 50 元 100 斤计算,损失约300多元钱。

问:你有什么要求?

答:要求你(李)爱眉把(帮)我装一窑柴,把火点着就算了。

问:你还有什么情况?

答:我烧窑的窑基在2002年下半年就与朱国兵和胡志强(李爱眉的丈夫)协商好的。

被调查人(签名):江夏茶　　调查人(签名):方岭强

记录人(签名):方岭强

人民调解协议书

编号:1

当事人(自然人姓名、性别、年龄、民族、职业、单位或住址、法人及社会组织的名称、地址、法定代表人姓名和职务):

江夏茶,女,44岁,文盲,住响潭村朱溪组,务农。

李爱眉,女,32岁,小学,住响潭村朱溪组,务农。

纠纷简要情况:(江夏茶在朱溪长湾里烧闭炭窑,李爱眉认为江夏茶烧窑损害其茶棵,于2003年12月4日早上把江夏茶的窑搕破了。)

经调解,自愿达成如下协议:

一、李爱眉赔偿江夏茶烧窑损失费捌拾元整;

二、闭炭窑破了归江夏茶修理;

三、江夏茶窑烧好后,必须把窑门前地平好,不能再损坏茶棵;

四、双方今后决心遵纪守法,不再争吵。

履行协议的方式、地点、期限:

当事人(签名或盖章):胡志强

调解员(签名):方岭强　　2004年元月15日

民间纠纷受理调解登记表

纠纷类别：生产经营　　　　　　　　　　　　　　　　　　编号：1

当事人（自然人姓名、性别、年龄、民族、职业、单位或住址、法人及社会组织的名称、地址、法定代表人姓名和职务）：

江夏茶，女，44岁，文盲，住响潭村朱溪组，务农。

李爱眉，女，32岁，小学，住响潭村朱溪组，务农。

纠纷简要情况：（江夏茶在朱溪长湾里烧闭炭窑，李爱眉认为江夏茶烧窑损害其茶棵，于2003年12月4日早上把江夏茶的窑搕破了。）

经调解，于（2004）年（元）月（15）日达成如下协议：

协议履行情况：

登记人（签名）：方岭强　　　　　　　　　　登记日期：2004年元月16日

江夏茶与李爱眉纠纷调解案的资料较为齐全，全卷包括调解申请书、调查笔录、人民调解协议书和民间纠纷受理调解登记表等，表明这次调解经过了申请、调查、达成调解协议和最后登记造册四个主要程序。调解结果经双方当事人以协议的形式形成合意，经向村委会干部了解，调解后双方当事人已经按照协议的内容予以落实，没有再发生新的纠纷。

这种民间调解程序简单，因当事人同在一村，调解时当时在场，所以在调解协议完成时已经做到了即时调解、即时送达并即时生效。调解书中甚至还约定了"1. 李爱眉赔偿江夏茶烧窑损失费捌拾元整；2. 闭炭窑破了归江夏茶修理；3. 江夏茶窑烧好后，必须把窑门前地平好，不能再损坏茶棵；4. 双方今后决心遵纪守法，不再争吵"。这是调解中涉及对于标的物的具体执行日期，当天调解，当天送达，当天执行，这样的效率只有与当事人生活在一起的乡土社会中的最基层组织才能够做到。除了调解效率之外，还可以从中了解到执行能力的权威性。如果这个案件按照司法程序，起诉到当地人民法院，由当地人民法院组织庭审，经过开庭、法庭调查、举证、质证、辩论、陈述等程序，再经过批准，下达判决，再到申请执行，直至最终得到执行，不但过程需要较长的时间，而且还需要很高的成本。基层民间调解组织的调解，只需将当事人喊到村委会，大家一杯茶，彼此几句话，写个几寸长的调解书，签字画押，当面认账，人手一张，立即生效，马上执行，便可案结事了。能够做到这一点靠的是公权力的支持,同时也需要依赖在村民中长期存在的共同遵守的一种“秩序”,正是这种“秩序”使基层调解组织的权威性既得到了来自于上面官方的支持,同时也得到了来自于下面村民的认可。这种“秩序”是这个村庄的群体成员,在长期的生存斗争中自发地建立起来的一种满足生活和生产需要的行为规范。这种规范是全体成员约定俗成的,所以在那个相对固定的环境中,有着很强的公信力。

离开祁门县之后,决定取道黟县前往歙县进行复查。黟县号称“世外桃源”,地处黄山余脉打鼓岭脚下,由于交通闭塞,历史上极少受到战争劫难,这里留下了很多明清时期的古代民居,至今仍然保留较完好,其中西递村和宏村最负盛名,近年来已经成为旅游胜地。美溪村离宏村不远,因村口有溪水流经,且溪水清澈涟漪,两岸垂柳依依。相传在打鼓岭的大峡谷里有一处美丽的仙女潭,紧挨潭边高高兀立着一座神奇的山峰,形似拇指,当地人称作“拇指峰”。相传当年吕洞宾曾游历于此,见潭水溪流,氤氲四起,有几位年轻貌美的仙女在一片嬉闹声中或浣衣,或汲水,或梳理云鬓,于是吕洞宾大呼“美哉”,自此世人称之为“美溪”。美溪村保留着明清时期的古祠堂和古戏台等古代建筑,白墙黑瓦之间镶嵌着精美的砖雕和木雕,人临其境,宛如入山水画中,令人流连忘返。

美溪乡王乡长亲自陪我们一同前往,乡长是当地人,对这里十分熟悉,据他介绍说美溪乡总计有人口 4000 人,目前有 700 多人外出打工,外出务工的经济收入占农村总经济收入的三分之一左右。王乡长还提到他曾经到美溪附近的几个村庄做过一些调查,现阶段这里民间借贷的一般数额较小,而且也主要是在亲戚朋友之间进行,至于传统的民间摇会现象,现在已经很难见到。而且小额民间借贷绝大多数是以口头形式,书面合同形式较为少见。但近年来土地流转情况较为突出,有的年轻夫妇全家外出打工,就将土地交给其他人耕种,听说也有白让别人耕种的,也有收点租金的。如果外出打工的人回来,再将土地收回来自己种植。

我们问道:“这种民间自行转让土地承包权的,当事人双方有协议吗?”

“有,但都是口头的,现在也没有具体要求,如果上面有个文件就好了。”看来农村基层干部对土地流转问题已经感到很有压力,迫切希望能有具体可行的政策,以便进行管理。

和其他村庄见到的一样,村里大部分是留守的老人和儿童,很少见到青年人。乡里的领导引领我们见到了一位退休在家的中学教师，据说这位姓李的中学教师是村中颇有威信的文化人，而且经常替人代写契约文书。可惜我们见到李老师后，他三缄其口，而且不停地抬头打量我们，并从眼镜的斜上方，悄悄地观望陪同我们前来的乡村干部。最后他只是吞吞吐吐地说，村里曾经有人请他来代写“招夫养亲书”，都被他拒绝了，因为他认为这样的行为与法律不合，所以他不但没有写，还建议他们依照法律办事云云。

倒是美溪村的风景真的吸引着我们，宁静的乡村，到处荡漾着一种安详的气氛，在高大的空空荡荡的大戏台上，回荡着我们的声音，让人回忆起当年这里景致的繁华和人世间的悲欢离合。

郑村的发现

去往歙县的路上，沿途漫山无垠的油菜花，金黄色的一片，显示着盎然的春意。因为事先已经联系好，司法局的程局长在等待我们。程局长原来在公安部门工作了20余年，不久前刚刚上迁任司法局长。据说歙县司法局在新局长领导下，正在大搞各种培训，广泛开展了对民间调解、司法助理员和反邪教等工作的培训。据程局长介绍说，目前歙县民事调解工作开展得比较好，相应的各级调解组织和网络比较健全。去年全年共调解各类民事纠纷7000余起，其中调解成功的约6000余起，绝大部分纠纷通过调解得以解决，但也有调解不成功的，形成诉讼。

我们向程局长了解这里民事纠纷的主要情况，程局长对我们说，绝大部分都是土地纠纷，以承包田和宅基地的纠纷较多，并且他认为这和最初开展土地承包和分田到户时较为仓促，又没有可供借鉴的成功经验有着直接关系。由于最初留下了不少隐患，以致现在导致纠纷不断。同时他还举例说，比如在别人的土地上种的核桃树，最后如何判定核桃归属。另外因水利灌溉引发的争水纠纷也比较多，如果村民之间关系较好，往往不会引发太大的纠纷，像刚才提到的核桃树的问题，这里有一个纠纷就是争执双方的关系平时就不太好，最后其中一方村民弄死了对方的树木，将土地完全占有，引起较大的纠纷，还闹到了法院。还有这里土地抛荒的现象近年来也比较严重，外出打工的人口逐渐增加，家中留守的大部分是妇女和儿童，因此引发的家庭纠纷和婚姻纠纷急剧增加，成为当前基层司法部门必须面对的问题。

我们向他提起歙县棠樾村牌坊群文物保护和当地农民利益之间纠纷

的问题，因为这一问题曾经造成一批农民上访，引发了各界关注。程局长对我们说，棠樾村的牌坊群是重要的文物保护单位，作为国有资产进行登记和管理，现在由文物部门进行保护。但牌坊是建在集体土地上，因此应当照顾到当地村民的利益，最后在县政府的协调下，这一问题已经得到了妥善解决。在旅游收益上，适当照顾到当地村民利益，尽可能安排村民通过旅游加以就业，增加农民收入。程局长还特别向我们介绍说，随着旅游经济的发展，此类民事纠纷也有上升的趋势，附近宏村的村民也曾经因为文物保护和村民之间的利益分配问题发生过纠纷，甚至造成村民上访，这些问题是徽州地区近年来需要突出解决的问题。目前各级政府都在制定相关政策和制度，相信此类问题也会像棠樾村遇到的情况一样，得到妥善的解决。

我们向程局长了解当地民间契约问题时，程局长很痛快地对我们说，历史上徽州地区以歙县为中心，过去有很多儒商，因此当地居民文化素质较高，有“民重契据”的传统。现在这一传统依然存在，民间往往通过建立书面合同的形式约定各方的权利和义务。另外目前公证的业务量也很大，有时老百姓会自己花钱主动去找公证。歙县现有2个律师事务所，9名律师，基本上能够较好地提供法律服务工作。

程局长还建议我们到下面的郑村镇看一看，据他说那里村级司法建设工作开展得比较好，摸索出不少新的经验，并且还热情地主动给郑村党委副书记汪天平打电话，请他们协助。

由汪明昂副大队长开车送我们到郑村镇，郑村党委副书记汪天平和郑村法律服务所程志高接待了我们。程志高曾在司法所工作多年，以前是司法助理员，现在他的办公室门口的牌子上写着“维权工作站”和“创无邪教村镇办公室”，工作桌上摆着为考试要看的法律教材，名片很有特点，有个红底圆形的小标志，上画麦穗、齿轮，齿轮上的华表为中间点，天平位于其中，看来是程志高专门设计的，象征着他心目中的公平和正义。

王宏治教授（右一）、程洁教授（右二）在郑村法律服务所查看资料

郑村地处歙县西南约 7 公里，旧归歙县西乡，古时分为双桥、西溪两村，是徽州地区著名的古村落之一。至今保存古代牌坊 23 座，为徽州诸乡之最。其中建于元朝末年的贞白里牌坊是歙县现存的最古老的牌坊，据说因郑氏先人淡泊名利，羞于仕途，以“贞白”为家风，故得名。郑村的郑氏祠堂是歙县现存的第一大祠。郑氏宗祠气势最宏伟，根据记载最初是为了纪念元末郑玉而建成的。郑玉（1298 ~ 1358），字子美，徽州歙县人。元末休宁尹郑千龄之子，生于元成宗大德二年（1298），卒于惠宗至正十八年（1358），享年六十一岁。据史书记载郑玉“幼敏悟嗜学；既长，博通六经，尤精《春秋》。教授于乡，门人甚众，学者称师山先生，且既其地造师山书院”。曾拜翰林待制，奏议大夫，但郑玉辞疾不起，日以著述为事。后明兵至，玉正服自缢死。据《四库全书总目》记载，郑玉著有《师山文集》八卷、《遗文》五卷及《周易纂注》、《春秋经传阙疑》等传于世。郑玉死前曾经作诗云：“何时四海收兵甲，还向师山理旧书。”后人将其称为“师山先生”。郑氏宗祠建于明代成化丙戌年（1466），万历年间进行重修。1995 年，在美国友人安思远先生捐资下又重新大修。祠堂由门坊、门厅、寝堂、享堂和天井组成，全部是砖木结构，硬山顶、四合院式，空间高大。门厅七开间，进深八步。两边耳室各开一门，以供平时出入，总建筑面积 1867 平方米，现为国

家重点文物保护单位,经常有旅游者前来郑村参观郑氏祠堂。

在郑村村委会,我们看到一份《居民防范手册》和县里下发的《关于认真开展矛盾纠纷大排查大调处活动的通知》,以及《民事调解案卷》等资料。《民事调解案卷》封面上的目录中可以看到关于相邻关系纠纷、离婚纠纷、人身损害赔偿、土地使用权争议、排除妨碍、赡养纠纷、调换土地纠纷、田地承包合同纠纷等分类内容。遗憾的是当我们提出对这些资料进行拍照时,当地的官员面露难色,只是互相用眼神交流了一下,然后很客气地对我们说,目前正在整理,还需要一段时间,将来有机会时一定提供给我们。这当然令我们感到失望,但是在今天的农村进行社会调查时,类似这样的情况已经多次遇到,又不好过分勉强,于是大家互相笑了几声,让气氛得以缓和。

大概是汪天平副书记为了打破这种有些尴尬的局面,便主动向我们介绍起这里的一些情况。汪天平副书记说,以前郑村曾经有个"农业仲裁委员会",成员除了县、乡两级的干部之外,还有村委会和部分村民参加,主要工作是对农村在改革开放以后因土地承包等问题出现的纠纷进行专门的调解和仲裁。那一时期几乎每一天都有土地纠纷发生,有些是历史遗留问题,有些是因为最初推行承包制度时工作较为仓促,引发后续纠纷。当时的"农业仲裁委员会"调解过程中,对一半以上的此类纠纷束手无策,主要是缺少相应的制度和规定,往往需要等到上边有统一的政策之后才能够处理,所以仲裁委员会的工作似乎不太得力。看来汪副书记讲话具有很强的逻辑性,在调查中我们已经发现徽州地区农村基层干部无论文化水平还是政策把握能力都有很大提高,其中有相当多的乡镇干部受过良好的培训,有些还接受过大学以上的系统教育。汪副书记甚至和我们谈起了先贤的古训,他说古时以"田者让畔,道不拾遗"为治,他认为"畔"通"衅",继而他认为如今是"田者争畔",固然不利于农村社会秩序的稳定,但他又觉得因为无法可循,仍然要等候上边有了相应的政策才能处理,在政策出台之前作为基层干部只须耐心等待,而无须思考和创造。严格意义上说,现在的"衅"仅是"釁"的简化字,和"畔"并无直接联系,当然"釁"也有祭祀和争端的意思在内。郑村的"农业仲裁委员会"没有能够坚持多久,因为他们所需要的政策始终没有等来,"田者让畔,道不拾遗"的理想境界,暂时还无法实现。

程局长又补充说，上午他正在处理一个案子，案情大致如下：小儿子的父母、哥哥都死了，将其母亲的农业承包田给了小儿子，以后小儿子继续承包这块田地，并且按时缴纳了农业税。当时哥哥的妻子并无疑义，但后来国家要征用这块地，并给了一笔征用费，这时哥哥的妻子以自己是弱势群体为由，主张国家给的征用费中也应该有她一份，并告诉到人民法院。法院以最初她未提出异议为由，驳回了她的诉讼请求。之后她不服来到司法所要求进行调解，双方仍各持己见。虽然经过努力但现在该案仍然没有得到解决。程局长认为他们可能混淆了农业承包合同和家庭继承的关系，并提出这是两种完全不同的法律关系，承包是一回事，继承又是一回事，将农村承包田简单地用继承法的规定进行判断，可能会引发新一轮的矛盾与冲突。

也许是因为有司法局的领导在场，郑村村委会的干部只是在一旁垂手而立，脸上堆满了微笑，微笑中又带着几丝畏惧，显然在这样的环境下，我们不能指望得到更多的收获。于是大家决定留下一部分人继续和领导们谈话，悄悄地分出一些人马趁机溜出去，直接到农民家里进行采访。我们深知在农村进行田野调查，如果不得到“上面”的帮助和支持，也许同样会陷入另一种更加尴尬的境地。留在村委会的同志首先看到了官方给我们准备的文件，其中挂在墙上的镇党委工作目标任务和一组与农村合作医疗制度相关的公告引起了我们的重视。

郑村镇党委工作目标任务

高举邓小平理论和“三个代表”重要思想的伟大旗帜，深入贯彻党的十六大和十六届三中、四中全会精神，坚持以人为本，牢固树立并认真落实科学发展观，以“五个统筹发展”为统揽，以党建为总抓手，加强党委、政府执政能力建设，狠抓招商引资和项目建设，实施工业振兴计划和城镇带动战略，深入开展“效能推进年”。实现各项工作大突破，促进社会全面协调可持续发展，为把我镇建成“工业强镇、农业大镇、旅游名镇”的目标而努力奋斗！

2005 年工作主要目标：选好配强村两委班子，开展保持共产党员先进性教育活动，实施“双培双带”先锋工程，建立“双培双带”示范户、示范基地，全面推进发展党员全程联名推荐制，开展无职党员设岗定责工作。围绕增加农民收入和村集体收入，调整农业和农村结构，使农业总产值增长

8%，工业总产值增长15%，财政收入增长50%以上，农民人均纯收入增长5%，人口自然增长率控制在4%以内。全面完成签定的各项考核任务。

农村医疗制度在徽州调查中获得的标本较少，郑村村委会公告栏中的这一组农村医疗制度内容详尽，包括工作职责、奖惩制度、基金管理制度、投诉制度、就诊转诊制度和公示制度等，通过对这一组制度的初步分析，应当将其看作是在歙县范围内通行的农村医疗卫生制度，具有显著的代表性。

歙县新型农村合作医疗各项规章制度

乡镇合管所工作职责

一、贯彻执行新型农村合作医疗各项政策、方针，积极宣传新型农村合作医疗制度的意义、目的、内容，提高群众的参保意识。

二、负责参保人员入保金的收集与上缴。

三、协助县合管办对基金台账的管理和登记，为参保农民支付住院补偿金。

四、建立健全乡镇合管所管理监督制度，负责本乡镇信息报表的报送，及时公布账目，按照上级要求做好参保农民住院补偿费用的公示工作。

五、负责收集与反馈农民对实施合作医疗的意见与建议。

奖惩制度

一、对于符合下列条件的单位和个人，县新型农村合作医疗管理委员会进行表彰和奖励：

1. 严格执行新型农村合作医疗管理制度，在管理和推行中做出突出成绩的。

2. 合理使用基金，节约医疗费用支出，在控制资源浪费方面取得显著效益的。

3. 在查处违法乱纪工作中，公正无私，不徇私情，维护国家、集体利益，有突出成绩的。

4. 敢于坚持原则，在监督、举报不法行为方面有突出表现的。

二、对于违反新型农村合作医疗管理规定的单位和个人，依情节轻重，给予批评，行政处分及处以50～1000元罚款。情节特别严重的移交司法机关处理。

1. 徇私舞弊，弄虚作假，贪污、挪用、借支新型农村合作医疗基金，造成基金流失的。

2. 违背医疗管理规范，开人情方、大处方、分解处方、搭车开药，工作敷衍塞责及造成医疗纠纷，产生不良影响的。

3. 违反物价政策和收费规定，私立名目，非法购药，牟取暴利，损害国家、集体和个人利益的。

4. 出具虚假病历、处方、发票者。

基金管理制度

一、新型农村合作医疗基金由县新型农村合作医疗管理委员会负责统筹，县合管办负责承办基金的预决算和专用账户的管理，办理医疗费用补偿和结算手段。

二、认真贯彻执行国家有关法律、法规和方针政策，县合管办和乡镇合管所分别管理大病统筹账户、家庭医疗保健账户，必须建立健全财务管理制度，如实反映基金收支状况，严格遵守财经纪律，加强监督和检查，确保基金的安全。

三、县合管办加强票据及会计档案管理，各类账簿、支付凭证、报表要装订成册、归档；乡镇合管所负责建立家庭门诊账户，并以行政村为单位逐户设立台账，对每月发生的家庭门诊报销费用及时记入台账。各乡镇合管所于每月底前将发生的门诊费用统计信息报县合管办。

四、新型农村合作医疗基金实行专户储存、专人管理、专账、专款专用，任何部门单位和个人不得挤占、挪用，也不得用于平衡财政预算。

投诉制度

一、为了监督新型农村合作医疗经办机构、定点医疗机构的业务活动，保护参保农民的合法权益，制定本制度。

二、县、乡新型农村合作医疗监督组织、县卫生局、新型农村合作医疗管理办公室建立来信和电话投诉登记制度。参保农民认为定点医疗机构、经办机构工作人员或参保对象有下列情形之一的，可向上述机构投诉：

（1）定点医疗机构不认真履行职责，不履行告知义务，不提供新型农村合作医疗需要提供的相关资料的。

（2）定点医疗机构乱收费、乱检查、随意提高物价增加参保农民医疗负担的。

(3)经办机构工作人员态度恶劣、行为不规范、徇私舞弊,不按规定工作失误给参保农民造成经济损失的。

(4)参保对象弄虚作假、虚报冒领的。

三、不能以任何理由拒绝或推诿群众的投诉,对受理的投诉情况应按领导批示直接办理或移交有关部门办理,做到件件有回音。并将办理结果及时报告交办机构。

四、投诉人要求答复的,应将办理的结果及时告知投诉人,投诉人并未要求答复,但有条件通知的,也应将办理结果告知投诉人。

就诊转诊制度

一、凡参加新型农村合作医疗的农民,凭《就诊证》到定点医疗服务机构就诊,享受新型农村合作医疗各项优惠政策。

二、因病情需要转往县外诊治的病人,必须由县内二级甲等医院出具转诊申请表,由县新型农村合作医疗管理办公室批准,方可到上级医院或外地专科医院就诊。

三、凡未经县新型农村合作医疗管理办公室批准,无转诊证明,擅自外出就诊者,其医疗费用一律不予报销。

四、参保农民在外务工人员因病应就地就诊,一周内必须告知户口所在地乡镇卫生院备案,出院时需携带住院正式发票、医疗费用清单、在外务工单位证明等附件交户口所在地乡镇卫生院结报。

五、参保农民随子女或亲属在外生活因病住院者,报销时需携带户口所在地乡镇或村委会证明,方可享受新型农村合作医疗报销补偿。

公示制度

一、为确保我县新型农村合作医疗制度健康发展,维护参保农民的合法权益,接受社会和群众的监督,更好地服务于参保农民,特制定公示制度。

二、县新型农村合作医疗管理办公室及县内定点医疗机构要公示新型农村合作医疗管理、运行相关内容。

三、定点医疗机构要在院内醒目位置设置《新型农村合作医疗服务公开栏》,内容包括:

(1)医疗服务收费标准和药品价格;

(2)参保人员就诊须知;

(3)就诊管理制度;

(4)单位管理责任人;

(5)医疗费用报销程序;

(6)优质服务承诺;

(7)投诉电话。

四、县合管办在办公地点公示受理补偿有关规定:受理时间、受理补偿程序、工作人员名单及咨询投诉电话等。各乡(镇)新型农村合作医疗管理所每月按行政村公布参保农民住院医药费用补偿情况。

除了农村医疗制度之外,在村委会我们还见到了歙县统一制定的耕地承包合同的格式文本,类似文本曾于20世纪90年代初期在中国广大农村进行普遍推广,除徽州地区外在我国其他省份也有发现。[1]

歙县耕地(茶桑果园)承包经营

合同书

一九九四年三月卅一日

村乡(镇)郑村15组, 合同编号 029

鉴证编号

一、根据国家和省有关法律、法规、政策,经双方商定,签订本合同。

二、订立合同双方 发包方(甲方): ,承包方(乙方) 。

三、耕地的数量及产量:

乙方承包的耕地共5块,计8.4亩,其中:水田8.4亩,旱地 茶园 亩,桑园 亩,果园 ,其他 亩。产量:粮食 市斤,油 市斤,茶叶 市斤,蚕茧 市斤,水果(干果) 市斤,其他: 。

四、承包期限:30年 月;自1994年3月至2024年3月。

五、甲方权利和义务:

(一)权利

1. 对发包的耕地和随耕地一并发包的其他集体资产依法拥有所有权。

2. 对乙方的承包经营活动有监督权。

3. 有权按耕地承包合同依法收取农业税(农业特产税)。

---

〔1〕 参见胡戎恩、田涛主编:《流动的土地——贵州铜仁地区土地流转调查报告》,北京大学出版社2009年版。该书中收入了铜仁地区土地承包的格式化合同,其内容与在徽州地区发现的同类合同十分近似。

4. 有权按国家规定向乙方收取村提留、乡统筹费。

（二）义务

1. 在承包期内，主动做好服务工作，允许乙方在国家政策和法规许可的范围内，变更土地使用权。

2. 帮助兑现国家在生产物资和农产品价格上给乙方的优惠政策。

3. 及时调处土地、水利纠纷，帮助乙方防汛抗旱、农作物病虫害防治。

4. 维护乙方的经营权、产品处分权和合法生产经营收益，不乱收费、乱集资、乱罚款，收取村提留、乡统筹费的项目为：公积金、公益金、管理费；乡村两级办学、计划生育、优抚、民兵训练、修建乡村道路等民办公助事业经费。其标准不超过乙方所在乡（镇）上年人均纯收入的5%。

六、乙方的权利和义务：

（一）权利

1. 对承包耕地有权根据国家和市场需要自主种植，但不得种植国家禁种作物。

2. 有权收获承包耕地内的农副产品；除交足国家规定交售的农副产品外，其余农副产品均有自行营销权（承包地合同条款另有规定的除外）。

3. 有权获得国家下拨的用于农业生产的农用物资；享受国家农产品价格优惠政策。

4. 有权拒绝超过《农民承担费用和劳务管理条例》规定的村提留、乡统筹费和劳务。

5. 在承包期内有权依法转让或根据国家政策、法规变更耕地使用权。

（二）义务

1. 按照耕地承包合同依法缴纳农业税（农业特产税）。

2. 按时按质按量完成耕地合同约定的承包经营指标，包括村提留与乡统筹费。

3. 不荒芜承包耕地，不掠夺经营，不在承包耕地上葬坟、取土、建房、建窑等。

4. 保护好承包耕地范围内的水源、渠道、桥涵、高低压线路、林木、排灌设施等一切公共设施。

5. 按时完成合同所定的农产品订购任务，其价格按国家规定执行。

6. 必须完成国家规定的义务工、劳动积累工任务。

七、法律责任

1. 本合同一经订立，即具有法律约束力，双方都必须严格履行。

2. 本合同在执行中发生纠纷，双方应及时协商解决；协商不成的，任何一方均可向当地乡（镇）合同管理办公室申请调解；调解无效时，可向乡（镇）仲裁委员会申请仲裁；仲裁不服的，在收到裁决书后15天内向县农业承包合同仲裁委员会申请复议或向当地人民法院起诉。

甲方：加盖（歙县郑村乡郑村村民委员会章）
法人代表：汪应勋（签章）
乙方：凌至钧（签章）
签订日期：1994年3月31日

鉴证机关：加盖（歙县郑村镇人民政府章）
经办人：（签章）
鉴证日期：1994年3月31日

这份承包合同签订的日期为1994年3月31日，当时正是我国广泛推行农村土地承包的时期，合同有效期为30年，这与我国开展第一轮农村土地承包制倡导的“30年不变”直接相关。合同中约定了双方的权利义务，并经过村委会和镇政府加盖公章鉴证，使这种合同能具有权威性。

分兵两路的做法取得了良好的效果，另一组人马深入农民家庭进行调查，采集到近期当地农民建立的民间私约，时间为2003年至2006年之间，内容包括房屋买卖契约、土地转让契约、土地交换契约等。这些不动产买卖、转让和交换类的契约，曾经在20世纪50年代中期开始，随着中国土地改革和农村土地集体化运动以及人民公社运动的兴起，而逐渐消失，仅仅是在最近几年，随着新一轮土地承包制度的建立，才开始陆续出现。虽然契约的书写形式仍然保留了传统的民间私约格式，但在内容上明显吸收了当代民事合同的部分内容，表现出新旧交替的特殊趋势。由于这些契约发生的时间较近，可能在使用时会给当事人带来不便，因此在整理时只保留了部分当事人的姓氏，并改称为某甲或某乙，但契约中的其他内容均加以保留。

卖屋契书

兹有徽州区呈坎乡叶村村民叶某甲户，将坐落歙县郑村镇潭渡村前街住屋一幢，为转让拍卖给小川乡苏州村联合组村民张某乙户。此屋原户主为潭渡村程某丙户，转让拍卖给叶某甲，原批复与其协议同时转让给购买方张某乙户，价格人民币一万八千元整，¥18,000.00元。付款方式：双方签字后一次性付清，付款另开收条。

特立此据

中证人：黄理章　汪悦国（指纹）　　拍卖人：叶某甲（指纹）

执笔人：程某丙（指纹）　　购买人：张某乙（指纹）

在场人：洪国荣（指纹）

二〇〇五年三月二十六日

拍卖是近代从外国传进的一种买卖行为，根据我国《拍卖法》的定义"拍卖是指以公开竞价的形式，将特定物品或者财产权利转让给最高应价者的买卖方式"。拍卖的本质是竞价，即将标的物经过竞价方式进行转让。但郑村见到的这件契约，显然并非法律意义上的拍卖，实际上应当就是一种变卖方式，但契约中却写明拍卖转让给叶某甲，最终的买受人却是张某乙户，这里叶某甲并非原房屋的所有权人，而原户主为潭渡村程某丙，因此可以将程某丙视为委托人，而叶某甲则为提供中介服务的拍卖人，张某乙为买受人。这种间接交易形式在我国农村十分罕见，通常不存在所谓的拍卖人，而只是通过第三方中人即中间人进行交易，中间人收取中介费用。我们估计这次交易行为的原产权人程某丙，是通过拍卖人叶某甲进行的私下竞价，即一种广义的询价行为，并在询价中确定张某乙出价最高，最后与张某乙签订了卖屋契约。在已经搜集到的契约中，存在由中间人进行询价的过程，并且可以推知经过询价确定了最高应价的买受人，但类似这种在契约中直接写明通过拍卖方式，并将中间人的身份称作"拍卖人"的十分少见。这或许是徽州地区初步认识到我国市场经济中已经存在拍卖行为，并且按照他们的理解进行的改变与实施。这一现象可以说明在徽州地区传统的不动产交易方式可能发生未来的渐变，最终将引进更新的交易手段，并将这种新的交易手段通过传统的契约方式形成固化，从而丰富了徽州地区新的民间私约形态。[1]

房屋转让契

兹有歙县郑村镇潭渡二组村民程甲户房屋一幢三层，批复另附，原后房层与老屋墙在内，全投影面积，包括后小院，今转让给徽州区呈坎乡汪村村民叶乙，价格包括水电，有线电视，电话在内二万六千元正，¥26,000元（附言：原老屋程甲户的四分之一产权在今后兄弟折分折价处理时由叶乙优先，原用厕缸在析分处理前由叶乙使用，厨房后门阶级68公分至路地皮，程甲户的四分之一，如叶乙不用放弃，该地皮属叶君良户）。

付款方式：契纸签字生效，是日付款七千元正，¥7,000元。

余款于2003年4月5日付清，由程甲交给叶乙批复。

2003年4月5日余款，程甲

该契纸一式二份，双方各执一份，以备存照。

注：原集体土地使用证未办　　转让人：程甲

中证人：孙伟来、黄理璋　　承受人：叶乙 2003年2月22日

这是当代的房屋转让契约，其书写形式以及中证人等部分仍然带有传统契约的显著特征。但是，这份契约中有几个方面明显地受到了现代民事合同的影响。首先，作为房屋转让契约并未沿用传统契约“四至”来说明房屋坐落与形状，而是采用了“全投影面积”这一现代的表述方式；其次，契约中通过“附言”的形式，增加了对房屋未来析产情况的约定，明确了双方对此房屋在今后析产时的权利义务，有效防止了可预见性纠纷的发生。此外，也是最值得注意的是，该契约还特别加注“原集体土地使用证未办”，显然，卖方通过这种形式对房屋的权利瑕疵进行了告知。首先我们可以得知，在当前农村房地产转让中，需要出让方具有《集体土地使用权证书》，并将此作为不动产交易中的必备条件。出让方程甲的告知行为，具有明显的瑕疵不担保作用，并可以在买受后引发纠纷时，成为抗辩理由，用以对抗买受人未来的瑕疵请求权。从这份房屋转让协议书中，可以清晰地看到传统

〔1〕 本书引用的关于拍卖的定义，详见《中华人民共和国拍卖法》第3条的规定。同时我国《拍卖法》第10条对拍卖人的身份也作出了具体规定：“拍卖人是指依照本法和《中华人民共和国公司法》设立的从事拍卖活动的企业法人”，根据这一规定，郑村契约中的“拍卖人”实际上仍然属于传统契约中的中间人。

契约形式与现代民事合同的逐渐结合。

土地转让协议书

兹有郑村镇郑村村七组村民郑建华因坐落机耕片的承包土地(水田)被植物园征用,为了支持该项目的开发,经村委会出面协商,双方就征用、调剂土地种植等事宜达成如下协议。

一、七组村民郑建华坐落在机耕片的两块承包水田,全部被植物园征用,但又需继续耕种,现由村委会出面用九组郑敦年户被征用的土地(水田)[新开植物园道路南边]1.252亩转让给郑建华永远所有使用。

二、郑建华被植物园征用的土地总面积除去村委会转让的1.252亩,剩余面积由郑建华领取征用土地补偿款。

三、本协议从签订之日起生效,双方不得反悔。

本协议一式三份,双方、镇政府各执一份,立此存照。

立协议方:村委会

村民:郑建华

2006.3.30

加盖(准许证)

加盖(歙县郑村法律服务所)　　签字(因植物园需要同意转让)

吴卫平

加盖(歙县郑村镇郑村村民委员会章)

2006年3月31日

这是一份郑村村委会与村民之间签订的土地转让协议书,没有像前两份村民间的契约使用"契"的称呼,而是使用了现代的名称"协议书"。协议书内容是调换土地,由于植物园全部征用了村民郑建华承包的耕地,将使郑建华失去赖以生存的耕地。为了在满足植物园征地项目的同时,又能够保障郑建华的生存需要,村委会出面将村中的另一处土地调换给郑建华耕种,并约定支付征地补偿款时要扣除这一部分调换的土地面积。村委会的做法,既支持了植物园项目的建设,又保障了村民的利益不受到损失,这一做法是值得肯定的。在农村各项经济建设逐渐展开的今天,因征用土地所引发的矛盾与纠纷日渐增多,显然村委会的做法可以很好地缓和因征地产生的矛盾。"协议书"中加盖了村委会的公章和歙县郑村法律服务所的骑缝章,从而使这份协议书更具有在该环境中的权威性。

土地转让协议书

兹有郑村村九组村民孔某夫妇自愿将坐落外窑承包水田一块,面积1亩,坐落河滩片水田一块,面积0.4亩,该两块水田全部转让给十八组村民胡某永远所有,双方就有关转让事宜签订如下协议。

一、以上两块水田全部转让给胡某永远所有耕种,该两块田土地转让补偿款一万元整。

二、如以后土地开放(发)或升值,均与孔某夫妇无关,全权由胡某自行处理。

本协议从签订之日起生效,双方不得反悔。

一式三份,双方、村委会各执一份。特此协议。

中证人:周明富

立协议人:孔某(押)

孔妻(押)

胡某(押)

2006年3月12日

在场人:张开四(押)2006.3.31

加盖(准许证)

加盖(歙县郑村法律服务所)

加批:同意转让

吴卫平

加盖(歙县郑村镇郑村村民委员会章)

2006.3.31

从表面上看这是一件土地转让的协议,但实际上仍然属于变相的土地买卖范畴。造成这种形式与内容的背离,主要原因是当前农村土地所有制的形式为集体所有,农民对土地只有使用权,并且通常表现为地役权,因此农村土地的买卖受到限制。我们可以将这件契约与清代的徽州地区民间土地买卖做比较性研究,并通过比较了解此类契约发展的源流与变化。进行比较的标本选自《徽州民间私约研究》成化五年(1469)王道晟等三人立卖山契，原件采自徽州黟县。[1]

郑村孔某土地转让协议与王道晟卖山契比较表

明成化五年(1469)黟县王道晟卖山契		2006 年歙县郑村孔某土地转让协议书	
标的物	山地一宗	标的物	水田两块
交易期限	受让人名下为业	交易期限	受让人永远所有
交易价格	价银二两	交易价格	一万元整
其他声明	听从受让人处分，立契为照	其他声明	以后与出让方无关，双方不得反悔

通过比较可以发现明代成化五年王道晟卖山契与 2006 年郑村孔某土地转让协议除了名称具有显著差异之外，其他均比较相似，并且可以从中看出明显的继受关系。徽州民间私约本身发展较为缓慢，虽然近年来受到当代法律的影响，并且也逐渐接受和吸收了当代商品经济流通领域里新的表现形态和新的词语，但传统民间私约影响的惯性作用继续存在。

换田协议书

兹有郑村村七组村民王武锦户坐落七星灯承包耕田一块，面积 1.08 亩，现将该田和本组组长李佰仁坐落石坝片的承包耕地一次性对换，永远不变。对于掉换的田(双方面积相等)，李佰仁有权出售给植物园，该田的养老保险金归属李佰仁享受，王武锦不得干涉。今后石坝片的掉换田，王可以自行处理，李佰仁也无权干涉。

本协议一式三份，双方及村调委各执一份存查。

中证人：汪悦国　　　　立协议人：李佰仁(押)

周明富　　　　王武锦(押)

2006.2.18

---

〔1〕 详见《徽州民间私约研究》，第一部分买卖类契约，原件采自徽州黟县。

成化五年(1469)王道晟等三人立卖山契(黟县)

西里都瑞云寺砧基王道晟同弟道德、云岫，今有山一号座落本都，土名塘坞，西边直进□坞心上降。今无钱了纳钱粮，自情愿将前山并在老桩木直，尽行立契出卖与大惟都王名下为业。面议时价银二两整，前去足讫，其山听自宗可拨斫栽坌无词。今恐无凭，立契为照者。

成化五年十月十六日　立契人　王道晟(押)

道德(押)

云岫(押)

中见人　程富清(押)

老契王朴收贮　抄白付陈福收照

(半书　　两□□为照)

同意转让

加盖(歙县郑村法律服务所章)

2006.2.20

有利于植物园征地工作。同意换田。吴卫平

加盖(歙县郑村镇郑村村民委员会章)

2006.2.26

土地调换协议书

今有郑村镇由于植物园开发需要,结合村民的实际情况,决定从郑村村民杨忠新、汪周清两户中(地满片)共1.1亩,调换给郑村郑林、杨忠校两户使用,经郑村村委会调解,自愿达成协议如下:

一、杨忠新、汪周清两户共1.1亩田,由郑林使用0.8亩,杨忠校0.3亩耕种使用。

以上协议,双方自愿共同遵守,空口无凭,做此本协议永久存照。

郑村村委会

加盖(歙县郑村镇郑村村民委员会章)

协议人:杨忠校(押)

郑林(押)

2006年2月9日

见证机关

加盖(歙县郑村法律服务所章)

协　议

立协议双方:甲方:劭灵英(押)

乙方:凌至钧(押)

兹因甲方需用乙方承包土地,特立协议如下:

一、甲方受让乙方承包土地,坐落:城西工业区。四至:东至方兴地,西至王永庆地,南至皖赣铁路,北至芜屯公路。总面积2094.615平方米(折合3.142亩)。补偿费按每亩1.8万元标准支付,共计五万六千五百五十六元整。(¥56556.00元)。

二、乙方土地现状:没有任何地上附着物(农作物已收获完毕)。

三、乙方提交甲方:原土地承包合同书复印件。

四、付款方式与交地：签订协议后，甲方一次性付清土地转让补偿费（乙方开具收据），乙方同时处理好相关遗留问题，确保甲方用地顺畅。

五、本协议一式三份，与合同具有同等法律效力，各方签章后即行生效。

立协议双方：甲方　劭灵英（押）

乙方　凌至钧（押）

证明人：汪赛英（押）毕接渊（押）

立协议日期：二〇〇五年十一月七日

随着农村经济和小城市建设的发展，必然导致不断侵蚀农民原有的耕地，导致农村土地流转加剧。另一方面农村人口逐渐向城市转移，农村青年外出务工改变了原有农业社会的经济形态，调查中发现徽州地区部分村庄外出务工的经济收入已经超过当地农村的农业经济收入一半以上，如果停止农民工外出打工，则可能直接导致农村经济大幅度衰退。但大量农民工外出的结果，使得农村出现部分闲置土地，虽然近年来免除了农村土地税，但并未完全彻底减免农民的负担，甚至在农副产品税等方面加剧了农民压力，造成部分农村出现弃田抛荒现象。徽州地区山多地少，人均耕地面积很少，人多地少的矛盾较为突出，因此当地农民比较看重土地，当小城市不断扩张时，往往直接导致新的土地纠纷发生。有些地方甚至出现所谓的“叉花地”，即被征用土地短期内无法实现连片，甚至已征和待征出现互相交叉，农民耕地和城市建设用地互相交叉，看上去斑驳陆离，其结果既影响了城市开发又影响了农村经济的持续发展。另一现象也应当引起我们的关注，在调查中曾经见到了少数临时返乡的农村外出打工青年，这些人可能是回来相亲，或者家中亲属有病以及有其他需要他们返乡的情况。通过对这些外出务工青年的采访，我们发现 80 后或者 90 后新一轮的农民工，与 70 年代末期开始出现的农民工有着显著的区别，虽然他们仍然都把家乡看作他们的“根”，但新生代的农民工却不能看重他们父辈原有植根的土地，将承包土地转包、出让甚至彻底卖掉的现象逐渐增加，表明一旦有机会，这些新生代的农民工将成为城市中的“永久居民”，而仅仅将农村视为他们的故乡。尤其值得我们关注的是，新生代的农民工绝大多数接受过中、小学的义务教育，有的能够掌握一般计算机知识，接受了外部现代信息的影响,不论思想和追求都和他们的父辈有着明显区别。特别是这些新生代的农民工,除了继续保持"农民工"这一称呼中的"农民"二字之外,他们实际上已经不是传统社会中的农民了,他们既不会养牛,也不会耕田犁地,甚至没有任何农业技能,假如这部分所谓的"农民工",一旦失去土地,又不能在城市中生存,将可能出现大量的游离于城乡之间的特殊阶层,甚至引发新的社会矛盾不断发生,直接成为社会不稳定的重要诱因之一。

郑村调查中采集到的农村新型契约,成为我们研究传统契约向新型契约过渡时的实物标本,同时也反映出徽州地区农村社会已经发生了深层次的重大变化。

七、歙县的活字典访谈

第二天一早，我们决定直接到雄村进行复查，第一次调查时曾经对雄村进行过初步调查，主要了解了村级管理制度，当时曾经有人建议我们去采访一下家住溪头镇的柯灵权先生，将其称为是“歙县的活字典”，并说柯先生博学多闻，不但了解徽州地区民间风俗，甚至对徽州农村礼教等也颇有研究。不巧因柯先生外出，上次调查时没有能够见到他，因此决定这次专门去拜访他。

我们在文化局见到了柯灵权老先生，柯先生显得十分儒雅，而且十分健谈，用他自己的话说是“年过花甲，赋闲在家”，看来柯先生生活态度十分潇洒，当属本地乡贤之类的人物。柯先生又热情邀请我们去他家闲坐，并且还送给我们他不久前出版的专门研究“徽学”的著作《古徽州村族礼教钩沉》[1]。“徽学”可以分为古徽学和当代徽学两种，古徽学又称徽州学，过去专指朱子理学，乃因朱熹（1130～1200）原为徽州婺源人，并建有著名的紫阳书院。当代徽学是以徽州文化为研究对象的一门学科。它是指以对旧属徽州地区的社会、经济、文化、思想、习惯、艺术、科技等为研究对象，具有徽州特色的一种理念和学说的总和。普遍认为当代徽学是可以和敦煌学、藏学并称的，按地域文化划分的三大显学。但国内徽学研究起步较晚，关于民间习惯等内容的研究尚显薄弱。反而国外的研究正在兴起，同时徽州地区民间人士自发的研究也取得了长足的发展，柯灵权先生便是徽州地区涌现出来的民间徽学专家之一，他对民俗文化的搜集整理，已经取得了

〔1〕 柯灵权：《古徽州村族礼教钩沉》，中国文史出版社2003年版。

很大的成就，甚至足以让那些继续坐在书斋中的徽学家们汗颜。

柯灵权先生向王宏治教授（右一）赠书，左一为蔡玫

柯灵权先生谈到徽州的民间风俗，真是信手拈来，一说起徽州的民间习惯，他甚至显得有些兴奋。他向我们介绍道：古代徽州民俗中也有很多和习惯法有关的内容，比如祠堂里有宗法，家庭里还有家法，当然衙门里还有国法。接着他话锋一转说道，过去的徽州没有现在这么多的公安局和警察，也没有现在这么多法院和法官，可是当时的古徽州依然很太平。似乎他对这些公权力机关有着不少成见。他还说道，过去老百姓到衙门里去打官司，也是靠官府来解决，现在老百姓有了事官府也不给解决，甚至打官司也没有用。不难看出柯先生的成见的确很严重，说出话来带有不少“愤青”的味道，我们只好改个话题向他了解当地与乡规民约有关的内容。他说最特殊的就是“杀猪封山”，徽州地区山多地少，山林经济显得非常重要，一座大山有时为当地很多村庄共有，所以保护山林显得很重要。长期以来当地民众自发地形成了一种“杀猪封山”的规矩，封山育林之前大家集资买来一头猪，把猪杀了之后每家分上一块猪肉，分肉的时候大家还要盟誓一番，表示在封山育林期间绝不上山伐木挖笋，如果敢擅自违反者，就要把他家养的猪拉出来杀了分给大家吃肉，以作为惩罚。

关于徽州地区“杀猪封山”的习惯，调查中我们已经有所发现，并且收集到了相关标本，不但当地的乡、村两级干部愿意继续参照“杀猪封山”的习惯，甚至在村规民约中也保留了相应条款，无论外界对“杀猪封山”这种带有原始会盟制度的习惯评价如何，毫无疑问“杀猪封山”作为一种习惯不但行之有效，而且能够为当地民众普遍接受。

柯灵权先生还谈到了徽州地区民间对公共用水的管理，村庄中的公共用水包括井水、泉水、溪水、河水和池塘等所有的公共水源，既包括农业灌溉用水也包括日常生活用水。因为这些水源直接关系到村民的生产和生活，在长期的历史发展中，人们已经总结出一套较为成熟的经验。其中主要是对水塘等公共水域的管理，柯先生说他小时候曾经见到很多水塘都立有“禁渔碑”，上面明文规定哪些水塘不可以钓鱼，哪些水塘可以垂钓，还规定哪些水塘不得洗衣洗菜，哪些水塘不得下水游泳，其目的主要是保护公共用水的安全。接着他又叹了一口气说，可惜这些石碑在“文化大革命”时都给砸掉了，现在村庄中的水塘管理变得越来越乱，村委会负责任管得好的，还可以继续饮用，有的已经被污染，徽州地区开展旅游以后，污染问题已经日趋严重。

我们在徽州调查时见到的环境污染情况证实了柯先生的看法，当然徽州地区旅游业发达，给这一地区带来了巨大的经济效益，游览区硬件设施薄弱，垃圾处理功能低下甚至厕所设施不足，都可能给旅游点周围的环境造成破坏。另外旅游者的素质不高，随地乱丢垃圾的现象也加大了环境污染。但是我们进行调查的一些地区相对比较偏僻，有些则是游人罕至的地方，在这些地方的河道或者沟壑等处，依然可以见到当地农民乱倒垃圾的现象，玻璃容器和废旧塑料制品随处可见，这些与绿水青山的美丽风光显得极不和谐。

柯先生还对我们讲了不少徽州的典故，他说徽州地区流行过年“闭门”和“开门”等三件事，第一件是除夕之夜要放炮封门，封门后大家不得外出；第二件是在初一早晨5点多钟时要“起事”，由家长在天井看星星，决定是否可以上接天下通地，没有接好天，大门不能打开，接完天以后还要通地，决定今年哪面为上首，然后再放炮之后才能打开大门；第三件是放炮时由家族中轮值的头首，即今年轮值管理祠堂的人首先燃放第一个爆竹，然后大家才能跟着放炮，大家谁也不能违反。

看来徽州地区的讲究还挺多,可惜我们不是春节时候来的,没有能够见到徽州地区过年的场面。到那时在外打工的人也回来了,一家老小,男男女女欢聚一堂,应当是何等的快乐和幸福。我们来的时候刚过清明节,大部分年轻人都出外去打工了,村子里只留下一些老人和妇女儿童,他们留在村子里,守护着他们的家园,期待又一个春节的到来,因为一年到头只有在那样短短的几天,一家人才能够得以团聚。

柯灵权先生继续向我们介绍徽州地区的民俗,他说过去这里的民风要比现在好很多,现在很多好的传统已经不存在了。他也搞不清楚是过去的坏人太少,还是现在好人不多了的缘故。当谈到"村民自治"时,老先生更显得有些激动,他说现在村民们根本没有权力,怎么自治,大小权力都在村委会,他们说了才算,村民自治简直是坐在屋子里瞎想。过去这里树上的水果路过的人可以随便摘来吃,但是不可以拿走,如果有人拿走,就属于偷窃了。以前抓住偷东西的人,大伙也不打他,也不骂他,俗话说"水果树上没有杀人刀"。就让他买来金银纸,不是真正的金银,是用锡箔做成的,正是前几天清明节上坟用的那种金银纸来烧他偷的水果,须将水果烧成灰烬后方可离开。如此方式,要烧掉一担锡箔纸,买锡箔纸的钱远多于水果的钱,结果很少有人会再去偷水果了。

正如"杀猪封山"那样,在封闭的社会条件下,即在所谓"熟人社会"中,这种群体之间的私力救济显然能够取得直接的效果,但是这种救济的局限性同样显著,将这种互助性的私力救济放在充满"陌生人"的社会环境下,原有的效力不仅仅是难以体现,甚至可能导致相反的结果。

柯灵权老先生还对我们谈到了徽州地区的古老婚俗,他说道,按照这里的老规矩,过去结婚时,男方要去女方家迎亲,由媒人和男方的四个男丁,带着一担礼品前去。首先要给女家送上"大门礼"、"小门礼"、"门闩礼"和"开门红包"等一系列礼钱,之后,女家才会把门打开。现在这种"大门礼"和"开门礼"的习俗,仍然被保留着,男方家人在女方门口先送上红包,女方家里才给开门。不过现在时兴的是送大件礼物,比如像洗衣机、电冰箱、彩电之类的家用电器,上面都要贴上大红的双喜字。另外女方还要陪送枕头、被褥之类的生活用品,上面也都用宽宽的大红布带捆绑,打着一个又一个的十字结,表示十全十美的意思。结婚时男女双方家里分别派人挑着担着,也有装在车上拉来拉去的,主要是炫耀男方的彩礼和女方的陪嫁，彩礼越多陪嫁越高的，就越受到周围人们的好评，现在已经形成互相攀比的风气，给新人的家庭造成了很大的经济负担。

我们在徽州调查时有幸见到了这种传统的婚姻礼单，完全可以证实柯灵权老先生的说法。比如在徽州地区采集到的标本《清朝婚礼礼单》中即可看到关于“大门礼”和“小门礼”的记载：

《清朝婚礼礼单》〔1〕

吉 开

送福履

履仪 吉银一百六十金

喜盒 双肩

菓子担 双肩

鲜肉 一百二十觔

鲜鱼 八十觔

馒首 三百二十觔

行聘

聘金 听送

书套 四封，每封吉银四十金

礼书 六十双富

菓子担 双肩

鲜肉 一百二十觔

鲜鱼 八十觔

馒首 三百八十觔

首饰 全福

冠笄

茶仪 吉银十六金

喜盒 双肩

迎娶

大担 吉银八金

---

〔1〕 田涛等主编：《田藏契约文书粹编》，中华书局2000年版，第一卷第157页契314号。该标本采自徽州屯溪，文件为红色纸本，未注明具体年代，根据文中货币币值等词义推知当产生于清朝末年。按：标本中“觔”，或应为“斛”，或通“斤”，原文如此，未改。

小担 吉银四金
红烛 八十觔
喜蛋 二百圆
公堂礼 吉银八金
大门礼 吉银四金
送亲礼 吉银四金
门闩礼 吉银二金
花红 听送
乳母担 吉银六金
福首担 全肩
旺相 六十株
余庆

通过比较可以得“大门礼”用银四两，“门闩礼”用银二两，“送亲礼”用银八两，可能“送亲礼”即柯先生所说的“小门礼”。初步统计结果除实物外，共计用银三百七十二两，其中以“履仪”和“行聘”为主，“履仪”即俗称“订婚礼”，“行聘”即正式聘礼，两项合计共三百二十两。由于这份《清朝婚礼礼单》没有载明当事人，采集地点在目前徽州商品流通较为发达的黄山市屯溪区，可能已经离开了标本的原产地，但仍有重要的参考价值，或许是清朝末年较为富足之家。

柯先生还谈到了当地民间婚俗中的“三接彩礼”，据他说徽州地区民间流行结婚时一般彩礼的数额都比较大，而且按照当地习惯双方送彩礼，又有“头接、二接、三接”之分，民间俗称“三接”。所谓“三接”，指婚姻中的“履仪”、“行聘”和“迎娶”三个重要程序。我们在徽州见到不同时期的婚姻礼单，大部分均在同一个礼单中直接包含了“三接”的内容。

柯灵权先生还谈到了徽州地区民间有“健讼”的习俗，经常为一些细故动辄就打官司，民间有讼师代人书写状纸，这些人又称作“刀笔”，当地百姓对讼师的看法很不好，过去曾经流行一首民谣，内容是“你扇儿摇摇，长褂飘飘，我一不偷二不抢，不怕你手中笔如刀”。这里的“扇儿摇摇，长褂飘飘”，正是民间讼师的写照，而歌谣中的我似乎并不怕讼师的如刀之笔。

同时柯先生还特别谈到徽州地区民间崇尚诚信，民间素有重承诺和讲信用的良好传统。他提到清代乡里设有"善恶簿"，由当地里正负责填写，记录本乡里之人之善行恶事，定期呈送官府查验，善者褒，恶者罚，民间乃多善而少恶，至晚清时这一传统已逐渐丧失，如今则荡然无存。我们没有见到过柯先生所说的"善恶簿"，但是调查中曾经搜集到过类似的材料，但均称作"循环簿"，而且有两种文本，一种记录当地土地流转状况，明代末期配合《鱼鳞册》使用。另一种则记录当地善恶因果、循环报应，看来柯先生所说的"善恶簿"当属后者。

柯先生说他曾经在一册"善恶簿"中见到过如下记载："门后大刀，门前铁闸，埋锅造饭，积草囤粮，六耳报子，短柄长枪，恶榨出油，借米还糠"。所谓"门后大刀"，是指当地榨油的作坊在大门背后，都要放一把大刀用以"隔邪"，"隔邪"即俗称的"辟邪"。"门前铁闸"，是指当地商家有在大门后设铁闸防盗的传统。"埋锅造饭，积草囤粮"，则是指商家预先做好燃料和粮食的准备工作，体现出一定的抗风险能力。"六耳报子"，"报子"即"簸籽"的俗称。当地民间使用一种手摇的风车筛选粮食，为了区别汲水用的戽斗，这类风车有时也称作"戽车"，此类风车均为木质，通过摇动其中的风扇产生风力对粮食进行筛选。风扇可分成四扇和六扇两种，六扇的风力较大，又被称作重扇，这样筛选的效果更好，选出的粮食会更加精良。"短柄长枪"，则指在称重时采用"大秤进，小秤出"的方法。过去对"大秤进，小秤出"的研究由于受到阶级斗争理论的影响，存在较多误差，错误地认为"大秤进，小秤出"属于地主阶级剥削农民的计量手段。但在徽州调查过程中发现，所谓大小秤的区别，是指衡器的称重能力差别，一般农村中手提秤的称重能力小于二十市斤的称作小秤。吊秤或者肩抬秤，称重能力较大，称作大秤。大小秤之间仅是衡器的量化差异，在一定程度上小秤的精准度高于大秤，大秤的毛耗可能会高于小秤，因此采用小秤出的方式避免了将毛耗转移，会使大秤的使用者受到损失，但这种做法同样会提高大秤使用者的信誉和社会评价。但也有人认为大小秤是奸商进行欺诈时使用的衡器，比如大秤每斤实称不足八两，而小秤每斤则可称至一斤二两甚至更多。将这种奸商的短期欺诈行为，等同于民间诚信制度下的较为稳定的习惯，是不科学的，也是对事实的不尊重。没有理由认为传统的地主在长期的经营过程中完全采用欺诈的方式，正相反徽州地区调查的结果证明包括所谓的地主在内，均普遍遵循当地的诚信和善良习俗。违背这些诚信传统和善良习俗的人,在封闭的农村社会中会因为信用缺失而难以在该社会中生存,当然也就更谈不上发展。

柯先生半开玩笑地说,过去徽州地区做贼的也讲他们的“诚信”,据说贼人在结帮做贼时立有誓言:“一、不吃窝边草,作案离家三十里;二、不入室作案,不拦路抢劫;三、劫财不害命,伤人不杀人;四、劫富不劫贫,劫货不劫粮。”其中“劫财不害命,劫富不劫贫”最为有趣。据历史记载,徽州地区虽然多山,但历史上贼寇并不多,明清以来徽州人崇尚儒家思想,以考取功名和出外经商最受推崇,往往青少年十几岁时便外出学习经商,长大成人后再回乡娶妻生子,然后可能会再度继续外出经商,直至在商业上获得成功后衣锦还乡,这就是历史上的徽商生涯。

徽商借长江水利之便,在过去的数百年中,可以沿长江上溯至川陕,下逮苏杭,在没有铁路和公路交通的环境下,水路运输是当时的首选。正是因为如此,我国北方黄河中下游之间的地点产生了晋商和晋商文化,于是南方的长江中下游之间的地点也就相应产生了徽商和徽商文化,这是以陆缘经济为前提的必然趋势。晋商文化和徽商文化之间的地域性差别是十分明显的,二者甚至是在相对独立的状态下各自分别发生和发展的,但其中却仍然体现出更深层次的文化同源性。黄河中游地区也就是晋商活跃的地区流行一首脍炙人口的歌曲《走西口》:“哥哥你走西口,小妹妹实难留,紧紧地拉着哥哥的手,一送送到大门口”。这首歌有很多版本,但中心内容都是表现妹妹送别情哥哥时难舍难分的情景,据说走西口是指晋商沿北路通往蒙古和俄罗斯等地经商的线路。柯先生在他的作品中收集了很多徽州地区的民歌和童谣,其中有一首童谣《牵调调》,歌词唱道:“牵调调,买油盐,哪客去,到蓝田。”蓝田似指陕西西安附近的蓝田县,因受到歌词平仄和韵脚的限制,这里的蓝田实际泛指陕西关中地区。徽商主要经营的路线,应以长江流域为主,是否真正涉及陕西关中地区,值得进一步研究,因此歌词中的“到蓝田”,应当表示去很远很远的地方,不一定为实指陕西。另外徽州地区因家人外出经商而倾诉离别之苦的童谣和民歌还有很多。比如流传较广的童谣《前世不修》,就显得令人触景生情,歌词唱道“前世不修,生在徽州,十三四岁,往外一丢”。很显然歌曲表达了对离乡背井外出经商的幽怨,甚至认为是因为上辈没有修功德,他才不幸生在徽州,结果十三四岁小小年纪,便不得不告别亲人,在外闯荡。此外还有一首《写封信上徽州》和《前世不修》一样抒发了少小离家的悲苦之情，歌中唱道："青竹叶，青悠悠，写封信上徽州；儿在杭州做伙计，一日三餐锅巴饭，三日九顿咸鱼头，叫爷叫姆不要愁。"徽州方言中称父亲为"爷"，称母亲为"姆"。"青竹叶，青悠悠"作为起兴之后，以儿子给父母写信的方式，表达了徽商在外学徒做伙计度日的艰难和对父母的思念，其中"一日三餐锅巴饭，三日九顿咸鱼头"正是这些在外的年轻人生活的真实写照，尤其是"叫爷叫姆不要愁"还带着一丝调侃。

徽州地区流行的这类民歌中，有一种小时调，具有较强的文学色彩，同样以描述徽商在外经营的生活和对故乡亲人的怀念为主题。

蒂蒂小倌出门客

火焰虫虫亮兜兜，金钩搭到银钩头。
借汝家牛耕大丘，借汝家马下扬州。
蒂蒂小倌出门客，大大新妇守田畴。

这是一首以女性的口气表现的时调，即在当地流行的一首民歌小曲。蒂蒂是瓜藤上刚刚结出还没有长大的小瓜，徽州方言中小倌主要指专门负责饲养家畜的小伙子，在这里则指的是年纪轻轻刚刚新婚不久的新郎官，徽州地区旧有娶童养媳的陋习，刚刚新婚的小倌便出去学习经商，家里只留下大大新妇独守空房。

小小倌下南京

小小倌，讨新人，眉开眼笑下南京。
一买胭脂一点红，二买耳圈两颗星，
三买三尺桃红布，四买四条流水巾，
五买五盒香水粉，六买六丈红头绳，
七买七件紫绸袄，八买八条绿绫裙，
九买花儿九九朵，十买金钗一百根。

和前面的两首诗歌一样，小小倌人婚后不久便去南京学徒经商，但心里仍然惦记家中新娶的媳妇，想像着买很多礼物回来时馈赠给在家中留守的妇人。这几首诗歌中谈到徽商主要前往的地点有杭州、扬州、南京等地，根据目前徽学的研究成果，江浙一带正是徽商经营的主要地区，这些诗歌描写了过去徽商的情感和家庭的离合悲欢，为我们生动地展现出徽商生活的另一个侧面。以男女恋人分别时难舍难分和家中留守妇女的口吻，表现对外出经商亲人的思念，是徽州流行时调的主要题材，其中《怨我哥哥要出门》和《十送郎》最有代表性：

《怨我哥哥要出门》

一把扇，两面红，送好姐姐打蠓虫，
姐姐摇扇心里疼，怨我哥哥要出门。
叫声姐姐不要急，三月五月就回程。
捞车推斗斗打碓，我和姐姐不离分。

这首情歌带有男女对唱的色彩，男声唱道要送给好姐姐一把扇子来驱赶蚊虫，女声接着唱道看到这把扇子更加伤心，只怨你又要出远门，男声接着劝告姐姐不要着急，三五个月我就能回来，并且表示他们的感情就像河里的水碓和轮斗一样，无论怎样转来转去，都永远相爱不离分。

《十送郎 》

一送郎送离枕头边，拍拍枕头泪涟涟，夫夫爱我花枝俏，我爱夫夫情意绵。

二送郎送到闾闼边，打开窗门望望天，有风有雨快快下，留我夫夫歇夜添。

三送郎送到橱门边，橱里取出两吊钱，一吊送夫做盘川，一吊留家买油盐。

四送郎送到房门边，夫妻分离喉咙咽，左手殷勤捏灯盏，右手发抖拔门闩。

五送郎送到阁桥边，右手扯罗裙，左手搭栏杆，心酸不肯下楼梯，夫夫双手来相搀。

六送郎送到大堂前，夫妻二人把手牵，夫夫为我揩泪痕，我为夫夫整衣衫。

七送郎送到大门边，妻问夫夫几时归，顺风顺水三个月，河干水浅半年还。

八送郎送到荷塘边，身怀有喜对夫言，生儿取名莲童宝，生女取名宝珠莲。

九送郎送到灯笼店，夫夫听妻说句添，要学蜡烛一条心，莫学灯笼千个眼。

十送郎送到渡船边，撑船哥哥慢行船，摇橹哥哥摇得稳，送我夫夫保安全。

十送郎君的歌曲在我国民间广泛流行，成为民歌中的常见题材，徽州地区流行的此类歌曲显得更加婉约，歌词中将夫妻二人难舍难分的情节表现得淋漓尽致，从拔门闩开门送行时手发抖和丈夫为我揩泪痕，我为丈夫整衣衫，依依不舍，令人心酸。临行时妻子还频频嘱咐："要学蜡烛一条心，莫学灯笼千个眼"，并请撑船摇橹的船夫慢行船、摇得稳，企盼着丈夫一路平安。这些在徽州地区流行的歌谣和民歌时调，真实生动地表现了徽商的生活，令今日的读者仍然会为之感动和唏嘘不已。

柯灵权先生除了搜集了大量民间歌谣之外，还采集了很多曾经在徽州地区流行过的其他风俗习惯，比如曾经在徽州地区流行的占卜和选择风水，并且他还专门提到歙县一带，过去入赘婚在拜堂成亲时，要女左男右，以显示以女家为主的婚姻特征，同时赘婿还要当众宣誓，"高山滚石，永不回转，若要反悔，剐掉万筋"。这种重誓，令人想起《诗经》中怨妇之辞——"我心匪石，不可转也"。

正是有像柯灵权先生这样热爱自己的家乡、热爱自己传统文化的人士，不断地努力，为搜集和整理徽州的民间文献和珍贵的口传资料，做出了无比重大的贡献，并且为我们今天研究徽州的历史和徽商文化，奠定了丰厚的基础。告别柯灵权先生之后，我们将这种感激之情一直带离了徽州，带到北京，带到上海，也深深地期待能够通过本书，将这种感激之情带给所有的读者，以及所有的关爱徽州和徽州文化的朋友们。

寻法青山绿水间（代后记）

后记的标题是恩师田涛先生生前即已拟定好的，后记本来由先生写就。不幸先生于去年四月十八日赴成都授课途中，因心脏病突发遽然离世。因此，后记现由我来执笔。至此刻，距先生离开我们，已然一年！

时间过得真快！很多人与事，随时光逝去，由灿烂趋于平淡。然而许多个日日夜夜，我还是禁不住问自己：那位身材魁梧、博闻强识、个性洒脱的先生，真的走了吗？

自2004年始，因研究法律史及导师武树臣教授介绍的因缘，我有幸结识先生。对法律史研究，先生当时提出“三个回归”，一要回归朴素的方法与学风，除了不断使用新方法，提出新观点，还必须有新材料支撑。二要回归母语文化，也就是中国本土传统文化。先生欣赏二十世纪二三十年代一批田野调查的学者，特别推崇费孝通的《江村调查》。他多次认为应该回归那个时代，与诸位先贤对话。三是要回归学术本身，需要学界有一种宽宥和包容。他认为，二十世纪上半叶，田野调查的方法曾经普遍地用于自然科学和社会科学的广泛领域，当时的先贤曾经进行过很多成功的调查。在二十世纪下半叶以后，这种田野调查的方法尽管仍然为自然科学和历史学等学科加以利用，在法史学领域里则很少见到通过调查的方法所取得的研究成果，更多的是停留在“以论代史”式的泛论中。在这种思路之下，先生提倡书斋之外的世界同样很精彩，努力推动法制史文本研究向现实社会领域转向。他计划中的三项田野调查课题，就是以具体行动在青山绿水间寻法。

很久以来，先生就有这么一个梦想，利用田野调查的方法对农村进行深入地社会调查，从而挖掘和整理一批对于研究中国古代民法有价值的文献资料和调查成果。整体上先生共有三个计划：

第一个是对浙江黄岩进行的调查。这是从已经占有的一百多宗清代黄岩诉讼档案出发所进行的对应性调查，目的是想证实从封建社会过渡到今天，在激烈的变革中民间调解和民间自诉案件有哪些发展与变化，并从中寻找出带有普遍意义的规律。

第二个是对安徽皖南进行调查。这是从已占有的近万件徽州文书，其中包括契约文书和诉讼文书，仍然使用对应性的方法，到契约记录的当事人或者标的物的发生地，根据诉讼文书的记载到案发地进行对应性调查，设法从中找到恢复当时生活场景的手段，经过对徽州文书记录下的历史进行较为全面地考察，最终希望对于民间民商事习惯及相应的民事诉讼加以综合研究，从而把徽学引进法学。

第三个想对山西钱庄票号实地调查。从已经掌握的借贷、运输、合伙等民间契约中进行对应性调查，希望将这一调查与前面的黄岩调查和徽州调查作比较研究。

先生知道在没有任何官方背景的情况下，要完成三大调查似乎如一场梦。然而，先生带着其他同道和学生首先在 2003 年将黄岩调查完成，其成果为 2004 年法律出版社出版的两卷本《黄岩诉讼档案及调查报告》。与此同时，先生用近一个月时间完成约二十万字的《新山村调查手记》，以散文的方式，将两度黄岩调查的过程详细呈现在读者面前。该书向读者展示田野调查的方式以及调查过程中的细节，以及江南美景与风土人情。

黄岩诉状的整理与黄岩调查直接推动清代诉讼研究在后来的近十年成为中国法律史研究中的显学。先生倡导古今结合的调查研究，强调要走出书斋，心怀过去，同时关注当下，使法律史学成为一种活的学问；注重在真材料基础上得出真结论，令空言者大为畏忌。种种努力，均在不同程度令法史学频死而生！

当时，尚对中国法律史研究一知半解的我，对如何摆脱陈旧的研究方法和阶级斗争学说而苦苦思索之际，遇到先生主持出版的这本书，眼睛一亮。本书是当时及直至近年来中国法律史领域里少有的田野调查报告。后来先生与我的谈话中，曾提及两次长达十几天深入黄岩县山村的田野调查。在那 5 月黄梅季节，行走于浙东穷乡僻壤，挥汗如雨，先生却乐在其中。

黄岩调查完成后，先生自称把梦做得更深了。他这样深情地写道：

“于是我们把梦从浙江黄岩那一片挂满了蜜橘的丛林中，做到徽州那一片黛瓦白墙的古老房子里，或许我们的梦做得更深了。

但是不要叫醒我，哪怕这真的是一场梦，当梦到酣时，请不要叫醒我。

等我从梦中醒来，我一定会告诉你我在梦里的所见所闻，告诉你所有的真实。”

第二个课题的学术思路与此前的黄岩调查一以贯之：结合历史上的法律问题，对当代中国的某一区域作对应性调查，以论证其中的法律现象在历史上的流变及其在当代中国的生命力。这种思路很好的贯通古今，使法律史单纯研究死去的制度变成研究具有现时生命力的规则，极富现实意义。

先生带着大家着手整理徽州档案，涉及明清两代的诉讼状纸，数以万计的红、白契纸。先生组织人员前往安徽休宁、屯溪、黟县、太平、绩溪、祁门等地和江西婺源县进行两年的田野调查。

2005 年清明节前，我有幸参加了徽州第二次调查。先生命我与他分在一组，负责休宁县的民间私约与民间习惯调查，另两组分别由其他两位教授带头，调查徽州地区另外几个县。

在短短十几天里，先生展示了极强的组织能力和人际交往能力。每到一个陌生的村庄，他总能快速发现这个村庄的信息交汇点在何处。在和村民的交谈时，先生很快就能从众多陌生人中，发现谁最有可能提供老契、族谱或正好有我们欲调查的民事习惯等有用信息。田野调查的生活颇为节俭、辛苦，但是，在休宁、祁门等处乡村的青山与绿水之畔、黛瓦与白墙之间，我们收集到各类民事契约，领悟民间分家、过继、婚姻等生活安排方式，察悉民事纠纷的解决之道，在调查旧契、家谱与分家析产等的民事习惯方面收获很大。在接下来的若干年，这为我重新深入思考传统法制提供了书斋里找不到的知识。调查结束后，我和其他一些同学陆陆续续地协助先生完成本书书稿。当浩繁的后期文字、图片整理工作完成后，尚未及出版，先生却离我们而去！

当年有关徽州调查之时的诸多情形，今日我依然清晰在心。曾记得：

我们在徽州调查时，恰逢当地村民邀请一草台戏班出演黄梅戏，戏班因为村民要求少付100元演出费而生争执，迟迟未出演。在两方相持不下之际，先生主动赠送100元给戏班，使演出得以顺利进行，令戏班感念不已。再有，为我们提供调查信息的姚屠户家贫如洗，惟与老母相依为命。时虽届清明，然寒意袭人。在临别时，先生特意在村口小卖部买了一双鞋送给姚屠户赤着双脚的母亲。多年后，我与先生等人在福口居一聚，席间，姚屠户给先生打来电话问候，并仍对先生当年赠送鞋之事感激难忘。不仅如此，先生还对雇来的面的司机关心有加，令小伙深受感动。在我们离开休宁时，小伙主动给我们每人送了一盒当地特产黄山毛锋。特别是为了对在上次徽州调查时提供帮助的一位朋友表达谢意，此次先生特地驱车数十里去见他，并赠送当时刚刚出版的大作《被冷落的真实》。

为准备第三个课题，早前先生已收集一大皮箱山西钱庄的票号、契约等，并特地带我参观北京晋商博物馆，拜会山西票号著名藏家，列好详细调查计划及海内外参与人员名单。先生的第三个梦想筹措多年，然项目尚未启动，夙愿成绝响！

上述三项研究计划，以先生数十年来穷一人之力收藏各类古籍、契约为基础。先生爱书、护书，他曾经这样真诚地形容人与书之缘：

“人是泥做的，书是水做的，于是泥盛满了水；书是水做的，人是泥做的，于是水融化了泥。”

为了搜寻各种需要和喜欢的书，尤其是法律古籍、民间契约等，先生毕数十年之功，足迹遍布大江南北、黄河两岸。曾经有一次先生寻到一些契约，途中遇暴雨，先生赶紧用塑料纸把契约裹得严严实实塞在怀里，钻到小石洞下避雨。谁知雨下一夜，七尺男儿委身洞穴，部分契约被水泡坏，先生最后竟嚎啕大哭起来。先生倾毕生心血，所收藏品之丰，每每令人叹为观止。几十年来，先生挽救了大量的即将灭失的法律古籍，而且整理出版许多极有价值的古文学、佛经、法律古籍等各类作品，付之桑梓，化身千百，为中国文化事业作出超乎常人的贡献。

先生是个性情中之人，对选择的学术事业极为投入、钟爱有加，长期痴迷和陶醉于此，其间表现出来的率真与孩子般的童趣迄今尤历历在目。笔者草成此“代后记”之时，禁不住忆及前年数次在先生书房里，他边修改，边向我诵读本书稿若干篇章，声若洪钟，怡然自得。

斯人虽去，风范尤在。谨以江苏省拍卖总行石铭总经理为先生逝去所写的诗句，表达后学对先生永久纪念和崇高敬意：

我看到身后的城市充满悲伤
为你的离去而哭泣
我看到远方的山在向你招手
想接你去过清静的生活
我看见整个天空变成一张圆圆的笑脸
对你发出赞许的微笑
我看见云层中透下的那一缕阳光
在跟着你走
为你照亮通往天堂的路
我听到整个世界都回荡着一个声音：
先生，慢走！

后学 邓建鹏
谨识于2014年4月18日

图书在版编目（CIP）数据

徽州民间私约研究及徽州民间习惯调查：全2册／田涛著．—北京：法律出版社，2014.4
ISBN 978-7-5118-6183-2

Ⅰ．①徽…　Ⅱ．①田…　Ⅲ．①契约—研究—徽州地区②风俗习惯—调查研究—徽州地区　Ⅳ．①D923.64②K892.454.2

中国版本图书馆CIP数据核字（2014）第051057号

徽州民间私约研究及徽州民间习惯调查（下）·徽州民间习惯调查	田　涛　王宏治　柏　桦　邓建鹏　主编	责任编辑　高　山　黄琳佳 装帧设计　乔智炜

开本 787毫米×1092毫米　1/16
版本 2014年6月第1版
出版 法律出版社
总发行 中国法律图书有限公司
印刷 北京北苑印刷有限责任公司
印张 22.75　**字数** 344千
印次 2014年6月第1次印刷
编辑统筹 学术·对外出版分社
经销 新华书店
责任印制 陶　松

法律出版社／北京市丰台区莲花池西里7号（100073）
电子邮件／info@lawpress.com.cn
网址／www.lawpress.com.cn
销售热线／010-63939792/9779
咨询电话／010-63939796

中国法律图书有限公司／北京市丰台区莲花池西里7号（100073）
全国各地中法图分、子公司电话：
第一法律书店／010-63939781/9782
重庆公司／023-65382816/2908
北京分公司／010-62534456
西安分公司／029-85388843
上海公司／021-62071010/1636
深圳公司／0755-83072995

书号：ISBN 978-7-5118-6183-2
定价（全二册）：100.00元
（如有缺页或倒装，中国法律图书有限公司负责退换）